Beiträge zur Graphischen Datenverarbeitung

Herausgeber:
Zentrum für Graphische Datenverarbeitung e. V., Darmstadt (ZGDV)

J. Encarnação   H. Kuhlmann   (Hrsg.)

Graphik in Industrie und Technik

Mit 195, zum Teil farbigen Abbildungen
und einer Farbkarte

Geleitworte von
Karl H. Ditze und K. Zuse

Springer-Verlag Berlin Heidelberg GmbH

Reihenherausgeber:

ZGDV, Zentrum für Graphische Datenverarbeitung e. V.
Wilhelminenstraße 7, D-6100 Darmstadt

Bandherausgeber:

José L. Encarnação   Herbert W. Kuhlmann
ZGDV, Wilhelminenstraße 7, D-6100 Darmstadt

*Dieser Band wurde aus Anlaß des 125jährigen Bestehens der Firma
ARISTO herausgegeben und mit einem Kostenzuschuß gefördert.*

Einbandmotiv
Geologische Bildschirmkarte als Rasterbild
(s. Beitrag Preuss S. 191, Abb. 8)

CIP-Kurztitelaufnahme der Deutschen Bibliothek. Graphik in Industrie und Technik / J. Encar-
nação ; H. Kuhlmann (Hrsg.). - Berlin ; Heidelberg ; New York ; London ; Paris ; Tokyo :
Springer, 1989
(Beiträge zur graphischen Datenverarbeitung)

Additional material to this book can be downloaded from http://extras.springer.com.

ISBN 978-3-642-86882-5   ISBN 978-3-642-86881-8 (eBook)
DOI 10.1007/978-3-642-86881-8
NE: Encarnação, José [Hrsg.]

Geleitwort

Anläßlich des 125jährigen Bestehens der Firma ARISTO haben wir beschlossen, die Entwicklung der graphischen Datenverarbeitung mit repräsentativen Berichten aus dem Blickwinkel vielfältiger Anwendungsbereiche und aus der Sicht des Unternehmens in einem Buch festzuhalten, um damit auch einen Beitrag zur Dokumentation dieser technischen Entwicklung zu leisten.

Ich komme der Bitte, diesem Buch ein Geleitwort voranzustellen, gerne nach, um so mehr, da es sich bei ARISTO um ein Unternehmen der rotring-Firmengruppe handelt, auf das wir stolz sein können.

ARISTO hat in den vergangenen 125 Jahren eine wechselvolle Geschichte mit zwei Weltkriegen und all ihren verheerenden Folgen erlebt und überlebt. Aus dem einst feinmechanischen Kleinstbetrieb wurde im Laufe der Zeit ein modernes mittelständisches Unternehmen, dessen Entwicklung in den letzten 30 Jahren mit dem Einzug in das Elektronik-Zeitalter besondere Bedeutung annimmt. Heute gehört ARISTO zu den weltweit führenden Firmen auf dem Gebiet der graphischen Datenverarbeitung.

Als sich ARISTO Ende der 50er Jahre mit diesem Tätigkeitsfeld zu beschäftigen begann, war noch völlig unklar, welche verschiedenen Bereiche unserer technischen Welt von dieser neuen Entwicklungsrichtung betroffen sein würden; insbesondere hat damals niemand vorausgesehen, in welchem Maße auch kreative Aufgaben von der graphischen Datenverarbeitung übernommen werden können. Wir wollen deshalb dem interessierten Leser mit der Herausgabe dieses Buches anhand typischer Anwendungen dieser Technik – die ursprünglich natürlich noch nicht alle so gesehen wurden – aufzeigen, in welcher Form der Computer Eingang in die Welt des Ingenieurs gefunden hat.

ARISTO hat eine sehr erfolgreiche Entwicklung durchlaufen, und wir sind sicher, daß auch künftig in dem Unternehmen genügend Ideen reifen, die der graphischen Datenverarbeitung neue Impulse geben werden.

Karl H. Ditze
Geschäftsführender Gesellschafter/
Sprecher der Geschäftsführung
rotring-werke Riepe KG, Hamburg

Geleitwort

Viele Annehmlichkeiten unseres Lebens sind in ihrer Entstehungsphase von Technikern konzipiert und zu Papier gebracht worden. Von Menschen, die sich - bereits vor der Erfindung des Computers - mit dem Erreichten nie ganz zufriedengaben und ihr schöpferisches Wissen und Können in Weiterentwicklung und Fortschritt investierten.

Der große amerikanische Erfinder Thomas Alva Edison hat einmal gesagt, das Erfinden bestünde zu einem Prozent aus Inspiration und zu neunundneunzig Prozent aus Transpiration, also aus Arbeit. Ich meine, dieses trifft nicht nur auf die Erfinder zu, sondern charakterisiert den Großteil aller unserer Tätigkeiten.

Als ich, von Haus aus mit einer vorwiegend optischen Einstellung zur Umwelt ausgestattet, schon während meiner Schulzeit lieber Züge der Berliner Stadtbahn in die Bücher zeichnete, statt mich den lateinischen Vokabeln zu widmen, war der Begriff Graphische Datenverarbeitung noch ein Fremdwort.

Er blieb es auch noch, als rund 17 Jahre nach Fertigstellung des ersten programmgesteuerten Rechengerätes Z3 die Zuse KG im Jahre 1958 ihre Gedanken zur Automatisierung der Zeichenarbeit realisierte. Diese Entwicklung wurde bei uns in Deutschland u.a. sehr stark durch das Vermessungswesen (Flurbereinigung, Feldvermessung usw.) gefördert. Bezeichnend ist dabei, daß man zunächst nur die genauen Eckpunkte der Polygone gestochen haben wollte. Das führte dann weiterhin zur Konstruktion eines automatischen Zeichentisches, der unter dem Namen „Graphomat" auf den Markt kam. Diese Entwicklung wurde dann auch von anderen Firmen aufgegriffen und fortgeführt.

Erst der in den nachfolgenden Jahren fortschreitende Entwicklungsprozeß von Hard- und Software zu immer leistungsfähigeren Komponenten und Systemen schuf die heute bekannten Hilfsmittel, die, in unzähligen Branchen und Anwendungsgebieten eingesetzt, die Rahmenbedingungen und somit den zeitlichen Ablauf einer schöpferisch kreativen Tätigkeit verbessern helfen.

Es freut mich daher ganz besonders, daß ARISTO anläßlich seines 125jährigen Firmenjubiläums mit diesem Buch dem Leser erstmals einen ausführlichen Einblick in die umfangreichen Aufgaben der Praxis vermittelt, in denen die Graphische Datenverarbeitung erfolgreich ihren Einzug genommen hat. Ebenso wie der wechselvolle Aufstieg dieser Technologie werden auch ihre künftigen Tendenzen beschrieben.

Die zum heutigen Zeitpunkt geschaffenen Lösungen markieren damit einen nur scheinbar erreichten Endpunkt. Aus der gegenwärtigen Situation heraus betrachtet, sind weitere Einsatzmöglichkeiten und Leistungssteigerungen von Computern und Peripherien zu erwarten, und es bedarf keiner prophetischen Gaben, der Graphik in Industrie und Technik eine große Zukunft vorauszusagen.

Konrad Zuse

Vorwort

Wohl kaum ein Bereich der modernen Technik hat in den letzten Jahren unser Alltagsleben so stark durchdrungen wie die elektronische Datenverarbeitung. Während am Anfang primär die Verarbeitung großer Mengen von Daten zum Beispiel in Behörden und Verwaltungen erfolgte, kommt mittlerweile jeder einzelne in Beruf und Alltagsleben mit der Datenverarbeitung in Berührung. Mit dieser Popularisierung ging auch eine Wandlung der Schnittstelle Mensch–Maschine einher. An die Stelle von Formularen und Computerlisten tritt immer mehr die auf den Menschen besser abgestimmte Kommunikation über Bilder und Graphiken, ja sogar mit Computerhilfe erzeugte Filme sind häufig zu sehen.

Damit ist der Computer auch in ein Aufgabengebiet eingedrungen, das bisher als Domäne des kreativen Menschen galt. Wenn auch noch lange nicht von einem Ersetzen des Menschen durch die Maschine gesprochen werden kann, so ist der Computer mit seinen Graphikfähigkeiten doch zu einem unentbehrlichen Werkzeug geworden. Unter dem Begriff „Graphische Datenverarbeitung" versteht man dabei alle Gebiete, in denen mit Hilfe eines Computers Daten graphisch dargestellt und manipuliert werden.

Mit diesem Buch soll dem technisch interessierten Publikum ein Einblick in diese faszinierende Technik gegeben werden. Dabei wird von den ersten Anfängen bis zu modernsten Techniken anhand von Anwendungsgebieten beispielhaft dargestellt, welche Möglichkeiten gegeben sind und wie diese sich in der Praxis auswirken. Arbeitnehmern, die in ihrem Beruf mit der neuen Technik arbeiten, oder arbeiten werden, bekommen Informationen, die über ihre unmittelbare Tätigkeit hinausreichen. Oft bringt gerade die Darstellung eines größeren Zusammenhangs Einsichten, die das eigene Verständnis erleichtern.

Die Darstellung der Arbeitsmethoden der Graphischen Datenverarbeitung in verschiedenen Anwendungen zeigt außerdem auf, welche enorme Arbeitsentlastung erreicht werden kann, besonders bei Routinetätigkeiten. Insbesondere beim Erstellen von Reinzeichnungen zum Beispiel für Schaltpläne oder Kartenmaterial zeigen sich die Stärken, aber auch die Schwächen der Technik.

Eine unbestrittene Tatsache ist, daß die heutigen Computer und ihre Bauteile, die Chips, nur mit Hilfe von Computern entworfen und hergestellt werden können. Der Mensch ist nicht mehr in der Lage, die vielen Tausende, ja sogar Millionen von Transistoren, aus denen die modernen Chips aufgebaut sind, von Hand zu plazieren. Hier kommt, neben der Berechnung durch den Computer, die hohe Präzision bei der Maskenerstellung zum Tragen. Von ähnlicher Komplexität, aber ganz anders gelagert, ist das Erstellen von Kartenmaterial. Selbstverständlich kommt es auch hier auf die Genauigkeit beim Zeichnen an, denn die Karte soll ein Abbild der geographischen (oder hydrographischen, geologischen, ...) Verhältnisse sein. Daneben muß ein Kartenwerk aber auch ästhetischen Ansprüchen genügen. Die Namen dürfen keine Information verdecken, das Auge muß das Wesentliche auf einen Blick erkennen können. Diese „menschlichen" Kriterien in den Programmen zu berücksichtigen, ist eine Aufgabe, der sich die Entwickler stellen müssen.

Betrachtet man die historische Entwicklung, so gibt es seit ungefähr fünfzig Jahren die Computertechnik. Dabei wurden nacheinander Relais, Elektronenröhren, Transistoren, integrierte Schaltungen und VLSI-Chips eingesetzt. Seit ca. dreißig Jahren verwendet man graphische Ausgabegeräte, sowohl für die permanente Festschreibung von Ergebnissen auf dem Papier als auch für die kurzfristige Anzeige auf Bildschirmen. Die Entwicklung der Papierausgabe begann mit numerisch gesteuerten Zeichenmaschinen (Plottern), die mit Hilfe eines Zeichenstiftes die Graphik auf das Papier übertrugen. Diese Technik befindet sich bis heute im Einsatz, auch wenn moderne Techniken dazugekommen sind. Den heutigen Endpunkt der Entwicklung markieren die Laserprinter, die mittlerweile bei hoher Ausgabequalität selbst für den Gebrauch zu Hause erschwinglich werden. Ein Bedarf besteht sicher noch in der Farbausgabe. Plotter mit mehreren Stiften ermöglichen farbige graphische Darstellungen, aber die Ausgabe von realitätsgetreuen Bildern ist trotz aller Techniken wie Ink-Jet-Printern und Ausgabe auf Farbfilmmaterial noch ein professionelles Anwendungsgebiet, das für den privaten Einsatz zu teuer ist. Bei genauerer Betrachtung dieser Techniken kann man feststellen, daß ein grundlegender Wandel des Funktionsprinzips erfolgte. Stiftplotter zeichnen eine Linie, indem der Stift vom Anfangs- zum Endpunkt bewegt wird. Ink-Jet-Plotter, Laserprinter und Kamerarecorder zerlegen das Bild in ein Raster. Die Information wird zeilen- und punktweise, wie bei einem Fernsehbild, ausgegeben. Damit kann auch hier die Digitaltechnik zum Einsatz kommen, die erst den preiswerten Einsatz ermöglicht. Die gleiche Entwicklung zeigte sich auch bei den Bildschirmgeräten. Bis in die siebziger Jahre hinein wurden die Bilder durch einen Elektronenstrahl auf die Bildröhre geschrieben, der nacheinander die einzelnen Bildelemente (Linien, Texte) zeichnete. Der Phosphor des Bildschirms leuchtete für eine kurze Zeit, und das Bild war sichtbar. Bevor die Leuchtkraft des Phosphors nachließ, mußte der Elektronenstrahl erneut das Bild zeichnen. Damit war die darstellbare Informationsmenge abhängig von der Geschwindigkeit, mit der der Elektronenstrahl abgelenkt werden konnte. Höhere Geschwindigkeiten bei gleichzeitig hoher Genauigkeit bedeuteten sehr hohe Kosten der Geräte. In den siebziger Jahren wurde begonnen, auch hier das Rasterprinzip aus der Fernsehtechnik einzusetzen. Die Bilder wurden nicht mehr direkt auf den Bildschirm geschrieben, sondern in einem besonderen Speicher abgelegt, der für jeden einzelnen Punkt des Bildschirms vorhanden ist. Aus diesem Bildwiederholspeicher wird dann das Bild mit einer festen Frequenz (z. B. fünfzigmal pro Sekunde) ausgegeben. Durch billige Speicherchips ist es heute möglich, hochauflösende Farbbilder so darzustellen, wobei die Kosten in einem durchaus vertretbaren Rahmen bleiben.

Die Entwicklung der Graphischen Datenverarbeitung zu einer Technik für jedermann zeigt sich insbesondere auch an der Entwicklung im Heimcomputermarkt. Mittlerweile kann man für den Preis eines Farbfernsehgerätes einen Computer kaufen, der vor zehn Jahren für den Privatmann unbezahlbar war und der vor zwanzig Jahren zu den leistungsfähigsten der Welt gezählt hätte. Das gleiche gilt auch für die Graphikfähigkeiten heutiger Geräte. Wenn auch noch ein Schritt hin zur perfekten Qualität bleibt, so können doch Zeichen-, CAD- und Spielprogramme heute Graphiken erzeugen, die hohen Ansprüchen genügen.

Dieses Buch soll am Beispiel praktischer Tätigkeitsfelder zeigen, wie sich die Technik entwickelt hat, wo sie heute steht und was für die Zukunft zu erwarten ist. Es leistet damit einen Beitrag zum Technologieverständnis und soll helfen, Hemmungen und Vorbehalte abzubauen. Letztendlich soll die Technik den Menschen unterstützen, und nicht ersetzen.

José Encarnação
Herbert Kuhlmann

Inhaltsverzeichnis

Autorenliste

Prof. Dr. Ing. G. Appelt
Präsident des Bayerischen Landes-
vermessungsamtes
Alexandrastr. 4
8000 München 22

F. Bauer
Fa. CADUL
Einsteinstr. 37
7900 Ulm

P. Baumann
Fraunhofer-Arbeitsgruppe Graphische
Datenverarbeitung (FhG-AGD)
Wilhelminenstr. 7
6100 Darmstadt

Prof. Dr. Ing. W. Bettac
Deutsches Hydrographisches Institut
Bernhard-Nocht-Str. 78
2000 Hamburg 65

Prof. F. Christ
Technische Fachhochschule
Fachbereich 7
Luxemburger Str. 10
1000 Berlin 65

Dr. D. Eckardt
Zentrum für Graphische Datenverarbeitung e. V.
Wilhelminenstr. 7
6100 Darmstadt

K. Eingärtner
Landgraf Philipp-Ring 17
6380 Bad Homburg v. d. H.

Prof. Dr. J. Encarnação
Zentrum für Graphische Datenverarbeitung e. V.
Wilhelminenstr. 7
6100 Darmstadt

H. Falkenberg
Entwicklung Aristo
Aristo Graphic Systeme GmbH & Co. KG
Schnackenburgallee 41
2000 Hamburg 54

G. Gerulat
Marketing Aristo
Aristo Graphic Systeme GmbH & Co. KG
Schnackenburgallee 41
2000 Hamburg 54

W. Gödecke
Hauwisch 6
2000 Hamburg 63

T. Haaker
GRIS - Graphisch Interaktive Systeme
FB Informatik der TH Darmstadt
Wilhelminenstr. 7
6100 Darmstadt

R. Hofmann
Fraunhofer-Arbeitsgruppe Graphische
Datenverarbeitung   (FhG-AGD)
Wilhelminenstr. 7
6100 Darmstadt

Dr. P. Karow
Unternehmensberatung
Karow, Rubow, Weber GmbH
Harksheider Str. 102
2000 Hamburg 65

D. Köhler
Fraunhofer-Arbeitsgruppe Graphische
Datenverarbeitung (FhG-AGD)
Wilhelminenstr. 7
6100 Darmstadt

E. Klement
Fraunhofer-Arbeitsgruppe Graphische
Datenverarbeitung (FhG-AGD)
Wilhelminenstr. 7
6100 Darmstadt

D. Krömker
Fraunhofer-Arbeitsgruppe Graphische
Datenverarbeitung (FhG-AGD)
Wilhelminenstr. 7
6100 Darmstadt

C. Liekam
Aristo Graphic Systeme GmbH & Co. KG
Schnackenburgallee 41
2000 Hamburg 54

W. Mathes
Aristo Graphic Systeme GmbH & Co. KG
Schnackenburgallee 41
2000 Hamburg 54

M. Mehl
Fraunhofer-Arbeitsgruppe Graphische
Datenverarbeitung (FhG-AGD)
Wilhelminenstr. 7
6100 Darmstadt

Dr. W. Mettner
Linotype AG
Mergenthaler Allee 55-57
6236 Eschborn

Dr. H. Preuss
Niedersächsisches Landesamt
für Bodenforschung
Stilleweg 2
3000 Hannover 51

J. Redmer
GRIS - Graphisch Interaktive Systeme
FB Informatik der TH Darmstadt
Wilhelminenstr. 7
6100 Darmstadt

Dr. G. Rubow
Unternehmensberatung
Karow, Rubow, Weber GmbH
Harksheider Str. 102
2000 Hamburg 65

B. Schmidt
Bundesanstalt für Geowissenschaften
und Rohstoffe
Postfach 51 01 53
3000 Hannover 51

Dr. J. Schönhut
Fraunhofer-Arbeitsgruppe Graphische
Datenverarbeitung (FhG-AGD)
Wilhelminenstr. 7
6100 Darmstadt

H. Selzer
GRIS - Graphisch Interaktive Systeme
FB Informatik der TH Darmstadt
Wilhelminenstr. 7
6100 Darmstadt

J. Stärk
Fraunhofer-Arbeitsgruppe Graphische
Datenverarbeitung (FhG-AGD)
Wilhelminenstr. 7
6100 Darmstadt

P. Sterk
RAFI GmbH & Co.
Ravensburger Str. 128 - 134
7981 Berg/ Krs. Ravensburg l

M. Ungerer
GRIS - Graphisch Interaktive Systeme
FB Informatik der TH Darmstadt
Wilhelminenstr. 7
6100 Darmstadt

Prof. Dr. Ing. K. Zuse
Im Haselgrund 21
6418 Hünfeld

Assistenz:
H. Kuhlmann und H. R. Weber
Zentrum für Graphische Daten-
verarbeitung e. V.
Wilhelminenstr. 7
6100 Darmstadt

Vom Planimeter zum CAD –
Rückblick auf 125 Jahre ARISTO

W. Mathes

Die Idee, eine Darstellung der Entwicklung der Graphischen Datenverarbeitung aus der Sicht unterschiedlicher Anwender herauszugeben, kam uns, als wir über eine geeignete Würdigung der am 1.Juni 1987 125 Jahre alt gewordenen Firma ARISTO nachdachten.

Den Hintergrund zu dieser Idee sahen wir erstens in der Tatsache, daß ARISTO zweifellos weltweit zu den Pionieren bei der Entwicklung der Graphischen Datenverarbeitung zu zählen ist und zweitens in der über Jahrzehnte gereiften Erkenntnis, daß jede Form der Kommunikationstechnik Anwendungstechnik ist, so daß von besonderem Interesse die Darstellung von Anwendungslösungen sein muß. Dieses Buch soll auch unsere ständig gepflegte enge Beziehung zur Anwendung und zum Anwender deutlich machen.

Die Geschichte eines Unternehmens, insbesondere wenn man auf 125 Jahre zurückblicken kann, ist zweifellos auch ein unübersehbarer Hinweis auf dessen Leistung und Beständigkeit. Andererseits sind es die Menschen im Unternehmen, die mit ihren Entscheidungen und ihrem Können – und zwar ohne Ausnahme – diese Kontinuität sicherstellen. Wir von ARISTO können mit Stolz auf die 125 Jahre zurückschauen, denn jeder einzelne von uns hat einen Teil dieser Geschichte mitgeschrieben. Dieses Buch soll somit auch ein Dank an alle Mitarbeiter, ehemalige oder noch aktive, sein.

Wie hat das nun mit ARISTO angefangen? Man schreibt den 1.Juli 1862, als der Mechaniker Carl Plath seine 1854 in Hamburg gegründete Werkstatt für geodätische Instrumente für 4.160,-Mark banco an seinen Gehilfen Johann Christian Dennert verkauft. Carl Plath will seine Fertigung von Vermessungsinstrumenten nicht weiterführen, da er von D.Wilby eine Werkstatt für nautische Instrumente übernehmen kann und sich aus diesem, dem Hafen und der Schiffahrt verbundenen Betrieb eine bessere Entwicklung verspricht.

Johann Christian Dennert ist am 19.Juni 1829 in Kirchdorf Zeschwitz, südlich von Leipzig, als jüngstes Kind eines Zimmermannes zur Welt gekommen. Er entwickelte schon früh handwerkliche Talente, so daß ihm die Berufswahl nicht schwerfiel. Er geht zu seinem sehr viel älteren Bruder in die Zirkelmacherlehre nach Leipzig und wird am 27.November 1847 losgesprochen, und der junge Gehilfe erhält sein Wanderbuch. Nach Ableistung seines Militärdienstes für das Königreich Sachsen begibt er sich auf Wanderschaft, landet nach verschiedenen Zwischenstationen Ende 1855 bei der jungen Firma C.Plath in Hamburg. 1857 zieht es dann J.C. Dennert nach siebenjähriger Wanderschaft wieder in die Heimat zurück, die er 1860 wiederum verläßt und in die Hansestadt Hamburg zurück-

Abb. 1. Pastorenstraße 5

kehrt. 1861 landet er dann erneut bei der Firma C. Plath, wo es dann 1862 zur Übernahme der Firma C. Plath kommt.

Die Werkstätte beläßt er zunächst am alten Platz in der Pastorenstraße 5 (Abb. 1), nahe der Hauptkirche St. Michaelis, dem Großen Michel.

Um seine Firma allein fortzuführen, fühlt er sich jedoch finanziell zu schwach. Daher wendet er sich an seinen früheren Berliner Kollegen Martin Pape, der ein kleines Vermögen besitzt. Martin Pape sagt seine Beteiligung zu, arbeitet jedoch zunächst ein Jahr bei der Firma J.C. Dennert als Geselle und tritt am 1. Oktober 1863 in das Unternehmen ein. Die Teilhaber nennen ihre Firma: DENNERT & PAPE, Werkstätte für Mathematische Instrumente.

Das Fertigungsprogramm umfaßte damals Nivelliere, Theodolite und andere geodätische Instrumente sowie Maßstäbe, Reißzeuge und Planimeter. Die maschinelle Ausstattung ist sehr einfach: einige Drehbänke, eine Längen- und eine Kreis-

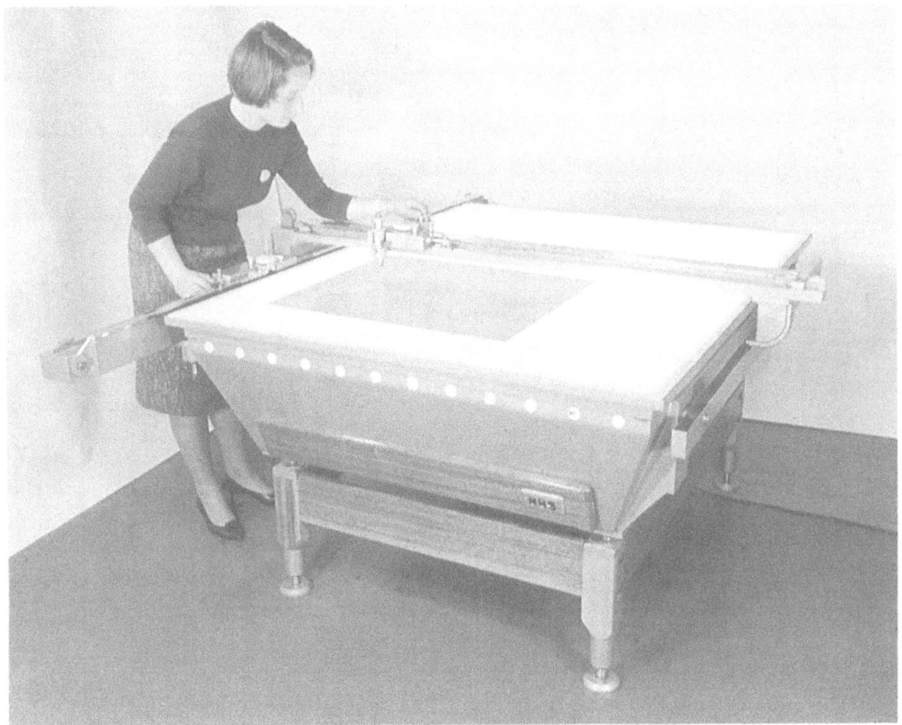

Abb. 2. Orthogonaler Koordinatograph

teilmaschine. Zur Beleuchtung dienen noch Öllampen, die erst später mit dem Fortschritt der Technik durch Petroleum- und Gaslampen ersetzt werden.

Die zur Produktion benötigten Werkzeuge werden fast ausnahmslos selbst angefertigt, wie überhaupt die handwerkliche Geschicklichkeit eine entscheidende Rolle spielt.

ARISTO hat somit von der Gründung bis zum heutigen Tage – natürlich mit einem geänderten Produktprogramm – immer neben anderen Aktivitäten auch Produkte für das Vermessungswesen hergestellt, und dieser Einfluß zieht sich wie ein roter Faden durch die gesamten vergangenen 125 Jahre.

Mit der Entwicklung der Technik in der ersten Hälfte des 19. Jahrhunderts war der Rechenstab (zunächst meistens Rechenschieber genannt) den Ingenieuren ein unentbehrliches Arbeitsgerät geworden. Nach dem deutsch-französischen Krieg 1870/71 stößt die Beschaffung in Deutschland auf Schwierigkeiten, da Rechenstäbe bisher aus Frankreich importiert wurden. Der Baumeister A. Goering aus Halberstadt (1841–1906) weist Dennert & Pape auf diesen Mangel hin. So entsteht in Zusammenarbeit mit A. Goering 1872 das erste Rechenstab-Modell von ARISTO. Im Verkauf kostet der Rechenstab mit einer 32-seitigen Gebrauchsanleitung drei Thaler. Als Kennzeichen der neuen Rechenstäbe und Zeichengeräte wird 1936 das Warenzeichen ARISTO eingeführt, das sich bald zu einem Qualitätsbegriff entwickelt und bis zum heutigen Tag geblieben ist.

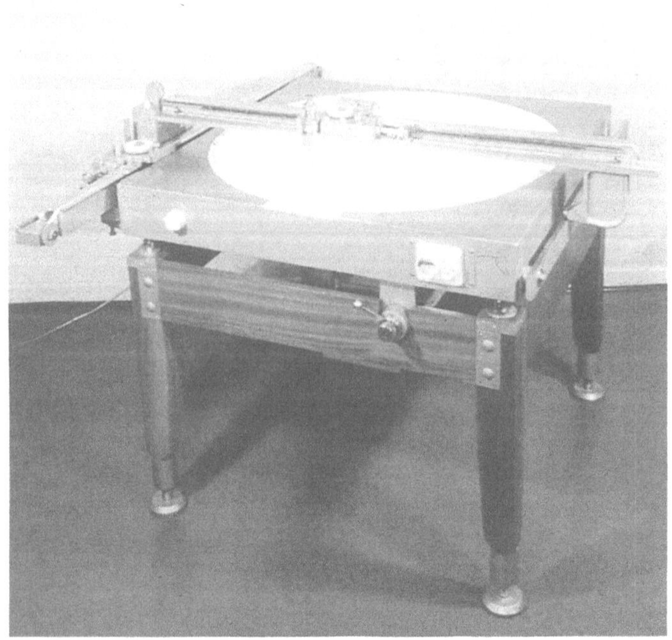

Abb. 3. Koordinatograph 4438

Die engen Beziehungen des Unternehmens zum deutschen Vermessungswesen führen dazu, daß als Ergänzung zu den im Produktprogramm geführten Nivellier-Geräten, Theodoliten, Planimetern und Pantographen im Jahr 1928 die Entwicklung und der Bau von Koordinatographen, die im Vermessungswesen zum Zeichnen von Plänen und Karten dienten, aufgenommen wurden (Abb. 2).

Mit zunehmender Industrialisierung ergab sich zwangsläufig auch die Forderung nach höherer Präzision in der Fertigung, für die u. a. auch Zeichnungen höchster Genauigkeit benötigt wurden. Beispielhaft sei hier genannt: die Verwendung von hochgenauen Zeichnungen für Projektionseinrichtungen zur Kontrolle von hochpräzisen Teilen sowie zum Steuern von Profilschleifmaschinen durch Vergleich zwischen projizierter Werkstückkante, Schleifscheibe und Zeichnung.

Diese Art Zeichnungen wurde zunächst in vergrößertem Maßstab mit einer Konstruktionszeichenmaschine in Tusche erstellt. Die dabei erreichten Genauigkeiten entsprachen aber bei weitem nicht den Anforderungen der Anwender, so daß auch hier nach neuen Mitteln gesucht wurde. So häuften sich bei ARISTO die Anfragen aus der Industrie nach Verwendung der im Vermessungswesen eingesetzten Koordinatographen für die Erstellung dieser hochgenauen Vorlagen. ARISTO hat dieses Thema aufgegriffen und die Weiterentwicklung der bisher nur für das Vermessungswesen verkauften Geräte in Richtung auf industrielle Anwendung betrieben, so daß 1954 der erste für den industriellen Einsatz entwickelte ARISTO-Koordinatograph, Modell 4438, auf den Markt kam (Abb. 3).

Hierbei handelte es sich um ein Präzisions-Zeichengerät zur Erstellung von Vorlagen, mit dem sowohl mit Orthogonal- als auch mit Polar-Koordinaten gezeichnet werden konnte. Die ersten beiden Geräte wurden seinerzeit in Verbindung mit einem namhaften Hersteller von Profil-Schleifmaschinen ins Ausland geliefert.

Die Entwicklung des bisher nur in kleinen Stückzahlen im Vermessungswesen verkauften Koordinatographen für unterschiedlichste industrielle Anwendungen war sicherlich ein Meilenstein in der Geschichte von ARISTO.

Um die Anforderungen der Industrie zu erfüllen, mußten sich die ARISTO-Entwickler mit völlig neuen Zeichenverfahren befassen, da mit den traditionellen Verfahren die geforderten Genauigkeiten nicht mehr erreicht werden konnten. Das bedeutete, daß für die Koordinatographen neue Werkzeuge entwickelt werden mußten, die dann aber auch völlig neue Möglichkeiten von der Anwendung her eröffneten. Für die Anwendung dieses neuen Gerätes half uns der Umstand, daß mit dem in der zweiten Hälfte der 50er Jahre in den USA gestarteten Raumforschungsprogramm auch die Forderung nach zunehmender Miniaturisierung der Elektronik-Komponenten aufkam. Die damit verbundenen Forderungen nach höherer Genauigkeit an die für diese Entwicklungen benötigten Vorlagen waren mit den üblichen Verfahren nicht mehr zu lösen, so daß auch in den USA die Nachfrage nach besonderen Geräten und speziellen Darstellungsverfahren für die Vorlagenerstellung entstand. ARISTO hat sich dieser Thematik angenommen und auch für diese Anwendung spezielle Werkzeuge zum Schneiden von Masken aus zu diesem Zeitpunkt angebotenen Maskier-Filmen für den neuen Koordinatographen 4438 entwickelt.

Das mit dieser Technik entstandene Produkt sind hochgenaue Vorlagen, die zur Belichtung von gedruckten und integrierten Schaltungen eingesetzt werden.

Zum damaligen Zeitpunkt war ARISTO das einzige Unternehmen in der Welt, das Geräte zur Erstellung derartiger Vorlagen anbot, und wir können mit Stolz sagen, daß damit auch ein wichtiger Beitrag zur Miniaturisierung von Elektronik-Komponenten durch unsere Entwicklungen geleistet wurde.

Der Hauptabnehmer unserer Geräte für diese Anwendung war die amerikanische Elektronik-Industrie, und in unserer Referenzliste sind Firmen wie DEC, IBM, Motorola, Texas-Instruments, etc zu finden. Die Vorlagen für die Masken einer integrierten Schaltung, die mehrfache Schichten enthalten und die einzeln geschnitten werden mußten, wurden im vergrößerten Maßstab bis 400:1 erstellt. Sie mußten dann in Stufen über Repro-Kameras auf eine Größe von 1:1 herunterverkleinert werden. Unsere Kunden haben seinerzeit Forderungen bezüglich der notwendigen Reproduktionsfläche an die Kamera-Hersteller gestellt, die an den verfügbaren Formaten der ARISTO-Koordinatographen gemessen wurden. Die Arbeitsfläche des Koordinatographen wiederum wurde auch durch den Grad der Miniaturisierung bestimmt. Ich erinnere an einen Fall, in dem wir an ein nordamerikanisches Unternehmen einen Koordinatographen mit dem Netto-Arbeitsbereich von 2000 × 2600 mm lieferten, da dort Masken in Vergrößerungsmaßstäben benötigt wurden, die diese Größe erforderten.

Da die Bedienungsperson einer Maschine dieser Größenordnung bei Handbetrieb nicht mehr in der Lage war, am Nonius des Meßwerkes manuell eine maßgerechte Einstellung vorzunehmen, half man sich dadurch, daß der Operator - ähnlich wie ein Fallschirmspringer - über dem Koordinatographen in ein Gurtsystem gehängt wurde, damit er auch in Tischmitte einen möglichst senkrechten Blick auf den Nonius des Meßsystems zur hochgenauen Einstellung der Koordinatenwerte bekam.

Betrachtet man die heutigen technischen Möglichkeiten mit ihren verfügbaren Digitalsteuerungen, so ist dieses Problem heute kein Thema mehr. Die Darstellung dieses Kuriosums soll aber nicht nur zum Schmunzeln anregen, sondern auch deutlich machen, mit welchen Schwierigkeiten sich die damalige technische Welt zu befassen hatte.

Produkte unseres Hauses waren immer qualitativ hochstehend und darüber hinaus anwendernah entwickelt, so daß Geräte-Lösungen entstanden, die umfassend die verschiedenen Anwendungen bedienten. Nachdem uns der Durchbruch auf dem US-Markt gelungen war, haben wir in den 50er und 60er Jahren mehr als 70 % unserer Koordinatographen-Fertigung nach Nord-Amerika geliefert, so daß damit auch von uns ein Beitrag zur Entwicklung der amerikanischen Elektronik-Industrie geleistet wurde.

Der Anteil unserer Koordinatographen-Fertigung für das Vermessungswesen blieb über alle Jahre in kleinen Stückzahlen konstant, während der Anteil unserer Koordinatographen-Fertigung für den industriellen Einsatz ständig wuchs. Dies auch besonders durch eine ständige Erweiterung der Anwendungen.

ARISTO war damals weltweit der erste Lieferant manueller Koordinatographen. Wir haben unsere Märkte ständig ausgeweitet, so zum Beispiel auch in den Fernen Osten, nach China und Japan.

Es konnte nicht ausbleiben, daß auch andere Firmen ähnliche Geräte entwickelten, u.a. auch japanische Firmen. Einer dieser japanischen Mitbewerber hat sich besonders dadurch ausgezeichnet, indem er nicht nur die wesentlichen Teile unserer Geräte kopierte, sondern auch den Katalog unserer Geräte. Auf Rückfrage unsererseits wurde uns dann mitgeteilt, daß dies als eine Referenz an die Leistungsfähigkeit des Unternehmens ARISTO zu verstehen wäre.

Im nachhinein kann man sagen, diese Liebe zu unserem Produkt hat uns nicht sonderlich geschadet. Im Gegenteil, sie hat uns sogar genützt, da sich mit diesem weiteren Anbieter auch der Markt vergrößerte.

Wie ging es nun mit ARISTO weiter? Vor allem, wie kam das Unternehmen vom Entwickler und Hersteller manueller Koordinatographen zum heutigen Anbieter von Komponenten und Systemen für die Graphische Datenverarbeitung.

Bereits zu einem früheren Zeitpunkt hatte ich erwähnt, daß die Produktentwicklung unseres Unternehmens sehr starke Impulse vom hiesigen Vermessungwesen erhielt. Als Erweiterung des Kleingeräte-Programms, wie Nivellier-Geräte, Theodoliten, etc., wurde der orthogonal-arbeitende Koordinatograph entwickelt. Aus diesem Gerät entstand dann wiederum der orthogonal- und polar-arbeitende Koordinatograph für die industrielle Anwendung.

Mit dem Einzug der digitalen Rechentechnik in Anwendungen der Vermessung - beginnend mit dem Relais-Rechner Z 11, mit Lochstreifenein- und -ausgabe der Firma Zuse KG, Bad Hersfeld - wurden von den Landvermessern Forderungen nach Automation der Kartenerstellung erhoben.

Nachdem in zunehmenden Maße digitale Informationen - im wesentlichen noch auf Lochstreifen - bei den verschiedenen Ämtern vorlagen, kam naturgemäß der Wunsch auf, mit diesen Informationen auch die weitere Verarbeitung zur Kartenerstellung vorzunehmen. Dies führte dann zu entsprechenden Anfragen an die Firmen, die sich in irgendeiner Form mit der Herstellung von Landkarten befaßten. Entsprechende Anfragen wurden auch an ARISTO im Jahr 1958 herangetragen. Im Jahr 1959 wurde der erste Lochstreifen-gesteuerte Koordinatograph im Rechenzentrum des Hessischen Landeskulturamtes in Wiesbaden installiert. Bei der Entwicklung dieser Anlage hat sich besonders Herr Prof. Dr. Dr. Lang, der ehemalige Leiter dieses Amtes, der auch über viele Jahre ein besonderer Freund unseres Hauses war, verdient gemacht.

Dieses Gerät wurde auf eigene Initiative des Amtes unter Verwendung von Komponenten eines photogrammetrischen Auswertegerätes und einer elektronischen Steuerung der Firma Zuse KG, Bad Hersfeld, gebaut. Die Koordinaten konnten dabei mit der Hand eingetastet oder mit einem Lochstreifen eingegeben werden. Über Elektro-Motore wurden die Wagen des Koordinatographen positioniert, die Punkte gestochen und markiert. Es handelte sich also um ein Gerät, das die bisherige manuell durchgeführte Arbeitsweise des Punktestechens automatisierte. Diese frühe Entwicklung war für die Firma Zuse sicherlich der Einstieg in die automatische Zeichentechnik, aus der dann die erste Zeichenmaschine „Z 60" von der Zuse KG entstand.

Zum gleichen Zeitpunkt – also im Jahre 1959 – begann sich auch ARISTO, mit der Automatisierung seiner Koordinatographen zu befassen. Da wir bis zu diesem Zeitpunkt ein rein feinmechanischer Betrieb waren, der keinerlei Elektronik herstellte, standen wir vor der Aufgabe, eine komplizierte Bahnsteuerung für unsere Geräte zu entwickeln.

Da wir zum damaligen Zeitpunkt über Elektronik-Entwicklung wenig wußten, haben wir uns nach Partnern umgesehen. Nach Gesprächen, die wir diesbezüglich sowohl mit der Firma Zuse KG in Bad Hersfeld als auch mit der Schweizer Firma Contraves führten, landeten wir 1959 schließlich mit unseren Wünschen bei der Firma Dr. Perthen in Hannover. Wir konnten uns über das Entwicklungsziel einigen und kamen Ende 1959 zu einem gemeinsamen Pflichtenheft zur Entwicklung einer Steuerung für unsere Koordinatographen.

Die Anlage hatte folgende wesentliche technische Merkmale: der Koordinatographentisch war als Durchleuchtungstisch ausgebildet, um Arbeiten im Schichtgravur-Verfahren zu erleichtern.

Es wurden gestaffelt 5 Größen, und zwar mit Arbeitsbereichen von 800 × 1000 mm bis 2000 × 2600 mm, angeboten.

Kartiergenauigkeit
Elektrische Genauigkeit	-0,025 mm	(-0,0025 mm)
Mechanische Genauigkeit	-0,050 mm	(-0,0500 mm)

Arbeitsgeschwindigkeit
Zeichengeschwindigkeit	max. 8,5 cm/sec	(100 cm/sec)
Punktiergeschwindigkeit	etwa 30 Punkte/min	(600 Pkt/min)

(Bei den in Klammern gesetzten Werten handelt es sich um Daten heutiger Zeichenautomaten.) Bei der Terminologie handelt es sich um die damaligen Bezeichnungen.

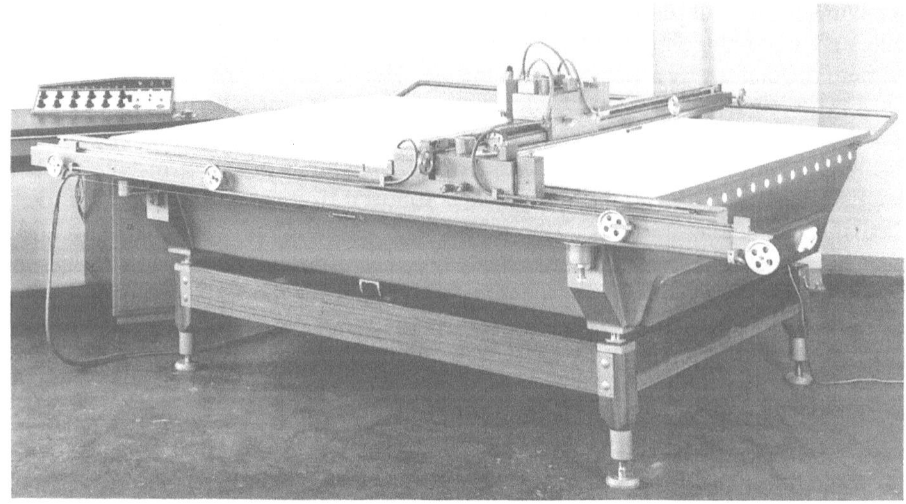

Abb. 4. ARISTO-Koordinatograph mit Perthronic-Steuerung

Sie können also sehr leicht erkennen, daß die Anfänge recht bescheiden waren. Wir wären jedoch schon glücklich gewesen, wenn wir diese Daten zufriedenstellend erreicht hätten, denn bereits diese bescheidenen Forderungen stellten uns bei den damals zur Verfügung stehenden technischen Möglichkeiten vor große Probleme. Abb. 4 zeigt diese Anlage.

Der Versuch, diesen ersten automatischen Zeichentisch zur Produktionsreife zu führen, scheiterte. Diese Entwicklung wurde dann abgebrochen, das Projekt aber weitergeführt.

Inzwischen war AEG-Telefunken auf uns zugekommen zwecks Lieferung eines Koordinatographen zum Anschluß an eine AEG-Werkzeugmaschinensteuerung in Verbindung mit einer Walzendrehbank der Firma H. W. Waldrich GmbH, Siegen. Dieser Zeichentisch sollte die auf einem Lochstreifen programmierte Positionierung des Werkzeuges der Drehbank in verkleinertem Maßstab aufzeichnen und somit das Lochstreifen-Programm für diese Werkzeugmaschine testen.

Dieses Projekt konnte erfolgreich abgeschlossen werden und die Gesamtanlage wurde auf der Werkzeugmaschinenausstellung im Herbst 1960 in Hannover vorgestellt. Abb. 5 zeigt diesen ersten funktionsfähigen lochstreifengesteuerten ARISTO-Koordinatograph. Es handelte sich hierbei jedoch um ein speziell auf die Belange einer Werkzeugmaschine abgestimmtes Einzelprojekt, so daß ARISTO damit noch kein Produkt auf dem Gebiet des automatischen Zeichnens vorweisen konnte. Um für die Automationsbestrebungen in der Vermessung Geräte anbieten zu können, mußten wir also nach weiteren Möglichkeiten suchen, und wir wurden fündig.

Auf der Ausstellung „Schweißen & Schneiden", 1960 in Essen, entdeckten wir eine NC-gesteuerte Brennschneidmaschine der Firma Messer-Griesheim, Frankfurt/Main, die mit einer Steuerung der Firma Kongsberg-Vapenfabrikk Kongsberg, Norwegen, betrieben wurde. An dieser Steuerung war auch ein kleines transportables Tischzeichengerät angeschlossen, das zum Testen des Maschinenpro-

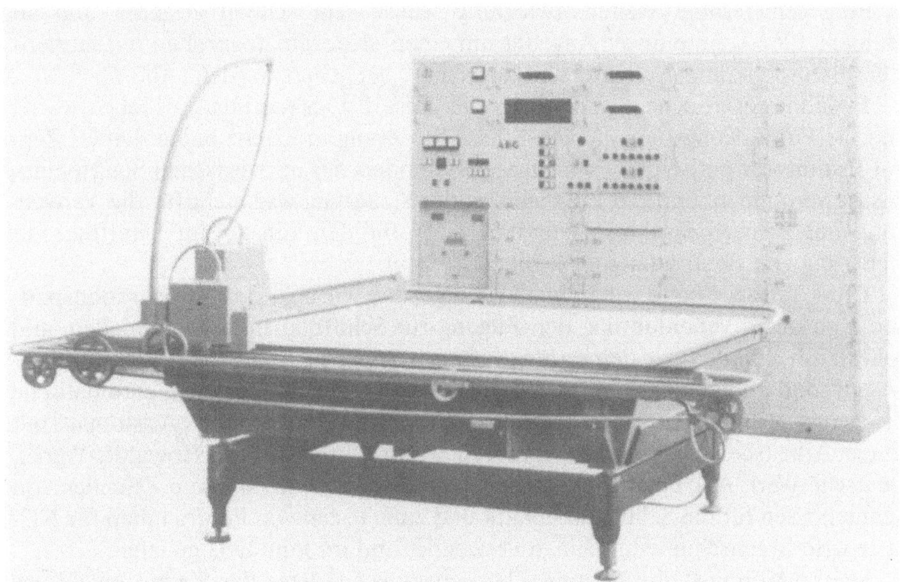

Abb. 5. Erster lochenstreifengesteuerter ARISTO-Koordinatograph

Abb. 6. Koordinatograph mit numerischer Bahnsteuerung System Essi-Kongsberg

gramms eingesetzt wurde. Hier sahen wir die Lösung unseres Problems. Wir setzten uns sofort mit der Firma Kongsberg-Vapenfabrik in Verbindung und fanden großes Interesse für eine Zusammenarbeit.

Eine gemeinsame Weiterentwicklung wurde sehr schnell gestartet und ab Frühjahr 1962 konnte unser Angebot um einen „Koordinatographen mit numerischer Bahnsteuerung, System Essi-Kongsberg" bereichert werden (Abb. 6).

Erwähnenswert scheint mir noch, daß diese Essi-Steuerung entwickelt wurde und die Firma Kongsberg zunächst diese Steuerung in Lizenz baute. Dieses Zentral-Institut war mit seinen Forschungen besonders der norwegischen Schiffbauindustrie verbunden, und die Entwicklung der Steuerung war nicht für die Verwendung mit Zeichenmaschinen, sondern mehr für den Einsatz im Schiffbau zur Steuerung von Brennschneidmaschinen gedacht.

Diese Tatsache hatte wiederum zur Folge, daß wir über den Kooperationspartner, Kongsberg-Vapenfabrikk, den Zugang zur Schiffbau-Industrie erhielten, und voller Stolz konnten wir den ersten Auftrag - leider nicht aus dem Vermessungswesen, sondern aus der Schiffbau-Industrie - verbuchen. Der erste automatische Zeichentisch unter dem noch heute verwendeten Markennamen „Aristomat" mit einem Arbeitsbereich von 1500 mm × 2000 mm wurde an die Howaldts-Werke, Deutsche Werft AG, nach Kiel verkauft. Das Gerät wurde dort zum Zeichnen von Spantenrissen für die Schiffsaußenhaut und zum Testen von Programmen für NC-gesteuerte Brennschneidmaschinen verwendet und im Jahr 1963 geliefert.

Dieser Auftrag stellte für uns schon etwas Besonderes dar, denn obwohl wir aus dem Vermessungswesen den Anstoß zur Entwicklung des Aristomat bekamen, war es uns nicht gelungen, dieser Anwendergruppe unsere erste Anlage zu verkaufen, sondern einem bis dato von uns nicht so stark bedienten Industriezweig, nämlich dem Schiffbau.

Dieser erste Auftrag war aber auch gleichzeitig ein Signal für alle übrigen namhaften Schiffbaubetriebe im In- und Ausland. Damals befand sich diese Industrie in einer hervorragenden wirtschaftlichen Situation, so daß Investitionen in moderne Technologien kein großes Problem darstellten.

Zu unseren Lieferungen an die Schiffbau-Industrie noch eine Begebenheit. Wir haben zu einem späteren Zeitpunkt wieder an die Howaldts-Werke in Hamburg unsere größte je gefertigte automatische Zeichenanlage verkauft. Es handelte sich dabei um eine Zeichenmaschine mit einem Arbeitsbereich von 3000 mm × 4000 mm. Dies ist die Zeichenmaschine mit dem größten Arbeitsbereich in der Querachse, die je auf der Welt gebaut und geliefert wurde. Wegen der Abmessungen war man nicht in der Lage, diese Maschine in den üblichen Räumlichkeiten unterzubringen. HDW sah sich genötigt, für diese Anlage ein Fertighaus zu kaufen und dieses dann auf dem Werft-Gelände in Hamburg-Finkenwerder für unsere Anlage aufzustellen.

Der gemeinsame Erfolg von ARISTO und Kongsberg auf dem Gebiet der automatischen Zeichentechnik führte dann nach circa eineinhalb Jahren dazu, daß Kongsberg eigene Entwicklungen zur Fertigung - auch des mechanischen Teils der Zeichenmaschine - begann und recht bald die Gesamtanlage selbst produzierte. Damit ging die Zusammenarbeit mit ARISTO zu Ende.

Wir befanden uns damit wieder in einer Situation, aus dem Nichts heraus neue Lösungen zu finden. Inzwischen war sich das Management mit den Inhabern von ARISTO, Herrn Georg Dennert und Herrn Hans Dennert, aber darüber im klaren, daß das Geschäft mit der Graphischen Datenverarbeitung eine Zukunft hat, und ARISTO diese Aktivität weiter betreiben sollte. Was war nun zu tun?

Wir erinnerten uns der positiven Erfahrungen bei der Zusammenarbeit für das Projekt „Waldrich" mit AEG-Telefunken und nahmen mit dem Team, das seinerzeit das Projekt betreute, Verbindung auf. Es handelte sich um die Herren Dr. Meyer, Böse und Götz. Man erinnerte sich noch sehr gut an unsere erfolgreichen gemeinsamen Aktivitäten.

Die für das Projekt gelieferte Zeichenmaschine befand sich auch noch in der AEG-Fabrik in Seligenstadt am Main und die nötige Begeisterung für eine erneute Zusammenarbeit mit ARISTO war deutlich spürbar. Damit waren wichtige Voraussetzungen für eine fruchtbare Zusammenarbeit vorhanden.

Die technische Entwicklung war zwischenzeitlich auch weitergegangen. Die erste NC-Steuerung, die im Zusammenhang mit dem Projekt für die Hannover-Messe entwickelt wurde, war noch mit Germanium-Transistoren bestückt und hatte den Umfang einer mittleren Wohnzimmerwand damit auch entsprechend teuer. Die Steuerungstechnik befand sich jedoch in einer ständigen Weiterentwicklung, so daß damit zu rechnen war, daß sich das Preis-Leistungsverhältnis zukünftig wesentlich günstiger entwickeln würde.

Zunächst versuchten wir, auf der Basis der bei AEG in der Entwicklung befindlichen Werkzeug-Maschinen-Steuerung „AEG-Numeric" eine Lösung zu finden. Dies mußten wir aufgeben, da die technischen Anforderungen an die Steuerung eines Zeichentisches zu unterschiedlich waren, so daß gemeinsam mit den Entwicklern von AEG-Telefunken eine spezielle Steuerung unter dem AEG-Markenzeichen „Geagraph" für unseren Zeichentisch konzipiert und entwickelt wurde.

Im Laufe der Entwicklungszeit stellte sich heraus, daß die für dieses Projekt zu lösenden Probleme sehr viel schwieriger als ursprünglich angenommen waren; dadurch mußte zunächst eine Reihe von Rückschlägen überwunden werden. Es zeichneten sich dann aber doch die ersten Erfolge ab, und wir starteten mit der Vorstellung eines ersten ARISTO-Zeichentisches „Aristomat" (mit einer Steuerung der AEG) anläßlich der Hannover-Messe 1964. Die erste Lieferung eines „Aristomat", noch mit einem Vorläufer der „Geagraph"-Steuerung, erfolgte dann 1965 an das Institut für Werkzeugmaschinen der Technischen Universität Berlin, Herrn Prof. Simon.

Die Schwierigkeiten bei den ersten Systemen, mit denen sowohl die Entwickler als auch die Vertriebsleute zu kämpfen hatten, waren zeitweise kaum noch zu vertreten; die Motivation sowohl unserer als auch der AEG-Mitarbeiter war jedoch ungebrochen. Mittlerweile wurde dieser Einsatz auch durch erste Aufträge für die noch nicht ausgereiften Geräte belohnt. Unser erster Kunde, der einen „Aristomat" mit einer AEG-Steuerung „Geagraph 2000" bestellte, waren die „Hamburgischen Elektrizitäts-Werke" im Jahre 1967. Die Anlage sollte dort zur Herstellung von Netzplänen zur Stromversorgung der Freien und Hansestadt Hamburg verwendet werden. Das Vertrauen dieses Kunden, vertreten durch die Herren Nagel und Schulze, in unser Unternehmen soll hier auch noch einmal seine Würdigung finden.

Nur mit großen Anstrengungen unserer und der AEG-Mitarbeiter und noch größerem Verständnis des Kunden konnte das System dann nach circa sechs Monaten Inbetriebnahmezeit dem Kunden übergeben werden. ARISTO war damit wieder im Geschäft mit Zeichenautomaten und hatte eine schwierige Phase für das Unternehmen überwunden. Abb. 7 zeigt eine Zeichenmaschine mit AEG-Steuerung.

Abb. 7. Aristomat mit der Steuerung Geagraph

Jetzt ging es Schlag auf Schlag. Nachdem wir die Schiffbau-Industrie und inzwischen auch das Vermessungswesen als unsere Kunden gewonnen hatten, kam nun auch die Automobil-Industrie, die den Karosserie-Bau mittels graphischer Systeme automatisieren wollte. ARISTO schien – gemeinsam mit AEG-Telefunken – offenbar auch für diese Branche der richtige Partner zu sein, so daß wir ab 1966 den Automobilwerken „Volkswagen AG", „Daimler-Benz AG" und den „Ford-Werken AG" Systeme verkaufen konnten.

Im Zusammenhang mit diesen Systemen kamen völlig neue Anforderungen auf uns zu. Für die Herstellung der Werkzeuge bestand die Notwendigkeit, aus vorhandenen großformatigen Zeichnungen möglichst genaue Koordinaten-Werte herauszulesen. Wir begannen also, uns zunächst für die zwei dimensionale Koordinaten-Aufnahme mit der Entwicklung von automatischen Linien-Abtast-Systemen unter Verwendung des mechanischen Teils des Zeichentisches zu befassen (Abb. 8). Auch diese Entwicklung konnte gemeinsam mit AEG erfolgreich abgeschlossen werden und wurde unter dem Markennamen „Aristometer" angeboten. Wir haben dann von dieser Anlage eine Reihe von Installationen, nicht nur in der Automobil-Industrie, durchgeführt.

Da es sich aber bei der Automobil-Karosserie um ein drei-dimensionales Gebilde handelte, wurde allen Beteiligten bald klar, daß ein Gesamt-System zur Karosserie-Datenverarbeitung nur dann Sinn macht, wenn ein derartiges System

Abb. 8. Aristometer 2 D zum 2-dimensionalen Abtasten von Zeichnungen

auch drei-dimensionale Daten aufnehmen kann. Es wurde also eine drei-dimensionale Meßmaschine benötigt. Da wir mit unserem zwei-dimensionalen System inzwischen sehr gut Koordinaten aufnehmen konnten, traten die Anwender hier besonders die Automobilindustrie mit der Frage an uns heran, ob wir bereit wären, uns auch mit der Entwicklung der benötigten drei-dimensionalen Koordinaten-Meßmaschinen zu befassen. Am Markt wurde damals nichts Geeignetes angeboten. Nach gründlicher Beratung – auch mit AEG – stimmten wir dieser Entwicklung gemeinsam zu.

Im nachhinein ist festzustellen, daß wir uns sicherlich damals nicht über alle Konsequenzen dieser Entscheidung im klaren waren; diese aber im vollen Umfang auch nicht vorausgesehen werden konnten. So erhielten wir recht bald Aufträge zur Entwicklung einer großen drei-dimensionale Meßmaschine mit dem Meßbereich von 7000 mm × 2200 mm × 2000 mm, die stationär angeordnet werden sollte, vom „Volkswagen-Werk" in Wolfsburg Abb. 9 und einen weiteren Auftrag für eine fahrbare Meßmaschine mit dem Meßbereich von 2000 mm × 1600 mm × 1000 mm von der „Daimler-Benz AG" in Sindelfingen (Abb. 10). Beide Unternehmen hielten uns für vertrauenswürdig genug, diese Aufträge auszuführen.

ARISTO übernahm die Entwicklung des mechanischen Teils dieser Geräte, AEG-Telefunken den elektronischen Teil mit den notwendigen Programmen der Software. Mit sehr viel Mühe haben ARISTO- und AEG-Ingenieure beide Maschinen funktionsfähig an beide Kunden abliefern können. Das „Volkswagen-Werk" hat im Laufe der Jahre einige Änderungen an der Maschine vorgenommen, aber bis zum heutigen Tage befindet sich die Anlage dort im Einsatz. Bei der „Daimler-Benz AG" wurde die Maschine vor einigen Jahren durch eine stationäre Maschine heutiger Konstruktion ersetzt.

Rückblickend bleibt festzustellen, daß wir mit diesen Entwicklungen sicherlich eine technische Pioniertat vollbracht haben, die jedoch wirtschaftlich kein Erfolg war. Auf der anderen Seite hat ARISTO durch diese Entwicklungen eine Menge Know-How erworben, was im Laufe der Jahre anderen Entwicklungen zugute kam.

W. Mathes

Abb. 9. Aristometer 3 D 3-dimensionale Meßmaschinen bei VW

Abb. 10. Fahrbare 3-D-Meßmaschine ARISTOMETER-3 D

Nach Lieferung und Abnahme beider Geräte erhielten wir Anfragen für ähnliche Maschinen aus allen Ländern der Welt. Wir kamen aber zu dem Entschluß, dieses Programm nicht weiterzuführen, da es die finanzielle Leistungskraft des Unternehmens überforderte.

Inzwischen war uns auch mit Zeichenmaschinen der Einstieg in den japanischen Markt gelungen. Den ersten Auftrag erhielten wir von dem Automobil-Werk ISUZU Motors Company Ltd, Fujisawa Factory bei Yokohama, dem weitere Aufträge aus der japanischen Elektronik- und Schiffbau-Industrie folgten.

Aus meiner damaligen persönlichen Tätigkeit in Japan noch eine kleine Begebenheit, die bezeichnend für die damalige Situation in Japan war.

Wir hatten 1970 für unsere Zeichentische eine neue Steuerung, die als zentralen Prozessor einen DEC-Rechner PDP 8 L beinhaltete. Die Gesamtanlage wurde auf einer Werkzeugmaschinenausstellung in Osaka dem japanischen Markt vorgestellt. Unsere damalige Vertretung war so ängstlich um Kopierschutz gegen die eigenen Landsleute besorgt, daß sie das Gerät, einschließlich Bedienungspersonal, wozu damals auch ich zählte, in einen Glaskasten steckte und die Besucher nur durch die Glasscheiben die Anlage begutachten durften. Wenn man heute bedenkt, daß jeder mittlere Taschenrechner eine höhere Leistung als die damalige PDP 8 L hat, so ist dieses Erlebnis schon bezeichnend für den inzwischen besonders in Bezug auf Japan vollzogenen technischen Fortschritt.

Unsere Produkte fanden einen so großen Anklang in Japan, daß wir im Jahre 1970 einen Lizenz-Vertrag für einen Teil unseres Geräte-Programms mit einem japanischen Hersteller abschließen konnten.

Die Aktivitäten in Richtung zwei-dimensionaler Meßtechnik (Digitalisier-Technik) erwiesen sich – im nachhinein betrachtet – als eine sehr positive Entscheidung für das Unternehmen. Aber wieder einmal kam der Impuls, der zum Durchbruch dieser Technik führte, vom hiesigen Vermessungswesen. Dort entstand der zunehmende Bedarf, Karten und Pläne möglichst genau zu vermessen, und die Daten computergerecht zu erhalten, wobei zunächst mit Geräten gearbeitet wurde, die als Grundlage Konstruktionszeichenmaschinen in mechanischer Bauweise verwendeten. Diese Geräte wurden mit Impulsgebern, Ziffern-Anzeigen und Lochstreifen-Ausgabe ausgerüstet. Der zu vermessende Plan wurde auf das Zeichenbrett gelegt, und mit einer Lupe, die am Laufwagen der Maschine befestigt war, wurden die Koordinatenwerte gemessen. Dieses Verfahren war recht mühselig und ungenau, zum damaligen Zeitpunkt aber die beste Methode, zwei-dimensionale Koordinatenwerte aufzunehmen. Wir hatten in unserem Produktangebot damals kein derartiges Gerät, sondern nur die sehr aufwendige, aber hochgenaue Methode mit dem „Aristometer" und waren auf der Suche nach einfacheren Möglichkeiten.

Herr Prof. Christ vom Institut für angewandte Geodäsie sprach uns um 1969 an, ob die bisherigen elektromechanischen Meßmethoden nicht zu vereinfachen wären und ob ARISTO daran interessiert sei, sich mit voll elektronischen Meßtechniken zu befassen. Parallel dazu machte mich unsere USA-Vertretung auf eine Entwicklung der Firma Bendix Computer Graphics, Farmington, Michigan, USA, aufmerksam, die offenbar bereits voll elektronisch messende Geräte mit induktivem Meßverfahren entwickelten. Dies interessierte uns brennend, und anläßlich einer Reise in die USA, Ende 1969, habe ich mich mit Bendix in Verbindung

Abb. 11. Digitalisiergerät Aristogrid

gesetzt und zunächst eine Vertriebsvereinbarung für dieses neue Produkt für Europa abschließen können. Bendix bot dieses Produkt unter dem Markennahmen „Datagrid" an. In den USA waren diese Geräte unter dem Sammelbegriff „Digitizer" angeboten. Der erste Kunde, der ein „Datagrid" kaufte, war das Institut für angewandte Geodäsie in Frankfurt für den Bereich von Herrn Prof. Christ. Es war das erste voll elektronisch arbeitende Digitalisiergerät in Deutschland. Wir hatten mit dem IFAG einen Kunden, der uns bei der Erprobung und Weiterentwicklung dieser Produktlinie sehr geholfen hat. Heute gehört das Digitizer-Programm unter der Marke „Aristogrid" zu den wichtigsten Poduktlinien unseres Hauses (Abb. 11).

Besondere Umstände führten dann dazu, daß wir 1976 eine amerikanische Lizenz für ein neues Digitalisier-Verfahren kaufen konnten. Dieses Verfahren stellt heute - natürlich im Laufe der Jahre mit Weiterentwicklungen bereichert - die Basis für unsere Produktlinie Digitizer dar.

Anfang der 70er Jahre bestand somit das ARISTO-Produktprogramm aus manuellen Koordinatographen, automatischen Zeichenmaschinen „Aristomat" und nun auch aus 2-dimensionalen Datenerfassungsgeräten „Aristogrid", so daß wir mittlerweile ein interessantes Angebot graphischer Komponenten vorweisen konnten.

Beeinflußt durch die stürmische Entwicklung der amerikanischen Elektronik-Industrie etablieren sich dort zunehmend computergestützte Geräte, sogenannte CAD-Systeme, für den Entwurf von gedruckten und integrierten Schaltungen. Wir hatten inzwischen auch für diese Anwendung - gemeinsam mit AEG - als peri-

Abb. 12. Aristogrid CD 400

pheres Ausgabegerät einen Photoplotter der mit einem Lichtstrahl auf lichtemp-findlichen Material zeichnet entwickelt, der im Markt auf großes Interesse stieß. Diese CAD-Systeme bestanden aus einem Datenerfassungsteil (Digitizer), einem Datenausgabeteil (Plotter/Photoplotter) und einem Rechnersystem mit der ent-sprechenden Anwender-Software, so daß wir bei diesen Systemen Bedarf für unseren Photoplotter fanden.

An diesem Aufbau hat sich bis zum heutigen Tage mit Ausnahme der Lei-stungsfähigkeit nichts Wesentliches geändert. Diese Computer Aided Design-Systeme (CAD) wurden zunächst nur in der Elektronik-Industrie einge-setzt. Die Aufgabenstellung in der Vermessung war aber ähnlich, so daß sich auch für diese Anwendung der Bedarf für CAD-Systeme entwickelte. Wiederum kamen wir mit dem damaligen Leiter des Instituts für angewandte Geodäsie, Herrn Prof. Knorr und seinem Mitarbeiter, Herrn Prof. Christ, bezüglich eines CAD-Systems für das Vermessungswesen aus unserem Hause ins Gespräch. Da unsere Bezie-hungen zur einschlägigen amerikanischen Industrie auf diesem Gebiet gut waren, hatte ich zunächst versucht, mit amerikanischen Firmen, die für Elektronik-Anwendung solche Systeme herstellten, zu kooperieren. Das schien zwar möglich, war aber aufgrund der Entfernung und technischer Probleme damals nicht mach-bar. Nach reiflichen Überlegungen haben wir dann die Entscheidung getroffen, uns mit eigenen Entwicklungen auf diesem Gebiet zu betätigen, da wir überzeugt waren, daß sich diese Technik, die zwar noch in den Kinderschuhen steckte, lang-fristig durchsetzen würde. Wir wollten damit einen entscheidenden Schritt zur Zukunftssicherung von ARISTO machen.

Wir erinnerten uns eines ehemaligen AEG-Mitarbeiters, Herrn Richarz, der für unsere Systeme Software bei AEG entwickelte und sich zwischenzeitlich selbständig gemacht hatte. Er befaßte sich nach wie vor als Programmierer intensiv mit der Graphischen Datenverarbeitung. Nach eingehenden Diskussionen kamen wir überein, mit der Software-Entwicklung auf Basis von DEC-Rechnern für ein CAD-System, speziell für das Vermessungswesen, zu beginnen. Ein Teil des Risikos dieser Entwicklung wurde durch einen Auftrag, den wir vom Institut für angewandte Geodäsie erhielten, gedeckt. Dorthin wurde auch das erste System im Jahr 1975 geliefert. Diese Entwicklung konnte mit viel Mühe abgeschlossen werden. Sie wurde unter der Markenbezeichnung „Aristogrid CD 400" angeboten (Abb.12). Wir haben davon dann erfolgreich weltweit insgesamt 60 Systeme verkaufen können, die größtenteils noch heute im Einsatz sind.

Da wir inzwischen auch einen hochpräzisen Photoplotter, der mit einer Lichtzeicheneinrichtung Zeichnungen auf lichtempfindlichem Papier erstellen konnte, zur Verfügung hatten, wurde im Zusammenhang mit diesem Photoplotter immer wieder die Frage nach einem CAD-System für Elektronik-Anwendungen von ARISTO aktuell. Da eigene Entwicklungen für diese Anwendung nicht in Frage kamen, entschlossen wir uns, für diese Anwendung ein amerikanisches CAD-System zunächst in Deutschland zu vermarkten. Nach intensiven Recherchen und Gesprächen kamen wir 1974 zu einer exklusiven Vertriebsvereinbarung für die Bundesrepublik Deutschland mit der Firma CALMA Interactive Graphic Systems, Sunny Vale, California, USA.

Somit wurden die ersten CAD-Systeme von CALMA für Elektronik-Anwendungen in der Bundesrepublik von ARISTO verkauft.

Ich konnte Ihnen eine Anzahl von Ereignissen über die Entwicklung der Graphischen Datenverarbeitung im Hause ARISTO schildern. In meiner Darstellung ist der Rechenschieber bisher etwas zu kurz gekommen. Ich denke, zur Vollständigkeit ist an der Zeit, zu berichten, wie es dort weitergegangen ist. Es steht außer Frage, daß der Rechenschieber von ARISTO während all der Jahre weiterentwickelt und mit großem Erfolg verkauft wurde. Dieses Programm hat mit Sicherheit auch dazu beigetragen, die von mir geschilderten Entwicklungen in der Graphischen Datenverarbeitung in den ersten Jahren mitzufinanzieren.

Jedoch auch das Produkt „Rechenschieber" kam nicht ungeschoren davon. Durch die stürmische Entwicklung der digitalen Rechentechnik, durch immer leistungsfähigere kleinere und billigere Komponenten war der Zeitpunkt absehbar, an dem auch Bausteine verfügbar waren, die rechentechnische Leistungen - vergleichbar mit dem Rechenschieber und besser - ermöglichten und damit die Analog-Technik des Rechenschiebers ablösten.

Auch bei ARISTO hatte man diese Entwicklung kommen sehen und versucht, bereits im Vorfeld dieser sich abzeichnenden Entwicklung Maßnahmen zu ergreifen, um das Produkt „Rechenschieber" mit moderner Technik zu ergänzen und damit am Leben zu erhalten.

Wir hatten uns bereits 1971 mit amerikanischen Firmen, die Elektronik-Komponenten herstellten, diesbezüglich in Verbindung gesetzt und nachdem „Texas Instruments", USA, den ersten integrierten Rechenbaustein herausbrachte, mit der Entwicklung des Taschenrechners „M 27" begonnen (Abb.13). Dieser erste in Deutschland hergestellte Taschenrechner in der Größe einer Zigarettenschachtel wurde von ARISTO 1972 auf den Markt gebracht und kostete DM 460,-. Mit diesem Produkt konnte das Unternehmen einen ziemlichen Umsatzzuwachs verbu-

Abb. 13. Der erste ARISTO-Taschenrechner M 27

chen. Die Taschenrechner-Entwicklung stand jedoch unter einem unglücklichen
Stern, da wir bei diesem Produkt total den Komponenten-Lieferanten ausgeliefert
waren.

Die Wertschöpfung für uns bestand neben der design-Konstruktion lediglich
in der Montageleistung, da die Einzelteile im wesentlichen zugekauft wurden. Da
sich für Taschenrechner ein riesiger Markt abzeichnete, befaßten sich bald auch
die Länder in Fernost mit der Herstellung von Taschenrechnern. Es kam - wie
nicht anders zu erwarten war - zu einem ruinösen Kampf um Preise und Märkte,
dem ARISTO nicht gewachsen war, so daß wir 1978 die Taschenrechner-Produk-
tion einstellten.

Inzwischen war das Rechenschieber-Geschäft durch den Einzug dieser neuen
Technologie bis zur Bedeutungslosigkeit zurückgegangen. Diese Entwicklung
stellte uns erneut vor eine schwierige Situation. Glücklicherweise war das Programm der Graphischen Datenverarbeitung ausgebaut worden. Wir hatten uns
darüber hinaus inzwischen verstärkt in Richtung „Anwendungssysteme" orientiert
und begannen, uns zunehmend als Anbieter für CAD/CAM-Systeme mit Schwerpunkt „Anwendungen" zu entwickeln. Es war uns trotzdem klar, daß die weiterhin notwendigen Investitionen ohne das Rechenschieber-Geschäft nur schwerlich
realisierbar waren. Diese Überlegungen führten dann dazu, daß wir uns nach Partnern umsahen. Da zum gleichen Zeitpunkt auch die rotring-werke Riepe KG auf
besondere Initiative ihres persönlich haftenden geschäftsführenden Gesellschaf-
ters, Herrn Karl H. Ditze und ihres damaligen Generalbevollmächtigten, Herrn
Heinz-Günther Vogel, strategische Überlegungen zur Zukunftssicherung des „rotring"-Angebotes für das technische Büro anstellten und hierfür auf der Suche
nach einem Partner waren, starteten wir frühzeitig Gespräche mit den rotring-wer-
ken. Daraus entwickelte sich dann die mehrheitliche Übernahme der damaligen
ARISTO-Werke Dennert & Pape KG durch die rotring-werke Riepe KG zum
1.1.1979. Die neue Gesellschaft wurde in ARISTO GRAPHIC SYSTEME GMBH
& CO KG umbenannt und befaßte sich ausschließlich mit der Graphischen
Datenverarbeitung.

Inzwischen ist ARISTO mit ihren Tochter-Gesellschaften Vollmitglied der rotring-Firmen-Gruppe. Die heutigen Tätigkeitsfelder umfassen die Entwicklung und Herstellung von Komponenten für die Erfassung und Wiedergabe graphischer Informationen sowie die Entwicklung und Herstellung von Anwendungssystemen, schwerpunktmäßig in der Elektronik- und der graphischen Industrie.

Sämtliche Aktivitäten für das rechnergestützte Konstruieren und Fertigen (CAD/CAM) werden für die gesamte Gruppe von einer separaten Tochter-Gesellschaft, der „Rotring euroCAD GmbH", wahrgenommen, die in enger Zusammenarbeit mit ARISTO dieses Geschäft betreibt.

Inzwischen besteht bei ARISTO eine eigene Elektronik- und Software-Entwicklung. Unser jahrzehntelanger Partner, die AEG-Telefunken, hat sich 1977 aus der Entwicklung und Fertigung von Zeichenmaschinensteuerungen zurückgezogen. Wir haben in den vergangenen Jahren für diese Aufgaben eigene Kapazitäten geschaffen und verfügen heute über modernste rechnergestützte Steuerungskonzepte. Zwischenzeitlich wurde von uns ein schlagkräftiges Vertriebsnetz aufgebaut.

Viele Firmen haben den Einstieg in die Graphische Datenverarbeitung versucht und sind auf der Strecke geblieben. Zeitweilig waren auf dem Markt für einen Produktumfang, wie wir ihn heute anbieten, bis zu 25 Anbieter. Davon sind heute weltweit höchstens fünf Firmen übriggeblieben.

Abb. 14. ARISTO-Stammsitz Hamburg-Schnackenburgallee (freig. LA. HH 574/88)

Es ist – wie Sie aus meiner Darstellung erkennen – nie ein leichtes Geschäft gewesen. Ich erinnere noch einmal an meine Eingangsworte, daß die 125 Jahre ARISTO auch ein Beweis für die Leistung des Unternehmens vertreten durch seine Mitarbeiter sind. Ohne diese Leistung wären wir vielleicht auch auf der Strecke geblieben. Im Jubiläumsjahr, haben wir den Haferweg 46 verlassen, wo wir 20 Jahre gearbeitet haben, um in ein neues, eigenes Gebäude in Hamburg-Stellingen, Schnackenburgallee 41, zu ziehen (Abb. 14). Das ist ein weiterer wesentlicher Meilenstein in unserer über 125-jährigen Geschichte.

Unsere ersten Gehversuche in das elektronische Zeitalter haben wir 1959 gemacht, so daß wir nunmehr seit 30 Jahren in der Graphischen Datenverarbeitung tätig sind. Es ist uns immer wieder gelungen – trotz schwieriger Situationen – unser Programm weiter zu entwickeln. Hierauf sind wir stolz. Ausdruck unseres Stolzes sollte auch dieses Buch sein, das darüber hinaus hoffentlich auch dem Fachmann aus der Branche den einen oder anderen interessanten Hinweis für seine Arbeit geben kann.

Neben den ehemaligen Inhabern von Aristo der Familie Dennert insbesondere die Herrn Georg und Hans Dennert haben im Laufe der Jahre viele verdienstvolle Mitarbeiter dazu beigetragen, den hohen Leistungsstand des ARISTO-Programms zu halten bzw. weiter auszubauen. Alle Mitarbeiter zu nennen, die wesentlichen Anteil daran hatten, würde jedoch den Rahmen dieser kurzen Darstellung sprengen. Es ist mir jedoch ein Bedürfnis, stellvertretend für alle, einen Mitarbeiter zu erwähnen, der sich in den Anfangsjahren besonders um die Realisierung dieses Programms bei ARISTO verdient gemacht hat: Es ist Herr Friedrich Müller, der unsere Entwicklung in den Jahren von 1953 bis 1975 geleitet hat und leider viel zu früh im Jahre 1975 verstorben ist.

Ich selbst habe viele Jahre mit Herrn Müller zusammengearbeitet. Wir waren uns darüber im klaren, daß hier kein problemloses Geschäft auf uns wartete, es aber für das Überleben der Firma wichtig war, diese Aktivitäten voranzutreiben. In dieser Pionierphase versuchten wir, mit viel Freude und Enthusiasmus unsere Ideen umzusetzen. Ich bin froh, diese Zeit gestaltend miterlebt zu haben.

Hochleistungssysteme, Visualisierung und Integration – Die Computergraphik-Schlagzeilen für die 90er Jahre

J. Encarnação, J. Schönhut

Zusammenfassung

In diesem Bericht werden die in den 90er Jahren zu erwartenden Entwicklungen im Bereich der Graphischen Datenverarbeitung dargestellt. Er konzentriert sich auf drei wichtige und dynamische Gebiete:

- Hochleistungsfähige Graphik,
- Integration der Graphik in Anwendungsumgebungen,
- Visualisierung von Computerergebnissen.

Besondere Aufmerksamkeit wird bei der hochleistungsfähigen Graphik dem Entwurf von Graphiksystemen in bezug auf die Hardware-Entwicklung, der Beziehung zwischen Graphik- und Fenstertechniknormen und der Rekonstruktion, Bearbeitung und Darstellung dreidimensionaler Felder numerischer Daten gewidmet.

Die Integration von Graphik in Anwendungsumgebungen beschäftigt sich mit der Rolle der Benutzungsschnittstellen (User Interface Management Systems) mit Schwerpunkt auf Interaktionstechniken und der Präsentation von Daten. Sie reflektiert Netzwerkaspekte, das Client-Server-Modell und hebt die Rolle der objektorientierten Verarbeitung und den Einfluß des integrierten Dokumentenmodells für Anwendungssysteme hervor.

Der dritte Bereich, Visualisierung von Computerergebnissen, liefert eine Definition des Problems, umreißt Trends, Werkzeuge und Techniken und schließt mit einem Überblick über die zahlreichen Anwendungsgebiete, in denen Visualisierung notwendig ist, ab.

1. Einführung

Wir möchten hier einige zukünftige Entwicklungen im Bereich der Graphischen Datenverarbeitung darstellen. Sie werden durch die folgenden Schlüsselbegriffe charakterisiert:

(a) Visualisierungstechniken

- Rolle der spezialisierten Hardware in bezug auf hochleistungsfähige Graphik, parallele Architekturen, VLSI für Graphik
- 3D-Graphik
- Superworkstations

- vom Anwendungskontext abhängige graphische Darstellung
- neue Betrachtungsweisen für sehr umfangreiche, mehrdimensionale Daten

(b) Erfordernisse der graphischen Anwendungen

- Datentypen: Graphik, Video, Sprache
- Datenkodierung
- Datenintegration in offenen Systemen
- Austausch von Anwendungsdaten und zugehörige Normen
- Integration von Graphik- und Anwendungsnormen
- Schnittstellen der Graphik zur anwendungsbezogenen Modellierung
- Allgemeine Benutzer-Schnittstelle für CAX
- Dokumentationstechniken
- Graphik und Datenbanken für Ingenieur- und Arbeitsplatzumgebungen
- Graphik- und Computerdarstellung

Dies sind alles interessante und dynamische F&E-Bereiche [4, 5, 6]. Sie umfassen eine große Zahl an Techniken und Systemen, die in der Entwicklung sind [7, 8, 9]. Diese Übersicht beschäftigt sich mit einigen von ihnen. Die Auswahl gründet sich auf unsere Erwartungen der Entwicklungen an der Spitze der Leistungen der Graphischen Datenverarbeitung. Der Schwerpunkt liegt dabei auf Computerergebnissen und Anwendungen [1, 2, 3].

Die folgenden Punkte werden detaillierter behandelt:

- Hochleistungsfähige Graphik,
- Integration von Graphik in Anwendungsumgebungen,
- Visualisierung von Computerergebnissen.

2. Hochleistungsfähige Graphik

2.1. Allgemeines

Bis vor kurzem basierten Workstations auf standardmäßig lieferbaren 32-Bit Mikroprozessoren (Motorola 680×0, Intel 80×86, NS 32×32). Im Jahre 1987 gelang es der RISC-Technologie (Reduced Instruction Set Computer), sich von Superminicomputern zu Workstations weiterzuentwickeln. Sun-4 ist die bekannteste davon. Silicon Graphics stellt 3 D-Graphikfähigkeiten zur Verfügung.

Im letzten Jahr hat die Firma Stellar das Modell GS 1000 angekündigt, das als Multi-Stream-Prozessor-Workstation mit Vektor-Gleitkomma-Koprozessoren eine Spitzenleistung von 25 MIPS und 40 MFLOPS erreichen soll. Ardent hat die Titan-Workstation vorgestellt, die auf vier zentralen Vektoreinheiten basiert, von denen jede einen RISC-Chip und einen arithmetischen Koprozessor enthält und eine Spitzenleistung von 16 MIPS und 16 MFLOPS erreicht. Diese neugegründeten Gesellschaften suchen auf dem wissenschaftlichen Sektor des Marktes nach Nischen, in denen numerische Rechenmethoden und 3 D-Graphik die beiden Hauptvoraussetzungen sind. Apollo kündigte für das dritte Quartal 1988 25 MIPS pro Prozessor mit Hilfe einer selbstentwickelten Architektur, genannt PRISM, an.

Vor ein paar Jahren wurden spezialisierte LISP-Workstations aufgrund einer ungünstigen Kosten/Leistungs-Beziehung (Symbolics, Texas Instruments) weniger erfolgreich eingeführt. Dennoch sind leistungsfähige LISP- und PROLOG-Umgebungen notwendig, damit Workstations KI-Anwendungen benutzen können. CAD bleibt weiterhin das wichtigste Anwendungsgebiet der Workstations. Spezielle Hardware-Beschleuniger sind für diesen Markt bestimmt (Cadnetics, Daisy, Valid).

Im Forschungsbereich wird daran gearbeitet, volle Multiprozessorfähigkeiten für Workstations zu liefern (DEC-Firefly, Xerox-Dragon). Dennoch verhindert heute der Mangel an Programmierfähigkeiten, Parallelisierung in Programmen einzusetzen und den Zugang zum Markt zu ermöglichen. Weiterhin erfordern diese Rechner die Entwicklung von sehr kostspieligen ASICs (Application Specific Integrated Circuit), um Multiprozessorbetrieb mit gemeinsam genutztem Speicher durchführen zu können. Ardent, Stellar und Apollo bieten bis zu vier Prozessoren in ihren leistungsfähigsten Geräten.

Spezialhardware wird sowohl als Teil von wissenschaftlichen Workstations (Koprozessoren) als auch in Form von Back-End-Multiprozessorrechnern erhältlich sein. In beiden Fällen werden große Mengen an Daten produziert, die dem Benutzer dargestellt und von ihm verändert werden müssen. 3 D- und 4 D- (einschließlich Zeit und Bewegung) Farbgraphiken sind geeignete Mechanismen. Dies könnte zu einem Betriebsbereich führen, in dem eine hochleistungsfähige Workstation als eine anspruchsvolle Front-End-Datenmanipulation zu Parallelrechnern (Supercomputer) als Back-Ends angesehen werden kann.

Für 3 D-Graphik benötigt man Spezialhardware (ASICs und accelerator boards). 2 D-Graphik verbessert die Bildqualität durch hochauflösende Bildschirme (160 dots/inch); Farbe gehört bereits zum unverzichtbaren Ausstattungsmerkmal. Das bemerkenswerteste Ereignis der vergangenen Monate war die Einführung von Normen für die Entwicklung von Benutzungsschnittstellen. Das MIT hat die X-Windows Schnittstellendefinition geliefert. Die Festlegung auf diese Norm ermöglicht es Softwarefirmen, in wichtige Entwicklungen zu investieren. Die Erweiterung auf 3 D ist ebenfalls in Arbeit und erfordert Spezialhardware, um akzeptable Leistungen zu erreichen.

Anwendungen mit guten Benutzerschnittstellen zu entwickeln, ist sehr teuer und zeitaufwendig, wenn nur die Grundgraphik und die Windowsoftware vorhanden sind. Die als User Interface Management Systems (UIMS) bekannten Werkzeuge wurden entwickelt, um dieses Problem zu lösen und die Produktivität der Anwendungsprogrammierer zu erhöhen. Neuerungen auf dem Markt für PC-Software bauen auf den ursprünglichen Arbeiten des Xerox PARC auf. Dies führte zu neuen Normen der Anwendbarkeit und Erlernbarkeit durch die direkte Manipulation, welche in der Software von Apple Macintosh und Microsoft Windows beispielhaft realisiert wurde. Versuche, UIMS zu entwickeln, die die direkte Manipulation sowie parallele Anwendungen und Eingabegeräte unterstützen, haben zu einer radikalen Veränderung in der benötigten Softwarestruktur geführt. Eine Unterstützung für diese Normen ist nur möglich, wenn eine offene erweiterbare Architektur vorhanden ist.

Es werden große Anstrengungen unternommen, integrierte Softwareumgebungen für verteilte Datenverarbeitungssysteme bereit zu stellen:

- NFS für Filesharing,
- NCS für Remote Execution,
- X-Windows für die Mensch-Maschine-Interaktion.

Die meisten dieser Entwicklungen basieren auf dem Unix-Betriebssystem. Die jüngsten Ankündigungen einer Konvergenz zwischen den drei Hauptversionen von Unix (System V, Berkeley, Xenix) von AT&T, Sun und Microsoft legen Unix als Betriebssystem für zukünftige Workstations nahe. Dennoch könnte man argumentieren, daß der Zugriff von Unix auf andere BS-Umgebungen (z. B. VMS, MS-DOS) notwendig ist.

Auf der wissenschaftlichen Ebene wird vielfach versucht, das Problem der Leistungsfähigkeit und Modularität von Unix-ähnlichen Systemen durch verteilte Datenverarbeitungssysteme zu lösen (Mach von Carnegie-Mellon, Sprite von UC Berkeley, Amoeba von der Amsterdam Universiteit, Chorus von INRIA sind Beispiele für solche Versuche). Das Hauptproblem, wenn solche Entwicklungen auf den Markt kommen, wird ihre Integration in bereits bestehende Systeme sein.

Wissenschaftliche Workstations sind seit Mitte der 80er Jahre auf dem Markt. Bis 1992 werden verteilte Datenverarbeitungssysteme das Gebiet der wissenschaftlichen Datenverarbeitung beherrschen. Obwohl heute der Markt weitgehend von den Vereinigten Staaten dominiert wird, bleibt trotz seines beeindruckenden Wachstums während der nächsten Jahre dennoch Platz für Newcomer. Um aber die Möglichkeit zu haben, in den 90er Jahren eine bedeutende Rolle zu spielen, sollten folgende Punkte beim Entwurf der Workstations berücksichtigt werden:

- Leistungsfähigkeit,
- Vielseitigkeit,
- Integration in heterogene Umgebungen.

Im wissenschaftlichen Bereich, in dem die Produktivität der Ingenieure und Wissenschaftler der Schlüssel zum Wettbewerb ist, ist die Leistungsfähigkeit ein kritischer Punkt. Die Vielseitigkeit bezieht sich darauf, daß Forschungs- und Entwicklungsaktivitäten sehr von einander abweichen können. Somit muß die Ausstattung des Benutzers seinen speziellen Anforderungen angepaßt werden. Die Integration in die bestehende Umgebung ist aber notwendig, um die Investitionskosten zu reduzieren.

Diese Schlüsselpunkte implizieren die folgenden Regeln bei der Entwicklung:

- Die heutige Technologie ist entscheidend, um eine wettbewerbsfähige Leistungsfähigkeit zu gewährleisten.
- Modulare Konzepte sollten die Anpassung der Workstations an die Bedürfnisse der Benutzer ermöglichen.
- Die Einhaltung von Normen ist für die Integration in heterogene Umgebungen notwendig.

Die wichtigsten F&E-Projekte (Abb. 1) beziehen sich, wie die folgende Übersicht zeigt, deshalb auf die Gebiete [20]:

- Datenverarbeitung,
- Mensch-Maschine-Interaktion,
- Kommunikation und Softwareumgebung.

	Anforderungen		
Funktionen	Leistung ↓ Technologie + Architektur	Vielseitigkeit ↓ Modularität	Integration ↓ Standards
Hardwareumgebung	CISC→ RISC → VLIW, Multiprozessoren	Shared Memory und Kommunikationsbus	erweiterbare bestehende RISC
Mensch-Maschine- Schnittstelle	2D →Darstellung 3D→ ASIC	Kommunikationsbus	X-Windows 3D Erweiterung
Kommunikations- und Softwareumgebung	Verteilte Systeme	Shared Memory Kommunikationsbus LAN	Anwendungs- Protokolle

Abb. 1. Wichtige F&E-Projekte

RISC- und Multiprozessor-Architekturen sind heute die leistungsfähigsten CPU-Entwicklungen für technische Workstations. Leistungsfähigkeit kann grundsätzlich durch zwei voneinander unabhängige Maßnahmen verbessert werden:

- Reduzierung der Zykluszeit im Verhältnis zu kleineren Strukturen und dementsprechend niedrigeren Gatter-Verzögerungen,
- spezielle Parallelarchitekturen, die auf eine relativ kleine Zahl von Anwendungen zugeschnitten sind.

RISC- und vielleicht auch VLIW (Very Long Instruction Word)-Ansätze begrenzen den Entwurfsaufwand für solch eine Architektur. Wenn eine modulare Workstation mit einem „standardmäßigen" Koprozessor-Kommunikations-System (CCS) ausgerüstet ist, kann die Leistungsfähigkeit, je nach den Anforderungen des Benutzers, ganz einfach durch spezielle Koprozessorkarten gesteigert werden. Vom Koprozessor wird lediglich gefordert, sich nach dem CCS-Standard zu richten, von dem die innere Architektur hergeleitet und für das Anwendungsgebiet optimiert werden kann.

Aus dem Blickwinkel der Forschung sind die folgenden drei Koprozessor-Kategorien von Interesse:

- eng-gekoppelte, mit einer hohen Anforderung an die Bandweite,
- lose-gekoppelte, die zentrale Dienste für die Anwendung und andere Koprozessoren leisten,
- lose-gekoppelte anwendungsspezifische Rechner.

Das Betriebssystem der Workstations muß verteilt werden, um eine einheitliche und effiziente Mehrfachnutzung der spezifischen Betriebsmittel zu ermöglichen, so wie dies bei den speziellen Koprozessorkarten der Fall ist. Da das Betriebssystem entworfen wird, um die Aufgabenverteilung über LAN (Local Area Network) zu unterstützen, muß es speziell optimiert werden, um aus der engen Kopplung heterogener Hardwarekomponenten innerhalb der Workstation, die von dem System-Bus geliefert werden, Nutzen zu ziehen. Das Betriebssystem basiert deshalb auf einem Message-Passing-Mechanismus zur Koprozessor-Kommunikation. Es macht sich die Eigenschaften des Hardware-Bus (Multibus II) zunutze und stellt Interprozeß-Kommunikationshilfsmittel für eine einfache Kooperation der Benutzerprozesse bereit, die auf verschiedenen Komponenten der Workstations ausgeführt werden. Im Benutzerbereich muß eine Standard-UNIX-Schnittstelle (X/OPEN) für die Anwendungsprogrammportabilität vorhanden sein. Erweitert durch die Interprozeßkommunikation, die vom Koprozessor-Kommunikations-System bereitgestellt werden, wird dies die Verteilung der Aufgaben auf Koprozessoren in einheitlicher und transparenter Weise ermöglichen.

2.2. Superworkstations

Superworkstations werden gerade eingeführt und sind das Ergebnis einer Konvergenz verschiedener neuer Technologien. Diese simultane Erscheinung verschiedener ineinandergreifender und komplexer Technologien umfassen [21]:

- *Mikroprozessoren:*
  - 64 Bit breite Befehls-/Datenbusse
  - RISC oder CISC Architekturen, je nach Anwendung
  - Technologie in VLSI, wie z. B. ASIC

- *FPU (Floating Point Unit):*
  - 64 Bit breite Befehls-/Datenworte
  - Hochgeschwindigkeitsbusse (bis zu 256 Mbytes/s)

- *Massenspeicher:*
  - Einbeziehung von Großrechnereigenschaften, wie z. B. die Verteilung einer Datei auf mehrere physikalische Platteneinheiten (disk striping)
  - Optische Platten

- *Graphik:*
  - interaktive Echtzeit-3D-Rendering-Einheit
  - allgemeine graphische Datenbanken
  - auf die Software abgestimmte Hardware (z. B. PHIGS+ oder X-Window-System)

- *Netzwerk:*
  - schnelles Netzwerk
  - verteilte Datenverarbeitung

- *Betriebssystem:*
  - Multiprozessor-UNIX (Multiprozessor-Betriebssystem)
  - verteiltes UNIX über Netzwerk (Paging über Netzwerk)

- *Compiler:*
  - Vorverarbeitung für automatisches Vektorisieren und Parallelisieren

- *Speicher:*
  - hierarchische Speicherorganisation (Cache on Chip, Externer Cache, Hauptspeicher)

- *Wachsende Integration:*
  - In Zukunft ist mit einem steigenden Bedarf an kundenspezifischen VLSI-Chips für die Integration von komplexen Funktionen zu rechnen.

Workstation-Hersteller müssen die unterschiedlichen Technologien und Anforderungen zu einem leistungsfähigen Produkt unter den Rahmenbedingungen der Markt- und Wirtschaftsentwicklungen zusammenfügen.

2.3. Graphiksysteme

Graphiksysteme können unter folgenden Gesichtspunkten charakterisiert werden:

- Hardware-Design,
- Flexibilität,
- Unterstützung von Normen,
- fortschrittliche Graphikfähigkeiten,
- Leistungsfähgikeit.

Heute werden graphische Workstations als Pipeline-Architekturen entworfen, die aus speziellen Hardware-Komponenten bestehen. Dies führt zu relativ leistungsstarken Systemen, die speziell auf die Ausgabe von Linien und Gouraud-schattierten Flächen zugeschnitten sind. Der größte Nachteil dieses Entwurfsprinzips ist der dadurch resultierende Mangel an Flexibilität und Modularität. Außerdem kann die Darstellungsfähigkeit weder modular erhöht, noch können höhere Graphikfähigkeiten wie Anti-Aliasing oder Phong-Schattierung unterstützt werden. Weiterhin ist die spezielle Hardware relativ teuer und muß für neue Systeme komplett neu entworfen werden. Der Fortschritt bei der Entwicklung von standardmäßigen Hardware-Elementen, wie z. B. die Integration von Gleitpunkteinheiten auf dem Chip, ist kaum gewinnbringend. Selbst wenn man extrem schnelle Hardware-Elemente benutzt, führt dies zu begrenzter Leistungsfähigkeit bei sehr hohen Kosten.

Deshalb gehen die führenden Workstation-Hersteller zu sehr hohen Parallelarchitekturen über. Dieses Entwurfsprinzip erlaubt es, hoch integrierte programmierbare Standardprozessoren einzusetzen. Die Verteilung der Graphikpipeline über ein Multiprozessorsystem liefert die gewünschte Leistungssteigerung. Diese Entwicklung führt jedoch zu den folgenden Aufgaben:

- die Entwicklung eines Betriebssystemkerns mit Echtzeitfähigkeit,
- die gleichmäßige Auslastung eines Multiprozessorsystems,
- der Entwurf einer modularen und offenen Multiprozessorarchitektur.

Die Bildspeicher heutiger Workstations sind begrenzt. Im allgemeinen ist es wegen der Bandbreite des Bildspeichers und des Bildspeicherbusses nicht möglich, mehr als ungefähr 10.000 Flächen innerhalb eines Refresh-Zyklus darzustellen. Wegen der relativ großen Zeit zum Löschen eines Bildspeichers können nicht mehr als 10 neu generierte Bilder pro Sekunde bei Betrieb eines Wechselpuffers ausgegeben werden.

Deswegen führen die Anforderungen für eine höchstleistungsfähige Workstation zum Konzept eines verteilten Bildspeichers. Indem man die Verteilung der

Bildspeicher mit einem Multi-Bus-System verknüpft, ist es möglich, die Aktualisierungszeit konventioneller Bildspeicher um das zehnfache zu beschleunigen. Dieses Konzept in Verbindung mit hochparallelen Multiprozessor-Architekturen wird zu einer neuen Generation graphischer Systeme führen.

Bereits existierende Workstations sind nicht flexibel genug, um einen großen Bereich verschiedener Anwendungen zu bieten. Nur die neuesten hochleistungsfähigen Workstations unterstützen erweiterte Graphikfähigkeiten wie z.B. Phong-Schattierung oder Anti-Aliasing, allerdings mit hohem Kostenaufwand. Weiterhin haben heute Workstations mittlerer und hoher Leistungsklasse völlig verschiedene Architekturen, und es gibt auch keinen Übergang zwischen ihnen.

Eine Schlüsselfrage ist deshalb der Entwurf einer Familie von Workstations.

Das Graphiksystem der Zukunft ist wie folgt charakterisiert:

- vollständige Software-Kompatibilität,
- vollständige Hardware-Kompatibilität,
- erhöhte Datenverarbeitungsleistung durch Hinzufügen neuer Karten.

Heute werden Window- und Graphiknormen kaum unterstützt. Alle führenden Workstation-Hersteller verkaufen ihre eigenen Window-Manager und Graphikbibliotheken, die besonders auf ihre Hardware zugeschnitten sind. Deshalb kann nur die Anwendungssoftware mit einer Schnittstelle auf diese bestimmte Bibliothek benutzt werden. Außerdem hat jede Änderung der Workstation-Hardware eine Anpassung der gesamten Software zur Folge. Diese starke Abhängigkeit zwischen Hardware und Software ist der Hauptnachteil der heutigen Workstations.

Es gibt zwar heute Unterstützung der Normen, aber dies sind Softwarelösungen, die von den Hardwarefähigkeiten der Workstations nicht profitieren. Deshalb sind sie viel zu langsam, um die Anforderungen der Benutzer zu erfüllen.

So ist ein Ziel der vorgeschlagenen Graphiksysteme, die Window- und Graphiknormen wirkungsvoll zu unterstützen. Der Entwurf, sowohl der Hardware wie auch der Software des Systems, muß von Anfang an so optimiert werden, daß X Version 11 und PHIGS+ wirkungsvoll unterstützt werden.

Die heutigen Workstations sind bereits eine große Hilfe für die Ausgabe von Linien und Flächen, die mit dem Gouraud-Verfahren schattiert werden. Selbst mit diesen eher einfachen Mitteln ist eine relativ gute Unterstützung von CAD/CAM-ähnlichen Anwendungen möglich. Aber diese Workstations versagen völlig, wenn die Unterstützung von höheren graphischen Möglichkeiten, wie z.B. bei dem rasch wachsenden Bereich der Animation, benötigt wird.

Deshalb ist der Entwurf einer wesentlich flexibleren Workstation mit Unterstützung einer großen Auswahl an Anwendungen notwendig. Ein zukünftiges Graphiksystem muß die Fähigkeit besitzen, Anwendungen zu unterstützen, die von Echtzeit-Anforderungen, wie z.B. sehr komplexen Wire-Frame-Darstellungen oder Gouraud-schattierten Polygon-Darstellungen, bis zur Unterstützung von Freiformflächen oder CSG-Strukturen (Constructive Solid Geometry) reichen. Dies wird bei technischen Anwendungen zur Unterstützung von Ray-Tracing und komplexen Algorithmen benutzt und im Gebiet von Hochqualitätsausgaben benötigt werden. Diese höheren Graphikmöglichkeiten werden von PHIGS+ — Erweiterungen unterstützt.

Die Leistungsfähigkeit der heutigen Workstations liegt bei ungefähr 150.000 Linien/Sek. und 15.000 Polygonen/Sek., die mit dem Gouraud-Verfahren schattiert werden. Während dies ausreicht, um schöne und beeindruckende Bilder herzustellen, werden die Anforderungen der zukünftigen Anwendungen, wie z. B. Echtzeit-Graphiken und hochwertige Graphiken nicht erfüllt.

Deshalb hat das Graphiksystem das Ziel, die Leistungsfähigkeit der heutigen Workstations um das zehnfache zu steigern. Damit werden sie das geeignete Werkzeug für die Anwendungen der Zukunft sein.

Das neue Graphiksystem soll folgendes leisten:

- *High Performance Echtzeit-Graphiken*
  - 3.000.000 3 D-Vektoren/s
  - 300.000 Flächen/s, die nach dem Gouraud-Verfahren schattiert werden
  - 240.000 Flächen/s, die nach dem Phong-Verfahren schattiert werden

- *Hochwertige Graphikdarstellungen*
  - Anti-Aliasing
  - Blinn-Shading
  - Texture-Mapping
  - High-Level Primitives (NURBS, CSG-Elemente)
  - Transparenz
  - Unterstützung von Ray-Tracing

2.4. Graphik- und Window-Normen

Graphiknormen spezifizieren Schnittstellen für den Austausch von Informationen zwischen Teilen graphischer Systeme. Der Gebrauch von Normen liefert Portabilität, Erweiterbarkeit, Langlebigkeit, Geräteunabhängigkeit und Funktionalität der Anwendungen und Systemkomponenten.

Bereits vorhandene Normen für Computergraphik sind: GKS (Graphical Kernel System) und CGM (Computer Graphics Metafile). GKS unterstützt 2 D-Graphik, einstufige Segmentierung mit einem statischen Display-File und homogenen Oberflächen. Das CGM wurde für die Speicherung und den Austausch von Bild-Daten entworfen.

1988 wurden folgende Normenvorschläge zum Standard: GKS-3D (Graphical Kernel System for three dimensions) und PHIGS (Programmer's Hierarchical Interactive Graphics System). GKS-3D unterstützt 3 D-Graphiken, einstufige Segmentierung mit einem statischen Display-File und homogenen Oberflächen. PHIGS unterstützt 3 D-Graphiken, hierarchische Segmentierungen mit einem editierbaren Display-File und homogenen Oberflächen.

Gegenwärtig gibt es in den USA eine Arbeitsgruppe mit Teilnehmern aus namhaften Firmen, die eine Erweiterung zu PHIGS, PHIGS+ genannt (1988, Version 2.0), vorgelegt hat. PHIGS+ definiert die Erweiterung zu PHIGS sowohl für Beleuchtung, Schattierung und Depth-Cueing als auch für Kurven und gekrümmte Oberflächen. PHIGS+ unterstützt 3 D-Graphik, hierarchische Segmentierung mit einem editierbaren Display-File und realistischen Bildern. „The PHIGS+ specification addresses the capabilities of the new generations of ultra-

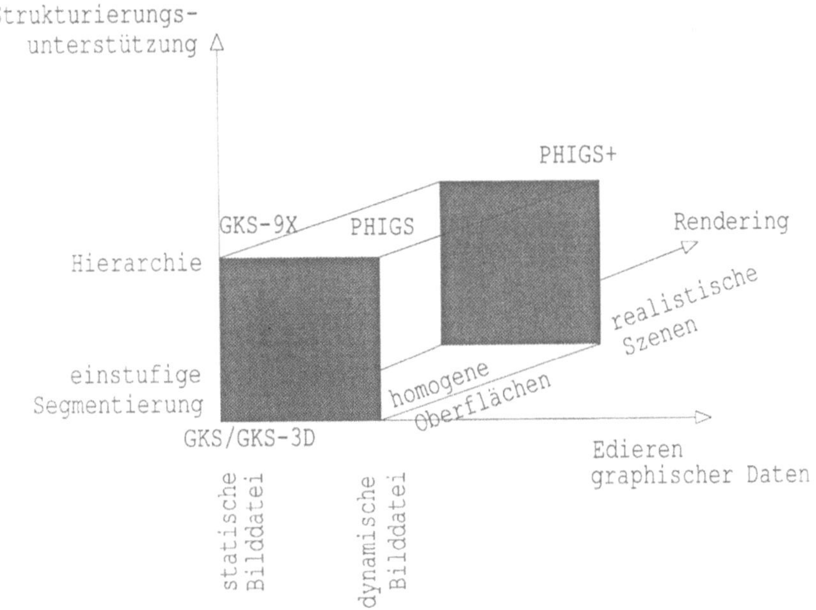

Abb. 2. Beziehungen zwischen Standards der Graphischen Datenverarbeitung

high performance workstations that will become widely available in 1987 (Raster Technologies, Apollo Computer, Stellar Computer)".

Es wird aber weiterhin über einen weiteren Ausbau von PHIGS + diskutiert, um die höchstmögliche Funktionalität für gegenwärtige High-End-Workstations zu bringen. Zu diskutierende Themen werden bedingte Traversierung, Darstellung mit Lichtquellen, verbesserte Eingabemodelle, volumenorientierte Darstellungselemente, Bildverarbeitung und Parameterübergabe an Strukturen sein.

Der gegenwärtige de-facto-Standard bei Window-Systemen ist das X-Window-System. Um die hohe Funktionalität in ein Netzwerk von mehreren Workstations mit mehreren Windows zu integrieren, ist eine Erweiterung zum X-Window-System möglich (X3D-PEX). X3D-PEX ist die PHIGS + -Erweiterung zum X-Window-System-Protokoll.

Die neuen Normenvorschläge PHIGS, PHIGS + im Bereich des Graphischen Systems und X11, X3D-PEX im Bereich der Window-Systeme werden von nahezu allen wichtigen Workstation-Herstellern der USA unterstützt. Sie werden die Standard-Schnittstellen für die neuesten High-End-Workstations und auch für die nächste Generation von hochleistungsfähigen Graphik-Workstations sein.

2.5. Rekonstruktion; Verarbeitung und Ausgabe von numerischen Daten

Als Forschungsgebiete werden die Analyse und Darstellung dreidimensionaler (3D-)Felder von numerischen Daten immer bedeutender. Die Verbesserung der Erfassungs- und Meßtechniken und der Darstellung physikalischer Phänomene, verbunden mit dem steigenden Bedarf an Diagnose und Regelung, verstärken den Gebrauch von 3 D-Daten (Erweiterung der zweidimensionalen numerischen Bildnotation um die dritte Dimension). In naher Zukunft können oder werden verschiedene Anwendungsbereiche 3 D-Datenfelder produzieren, z. B.:

- Medizinische Darstellungen, in der räumliche 3 D-Datenfelder die Meßwerte der Gewebeeigenschaften repräsentieren,
- Industrielle Darstellung mit 3 D-zerstörungsfreiem Prüfen,
- Wissenschaftliche Darstellungen der Analyse der Simulationsdaten physikalischer Phänomene oder Messungen (Temperatur, Druck, seismologische Daten).

Bei der Verarbeitung von 3 D-Daten verlangen zwei Hauptthemen volle Aufmerksamkeit und intensive Forschungs- und Entwicklungsarbeiten, zum einen die Analyse und Darstellung von 3 D-Feldern numerischer Daten und zum anderen die Bild- und Volumenrekonstruktion aus niederdimensionalen Messungen und Projektionen.

Die 3 D-Daten sind nicht offensichtlich interpretierbar, so daß bei einer visuellen Analyse spezifische Darstellungstechniken angewandt werden müssen. Die gegenwärtig vorherrschende Methode der Analyse solcher Daten ist die der sequentiellen Visualisierung von zweidimensionalen Scheiben oder Schichten, bei der der Betrachter eine dreidimensionale Beziehung „geistig rekonstruieren" muß. Auf Initiative der medizinischen Datenverarbeitung werden jedoch effiziente Methoden zur Darstellung von 3 D-Daten auf einem 2 D-Bildschirm untersucht.

Verschiedene 3 D-Darstellungssoftware ist verfügbar, die eine vordefinierte Flächendarstellung von Objekten liefert. Es werden verschiedene algorithmische Implementierungen benutzt, die auf Modellen zur Objektrepräsentation basieren. Die Oberfläche wird als eine Menge von Patches, von regelmäßigen Oberflächenelementen oder von Oberflächen von 3 D-Primitiven dargestellt. Für allgemeine Anwendungen von 3 D-Darstellungstechniken ist die gleichzeitige Darstellung von Oberflächen- und Grauton-Daten notwendig.

Die intensive Nutzung dieser Techniken benötigt die Implementierung einer speziellen Rechner-Hardware, da momentan die Rechenzeit zur Generierung von Bildern mit der interaktiven Analyse von Volumendaten unvereinbar ist. In den USA werden einige Labor- und industrielle Prototypen entwickelt.

Bei den Aufnahmetechniken, die 3 D-Volumendaten liefern, ist im medizinischen und industriellen Anwendungsbereich die Röntgentechnik eine der wichtigsten. Bei der Röntgenbildauswertung ist es erforderlich, viele zweidimensionale Aufnahmen des interessierenden Körpers aus verschiedenen Richtungen auszuwerten, um die Dichteverteilung innerhalb des Körpers zu ermitteln.

Auf folgende Weise kann man 3 D-Daten erhalten:

- aus einer Serie von parallelen 2 D-Scheiben. Diese 2 D-Bilder werden aus einer Menge von eindimensionalen Messungen oder Projektionen rekonstruiert (2D-Computer-Tomographie);
- aus einer direkten 3 D-Rekonstruktion. Dies erreicht man durch die Erfassung einer Anzahl von 2 D-Messungen. Diese Methode verbessert die räumliche und zeitliche Auflösung. Verschiedene Algorithmen zur Bildrekonstruktion in der Computer-Tomographie wurden entwickelt.

Einige Spezial-Hardware-Systeme für die Bildrekonstruktion bei der Computer-Tomographie sind entwickelt worden. Da sie in professionelle Scanner integriert sind, ermöglichen sie eine 300×300 Bildrekonstruktion in nur wenigen Sekunden. Ebenso sind auch einige industrielle Produkte erhältlich.

Diese Geräte sind sehr spezialisiert und können nicht zur allgemeinen Bild- und Volumenrekonstruktion in einer Workstation-Umgebung eingesetzt werden. Ihre Architektur ist eng an die Art der Geometrie-Erfassung und die implementierten Algorithmen gebunden. Beispielsweise erlauben diese Systeme nicht den Einsatz neuer Bildrekonstruktionstechniken. Man kann sie nicht direkt zur 3 D-Rekonstuktion verwenden.

3. Integration von Graphischer Datenverarbeitung in Anwendungsumgebungen

3.1. Allgemeines

In den letzten Jahren wurden viele verschiedene Darstellungs- und Interaktionsarten entwickelt. Bei typischen Anwendungen entfallen heute bis zu 60% des Codes auf die Benutzer-Schnittstelle. Weiterhin wird ein Großteil des Objektcodes (ca. 30%) für Verwaltung, Speicherung und Retrieval von Daten benötigt. Der rein anwendungsspezifische Codeanteil beträgt oft nicht mehr als 10-30% der Codezeilen des gesamten Anwendungssystems.

Wie bereits vorher erwähnt, waren das Erscheinen der Computer-Graphik-Normen, wie z. B. des Graphischen Kernsystems (GKS) [10] oder des Computer Graphics Metafile (CGM) [11], und das Aufkommen von Windowsystemen mit großer Verbreitung wie X [12] und NeWS [13] wichtige Entwicklungen während des vergangenen Jahrzehnts.

Mit diesen Entwicklungen sollten die Kosten für Anwendungssysteme gesenkt und Basiswerkzeuge für die Anwendungsimplementierung bereitgestellt werden. Aber die vorhandene Anwendungsunterstützung ist immer noch weit von der benötigten entfernt. Dieses Problem wird durch den zunehmenden Grad an Verknüpfungen zwischen den Anwendungen noch weiter verschärft.

All diese Trends machen die Anwendungsintegration zu einem Schlüsselthema für die nahe Zukunft. In den folgenden Kapiteln wollen wir das Problem der Anwendungsintegration im oben erwähnten Kontext behandeln.

3.2. Anwendungsintegration

Was verstehen wir eigentlich unter Anwendungsintegration? Um dies zu erklären, betrachten wir das einfache Referenzmodell für den Entwurf von Anwendungen. Eine Anwendung kann im Idealfall in vier Hauptteile (einschließlich Benutzer) unterteilt werden (siehe Abb. 3).

Dieses einfache Modell definiert drei verschiedene, gleich wichtige Schnittstellen, die aber klar voneinander abgegrenzte Anforderungen haben. In der Tat sehen die heutigen Anwendungen allerdings eher wie in Abb. 4 aus, und zwar selbst dann, wenn sie unter einem einzigen Window-System mit bitmapped Dis-

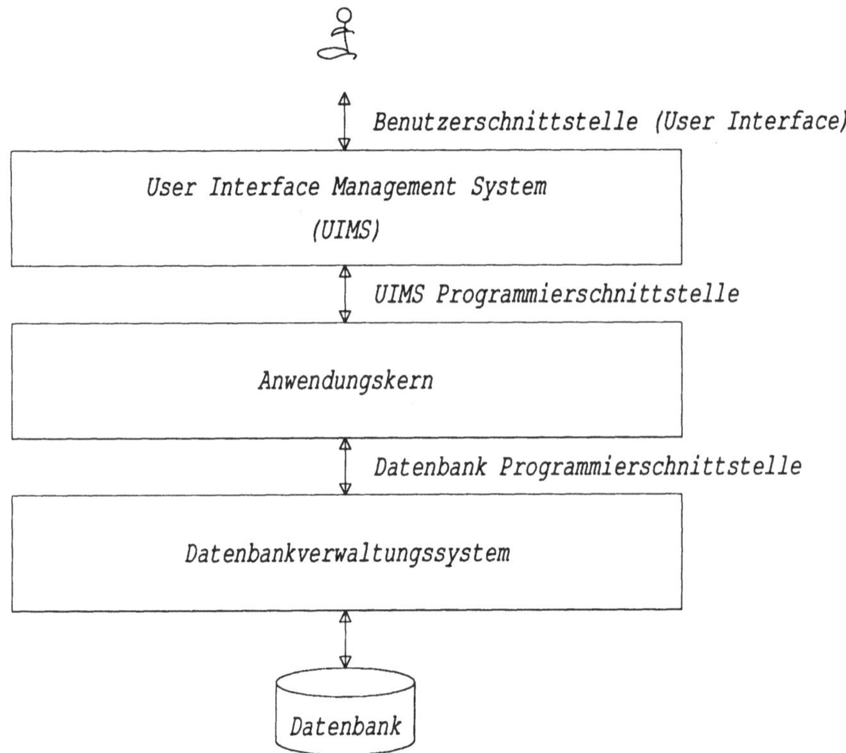

Abb. 3. Einfaches Referenzmodell für Anwendungsstrukturen

plays integriert werden, wobei jede Anwendung in einem anderen VT100-Fenster abläuft.

Abb. 4 veranschaulicht das Dilemma, in dem sich der Benutzer heute befindet: jede Anwendung hat ihren eigenen Darstellungs- und Interaktionsstil, und die bereits in einer Anwendung bekannten Daten können nicht ohne weiteres in eine andere Anwendung übertragen oder von dieser verwendet werden.

Für den Endbenutzer bedeutet die Integration von Anwendungen, daß er durch eine gemeinsame und einheitliche Benutzerschnittstelle Zugang zu den Anwendungen hat, und daß er auf die darunterliegenden Daten über deren jeweilige Anwendung in einer anwendungsunabhängigen Weise zugreifen kann.

Für den Anwendungsentwickler und -programmierer bedeutet die Anwendungsintegration, daß er sich nicht mehr länger mit der Programmierung elementarer Interaktionen, der Implementierung von Benutzerschnittstellen-Komponenten oder von Mechanismen zur Datenspeicherung und zum Datenretrieval beschäftigen muß. Statt dessen kann er sich mehr auf den Anwendungskern, also die eigentlichen Anwendungsalgorithmen konzentrieren.

Das geeignete Referenzmodell für diese ideale Umgebung zeigt Abb. 5.

Wie die vorhergehenden Abbildungen, zeigt dieses Bild keine Details der Kontrollstruktur solcher Systeme. Die Verbindungslinien unterscheiden überhaupt

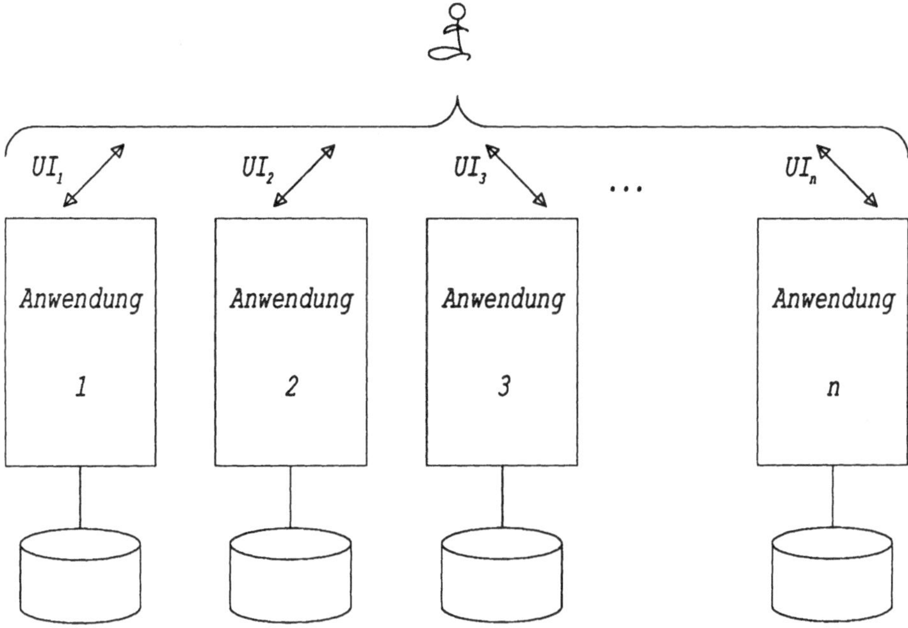

Abb. 4. Reale Anwendungsumgebung

nicht zwischen Kontroll- und Datenfluß, und auf der gegebenen Abstraktions-
ebene ist dies auch gar nicht sinnvoll oder nützlich. Eine solche Systemstruktur
könnte sowohl durch eine rein prozedurale Umgebung als auch durch ein objekto-
rieniertes Message-Passing-System implementiert werden.

Ein wichtiger Punkt bei der Beziehung zwischen den zwei unterstützenden
Systemen, der Benutzerschnittstelle und der Datenbankverwaltung ist die Integri-
tät und Synchronisation gemeinsamer Daten. Moderne Interaktionstechniken, wie
direkte Manipulation, erfordern entsprechende Aktualisierungsoperationen. Die
heutigen Systeme zeichnen sich oft durch eine grundlegende Asymmetrie zwischen Daten des Darstellungssystems und des Speicher- und Retrievalsystems aus.
Dies führt uns unmittelbar zur Frage nach dem direkten Datenbankzugriff durch
die Benutzerschnittstelle. Er hilft beim Aufbau und der Wartung großer und komplexer Datenmengen, wie sie mehreren kooperierenden Anwendungen eigen sind.
Hyper-Systeme (wie z. B. HyperCard auf dem Macintosh II) mit hinreichend guter
Benutzungsoberfläche könnten komplizierte Daten-Relationen handhabbar
machen.

3.3. Das User Interface Management System (UIMS)

In einem UIMS unterscheiden wir zwei funktionale Blöcke; der eine beschäftigt
sich mit der Datenpräsentation, dem Ausgabeaspekt, der andere mit der Interak-
tions-Verwaltung, dem Eingabeaspekt (siehe Abb. 6). Im folgenden Kapitel wollen
wir die Eingabe, im nächsten die Präsentation behandeln.

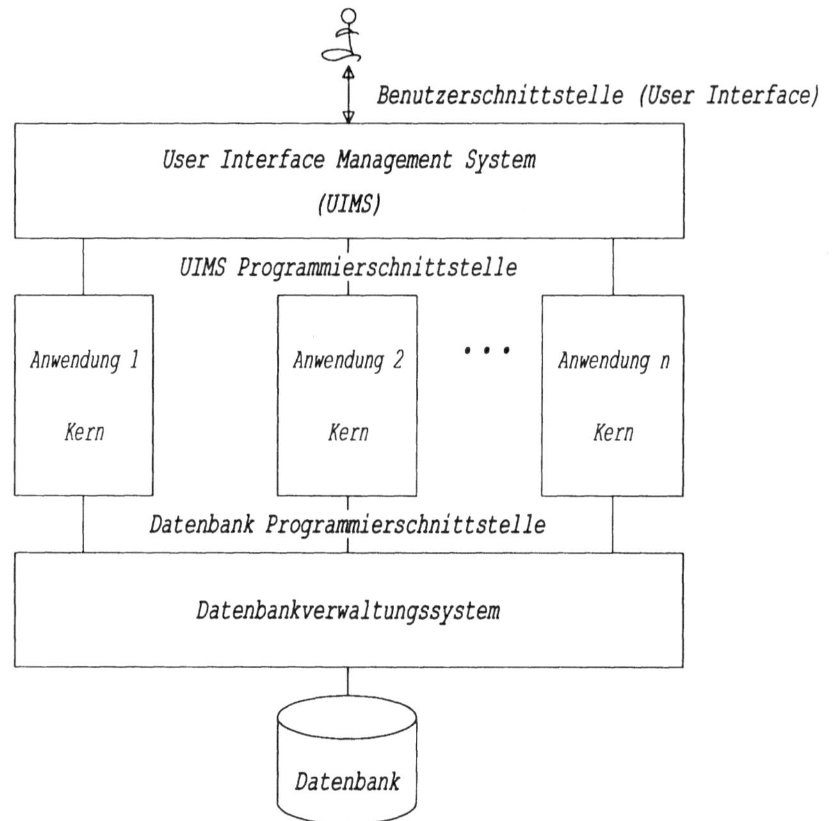

Abb. 5. Anwendungsintegrationsumgebung

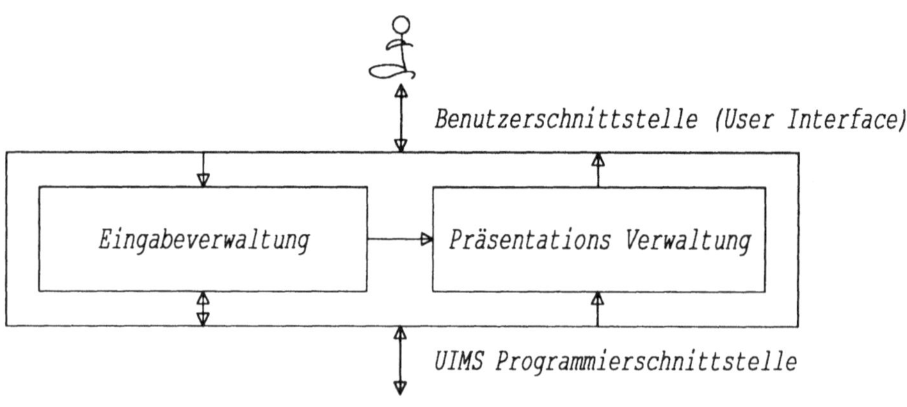

Abb. 6. Aufbau eines UIMS

3.3.1. Interaktions-Techniken

Eng verknüpft mit der Behandlung der Eingabe ist das Konzept der Echo- und Feedback-Operationen. Diese sind notwendig für einen effizienten Eingabe-Ablauf. Das Feedback kann syntaktischer Natur sein und deshalb leicht vom UIMS selbst abgehandelt werden, vorausgesetzt, daß ihm hinreichend leistungs-starke Datenstrukturen und Mechanismen zur Verfügung stehen. Dennoch benö-tigt eine große Anzahl von Anwendungen ein durch die Anwendungssemantik gesteuertes Feedback; dies ist jedoch oft zu komplex, um vom UIMS behandelt zu werden, z.B. muß das Feedback häufig vom Anwendungsprogramm unter Ver-wendung großer Datenmengen und zeitintensiver Berechnungen erzeugt werden, was wiederum zu unakzeptablen Antwortzeiten führt. Obwohl dieses Problem nicht allgemein gelöst werden kann - ein Feedback, das 10 Minuten CPU-Zeit beansprucht, kann nicht auf einen Schlag erzeugt werden - , gibt es doch Fälle, in denen z.B. das Herunterladen anwendungsspezifischer Feedbackalgorithmen in das UIMS bedeutend kürzere Antwortzeiten an der Benutzerschnittstelle ermög-licht.

Ein wichtiger Faktor bezüglich der Eingabebehandlung ist die Frage der inter-nen oder externen Kontrolle. Der Trend geht hier eindeutig zur externen Kon-trolle, die dem Bediener am Bildschirm die Steuerung des Dialogs erlaubt. Dies macht allerdings bei Anwendungsprogrammen die Änderung interner Kontroll-strukturen, bei der der Dialog durch den Ablauf des Anwendungsprogramms vor-gegeben ist, zu einem bedienergeführten Dialog zu einer mühevollen oder nahezu unmöglichen Aufgabe. Oft führt dies sogar zu einem vollständigen Neuentwurf des Anwendungsprogramms.

Eine Kombination der beiden Modelle, die sogenannte gemischte Kontrolle, welche die positiven Aspekte beider Modelle vereinigt, wurde in THESEUS, einer UIMS-Entwicklung des ZGDV in Darmstadt implementiert. Dieses System wurde erfolgreich angewandt und erwies sich als besonders wirkungsvoll beim Rapid Prototyping graphischer Benutzeroberflächen. Als besonders hilfreich stellte sich die inkrementelle Dialogsteuerung heraus, die mit jedem Dialogschritt eine inkre-mentelle Änderung der zugänglichen Dialogereignisse ermöglicht. Diese Technik führt zu einer weiteren Unterteilung der Eingabeverwaltung in eine Dialogsteue-rungs- und eine Dialogmanagementkomponente.

Der dritte Teil im THESEUS Modell ist die Präsentationsverwaltung. Sie wird nicht nur als Präsentationskomponente von der Anwendung benutzt, sondern auch als Echokomponente des Dialogmanagers [14].

3.3.2. Präsentation der Daten

Die Präsentation der Daten an der Benutzerschnittstelle ist genauso wichtig wie die Interaktion; wie bereits im Teil über Interaktions-Feedback beschrieben, sind sie sogar sehr eng miteinander verbunden.

Die Darstellung von Informationen ist notwendig, um über die möglichen In-teraktionen zu informieren. Dies wird mit sogenannten Intrinsic Objects gemacht, Objekten, die nur für die Steuerung bestimmt sind; ein Beispiel hierfür sind Iko-nen. Eine andere Art von Objekten sind die Anwendungsobjekte, das sind graphi-sche Objekte, die bestimmte anwendungsspezifische Informationen darstellen.

Die Anwendungsobjekte können bei der Interaktion, besonders bei Selektions-operationen, die bestimmte Objekte identifizieren, eingesetzt werden. Elementare Graphikobjekte reichen zur Strukturierung der Präsentation oft nicht aus. Dazu ist oft die Bildung von Gruppen solcher elementaren Graphikobjekte notwendig, und bei einigen Anwendungen benötigt man eine hierarchische Organisation zur Prä-sentation der Objekte.

In einigen Fällen reicht aber auch eine hierarchische Strukturierung nicht aus; z. B. bei überlappenden Mengen von Objekten, die sogar voneinander abhängen können. Wenn diese Art der strukturierten Darstellung von Information innerhalb des UIMS nicht möglich ist, muß die Anwendung selbst die Aufgabe des Selektie-rens und Identifizierens der Objekte übernehmen.

Die Probleme bezüglich der Informationsintegrität und -synchronisation sind bereits erwähnt worden. Durch die Spezifikation von Gruppen graphischer Objekte als ein Anwendungsobjekt lassen sich auch Operationen zur Identifika-tion und Bearbeitung solcher Gruppen spezifizieren.

Diese Operationen können dann die Anwendungsdatenbank auf gleichen Stand bringen, wie er dem Benutzer an der Benutzerschnittstelle angezeigt wird.

Während man heute bei den meisten Anwendungen Darstellungstechniken der 2 D-Graphik verwendet, wird dies in Zukunft nicht mehr ausreichen. Besonders bei der Darstellung von extrem vielen und/oder multi-dimensionalen Daten benö-tigt man den Einsatz von 3 D-Graphiken und Animationen, um die relevanten Datenbeziehungen sichtbar zu machen. Auf diesen Aspekt wird später noch genauer im Kapitel Visualisierung eingegangen. Andere klassische Methoden wie FACIAL DATA Darstellungen sind in manchen Bereichen sinnvoll, in denen die komplexen Fähigkeiten des Menschen, Gesichtsausdrücke zu erkennen und zu beurteilen, genutzt werden.

3.4. Der Netzwerk-Aspekt und das Client-Server-Modell

In den letzten Jahren stiegen der Bedarf an verteilter Datenverarbeitung und die Möglichkeiten dazu stetig an. Bekannte Beispiele dafür sind die Entwicklungen von Protokollen, die bei Window-Systemen wie X und NeWS eingesetzt werden.

X ist die gegenwärtig aktuelle Lösung zur Verteilung von Anwendung und Window-System (eine Basiskomponente, die vom UIMS verwendet wird) mit einem festen Protokoll zwischen Client (wo die Anwendung läuft) und Server (die Workstation, auf der das Window-System läuft).

NeWS dagegen ist ein zukunftsorientiertes System, das ein erweitertes Post-Script [15] als flexibles Hilfsmittel für ein offenes Protokoll benutzt, mit der Mög-lichkeit, Prozeduren zum Server herunterzuladen. Letzteres erlaubt eine anwen-dungsspezifische Erweiterung der Feedback-Algorithmen im Server und bietet so die Möglichkeit, gute Interaktionsgeschwindigkeiten zu erzielen.

Diese Technik bedarf jedoch neuer Konzepte im Entwurf von Anwendungs-programmen, da man hierbei Methoden kompilieren muß, anstatt sie in der Anwendung auszuführen. Die Veränderungen sind hier ähnlich dramatisch wie die bei der Dialogprogrammierung, wenn man von der internen zur externen Kon-trolle wechselt.

3.5. Das objektorientierte Paradigma

„Objektorientiert" ist zu einem Modewort in der Datenverarbeitung geworden. Bei dieser neuen Art des Programmierens, die etwa in den frühen 70er Jahren aufkam, dreht sich alles um Objekte. Jedes Objekt wird als Instanz einer Klasse erzeugt. Es besteht aus einigen individuellen Daten und sein Verhalten nach außen wird durch die Operationen festgelegt, die in der zugehörigen Klasse definiert sind. Diese Operationen – gewöhnlich Methoden genannt – werden aufgerufen, indem eine Nachricht an das Objekt geschickt wird. Sie bewirken eine Änderung der Objektdaten und/oder das Senden von weiteren Nachrichten an andere Objekte.

Mit dem äußerst mächtigen Vererbungsmechanismus kann der Programmierer eine Klasse als sogenannte Unterklasse einer anderen Klasse erzeugen. Die Unterklasse ist eine Spezialisierung der Oberklasse und erbt Variablen und Methoden von ihr. In Verbindung mit dem dynamischen Binden erlaubt dies die mehrfache Verwendung von Programmcode, wodurch die gesamte Programmgröße reduziert und die Produktivität des Programmierers erhöht wird. Gerade für die Programmierung großer Softwaresysteme kann die objektorientierte Programmiermethodologie mit dem Geheimnisprinzip und dem Prinzip der Datenabstraktion zu verlässlicheren Programmen und einfacheren Anwendungsstrukturen führen, welche wiederum die Verwendung von Hochleistungshardware unterstützen.

Darüberhinaus erlaubt der Vererbungsmechanismus die Entwicklung von Anwendungs-Frameworks, die den Anwendungsprogrammierer beim Design der Benutzerschnittstelle unterstützen. Im Gegensatz zu den sogenannten Toolbox-Unterprogrammpaketen der früheren Systeme können die Methoden des Anwendungs-Frameworks durch die spezielle Anwendung überdefiniert werden. Das Framework modelliert das globale Verhalten der Anwendung, während das spezifische Eigenverhalten dem Anwendungsprogramm überlassen ist. Dies führt im Vergleich zum konventionellen Ansatz zu einer stärkeren Konsistenz der Benutzerschnittstellen.

Die ersten Auswirkungen des objektorientierten Paradigmas können im Entstehen von objektorientierten Benutzerschnittstellen gesehen werden. Bei diesen Schnittstellen hat alles, was der Benutzer irgendwie manipulieren kann, eine graphische Repräsentation auf dem Schirm. Anstatt Kommandos einzutippen manipuliert der Benutzer die Objekte, indem er ihre graphische Repräsentation manipuliert. Die Implementierung einer objektorientierten Benutzerschittstelle erfordert nicht unbedingt eine objektorientierte Sprache, aber sie eignet sich im besonderen Maße dafür.

Heute sind auf dem Gebiet der objektorientierten Systeme fast ausschließlich geschlossene Systeme wie Smalltalk-80 [16] verfügbar. Offene Programmierumgebungen wie die von C + + [17] oder Objective-C [18] werden zwar immer weiter verbreitet, große Programmierumgebungen fehlen aber noch.

3.6. Das integrierte Dokumentenmodell der Anwendungen

Einen weiteren Ansatz zu komplexen Anwendungen findet man im Konzept der integrierten Dokumente. Klassische Dokumente enthalten Text-, Graphik- und Bildinformation; die erweiterte Bedeutung umfaßt auch Animation, Ton, Datendarstellung (Sichten auf eine Datenbank) auf verschiedene Arten und sogar interaktive Komponenten wie man sie vom computerunterstützten Unterricht und den Gebieten der Simulation und Ausbildung her kennt.

Diese Compound bzw. integrierten Dokumente ermöglichen die Verknüpfung und Bearbeitung von Information, wie sie sonst nicht verfügbar ist. Wir stehen in diesem Bereich gerade am Anfang, und es verspricht eine interessante neue Möglichkeit zu werden, mit Information umzugehen, wobei wir in neue technologische Welten eindringen, wie die Holographie und die Verwendung von optischen Platten. Im Laufe dieser Entwicklung könnte es sich wohl herausstellen, daß heute sehr erfolgreiche Konzepte, z. B. Window-Systeme, in Zukunft völlig anderen Technologien Platz machen müssen.

4. Visualisierung von Computerergebnissen

4.1. Definitionen und Systemüberlegungen

Visualisierung wird laut McCormick, u. a. [18] definiert als „a method of computing. It transforms the symbolic into the geometric, enabling research to observe their simulations and computations. Visualisation offers a method for seeing the unseen", . . . „visualisation embraces both image understanding and image synthesis" . . . „visualisation unifies the largely independent but convergent fields of:

- Computer Graphics,
- Image Processing,
- Computer Vision,
- Computer Aided Design,
- Signal Processing,
- User Interface studies".

Die meisten der aktuellen Anwendungen mit einem hohen Bedarf an Visualisierung verarbeiten große Datenmengen. Quellen für Daten sind hier u. a. Supercomputer, Satelliten, Raumschiff-Experimente, geophysikalische Meßgeräte, medizinische Aufzeichnungsgeräte usw. In Zukunft wird die Datenmenge dieser Quellen noch stark zunehmen. Das menschliche Gehirn wird diese gigantischen Datenmengen nicht verarbeiten können. Man benötigt daher eine Technik, um diese Informationen zu erfassen, zu analysieren und sie in einer zweckmäßigen Form an Wissenschaftler und Ingenieure weiterzugeben. Wir möchten diese Technik „Visualisierung" nennen.

Visualisierung tritt meist in interaktiven Systemen auf, was wiederum laut McCormick, u. a. [18] als „a process whereby scientists communicate with data by manipulating its visual representation during processing" definiert wird (Systeme, in denen Wissenschaftler die Daten nicht direkt, sondern nur deren visuelle Dar-

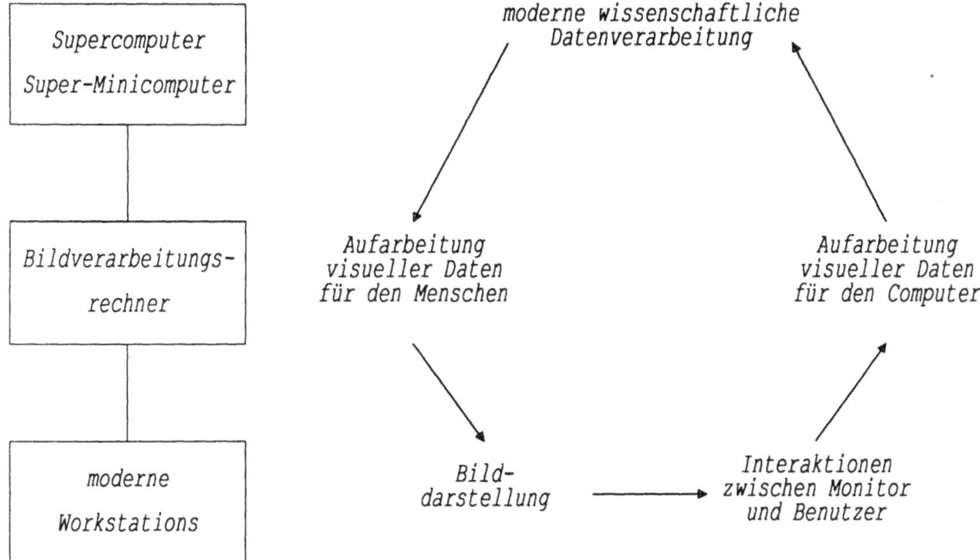

Abb. 7. Televisualisierungssystem [19]

stellung manipulieren). Die sofortige sichtbare Rückmeldung ist für Wissenschaftler und Ingenieure ein wichtiges Mittel, um einen Einblick in die wissenschaftlichen und technischen Prozesse und Unregelmäßigkeiten zu erhalten, sowie um Berechnungsfehler zu finden.

Die F&E-Arbeiten zum Erreichen dieser Ziele bedürfen interdisziplinärer Anstrengungen, die die folgenden Personengruppen miteinschließen:

- Wissenschaftler und Ingenieure der Informatik und anwendende Wissenschaften [18],
- Wissenschaftler und Ingenieure aus dem Bereich Visualisierung (z. B. Experten der Graphischen Datenverarbeitung),
- Systementwickler (z. B. Programmierer),
- Computer-Künstler (z. B. Experten der Visuellen Kommunikation),
- Geisteswissenschaftler (z. B. Psychologen mit Erfahrungen im Bereich Mensch-Maschine-Schnittstelle und der visuellen Wahrnehmung).

Zwischen diesen Experten ist eine enge Zusammenarbeit notwendig, um effektive Visualisierungs-Werkzeuge zu erzeugen.

Ein weiterer wichtiger Aspekt ist die Verwendung von verteilten Systemen für Anwendungen auf diesem Gebiet; man nennt dies Televisualisierung. Sie umfaßt neben dem bloßen Übertragen von Text und dem Entschlüsseln der Ein- und Ausgangsdaten auch die Übertragung von Bildern einschließlich Komprimierung und Dekomprimierung, Generierung, Erkennung und Interpretation [18]. Abb. 7 zeigt den Informationsfluß in einer Televisualisierungs-Umgebung.

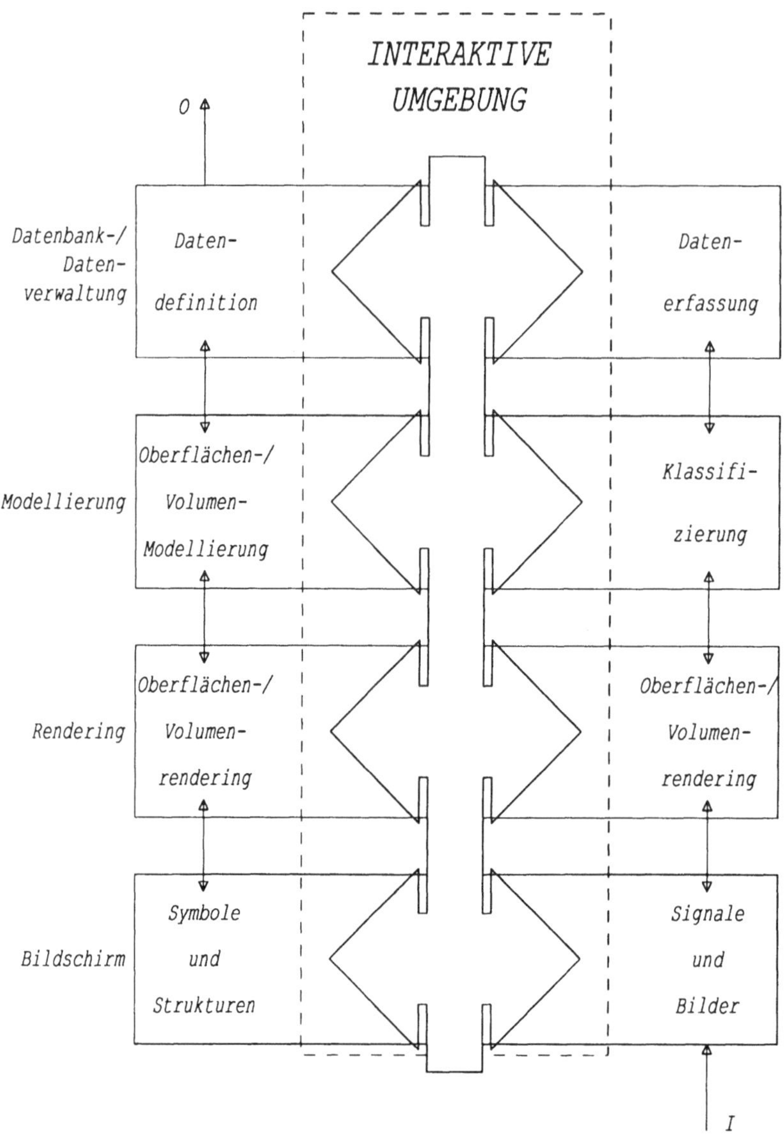

Abb. 8. Visualierungssystem mit verschiedenen Ebenen [19]

Die langfristige Zielsetzung, ein mehrschichtiges Visualisierungs-System, ist in Abb. 8 dargestellt. Es weist eine funktionelle Symmetrie zwischen Eingabe und Ausgabe auf. Dem Benutzer (Wissenschaftler, Ingenieur) wird in jeder Ebene eine sofortige Rückmeldung und Systemkontrolle geboten. Dies ermöglicht eine Familie kompatibler Visualisierungssysteme mit unterschiedlichen Funktionalitäts- und Leistungsebenen. Funktionelle Schichten, Übertragungsprotokolle sowie Kommunikationsbreite und -umfang müssen spezifiziert werden. Hier besteht ein großer Bedarf an Standards, die eine Integration der Visualisierungssysteme in die Anwendungen erlauben, von denen die Datenmengen bezogen werden.

4.2. Trends, Tools und Techniken

Im Bereich Visualisierung in der Informationsverarbeitung müssen noch viele Fragen beantwortet werden, die dann die Grundlage für die Entwicklung verschiedener Arten zukünftiger Anwendungsumgebungen für diese Technik sein werden. Einige dieser Fragen sind [19]:

- Welche Konzepte und welches Vokabular der Visualisierungstechniken gibt es?
- Welche aktuellen kulturellen Tendenzen behindern den großflächigen Einsatz von Visualisierungstechniken?
- Wie schwierig ist die Anfertigung einer Dauerkopie von Visualisierungs-Displays und -Animationen?
- In welchen Bereichen kann man die Visualisierungstechnik anwenden?
- Wie können Entwicklungen in der Visualisierungstechnik die interdisziplinäre Forschung fördern?
- Welche Benutzer-Schnittstellen wurden entwickelt und welche Bedeutung haben sie für die Entwicklung zukünftiger Visualisierungssoftware?
- Auf welche Weise hat die Visualisierung neuen Gebieten der Mathematik, Informatik und Ingenieurwissenschaften zum Durchbruch verholfen?
- Wie führt man die Televisualisierungstechnik erfolgreich ein?
- Was muß getan werden, um Produktionstechniken der Animation erfolgreich in der Visualisierung einzusetzen?

Diese Punkte zeigen, welche F&E-Arbeiten in diesem Bereich geleistet werden müssen. Die Graphische Datenverarbeitung als Technologie und Werkzeug spielt hier die Schlüsselrolle. Einige der hieraus hervorgehenden mittelfristigen F&E-Themen sind [18, 19]:

- Visualisierungssoftware muß vektorisiert und auf Parallelrechnern installiert werden,
- Entwicklung interaktiver und visueller Dokumentationen,
- Visualisierungsstandards,
- Visualisierung volumenorientierter Datenmodelle,
- Visualisierung mehrdimensionaler Datenmodelle,
- dynamische Darstellung von Daten,
- Modularisierung von Anwendungen zur leichteren Visualisierung,
- Integration von Bildverarbeitungs- und Bildgenerierungstechniken in der Visualisierung,
- geräteunabhängige Bildverarbeitung,
- Auswirkungen von Anwendungen der Visualisierung auf Graphik-Hardware, Eingabegeräte und Darstellungstechniken,
- Veröffentlichung mit Hilfe von Video,
- Visualisierungswerkzeuge, usw.

4.3. Anwendungsgebiete

Die größten Forschungs- und Experimentiermöglichkeiten zum Entwickeln und Testen der Visualisierungstechnik bieten gegenwärtig folgende Anwendungsgebiete:

- Molekularmodellierung (z. B. Gentechnologie und Arzneimittelentwicklung)
  - Medizinische Bildverarbeitung
  - Diagnose (Darstellung von Tomogrammen)
  - Orthopädische Prothesen (z. B. Anpassung von Prothesen an Patienten)
  - Planung von Strahlenbehandlungen (z. B. Darstellungen an der Anatomie des Patienten)

- Strukturelle und funktionale Darstellung des Gehirns
  - 3D-Visualisierung des Gehirns
  - Bildanalyse
  - Brain Mapping Factories

- Mathematik (z. B. Variationsberechnung und Studium der optimalen Formen)

- Geowissenschaften
  - Kartographie (z. B. Terrain-Simulation)
  - Meteorologie (z. B. Strömungsberechnungen)
  - Geologie (z. B. Auswertung seismologischer Daten)

- Weltraumforschung (z. B. Studien der Solarseismologie)

- Astrophysik (z. B. Multifrequenz-Karten der Radiostrahlung)

- Strömungsberechnungen
  - Identifizierung von Strömungsstrukturen
  - Analyse numerischer Simulationen
  - Oberflächengeometrie und Gittererzeugung
  - Vergleich von experimentell ermittelten und berechneten Strömungsfeldern

- Finite Element-Methoden
  - Solid Modelling
  - Nichtlineare Simulation
  - Adaptive Modellauswahl

- Landwirtschaftliche Entomologie

- Städteplanung
  - Simulation von Landschaftsarchitekturen

- Umwelttechnologie
  - Simulation von Umweltveränderungen

Dies ist eine Sammlung wichtiger Beispiele, aber diese Anwendungsgebiete haben selbst schon größere strategische, wirtschaftliche Auswirkungen und werden die nationale industrielle Wettbewerbsfähigkeit derjenigen Länder stark erhöhen, die den größten Einblick in und den besten Zugang zur neuesten Visualisicrungstcchnik haben. F&E-Entwicklungen im Bereich der Visualisierung sind daher von größter wirtschaftlicher Bedeutung. Die industrielle Entwicklung und Wettbewerbsfähigkeit wird weitgehend von diesen Ergebnissen abhängen.

5. Folgerungen

Heute ist die Graphische Datenverarbeitung sowohl eine Technologie als auch eine Sammlung von Werkzeugen, die praktisch in allen Bereichen der Datenverarbeitung angewandt wird. Man sieht, daß Hochleistungs-Graphiksysteme integriert in Anwendungen und moderne Visualisierungstechniken den Kern für Forschung und Entwicklung auf dem Gebiet der Graphischen Datenverarbeitung für das nächste Jahrzehnt bilden. Um bei der Umsetzung der Anwendungen in die Praxis konkurrenzfähig zu sein, kommt es darauf an, daß unsere Industrie in hohem Maße von den Ergebnissen in diesen Bereichen Gebrauch macht.

6. Literatur

1. J. Encarnacao, J. Rix, J. Schönhut; Open Issues and Trends on Graphical and Geometry Standards in: Wozny, McLaughlin, Encarnacao (Editors); Geometric Modelling for CAD Applications; North Holland, 1988; S. 255–270
2. J. Encarnacao; R&D - Issues and Trends Consequent upon GKS and Related Standards in: Rogus and Earnshaw (Editors); Techniques for Computer Graphics; Springer-Verlag, 1987; S. 443–454
3. J. Encarnacao; Engineering Graphics - Overview in: Güth (Editor); Computer Systems for Process Control; Plenum Press, 1988; S. 195–212
4. J. Encarnacao, E. G. Schlechtendahl; Computer Aided Design: Fundamentals and Systems; Springer-Verlag, 1983
5. Advances in Computer Graphics I, II and III; I: G. Enderle, M. Grave, F. Lillehagen (Editors), 1986; II: F. R. A. Hopgood, R. J. Hubbold, D. A. Duce (Editors), 1987; III: M. M. de Ruiter (Editor), 1988; EUROGRAPHIC Seminars, Springer-Verlag
6. W. Straßer (Editor); Advances in Computer Graphics Hardware I; EUROGRAPHIC Seminars, Springer-Verlag, 1987
7. Computers & Graphics; An International Journal; Pergamon Press; Editor-in-chief: J. Encarnacao, FRG
8. IEEE Computer Graphics & Applications: A Journal of the IEEE Computer Society; Editor-in-chief: J. Staudhammer, USA
9. Computer Graphics Forum; The Journal of the EUROGRAPHICS Association; North Holland Publ. Co. Editors-in-chief; D. Arnold, UK; M. M. de Ruiter, NL
10. ISO 7942; Information Processing Systems - Computer Graphics - Graphical Kernel System (GKS) Functional Description; 1985
11. ISO 8632/1-4; Information Processing Systems - Computer Graphics - Metafile for the Transfer and Storage of Pictures, (Computer Graphics Metafile, CGM), 1987
12. R. W. Scheifler, J. Gettis; The X Window System; ACM Transactions on Graphics, Vol. 63, 1986
13. Sun Microsystems, NeWS Manual 1987
14. W. Hübner, G. Lux-Mülders, M. Muth; THESEUS, Die Benutzungsoberfläche der UNI-BASE- Softwareentwicklungsumgebung (Beiträge zur Graphischen Datenverarbeitung), Springer-Verlag, 1987
15. Adobe Systems Inc., PostScript Language Manual, 1984

16. A. Goldberg, D. Robson; Smalltalk-80, The Language and its Implementation, Addison-Wesley, 1983
17. Bjarne Stroustrup; The C++ Programming Language, Addison-Wesley, 1986
18. B. H. McCormick, T. A. DeFanti, M. Brown; Visualisation in Scientific Computing, Computer Graphics (ACM); Vol. 21, No 6, November 1987
19. Symposium on Visualisation in Scientific Computing; Symposium material; Princeton University, May 1988
20. Projektvorschlag: EURO-WORKSTATION (High Performance Technical Workstation), 1988
21. Projektvorschlag: SUPERWING (Scalable Ultra-high Performance Workstation for Imaging, Numerics and Graphics), 1988

Graphische Datenverarbeitung in den Druckvorstufen

K. M. Eingärtner

1. Die Druckindustrie auf ihrem Weg in die Kommunikationsindustrie

Sie wollen sich nicht in die Ecke des nur Druckens drücken lassen, die Drucker. Sie haben die Herausforderungen angenommen und auf eine technische Innovation reagiert, die sowohl unsere Arbeitswelt als auch unseren persönlichen Lebensbereich nachhaltig verändert: die moderne Elektronik, die Digitalisierung, der Computer.

Die Drucker sind auch heute noch die traditionellen Spediteure für den materiellen Informationstransport auf dem Papier. Nur werden sie unerbittlich konfrontiert mit der epochalen Erfindung, eben diese Information in Bits und Bytes zerlegen, also digitalisieren zu können. Damit wird alles schneller transportierbar, sogar über große Entfernungen, leichter modifizierbar, in großem Umfange archivierbar und sofort abrufbar.

Die Inhalte haben sich kaum verändert, aber die Transportmittel nehmen andere Formen an. Da werden der Stift, das Papier, die Schere und der Klebstoff ersetzt durch Monitor, Keybord und Digitizer. Im Ergebnis transportiert man heute ganze Zeitungsseiten über Satelliten, Kabel, Magnetplatten oder eine kleine Disk.

So sind es dann auch vor allem die großen Zeitschriften und Zeitungs-Verlage, die die Brücken zu den immateriellen Kommunikationsmitteln schlagen indem sie sich auch als Anbieter von Fernsehsendungen sowie einer breiten Palette von Video- und Phono-Produkten etablieren. Indem sich die Druckindustrie für jegliche Art des Informationstransportes zuständig erklärt, überlebt sie einen durch die Elektronik verursachten Strukturwandel ihrer Märkte und geht selbstbewußt den Weg in die Kommunikationsindustrie.

2. Die dramatischen Veränderungen in den Druckvorstufen

Die klassischen Verfahren wie Hochdruck, Flexodruck, Flachdruck, Tiefdruck und Siebdruck vermelden keine revolutionären Veränderungen in ihrer Drucktechnik. Ein neues, ergänzendes Druckverfahren ist nicht am Horizont. Die moderne Elektronik verursacht jedoch in den Produktionsbereichen, die vor dem eigentlichen Druck liegen, zum Teil dramatische Veränderungen.

Verfolgen wir einmal kurz den traditionellen Weg, den eine Botschaft vom Sender zum Empfänger unter Nutzung der Druckmedien nimmt: Nach der kreativen Idee kommt die Präzisierung auf dem Papier und im Layout. Es folgt die Herstellung eines Originals, einer Vorlage. Im Reproduktionsbetrieb wird diese Vorlage nun verarbeitet. Praktisch werden die Bilder in Endgröße aufgerastert, der Text eingefügt und eine ganze Seite auf einem Film zusammengestellt. Dieser dient wiederum zur Herstellung einer Druckform für das jeweilige Druckverfahren. Nach dem Verlassen der Druckmaschine hält der Empfänger die Botschaft in der Form einer Zeitschrift, eines Werbeprospektes oder eines Bildbandes in seinen Händen.

Wenn wir von einer dramatischen Veränderung in den Druckvorstufen, auch Pre-Press-Bereich genannt, sprechen, so umfaßt dies die Abschnitte von der kreativen Idee, (z. B. eine Werbebotschaft), über die Vorlagen-Herstellung, die Vorlagenverarbeitung (Reproduktion), Seitenmontage bis zum Endfilm, der als Kopiervorlage zur Herstellung der Druckform dient. In letzter Konsequenz können alle diese Produktionsschritte bereits heute immateriell, nur mit Hilfe von Computern, Bildschirmen und Digitizern durchgeführt werden. Wenn man dies noch nicht umfassend praktiziert, so liegt dies vor allem an wirtschaftlichen Gründen und der Erkenntnis, daß es eben doch nicht zweckdienlich ist, grundsätzlich alles durch den „elektronischen Reißwolf" zu drehen.

Es liegt auf der Hand, daß hier tausende, mit profilierten Spezialisten besetzte Arbeitsplätze in Frage gestellt werden. Die Organisation der Betriebe und ihre Produktionsstruktur müssen sich anpassen. Die Wortwahl „dramatisch" erhält schließlich ihre Bestätigung im Hinweis auf zwei Konsequenzen für alle in den Druckvorstufen angesiedelten Unternehmen:

- Sie können nur überleben, wenn es ihnen gelingt, in die Millionen gehende Investitionen moderner Elektronik zu verkraften.
- Die immaterielle Verarbeitung von Informationen (Texte, Bilder, Graphiken und Layouts) und der Einbruch des billigeren PC ermöglichen, daß der Endverbraucher viele Funktionen der Dienstleistung im Pre-Press-Bereich übernimmt. Computer-Graphik und Textverarbeitung im „Do-it-Yourself"-Verfahren haben Konjunktur.

Den zwingend großen Aufwendungen für die Einführung neuer, elektronischer Produktionsmittel, steht also auch noch die mögliche Schrumpfung eines Marktsegmentes gegenüber. Ein wahrhaft existenzielles Problem dieser Betriebe und das ist es nicht alleine.

Beeinflußt wird dieser Strukturwandel von weiteren Produkten moderner Elektronik: Den N. I. P.-Verfahren. „Non Impact Printing" heißt soviel wie berührungsloser Druck, also Drucken ohne Druckform. Man bringt die digital aufbereitete Information (Text, Graphik und Bild) direkt auf den Bedruckstoff Papier.

Dafür stehen das Ink-Jet-Verfahren, der Laser- und Ionen-Drucker, der thermostatische und Thermotransfer-Drucker sowie die elektrostatischen Verfahren. Intelligente Kopierer spielen auf diesem Gebiet eine immer bedeutendere Rolle (Laser- oder Digital-Kopierer). Diese können Schwarz-Weiß und Farbvorlagen, aber auch Informationen aus dem digitalisierten Datenbestand verarbeiten. Bezüglich der N. I. P.-Verfahren werden nun neben den Betrieben der Druckvorstufen auch die Druckereien unmittelbar getroffen.

3. Die Begegnung der Graphischen Datenverarbeitung mit der Druckindustrie

Nach dieser kurzen Bestandsaufnahme nun eine Antwort auf die Frage, welchen Stellenwert die Graphische Datenverarbeitung für die Druckindustrie hat. Hier stoßen wir gleich auf eine nicht alltägliche, historische Entwicklung. Bereits Ende der 50er Jahre hat D.T. Ross am Massachusetts Institute of Technology für das „rechnerunterstützte Konstruieren" erstmals den Begriff CAD geprägt. Die Premiere von CAD auf einer internationalen Ausstellung in Deutschland fand aber erst zur IMPRINTA 1984 in Düsseldorf statt. Im Katalog der größten Weltmesse der Druckindustrie, der DRUPA, findet man erst 1986 (!) CAD-Systeme im Warenverzeichnis.

Natürlich hatten sich CAD-Systeme in vielen Industriezweigen lange vorher bereits vorteilhaft eingeführt. Die Druckindustrie hat dies bis Anfang, ja Mitte der 80er Jahre nur am Rande zur Kenntnis genommen. Dort fanden sie erst Eingang, als die findigen Japaner einen Anwendungsbereich entdeckten: die Druckformen-Herstellung. Sie haben dann auch erstmals ihre Systeme für Schnittmusterbögen und elektronische Schaltpläne für den Einsatz im Pre-Press-Bereich modifiziert. Einigen Fachhändlern gelang die Einführung dieser japanischen CAD-Systeme in den Reproduktionsbetrieben Europas. Sie kosteten anfangs das vierfache der heutigen Notierung.

Die etablierten Hersteller von CAD-Systemen reagierten schnell und beweglich. Ein Beispiel ist die erfolgreiche Kooperation zwischen zwei Spitzenunternehmen in ihrer Branche: Dem CAD-Systembauer ARISTO, Hamburg – der damals bereits über 1000 Präzisions-Zeichenmaschinen ausgeliefert hatte – und einem der größten Hersteller für Reproeinrichtungen, Klimsch & Co Frankfurt/Main. Die eine Seite brachte ihr bewährtes Know-how im Bau von Präzisionsgeräten ein, die andere gab die Impulse für eine Software, die den spezifischen Anforderungen der Druckformen-Herstellung entgegen kam.

Auf der schon erwähnten DRUPA 86 präsentierten übrigens nicht nur das Team ARISTO-Klimsch seine CAD-Version für den Einsatz im Pre-Press-Bereich. Gleich 30 Lieferanten aus aller Welt boten ihren Beitrag für einen neuen Markt, der rasant wuchs.

Noch etwas gilt es hier klarzustellen. „Graphische Datenverarbeitung" im ursprünglichen und allenthalben praktizierten Sinne, hat im Pre-Press-Bereich eine andere Bedeutung. Dort versteht man unter diesem Begriff zunächst einmal die gesamte Typographie und Textverarbeitung über den Fotosatz und die Graphik, die man in der Regel als Reinzeichnung erhält. Auch in der Produktionsstufe Reproduktion findet so etwas wie Graphische Datenverarbeitung statt. Sie erfüllt höchste Ansprüche in der maßstäblichen Veränderung Variation, Retusche und Komposition von Bildern, bis hin zur Herstellung einer Ganzseite mit Text als Kopiervorlage für die Übertragung auf die Druckform.

In gleicher Weise hat auch die Computer-Graphik im Pre-Press-Bereich einen anderen Stellenwert. Hier ist es nicht die 2D- oder 3D-Generierung von Konstruktionszeichnungen für verschiedene Branchen. Vorrangig gilt dort die Computer-Graphik als Visualisierung von Geschäftsgraphiken und Statistiken. In immer fließenderen Übergängen integriert man nun auch die Kreativ-Graphik (Illustrationen mit Retusche und Bildumsetzungen) und den jüngsten Computer-Sproß, die Art-Graphik (die digitalische Kunst).

Was verwirrt, ist die Nutzung gleicher Hardware und ähnlicher Software in verschiedenen Branchen mit unterschiedlichen Anwendungen. So darf man anmerken, daß die Kartographie, die Hersteller von Fotowerkzeugen für die Elektronik und die Textilindustrie den Produktionsbereich Druckformen-Herstellung, ja sogar den Fortdruck seit langer Zeit tangieren. Das erklärt auch, warum die CAD-Technik der Druckindustrie nicht gerade unbekannt war. Intensive Anwendung fand sie aber erst im Sektor Druckvorstufen nach der Initialzündung aus dem Fernen Osten. Dieser Beitrag konzentriert sich auf eben diese nützliche Adaption: Die CAD-Systeme.

4. Die Anwendung von CAD-Systemen in den Druckvorstufen

Die vorangestellte Dokumentation der historischen Entwicklung ist wichtig, um die Möglichkeiten, aber auch Grenzen, der Graphischen Datenverarbeitung in den Druckvorstufen zu erfassen. Dabei macht sie aber auch noch eine, für den permanenten Strukturwandel symptomatische Entwicklung deutlich: Durch die moderne Elektronik wird erstmals ein verhältnismäßig schneller Wechsel der Hardware und Software von einer Branche in die andere möglich. Natürlich muß man modifizieren, natürlich sollte ein gutes Marketing vorausgehen. Wo man dies nicht genug beachtet hat, gab es zwangsläufig Rückschläge und Enttäuschungen. Was bleibt, ist die Erkenntnis, daß die Digitalisierung mit ihrer Universalität gleichsam den gemeinsamen Nenner abgibt für ungleiche Produktionsziele.

Auf diesen verschlungenen Wegen haben nun auch die Druckvorstufen jene Schlüsselfunktion der Graphischen Datenverarbeitung kennen und schätzen gelernt: das CAD-System. Daß man dazu so lange gebraucht hat, verwundert. Mit der spontanen Übernahme der Plotter war es aber nicht getan. Sehr schnell kam man auch hier zu der grenzsetzenden Erkenntnis, daß der Hauptnutzen in einer produktionsspezifischen Software lag. Das war wiederum der Anfang einer dornenreichen Entwicklung.

Fasziniert darf man feststellen, wie reaktionsschnell und mit welchem hohen finanziellen Engagement die traditionellen Plotter-Hersteller, die Pre-Press- und Software-Experten, der Fachhandel und die Anwender, sich an der Integration dieser „CAD-Leihgabe" aus der Graphischen Datenverarbeitung, jeder von seiner Warte aus, beteiligten. Auf das Ergebnis dürfen sie stolz sein. Das „rechnerunterstützte Konstruieren" findet inzwischen in einer Fülle nützliche Anwendungen in den Druckvorstufen, die geradezu verblüfft und deren Umfang den wenigsten bekannt sein dürfte:

1. Herstellung von Reinzeichnungen
Der flüchtige Entwurf des Kreativen, das Scribble oder ein Layout werden in millimetergenaue Zeichnungen umgewandelt, nach der die Reprotechnik die Texte und Bilder exakt positionieren kann.

2. Herstellung von Graphiken und Verpackungsdesign
Zunächst eine Alternative zur Geschäftsgraphik mit dem PC, wenn man nicht zum Bild sondern zur reprofähigen Reinzeichnung will. Spezialprogramme unterstützen die geometrische Erstellung eines Verpackungsdesigns das für die Handhabung einer Verpackung und die präzise Programmierung der Stanzautomaten von großer Bedeutung ist.

3. Herstellung von Masken, Deckern, Überfüllungen und geometrischen Freistellern
Durch Schneiden oder Gravieren von Folien erhält die Reprotechnik für ihre vielfältigen Manipulationen bei der Vorlagenverarbeitung und Seitenmontage ein exakt gewinkeltes, maßgenaues Hilfsmaterial, das der handwerklichen Arbeitstechnik an Präzision weit überlegen ist.

4. Figürliche Freisteller
Im Gegensatz zu den geometrischen Freistellern sind diese manuell noch schwerer herzustellen. Der Digitalisierstift oder Tastensensor erledigt dies schnell und präzise.

5. Konstruieren und Digitalisieren geometrischer Figuren
Eine wesentliche Vereinfachung des Arbeitsablaufes, weil die abgespeicherten Figuren durch den Digitalisierstift schnell und in der Größe modifiziert abgerufen werden können.

6. Schriften schneiden, gravieren und konstruieren
Wenn man z.B. Signus P Schriftensystem mit einem ARISTOMAT 204 Präzisions-Schneidetisch koppelt, steht eine Bibliothek von annähernd 1000 Schriften zur Verfügung, aus der wiederum 100 Schriften gleichzeitig gespeichert und abrufbar sind. Darüber hinaus gestattet das System die Konstruktion individueller Schriften oder Signaturen. Maßstäbliche Veränderungen und Verzerrungen unterstützen die Gestaltungsmöglichkeiten.

7. Gravieren von Satzspiegel, Seitenaufrissen und Bogeneinteilungen
Hier greift die CAD-Technik bereits in das Gebiet der Montage und Kopie über. Generell empfiehlt es sich auch hier wegen seiner Präzision und Überlegenheit gegenüber den zeitaufwendigen manuellen Arbeitsmethoden.

8. Herstellung von Formularen
Ausgabe kann als Reinzeichnung oder kopierfähige Gravur erfolgen. Da abgespeichert, ist die Korrektur jederzeit schnell durchzuführen.

9. Herstellung von Siebdruckschablonen
Dieses Durchdruckverfahren kennt kaum eine Grenze bei Farbe und Bedruckstoff. Als Kopiervorlage braucht es Schablonen, die mit CAD-Systemen hervorragend hergestellt werden können. Spezielle Anwendungen liegen auf dem

Gebiet der großen Schriften, künstlerischer Gestaltung und natürlich bei der Herstellung gedruckter Schaltungen für die Elektronik.

10. Arbeitsvorbereitung für Scanner und Elektronische Bild verarbeitung (EBV)
Ein absolutes Neuland für CAD-Techniken. Vor allem die Seitengeometrie wird außerhalb der teuren EBV-Systeme vorbereitet und per Disk übertragen. Ein enormer Rationalisierungsfaktor.

5. Die Integration von CAD-Systemen in den Reproduktionsbetrieb

Nach der Installation eines CAD-Systems steht jeder Betrieb vor der Aufgabe der Integration in allen Ebenen. Dies fängt bei der Arbeitsvorbereitung an. Es verlangt ein fachliches und organisatorisches Umdenken bei den Arbeitsabläufen. Das ist leichter gesagt als getan. Erfahrungsgemäß wurden die Probleme jedoch kurzfristig gelöst. Vor allem dann, wenn man der Versuchung widerstand, unkritisch alles der neuen elektronischen Arbeitstechnik zu übergeben.

Keineswegs so einfach ist die Überwindung der Akzeptanzschwelle bei jenen Mitarbeitern gewesen, die z.T. ein ganzes Berufsleben lang mit Pinsel und Schneidemesser zeitaufwendig, bei hohem Materialverbrauch und mit unvermeidbarer Fehlerquote, das gemacht haben, was die CAD-Technik in wenigen Minuten absolviert.

Jüngere Menschen gewinnen bekanntlich sehr schnell Kontakt zum Computer und einem Keybord. Ältere brauchen mehr Zeit. Aber wenn sie es begriffen haben, kann man sich auf sie verlassen, weil sie den Durchblick haben und den Inhalt selbst kompliziertester Seitenmontagen voll erfassen können. Hierbei hilft ihnen natürlich ihre langjährige Erfahrung, über die jüngere Mitarbeiter nicht verfügen. Wenn dieser Prozeß insgesamt auch Zeit und Geduld erforderte, bekam man ihn dennoch gut in den Griff, weil CAD-Systeme im Gegensatz zu den komplizierten elektronischen Systemen der Seitenmontage doch wesentlich leichter zu bedienen sind. Schließlich darf man die Auswirkungen auf den Vertrieb ebenfalls nicht unterschätzen. Ein CAD-System im Hause ermöglicht eine beachtliche Erweiterung der Dienstleistung. Viele Reprobetriebe haben es geschickt ausgenutzt, ihren Kunden aus der Graphik und Werbung nunmehr qualifizierte Reinzeichnungen anbieten zu können sowie Schriften und Formulare zu gestalten.

6. Die technischen Besonderheiten der CAD-Systeme für die Druckvorstufen

Oberflächlich gesehen, haben alle Anbieter von CAD-Systemen für die Druckindustrie die gleichen Hardware-Komponenten. Die Unterscheidungsmerkmale beginnen, wie überall, bei der Software und dem Preis-Leistungs-Verhältnis. Trotzdem, bei einem CAD-System ist der Plotter als Kernstück die entscheidende Meßgröße für die Qualität. Die beste Software muß versagen, wenn sie sich nicht in den Präzisionswerkzeugen des Schneide- und Graviertisches wiederfindet.

Für die Anwender in den Druckvorstufen stehen folgende Kriterien im Vordergrund:

- einfache Bedienung, interaktive Benutzerführung und Fehlerkontrolle;
- optimale Software für die spezifischen Aufgaben;
- schnelle Funktionsabläufe und Speicherzugriffe;
- zuverlässige Präzision mit leichtem Werkzeugwechsel;
- hohe Betriebssicherheit und guter Service;
- Kompatibilität zu anderen elektronischen Produktionsgeräten im Pre-Press-Bereich.

Am Beispiel des erfolgreichen ARISTO ReproTool, das speziell für die Druckindustrie entwickelt wurde, läßt sich leicht nachweisen, daß einmal diese Forderungen des Marktes erfüllt wurden. Zum anderen werden hier sowohl die branchenübergreifenden Komponenten als auch die Besonderheiten für den Pre-Press-Bereich erkennbar:

- *Arbeitsplatz* mit Personalcomputer, Disketten- oder Festplattenlaufwerk, frei beweglicher Tastatur, Farbgraphik-Monitor mit 1024 × 756 Bildpunkten Auflösung und 16 farbigen Maskenebenen.

- *Das ReproTool-Programm* läßt eine Arbeitstechnik in unzähligen Varianten zu. Sie sind fast deckungsgleich mit der Aufstellung von Punkt 1 bis 10 in Kapitel 4.

- *Das Digitalisiergerät ARISTOGRID* fungiert als Eingabegerät für das Repro-Tool-Programm. Es steuert den Bildschirm-Cursor, ruft die Funktionen über das Menüfeld auf und setzt die graphischen Vorlagen in Koordinatenwerte um. Digitalisierstift und 5- bzw. 25-Tasten-Sensor können wahlweise eingesetzt werden. Durchleuchtung für transparente Vorlagen.

- *Scanner* für die schnelle Digitalisierung von Logon und Strichzeichnungen, on-line mit dem Plotter verbunden

- Die Ausgabe zur *Präzisions-Zeichenmaschine ARISTOMAT 200* erfolgt on-line. Durch die Ausrüstung mit drei seriellen asynchronen Schnittstellen können bis zu drei Arbeitsplätze angeschlossen werden. Nutzformate von DIN A 1 bis 2 × DIN A 0. Zeichengeschwindigkeit max. 30 m/min. Wiederholgenauigkeit +/− 0,02 mm. Eine alphanumerische Konsole läßt die Bedienung des ARISTOMAT unabhängig vom Arbeitsplatz zu.

- Vierfache *Werkzeugaufnahme* für Gravier- und Schneideeinrichtung mit Schnellwechsel. Kombination mit Zeichen- oder Tusche-Stiften ist möglich.

Dieses Leistungsverzeichnis kann im Rahmen eines solchen Berichtes nur die Spitze des elektronischen Eisberges zeigen, der sich unter solch einem CAD-System verbirgt. Entscheidend bleibt die Tatsache, daß die ursprünglich für die Graphische Datenverarbeitung entwickelten Hardware- und Software-Komponenten in verhältnismäßig kurzer Zeit modifiziert und in die Produktionstechnik der Druckvorstufen integriert wurden.

7. Die Perspektiven der Graphischen Datenverarbeitung in den Druckvorstufen

In dieser abschließenden Betrachtung müssen wir uns, um beim Thema zu bleiben, auf die Perspektiven des „Computer Aided Design" beschränken. Dazu läßt sich gleich eingangs feststellen, daß der Markt keine große Dynamik mehr aufzeigt. Die begrenzte Zahl europäischer Reprounternehmen hat bereits ein System installiert. Alternative Techniken drängen sich in den Vordergrund. Aus heutiger Sicht zeigen sich folgende Perspektiven:

CAD-Systeme haben vorrangig eine Hilfsfunktion bei den zeit- und materialaufwendigen Manipulationen im Zusammenhang mit der Komposition einer ganzen Seite auf Film. Eben diese Arbeit wird in steigendem Maße von den Systemen für die Elektronische Seitenherstellung (ESH) übernommen. Sie ermöglichen die digitale Verarbeitung von Texten, Graphiken und Bildern. Auch in ihrem Vorfeld profilieren sich immateriell erarbeitete Informationen aus „Graphik-Design-Systemen" bzw. „Layout-Stationen" bis hin zur „Paint Box„ (einer Art elektronischem Malkasten). An einer EBV-Konsole (Elektronische Bildverarbeitung), läuft dies alles zusammen, kann noch manipuliert, retuschiert und positioniert werden. Dazu braucht man weder Reinzeichnungen noch Freisteller, Masken und Decker.

Es gibt jedoch zwei gewichtige Momente, die uns davon abhalten, uns auf diesem Gebiet in einer Elektronik-Euphorie zu verlieren.

a) Das Wort „Industrie" ist nur bedingt anwendbar, wenn es darum geht, eine kreative Idee, unzulängliche Originale, die Unwägbarkeiten der Kundenurteile und deren kurzfristigen Konzeptionsänderungen in den Druckvorstufen aufzufangen. Da gibt es kein Fließband, keine Roboter. Da gibt es nichts zu wiegen und zu messen. Irgendwie und irgendwann wird hier der industriefremdeste Faktor zum Maß aller Dinge: Der Mensch mit seinen Gefühlen und seinem Geschmack. Seien wir zunächst einmal froh, daß dies noch so ist.

Für die Praxis bedeutet dies die Notwendigkeit, den Zwängen der Vollelektronik die Alternative der Mechanik da entgegen zu stellen, wo es einen Sinn macht und wirtschaftlicher ist, wo man die Emotionen feinfühlig auffangen muß. Das kommt häufiger vor, als man denkt. Gescheite Reprobetriebe sind deshalb von Anfang an zweigleisig gefahren und haben ein CAD-System neben der EBV installiert.

Die Großindustrie weiß, warum sie einen VDMA-Ausschuß „Mechatronik" ins Leben gerufen hat. Die Produktion wie das Leben bestehen nicht nur aus Schwarz und Weiß, 0 und 1, ja und nein. Alles bewegt sich in Graustufen und Übergängen. Da gibt es kein Entweder-Oder sondern nur das Sowohl-Als-Auch (Alleine der Computer kennt das nicht. Dafür ist er aber auch nur ein nützlicher Idiot). In der klugen Symbiose von Mechanik und Elektronik wird das CAD-System seinen Platz in den Druckvorstufen deshalb behaupten.

b) Bedeutend unerfreulicher sind die System-Blockaden, die durch unkluge Insellösungen der Lieferindustrie aufgebaut wurden. Ihnen verdanken wir zunächst einmal die wirksamste Kühlung auf die Gemüter der Elektronik-Freaks, weil die mangelhafte Kompatibilität der Computer der sinnvollen Eingliederung elektronischer Produktionssysteme in einen harmonischen Produktionsablauf entgegen steht. Für die Betriebe im Pre-Press-Bereich ist dies eine schwere Hypothek und eine nachweisbare finanzielle Belastung.

CAD-Systeme werden im Sinne der Mechatronik noch lange im Einsatz bleiben, wenn es gelingt, sie problemlos mit AV-Computern, Scannern und EBV-Systemen zu koppeln. Hier gibt es bis jetzt leider nur Teilerfolge. Die Hersteller blockieren entweder in egozentrischem Marketingdenken ab, oder sie verlangen Kosten für eine Softwareanpassung, die den Normalbetrieb überfordert. Das ist auf die Dauer ein unerträglicher Zustand.

Trotzdem dürfen wir auch diese Problemzone mit dem Gefühl verlassen, daß viele Institutionen inzwischen auf breiter Front dagegen Sturm laufen. Vorangegangen ist General Motors, USA, eine Firma, die selbst den größten Lieferanten gegenüber schon mal am längeren Hebel sitzt und Forderungen stellen kann. Auf der Autofact 1985 in Chicago ist es denn auch gelungen, 17 der führenden Computerhersteller in eine Ringverständigung einzubinden.

Die Initiative hat den Namen MAP (Manufacturing Automatic Protocols). Führende DV-Hersteller wie IBM, HP und DEC haben sich inzwischen öffentlich zur Entwicklung von MAP kompatiblen Produkten bekannt. Auch in Europa gibt es eine Interessenvereinigung, die EMUG (European MAP User Group). Es ist nicht einzusehen, daß diese Initiativen der Großindustrie nicht wenigstens in Teilen auch die mittelständischen und kleinen Betriebe von den kostspieligen, elektronischen Insellösungen befreien kann.

Wiederum haben die Hersteller der Personalcomputer längst begriffen, was den großen Lieferbetrieben der Druckindustrie so schwer fällt. Sie bemühen sich, wo immer es geht, Kompatibilität mit anderen Computern und peripheren Geräten sicherzustellen. Zwar haben sie es schon etwas leichter als ein EBV-System, das für eine farbige Bildseite enorme Datenmengen schnell bewegen muß. Aber der Schulterschuß ist nur noch eine Frage der Zeit.

Am idealsten wäre jedoch die Verwirklichung einer amerikanischen Prognose, nach der wir in den 90er Jahren endlich mit preiswerten Protokoll-Übersetzungs-Systemen rechnen dürfen (Arthur D. Little Inc. Boston, 1987). Dies würde bedeuten, daß das erwünschte „Technische Esperanto" doch noch Wirklichkeit wird und somit auch dem CAD-Einsatz keine Grenzen mehr gesetzt sind.

8. Zusammenfassung

Die Graphische Datenverarbeitung segelt im Rahmen der Druckvorstufen teilweise unter anderer Flagge und mit einer spezifischen Software-Variante. Überraschend spät hat die Druckindustrie den Nutzen der CAD-Systeme erkannt. Umso schneller wurden sie integriert. Sie sind ein idealer Begleiter auf deren Weg in die Kommunikationsindustrie.

CAD-Systeme stellen für die Facharbeiter eine überschaubare Einführung in das digitale Arbeiten dar. Im Vergleich zu den komplizierten EBV-Systemen haben sie eine niedrigere Akzeptanzschwelle.

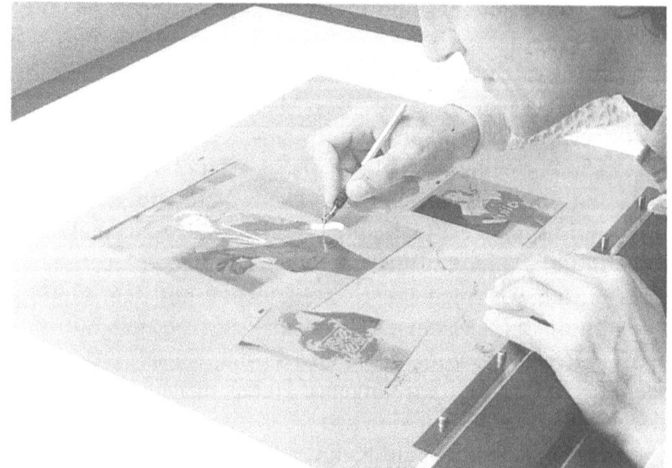

1

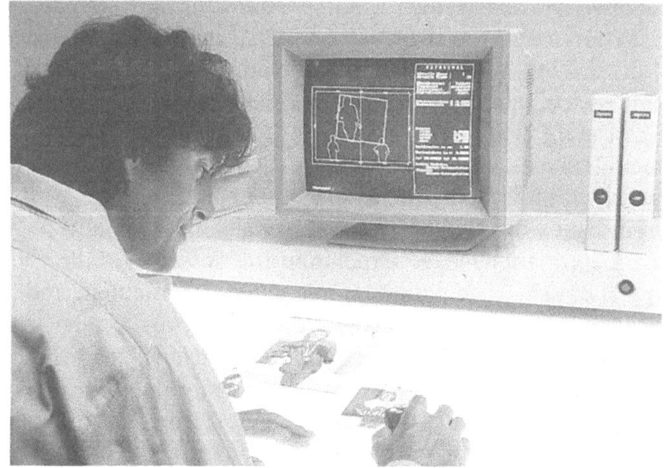

2

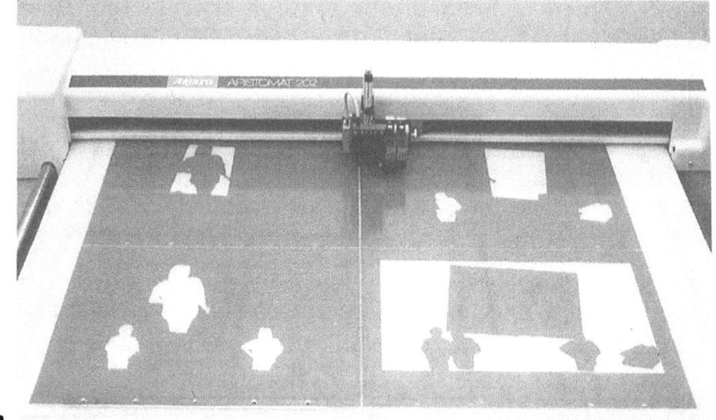

3

Abb. 1. Manuelles Schneiden von Repromasken

Abb. 2. Digitalisieren von Original-Lithos

Abb. 3. Hochpräzises Schneiden von Repromasken

CAD-Systeme sind auch ein wichtiges Glied im Streben nach einer ausgewogenen Symbiose zwischen mechanischem und elektronischem, zwischen materiellem und digitalischem Informationstransport. Sie profitieren von der Tatsache, daß gerade in der Druckindustrie den vollelektronischen Produktionstechniken Grenzen gesetzt sind, weil viele unwägbare, emotionelle Gesichtspunkte in die Wertung ihrer Produkt-Qualität einfließen.

Es bliebe zu wünschen, daß sie für uns noch lange eine faßbare Hilfe bleiben in unserem Bemühen um maßvolle und ausgewogene Produktionstechniken. Schließlich bliebe zu wünschen, daß diese die Branchengrenzen mit Bravour überschreitende technische Innovation aus der Graphischen Datenverarbeitung jedem in der Verantwortung stehenen Management die Chance läßt, der Mahnung aus Goethes Faust folgen zu können: „Das Was bedenke, mehr bedenke Wie".

IKARUS in Hamburg

P. Karow

Zusammenfassung

IKARUS ist ein Programmsystem zur Herstellung von Schriften im digitalen Format (CAT = computer aided typography). Im wesentlichen werden mit diesem System die Umrisse der Buchstabenvorlagen mit der Hand auf Digitizern digitalisiert, in Rechnern verarbeitet und modifiziert, zur Kontrolle auf Bildschirmen und Zeichenmaschinen ausgegeben und als Maschinenformate für die diversen digital arbeitenden Filmbelichter, Laserdrucker und NC-Maschinen ausgegeben.

Schrift ist die sichtbare Wiedergabe des gesprochenen Wortes. Ihre Aufgabe ist in erster Linie, daß ein Text ohne Mühe, ohne Umwege und ohne den Lesefluß hemmende unnötige Verzierungen dem Leser übermittelt wird.

(Zitat von Hermann Zapf)

1. Rückblick

Schriftzeichen wurden in der Antike in Stein gemeißelt oder in Ton gedrückt (z. B. die Keilschrift der Sumerer). Schriftzeichen wurden geritzt, mit Federn geschrieben und in der westlichen Welt ab Mitte des 15. Jahrhunderts auch in gedruckter Form dargestellt.

Johannes Gutenberg hat in Mainz - wie wir alle wissen - die „Buchdruckerkunst" erfunden. Dies ist keine Erfindung im üblichen Sinne, also die Entdeckung eines besonderen Kniffs oder die Realisierung nur einer Idee, sondern - wie gesagt - die Erfindung einer Kunst.

Johannes Gutenberg hat eine Revolution vollbracht und dazu viele hundert Ideen haben müssen. Natürlich bildet die Erfindung der beweglichen Letter aus Holz den Kernpunkt (Abb. 1).

Über die Folgeerscheinungen ist schon viel geschrieben worden, doch sie können nicht oft genug erzählt werden.

Durch Gutenberg wurde die Bibel das größte Lehrbuch der Welt, z. B. hat sie unser Hochdeutsch (gesprochen und geschrieben) bewirkt. Bücher wurden zu Trägern des Wissens, Lehrens und Unterhaltens. Was wären Universitäten ohne Bücher? Zeitungen wurden das erste Mittel zur verläßlichen Massenkommunikation.

Der Satz des Textes wurde mit der Hand durch Setzer hergestellt. Das hat sich bis heute wenig geändert; denn immer noch müssen wir ein wenig unsere Hände

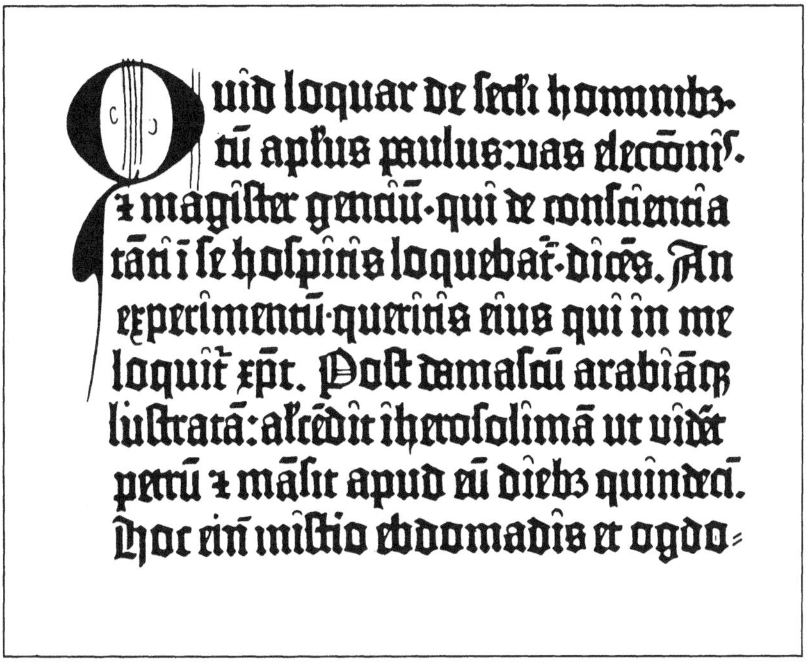

Quid loquar de seculi hominibus·
cu apostolus paulus: vas electionis
et magister gencium · qui de consciencia
tanti i se hospitis loquebatur · dicens. An
experimentu queritis eius qui in me
loquitur xps. Post damascu arabiamque
lustrata: ascendit iherosolima ut videret
petru et mansit apud eu diebus quindecim.
Hoc enim misterio ebdomadis et ogdo-

Abb. 1. Text aus der Gutenberg-Bibel

bewegen, wenn wir die Taste eines Computer-Keyboards zur Eingabe eines Buchstabens antippen.

Jedoch hat sich alles danach vollständig geändert: der Handbetrieb wurde zunächst durch mechanisierten, dann elektrifizierten und schließlich elektronisch gesteuerten Betrieb ersetzt.

Buchstaben wurden aus Holz, dann aus Metall geformt, schließlich als Film und jüngst abstrakt als Software (Typeware) hergestellt.

Seit 1886 (Mergenthaler) gibt es Setzmaschinen für Bleisatz, z. B. von Linotype oder Monotype, seit 1949 (Higonnet, Moyroud) die Fotosatzmaschinen für lateinische Buchstaben. Schon seit 1922 wurden mit Vorläufern in verschiedenen Ländern Versuche gemacht, in Japan wurde 1923 eine Fotosatzmaschine für Kanji erfunden. Der breite Durchbruch gelang dem Fotosatz aber erst ab 1965. In dieser Zeit, 1964/1965, hatte Dr. Ing. Rudolf Hell bereits den Digiset erfunden und vorgestellt, die erste vollelektronische Setzmaschine. Man nennt diese Maschinen CRT-Maschinen, weil sie eine Kathodenstrahlröhre (Cathod Ray Tube) benutzen. Seit 1975 haben sich CRT-Maschinen im Markt durchgesetzt und den Bleisatz endgültig abgelöst.

Zwischen 1975 und 1978 sind die ersten Laserbelichter (Linocomp und Lasercomp) entstanden und vorgestellt worden, und erst seit kurzer Zeit kann man beobachten, daß die Laserbelichter die Fotosatz- und CRT-Maschinen ablösen.

Alle diese Maschinen sind im allgemeinen Sprachgebrauch mit dem Begriff „Setzmaschine“ gemeint. Wir wollen jedoch auch die anderen Geräte wie Matrixdrucker, elektrostatische Drucker, Laserdrucker und Mikroverfilmungsgeräte unter diesem Begriff zusammenfassen. Matrixdrucker gibt es seit 1970, verbreitet als billiger Ersatz für die sogenannten Schnelldrucker (basierend auf aus Metall geformten Drucktypen), zum Drucken von Listen im Rahmen der elektronischen Datenverarbeitung.

Seit etwa derselben Zeit werden vermehrt elektrostatische Drucker im Bereich des CAD (Computer Aided Design) eingesetzt, zum Erzeugen von Zeichnungen mit Text. Diese Drucker konkurrieren zum Teil mit Plottern und Zeichenmaschinen. Laserdrucker sind von XEROX seit 1980 erfolgreich vertrieben worden. Sie haben erst im Jahre 1984 den eigentlichen Start ihrer großen Verbreitung erfahren. Zusammen mit den sogenannten PC's (Personal Computer) werden sie die Büro-Schreibmaschinen von morgen bilden.

2. Vorgeschichte

Im November 1972 ereignete es sich, daß ich von Firma ARISTO und Firma Brendel & Co. zur Hilfe gerufen wurde. Herr Brendel wollte unbedingt einen großen Flachbett-Zeichentisch für das Schneiden von Schriftvorlagen einsetzen. Er wollte die je 108 Buchstaben seiner Alphabete in 9 Reihen zu je 12 Zeichen auf eine Fläche von etwa einem Quadratmeter in Ulano-Folie schneiden. Also sollten die Buchstaben mit einer Größe von bis zu 7 cm für die Großbuchstabenhöhe (Versalhöhe) mit einer Genauigkeit von etwa 2/100 mm längs ihrer Umrißlinie geschnitten werden, und dabei sollten alle runden Buchstabenteile strakend glatt herauskommen.

Beiden Parteien war die Weiterverarbeitung der geschnittenen Vorlagen eines Alphabets (Fonts) klar: Nach dem „Strippen", dem Ausheben der Folienflächen, die weiß werden sollten, würde eine große Reprokamera das Alphabet auf Film abbilden, damit hätte man dann das Master-Font für eine Fotosetzmaschine. Danach würde man lediglich Filmkontakte fertigen müssen, diese Filmstücke rahmen und für den Einsatz bereitstellen können. Allen war klar, welcher Rationalisierungsschritt bevorstand; denn bis dato wurden die Mutterbuchstaben per Hand geschnitten, an einer Wand zu einem Font montiert und dann mit der Reprokamera aus 10 m Entfernung aufgenommen.

Die Entwicklung geriet ins Stocken, weil es nicht gelang, die Umrisse der Buchstaben durch kleine Geradenstücke so mit der Hand zu digitalisieren, daß die runden Buchstabenteile glatt wurden. Das geübte Auge nimmt Abweichungen vom „schönen" Verlauf von 3/100 mm wahr, die Hand kann aber den Sensor eines Digitizers auf dem Digitalisierbrett nicht genauer als mit einer Varianz von 35/100 mm führen.

Als ich die Szene betrat, war der Schrecken groß. Es sollte noch ein teurer Rechner zu dem ohnehin benötigten teuren Digitizer und zu der Zeichenmaschine kommen. Die Gesprächspartner schluckten es. Mein schlechtes Gewissen rumorte dennoch und produzierte lauter gute Argumente für den Rechner: Speicherung für immer, Ausrechnen von Modifikationen wie Konturierungen oder Schattierungen und interaktive Korrektur von Digitalisierfehlern. Eigentlich ganz alltägliche Argumente, auch schon damals. Dann kam der nächste Schock: das sollte ja alles programmiert werden und kostete zusätzlich Geld. Meine Gesprächspartner konnten erst wieder ruhig sitzen, als ich behauptete, die ganze Angelegenheit würde nur knapp zwei Monate Arbeit sein.

Schätzt ein Programmierer – so heißt es in unserer Softwarebranche – seinen Aufwand für ein anstehendes Projekt, dann nehme man seine Angabe, multipliziere mit zwei und verwende die nächsthöhere Zeiteinheit, daher bedeuten 2 Mannmonate 4 Mannjahre.

Herr Brendel hatte 1975 immer noch nicht das, was er eigentlich wollte, aber sonst noch eine ganze Menge von Möglichkeiten, an die er vorher nicht gedacht hatte. Wir trennten uns.

Als Firma Hell 1976 das Programm kaufte, war es brauchbar. Noch heute wird bei URW an diesem Programm gearbeitet – inzwischen mit etwa zehn Personen.

Doch zurück zum Jahr 1972: ich ging sofort an die Arbeit. Zusammen mit Herrn Wesemüller von ARISTO wurden die Digitalisiervorschriften „ausgekäst". Es sollte Anfangspunkte für geschlossene Konturen, Eckpunkte und Kurvenstützpunkte geben. Wir hatten auch gerade drei verschiedene Knöpfe auf dem Digitizersensor frei. Am Anfang mußte die Buchstabennummer eingetippt werden. Dies geschah auf einer Teletype-Maschine, auf der jede digitalisierte Koordinate mit Punktkennung auf Lochstreifen gestanzt wurde. Leerlochungen trennten die verschiedenen Buchstaben voneinander, so wurden Datenblöcke gebildet.

Nachdem wir also die Vorschriften hatten, wurden die ersten 12 Buchstaben irgendeiner Druckschrift digitalisiert.

Hamburgefons

Abb. 2. Das international gebräuchliche Testwort

Die Buchstaben ähnelten ein bißchen denen, die ich in der ersten Schulklasse in der Fibel hatte. Scheinbar nichts Besonderes. Doch Herr Brendel belehrte mich: die vorliegende Schrift heiße Helvetica, und nicht etwa Druckschrift oder Blockschrift oder Bold oder Helvetia oder so. Sie sei berühmt und gehöre der Firma Stempel in Frankfurt. Er hätte sie zusammen mit einem Schriftentwerfer in Düsseldorf überarbeitet und verbessert und würde sie später Olympia nennen.

Mich störte das nicht weiter. Ich lief los mit meinem „Spielmaterial" und knobelte an der strakenden Verknüpfung der Kurvenpunkte. Die Programmierung wurde auf einem AEI-Rechner vorgenommen, den kannte und kennt kaum einer, er hatte etwa 8 KByte Hauptspeicher. Später wurde eine IBM 1130 mit 16 KByte benutzt. Meine Subroutinen hingen als Lochstreifen an einer Art Wäscheleine.

In meinem Eifer hatte ich überhört, daß die Steuerung der Zeichenmaschine auch Kreisfahrbefehle interpretieren konnte und nicht nur Geradenfahrbefehle. Ein Manual brauchte ich ja nicht!

Ich hatte von der Rechneranwendung im Schiffbau bei der Howaldts-Deutsche Werft-AG mitbekommen, daß man Kurvenstützpunkte ganz gut strakend mit Hilfe einer sogenannten Spline-Interpolation verbinden kann. Ich versuchte es analog. Für die Ausgabe programmierte ich eine Geradenapproximation.

Nach ein paar Tagen hatte ich alle nötigen Programme zusammen, um einen ersten Test zu starten: auf der Teletype wurde der erste Buchstabe eingelesen, durch den Rechner in seine Konturen und jede Kontur in ihre Kurventeile zerlegt, und die Kurveninterpolation mit anschließender Geradenapproximation durchgeführt.

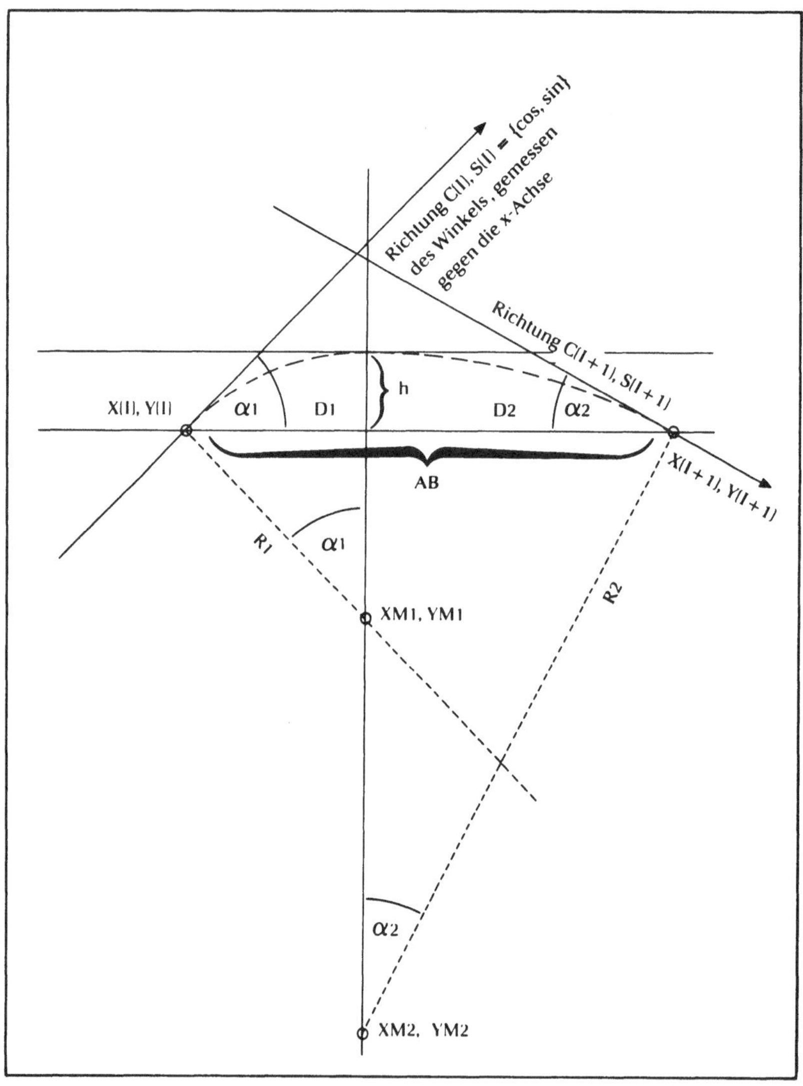

Abb. 3. Glättende Kreisinterpolation

Nun saß ich da und wartete darauf, daß der zweite Buchstabe gelesen würde. Währenddessen stanzte die Teletype ganz brav die etwa 18 Byte langen Geradenbefehle mit einer Geschwindigkeit von 30 Byte/sec.

Ich war mir sicher, daß das Programm richtig arbeitete; denn ich hatte vorher ohne Stanzen durch seitenweisen Testausdruck Berge von Fehlern gefunden. Ich war also ganz ruhig und wartete. Doch nach einer Viertelstunde wurde ich unruhig; denn das Programm war immer noch mit dem kleinen a der Helvetica beschäftigt. Erst in diesem Augenblick fing ich an zu rechnen: etwa 70 Kurvenpunkte mal etwa 30 Geraden zwischen je zweien, also 2100 Geraden zu je 18 Byte, also etwa 40.000 Bytes, also etwa 1300 sec. Stanzzeit. Inzwischen hatte das Programm endlich das b eingelesen. Plötzlich der nächste Schreck: wieviel Bytes passen eigentlich auf eine volle Lochstreifenrolle? Ach ja, da steht es ja: die Rollenlänge beträgt etwa 250 m. Gestanzt wurde mit 10 Byte per inch, also passen nur etwa 100.000 Bytes auf eine Rolle. Wo kriege ich jetzt noch vier leere Rollen her? Wie klebt man Lochstreifen? Wie rollt man die Streifen mit der Hand auf? Faßt der Lochstreifenleser der Zeichenmaschine überhaupt solche dicken Rollen? Also war die Produktionszeit von 4 Stunden für die ersten 12 Buchstaben ganz schön spannend, sie verging wie im Fluge.

Als die Ergebnisse bei ARISTO gezeichnet wurden, entdeckten wir: man braucht eine vierte Punktsorte, wir nannten sie Tangentenpunkte. Tangentenpunkte liegen dort auf der Kontur, wo Geraden tangential in Kurven übergehen. Man findet sie z. B. an Torbögen.

Ganz nebenbei brachte mir Herr Wesemüller bei, doch besser Kreisfahrbefehle zu verwenden wegen der Datenreduktion, und Herr Saur, wie man zwei Teilkreise ausrechnet zu je zwei Punkten mit je zwei Tangenten.

Bis zum Mai 1973 gab es noch so manche Überraschung. Reihenweise wurden Ideen realisiert und aus ästhetischen Gründen verworfen. Am meisten beschäftigte uns, wie man aus z. B. mageren fette Buchstaben gewinnen konnte. Später nannten wir das Verfahren Interpolation.

Abb. 4. Interpolation

Wir Programmierer nennen es Abstürzen, wenn ein Programm nicht das tut, was es soll. Dies kam oft vor. Allmählich assoziierte sich mit diesem Zustand der Name „IKARUS". Er war ja gemäß griechischer Mythologie mit seinem Vater Dädalus zur Sonne geflogen, wollte also hoch hinaus mit Flügeln, deren Federn mit Wachs befestigt waren, und stürzte ab, als das Wachs schmolz. Wir gaben dem Buchstabenprogramm den Namen IKARUS.

Ferner gefiel und gefällt uns an diesem Namen, daß es ein richtiger, aussprechbarer Eigenname ist und nicht so etwas Holpriges wie RSX-11-M. Abkürzungen sind uns unangenehm.

Heute ist das IKARUS-System ein Weltstandard. Alle Setzmaschinenhersteller verwenden IKARUS. Bereits sehr viele Hersteller von Laserdruckern haben einen IKARUS. Das IKARUS-Format (kurz: IK-Format) dient ihnen und uns zum Austausch von Daten. Es ist im wesentlichen so, wie Herr Wesemüller und ich es 1972 ausgedacht haben. Dank IKARUS hat URW die größte Bibliothek digitalisierter Schriften der Welt (neben lateinischen Alphabeten auch kyrillische, griechische, arabische, indische und chinesische Schriften; etwa 2300 verschiedene Typen). Wer hätte das 1973 gedacht!

Auch heute noch ist das Herstellen von Schriften in digitalisierter Form nicht viel einfacher als vorher. Es ist nämlich so, daß eine Schrift etwas Ganzes ist. Sie soll im ganzen im höchsten Grade lesbar sein, dabei ästhetischen Anforderungen genügen und dem dargestellten Zweck (Text, Werbung, Nachricht etc.) dienen bezüglich Form und Gestaltung. Die Digitalisierungsregeln kann man jemanden in einer Viertelstunde beibringen, doch Schriften herstellen kann man erst nach mehreren Jahren. Dies kann man in etwa mit dem Maurerhandwerk vergleichen. Ein Maurer kann einem auch in einer Viertelstunde erzählen, wie er den Beton mischt, die Kelle hält, den Mörtel fugt und die Steine setzt. Trotzdem kann der Zuhörer noch lange nicht auch nur eine gerade Mauer hochziehen.

Doch immerhin hat die Herstellung von Schriften in digitaler Form Sinn und Nutzen: heute werden viele „schreibende" Maschinen wie Setzmaschinen, Laserdrucker, Bildschirme und Zeichenautomaten elektronisch gesteuert und benötigen daher digitale Formate der Schriften. Ferner lassen sich Modifikationen wie Konturierungen oder Schattierungen automatisch durchführen, ganz zu schweigen von Fettestufen und beliebigen Größeänderungen.

3. Das IKARUS-Format

Die eigentliche digitale Form ist die Handdigitalisierung. Sie läßt sich sehr genau und schnell ausführen, in etwa 2,6 Minuten pro Buchstabe und etwa auf ein 1/100 mm genau bei einer Versalhöhe von 10 cm. Dies bedeutet zudem eine Aufrasterung des Gevierts mit 15.000x15.000 Pixel. Sie läßt sich nicht nur von sehr guten Schwarzweißvorlagen herstellen, sondern auch von Bleistiftskizzen oder unsauberen Kopien; denn das menschliche Sehhirn kann beim Digitalisieren das Glätten der unsauberen Originallinie vornehmen und so das entsprechende Lokalisieren der Digitalisierungen steuern.

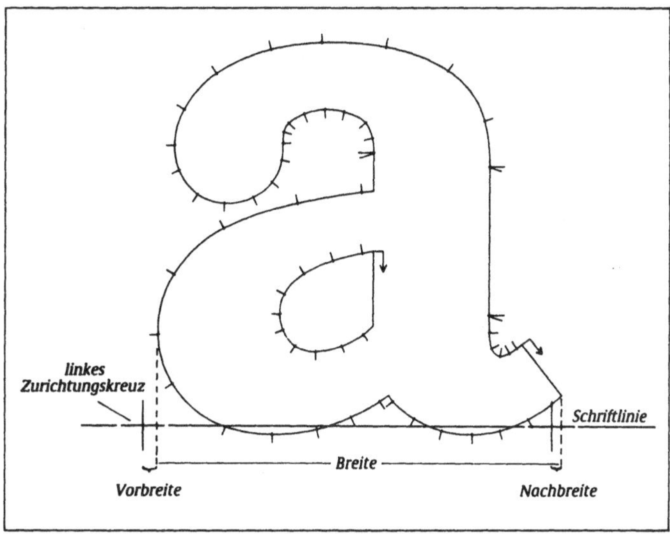

Abb. 5. Beispiel von digitalen Konturen

An die Eigenschaften digitaler Formate für Stichgrafik, z. B. für Buchstaben, werden besondere Anforderungen gestellt. Diese sind:

1. Datenaufnahme mit möglichst geringem Aufwand
2. Datenspeicherung auf möglichst kleinem Raum
3. Leichte Handhabung bei der Korrektur
4. Digitale Wiedergabe graphisch einwandfrei und so präzise wie möglich
5. Digitale Darstellung in mathematisch geschlossener Form für eine problemlose Umwandlung in alle gebräuchlichen und möglichen Kodierungen
6. Modifikationen von Buchstaben leicht programmierbar
7. Möglichkeit zur direkten Ansprache des Formates in Satzsystemen

Es gibt etwa 6000 verschiedene Schriften in der Welt. Davon haben allerdings nur 3000 Schriften schnellebige Modetrends überdauert, und etwa 100 werden wirklich häufig benutzt.

Am Beispiel des Buchstaben „a" sollen das IK-Format und seine Aufnahme in den Rechner erläutert werden.

Die Skizze stellt den kleinen Buchstaben „a" dar. Nur die Kontur ist gezeichnet, die Ränder der breiten schwarzen Striche also, die den eigentlichen Buchstaben bilden (siehe oben).

Die Kontur wird aus zwei geschlossenen Linienzügen gebildet. Um den Verlauf der Kontur hinreichend zu bestimmen, werden längs der Konturlinien Markierungen für die Erfassung mit dem Digitizer eingezeichnet. Das IKARUS-Programm unterscheidet vier Arten von Punkten, deren Koordinaten den Beginn und Verlauf von Konturen festlegen:

- Anfangspunkte am Anfang von geschlossenen Außen- oder Innenrändern
- Eckpunkte an den Ecken

- Tangentenpunkte an glatten Übergängen von Geraden zu Kurven und umgekehrt
- Kurvenpunkte zur Festlegung von Kurvenläufen

Bei der Markierung der Punkte muß man folgende Regeln beachten:

- Eckpunkte und Tangentenpunkte werden untereinander gerade verbunden.
- Kurvenpunkte sollten so oft gesetzt werden, daß sie hinreichend Informationen für die glatte Wiedergabe der Kontur liefern. Gleiche Abstände der Punkte sind dabei nicht erforderlich.
- Um auch an Wendepunkten einen glatten Kurvenverlauf zu erzielen, muß vor und hinter jedem Wendepunkt ein zusätzlicher Kurvenpunkt gesetzt werden.

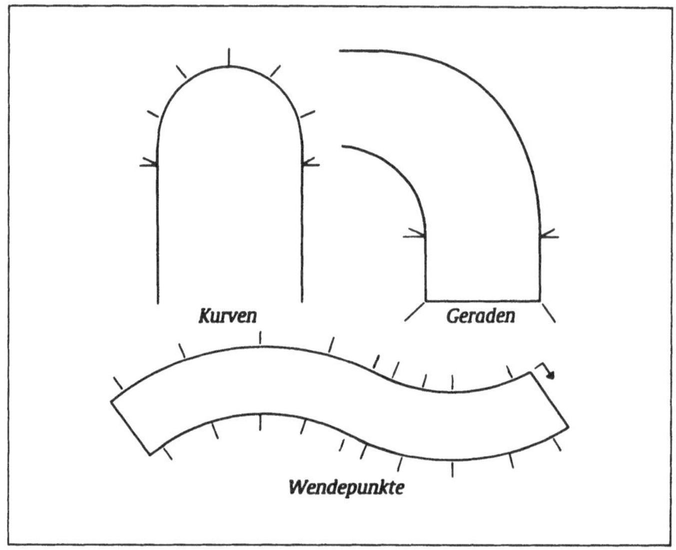

Abb. 6. Typische Buchstabenteile

Die Aufnahme der Markierungspunkte für die Kontur erfolgt per Hand mit Hilfe eines Digitizers. Dazu tastet man mit einem Sensor Punkt für Punkt ab. Auf Knopfdruck speichert der Rechner bei jeder Markierung Punktart und Koordinatenwerte. Jeder Punkt benötigt vier Bytes Speicherplatz. Helvetica - ähnliche Schriften haben im Mittel zwanzig Digitalisierungen pro Buchstabe, Baskerville - ähnliche vierzig und eine kursive Garamond z. B. etwa sechzig. So benötigt man etwa folgenden Speicherplatz:

H 10 Kilobyte für 100 Buchstaben der Helvetica,

H 30 Kilobyte für 100 Buchstaben einer kursiven Schrift,

H 20 Kilobyte für 100 Buchstaben der Baskerville,

書 90 Kilobyte für 100 Kanji-Zeichen.

Abb. 7. Speicherbedarf verschiedener Alphabete

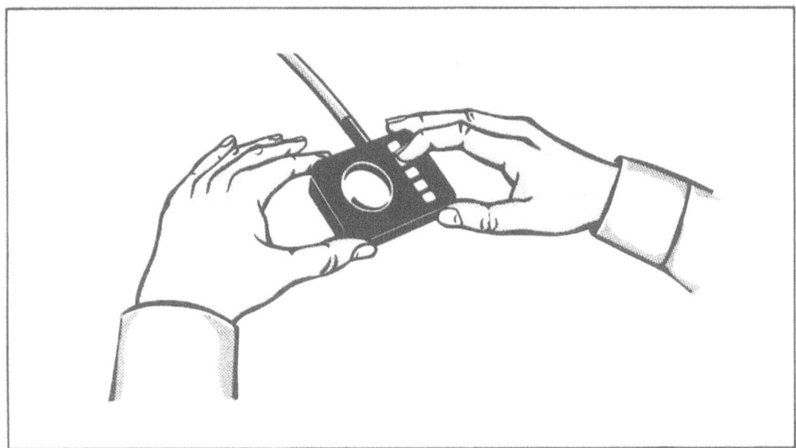

Abb. 8. Handhabung des Digitizers

Die Koordinaten werden bezogen auf einen Nullpunkt gespeichert, der im Prinzip beliebig, aber in der Praxis gleich dem linken Zurichtungskreuz für die Vorbreite ist.

Bei der Programmierung verwertete die URW Kenntnisse über Methoden aus dem Schiffbau: Die Außenhaut von Schiffen ist früher mit Hilfe von Stützpunkten und Holzlatten ermittelt worden. An den Stützstellen wurden auf einem Holzfußboden Paare von Nägeln so eingeschlagen, daß eine lange Holzlatte zwischen diese Nägel gleitend eingespannt werden konnte und so die Form der Außenhaut eines Schiffes strakend definierte. Später hat man den Verlauf dieser Holzlatte mit Hilfe der Spline simulieren können.

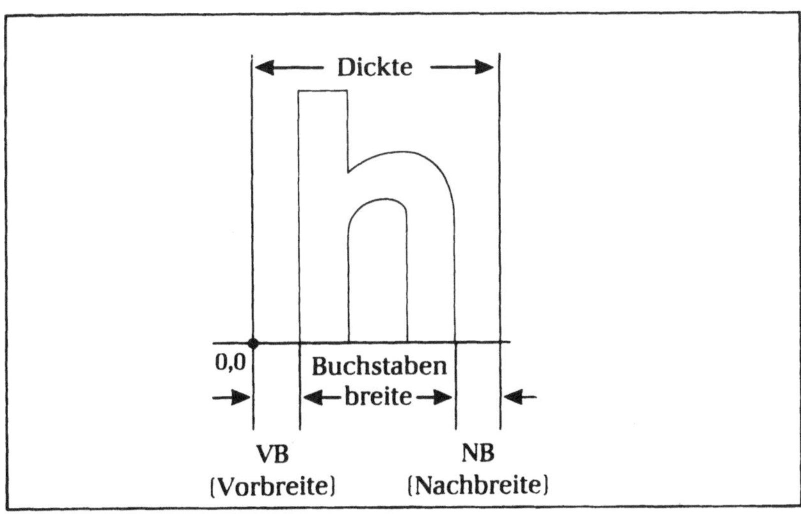

Abb. 9. Geometrie eines Buchstabens

Diese Methode, die Interpolation des Verlaufes einer Kurve zwischen Stützstellen, ist von der URW für die Verarbeitung von Kurvenstützpunkten im Rechner übernommen und verfeinert worden. Was für die schnittige Außenhaut eines
Schiffes gut scheint, ist für Buchstaben gerade recht.

Die Spline-Interpolation erschien uns zur Berechnung der Tangentenrichtungen in den digitalisierten Punkten als die beste Lösung. Wir haben die Tangentenberechnung auch mit Kreiseinpassungen, Polynomfits und anderen Rechenwegen
vorgenommen, Vergleiche zur Spline-Interpolation angestellt und alle diese Alternativen verworfen.

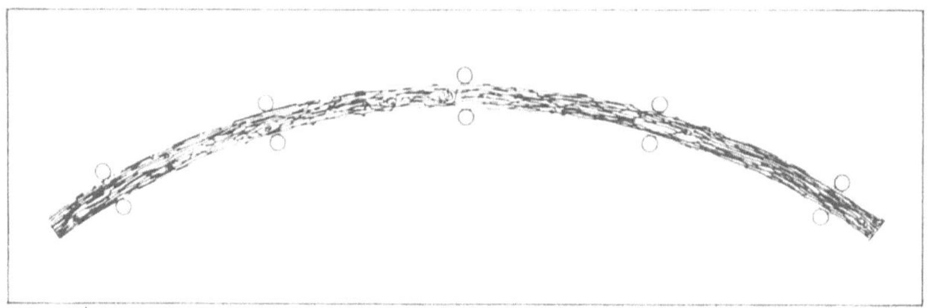

Abb. 10. Holzlatte zwischen Paaren von Nägeln

Der nächste Schritt, nach erfolgter Tangentenberechnung, sieht zunächst unerwartet aus. Wir nehmen nicht die Spline-Funktionen zur Darstellung der geschlossenen Kurve, sondern bestimmen zwischen je zwei Digitalisierungspunkten je
zwei Teilkreise so, daß der erste Teilkreis mit der ersten ermittelten Tangente im
ersten Punkt anfängt, in der Mitte mit einer Richtung an dem Punkt aufhört, wo
der zweite Teilkreis mit derselben Richtung beginnt und schließlich im zweiten
digitalisierten Punkt mit der zweiten ermittelten Tangente endet. Dadurch erzeugen wir in einer Kurve eine Kette von überall tangential ineinander übergehenden
Teilkreisen.

Die geschlossene Darstellung der Kontur stellt auch die Ausgangsbasis zur
Berechnung von Rasterbuchstaben dar, ihr wird ein Gitter unterlegt, und ein Programm sucht dann nach den Schnittpunkten der Rasterlinien (des Gitternetzes)
mit dem DI-Format (siehe Skizze).

Dieses Verfahren nennen wir „Soft-Scanning" im Gegensatz zum „Hard-Scanning", das in den Scannern abläuft. Das Soft-Scanning bietet gegenüber dem
Hard-Scanning enorme Vorteile:

- Es läuft im Computer ohne Handarbeit ab.
- Es werden keine Schmutzflecken oder sonstige Fehler „mitgescannt".
- Die Vorlagen (hier IK-Formate) werden automatisch rechtwinklig zur Scanrichtung „ausgerichtet".
- Man kann in jedem Fall vermeiden, daß es an den Schwarzweißkanten Störfälle
  durch das elektronische Rauschen gibt.

Allein durch die automatische Methode des Soft-Scanning bei der Herstellung
von guten, gerasterten Schriften wird so viel Zeit gespart, daß der Aufwand für
das Handdigitalisieren des IK-Formats bei weitem wettgemacht wird.

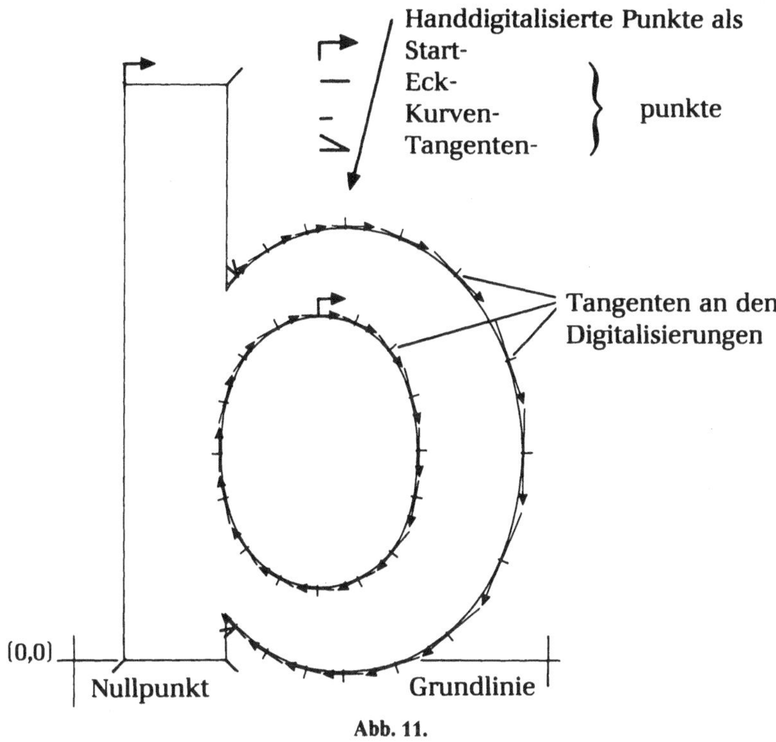

Abb. 11.

3.1. Logos, Signets und Strichgraphiken

Die Herstellung digitaler Formate ist relativ teuer. Dies gilt in besonderem Maße
für Logos, Signets und Strichgraphiken. Auch deren digitale Formate sollen eines
Tages auf die nächste Maschinengeneration übertragen werden. Es lohnt sich
daher bereits heute z. B. für Verlage, ein IKARUS-Grundsystem im eigenen Hause
für die Erfassung, Speicherung und Pflege von Strichgraphiken im IK-Format zu
benutzen. Während die Aufnahme von Schriften beim Anwender meist zu teuer ist
und daher in der Praxis nicht vorkommt, können wenigstens Logos, Signets und
Strichgraphiken (z. B. für die Gestaltung von Anzeigen) relativ kostengünstig vom
Anwender aufgenommen werden.

4. Verschiedene digitale Formate

Je besser die elektronischen Mittel in der Vergangenheit wurden, um so mehr Aufwand konnte man in die digitale Information der Schriftdaten stecken.

Zunächst sind daher von den Maschinenherstellern die einfach zu behandeln-
den Bitmaps oder Lauflängen gespeichert worden, später sogenannte Outline-
Kodierungen: zuerst die Vektorformate, dann komplexere Formate.

P. Karow

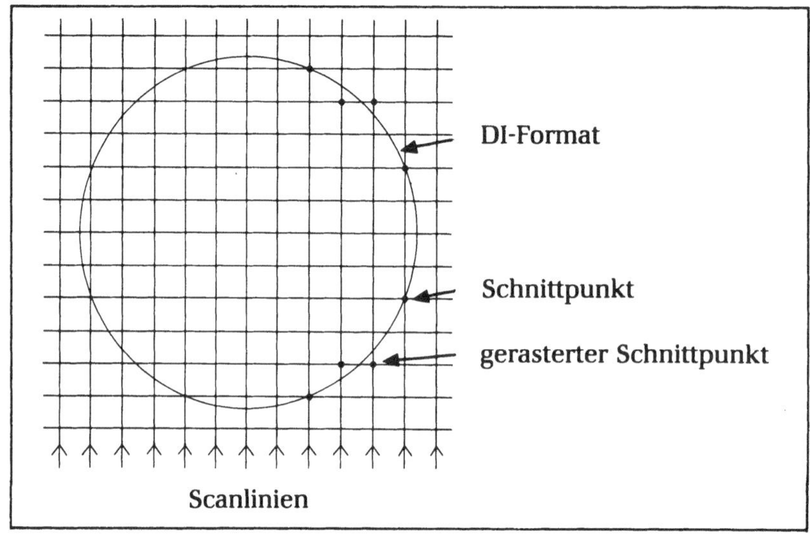

Abb. 12. Soft-Scanning

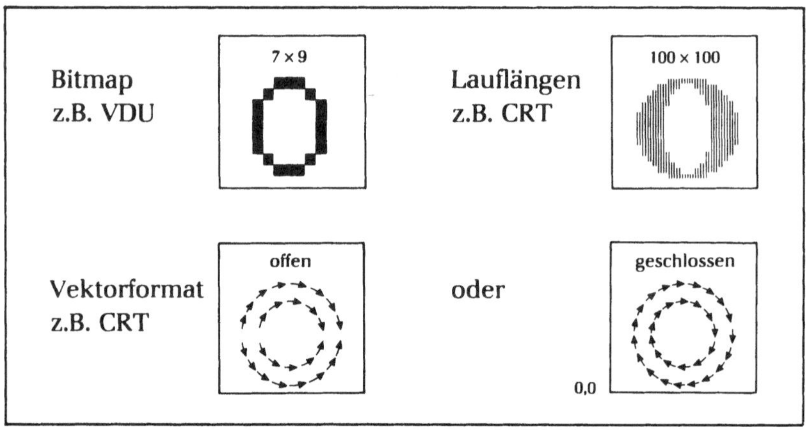

Abb. 13. Darstellungen von Bitmaps, Lauflängen und Vektorumrissen

Inzwischen gibt es eine sehr große Anzahl von Maschinen mit digitalen Schriften und beinahe eine gleich große Anzahl digitaler Formate für Schriften. Diese Vielfalt verlangt nach einer Systematisierung unter Berücksichtigung folgender Merkmale:

- Typ   Bitmap
                Bytemap (Halbton)
                Lauflängen
                Vektoren
                Kurvenlinien
                Elementzerlegung
                Metafont

- Koordinaten   absolut
                   inkremental
- Kodierung   einfach
                   komplex

Die zwei letzten Merkmale - Koordinaten, Kodierung - bedeuten keine prinzipielle Unterscheidung der Formate. Zum einen können immer absolut gegebene Koordinaten inkremental umgerechnet werden und umgekehrt, zum anderen kann jede komplexe Kodierung in ihre einfache Ausgangsform zurückgerechnet werden und natürlich auch umgekehrt.

4.1. Bitmaps

Nehmen wir den Buchstaben H zur Darstellung auf einem alphanumerischen Sichtgerät. Seine Bitmap hat z. B. die Form:

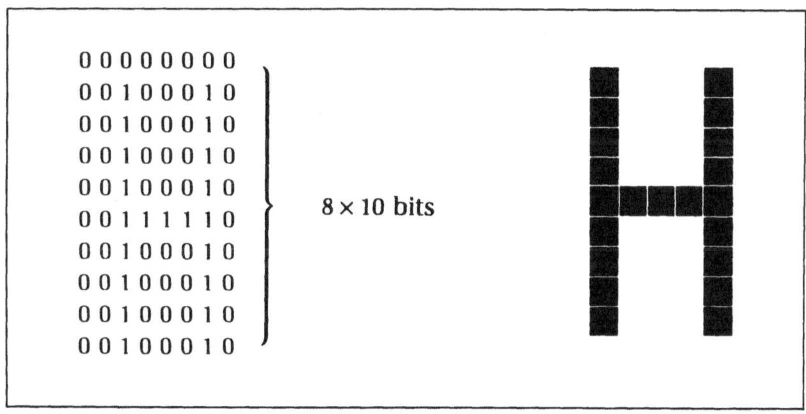

Abb. 14. Darstellung als Bitmap

Es bietet sich an, die 80 Bits in 10 Bytes zu speichern und die Bitmap horizontal von links nach rechts, Zeile um Zeile, von oben nach unten auszulesen. Dabei ist es unerheblich, ob man den Nullen die Bedeutung weiß und den Einsen die Bedeutung schwarz gibt oder die Umkehrung (video reverse) wählt.

4.2. Bytemaps

Für die neueren Sichtgeräte (zweite Generation) und für Fernsehuntertitel braucht man statt der Bitmaps sogenannte Bytemaps. Abhängig von der Anzahl der Graustufen am Rand zwischen Schwarz und Weiß kann es Viertelbytes (4 Stufen), Halbbytes (16 Stufen) und Bytes (256 Stufen) geben.

4.3. Lauflängen

Bitmaps und Lauflängenkodierung unterscheiden sich im Grunde nur wenig. Werden die Bitmaps immer größer, wird die Frage allmählich interessant, ob man jeweils die aufeinanderfolgenden Nullen bzw. Einsen einer Zeile zusammenfaßt, d. h. auszählt und ihre Anzahl als Lauflänge (run length) kodiert. Bei der Darstellung von Buchstaben durch entweder horizontale oder vertikale Linien (Zeilen bzw. Spalten) wechseln Schwarz und Weiß ab.

4.4. Vektorformate

Für geschlossene Vektorformate ist 1982 im Rahmen von Simulationsrechnungen ermittelt worden, daß der minimale Speicherbedarf für Schriften bei einer Kodierung liegt, die 4 Bit für die X-Komponente und 4 Bit für die Y-Komponente der Vektoren aufwendet. Dabei wird ein besonderer Kode für den Vorzeichenwechsel in X- bzw. Y-Richtung verwendet, außerdem ein spezieller Kode für sehr lange Geraden.

4.5. Kurvenlinien

Unter Kurvenlinien verstehen wir eine Beschreibung aus Elementen wie

- Geraden und Kreisen (Bitstream, URW)
- Bezier-Funktionen (Adobe)
- Spiralen (Purdy, AM, Itek) oder
- Splines (Xerox und andere)

4.5.1. Geraden/Kreise

URW verwendet dieses Format direkt für Zeichenmaschinen und graphische Sichtgeräte, andere Firmen für hochauflösende Setzmaschinen (60 bis 100 Linien/ mm). Es kann direkt und am schnellsten aus dem später erwähnten IK-Format entwickelt werden. Im wesentlichen werden die Geraden zur Verbindung von Ecken untereinander und zu sogenannten tangentialen Übergängen von Geraden in Kurven vorgenommen. Die Kurven werden mit Teilkreisen beschrieben, die alle tangential ineinander übergehen.

4.5.2. Bezier-Funktionen

Unserer Meinung nach haben nur automatisch generierte Bezier-Stützpunkte einen Sinn. Für das Digitalisieren mit der Hand erscheint uns das Verfahren nicht geeignet, da es weitaus zeitaufwendiger ist als z. B. das Digitalisieren des IK-Formats. Die Bezier-Punkte liegen außerhalb der Kontur und können nur leicht gefunden werden, wenn man ein graphisches Sichtgerät hat, auf dem die Bezier-Funktionen selbst prompt den Bewegungen der Bezier-Punkte folgen.

4.5.3. Spiralen

Man hat spiralenartige Kurvenlineale früher als „French curves" bezeichnet. Beim Zeichnen von Buchstaben werden sowohl „French curves" als auch Geraden und Kreise verwendet und durch Schaben tangentiale Übergänge erzeugt. Man kann die Buchstabenränder aus Spiralstücken zusammensetzen.

4.5.4. Spline-Funktionen

Die Spline-Funktion zur Darstellung von Buchstaben zu verwenden, ist ein durchaus guter Ansatz. Wir haben ihn 1972 verfolgt, aber teilweise wieder fallenlassen. Das soll heißen: Wir haben aus der Spline-Interpolation der IKARUS-Punkte nur die Tangenten für die digitalisierten Punkte verwendet. Dies läuft schnell genug ab (Abb. 15 a–d, S. 74/75).

4.6. Elementzerlegung

Im Gegensatz zu den bisher betrachteten Formaten, die keine Rücksicht auf individuelle Buchstaben nehmen und ganz global eine Schrift entweder mit Bildpunkten, Bildlinien oder mit Randlinien digital beschreiben, haben Philip Coueignoux und Donald Knuth Formate geschaffen, die für einzelne Buchstaben individuelle Programme erfordern.

Philip Coueignoux hat die Buchstaben in Elemente zerlegt und dazu Soft- und Hardware gebaut, die die Buchstaben aus diesen Elementen zusammensetzen. Die exakte Schriftwiedergabe – betrachtet man einen größeren Querschnitt von Schriften – läßt Wünsche offen. Die Vorteile des Coueignoux-Formats liegen in dem äußerst geringen Speicherbedarf.

4.7. Metafont

Donald Knuth hat das Metafont-Konzept geschaffen. Es ist sehr gut geeignet, eine Metafont-Schrift zu variieren. Die Modifikationsmöglichkeiten sind schier unendlich. Allerdings ist das Metafont zur exakten und kostengünstigen Wiedergabe existierender Schriften wenig geeignet. Außerdem muß man für jeden Buchstaben individuell ein relativ umfangreiches Programm schreiben. Seit 1983 ist man dabei, zusätzlich auch Handdigitalisierungen als Beschreibungsdaten zuzulassen (Abb. 16 a–d, S. 76/77).

5. Modifikationen

Eine Modifikation eines Buchstabens entsteht dadurch, daß man die Koordinaten der Randlinien bestimmten mathematischen Prozeduren unterwirft. So erhält man nachstehende Effekte:

- *Vergrößern, Verkleinern*
  Die Koordinatenwerte werden mit Faktoren multipliziert, die dem Verhältnis der Vergrößerung entsprechen.
- *Kursivieren*
  Die Koordinaten werden je weiter sie über der Schriftlinie liegen um so mehr nach rechts verschoben. Hiermit erreicht man das „optische Kursivieren" oder „elektronische Kursivieren". Im IKARUS wird jedoch zusätzlich eine Ausgleichsrechnung für Kurven und Diagonalen durchgeführt, damit die Strichstärke überall erhalten bleibt (Abb. 17 a, b, S. 78).

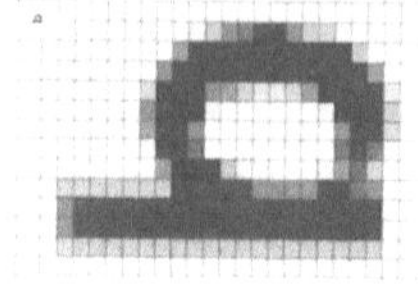

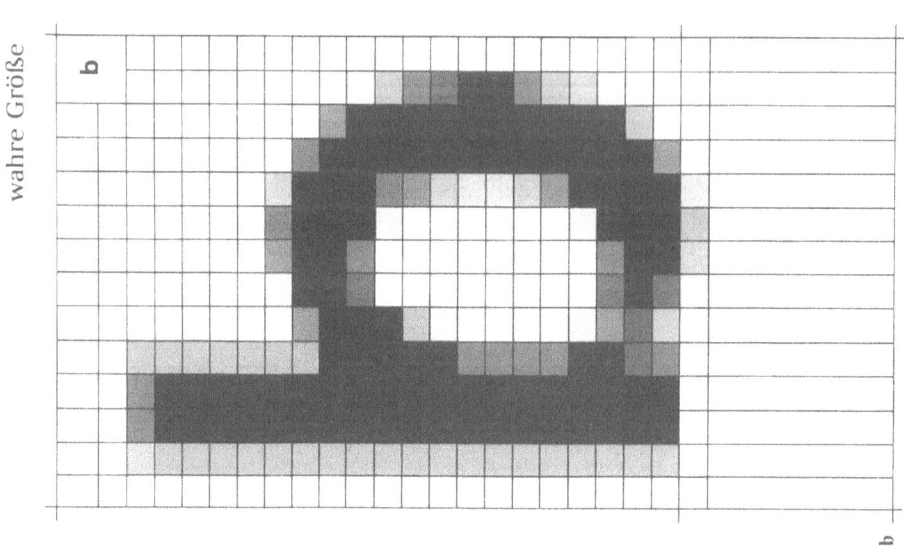

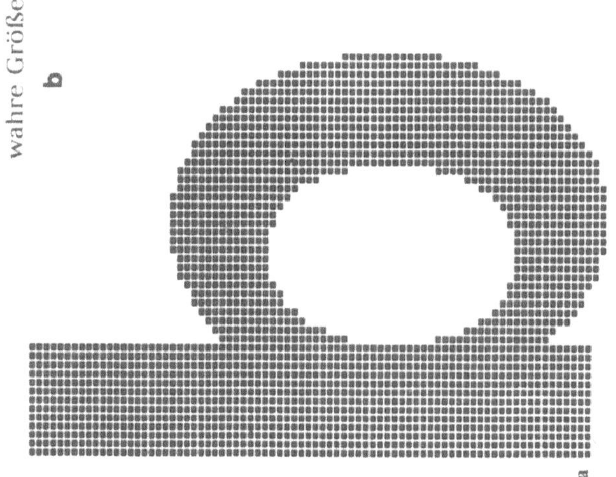

Abb. 15a, b. Darstellung durch Bytemaps, hergestellt aus Bitmaps

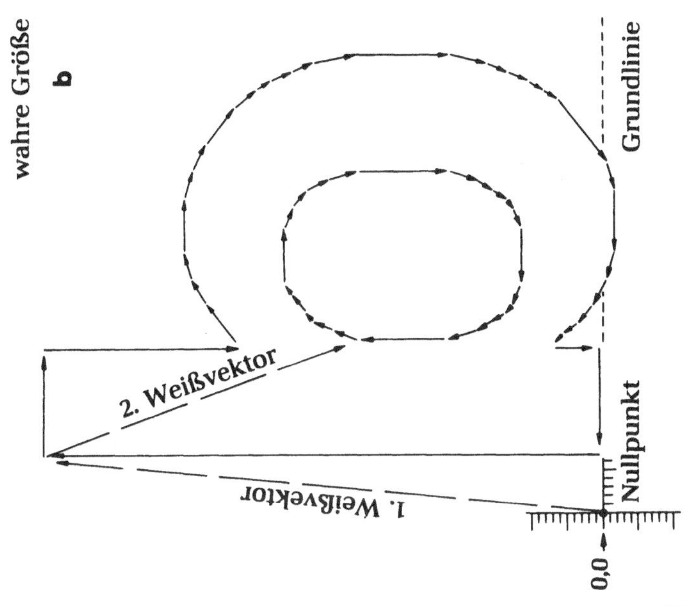

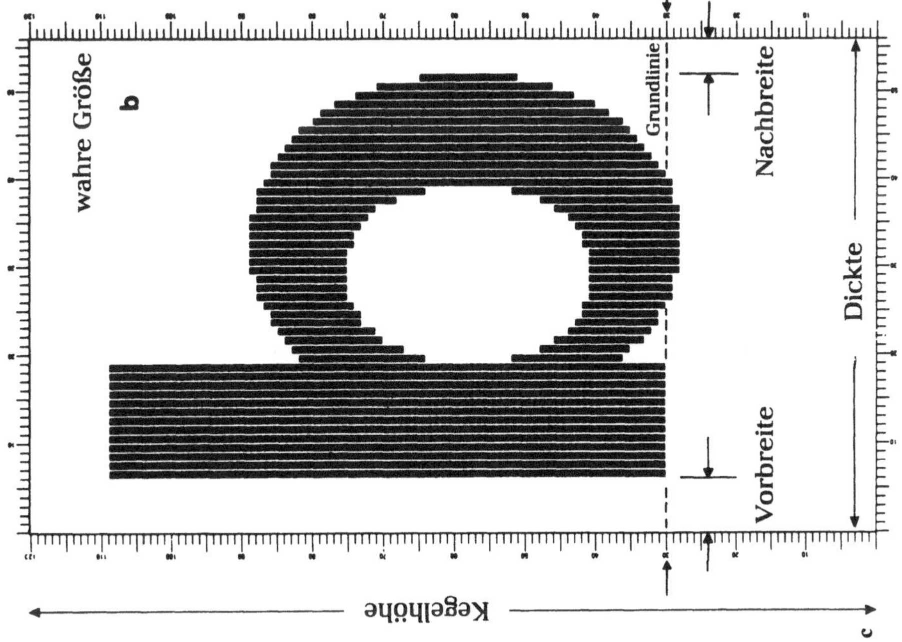

Abb. 15. c Darstellung durch Lauflängen, d Darstellung durch Vektorumriß

P. Karow

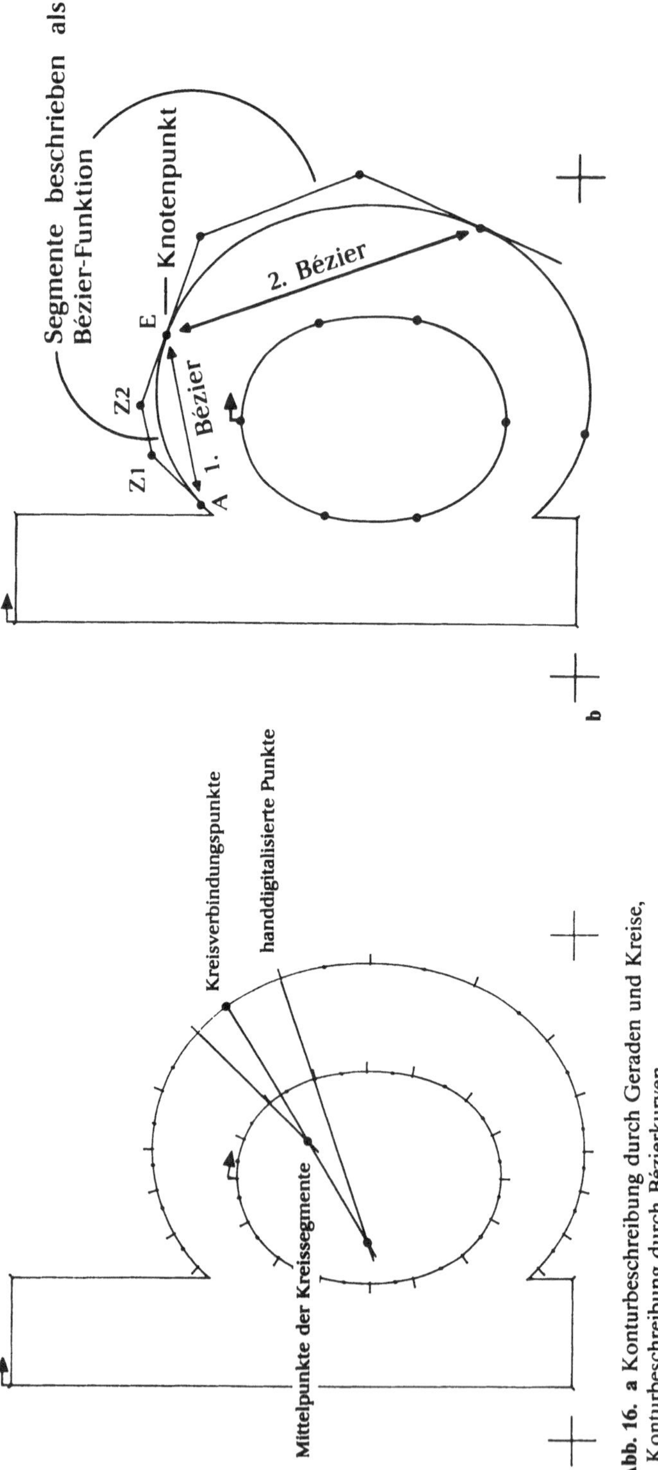

Abb. 16. a Konturbeschreibung durch Geraden und Kreise,
b Konturbeschreibung durch Bézierkurven

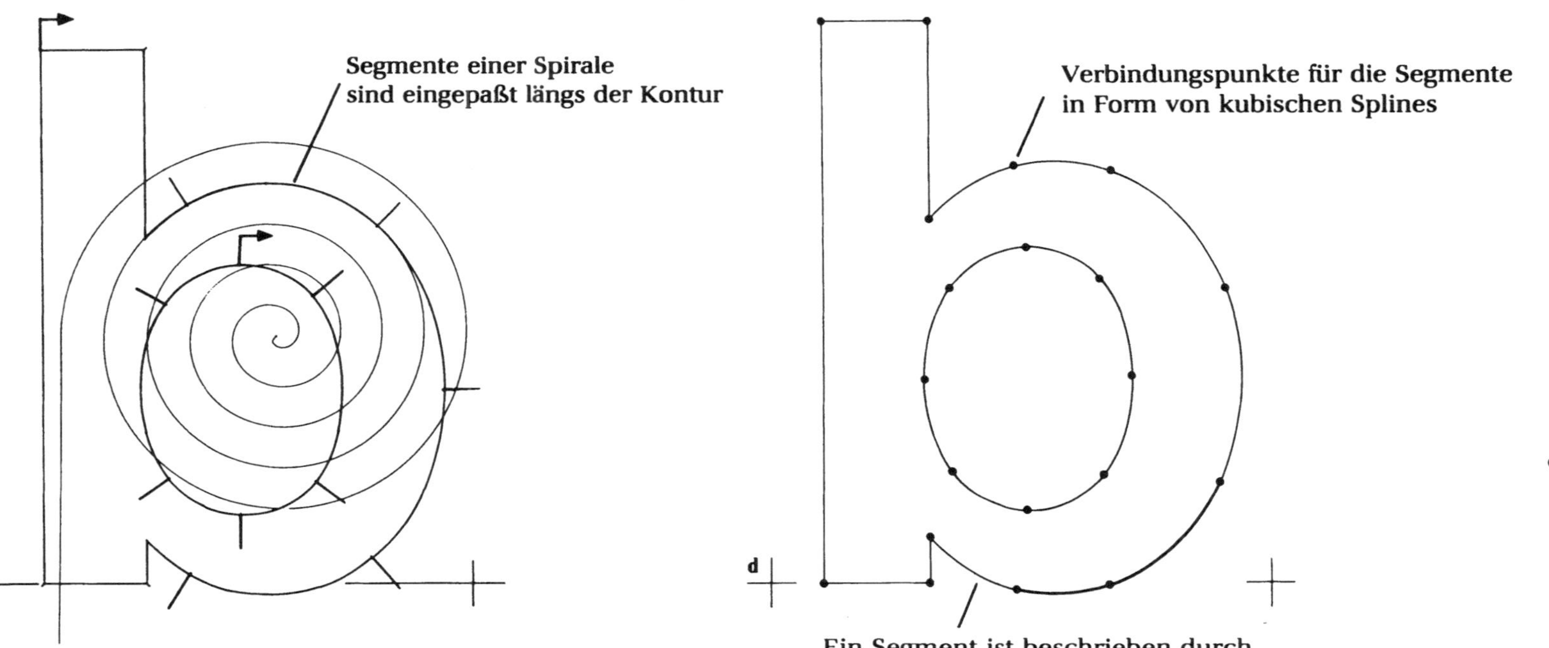

Abb. 16. c Konturbeschreibung durch Spiralkurven,
d Konturbeschreibung durch Splines

1. Element für b,d,h,k,l,(t,)
2. Element für b,p

vertical	horizontal	secondary	specialized
stem	arm	nose	Q-tail
bow	bay	bar	R-tail
	turn	dot	a-belly
	elbow		g-tail

Liste typischer Elemente

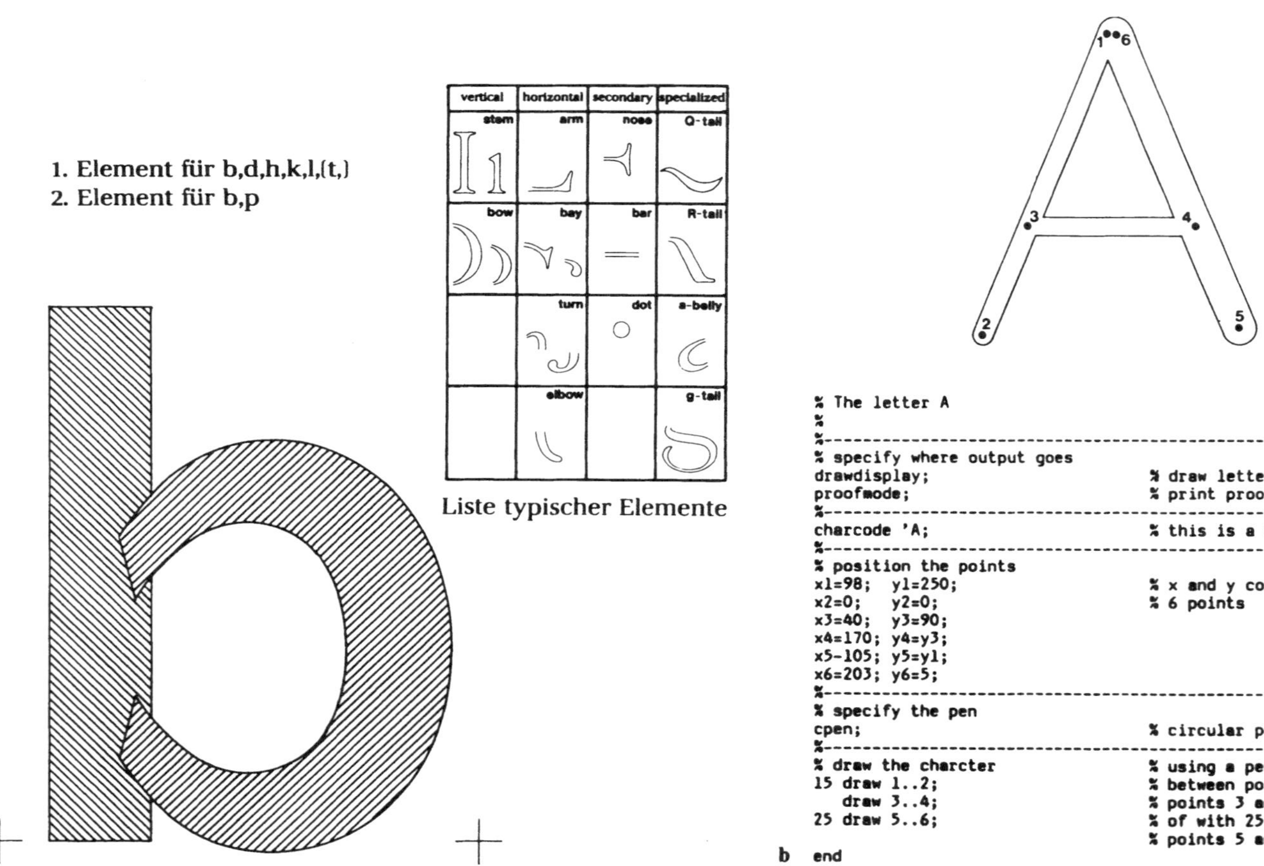

```
% The letter A
%
%------------------------------------------------
% specify where output goes
drawdisplay;                    % draw letter on screen
proofmode;                      % print proof sheet
%------------------------------------------------
charcode 'A;                    % this is a capital A
%------------------------------------------------
% position the points
x1=98;  y1=250;                 % x and y coordinates for each of
x2=0;   y2=0;                   % 6 points
x3=40;  y3=90;
x4=170; y4=y3;
x5-105; y5=y1;
x6=203; y6=5;
%------------------------------------------------
% specify the pen
cpen;                           % circular pen nib
%------------------------------------------------
% draw the charcter             % using a pen width of 15, draw a line
15 draw 1..2;                   % between points 1 and 2, and between
   draw 3..4;                   % points 3 and 4; then with a pen
25 draw 5..6;                   % of with 25, draw a line between
                                % points 5 and 6.
b  end
```

Abb. 17. **a** Buchstabendarstellung durch Elemente,
b Buchstabenparametrierung durch die Metafont-Sprache

- *Expandieren, Kondensieren*
Die Koordinaten des IK-Formates haben X- und Y-Werte. Wenn man nur die
X-Werte mit einem Faktor multipliziert, werden die Buchstaben weiter oder
enger. Hiermit erreicht man das „optische Expandieren/Kondensieren", wobei
die senkrechten Striche (Balken) breiter bzw. enger werden, ebenso die weißen
Zwischenräume. Im IKARUS jedoch wird durch die Technik von Schutzzonen
Rücksicht darauf genommen, daß die Strichstärken (insbesondere der senkrech-
ten Balken) erhalten bleiben.

- *Konturieren*
Man berechnet senkrecht zu den gegebenen Rändern eines Buchstabens neue
Koordinatenwerte für die Punkte eines IK-Formates. Im IKARUS kann man in
X- und Y-Richtung getrennt die Abstände beliebig wählen.

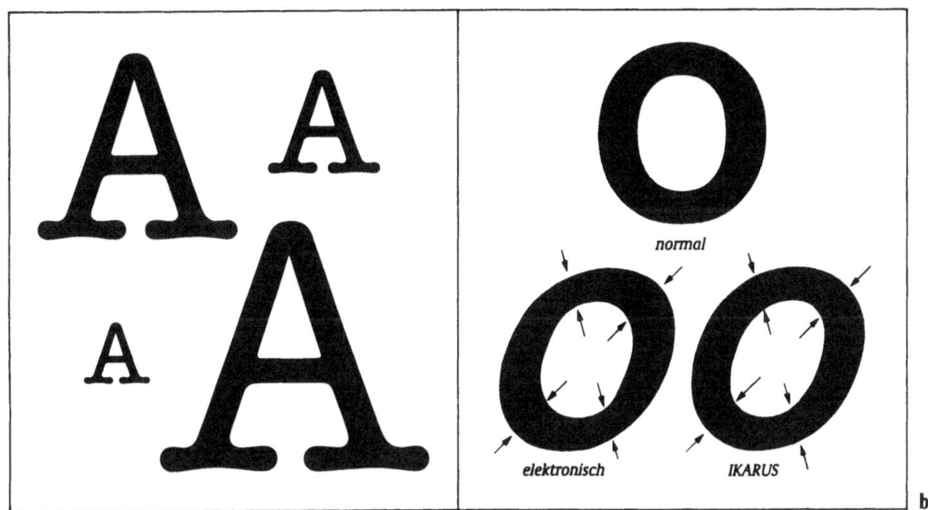

Abb. 18. **a** Vergrößern, Verkleinern, **b** Kursivieren

- *Abrunden*
Es ist möglich, alle Ecken eines Buchstabens entweder als Außenecke oder
Innenecke zu klassifizieren. Beide Arten von Ecken lassen sich getrennt mit
Klotoiden verrunden. Die „Radien" dürfen nicht größer als die Strichstärke der
Schrift werden.

- *Antiquieren*
Im IKARUS gibt es ein Programm, womit man die Ränder einer Figur leicht
bzw. schwer zerrütten kann. Diesen Effekt des „künstlichen Alterns" von Buchstaben nennen wir „Antiquieren".

- *Schattieren*
Die Berechnung von Schatten erfolgt unter Angabe der Schattenrichtung und
Schattenlänge. Besonders schwierig ist das Verschwindenlassen von Linien, die
nicht sichtbar sein sollen.

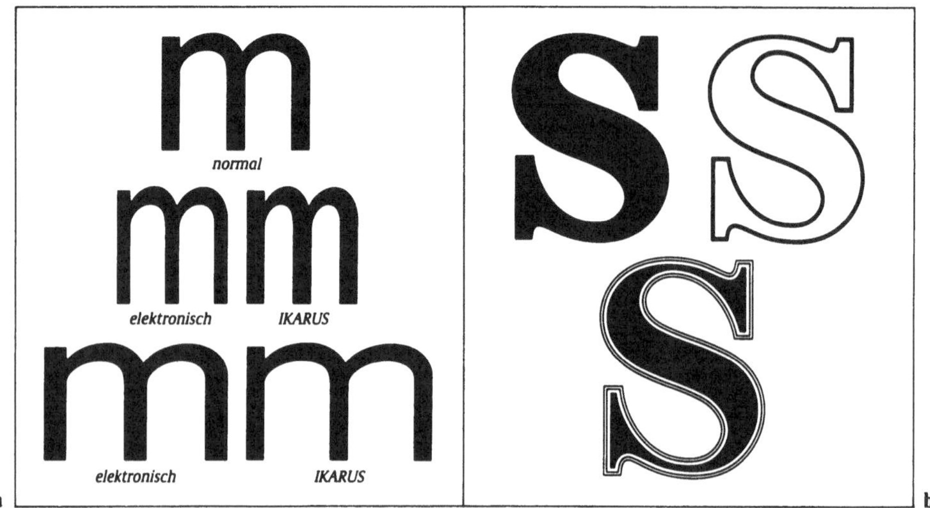

Abb. 19. **a** Expandieren, Kondensieren,   **b** Konturieren

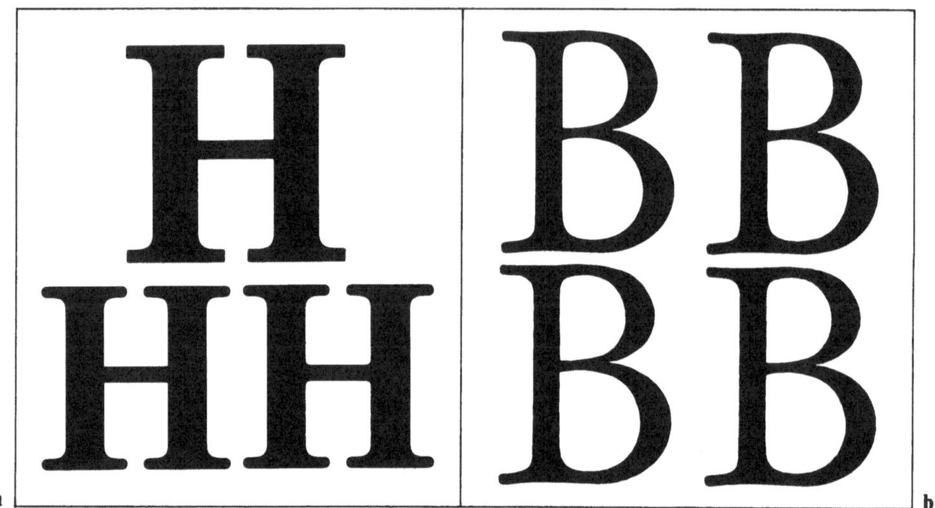

Abb. 20. **a** Abrunden,   **b** Antiquieren

- *Kreuzen*

  Mit einem weiteren Programm können hybride Schriften hergestellt werden. Beispielsweise lassen sich Grotesk- und Antiquaschriften kreuzen. Die Entscheidung, welche Varianten sinnvoll sind, liegt in der Verantwortung der Schriftfachleute.

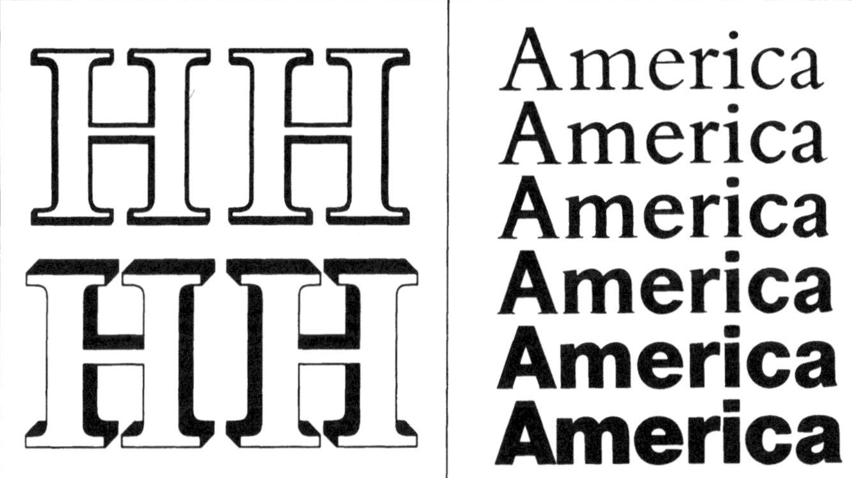

Abb. 21 a Schattieren, **b** Kreuzen

6. Hamburg hat eine Schriftbörse

IKARUS ist in Hamburg entstanden. Dies ist sicherlich in erster Linie ein Zufall. Oder vielleicht doch nicht? Hamburg ist die Medienstadt in Deutschland und ein Werbezentrum. Viele Werbeagenturen, Akzidenzsetzereien und Verlage sind hier ansässig. Im Raum Hamburg gibt es zwei der zehn wesentlichen Hersteller von Setzmaschinen in der Welt: Scangraphic in Wedel und Hell in Kiel. Hamburg hat drei Einrichtungen, die Schreiben und Schrift unterrichten: die Fachhochschule (Fachbereich Werbung und Gestaltung), die Kunstschule Alsterdamm und die Hochschule für bildende Künste.

Hamburg hat Städtepartnerschaften, u.a. mit Boston und Shanghai. URW hat in der Nähe von Boston eine Filiale und in Shanghai ein Joint Venture mit der dortigen Firma Shanghai Research Institute for Printing Technology.

Also benimmt sich IKARUS wie ein Hanseat. Er folgt den Traditionen der Stadt und trägt ein wenig zum Welthandel bei.

Die in Hamburg festgesetzten Preise für Buchstaben in digitaler Form gelten im Verkehr der Setzmaschinen- und Laserdruckerhersteller untereinander. Diese Preise beziehen sich nur auf die Digitalisierung, nicht auf den Entwurf der Originalbuchstaben. Diese Kosten werden in der Regel über Lizenzzahlungen der Anwender an den Eigentümer der Originale abgegolten.

Alle digitalen Schriftformate, die bei der URW benutzt werden, sind öffentlich (public domain). Jeder darf sie verwenden oder als Ausgangspunkt nehmen, um eigene neue, wahrscheinlich bessere Formate zu entwerfen.

URW hat nicht nur die größte handdigitalisierte Bibliothek der Welt für lateinische Buchstaben und handelt mit ihnen weltweit, sondern ist auch Agent für die Firma Typoart aus Dresden. Typoart stellt u.a. kyrillische Buchstaben her. Ferner ist URW Agent für einige alte europäische und amerikanische Gießereien. URW handelt mit griechischen Buchstaben, chinesischen Kanji-Zeichen und mit japanischen Kanji. In London werden bei der Firma Signus Ltd., einer URW-Agentin, arabische Schriften entworfen und hergestellt. Mit zwei Firmen aus Puna in Indien werden indische Schriften, z. B. Devanagari, entwickelt und produziert.

7. Literatur

1. Coueignoux, P.; Generation of Roman Printed Fonts, Ph. D. Thesis, Massachusetts Institute of Technology, Cambridge, Massachusetts , June 1975.
2. Karow, P.; Digitale Speicherung von Schriften, URW Verlag, Hamburg, Ausgabe Nr. 1, 7/86.
3. Knuth, D. E.; Metafont: A System for Alphabet Design, STAN-CS-79-762, Department of Computer Science, Stanford University, Stanford, California, September 1979.
4. TEX and Metafont, American Mathematical Society and Digital Press, Bedford, Massachusetts, 1979.

Von der Schrift zur Beschriftung

G. Rubow

Zusammenfassung

Signus ist ein Programmsystem zur rechnergestützten Herstellung von Beschriftungen, vornehmlich für die Außenwerbung. Das CAT-System unterstützt sowohl den Entwurf der Beschriftungen als auch dessen Produktion.

Es können z.B. Schriftzüge in Selbstklebefolien oder Siebdruckvorlagen in Maskierfilme geschnitten, Beschriftungen gefräst, mit Laser ausgeschnitten, auf Film belichtet oder als Entwürfe über Laserdrucker ausgegeben werden.

Alle mit Signus gestalteten Beschriftungsaufträge werden intern im Ikarus-Format verwaltet. Arbeitsmaterial für Signus ist das Ikarus-Schriftenarchiv.

Seit der Markteinführung des Signus im Jahre 1982 ist zu beobachten, daß sich die Qualität der Beschriftungen in der Außenwerbung stetig verbessert. „Computer-Schriften" sind zum Qualitätssiegel geworden.

1. Beschriftungen werden zunehmend schöner

Ist Ihnen schon aufgefallen, daß in der letzten Zeit, seit ungefähr 5 Jahren, die Beschriftungen in der Außenwerbung an Lastwagen, Straßenbahnen, auf Firmenschildern, Messeständen, Plakaten und sogar auf T-Shirts oder Aufklebern zunehmend gekonnter, abwechslungsreicher, treffender, ansprechender wirken? Wenn Sie, verehrter Leser, nicht zufällig als Profi, z.B. als Werbetechniker oder Graphikdesigner, mit den angesprochenen Werbungen zu tun haben, sondern sie lediglich als Konsument - gewollt oder ungewollt - auf sich wirken lassen müssen, sind Ihnen diese Qualitätsverbesserungen bis heute sicherlich kaum bewußt geworden, geschweige denn, deren Ursachen.

Das ist auch gut so. Zumindest, wenn es nach den Intentionen der Werbepsychologen geht: Die Werbeaussage soll ja eher indirekt wirken. Merkmale wie technische Qualität, graphische Formgebung, Anordnung der Schriftzüge, Schriftauswahl und Schriftvariation sollen unbewußt die Aufmerksamkeit einfangen. Man möge es mir nachsehen, wenn ich mit den folgenden Ausführungen Sie, der Sie bislang ein perfekt funktionierender Werbekonsument waren, verderbe und Ihnen - zumindest was die Schriften und Beschriftungen in der plakativen Werbung betrifft - die Augen öffne für so nüchterne Aspekte wie Herstellungsverfahren, Schriftauswahl, Spationierung, Durchschuß, Einpassung, Kontursatz und Gestaltungsvariationen. Vielleicht ertappen Sie sich demnächst dabei, daß Sie mit leichtgeneigtem Kopf und verkniffenen Augen die Werbetafel an einer Kaufhausfassade betrachten und befinden, daß die Buchstabenabstände in der Schlagzeile falsch gesetzt und die Schrift unpassend gewählt wurden. Oder noch schlimmer: Sie vergessen gar darüber, daß Sie eigentlich in die City gekommen waren, um gerade das auf der betrachteten Werbetafel angepriesene Produkt zu kaufen.

Aber wir sollten uns von meinen Übertreibungen wieder etwas distanzieren und zurückkehren zur einleitenden Frage! Woran liegt es, daß die Qualität der Beschriftungen in der plakativen Werbung in letzter Zeit deutlich gestiegen ist? Wir wollen uns im folgenden einige Gründe vor Augen führen und dabei nicht verschweigen, daß nicht zuletzt die technische Perfektion der Aristo-Zeichenautomaten und Digitizer diese Entwicklung ermöglicht hat.

2. Technik und Technologie der Beschriftung

Ein größerer, farbiger Schriftzug, z. B. auf der Seitenfront eines Lastwagens, läßt sich in verschiedenen Techniken herstellen.

Der Schriftenmaler verfügt in der Regel über ein Repertoire an charakteristischen, häufig verwendeten Schriften, aus dem er, ohne eine Vorlage zu reproduzieren, beim Entwerfen einer Beschriftung schöpfen kann. Dieses Repertoire könnte z. B. aus einer Antiqua-Schrift, einer serifenlosen Antiqua-Schrift (Grotesk-Schrift) und einer Schreibschrift bestehen. Er entscheidet primär, abhängig vom Textumfang und der zur Verfügung stehenden Beschriftungsfläche, über die richtige Höhe der Buchstaben (die Versalhöhe) und den richtigen Buchstabenabstand (die Spationierung) (Abb. 1).

Abb. 1. Schriftenbeispiele

Der direkteste Weg, eine Beschriftung anzubringen, besteht nun darin, die Buchstaben ohne Schablone mit dem Pinsel aufzutragen. Bei schwierigeren Arbeiten wird eine Vorzeichnung erforderlich sein. Sie wird z.B. auf Papier entworfen oder von einer gegebenen Vorlage projiziert, und die Konturen der Buchstaben werden dann perforiert, um sie auf die Beschriftungsfläche übertragen (pudern) zu können.

Soll die Farbe nicht mit dem Pinsel aufgetragen, sondern gespritzt werden, sind Abdeckschablonen anzufertigen, die die negativen Flächen vor den aufgesprühten Farben schützen. Diese Schablonen wurden früher aus Bleifolie und werden heute meist aus selbstklebenden Kunststoffolien geschnitten.

Übrigens wird das gleiche Prinzip verwendet, um Siebe für den Siebdruck herzurichten. Es sind Schablonen zu schneiden, mit denen die lichtempfindlichen Siebe abgedeckt werden. Die Siebe werden belichtet, um anschließend die positiven Flächen für den Druck auswaschen zu können.

Seit einigen Jahren nun setzt sich verstärkt die selbstklebende, farbige Folie bei der Beschilderung durch. Ein Trägermaterial ist mit einer selbstklebenden Farbfolie kaschiert. Der Kleber liegt zwischen Folie und Träger. Die Folie läßt sich einschließlich der Kleberschicht bei geeignetem Messerdruck durchschneiden, ohne daß der Träger durchgetrennt wird. Damit hat man die Möglichkeit, Buchstabenkonturen auszuschneiden und die negativen Flächen abzuheben, so daß der Schriftzug auf der Trägerfolie verbleibt. Mit einer klebenden Übertragungsfolie (sie erinnert an Leukoplast) wird der Schriftzug abgedeckt, als Ganzes von der Trägerfolie abgehoben und wiederum als Ganzes samt der Übertragungsfolie auf die Beschriftungsfläche, in unserem Beispiel auf die Seitenwand des Lastwagens, geklebt und mit einem Rakel angepreßt. Damit haftet der Kleber der Folie auf der Fläche so stark, daß die Übertragungsfolie abgezogen werden kann, ohne daß sich die Folienbuchstaben lösen (Abb. 2).

Die Folie wird als Rollenware von diversen Herstellern in breiten Farb- und Qualitätssortimenten angeboten. Es gibt sowohl wetterbeständige Sorten, die sich für die Außenwerbung, sogar für die Beschriftung an Schiffen und Flugzeugen eignen, reflektierende Folien für Verkehrsschilder und Transparente für die Lichtwerbung als auch billigere Ware für den Innenbereich, für die schnellebige Messegestaltung und Schaufensterwerbung.

Folienbeschriftungen haben gegenüber dem Farbauftrag mit Spritzpistole oder gar Pinsel einige Vorteile:

- Der Schriftzug ist sofort nach dem Übertragen gebrauchsfähig, Trockenzeiten entfallen.
- Geschnittene Buchstaben haben eine Randschärfe, die kaum im Siebdruck oder beim Farbaufsprühen, geschweige denn mit dem Pinsel zu erreichen ist.
- Ein bereits mit Übertragungsfolie kaschierter Schriftzug kann sehr einfach auf die Beschriftungsfläche übertragen werden. Es bedarf keiner längeren Übung, und das ist meines Erachtens der Hauptgrund für die schnelle Verbreitung; denn Schriftzüge können mit Hilfe von Automaten zentral gefertigt und per Post versendet werden. Die Übertragung nimmt der Verbraucher selbst vor, sei es der Autolackierer, der gelegentlich ein Fahrzeug zu beschriften hat, sei es der Messebauer, der die Werbebeschriftung an den Standflächen anbringen muß, oder gar der Wirt eines Schlemmerlokals, der die Schlagzeilen für seine Menütafel graphisch ansprechend gestalten will.

Der letztgenannte Vorteil kommt nur dann voll zum Tragen, wenn es gelingt, Folienbeschriftungen kostengünstig zu fertigen, wenn also mit Hilfe von Automaten einzelne Schriftzüge oder sogar komplette Beschriftungen billiger, womöglich in besserer Qualität als herkömmlich, gefertigt werden können.

Die Hardwarekomponenten, aus denen derartige rechnergestützte Schneidesysteme zusammengestellt werden können, waren schon seit längerem verfügbar, nämlich hauptsächlich mit einem Schneidewerkzeug ausrüstbare Zeichenautomaten oder Rollenplotter. Gerade die Leistung dieses Schneidewerkzeugs beeinflußt das Ergebnis, die geschnittene Kontur von Buchstaben, entscheidend. Das Messer muß tangential geführt werden, an Ecken abheben und mit neuer Richtung wieder präzis aufsetzen, in der Schnittiefe auf verschiedene Materialien einstellbar sein und dabei möglichst die unvermeidbaren Unebenheiten der Tischfläche und – was schwieriger ist – der aufgelegten Folie ausgleichen. Ganz nebenbei: Wie baut man eigentlich ein Messer, das den Schnitt durch Glas (in Reflexfolien sind Glaskügelchen eingeschmolzen) längere Zeit überlebt? Gerade Aristo hat für die aufgezeigten Aufgaben Lösungen nach höchstem technischen Standard entwickelt.

Aber kommen wir zurück auf die oben skizzierten verschiedenartigen Techniken, um einen farbigen Schriftzug anzufertigen. Allen Verfahren gemeinsam ist letztendlich, eine Folge von Buchstabenkonturen zu entwerfen und dann auszuzeichnen, auszuradeln (zu perforieren), in Maskierfilm oder in Selbstklebefolien zu schneiden. In allen Fällen ist also im wesentlichen ein Werkzeug rechnergesteuert längs einer vorgegebenen Kontur in der Ebene zu verfahren, nichts anderes also, als im CAD-Bereich seit langem bekannt ist und in den letzten Jahren zunehmend eingesetzt wird. Es ist daher naheliegend, solche vorhandenen CAD-Systeme für die Herstellung von Beschriftungen heranzuziehen, eventuell zusätzliche Werkzeuge und passende Verfahrautomaten einzusetzen, um z.B. Buchstaben aus Kunststoff oder Metall zu fräsen oder um sie zu gravieren oder mit Laser auszuschneiden. Alle diese automatisierten Herstellungsverfahren werden inzwischen angewendet.

Nur: Es reicht nicht aus, vorhandene CAD-Software für den Entwurf von Schriftzeichen und Beschriftungen heranzuziehen. Entscheidende Systemkomponenten müssen vorhanden sein, um ein leistungsfähiges CAT-System (Computer Aided Typography) bauen zu können:

- ein praktikables, digitales Datenformat, das es erlaubt, Schriftzeichen präzise und kompakt zu beschreiben, und das die Grundlage für graphische Modifikationen bilden kann,
- eine Gestaltungssoftware, um Beschriftungen in hoher, typographischer Qualität und in vielfältigen Modifikationen setzen zu können,
- ein umfangreicher, digital gespeicherter Schriftenvorrat, um einen möglichst großen Teil der Beschriftungsaufträge auf der Grundlage bereits vorhandener Schriften kostengünstig erledigen zu können,
- eine einfache Digitalisiermethode, um individuelle Graphiken wie Firmenlogos, Signets, Zierstücke von der Vorlage erfassen, speichern und genau wie Schriftzeichen weiterverarbeiten zu können,
- eine Verwaltungssoftware, die den Produktionsablauf steuert, Aufträge archiviert und Daten für angeschlossene kaufmännische Auswertungen liefert.

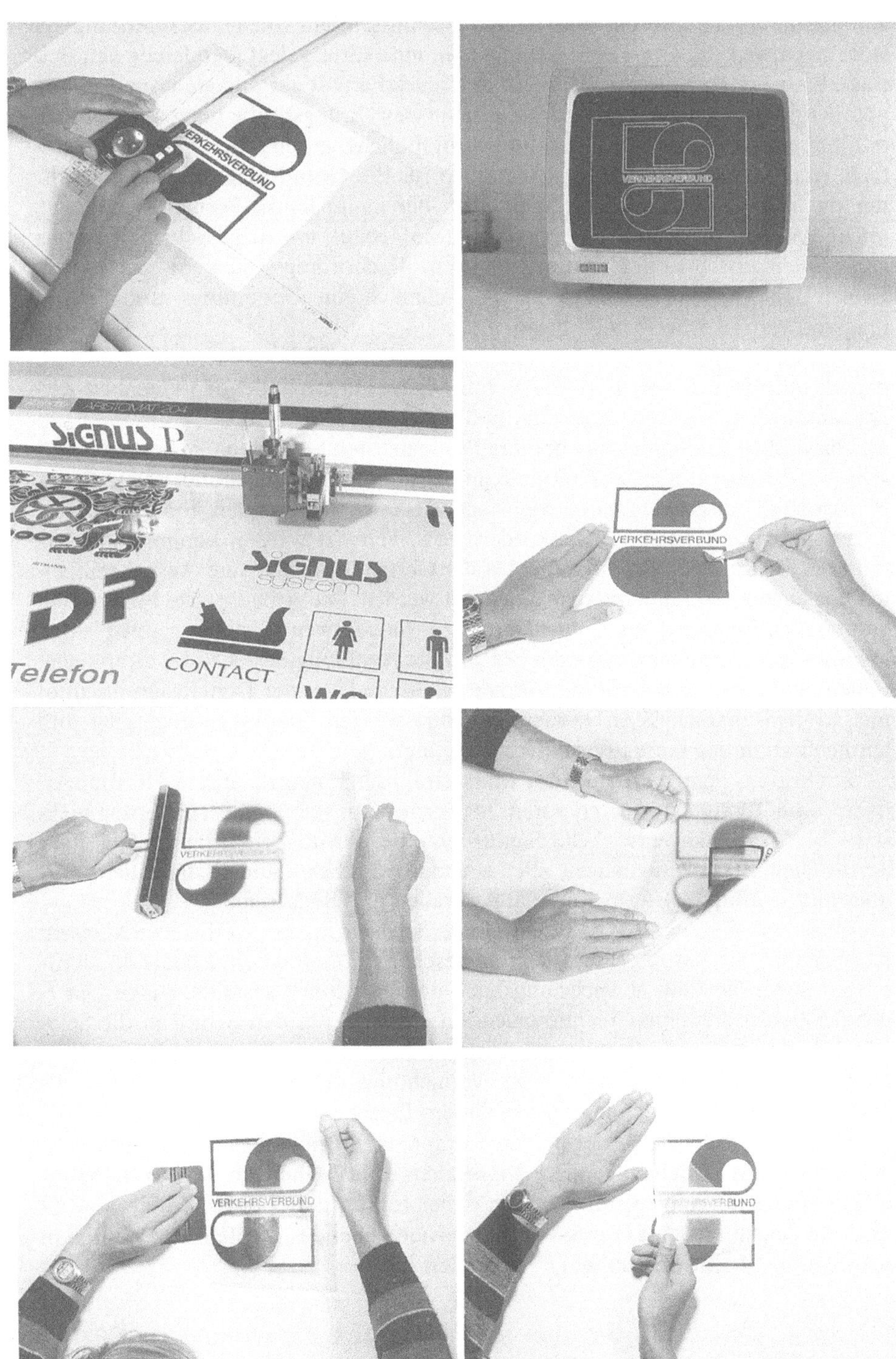

Abb. 2. Übertragen von Selbstklebefolien

Anfang der 80er Jahre hat sich URW entschlossen, ein solches Beschriftungssystem zu entwickeln. Die Fundamente waren mit Ikarus gelegt (vergleiche den Beitrag „Ikarus in Hamburg"); denn ein optimales Format zur digitalen Speicherung
von Schriften war erfunden und hatte seine Bewährungsprobe bereits bestanden,
mit ihm eine Digitalisiermethode für schriftähnliche, graphische Zeichen, die einfach, einprägsam und änderungsfreundlich ist. Ein Grundstock an Displayschrif-
ten, die sich für Werbezwecke eignen, war bereits im Ikarus-Format digitalisiert,
und URW hatte die Produktionskapazität aufgebaut, um diese Schriftbibliothek
zügig (nicht ausschließlich für den Einsatz in Beschriftungssystemen) auszubauen.
Es war nur noch die Lücke zu schließen, nämlich eine Gestaltungs- und Verwaltungssoftware zu schreiben.

Im Jahre 1982 wurden die ersten Signus-Beschriftungssysteme ausgeliefert,
damals mit dem Rechner PDP 11/23 von Digital mit schneidenden Flachbett-Zeichenautomaten, z. B. dem Aristomat und mit Aristo-Digitizern.

Inzwischen hat Signus eine breitere Produktstruktur erhalten. Sie besteht einerseits aus der dezentralen Produktlinie, in der graphische Gestaltungsstationen auf
PC-Basis mit Ausgabestationen wie Flachbett-Zeichenautomaten, Fräsautomaten,
Laserschneideautomaten, Filmrekordern usw. vernetzt werden können, andererseits aus der zentralen Produktlinie, bei der Gestaltungsplätze und Ausgabeeinhei-
ten von einem Zentralrechner aus gesteuert werden. Die Arbeitsplätze besitzen ein
graphisches Sichtgerät zur Kontrolle und zur interaktiven Gestaltung sowie einen
Digitizer für die Eingabe individueller und die Änderung bestehender Graphiken.
Fallen umfangreichere Digitalisierungsarbeiten an, kann der Digitalisierungsauto-
mat LINUS angeschlossen werden. Mit ihm werden Graphiken abgetastet und
automatisch in das Ikarus-Format umgerechnet.

Zu Beginn, dem Zeitpunkt der Markteinführung, gingen unsere Hoffnungen
dahin, 5 bis 10 Systeme zu verkaufen. Inzwischen hat sich Signus zum erfolgreich-
sten URW-Produkt entwickelt. Signus-Systeme, Aristo-Zeichenautomaten und
Aristo-Digitizer sind in nahezu allen westeuropäischen Ländern installiert, darüber hinaus in den USA, in Kanada, Australien und Südafrika.

Nebenbei: Die neue CAT-Technologie hat sich in der Werbetechnik rasant
durchgesetzt. Sie hat erweiterte Märkte geschaffen. Gefragt sind heute Beschriftungen hoher Qualität, abwechslungsreich und individuell gestaltet. Junge Unternehmer haben die neuen Technologien aufgegriffen, um den Schritt in die Selb-
ständigkeit zu wagen. Bestehende Unternehmen haben ihr Geschäftsvolumen
ausgeweitet und ergänzt. Von einer Vernichtung der Arbeitsplätze durch die
Mikroelektronik kann - zumindest in diesem Einsatzfeld - keine Rede sein!

Doch zurück zu den wesentlichen Komponenten eines Beschriftungssystems.
Wir wollen uns in den folgenden Abschnitten etwas näher mit den Gestaltungsmöglichkeiten beschäftigen und setzen dabei voraus, daß Sie sich bereits sowohl
über die Datenbasis, das Ikarus-Format, als auch über das Digitalisierverfahren in
dem Beitrag „Ikarus in Hamburg" informiert haben.

3. Setzen, Gestalten und Modifizieren mit Signus

Die Aufgabe eines längeren, gedruckten Textes ist es vor allem, den Leser sichtbar so anzusprechen, daß er ohne Mühe, im ungestörten Lesefluß, die gedruckten Worte aufnehmen kann. Im Vordergrund steht dabei die Übermittlung in der Regel längerer Gedankengänge, die in sich gegliedert sind, durchsetzt mit Anmerkungen, Hinweisen, Betonungen, Aufzählungen, Zusammenfassungen, Verweisen usw. Ein Schriftstück soll alles dies mit typographischen Mitteln wie Schriftwahl, Ausschlußart, Seitenspiegel, Durchschuß, Hervorhebungen, Fußnoten, Marginalien, Einzügen, Initialen usw. sichtbar machen. Graphische Verzierungen und typographische Sonderheiten, die den Lesefluß stören, werden vermieden.

Ganz andere Absichten stehen im Vordergrund, wenn kurze Texte als Schlagzeilen den Betrachter ansprechen sollen:

a) Die Kurzinformation soll schnell und unmißverständlich übermittelt werden. Der Betrachter erkennt aufgrund der ihm vertrauten Gestaltung auf den ersten Blick die Art der Botschaft und liest erst auf den zweiten Blick - falls der erste sein Interesse geweckt hat - den Text. Die Gestaltung selbst hat Signalwirkung und kann - wie z.B. bei Verkehrsschildern - zur Norm entarten, die wenig Gestaltungsspielraum zuläßt. Selbst die zu verwendenden Schriften, Buchstabenabstände und Zeilenhöhen sind dort vorgeschrieben.

Abb. 3. Originelle Gestaltung

Für den Schilderhersteller ist bei solchen Arbeiten die graphische Ausgestaltung banal. Er produziert, wendet möglichst exakt das vorgegebene Regelwerk an und legt sein Augenmerk auf eine technisch perfekte, möglichst kostengünstige Herstellung.

b) Die Schlagzeilen sollen durch ihre originelle Gestaltung den flüchtigen Betrachter einfangen (Abb. 3). Originalität der Graphik tritt in den Vordergrund und überdeckt oft die Lesbarkeit und inhaltliche Banalität des Textes. Schriften werden als graphisches Arbeitsmaterial benutzt und können nach Belieben verziert, verzerrt, modifiziert und kombiniert werden. Der Zeilencharakter des Textes wird aufgehoben und verschwimmt.

c) Die tägliche Arbeit wird sich jedoch zwischen den geschilderten Extremen „Banalität" und „Originalität" bewegen. Ein wirksames Werbeschild wird auf der einen Seite originelle Blickfänge enthalten müssen, auf der anderen Seite leicht lesbare Textzeilen, die den Betrachter primär informieren sollen. Die graphische Gestaltung ist entweder bereits vorgegeben und soll nur noch in das Beschriftungssystem für die Fertigung übertragen werden, oder sie soll am System selbst - evtl. in Teilen - entworfen werden. In beiden Fällen mündet der Entwurf in der möglichst perfekten Herstellung der Schriftzüge und graphischen Zeichen.

Wir wollen uns jedoch an dieser Stelle keine Gedanken darüber machen, wie man mit graphischen Mitteln bestimmte Wirkungen erzielt, sondern aufzeigen, daß sich mit der digitalen Speicherung und programmierten Verarbeitung von Schriften und schriftähnlichen Zeichen die gestalterischen Möglichkeiten erweitert haben und daß damit gleichzeitig die graphische und technische Qualität erhöht und die Herstellungskosten gesenkt wurden.

3.1. Der glatte Satz

Das Arbeitsmaterial des Signus bilden die Schriften und schriftenähnlichen Zeichen wie Signets, Rahmen, Zierstücke usw. Der Umfang wird ständig durch die mit der täglichen Arbeit hinzugefügten, digitalisierten Zeichen vergrößert. Aus diesem wachsenden Fundus schöpft der Anwender, wenn er einen Beschriftungsauftrag fertigt. Er ergänzt das fehlende Material, digitalisiert z.B. ein Firmenlogo, kauft die noch fehlende Schrift ein und gestaltet schließlich die Beschriftung, indem er die Texte eingibt, mit Gestaltungsattributen versorgt und das Ergebnis am graphischen Sichtgerät anschaut. Dort kann es - wenn nötig - noch interaktiv geändert und ergänzt werden. Dieser Erzeugungsvorgang wird als Auftrag im Archiv abgelegt. Auf ihn kann zurückgegriffen werden, wenn der Auftrag zur Produktion, z.B. zur Ausgabe auf den Schneideautomaten, gegeben werden soll oder wenn später für den gleichen Kunden wiederholt und evtl. mit Änderungen und Ergänzungen gefertigt werden soll.

Das Auftragsarchiv braucht nicht nur komplette Beschriftungsaufträge zu enthalten, sondern kann graphische Bausteine aufnehmen, aus denen durch Variation, Kombination und individuelle Ergänzung graphisch mächtigere Baugruppen und schließlich die kompletten Beschriftungen gebildet werden können. Wir werden auf diesen Aspekt der Fertigung zum Schluß unserer Ausführungen noch einmal näher eingehen.

Aber zunächst einmal zum fundamentalen Werkzeug eines Beschriftungssystems, dem Setzen glatter, gerader Zeilen. Wo liegt das Problem, daß es sich lohnt, darüber Worte zu verlieren?

Wenn wir als typographische Laien selbst einen Schriftzug - sagen wir in einer Buchstabenhöhe von 5 cm - anfertigen wollen, gibt es eine einfache, naheliegende Möglichkeit. Wir kaufen uns die entsprechenden, aus selbstklebender Folie gestanzten Buchstaben und übertragen sie auf die Zielfläche, jeden Buchstaben akkurat auf eine vorgezogene Linie gestellt. Für dieses senkrechte Ausrichten sind auf den Klebebuchstaben Markierungen angebracht, so daß jeder Buchstabe bei sorgfältiger Arbeit typographisch richtig auf der Grundlinie steht, ein „O" z. B. mit seiner Rundung leicht unter diese Grundlinie hinausragt und ein „M" mit seinen Serifen genau auf der Linie steht.

Bei der waagerechten Ausrichtung der Buchstaben, also bei der Festlegung der Buchstabenabstände (Spationierung), werden jedoch nur unzureichende Hilfsmittel zur Verfügung stehen. Es kann sein, daß jeder Buchstabe so auf das rechteckige Trägermaterial geklebt wurde, daß vorne und hinten individuelle Abstände vom Rand die sogenannten Vor- und Nachbreiten des Zeichens festlegen. Die Buchstaben werden dann aneinandergefügt, indem diese Rechtecke aneinanderstoßen. Die so entstandene Zeile hat damit Buchstabenabstände erhalten, wie es beim Setzen größerer Textmengen üblich ist.

Einzelne große Schriftzüge hingegen verlangen für jedes Buchstabenpaar einen individuellen Abstand, der Rücksicht nimmt auf die spezielle Schwarzverteilung der Buchstaben und den daraus resultierenden individuellen Weißraum zwischen Buchstabenpaaren. Ziel ist dabei, eine engere Spationierung als beim Setzen von Fließtexten zu erreichen. Diese Abstände lassen sich im geschilderten Selbstklebeverfahren mit vorgefertigten Einzelbuchstaben schwer vorgeben. Sie müssen ohne Vorlage, durch kritische Beurteilung bei der Montage festgelegt werden. Spätestens hier zeigt sich, daß wir als typographische Laien nur stümperhafte Ergebnisse zustandebringen werden.

Ein Beschriftungssystem sollte jedoch in der Lage sein, große Schriftzüge mit darauf angepaßten Spationierungen automatisch zu erzeugen. Zu diesem Zweck wird jede für den Signus digitalisierte Schrift mit Spationierungstabellen ausgerüstet, in denen für jede mögliche Buchstabenpaarung und jede Spationierungsart ein individueller Abstandswert gespeichert wird. Für jede Schrift mit 100 Buchstaben sind das allein 10.000 Werte je Spationierungsart. Das Satzprogramm nimmt nun den eingegebenen Text entgegen, wählt die Schriftzeichen aus der angegebenen Schrift und ermittelt für je zwei aufeinanderfolgende Buchstaben des Textes aus der Spationierungstabelle den Buchstabenabstand. Das Ergebnis ist eine gesetzte Zeile in Standardhöhe, die zum Schluß als Ganzes auf die gewünschte Sollgröße proportional umgerechnet wird.

Signus-Schriften und Satzfunktionen sind mit den folgenden Spationierungsmöglichkeiten ausgestattet (Abb. 4):

- *Traditionell:* Die Buchstaben einer Schrift besitzen individuelle Vor- und Nachbreiten.

Abb. 4. Spationierungsarten

- *Unterschneiden:* Jede Buchstabenpaarung einer Schrift enthält einen individuellen Abstandswert, so daß innerhalb einer Textzeile eine optisch ausgeglichene Verteilung der Schwarz- und Weißpartien entsteht. Insbesondere rücken Buchstaben untereinander, wenn der Weißraum es gebietet, z. B. bei „Te" oder bei „WA".
- *Berühren:* Insbesondere in der Werbung ist in letzter Zeit ein Trend nach möglichst engem Satz zu beobachten. Die Buchstaben rücken maximal bis zur Berührung zusammen, ohne allerdings zu verschmelzen. Sie sollen noch unterscheidbar bleiben.
- *Überdecken:* Die Zeichen schieben sich fächerartig übereinander und werden automatisch durch eine weiße Kontur freigestellt.
- *Verschmelzen:* Zeichen werden an den Anschlußstellen überlagert und verschmelzen, so daß ein zusammenhängender, z. B. handschriftgleicher Schriftzug entsteht.
- Es gibt die typographische Regel, daß die *Spationierung* mit zunehmender Zeilenhöhe enger werden muß. Diese Regel läßt sich in ein Satzprogramm einbauen, das - abhängig von der Zeilenhöhe - zwischen den Unterschneidungs- und Berührungswerten eines Buchstabenpaares interpoliert. Um eine Zeile auf eine gewünschte Länge durch zusätzliches Spationieren zu strecken oder durch Überdecken zu stauchen, kann - in vertretbaren Grenzen - über die Spationierungswerte hinaus auch extrapoliert werden.

Beachten Sie, daß die Satz-Software bei allen Gestaltungen, z. B. beim Verschmelzen, automatisch dafür sorgt, daß die resultierende Graphik aus geschlossenen,

Diese Zeilen verschaffen
Ihnen einen Überblick über die
verschiedenen Möglichkeiten,
den Satz ganz Ihren Wünschen
anzupassen, zum Beispiel
linksbündig.

Diese Zeilen verschaffen
Ihnen einen Überblick über die
verschiedenen Möglichkeiten,
den Satz ganz Ihren Wünschen
anzupassen, zum Beispiel
rechtsbündig.

Diese Zeilen verschaffen
Ihnen einen Überblick über die
verschiedenen Möglichkeiten,
den Satz ganz Ihren Wünschen
anzupassen, zum Beispiel
auf Mitte.

Diese Zeilen verschaffen Ihnen
einen Überblick über die ver-
schiedenen Möglichkeiten, den
Satz ganz Ihren Wünschen an-
zupassen, zum Beispiel auf Block.

Abb. 5. Relative Positionierung

sich nicht überschneidenden Konturen im Ikarus-Format besteht. Nur so ist gewährleistet, daß die Graphiken auf NC-Automaten ausgegeben werden können.

Mehrere gesetzte Zeilen im Verband können verschiedene Positionierungen zueinander einnehmen. Traditionell kennt man die Satzarten linksbündig, mittig, rechtsbündig und auf Block. Im Signus wurde diese Zeilenplazierung verallgemeinert:

Der Anwender legt die Position der laufenden Zeile relativ zur Vorgängerzeile oder zum laufenden Textblock fest. Er hat die Auswahl unter verschiedenen Positionsmodi, wie z.B. vorne, links, Mitte, rechts, hinten, oben , Mitte, Grundlinie, unten, mit zusätzlich eingebauten Verschiebungen. Diese Modi sind Gestaltungsattribute, genau wie Schriftauswahl, Zeilenhöhe, Spationierung. Sie beschreiben die Generierung der Graphik. Ein Beschriftungsauftrag, in dem neben dem Text diese generischen Attribute gespeichert sind, kann somit für die Erzeugung weiterer Aufträge gleichen Stils herangezogen werden, indem lediglich der Inhalt des Textes ausgetauscht wird. Der Auftrag bildet quasi das originäre Muster für alle Beschriftungen gleichen typographischen Stils (Abb. 5).

Der Anwender gibt also, wenn er einen Schriftzug gestalten will, den Text ein und versorgt ihn mit Gestaltungs- und Montageattributen wie Schrift, Zeilenhöhe, Zeilenlänge und Position. Diese Attribute können entweder absolut angegeben werden oder relativ zur Vorgängerzeile oder zum laufenden Textblock. Damit steht ein Werkzeug zur Verfügung, mit dem der überwiegende Teil der Beschilderungen schnell, kostengünstig, in hoher technischer Perfektion gefertigt werden kann. Der Anwender wird sich darüber hinaus Musterschilder speichern, z.B. einen Vorwegweiser an der Autobahn, um darauf bei Aufträgen gleichen Aufbaus zurückgreifen zu können, indem er lediglich Texte austauscht, ändert, ergänzt. Die Produktion von Standardbeschriftungen steht im Vordergrund. Das bedeutet nicht, daß damit eintönige Beschriftungen im schlechten Stil entstehen müssen, im Gegenteil: Gerade die geschilderte Möglichkeit, Schriftzeilen in großer Schriftenvielfalt mit vorgefertigter Spationierung kostengünstig, aber technisch und typographisch perfekter, als es vorher mit manuellen Methoden möglich war, herzustellen, hat die Qualität in der Außenwerbung in den letzten Jahren deutlich angehoben.

Damit haben wir die wichtigste Antwort auf die einleitend gestellte Frage gefunden: Die Qualitätsverbesserung sowohl in typographischer als auch technischer Hinsicht gerade der graphisch banalen Produkte hat das Gesamtniveau angehoben. Der Begriff „Computerschriften" ist - blättert man in den Werbebroschüren der Beschrifter - zum Qualitätssiegel geworden.

Gerade dieser Effekt weckte bei den Werbetechnikern sehr bald den Bedarf nach rechnergestützten Entwurfssystemen, mit deren Hilfe man graphisch anspruchsvollere, originelle Beschilderungen entwerfen und fertigen kann. Wir wollen uns darum in den folgenden Abschnitten einige dieser mächtigeren Werkzeuge näher ansehen.

3.2. Kontursatz

Die Größe eines Schriftzuges resultiert gewöhnlich aus der vorgegebenen Zeilenhöhe und dem Textumfang. Die Schriftzeichen werden - wie wir gelernt haben - der gespeicherten Schrift in der hinterlegten Standardhöhe entnommen und der Abstand zum jeweiligen Nachbarn der gewählten Spationierungstabelle. Dabei wird evtl. zwischen den Extrema „Berühren" und „Unterschneiden" inter- oder extrapoliert. Anschließend wird die so gesetzte Zeile als Ganzes gleichmäßig in X- und Y-Richtung auf die Sollwerte umgegrößert. Das ergibt in der Regel ein typographisch ausgewogenes Schriftbild, in dem die Schriftzeichen unverzerrt erscheinen, so wie sie vom Schriftkünstler entworfen wurden.

Doch gerade in der Werbung benutzt man Schriftzeichen als graphisches Gestaltungsmaterial. Man will Zeilen in eine vorgegebene Fläche einpassen, sie verzerren und verformen, um graphische Effekte zu erzielen. Denken sie z.B. daran, daß nahezu jeder frisch gebackene Unternehmer zunächst einmal seine Kreativität durch ein unverwechselbares, modern gestyltes Firmenlogo unter Beweis stellen möchte, bevor seine übrigen Unternehmertaten folgen.

Wir wollen uns - um die vielfältigen Gestaltungsmöglichkeiten des Signus aufzuzeigen - zunächst das Grundprinzip vor Augen führen. Ein Schriftzug wird in der Vorstufe in ein vorgegebenes Rechteck eingepaßt, entweder durch Verzerrung der Schriftzeichen oder durch Anpassung der Spationierung. Mehrere, auch unterschiedlich gestaltete Zeilen bilden eine Graphik, die dann als Ganzes in einem zweiten Arbeitsgang in eine beliebig begrenzte Fläche eingepaßt wird. Die Begrenzung kann in Form einer Kontur im Ikarus-Format, z.B. durch Digitalisieren, vorgegeben werden oder bei einfach konstruierten Flächen, wie etwa bei Kreisbögen, durch Parametrierung.

Im folgenden werden nun kurz einige Gestaltungsmöglichkeiten dieses Kontursatzes aufgezählt und mit Beispielen veranschaulicht (Abb. 6):

- Kreis
- Zylinder
- Globus
- Perspektive
- Wellenlinien
- Strecken
- Satz in eine frei gestaltete Kontur.

Abb. 6. Kontursatz

Gerade das Beispiel „Wellenlinien" verdeutlicht, wie ich meine, die gestalterischen Möglichkeiten. Durch die äußere Kontur und die Verteilung der Ikarus-Punkte auf dieser Kontur kann nicht nur die Begrenzung der Graphik, sondern auch der Verlauf der Verzerrung beeinflußt werden.

Der Graphiker erhält damit ein mächtiges Werkzeug, um originelle Beschriftungen zu entwerfen, Form und Inhalt in Einklang zu bringen oder um allein durch die Gestaltung das Gewünschte auszusagen bzw. eine bestimmte Wirkung zu erzielen.

Wir haben uns über Werkzeuge (z. B. die verschiedenen Möglichkeiten des Setzens), über das Arbeitsmaterial (z. B. Schriften, Signets) und über Verfahrenswege (Aufträge, Graphikbausteine) unterhalten. Der Anwender benutzt dieses Instrumentarium, formt aus dem vorgefundenen Material nach seinen Vorstellungen und seinem Können das Produkt. Seine Fähigkeiten wachsen mit dem Umfang und der Leistungsfähigkeit dieses Instrumentariums. Die schöpferische Arbeit ist primär eine Abfolge guter Wahlen, Kombinationen und Modifikationen. Für die Qualität des Endproduktes ist es dabei unbedeutend, ob die Materialien und Bausteine vom Hersteller selbst entworfen oder ob sie vorgefertigt eingesetzt wurden.

Um zu verdeutlichen, daß schöpferische Arbeit, zumindest in den hier angesprochenen Gebieten der graphischen Gestaltung, primär aus einer Folge guter Wahlen besteht, habe ich unter dem Motto „Schrift und Wirkung" bewußt kuriose Alternativen gegenübergestellt. Allein die Schriftauswahl erzeugt die Wirkung, und es gibt sonst keine weiteren Gestaltungselemente in den abgebildeten Zeilen (Abb. 7).

Abb. 7. Schrift und Wirkung

3.3. Modifikationen

Bislang haben wir uns damit beschäftigt, Schrifttypen in den diversen Varianten zu setzen und die gesetzten Zeilen für Einpassungen zu verzerren. Das einzelne Zeichen blieb - bis auf die Verzerrungen und eventuellen Überdeckungen und Verschmelzungen - unverändert. Modifikationen hingegen sind Werkzeuge, mit denen das Zeichen selbst verändert werden kann.

Im Beitrag „Ikarus in Hamburg" wurden bereits die Modifikationsmöglichkeiten, bezogen auf eine gesamte Schrift, vorgestellt. Dort ging es darum, typographisch richtige Schriftvarianten, z. B. mit unveränderten Strichstärken der Balken, zu erzeugen. Im Rahmen eines Beschriftungssystems werden derartig aufwendige Berechnungen jedoch nicht unternommen, sondern vielmehr die schnelleren sog. optischen oder elektronischen Modifikationen. Eine zu starke Abweichung vom Original-Schriftschnitt führt dabei in der Regel zu typographisch unbefriedigenden Ergebnissen. Der Anwender sollte in solchen Fällen lieber auf eine Schriftvariante, die z. B. mit Hilfe des Ikarus erzeugt wurde, zurückgreifen.

Die wichtigsten Modifikationen sind im folgenden kurz zusammengestellt und durch Beispiele verdeutlicht (Abb. 8):

- *Expandieren, Kondensieren:* Die Zeichen können in X- und Y-Richtung unterschiedlich vergrößert und verkleinert werden.

- *Kursivieren:* Die Zeichen werden nach rechts (seltener nach links) gekippt.

- *Konturieren:* Im vorgegebenen Abstand wird eine zweite Kontur um das Zeichen gelegt. Es entsteht ein sog. Outline-Buchstabe. Durch weitere Konturierungen, insbesondere in Verbindung mit dem Überdecken und Verschmelzen, können mannigfaltige graphische Effekte erreicht werden.

  Die Konturierung ist inzwischen zusammen mit der sog. Mengenlehre für das Ikarus-Format zu einem mächtigen graphischen und konstruktiven Werkzeug geworden. Wir berechnen automatisch Fräserbahnen für das Ausheben von Flächen, den Werkzeugversatz einschl. der Haltebrücken für das Fräsen und Laserschneiden, das Absparen und Überfüllen von Farbflächen, z. B. im Textildruck, die Straßenzeichnungen in Straßenplänen aufgrund einer Skelettskizze, die Belegung eines Schriftzuges mit Leuchtstoffröhren für die Lichtwerbung.

- *Verrunden:* Die Ecken eines Zeichens werden abgerundet. Neben dem graphischen Effekt wird diese Modifikation gerne bei der Folienbeschriftung angewendet. Man rundet allzu spitze Ecken leicht ab, um das Abheben der Folie vom Untergrund zu erschweren.

- *Schattieren:* Zeichen können mit einem Schatten vorgegebener Länge und Richtung versehen werden. Bei gleichzeitiger Konturierung kann dieser Schatten vom Original abgehoben werden. Schlagschatten übrigens - auch perspektivische - lassen sich durch die elementaren Arbeitsschritte „Duplizieren, Perspektive, Konturieren, Überdecken" erzeugen.

- *Manuelle Modifikationen:* Jede Graphik kann - wie bereits erwähnt - am graphischen Sichtgerät angezeigt und interaktiv geändert werden. Als Grundfunktion hat der Anwender dazu die Möglichkeit, Ikarus-Punkte zu ändern, zu verschieben, hinzuzufügen oder zu löschen.

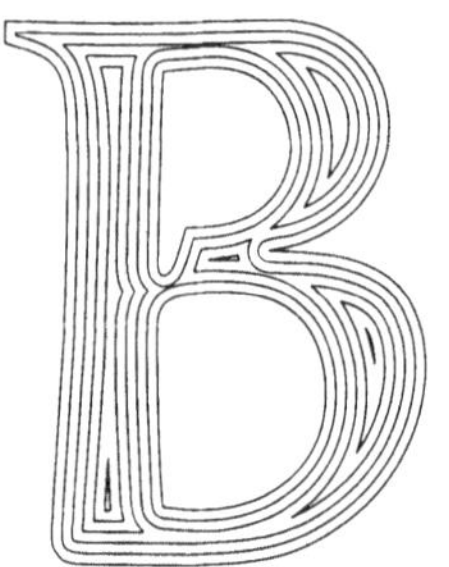

Abb. 8. Modifikation

4. Expertensysteme für Graphik und Typographie: Ein Ausblick

In den vorangegangenen Abschnitten haben wir uns am Beispiel des Signus klargemacht, daß die Produktivität eines CAT-Systems und die Qualität der mit seiner Hilfe gefertigten Produkte wesentlich von drei Komponenten abhängt:

- dem Fundus an vorgefertigten, hochwertigen Schriften einschließlich aller Spationierungsvarianten;
- der Werkzeugpalette, um aus diesem Material Schriftzeilen setzen, modifizieren und variieren zu können;
- dem Archiv an vorgefertigten Graphikbausteinen, die ihren eigenen individuellen Bauplan gespeichert haben und die deshalb für die weitergehende automatische Erzeugung gleichartiger Beschriftungen herangezogen werden können, z.B. indem lediglich der Text ausgetauscht wird.

Wir hatten weiterhin darauf hingewiesen, daß die meisten Produkte durch Reproduzieren, Variieren und Kombinieren bestehender Komponenten entstehen. Der Anwender greift auf Bekanntes zurück, läßt sich durch Beispiele anregen und legt sich bewußt Sammlungen an, auf die er zurückgreifen kann. Die kreative Tätigkeit in dem Sinne, daß wirklich Neuartiges in hoher Qualität entsteht, ist selten anzutreffen. Diese Feststellung soll die Arbeit des Werbetechnikers und Graphikdesigners nicht abwerten, im Gegenteil: Guter Stil resultiert aus einer Abfolge guter Wahlen.

Bei URW wird zur Zeit auf der Grundlage dieser Erkenntnisse eine „mustergeführte Dokumentenarchitektur" erarbeitet, die es erlaubt, vorgefertigte Graphik- und Textdokumente wie Schilder, Messegestaltungen, Präsentationsgraphiken, Verpackungsgraphiken, Anzeigen, Briefe, Formulare, Broschüren, Zeitschriftenartikel usw. vorzufertigen, um sie als Muster für Arbeiten gleichen Stils heranziehen zu können. Die ersten Grundmuster für Beschilderungen sind bereits entstanden. Sie können im Rahmen des Beschriftungssystems Signus eingesetzt werden.

Wir wollen uns abschließend mit den Grundprinzipien dieser Musterarchitektur und Musterphilosophie beschäftigen:

a) Muster sind vollständig gestaltete Dokumente, die alle jene Gestaltungsregeln enthalten, die zu ihrer Erzeugung geführt haben. Es sind originelle Dokumente. Sie sind hierarchisch in beliebiger Tiefe aus Untermustern aufgebaut. Im Rahmen des Signus können z.B. vorgefertigte Beschriftungsaufträge bzw. Beschriftungsbausteine mit ihren Bauplänen als derartige Muster aufgefaßt werden.

b) Dem Anwender werden umfangreiche Mustersammlungen hoher Qualität als Arbeitsmaterial zur Verfügung gestellt. Das einzelne Muster wird in diesen Sammlungen in zahlreichen harmonischen Varianten präsentiert. Die Sammlungen umfassen sowohl komplette originelle Dokumente als auch Bausteine, die wiederum in übergeordnetem Muster eingemischt werden können. Solche Grundbausteine sind uns bereits bekannt. Es sind Schriften, die dem Anwender in zahlreichen harmonischen Varianten (Schriftfamilien) angeboten werden, einschließlich der Gestaltungsregeln (Spationierungstabellen) für den Einbau in übergeordnete Muster(zeilen).

c) Ein Anwenderdokument entsteht dadurch, daß in einem ausgewählten Muster einzelne Musterteile (Untermuster) durch anwenderspezifische Teile ersetzt werden. Wir nennen diesen Vorgang „Einmischen". Der Anwendertext z.B. kann eingemischt werden, d.h. der Mustertext wird gegen den Anwendertext ausgetauscht und in der gleichen Weise wie die Mustervorlage gestaltet. Faßt man nun alle Komponenten, aus denen ein Musterdokument aufgebaut ist, einschließlich des Textes, wiederum als Muster auf, so läßt sich verallgemeinert sagen: Anwenderdokumente entstehen aus Mustern durch Einmischen von Submustern. Ein Anwenderdokument guten Stils ist eine Abfolge guter hierarchischer Wahlen aus dem bestehenden Musterarchiv.

d) Mustersammlungen werden von Experten, z.B. von Werbetechnikern, Graphikdesignern und Typographen in hoher Qualität entworfen und dem Anwender in Musterhandbüchern als Arbeitsmaterial, nach eng begrenzten Anwendungsgebieten gegliedert, dargeboten. Jedes Muster liegt in einer Vielzahl von harmonischen Varianten, die tableauartig auf jeweils einer Doppelseite des Handbuches abgebildet sind, vor. Der Anwender blättert in diesem Handbuch, um sich Anregungen für seine Arbeit zu holen, wählt aus, variiert und kombiniert. Er geht quasi auf eine visuelle, schöpferische Entdeckungsreise. Je treffender er gewählt hat, um so besser wird sein Produkt. Jedes Musterhandbuch ist eine in sich überschaubare, geschlossene, selbständige Sammlung der Muster und Untermuster eines Anwendungsgebietes, die der Anwender, will er ein Produkt dieses Anwendungsbereiches fertigen, nicht zu verlassen braucht.

e) Die Musterentwürfe dieser Mustersammlungen werden von Wissensingenieuren gesichtet, gegliedert, strukturiert und schließlich in Prozeduren umgesetzt und auf einem Massenspeicher, z.B. einer optischen Platte, für den Anwender bereitgestellt. Es sollte das Ziel sein, für die Programmierung dieser Prozeduren eine eigene Musterbeschreibungssprache zu entwickeln.

Ich bin heute der festen Überzeugung, daß sich in Zukunft mustergeführte CAT-Systeme zu leistungsfähigen Expertensystemen im graphischen und typographischen Bereich, insbesondere im Desktop Publishing, entwickeln werden (Abb. 9).

Bei URW wird zur Zeit in bescheidenem Rahmen - soweit das Abzweigen von Kapazitäten für Entwicklungen, die in absehbarer Zeit noch kein Geld einspielen werden, verantwortbar ist - an Beschriftungsmustern und an ersten Mustern für Textdokumente gearbeitet. Parallel dazu entsteht eine Musterbeschreibungssprache unter dem Markennamen Callidus.

Mustergeführte CAT-Systeme können jedoch erst dann ihre volle Effizienz zeigen, wenn Musterarchive für mehrere Anwendungsgebiete in genügender Variantenvielfalt zur Verfügung stehen. Solche Bibliotheken aufzubauen, übersteigt das finanzielle Potential der URW um ein Vielfaches. Ich bitte daher um Nachsicht, wenn ich zum Schluß meiner Ausführungen darum werbe, diese Aufgabe zügig mit vereinten Kräften bei uns in Deutschland anzupacken. Hamburg als Medien- und Werbestadt könnte auch hierfür ein Zentrum bilden.

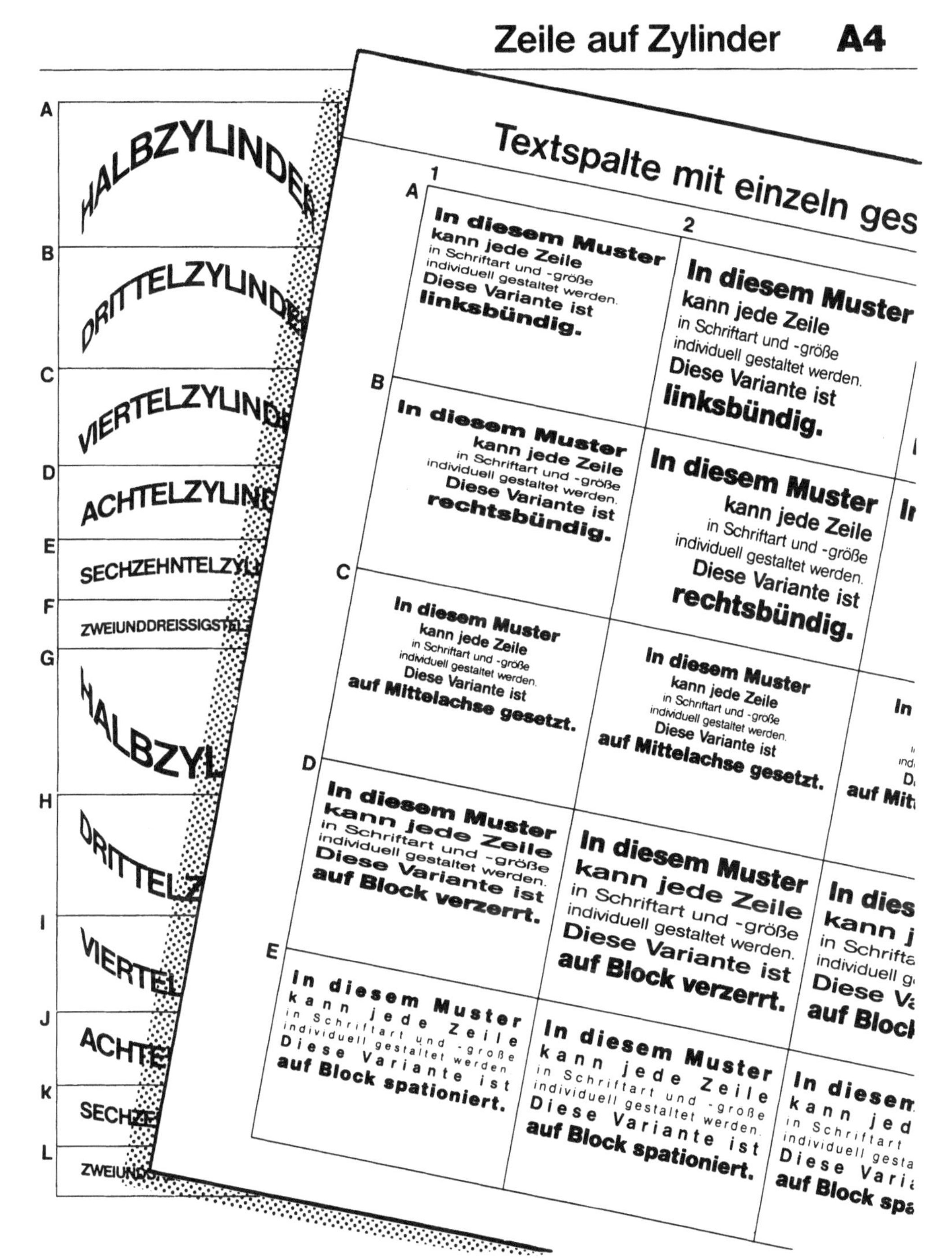

Abb. 9. Mustertableaus

Einsatz von CAD/CAM in der Bekleidungsindustrie

W. Gödecke

1. Der Autor

1.1. Von der Bekleidungsindustrie zur EDV

Der Autor dieses Beitrages ist Bekleidungstechniker mit einer soliden Fachausbildung und reichhaltiger Berufserfahrung. Er hat sich während seiner Tätigkeiten in der Bekleidungsindustrie auf Schnittechnik spezialisiert und hat entsprechende verantwortliche Positionen in dieser Industrie bekleidet.

Er gehörte ab 1968 dem bekleidungstechnischen Team bei der Zuse KG an und arbeitete als Schnittexperte an der Systementwicklung des ersten Gradiersystems Zuse Z 451 mit. Es gehörte auch zu seinen Aufgaben, die Bertriebsorganisationen der Firma Siemens AG fachlich zu unterstützen, die den Systemvertrieb durchzuführen hatten. Siemens stellte 1970 die Produktion der Zuse-Produkte ein.

1971 übernahm der Autor den Aufbau eines Service-Rechenzentrums für die Bekleidungsindustrie in der Firma Eurolog GmbH in Hamburg, die mit einem Gradiersystem Zuse Z 451 ausgerüstet war. 1975 wurde innerhalb der Eurolog-Gruppe die eigenständige Tochtergesellschaft Eurolog-Service GmbH gegründet, in der der Autor als Mitgesellschafter die Geschäftsleitung übernahm. Gleichzeitig wurde die Entwicklung bekleidungsspezifischer technischer Software aufgenommen. Erste Hardwarepartner waren die Aristo-Werke.

Seit 1983 wurden die Aktivitäten bei Eurolog erweitert. Neben den bekannten Schnittmusterdienstleistungen wurden jetzt sehr erfolgreich CAD/CAM-Systeme der Bekleidungsindustrie angeboten.

Aktueller Nachtrag: Seit dem 1. März 1989 lehrt der Autor als Professor für Bekleidungskonstruktion und Schnittgestaltung an der Fachhochschule Hamburg im Fachbereich Gestaltung.

2. Die Mode

Abwechslungsreich, vielfältig und interessant. Nie hatte sie eine größere Bedeutung, als in den letzten Jahrzehnten. Der Verbraucher stellt immer höhere Ansprüche an seine Garderobe, besonders an die Optik, die Qualität, den günstigen Preis, die Zeitspanne von der Idee bis zur Verfügbarkeit sowie an die Vielseitigkeit der Verwendbarkeit der Modelle. Das bedeutet eine weitere wachsende Herausforderung an die Textil- und Bekleidungsindustrie in Zusammenarbeit mit dem Fachhandel.

Die serienmäßige Herstellung modischer Bekleidung ist eine relativ junge Industrie. Eine Bedeutung hat sie erst nach dem zweiten Weltkrieg erlangt. Ein total abgerissenes Volk konnte vom Bekleidungshandwerk allein nicht mehr versorgt werden. Nach dem Dritten Reich, der Zeit der Uniformierung, bestand ein riesiger, nicht abreißen wollender Bedarf an individueller, finanziell erschwinglicher, qualitativ und optisch guter Bekleidung.

Die junge Bekleidungsindustrie nahm ihre Chance wahr. Gewaltige Rationalisierungsleistungen wurden vor allem in den fünfziger und sechziger Jahren in den Bereichen Zuschnitt, Näherei und Bügelei durch den Einsatz entsprechender Maschinen und Geräte erreicht.

Im Vergleich zu anderen Industrien jedoch gelang wegen der zu verarbeitenden flexiblen Materialien und wegen des relativ hohen Lohnanteils an den Fertigungskosten ein nicht so guter Rationalisierungserfolg.

Bleiben wir bei diesem Vergleich. Der Umgang mit Schneiderwerkzeugen, Näh- und Bügelmaschinen ist relativ leicht erlernbar. Es lag in den 70er Jahren daher nahe, daß die Fertigung der Bekleidung zum finanziellen Vorteil der Verbraucher und zum Nachteil der Beschäftigungszahl sehr intensiv von Deutschland in Niedriglohnländer verlegt wurde. Die für den Markt wichtigen Bereiche Modellentwicklung, die Disposition und die Produktionsvorbereitung verblieben jedoch hier.

Durch diese Umstände eroberte sich die CAD/CAM-Technik in führenden Betrieben in dieser Zeit sehr schnell einen festen Platz, obwohl der wirtschaftliche Einsatz häufig problematisch war. Heute ist sie nicht mehr wegzudenken. Sie wird ständig weiterentwickelt, wird immer wirtschaftlicher, weil leistungsfähiger, die Anschaffungspreise bewegen sich nach unten oder bleiben zumindest konstant. Diese Technik wird dabei voraussichtlich in der Lage sein, dazu beizutragen, die Produktion von Bekleidung in einigen wichtigen Bereichen aus dem nahen und fernen Ausland in unsere Breiten zurückzuholen.

3. Geschichtlicher Rückblick

3.1. Vom Bekleidungshandwerk zur Industrie

Die Mode war das Privileg wohlhabender Bevölkerungsschichten. Im Bereich der Bekleidung wurde sie vorwiegend durch renomierte Handwerksbetriebe realisiert, dadurch für breite Bevölkerungsschichten unerschwinglich. Die Minderbemittelten versorgten sich durch Selbernähen oder durch Inanspruchnahme von Schneidereien mit Bekleidung, die dann hauptsächlich dem Schutze gegen die Unbilden der Witterung diente, vom Guten für die Feiertage einmal abgesehen.

Die Herstellung der Bekleidung war bis Anfang dieses Jahrhunderts fast ausschließlich Sache des Damen- und Herrenschneiderhandwerks und damit individuell. Der Kunde wählte einen Stoff aus und wurde vom Meister maßgenommen. Nach den Maßen entstand ein mehr oder weniger genaues Schnittmuster.

Die Kunst der Beherrschung des Schnittmustermachens war eine wichtige Voraussetzung der Kandidaten zur Erlangung des Meistertitels.

Wie risikoreich das Zuschneiden der teuren Stoffe seinerzeit für die Handwerksfamilien war, zeigen die überlieferten nicht nur ironisch gemeinten Sprüche: „Kinder betet, unser Vater schneidet zu" - oder „Das Geheimnis der guten Paßform liegt im Einschlag"[1].

Die damaligen handwerklichen Fertigungsmethoden konnten sich Ungenauigkeiten in der Schnittkonstruktion leisten, weil die meisten Bekleidungsstücke teils mehrmals am Kunden probiert und abgeändert wurden.

Etwa zu Beginn unseres Jahrhunderts entstanden erste Industriebetriebe, die ein serienmäßiges Zuschneiden, Nähen und Bügeln organisiert hatten. Die Einkleidung der königlichen Garden dürfte eine der wichtigsten Veranlassungen dazu gewesen sein. Die zur Produktionsvorbereitung notwendigen Schnittmuster, auch *Herrgöttle* genannt, waren empirisch entstanden. Sie waren praktisch unersetzbar und wurden entsprechend gehütet.

3.2. Die Schnittechnik - vom Handwerk zur Industrie

In der ersten Hälfte unseres Jahrhunderts war die Schnittechnik vorwiegend handwerklich orientiert. Es gab eine Reihe etablierter Zuschneideschulen, die nach selbstentwickelten Konstruktionsformeln die gemessenen Körpermaße in Teilstrecken bzw. Konstruktionsregeln umsetzten. Sie arbeiteten eng mit Schneidereien zusammen und bildeten vor allem den Berufsnachwuchs aus. Die traditionsreiche in München ansässige Deutsche Bekleidungsakademie Franz Xaver Müller GmbH sei stellvertretend für andere erwähnt.

In den letzten Jahrzehnten wurden als Grundlage für die laufend verbesserten Konstruktionsmaßtabellen Reihenmessungen durchgeführt. Der Handel, insbesondere die Versandhäuser, sind auf paßformorientierte Modelle angewiesen. Ca. 60.000 Personen wurden mit finanzieller Unterstützung der Industrie, des Handels und der öffentlichen Hand vorwiegend durch die Hohensteiner Institute vermessen. Die Daten wurden ausgewertet und die Konstruktionsmaße mit technischen Handhabungsempfehlungen in vorbildlicher Weise aktualisiert und der Industrie angeboten.

Heute kann davon ausgegangen werden, daß die schnittechnische Ausgangsbasis in der Konfektion, das Körpermaß, einheitlich ist. In die tatsächlichen Längen- und Weitenverhältnisse der Modelle spielt die gestalterische Auffassung des Designers stark hinein. Dadurch hat der Verbraucher manchmal den Eindruck der nichteinheitlichen Körpermaße bei der Größenbestimmung.

Zur Verdeutlichung einige Übersichten über das aktuelle Größensystem am Beispiel der Damenoberbekleidung (DOB). Es zeigt auf, daß doch einige Kriterien bei der Modell- und Paßformentwicklung zu berücksichtigen sind.

3.2.1. Die verschiedenen Figuren = Paßform in allen Größen

Die Größenbezeichnungen mit den dahinterstehenden Maßen decken die Figuren der Verbraucher im Sinne eines Rasters ab (Abbildung 1).

---

[1] Einschlag = reichliche Sicherheitszugaben in den Nähten

DAS DEUTSCHE GRÖSSENSCHEMA   - Am Beispiel der DOB -

- Ü B E R S I C H T -   mit den wichtigsten Grössen

Brustumfang		84	88	92	96	1oo	1o4	11o	116	122	128
Grössenreihen	Körperhöhe	Grössenbezeichnungen									
Normal	168	36	38	4o	42	44	46	48	5o	52	54
Kurz	16o	18	19	2o	21	22	23	24	25	26	27
Lang	176	72	76	8o	84	88	92	96	1oo	1o4	1o8

Die Grössen für Schmal- und Breithüftige Damen wurden hier im Interesse der besseren Übersicht vernachlässigt.

Abb. 1. Das deutsche Größenschema

DIE PASSFORMKLASSEN

- Mehrweiten -

Grösse 38	= Brustumfang 88													
Passformklasse	a	b	c	d	e	f	g	h	i	k	l	m	n	o	p
Mehrweite zum Brustumfang cm	o	2	4	6	8	1o	12	14	16	18	2o	22	24	26	28
Fertige Brustweite	88	9o	92	94	96	98	1oo	1o2	1o4	1o6	1o8	11o	112	114	116
	Anwendungsbeispiele														
Leibwäsche															
Kleider/Blusen															
Hosen/Röcke															
Jacken/Mäntel															

Die Zuordnung der Anwendungsbeispiele in geeignete Passformklassen unterliegt in erster Linie den Modetrends.

Abb. 2. Die Paßformklassen

3.2.2. Die zusätzlichen Weitenzugaben zum Körpermaß

Die Bekleidung wird im Hinblick auf den Zusammenhang von Maßen und Größen nicht immer mit dem gleichen Abstand vom Körper gefertigt. Die Modevielfalt sieht vielmehr je nach Produkt und Verwendungszweck Weitenspielraum vor. Die Palette reicht von körpernah bis sehr weit.

Diese Problematik ist in den Konstruktionsunterlagen durch den Begriff Paßformklasse geregelt. Hierbei handelt es sich um Zugaben zum Brustumfang (Mehrweite), die in jeder Größe konstant gestaffelt, je Paßformklasse = 2 cm

Mehrweite, in der Konstruktion berücksichtigt werden können. Der Designer kann ein zu entwickelndes Modell einer Paßformklasse zuordnen und damit relativ gezielt auf Anhieb eine gute Paßform in die Modellgestaltung integrieren.

3.2.3. Unkonventionelle Nahtlagen in neuen Modellen

Die klassische Konstruktion von Bekleidung, z. B. für die obere Körperhälfte, sieht in der Schnittechnik einen eingesetzten Ärmel vor. Entsprechend sind die Konstruktionsformeln aufgebaut und organisiert. Der Anspruch der Verbraucher an die Modellgestaltung läßt jedoch kaum noch derartige Produkte zu. Ein Modell, das gekauft wird, obwohl der Kleiderschrank voll ist, besticht häufig nicht zuletzt durch die außergewöhnlich gelungene Schnittgestaltung.

Um diesen Gesamteffekt zu erreichen, wird dem Schnittexperten überdurchschnittliches Können abverlangt. Obwohl das Design im Vordergrund steht, können die in Kapitel 3.2.1. und 3.2.2. genannten Kriterien, die manchmal im Widerspruch stehen, nicht vernachlässigt werden.

3.3. Die Modellentwicklung im Vergleich mit anderen Industrien

Auch Produkte anderer Industrien, wie beispielsweise der Automobilindustrie, unterliegen Modetrends. Geschmacksveränderungen, Umwelteinflüsse und Energiesparversuche verändern laufend das äußere Aussehen der Industrieprodukte.

Im Gegensatz zur Bekleidungsindustrie jedoch vergeht hier eine große Zeitspanne zwischen dem Modellentwurf und der Verfügbarkeit des Produktes am Markt. Eine Modellidee muß in der Bekleidungsindustrie häufig innerhalb von wenigen Stunden von der Modellskizze über den Erstschnitt in das genähte Mannequinmodell umgesetzt werden. Bei sehr flexiblen Konfektionären, mit Produktionsstätten in der Bundesrepublik, stehen dem Markt manchmal bereits nach zwei bis drei Wochen nach dem Modellentwurf die Serienprodukte zur Verfügung.

Die Massenmedien, insbesondere das Fernsehen mit den publikumswirksamen Serien, haben häufig einen großen Einfluß auf den modisch orientierten Verbraucher. Für Modelldirektricen gehört in entsprechend orientierten Betrieben die Betrachtung dieser Fernsehserien zur Berufspflicht, um in Eigeninitiative oder auf Nachfragen rasch und gezielt reagieren zu können.

Sicher ist diese vergleichende Darstellung etwas überspitzt. Für die durchschnittliche Bekleidungsindustrie gibt es nach wie vor die Praxis, daß zwei bis vier mal pro Jahr eine Kollektion entwickelt und über Fachmessen und Vertreterorganisationen dem Fachhandel angeboten wird. Ein Unterschied wird dennoch deutlich.

Solange die Modellentwicklung und Schnittechnik in den Betrieben manuell arbeitet, ist und bleibt der Bereich ein Produktionsengpaß. Die Industrie braucht hier kürzere Entwicklungszeiten in der Zukunft.

4. Die technische Datenverarbeitung hält Einzug in die Bekleidungsindustrie

4.1. Bei Zuse entstand 1966 das erste EDV-Schnittmustersystem

Durch die große Nachfrage nach Bekleidung in der deutschen Bevölkerung zur Zeit des deutschen Wirtschaftswunders hat die Bekleidungsindustrie in der Bundesrepublik zusammen mit der ebenfalls leistungsfähigen Zulieferindustrie bis Mitte der sechziger Jahre in der Produktion einen hohen Rationalisierungsstand erreicht.

Die Modell und Schnittabteilungen waren – wegen der dort schlummernden Geheimnisse – für Rationalisierungvorhaben zunächst tabu. Hier entstanden häufig auf rätselhafte Weise die interessanten Kollektionen, die sehr erfolgreich verkauft wurden. Selten konnte ein Außenstehender, teilweise auch nicht die Geschäftsführung, nachvollziehen, wie das Phänomen mit den produktionsreifen Schnittmustern, den Modellideen und den Details über die Größen genau verwirklicht wurde.

Einige bekleidungstechnische Experten erkannten, daß die in den Anfängen stehende Datentechnik Merkmale beinhaltete, die sich auch für das Problem der Bekleidungskonstruktion und der Größen eignen müßte.

Herr Dietrich Heßland, Leiter der Fertigung der Neckermann Versand AG, Frankfurt, führte zum Beispiel 1962 ein erstes Gespräch über diesen Themenkomplex mit Herrn Dr. Zuse in Bad Hersfeld. Die Firma Zuse KG verfügte bereits über geeignete Systemkomponenten, wie beispielsweise einen Plotter. Nachdem weitere Bekleidungsfirmen in ähnlicher Weise bei Zuse vorstellig wurden, gab man in Bad Hersfeld grünes Licht für eine gründliche Prüfung der Möglichkeiten für eine Systementwicklung.

Man prüfte, analysierte und beschloß die Entwicklung eines automatischen Gradiersystems mit Schablonenproduktion für die Bekleidungsindustrie.

An dieser Stelle sollte Herr Dipl.-Math. Otto Suppes besonders erwähnt werden. Er war in der damaligen Zeit Leiter der Mathematischen Abteilung in der Zuse KG. Herrn Suppes kann man als geistigen Vater des ersten, für die damaligen technischen Möglichkeiten überaus leistungsfähigen Gradiersystems betrachten. Seinem Einfühlungsvermögen in die Probleme über die Zusammenhänge der Größensysteme, den verschiedenen Gradiermethoden in den verschiedensten Branchen der Bekleidungsindustrie, gepaart mit seinem genialen Können in der Mathematik und den Möglichkeiten der noch jungen Datenverarbeitung, ist es zu verdanken, daß schon 1966 das erste zukunftsweisende Gradiersystem entstand.

Die bei Zuse entstandenen Systemerkenntnisse wurden einige Jahre später die Basis für die Entwicklung der Eurolog-Software-Produkte, die heute in Fachkreisen als besonders flexibel, problemorientiert, praxisnah, leistungsfähig und zukunftsorientiert gelten.

4.2. Ralph-Modelle installierte das erste Zuse-Gradiersystem

1968 begann in München bei Ralph-Modelle für die Bekleidungsindustrie das Zeitalter der technischen Datenverarbeitung. Die beteiligten Mitarbeiter brachten für weitere Entwicklungen wichtige Anregungen für die Perfektionierung des Systems ein.

Bei diesem System waren die technischen Möglichkeiten aus heutiger Sicht recht bescheiden. Das System bestand aus folgenden Komponenten:- Koordinatenlesegerät mit Lochstreifenausgabe über einen adaptierten Fernschreiber
- Rechner Zuse Z 25 mit Lochstreifenleser und -stanzer Kernspeicher: 12 bzw. 16 KW ohne externe Speicher
- Plotter Zuse GRAPHOMAT Z 64 - S mit Lochstreifeneingabe, Fräsereinrichtung zum Schablonenschneiden

Sieben weitere derartige Systeme wurden von Siemens bis zur Einstellung des Vertriebes an deutsche Bekleidungshersteller und Service-Rechenzentren verkauft. Einige Systeme sollen heute noch teilweise für die Schnittmusterproduktion in Betrieb sein.

4.3. Die zweite Computer-Generation kam aus den USA

Anfang der 70er Jahre wurde in den USA ebenfalls ein Gradier- und Schnittbildsystem entwickelt. Der Schwerpunkt lag dort jedoch in der Bildschirmtechnik und der Schnittbilderzeugung. Das System beinhaltete schon einen Rechner neuerer Generation und ließ „Multiprogramming" zu. Besonders interessant war ein hochauflösender Graphikbildschirm für die damals sensationelle Schnittbildoptimierung.

Etwa 1973 begann die Firma Camsco mit dem Vertrieb dieses Systems in Europa und hatte wegen der interessanten Bildschirmtechnik sehr schnell Verkaufserfolge, obwohl der Systempreis relativ hoch lag.

Die Firma Hughes Aircraft kam ca. 1976 mit dem AM-1-System auch recht erfolgreich in Deutschland ins Geschäft. Das System hatte technisch und organisatorisch große Ähnlichkeit mit dem System Camsco 5000 - beide Systeme hatten eine einheitliche Grundentwicklung durchgemacht.

Die Bekleidungsindustrie kam in den Folgejahren in einen immer härter werdenden Kostendruck. Die zweite Ölkrise war nicht spurlos vorübergegangen. Namhafte Hersteller verschwanden vom Markt. Man investierte kostenbewußter. Ohne Nachweis einer Wirtschaftlichkeit war der Verkauf eines technischen EDV-Systems kaum noch möglich.

Die hohe Leistungsfähigkeit der Eurolog-Software, die ursprünglich nur für die Eigennutzung vorgesehen war, hatte sich in Fachkreisen herumgesprochen. Auf Drängen einiger DOB-Hersteller wurden die Kernprogramme von Eurolog, die Digitalisier- und Gradiersoftware sowie das Datenbank-Konzept in Fremdsystemen installiert. Dadurch erhöhte sich die Leistungsfähigkeit der mit dem System arbeitenden Mitarbeiter erheblich.

Die Firma Gerber aus den USA, bisher bekannt für die Herstellung und den Vertrieb von CNC-Cuttern, übernahm ca. 1980 das AM-1-System von Hughes und bot damit die gesamte Produktpalette, Gradierung, Schnittbildererzeugung, Stoff-zuschnitt an.

4.4. Ein harter Wettbewerb begann

Um 1980 drängte ein Preisbrecher aus Frankreich, die Firma Lectra, auf den Markt. Die zunächst auf die Gradierung beschränkten Systeme waren mit einem Laser-Schneidkopf zum Schablonenschneiden ausgerüstet.

Für mittlere Betriebe wurden Gradiersysteme nunmehr erschwinglich. Auch der Wettbewerb wurde nun zu erheblichen Preiszugeständnissen gezwungen. Dies wurde teilweise durch Änderung der Konfiguration erreicht, die eine neue System-generation suggerieren sollte. 1983 gab die Firma Camsco auf und wurde von der Firma Gerber übernommen.

Eurolog entschloß sich 1983 nunmehr auch mit Systemangeboten zu akquirie-ren, ermutigt durch Rechenzentrumskunden, die eigene Systeme installieren woll-ten und zu Qualitätseinbußen nicht bereit waren. Der Markt honorierte das pra-xisorientierte Eurolog-Angebot durch zahlreiche Systemkäufe.

Zur internationalen Messe für Bekleidungsmaschinen (IMB) 1985 in Köln waren sieben Anbieter von Gradier- und Schnittbildsystemen vertreten. In der Folgezeit war ein Preisverfall für derartige Systeme festzustellen. Durch das Über-angebot begann ein Verdrängungswettbewerb, der weiterhin anhält. Für alle der-zeitigen Anbieter dürfte der Markt, auch international gesehen, nicht ausreichend sein.

5. Das Aktuelle Software-Konzept am Beispiel des Eurolog-Systems

5.1. Die Gegebenheiten in der Bekleidungsindustrie

5.1.1. Kriterien

Wie in einem der vorhergehenden Kapitel bekleidungstechnisch bereits erläutert, sind in der Realisierung der Modellentwicklung unter Berücksichtigung der opti-malen Paßform drei Kriterien zu beachten und zu berücksichtigen:

1. der menschliche Körper in allen Größen
2. die zusätzliche Weite des Modells am Körper
3. spezielle, kreative Modellmerkmale, wie z. B.
   - Nahtanordnungen
   - Konturen
   - Silhouetten
   - Ausstattungen (Taschen, Riegel, etc.)
   - Produktionshilfen

5.1.2. Methoden

In den verschiedenen Branchen der Bekleidungsindustrie sind verschiedene Modellentwicklungs-, Gradier- und Schnittbildmethoden anzutreffen.

5.1.3. Betriebsstrukturen

Die Aufwandsschwerpunkte sind in den Branchen und Betrieben unterschiedlich. Die Palette reicht von

- hoher Modellaufwand - wenige Größen - keine hohen Modellauflagen bis
- wenige Standardmodelle - viele Größen - hohe Modellauflagen.

Folgende wichtige Merkmale waren in der geplanten Software zu berücksichtigen:

- Das anzustrebende Systemkonzept sollte in der Lage sein, allen oben genannten Anforderungen gerecht zu werden.
- Es war davon auszugehen, daß ein CAD-/CAM-System nur dann für die Industrie interessant sein würde, wenn nachweislich wirtschaftliche Vorteile zu erwarten sind.
- Die Software müßte bedienerfreundlich sein. Die Benutzer sind Schnittfachleute. EDV-Begeisterung kann nicht vorausgesetzt werden. Flüchtigkeitsfehler sollten ausgeschlossen werden durch optimale Bedienerführung.
- Das System sollte fachlich orientiert sein. Die Systementwicklung sollte laufend von Schnittexperten beaufsichtigt werden. Das Koordinatensystem als Basis eines Gradiersystems sollte durch aufwendige Funktionselemente erweitert werden, die der raffinierten Arbeitsweise eines Gradierers entsprechen, um den komplizierten Anforderungen, z.B. in der Damenoberbekleidungsindustrie, gerecht werden zu können.

5.2. Die Problemlösung

5.2.1. Stammdaten-Ebene

Die vom Körper abhängigen Konstruktionsmaße wurden zusammen mit den Informationen über die Mehrweite in einer Stammdatenorganisation aufbereitet, in das System eingegeben, geprüft und gespeichert.

Der Körper kann als Rumpfgitter gesehen werden. Das Rumpfgitter enthält numerierte Meßpunkte (Gradierpunkte). In einem speziellen Tabellensystem enthält jeder gespeicherte Gradierpunkt je nach Bedarf mindestens folgende Informationen:

a) Gradierpunkt
b) Gradieranweisung mit Richtung und beliebigen Differenzbeträgen
   zu jeder Größe
c) Größenübersetzer z.B. für Kurzgrößen, Langgrößen etc.
d) Parameter für
   - Materialveränderungen
   - Mehrweitenzuschläge, etc.
e) Koordinatenpaar

Alle Gradierpunkte können sowohl in Form von EDV-Listen und/oder in 1:1 oder maßstäblich verkleinerten Arbeitszeichnungen vom System ausgegeben werden. Die Stammdaten sind bekleidungstechnisch organisiert und gespeichert. Sie sind über Dateibezeichnungen im laufenden Zugriff.

Es können beliebig viele Grundschnittdateien gespeichert werden. Der Aufwand ist nur einmal notwendig. Für eine Produktgruppe, z.B. Damenhosen für deutsche Größen, ist in der Regel nur eine Datei erforderlich.

5.2.2. Modelldaten-Ebene

Ein neues Modell ist in das System einzugeben, weil es als neue Modellidee verkauft wurde und deshalb produziert werden muß. Die Ausgangsgröße liegt als einwandfreie Modelldefinition vor. Die übrigen verkauften Größen sind zu produzieren. Die Differenzwerte zwischen den einzelnen Größen liegen in geprüfter Form im Rechner vor (Stammdaten-Ebene).

Zur vereinfachten und sicheren Modelleingabe hat Eurolog ein Verfahren entwickelt, das eine Modelleingabe im Zusammenhang zuläßt. Diese inzwischen als vorbildlich bekannte Arbeitsweise vollzieht sich in den folgenden Schritten:

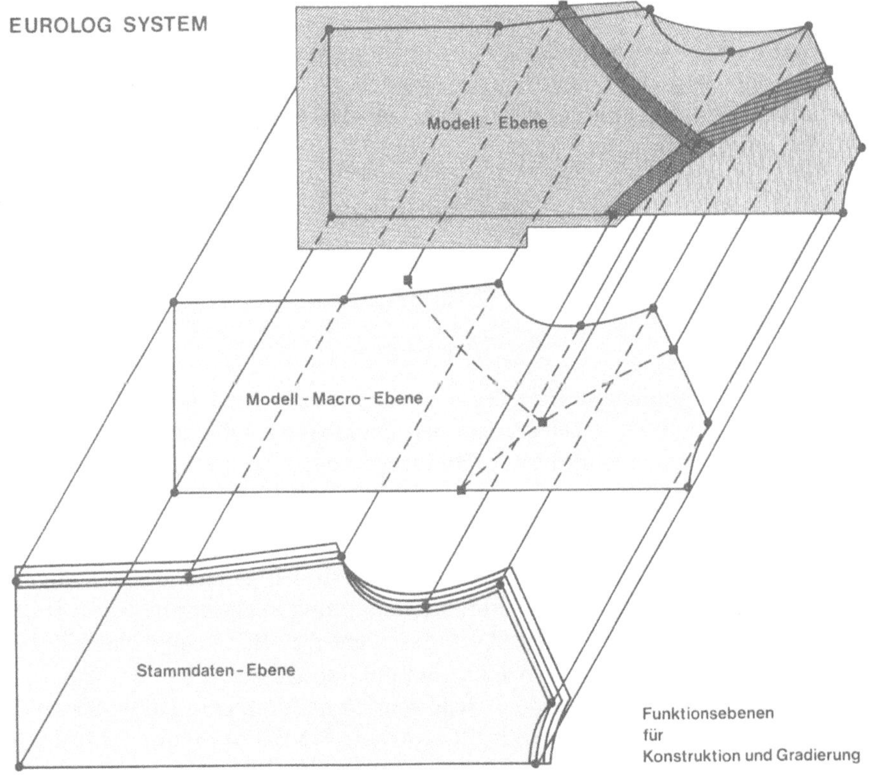

Abb. 3. EUROLOG SYSTEM

- Alle zum Modell gehörenden einzelnen Schnitteile werden verschiedenfarbig -
  zur Vermeidung von Linienverwechslungen - schnittechnisch richtig in eine
  1:1-Arbeitszeichnung des Grundschnittes eingezeichnet (Modell-Dokument).

Dieses Modelldokument wird zur Eingabe vorbereitet:

- Falls z.B. wegen neuer Nahtlagen Gradierpunkte im Rumpfgitter für die Gradierung fehlen sollten oder sachlich als ungeeignet erscheinen, werden neue
  Gradierpunkte in Bezugnahme auf die Grundschnitt-Ebene definiert und eingegeben (Modellteile-Macro).
- Das Modell wird im Zusammenhang Teil für Teil über den Digitizer eingegeben. Die gespeicherten Gradierregeln der Grundschnittebene stehen über die
  Koordinate per Cursor im direkten Zugriff. Durch dieses bewährte Verfahren
  ist eine nahezu fehlerfreie und schnelle Modelleingabe gewährleistet.

5.3. Im Mittelpunkt des Systems steht die Modelldatenbank

Die Datenbank ist grundschnitt- und modellorientiert aufgebaut. Wie bereits
erwähnt, stehen die beiden Dateien nebeneinander, aber in Bezug zueinander.
Durch dieses Eurolog-spezifische Verfahren wird eine sonst nicht erreichbare Flexibilität und Vielseitigkeit erreicht. Gleichzeitig wird die Sicherheit der Handhabung erhöht. Der Aufbau eines Teilebaukastens wird unterstützt und erleichtert.
Das Prinzip hat sich als geradezu ideal erwiesen, unverändert in die CAD-Technik
am Farbgraphik-Bildschirm übertragen zu werden. Bei Eurolog ist also das gleiche
Datenbankkonzept anzutreffen, gleichgültig, ob das Modell über Digitizer oder
Bildschirm eingegeben wird.

5.3.1. Gradierung

Die Gradierung ist die Übersetzung eines Modells von einer Ausgangsgröße in die
übrigen erforderlichen Größen. Sie erfolgt automatisch durch das System.

5.3.2. Kontrollen

Die Kontrolle der gradierten Teile des Modells kann bei Bedarf an einem Bildschirm mit der Möglichkeit der graphischen Darstellung vorgenommen werden.
Die Teile können aber auch durch 1:1-Plotterzeichnungen reproduziert werden.

5.3.3. Schnittbilder erzeugen

Ein Schnittbild ist die Darstellung aller zu einem Modell gehörender Schnitteile,
die materialbedingt zur optimalen Verbrauchsermittlung in einer simulierten Stoffbahn geschachtelt verlegt werden. Dies geschieht bei Benutzung eines EDV-
Systems mit Hilfe einer Graphik-Workstation mit Tablett.
   Alle im Schnittbild zu verlegenden Teile werden in der oberen Hälfte des Bildschirmes dargestellt. In der unteren Hälfte wird die Stoffbahn simuliert. Mit Hilfe
eines Cursors kann jedes Teil angefahren, in die Stoffbahn geführt und dort bei
Beachtung von Abständen zur Kante oder benachbarten Teilen plaziert werden.

Eine Reihe von wichtigen Software-Funktionen sorgen für schnelle und fachgerechte Plazierung. Einige seien aufgeführt:

- Überlappungssperre
- laufende Kontrolle des Flächenvergleiches (Ausnutzungsgrad in Prozentangaben)
- laufender Nachweis des bisherigen Stoffverbrauches
- Dreh-, Kipp- und Klappfunktionen etc.

5.3.4. Schnittbilder plotten

Alle erzeugten und gespeicherten Schnittbilder können über einen Plotter ausgegeben werden. Diese in der Regel 1:1 gezeichneten Schnittbilder (der Flachbettplotter verfügt über einen automatischen Papiertransport für überlange Zeichnungen) beinhalten alle für den Zuschnitt erforderlichen Informationen, z.B. Beschriftungen, Markierungen etc.

5.3.5. Schablonen schneiden

Soweit Schablonen der einzelnen Schnitteile für die Produktion weiterhin erforderlich sind, können diese mit dem Kombinationsplotter – nach Umrüstung – automatisch ausgeschnitten und beschriftet werden.

5.3.6. Stoff-Cutter ansteuern

Die Bekleidungsindustrie interessiert sich zunehmend für Zuschneideautomaten im Sinne von CAM. Ab 1988 dürfte ein breites Angebot derartiger Automaten am

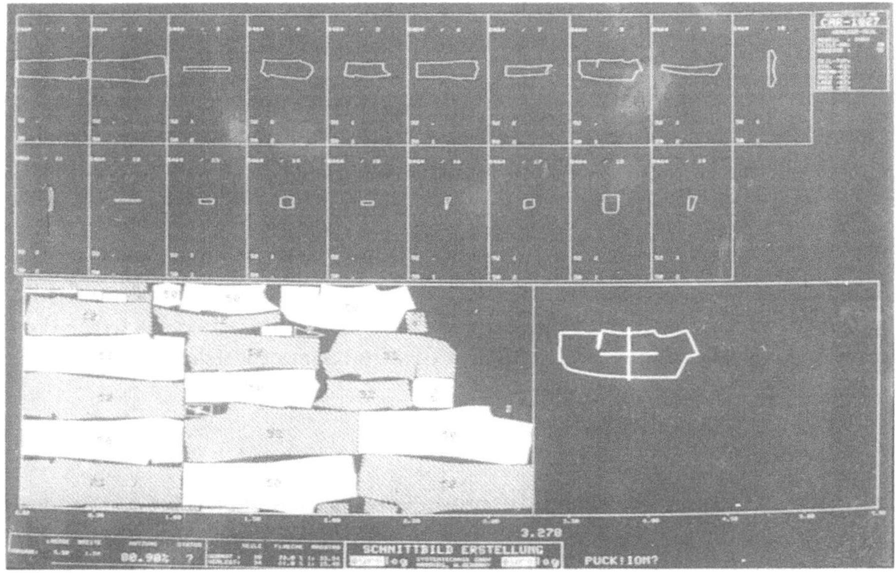

Abb. 4. Schnittbild-Optimierung (Werkfoto EUROLOG)

Markt zu erwarten sein. Die Schnittstellenfrage ist noch nicht eindeutig pauschal für alle heutigen und künftigen Produkte geklärt. Es ist jedoch zu erwarten, daß es Anschlußlösungen geben wird, wie man sie bei Plotterlieferanten antrifft. Das Jahr 1988 dürfte eine Klärung dieser Fragen bringen.

5.3.7. Modellkonstruktion

Dieses Thema ist so interessant, daß es Anspruch auf eine ausführlichere Darstellung hat.

a) Ändern gespeicherter Modelle

Ein im Zusammenhang eingegebenes Modell wird auf dem Bildschirm ebenso wieder dargestellt. Die einzelnen Schnitteile sind durch farblich unterschiedliche Linien zu unterscheiden.

Mittels Cursor oder Tastatur können Koordinaten, Gradierregeln und Markierungen verändert werden. Durchgeführte Änderungen werden automatisch auf von der Veränderung betroffene Nachbarteile übertragen. Der Systemaufbau ist identisch mit der Digitizer-Version, dadurch ist ein Teileaustausch im Sinne eines Teilebaukastens problemlos.

b) Konstruktion neuer Modelle

Ein gespeichertes Rumpfgitter wird in einer beliebigen Größe unter Berücksichtigung der gewünschten Paßformklasse als Hintergrund- und Bezugszeichnung auf dem Bildschirm dargestellt. Alle Modelldetails, wie neue Nahtführungen, Taschen, Kragenform etc. werden entweder von gespeicherten Modellteilen abgeleitet oder mit dem Cursor neu gezeichnet. Das System kann Nahtzugaben, Gradierregel-Zuordnung etc. berücksichtigen.

Die Modellkonstruktion dürfte vorläufig nur in zweidimensionaler Darstellung anwendbar sein. Obwohl ein 3 D-Konstruktionsverfahren gegenwärtig entwickelt wird, fehlen noch erhebliche Ergebnisse in der bekleidungstechnischen Grundlagenforschung, weil bisher auch manuell nur in 2 D gearbeitet wurde.

Die CAD-Technik für die Modellentwicklung wird sicher in den nächsten Jahren verbreitet Einzug in die Entwicklungsabteilungen der Bekleidungsindustrie halten und große Rationalisierungseffekte erreichen.

Verschiedene Systemanbieter verfügen bereits seit geraumer Zeit über Software für Konstruktionsaufgaben. Einigen ist jedoch nicht ganz klar, was die Verantwortlichen für die Modellentwicklung in der Bekleidungsindustrie von einem optimalen Konstruktionssystem realistisch erwarten. Ohne hinreichende Präsens von Schnittexperten in einem Software-Team für dieses schwierige Problem kann kein optimales Konstruktionssystem erwartet werden.

6. Perspektiven

In der deutschen Bekleidungsindustrie dürften inzwischen über 200 Gradier- und Schnittbildsysteme im Einsatz sein. Die meisten Installationen sind in die Betriebsorganisation integriert und die Arbeit an Systemen gehört zur täglichen Routine.

Man bemüht sich teilweise um Nachfolgesysteme, von denen man nicht nur mehr Leistung erwartet, sondern vor allen Dingen folgende zusätzliche Aufgaben erledigt sehen möchte:

- weiterer Ausbau nach vorn in die Modellentwicklung, Modellentwurf, Modellskizzen, Flächengestaltung;
- weiterer Ausbau nach hinten zur Steuerung von Materialzuschneideautomaten von beliebigen Herstellern;
- Anschlußmöglichkeiten an Fremdsysteme zwecks Datenaustausch mit dem kommerziell orientierten System;
- Ausbaumöglichkeit zu CIM, wie,
  - Fertigungssteuerung
  - Materialdisposition
  - Auftragsabwicklung etc.

Das Zeitalter der EDV-Insellösungen sollte endgültig vorbei sein. Ein großer Teil der aufgeführten Möglichkeiten und Funktionen ist bereits Realität. Die Wirksamkeit der Systemteile und Programme ist teilweise umstritten. Die Wirtschaftlichkeit noch fraglich. Häufig wurde das Problem von den Systemanbietern auch unterschätzt. Die Forschung und Entwicklung geht unaufhaltsam weiter. Aus den Fehlern der Vorgänger wird gelernt. Die Industrie wird die jetzige und kommende Technologie immer selbstverständlicher in die Betriebe integrieren.

Dennoch - die Bekleidungsindustrie wäre gut beraten, wenn sie von der EDV keine Wunder erwarten würde. Die Problemstellung ist im Vergleich zu anderen Industrien, die starres Material zu verarbeiten haben, ungleich schwieriger. Branchenfremde Softwarehersteller haben sich schon grundlegend verschätzt. Nicht jede schöne Darstellungsmöglichkeit von Bekleidungsteilen auf einem Bildschirm mit vielen Millionen Farbnuancen muß für die Bekleidungsindustrie erstrebenswert sein, wenn nicht gleichzeitig der wirtschaftliche Nutzen deutlich erkennbar ist.

Bei der Verwirklichung von Mode per CAD/CAM-System spielt der routinierte Fachmann mit seiner Erfahrung auch in Zukunft die Hauptrolle. Er muß durch das zu installierende EDV-System in die Lage versetzt werden können, seine bisherige schwierige Arbeit dann leichter, sicherer und schneller leisten zu können. Routinearbeiten sollten ihm vom System abgenommen, Entscheidungen zum Vorteil des Produktes ihm erleichtert werden. Unterstützung durch das System, Flüchtigkeitsfehler zu vermeiden, sollte durch eine vernünftige Benutzerführung selbstverständlich werden.

In Zukunft werden erfolgreiche Systemhersteller nicht weiter vernachlässigen, den routinierten Fachmann in Software-Entwicklungen mit einzubeziehen. Analysen der allgemein verbreiteten Arbeitsmethoden sollten sorgfältig durchgeführt und im Interesse der optimalen Anwendbarkeit der zu entwickelnden Software ausgewertet werden.

Es ist zu vermuten, daß sich die Bekleidungsindustrie in Zukunft auch selbst stärker in Entwicklungsfragen engagieren wird. Das größer werdende Budget der Forschungsgemeinschaft Bekleidungsindustrie spricht dafür. Als Beispiel seien auch die 1986 angelaufenen Forschungsprojekte der EG angeführt. Im Rahmen des Projektes Brite ist Eurolog an 2 Projekten für 2 D- und 3 D-Konstruktion maßgeblich beteiligt. Die an den Projekten beteiligten deutschen und europäischen Industriepartner arbeiten in vorbildlicher Form im Interesse leistungsfähiger und praxisnaher Software-Pakete mit den Entwicklungsteams zusammen. Nur so ist im Interesse der Bekleidungsindustrie zu erreichen, daß in Zukunft Fehlinvestitionen vermieden werden und die Industrie leistungsfähige EDV-Produkte erhält.

Der Weg in die High-Technology ist für die Bekleidungsindustrie in Deutschland der einzige Weg, wieder an Bedeutung zu gewinnen. Auf diese Weise werden neue Arbeitsplätze entstehen. Bei konsequenter Verfolgung dieses Weges werden in einigen Jahren Voraussetzungen geschaffen sein, eine wirtschaftlich interessante Produktion wieder in unserem Lande durchzuführen; natürlich nicht nach den Methoden der sechziger Jahre, sondern in weitgehend automatisierten Betrieben. Leicht wird der Weg dorthin wegen der Verarbeitung flexibler Materialien nicht sein, aber nicht unmöglich.

Großformatiger farbiger Designentwurf für den Textildruck

C. Liekam

1. Großformatiger farbiger Designentwurf für den Textildruck

Hinter dem Begriff Textil verbirgt sich eine umfangreiche Industrie. Viele Unternehmen teilen sich die Arbeit, deren Ergebnis unsere Bekleidung oder die Stoffe unserer Wohnung sind. Aus Fasern werden Garne, diese werden zu Stoffen verarbeitet. Stoffe werden veredelt, bedruckt usw. ehe wir sie auf dem Körper tragen können.

Dieser Beitrag soll sich mit der Herstellung schöner Stoffe befassen. Dabei möchte ich insbesondere auf das Bedrucken von Stoffen mit farbigen Mustern und auf den Entwurf dieser Muster eingehen. Andere Herstelltechniken wie z. B. Weben, Stricken, Sticken werden nur am Rande berührt.

2. Datenverarbeitung in der Textilindustrie

Von jeher lag es nahe, die Herstellung schöner Stoffe durch Daten zu steuern. Noch bevor überhaupt jemand an Datenverarbeitung dachte, ist in der Textilindustrie für das Weben von Mustern die Datenspeicherung auf Lochstreifen erfunden worden.

Der Lyoner Seidenweber Charles Marie Jacquard (1752–1834) hat um 1800 einen Webstuhl konstruiert, der durch Lochbänder gesteuert wurde. Mit diesem Webstuhl - später Jacquardwebstuhl genannt - konnte man mit wenig Handarbeit und geringem Zeitaufwand komplizierteste Muster weben (Abb. 1).

Diese Rationalisierung kostete bereits einen Arbeitsplatz. Und zwar den des Zampeljungen. Dieser hatte bisher die „Fäden gezogen", deren Heben und Senken nun durch die Lochbänder gesteuert wurde. Allerdings ermöglichte diese neue Maschine auch das Anfertigen schön gemusterter wertvoller Stoffe, und bewirkte mit dem steigenden Bedarf die Erweiterung einer Industrie, die vielen Menschen Lebensgrundlage ist.

Normalerweise hat man mit einem Webstuhl nur relativ kleine Musterungsmöglichkeiten. Man kann die Farben von Kette und Schuß wechseln und bekommt Karos und Streifen. Oder man mustert mit Hilfe der Bindung wie z. B. bei dem Hahnentrittmuster. Doch die Größe und Gestalt ist sehr eingeschränkt. Man kann sie nur erweitern, indem man die Kettfäden einzeln steuert. Und das war mit dem Jacquardwebstuhl möglich.

Abb. 1. Jacquardwebstuhl (Foto: Katharina Stör)

Vom Prinzip her arbeitet der Jacquardwebstuhl noch wie vor 150 Jahren. Allerdings sind die Stoffe für heutige Begriffe in der Herstellung teuer. Möchte man billiger großformatige Muster haben, so kann man sie mit Hilfe des Textildrucks herstellen.

3. Das Bedrucken von Stoffen

Textildruck bedeutet, daß ein schon fertig gewebter oder gestrickter Stoff mit einem farbigen Muster versehen wird. Der Stoff wird an bestimmten Stellen eingefärbt.

Dafür gibt es die verschiedensten Techniken. Angefangen vom Handdruck (Modeldruck), wo ein Holzmodel (Relief) mit Farbe eingestrichen wird, bis zum Siebdruck (auch Film- oder Schablonendruck genannt), wo die Farbe durch ein Sieb, das nur an bestimmten Stellen offen ist, gedrückt wird. Für die industrielle Fertigung ist heute der Siebdruck die interessanteste Technik. Sie ist relativ jung.

Entstanden ist der Textilsiebdruck während des ersten Weltkrieges in den USA. Der Handel mit Europa versiegte und man war gezwungen, sich selbst zu helfen. Angeregt wurde die Entwicklung der Textilsiebdrucktechnik durch das graphische Gewerbe, wo Plakate mit Hilfe von Sieben gedruckt wurden.

Der Siebdruck ist ein Durchdruckverfahren. Die Farbe wird durch die Form hindurch gedrückt. Diese Druckformen sind entweder flach oder zylindrisch. Das Muster wird unsichtbar in dem Sieb befestigt. Für die Entstehung eines Siebdruckmusters ein Beispiel in Abb. 2. Möchte ich den Buchstaben A mit einer Schablone drucken (Abb. 2a), brauche ich ein Hilfsmittel, um das Innere des Buchstaben A in der Schablone zu befestigen (Abb. 2b). Das kann man z. B. mit einem Steg tun (Abb. 2c). Je feiner das Muster nun wird, um so feiner müssen diese Stege sein. Die Chinesen sind darauf gekommen, die Schablonenteile mit einem feinen Netz aus Haaren zu befestigen. Später dann ersetzte man das Haarnetz durch ein Netz aus Seidenfäden. Diese Druckformen sind die Vorläufer des heutigen Siebdruckverfahrens, wobei vorwiegend mit Polyestergazen gearbeitet wird. Die Siebe werden mit einem Lackfilm überzogen, wobei das zu druckende Motiv ausgespart wird. Dieses wird mit einem fotomechanischen Verfahren erreicht. Für jede Farbe, die gedruckt werden soll, muß ein eigenes Sieb angefertigt werden. Es wird mit bis zu 24 Farben gedruckt. Das im Offsetdruck verwendete 4-Farb-Verfahren ist im Textildruck nur bedingt einsetzbar. Das Offset-Druckverfahren erfordert eine Genauigkeit, die im Textilbereich nur schwer zu erreichen ist, denn Stoff ist flexibel und auch die Oberfläche ist nie so glatt wie Papier. Außerdem werden von den Stoffen verschiedene Farbvarianten benötigt. Das Muster wird z. B. einmal in Blautönen, dann in Braun-Beigetönen oder in Kontrastfarben gedruckt. Dazu müßte man im 4-Farb-Druck jedesmal neue Siebe herstellen. Im Textildruck, wo jede Farbe separat ist, werden die Drucksiebe nur ausgewaschen und der neue Farbton eingefüllt. So kann man schnell und kostengünstig neue Farbvarianten (Colorits) drucken.

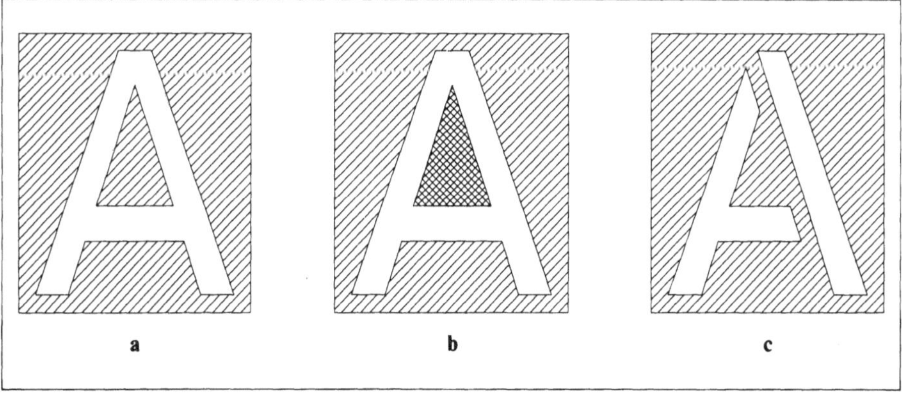

Abb. 2a–c. Buchstabenschablone

Abb. 3. Collage mit Beispielen von Druckstoffen

Bedruckt werden Stoffe für alle Bereiche: Bekleidungsstoffe (Blusen, Röcke, Kleider, Mäntel, Hosen), Wäschestoffe (Unterwäsche, Bettwäsche, Tischwäsche), Dekorationsstoffe (Gardinenstoffe, Möbelstoffe, Wandbespannungen), Tapeten, Teppichböden, Duschvorhänge usw. Die Collage in Abb. 3 zeigt ein paar Beispiele.

4. Das Anfertigen der Drucksiebe

Die Musterungsmöglichkeiten sind unbegrenzt. Sie gehen von der einfachen Strichzeichnung bis hin zum aufwendigen Druck eines Künstlerbildes. Es ist alles möglich, was Mode, Geschmack und Zeitgeist entstehen lassen.

Die Muster für die Stoffe werden von einem Designer entworfen. Es sind künstlerische Entwürfe, die oft nur wenig die Drucktechnik berücksichtigen. Ein Musterzeichner überarbeitet das Muster und paßt es der Drucktechnik und dem jeweiligen Anwendungsgebiet an. So muß sich ein Motiv in einem bestimmten Abstand ständig wiederholen, um ein fortlaufendes und flächendeckendes Muster zu bilden. Diese Wiederholungen nennt man Rapport. Die Größe des Rapportes hängt von der Breite und dem Umfang, bzw. von der Länge und der Breite der Druckschablone ab. Es ist wichtig, daß dieser Rapport genau paßt, und daß es keine häßlichen Ansätze gibt. In Abb. 4a kann man den Ansatz genau sehen, während man bei Abb. 4b schon länger nach dem Ansatz suchen muß.

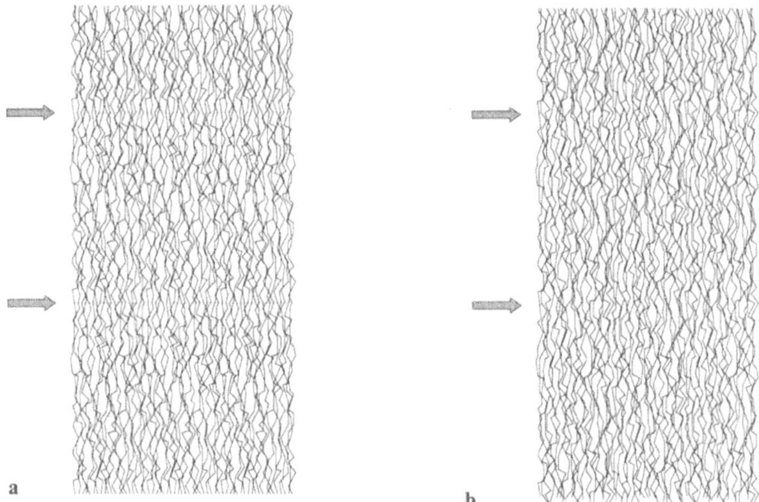

Abb. 4a, b. Rapportansatz

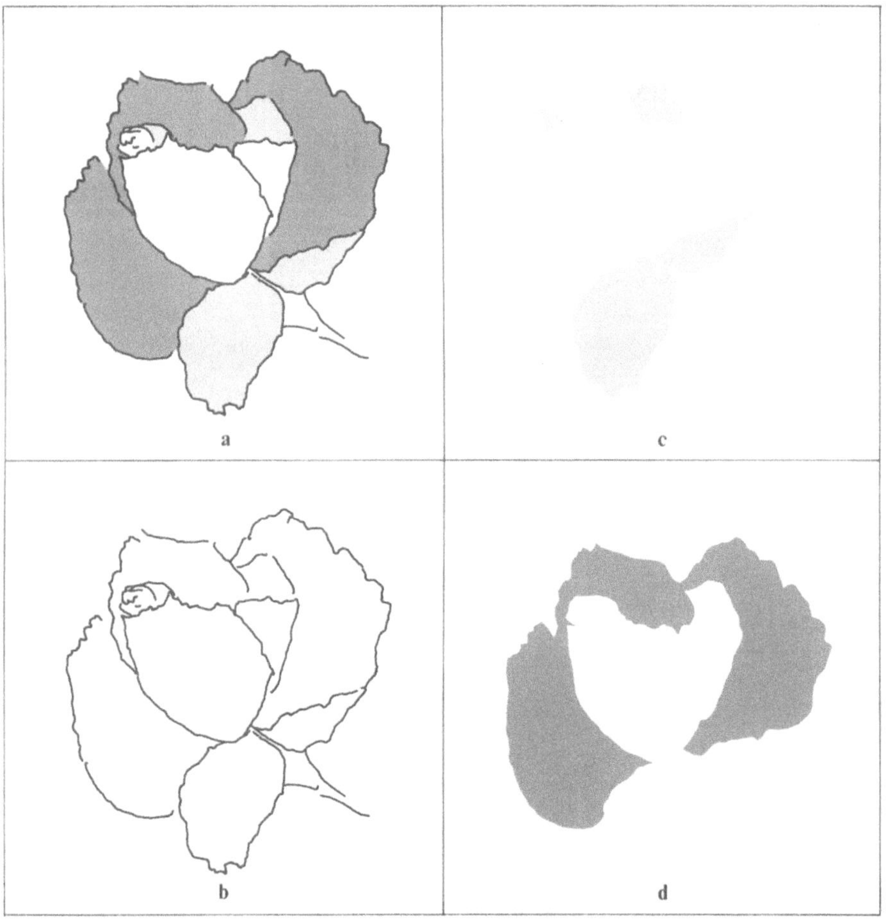

Abb. 5a-d. Farbauszüge

Die Muster müssen in die einzelnen Farben, die Farbauszüge, zerlegt werden, d.h., daß für jeden Farbton eine Folie gezeichnet wird. Bei der Rose (Abb. 5a) in Abb. 5 erhält man drei Folien: 1. die schwarzen Konturlinien (Abb. 5b), 2. die roten Flächen (Abb. 5c) und 3. die blauen Flächen (Abb. 5d). Die Musterteile, die gedruckt werden sollen, werden mit einer lichtundurchlässigen Paste auf die Folien gezeichnet. Aus diesen Folien werden die Drucksiebe dann in einem fotomechanischen Verfahren hergestellt.

5. Probedrucke und Produktion

Mit den fertigen Siebdruckschablonen können jetzt Probedrucke gemacht werden. Es werden verschiedene Farbstellungen, unterschiedliche Farbstoffe und diverse Textilstoffe getestet. Aus diesen werden dann die Geeignetsten ausgewählt.

Danach geht es in die Produktion. Mit einer guten Druckschablone kann man bis zu 30.000 m Stoff bedrucken. In der Abb. 6 ist eine solche Druckmaschine zu sehen.

6. Der Computer im Arbeitsablauf

In diesen Arbeitsablauf soll jetzt versucht werden, ein Computersystem zu integrieren. Es gibt zwei Bereiche, an die Computersysteme für andere Einsatzgebiete anknüpfen.

Abb. 6. Rotationsfilmdruckanlage (Werkfoto der Firma Buser AG)

Das eine ist der Arbeitsplatz des Designers. Es gibt für den Graphic-Designer der Werbebranche Computersysteme auf dem Markt. Es ist naheliegend zu versuchen, mit einem solchen System das Textil-Druck-Design zu unterstützen. Die Eingabe ist einfach und kreativ. Man kann viele Ideen einbringen. Doch schon bei der Rapporterstellung gibt es Schwierigkeiten. Die Werbe-Designer benötigen keine großen Formate. Im Textil-Design kann es aber Muster bis zu einer Größe von drei Metern geben. Z. B. ein Dekorationsstoff, auf dem das Motiv vom Boden bis zur Decke reicht (Abb. 7). Designcomputer, die solch große Zeichnungen verarbeiten können, gibt es nicht. Auch gibt es mit den Ausgabegeräten der Zeichnungen Probleme. Graphic-Designer brauchen ein Dia, vielleicht ein Foto. Nicht aber die Textiler. Sie brauchen große, farbige Zeichnungen mit strukturierter Oberfläche, um so nahe wie möglich den stofflichen Eindruck des Designs vermitteln zu können. Anhand dieser Zeichnungen wird nun entschieden, ob Druckwalzen hergestellt werden oder nicht.

Der zweite Ansatzpunkt ist der technische Siebdruck. Für diesen Bereich gibt es CAD-Systeme mit Plotter auf einer konstruktiven Grundlage. Solche Systeme sind geeignet, um den Stoffdruck zu unterstützen. Angefangen beim Entwurf, über die Rapportzeichnung, über die Farbauszüge, bis hin zu den Folien für die Schablonenherstellung. Bei der Bedienung muß der Designer allerdings technisch begabt sein, da die Benutzeroberfläche für Konstrukteure entwickelt wurde. Würde man diese Systeme kreativer und flexibler machen, hätte man das ideale Werkzeug für den Textil-Druck.

Abb. 7. Dekorationsstoff mit drei Meter Rapport

7. Ideen finden

Der Designer braucht Ideen. Ideenfindungsprogramme und Zufallsgeneratoren können ihm helfen, neue Muster zu entwerfen. Muster, die vorher nicht da waren, da sie für Menschenhand nicht möglich oder nur mit sehr viel Mühe zu erstellen waren. Nehmen wir z. B. ein Paralellogram (Abb. 8a). Mit dem Computer kann ich ihm einen Verrundungsradius für die Ecken geben, der größer ist als die Seitenlänge. Es entsteht dann ein zufälliges Gebilde (Abb. 8b). Ich schachtele diese übereinander, setze noch einen Kreis drauf und erhalte einen Fahrradfahrer (Abb. 8c). Diesen kann man dann ganz prima zu einem Radrennen vervielfältigen (Abb. 8d). Wer wird Sieger?

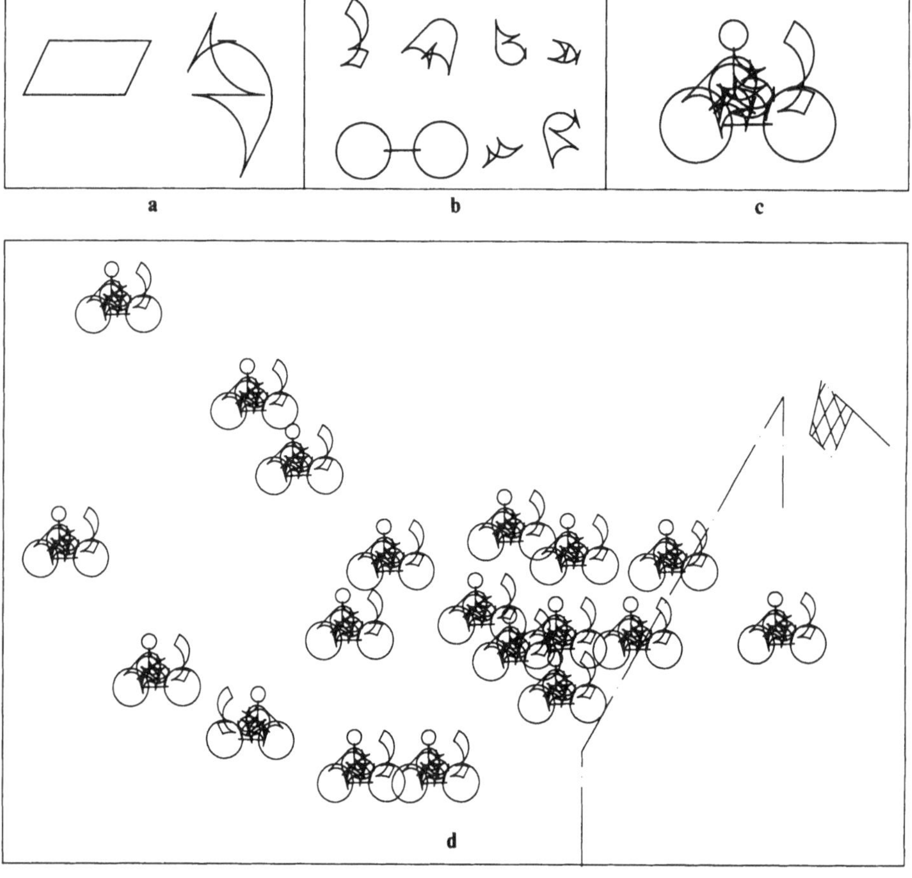

Abb. 8a-d. Zufallsmuster

8. Digitalisieren

Für die herkömmlichen Arbeiten kann der Designer ebenfalls den Computer verwenden. Mit Hilfe einer Digitalisiereinrichtung kann er Zeichnungen von Papier in den Computer übernehmen. Die Zeichnung wird auf dem Digitalisiertablett befestigt und mit einem Stift abgetastet. Linien werden über die Funktion LINIE aufgenommen, Kreise und Kreisbögen als solche eingegeben. Zusammengesetzte Formen (z. B. Freihandlinien) werden mit einer Streamdigitalisierung abgefahren. Bei Flächen wird die äußere Form aufgenommen und über eine Flächenfüllfunktion gefüllt. In Abb. 9 ist ein solches digitalisiertes Bild zu sehen.

Das Digitalisieren einer vorhandenen Zeichnung ist eine neue zusätzliche Arbeit für den Designer. Doch hat er einmal die Daten einer Zeichnung erfaßt, besitzt er die Möglichkeit, später auf die Stoffgestaltung weiter Einfluß zu nehmen. Er kann z. B. ohne lästige Zeichenarbeit den Rapport entwickeln. Auf Knopfdruck entsteht die Fläche am Bildschirm oder auch am Plotter direkt auf dem Papier.

Abb. 9. Digitalisierbeispiel

9. Rapporte anlegen

Das Anlegen des Rapportes ist eine knifflige Arbeit. Es gibt viele verschiedene Versatzformen und Hilfsmittel, um einen guten Rapport zu erhalten. Das Schwierigste ist ein Allover-Muster, ein Muster also, das über die ganze Fläche des Stoffes gleichmäßig verteilt ist. In Abb. 10 ist ein solches Beispiel dargestellt. Das Motiv besteht hier aus frei verteilten Strichen. Zuerst wird die Größe des Rapportes (der Teil, der sich wiederholen soll) festgelegt. In die Mitte wird ein Fadenkreuz eingezeichnet. Es entstehen 4 Felder: A, B, C, D (Abb. 10a). Entlang dieses Fadenkreuzes schneiden wir die Figur auf und ordnen die Felder neu an. Die inneren Ecken, die am Fadenkreuz liegen, werden nach außen geschoben (Abb. 10b). In der Mitte erhalten wir einen Freiraum. Der kann jetzt gleichmäßig gefüllt werden (Abb. 10c). Setzt man dieses Muster entsprechend den Rapportma-

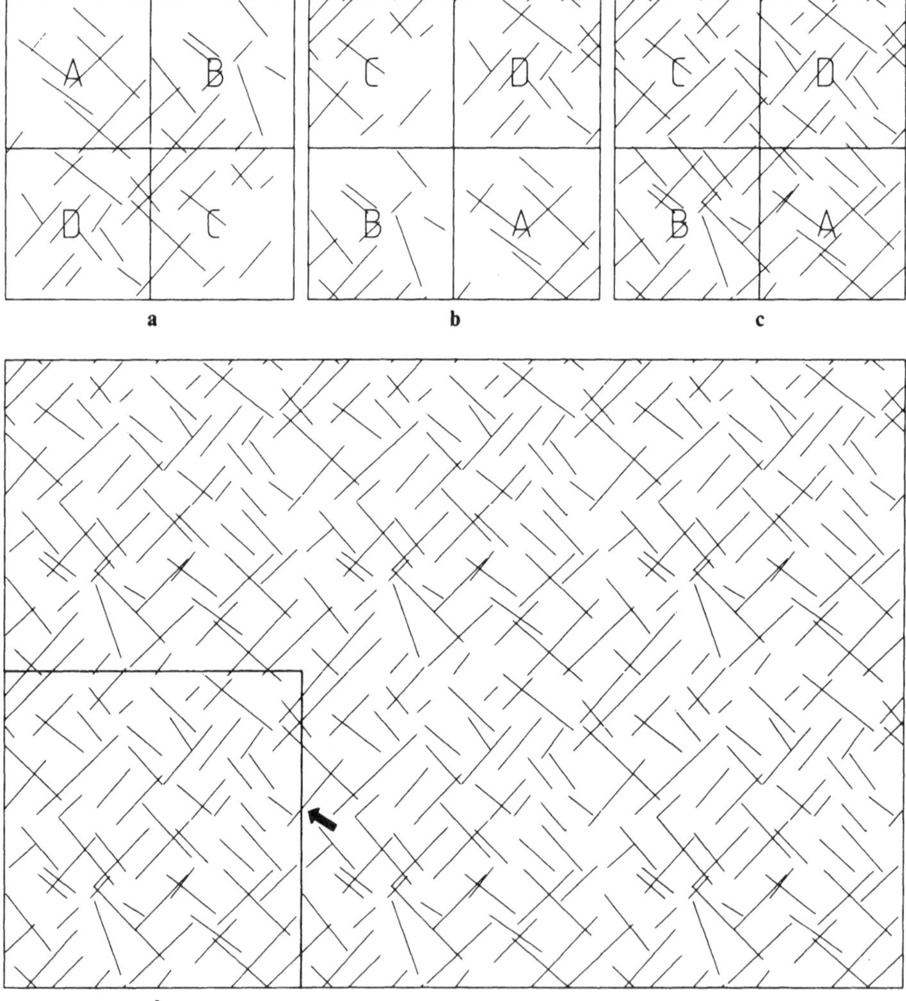

Abb. 10a-d. Herstellung eines Allover-Musters

ßen an den Außenkanten aneinander, erhält man eine gleichmäßige Fläche, in der man keine Rapportansatzpunkte erkennen kann (Abb. 10d). Das Computersystem kann bei diesem Rapport so unterstützen, daß es, nachdem die Außenmaße festgelegt sind, automatisch die Felder aufteilt, aufschneidet und neu zusammensetzt, so daß nur noch die Mitte aufgefüllt werden muß und fertig ist der Rapport.

Ein Einzelmotiv, in der Abb. 11 ein Birkenblatt, wird anders rapportiert. Man kann das Motiv ganz einfach in gleichen Abständen immer wieder nebeneinander setzen, im 1/1 Versatz (Abb. 11a), oder aber um die Hälfte versetzt im 1/2 Versatz (Abb. 11b). Interessanter ist es aber, das Blatt im Rhythmus einer Satinbindung (Technik aus dem Weben) zu versetzen und das Blatt dabei zu drehen und zu spiegeln (Abb. 11c). Man muß viel probieren, um den schönsten Rapport zu finden. Mit Hilfe des Computers kann man diese Versätze durch Eingabe von einigen Zahlen erstellen. Normalerweise hat der Musterzeichner diese Aufgabe des Rapportes zu erfüllen. Für ihn entfällt viel aufwendige Zeichenarbeit. Er kann mit dem Computer viel schneller den besten Rapportversatz finden; er kann dabei

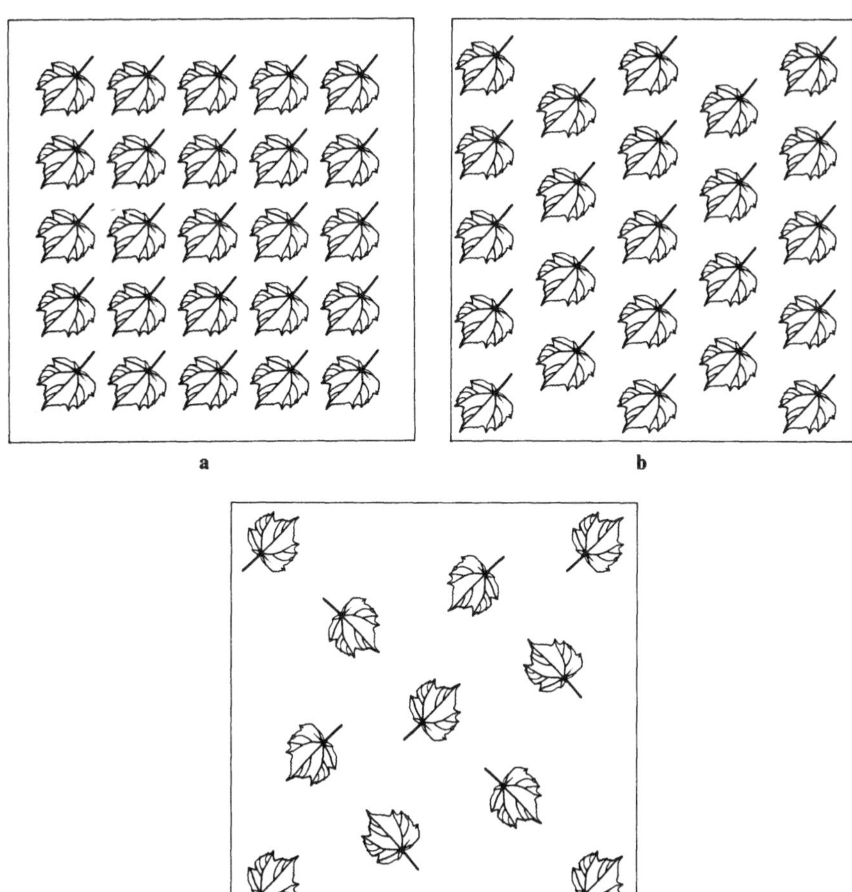

Abb. 11a–c. Rapportierung eines Einzelmotivs

ohne Probleme vergrößern und verkleinern. Er kann vor allem aber mehrere Colorits zeichnen. Er läßt den Plotter das Muster einfach immer wieder mit unterschiedlichen Farbkombinationen zeichnen.

10. Der Plotter

Der Plotter ist ein elektronisches Zeichengerät, das die Daten aus dem Computer
auf das Papier überträgt. Die Größe des Plotters kann entsprechend dem Bedarf
gewählt werden. Sind die benötigten Zeichnungen alle drei Meter lang, sollte der
Plotter auch einen entsprechenden Arbeitstisch haben. Zeichnet man nur kleine
Muster, z. B. für Bekleidungsstoffe, reicht auch ein Plotter mit einer Zeichenfläche
von DIN A1.

Der Plotter kann jede Art von Zeichnungsträgern verarbeiten. Von dünner
Folie bis hin zu 1,5 mm starkem Karton. Beim Papierformat ist man unabhängig,
da der Zeichnungsträger durch ein Vacuum angesaugt wird. Dieses läßt sich entsprechend dem Format verstellen. Gezeichnet wird mit den verschiedensten Werkzeugen. Mit Bleistift können Vorzeichnungen gemacht werden, mit Kugelschreiber
oder Tintenroller einfache Skizzen, mit Tuschefüllern und Filzschreibern kann
man Farben verarbeiten, je nachdem welche man bevorzugt. Dies kann zum Beispiel Aquarellfarbe sein.

11. Die Farben

Der Anzahl der Farbnuancen sind keine Grenzen gesetzt. Es kann jeder Farbton
frei angemischt werden und vielleicht gibt es demnächst Farben, die sowohl als
Künstlerfarbe als auch als Textildruckfarbe verwendet werden können. Dann
könnten die Farben der Zeichnung direkt in die Produktion übernommen werden.
Das bedeutet, daß bei Probedrucken nicht mehr so viele Versuche gemacht werden müßten. Die Rezeptur für die Druckfarbe stünde mit dem Farbton, der im
Entwurf verwendet wurde, schon fest. Vielleicht gibt es noch ein paar verschiedene Rezeptvarianten, je nachdem welche Ansprüche später an den Stoff gestellt
werden. Ob er besonders lichtecht sein soll, oder besonders waschfest oder einfach
nur so billig wie möglich.

Der Musterzeichner fertigt auch die Farbauszüge an, die für die Druckschablo-
nenherstellung benötigt werden. Mit dem Computersystem kann er die Zeichnung
in die einzelnen Farbebenen aufteilen und diese nacheinander vom Plotter zeichnen bzw. schneiden oder gravieren lassen. Konturen und Linien können mit
schwarzer Tusche auf Folie gezeichnet oder aber, um die Genauigkeit zu erhöhen,
in eine Zweischichtenfolie graviert werden. Diese Folie besteht aus einer roten
Deckfolie und einer durchsichtigen Trägerschicht (Abb. 12 a). Beim Gravieren
wird nur die rote Deckfolie enfernt, die durchsichtige Trägerfolie bleibt stehen
(Abb. 12 b). So bekommt man eine negative Zeichnung. Diesen Film kann man
durch Einfärben in ein Positiv umwandeln.

Ähnlich wird mit den Flächen verfahren. Man kann die Konturen der Flächen
in eine Zweischichtenfolie schneiden, und zwar so genau, daß nur die obere rote

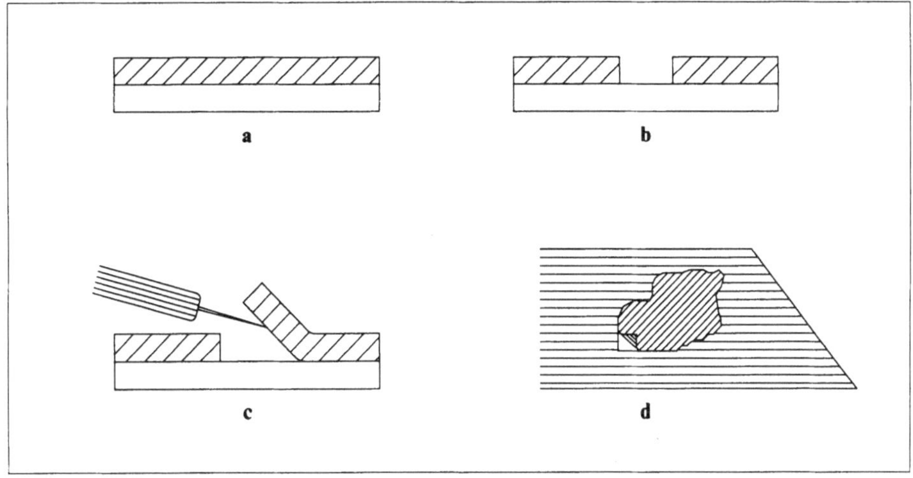

Abb. 12a-d. Zweischichtenfolien

Deckfolie durchschnitten wird, die untere Trägerfolie bleibt unbeschädigt. An den Stellen, wo später im Druck keine Farbe erscheinen soll, zieht man die rote Schicht der Folie einfach ab (Abb. 12c+d). Das Abziehen ist wieder eine neue Aufgabe, geht aber schneller und einfacher, als Filme zu zeichnen.

12. Die phantasievolle Nutzung

Natürlich gibt es bei der Unterstützung durch das CAD-System mit Plotter auch Aufgaben, die das System nicht lösen kann. Die Linienstärke des Plotters ist immer gleichbleibend stark, das kann auch die schönste Künstlerfarbe und das beste Aquarellpapier nicht ändern. Man kann jedoch dafür ein Werkzeug entwikkeln. Vielleicht kann man eine Tuschespitze mit einem Schlitz als Öffnung dazu verwenden. Sie müßte dann während des Zeichnens gedreht werden (Abb. 13).

Auch ist es mühsam, bestimmte Strukturen und Verläufe mit dem System zu erarbeiten. Aber warum es nicht so weit wie möglich nutzen? Den Rapport mit Hilfslinien festlegen, und ihn mit Bleistift vom Plotter zeichnen lassen. Die noch fehlende Struktur kann dann von Hand eingearbeitet werden. Der Plotter verwendet die gleichen Materialien, die auch bei der Handarbeit benutzt werden. So sind einer Kombination der Arbeit von Mensch und Maschine alle Tore geöffnet.

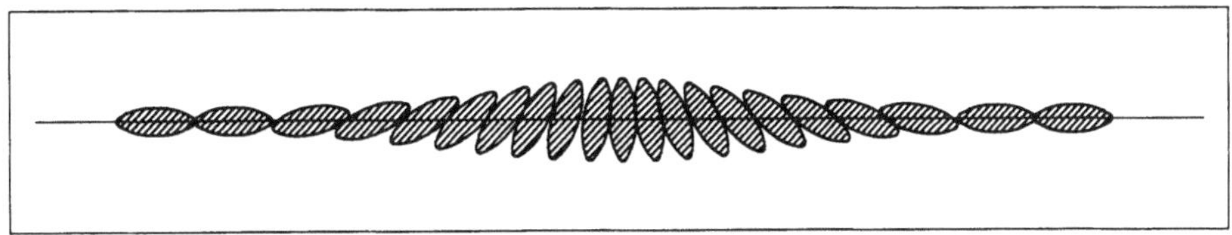

Abb. 13. „Schlitzröhrchenfüller"

Doch obwohl es diese Einschränkungen gibt, ist ein solches CAD-System nach einigen Anpassungen als Werkzeug für das Textildruckdesign gut einsetzbar. Die Abb. 14–17 sollen das mit einigen Beispielen beweisen.

14

15

Abb. 14–17. Plotterzeichnungen von verschiedenen Stoffmustern

13. Arbeitsorganisation

Der Arbeitsablauf vom Design zur Produktion ist in den verschiedenen Textilbe-
trieben mit den unterschiedlichsten Varianten zu finden. Es gibt sog. „reinrassige"
Betriebe, in denen vom Entwurf bis zum Druck alles selber hergestellt wird. In
manchen Fällen webt man den Stoff, der bedruckt werden soll, auch noch selbst.
Dann wieder gibt es Stoffhersteller, die eigene Stoffe mit eigenen Mustern im Auftrag bedrucken lassen. Dafür gibt es sog. Lohndruckereien, die die Druckschablonen teilweise selbst herstellen, teilweise im Auftrag bei einem Dienstleister fertigen
lassen. Mit den Entwürfen ist es ebenso. Manche Firmen haben eigene Designer,
manche kaufen ihre Muster bei freiberuflichen Designern. Beides gibt es auch
kombiniert, wobei die Musterideen eingekauft werden, der eigene Designer sie
aber noch überarbeitet. Es gibt sogar Betriebe, die rein als „Verleger" fungieren
und vom Design bis zum Stoff alles anfertigen lassen. Die Abb. 18 soll diese Verbindungen ein wenig verdeutlichen.

Das CAD-System steht dieser Arbeitsteilung nicht im Wege. Im Gegenteil, es
wird eher eine verbindende Rolle einnehmen. Der Designer, der gleich mit dem
System entwirft, hat die Möglichkeit seine Entwürfe optimal zu fertigen. Der
„Streifen", der, wenn er etwas schmaler gewesen wäre, viel besser gewirkt hätte, ist
noch korrigierbar. Er kann seinem Kunden schneller und einfacher Varianten vor-
legen. Der Mustereinkäufer kann seine Vorstellung von einer anderen Farbvari-
ante vorbringen und diese kann sofort gezeichnet werden. Man muß nicht über
etwas verhandeln, was einem in einer anderen Farbstellung vielleicht gefallen
könnte, denn die Vorstellungskraft zweier Menschen ist sehr verschieden. Der
Entwurf, der mit dem CAD-System entstanden ist, läßt sich schneller und einfacher weiterverarbeiten. Er ist näher an der Umsetzung. Das verkürzt die Zeit vom
Entwurf bis zum fertigen Stoff. In der heutigen, schnellebigen Zeit mit den vielen
variierenden Modeströmungen ist das ein wichtiger Aspekt. Man stelle sich vor, es
gibt wieder einen Filmhit wie z. B. der Film „Afrika", und es werden vom Verbraucher genau diese Moden verlangt. Ein Jahr später interessiert sich bestimmt kaum
noch jemand dafür. Außer, es wird zu einer lang andauernden Modeströmung.
Aber selbst dann ist es gut, von Anfang an dabei gewesen zu sein.

14. Die Arbeit ändert sich

Durch die leichte und einfache Herstellung von Varianten und neuen Farbstellungen haben es Designer und Verkäufer leichter, miteinander umzugehen. Sie
bekommen die Entscheidungsgrundlagen in die Hand. Exklusive Kundenwünsche
können gleich auf Papier umgesetzt werden. Und zu dem Dienstleister, der die
Druckschablonen anfertigen soll, können die nötigen Daten per Telefon geschickt
werden. Lange Erklärungen sind nicht mehr nötig.

Die Produktionszeit wird verringert. Die Herstellungskosten werden kleiner.
Für den Verbraucher kann das bedeuten, daß es in Zukunft mehr Muster in kleineren Auflagen gibt, sodaß jeder die Möglichkeit hat, sein individuelles Muster zu
finden.

Das Berufsbild des Designers wird sich mit dem System zum Positiven verändern. Er wird damit nicht mehr nur Ideenlieferant sein. Mit Hilfe des Werkzeugs

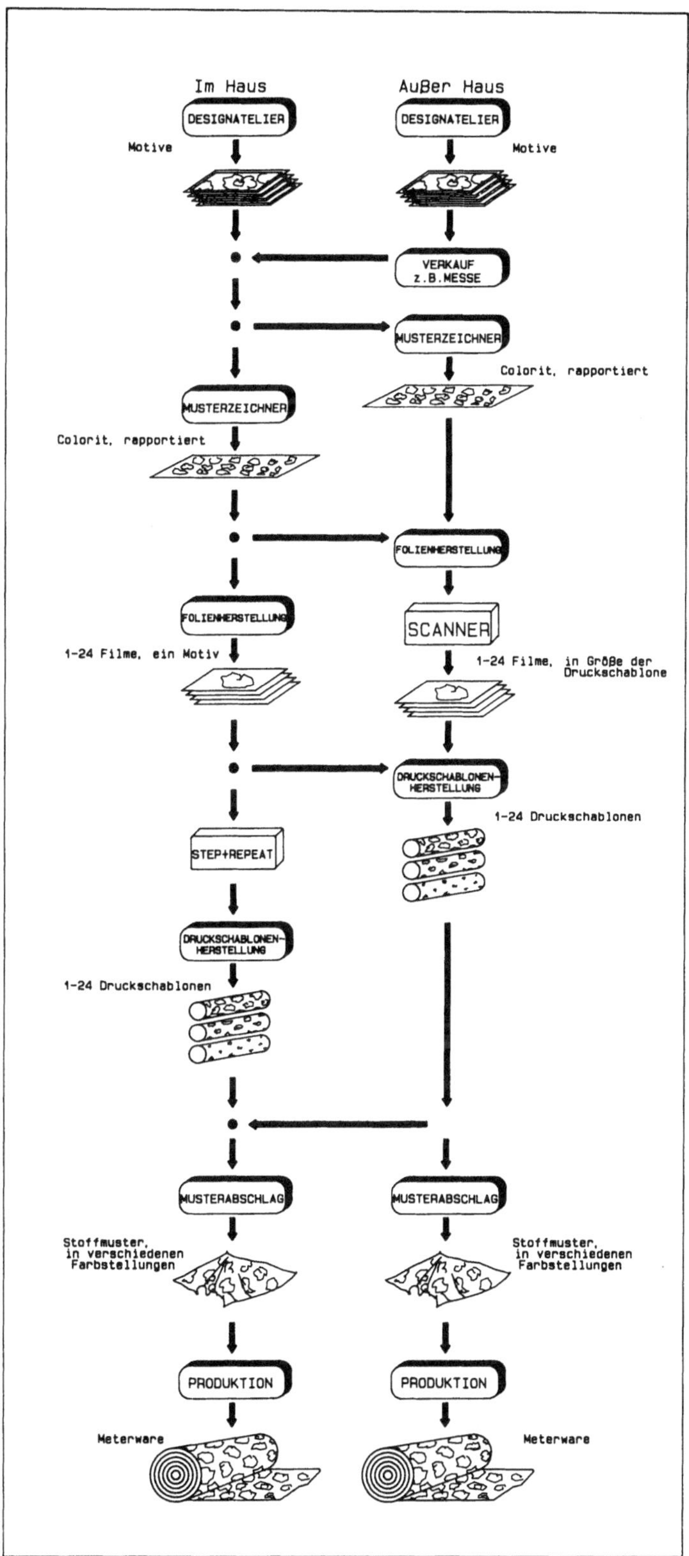

Abb. 18. Arbeitsteilung in der Textildruckindustrie

Computer kann er leichter Einfluß nehmen auf den weiteren Verlauf der Produktion. Er kann in seinen Entwürfen die Herstellungstechnik mehr berücksichtigen, denn ein fertiger Stoff hat seinen Wert nicht nur durch sein außergewöhnliches Muster oder durch seinen perfekten Druck, sondern durch eine Kombination von beiden. Indem man versucht, Kreativität mit Technik zu kombinieren, sie optimal zu nutzen, und immer aufs neue die Grenzen zu sprengen, entstehen Stoffe, die Charakter haben. Der Verbraucher spürt, daß das, was er da in der Hand hält, etwas Außergewöhnliches ist.

Computeranimierte realitätsnahe Bilder

R. Hofmann, E. Klement, D. Krömker

1. Was ist Animation?

Im anglo-amerikanischen Sprachgebrauch ist der Begriff *animation* nicht an Computer und sonstige Rechenmaschinen gebunden. Vielmehr versteht man dort unter *animation* generell die „Belebung" unbelebter Gegenstände im Film oder Video, also die Möglichkeit, Zeichungen, Puppen, Roboter, etc. und neuerdings eben auch Computergraphiken, „agieren" zu lassen.

Dies ist möglich, indem man wie beim Medium Film die Tatsache nutzt, daß Bewegungen (Bewegtbilder) in Form von hinreichend schnell aufeinanderfolgenden Einzelbildern darstellbar sind. „Hinreichend schnell" heißt, daß einerseits ein menschlicher Betrachter scheinbar kontinuierliche Bewegungen von Objekten oder der Kamera sieht (Bewegungsauflösung), andererseits eine möglichst flimmerfreie Darstellung des Bildes erfolgt. Die *Grenzfrequenzen,* d. h. die Anzahl der Bilder pro Zeiteinheit, die dem menschlichen Auge präsentiert werden müssen, um störende Effekte zu vermeiden, sind für die genannten Erscheinungen nicht gleich. Auch sind generell keine einfachen Maßzahlen angebbar. Vielmehr sind die Grenzfrequenzen eine Funktion der Betrachtungsbedingungen und des Bildinhaltes. Für übliche Betrachtungsbedingungen sind als Grenzfrequenzen der Bewegungsauflösung ca. 16 Hz und als Flimmergrenze ca. 60 Hz anzusetzen. Dieser große Unterschied hat dazu geführt, daß man in den meisten technischen Systemen zur Bewegtbildpräsentation (Film, Fernsehen) jedes Einzelbild zweimal dem menschlichen Auge präsentiert. Beim Normalfilm sind es 24 Einzelbilder, wobei mittels einer Zwischenblende jedes Bild doppelt gezeigt wird, so daß eine Bildfrequenz von 48 Hz erzielt wird. Beim Fernsehen überträgt man 50 *Halbbilder* im Zeilensprungverfahren, um damit 25 Einzelbilder mit einer Bildfrequenz von 50 Bildern pro Sekunde zu präsentieren.

Im klassischen (nicht computergenerierten) Film gibt es im wesentlichen zwei Animationstechniken: zum einen die Puppenanimation, zum anderen den Zeichentrickfilm. Die erstere beruht darauf, ein bewegliches mechanisches Modell zu konstruieren und dieses Modell für jedes Einzelbild des Films in die richtige Position zu bewegen, so daß beim Abspielen der einzeln photographierten Bilder als Film der Eindruck einer selbstständigen Bewegung der Puppe (oder des sonstigen Modells) entsteht. Dieses Verfahren wird typischerweise bei der Animation von „Monstern" verwendet – eines der bekanntesten Beispiele für eine Puppenanimation ist der Film „King Kong".

Beim Zeichentrickfilm werden die Einzelbilder des Films nicht als Photographien irgendwelcher Puppen oder Modelle gewonnen, sondern gezeichnet und gemalt. Dies bedeutet einen sehr hohen Aufwand: Für einen abendfüllenden Film (wie „Asterix" oder „Lucky Luke") müssen einige hunderttausend Bilder gezeichnet werden. Der Zeichentrickfilm wurde in seiner heutigen Form in den dreißiger Jahren vor allem durch Walt Disney in den USA etabliert. Mittlerweile existieren auch Mischformen des Zeichentricks mit anderen filmischen Techniken, so können Zeichentrickfiguren Realszenen überlagert werden – wie dies etwa bei der Fernsehserie „Meister Eder und sein Pumuckl" der Fall ist.

Heute werden auch computergenerierte Graphiken, die an sich Festbilder sind, so mit einem Videoaufzeichnungsgerät (MAZ) o.ä. im Einzelbildverfahren aufgezeichnet, daß sie mit normaler Geschwindigkeit abgespielt den Eindruck eines Bewegtbildes vermitteln: dies wird im deutschen Sprachgebrauch als *Computer-Animation* bezeichnet.

Was charakterisiert die Computer-Animation und wie ist sie in der Informatik und der Graphischen Datenverarbeitung einzuordnen und von benachbarten Disziplinen abzugrenzen? Sie unterscheidet sich von der *Präsentations,- Business-* und sonstiger *Festbildgraphik,* da in der Computer-Animation bewegte Bilder das Ziel sind, während sonst Festbilder erstellt werden. Sie unterscheidet sich von der *Sichtsimulation* (wie sie in Flug-, Schiffs- und Fahrsimulatoren zum Einsatz kommt), durch den Umstand, daß die Sichtsimulation Bilder in *Echtzeit* produzieren muß, d.h. die Einzelbilder werden *online* generiert und es existiert kein Aufzeichnungsmedium wie etwa ein Videoband. (Echtzeit bedeutet, daß für die computergraphische Berechnung eines Einzelbildes ein enger Zeitrahmen vorgegeben ist, der von der Bildfrequenz bestimmt wird: sollen 25 Bilder pro Sekunde gezeigt werden, muß das System in der Lage sein, alle 40 Millisekunden ein neues Bild zu generieren.)

Die Computer-Animation unterscheidet sich in der Generierung der Einzelbilder von den *paint boxes,* bei denen Bilder via Computer interaktiv gemalt werden, bei der Computer-Animation dadurch, daß Modelle und Objekte, die entsprechend im Rechner abgespeichert sind, visualisiert werden. Die Modellierung dieser Objekte ist für die Computer-Animation typisch, es gibt hierfür unterschiedliche Verfahren (siehe Kap. 3). Die Computer-Animation muß außerdem von den *effect boxes* abgegrenzt werden: das sind (häufig noch analoge) Rechner, mit deren Hilfe Videobilder (Fernsehbilder) in Realzeit manipuliert werden können. So können Einzelbilder gedreht, beliebig verzerrt und verschiedene Bilder gemischt dargestellt werden. Mit diesen Geräten können also durchaus bewegte Bildsequenzen realisiert werden, allerdings stets als Kombination von manipulierten zweidimensionalen Bildern und nicht als perspektivische Ansicht eines dreidimensionalen Modells.

Die *Simulation,* als das modellgestützte Nachvollziehen physikalischer, chemischer, mathematischer Vorgänge in einem Rechner, findet zur Generierung realitätsnaher Bilder (wie Wachstumssimulation zur Darstellung von Pflanzen, Chaossimulation zur Darstellung von Wolken) eine zunehmende Anwendung in der Animation.

Die vollständige *Einordnung* der Computer-Animation in die Graphische Datenverarbeitung und in die Informatik gelingt indes nicht, da sie eigentlich eine interdisziplinäre Wissenschaft ist: sie greift einerseits auf die Methoden (Maschinen und Algorithmen) der Informatik zu, wird aber andererseits, wenn es um die

Gestaltung der Bildinhalte und der szenischen Handlung geht, ebenso von der Gestaltungslehre (Design) und der Filmkunst beeinflußt. Darüberhinaus ist es für die konkrete Ausgestaltung und Abhandlung eines Themas (besonders bei wissenschaftlichen und instruktiven Anwendungen) vonnöten, daß bei der Computer-Animation mit Wissenschaften, die direkten Nutzen von ihr erwarten, interdisziplinär und eng zusammengearbeitet wird.

2. Die Anwendungsspektren der Computer-Animation

Bei den *präsentativen Anwendungen* handelt es sich meistens um Anwendungen in der Werbung oder im Unterhaltungssektor. In der Werbung werden Labels von Produkten, Logos von Firmen etc. computeranimiert, um so deren visuelle Attraktivität und Bekanntheitsgrad zu erhöhen.

Im Unterhaltungssektor geht es um die Gestaltung von Vorspannen für die Ankündigung von Fernsehsendungen (wie die „ARD Eins" oder der „ZDF-Aspekte"-Vorspann), sowie um Labels für TV-Anstalten.

Eine weitere Sparte der präsentativen Anwendungen ist die Produktion von *Musikvideos* und *Unterhaltungsfilmen*. In der Musikbranche ist die *promotion* von Plattenaufnahmen ohne ein begleitendes Video kaum mehr denkbar, für die Gestaltung des Videos werden außer normalen Filmaufnahmen immer mehr computeranimierte Graphiken eingesetzt, bzw. mit denselben kombiniert (Videoclip: Mick Jagger, „Hard Woman").

Der erste weitgehend computergenerierte Film war „Tron", zwischenzeitlich sind weitere Produktionen durchgeführt worden, die teilweise mit computeranimierten Sequenzen ausgestattet sind, wie „Star Trek II" und „Star Wars".

Die *instruktiven* Anwendungen sind auch unter der Bezeichnung *science and simulation* bekannt. Hierunter sind computeranimierte Filme mit (didaktisch aufbereiteten) wissenschaftlichem Inhalt zu verstehen. Die Wissenschaftsdisziplinen, die sich der Computergraphik und Computer-Animation bereits bedienen, sind weit gespannt: von der Physik und Chemie bis hin zur Kunstwissenschaft. Ein Beispiel ist die Visualisierung von Molekülstrukturen in der Chemie, wo man die sonst nicht so einfach einsehbaren geometrischen Zusammenhänge der Moleküle und Kristalle mit Hilfe von Perspektivwechseln veranschaulicht. Immer dann, wenn sich zwei- oder dreidimensionale Objekte zeitvariant verhalten (z.B. die Simulation thermodynamischer Phänome), und diese einem Menschen zur Begutachtung präsentiert werden sollen bzw. müssen, so bietet sich die Computer-Animation direkt als Mittel zur Erkenntnisgewinnung an. Interessante Anwendungen sind auch auf weiteren Wissenschaftsgebieten zu erwarten. So wurde z.B. Raffaels Fresko „Die Schule von Athen" mit Hilfe der Graphischen Datenverarbeitung rekonstruiert und modelliert, das Modell zu weiterem Erkenntnisgewinn nutzbringend verwendet (Bild 1a-d).

Im *künstlerischen* Bereich dient die Computer-Animation Künstlern und Designern als Werkzeug künstlerischen Ausdrucks. Hier ist das Medium Computergraphik und Computer-Animation erst von einigen Pionieren des Fachs erkannt und genutzt worden, gleichwohl setzen sich Videoinstallationen und andere Arbeiten in zunehmenden Maße mit dem Medium Video und Computer auseinander.

3. Die Entstehung eines computeranimierten Films

Eine Übersicht über die Entstehung eines computeranimierten Films (oder Videos) ist in Abb. 1 und Abb. 2 gegeben.

Am Anfang einer solchen Produktion steht immer eine konkrete Idee und/ oder eine konkrete Anwendung. Aus dieser ergibt sich eine Inhaltsangabe *(synopsis)* über die Handlung des Filmes. Aus der *synopsis* heraus muß nun ein Handlungsablauf erstellt werden, das *scenario.* Dieses sieht ungefähr so aus wie ein Comicstrip mit Kommentaren: es enthält Skizzen zum Bildaufbau einzelner Szenen, sowie eine (ungefähre) Beschreibung der in diesen Szenen vorkommenden Objekte.

Ausführlicher ist das *storyboard* (Drehbuch): hier werden exakt die Bewegungen von Objekten und der Kamera festgelegt, das Aussehen von Objekten wird genauer spezifiziert (vorbehaltlich der späteren technischen Machbarkeit) und weitere Details der Szene festgelegt (Beleuchtungsverhältnisse, Hintergründe). Das *storyboard* ist in einzelne Szenen unterteilt, die wiederum in Einzelbilder *(shots)* zerfallen. Diese *shots* sind die später vom Computer zu berechnenden Einzelbilder des computeranimierten Films.

Man beachte, daß für die bisherigen Arbeiten noch nicht unbedingt ein Computer gebraucht wird, da diese lediglich Entwurfs- und Planungsarbeiten sind! Häufig ist aber die Anwendung eines Rechners schon in dieser Phase zweckmäßig.

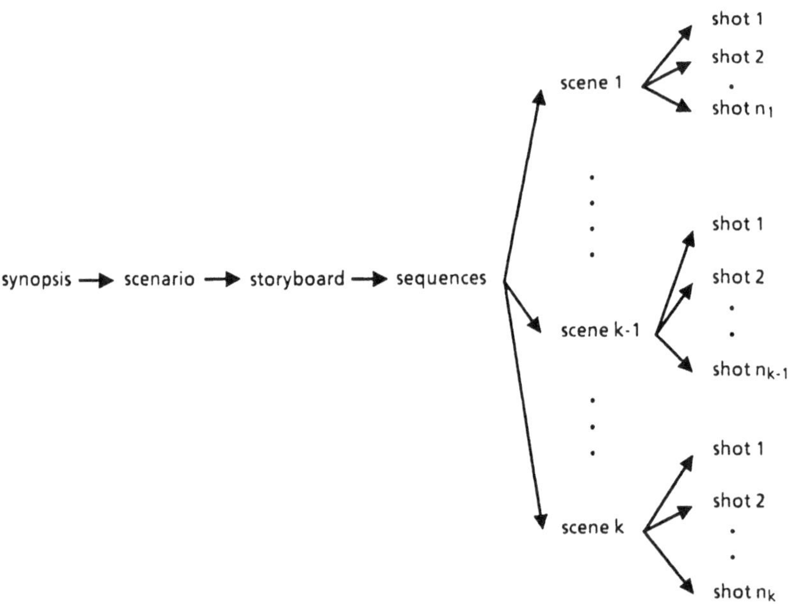

Abb. 1. Die Gliederung eines computeranimierten Films

Es schließen sich die Arbeiten der eigentlichen Produktion an: der erste Schritt ist die *object creation*. Hier werden die geometrischen Daten von in der Produktion vorkommenden Objekten festgelegt und in den Rechner eingegeben. Diese Festlegung der Daten von Objekten wird in die *data aquisition* und das *modelling* unterteilt.

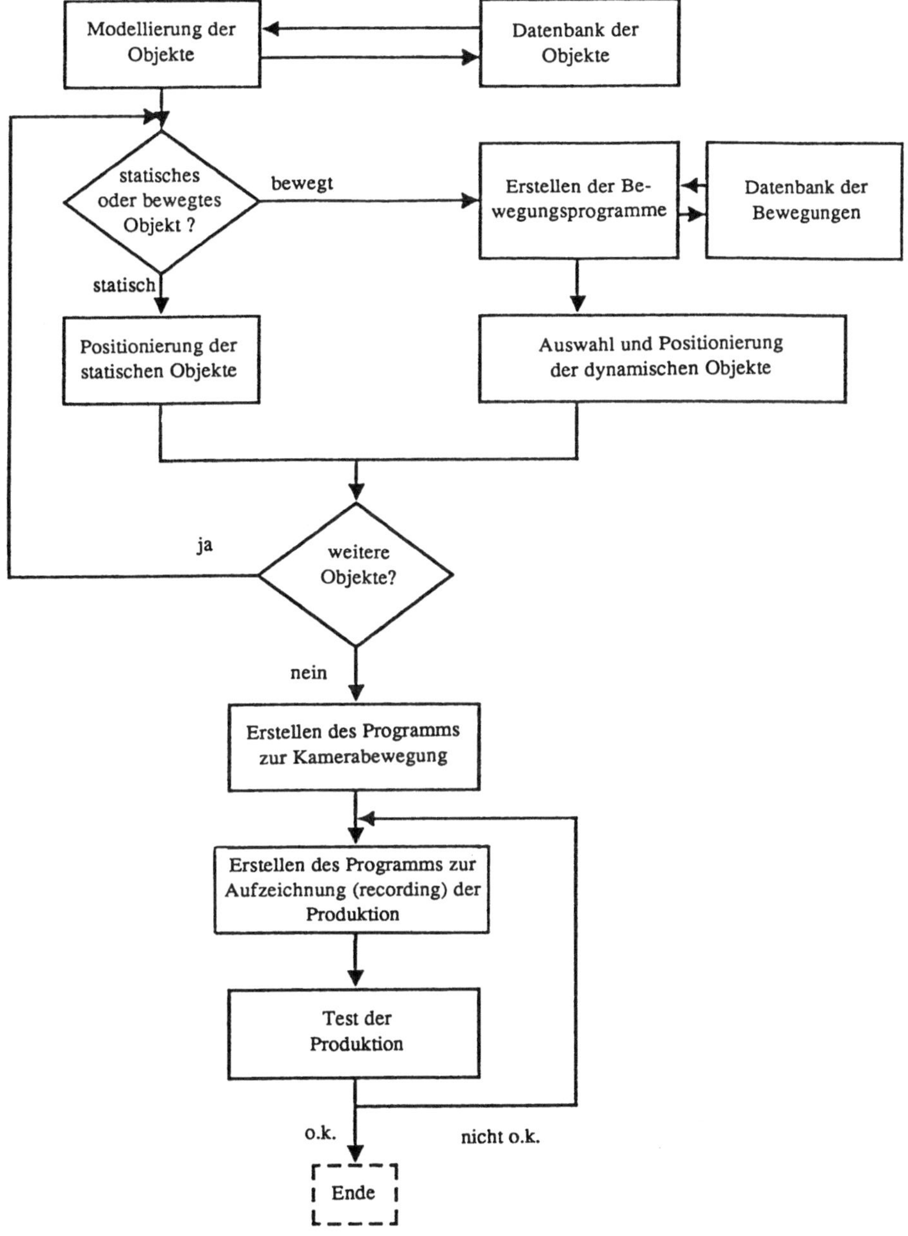

Abb. 2. Der Ablauf der Produktion

Die *data aquisition* ist das Festlegen bzw. die „Beschaffung" der geometrischen Daten eines Objekts. Dazu kann es notwendig sein, ein Modellierungsvorbild zur Erstellung des computer-graphischen Modells oder ein sonstiges Objekt, wie etwa ein in einer Szene vorkommendes (und bereits so in der Realität existierendes) Gebäude zu vermessen, um die exakten geometrischen Daten zu erhalten. Es ist aber auch möglich, Objekte direkt zu digitalisieren, d. h. mit entsprechenden Abtasteinrichtungen zu vermessen. Dies wird dann angewendet, wenn die nachzubildenden Objekte zum einen eine sehr unregelmäßige Struktur aufweisen, zum anderen aber aufgrund ihrer relativ geringen Größe entsprechend handhabbar sind, d. h. z. B. auf ein Digitalisierungstablett passen. Als Beispiele hierfür wäre die Nachbildung innerer Organe für medizinische Lehrfilme oder das Abtasten von Landkarten für eine Landschaftsmodellierung zu nennen.

Bei der Modellierung *(modelling)* geht es um die Umsetzung der gewonnenen geometrischen Daten eines Objekts in eine im Computer speicherbare Datenstruktur. Diese Datenstrukturen werden allgemein *object representations* genannt, die wichtigsten sind die oberflächenorientierte *boundary representation,* die CSG *(constructive solid geometry) representation* und die *Repräsentation mittels räumlicher Aufzählung.*

Bei der *boundary representation* wird das Aussehen eines Objekts im Rechner durch die Speicherung der Objektoberfläche spezifiziert. Diese Objektoberfläche wiederum kann mit planen Polygonen oder mit anderen Flächen, insbesondere auch Freiformflächen, wie rationalen Kurven und Flächen, B-Splines u. ä. definiert sein.

Bei der *CSG-Repräsentation* werden Objekte in baumartiger Struktur aus primitiven Objekten aufgebaut: diese Primitive sind z. B. Kugel, Quader, Konus, Torus, etc. In dieser baumartigen Struktur sind die Blätter durch die Primitive besetzt, während die Knoten im Baum durch mengentheoretische Operationen (wie Vereinigung, Schnitt, Differenz) gebildet werden. Mit diesen Bäumen sind dann Objekte höherer Komplexität herstellbar, wie z. B. die Konstruktion einer dem menschlichen Körper ähnlichen Figur (Abb. 3).

Bei der *Repräsentation mittels räumlicher Aufzählung* werden die darzustellenden Volumina in kleine Raumeinheiten (Würfel oder Quader) zerlegt, diese Teilvolumina werden abgespeichert. Dieser Vorgang entspricht einer Digitalisierung des drei-dimensionalen Raumes.

Die eigentliche Modellierung von Objekten erfolgt nun, indem ein darzustellendes Objekt in die entsprechende Objektrepräsentation gebracht wird. Dazu werden spezielle Benutzungsschnittstellen des Modellierungssystems eingesetzt, die eine möglichst einfache und bequeme Eingabe der geometrischen Daten des zu modellierenden Objekts gestatten. Eine solche Benutzungsschnittstelle kann z. B. mit einem Digitalisierungstablett realisiert werden, so daß Objekte direkt mit einem Stift geometrisch abgetastet werden können. Mit *dials* (Dreh-Potentiometer zur Eingabe analoger Größen) können Objekte graphisch-interaktiv innerhalb einer Szene positioniert werden.

Wenn alle in einer Szene vorkommenden Objekte mit Hilfe des Modellierungssystems definiert und korrekt positioniert sind, müssen einige (im Extremfall alle) dieser Objekte animiert werden, d. h. es muß eine Bewegungsspezifikation, wie sie

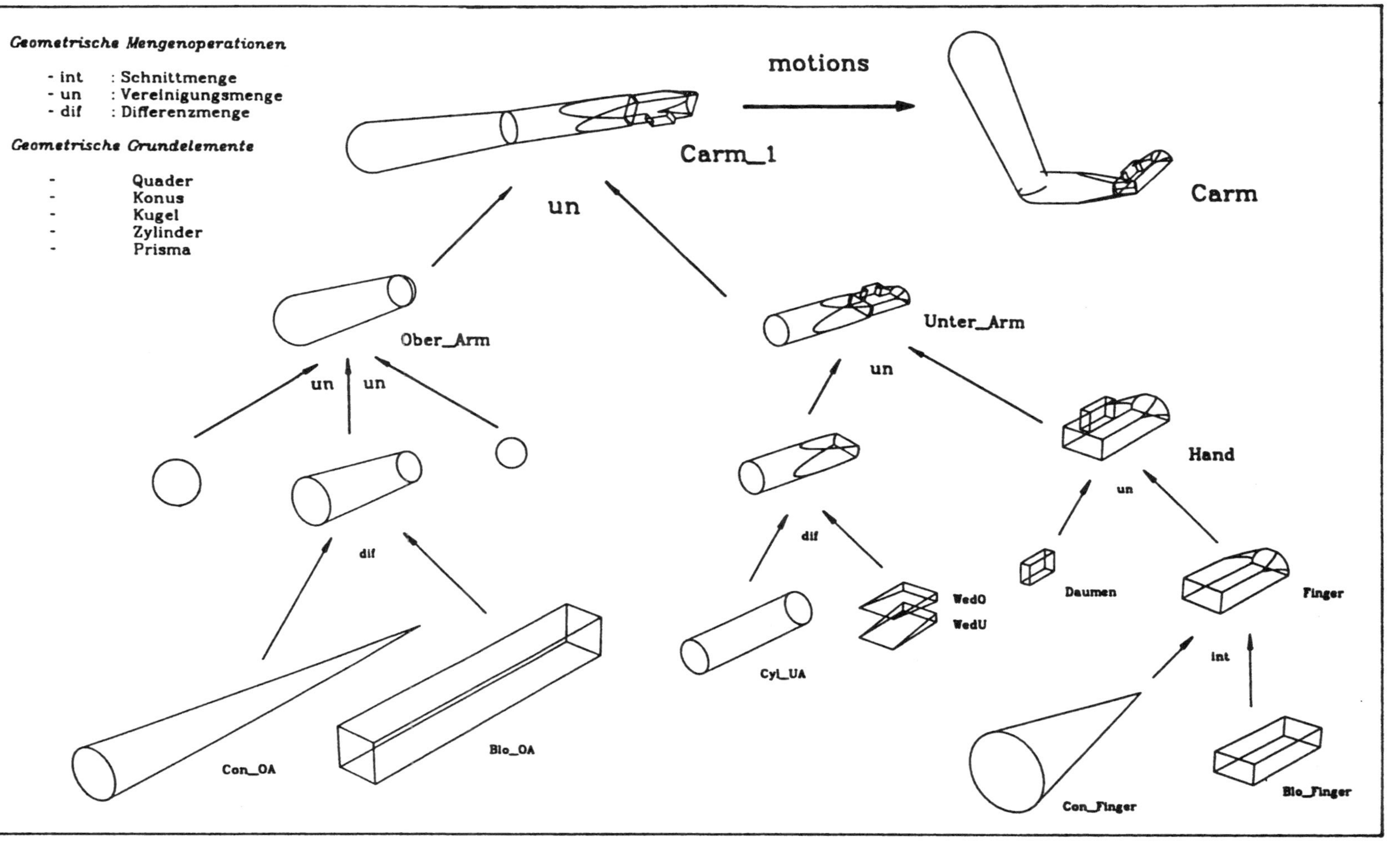

Abb. 3. Die Generierung eines Armes mittels CSG-Repräsentation

im Drehbuch festgelegt ist, in eine zeitlich veränderliche Positionierung der Objekte innerhalb der Szene umgesetzt werden.

Im ungünstigsten Fall muß dabei eine *frame by frame*-Animation vorgenommen werden: für jedes Einzelbild des zu produzierenden Films muß eine gesonderte Positionierung der Objekte vorgenommen werden.

Gewisse, einfachen physikalischen Gesetzmäßigkeiten gehorchende Vorgänge können *programmtechnisch* erfaßt werden: z. B. gehorcht das freie Fallen von Gegenständen den physikalischen Gesetzen der Gravitation. Für andere kinematische Vorgänge (insbesondere der Bewegungen von menschlichen Körpern und anderen Lebewesen) sind derartige Automatisierungsvorgänge noch im Entwicklungsstadium bzw. noch nicht realisiert. Dies resultiert aus der Komplexität der Mechanik dieser Bewegungen (sehr viele Gelenke mit Drehpunkten, oft mit Drehwinkeln in mehreren Ebenen), aber auch aus der komplexen Dynamik verschiedener Materialen: die typische Mitbewegung der Kleidung eines Menschen (etwa beim Gehen im leichten Wind) kann nicht mit trivialen physikalischen Gleichungen als Positionierung in Abhängigkeit von der Zeit ausgedrückt werden. Die Spezifikation der zeitabhängigen Bewegung (Position im Raum in Abhängigkeit von der Zeit) ist also ein aktueller Forschungsgegenstand.

Die spezifizierten Bewegungen der Objekte im Raum müssen einer (möglichst einfachen und schnellen) Kontrolle unterzogen werden können, damit eventuelle Korrekturen der Bewegungsspezifikation effizient durchgeführt werden können. Dazu bedient man sich der Methode des *previewing*. Eine vereinfachte Darstellung der Szene wird vom System in Echtzeit visualisiert: es wird für jedes einzelne Bild nicht das Bild in seiner endgültigen Ausprägung (*full-rendered*, siehe Bilder auf den Seiten 150–152) berechnet, sondern die Objekte in Vektordarstellung, als *wire-frames*, dargestellt (Abb. 4). Die Berechnung dieser Darstellung ist weit weniger aufwendig, so daß die Bewegungen der Objekte in Echtzeit verfolgt werden können. Mit solchen *wire-frame*-Darstellungen kann auch der szenische Aufbau des Films (der animierten Sequenz) überprüft werden.

Nach der Kontrolle der Sequenz in Bezug auf die korrekte Positionierung der Objekte, ihrer Bewegungen und der Kameraposition (das ist der Ort, an dem sich der virtuelle Betrachter im drei-dimensionalen zu visualisierenden Modell befindet), sowie der drehbuchgerechten Änderungen der Kameraposition innerhalb der zu berechnenden Filmsequenzen werden die Einzelbilder *full-rendered* generiert. Unter *rendering* versteht man die Umsetzung der symbolischen Objektrepräsentationen und der Szenenbeschreibung in einem Bild.

Es werden auch (gemäß des Drehbuchs) typische realistische Eigenarten der Bilder berechnet (Lichteinfluß, Schattenwurf, Texturen, Farbgebung, gegenseitige Verdeckung der Objekte), die aber selbst auf Großrechnern eine Berechnungszeit benötigen, die es unmöglich macht, solche Bilder in Echtzeit zu generieren: die Rechenzeit für ein Bild *(shot)* kann von einigen Sekunden bis hin zu einigen Tagen reichen. Die Kosten für die Rechenzeit sind übrigens ein Hauptkostenfaktor der Produktion: durch die Zielsetzung, möglichst realistische Bilder zu berechnen, steigt die Rechenzeit pro Bild, und damit die Gesamtrechenzeit der Produktion und letztlich deren Kosten.

Einzelne *shots* einer Sequenz werden mitunter noch von Hand in bezug auf bestimmte Effekte verbessert: so werden in manchen Bildern effektvolle *Highlights*

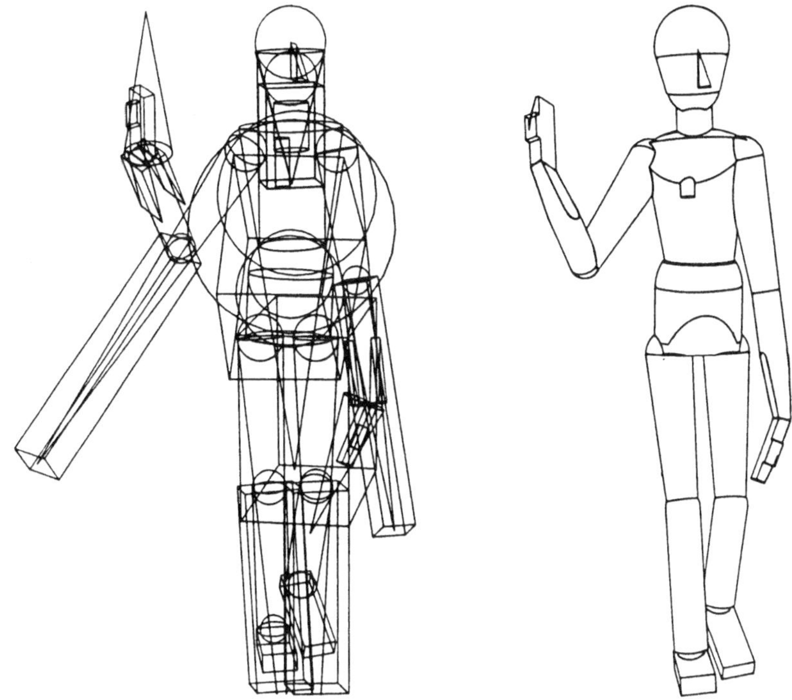

Abb. 4. Objekt in wire-frame-Darstellung. a) CSG-Primitiva unverknüpft; b) CSG-Primitiva verknüpft und Verdeckungen beseitigt

(das sind die Glanzstellen auf der Oberfläche von Objekten, die mitunter keine
Entsprechung in der Physik des Lichts haben) von Hand nachträglich in an sich
fertig berechnete Bilder eingefügt.

Da die Einzelbilder einer Sequenz im allgemeinen nicht in Echtzeit berechnet
werden können, schließt sich an das *rendering* der Einzelbilder (bzw. läuft Bild für
Bild mit demselben parallel) das *recording* an: das ist das bildweise Aufzeichnen
der berechneten Einzelbilder auf ein Aufzeichnungsmedium, von welchen sie
dann in Echtzeit abgespielt werden können. Als Aufzeichnungsmedium kommen
dabei Film, Videoband oder sonstige digitale Medien, wie optische Speicherplat-
ten, in Betracht.

4. Bildqualität

Bei der Gestaltung der Bilder für die Computer-Animation ist der Zusammenhang
zwischen den Darstellungsmöglichkeiten der Geräte und der Wahrnehmungsfä-
higkeit des Menschens zu berücksichtigen. Das Wahrnehmungsvermögen des
visuellen Systems und die mit dem jeweiligen Medium (Film, Fernsehen etc.) verbundenen typischen Betrachtungsbedingungen sind die entscheidenden Einfluß-
größen für die Festlegung einer *technischen Bildqualität*. Andererseits benutzt man

auch den Begriff der *gestalterischen Bildqualität,* die als ein Maß für die Beschaffenheit und Zusammensetzung den Wert und die Aussagefähigkeit eines Bildes beschreibt.

Das Betrachten eines Bildes impliziert das Vergleichen der gewonnenen Sinneseindrücke mit bereits bekannten Mustern, die im Gedächtnis abgespeichert sind. Als Ergebnis dieses Vergleiches entsteht ein neuer Sinneseindruck („Erkennen" des Bildinhaltes), der eine Synthese der neuen mit den bekannten Wahrnehmungen ist. Durch Kenntnisse, Ergänzungen und Abstraktionen kann ein Bild trotz nicht völlig korrekter Darstellung und unscharf dargestellter Details eine relative Überlegenheit gegenüber anderen erlangen.

Der Begriff *Qualität* steht auch für die Klarheit und Eindeutigkeit der Informationsübermittlung zwischen Bild und Betrachter. Ein Faktor wie *Schärfe,* der die Erkennbarkeit von Details beschreibt und die Steilheit von Kantenübergängen kennzeichnet, hat dabei aber eine wesentlich geringere Bedeutung für die Informationsübertragung, als gewöhnlich intuitiv angenommen wird.

Allgemein werden als Maß für die technische Bildqualität zwei Effekte betrachtet: die *Wiedergabe großer Flächen* und die *Wiedergabe kleiner Details.* Bei großen Flächen ist eine weitgehend stufenlose Farbwiedergabe wichtig, die einen möglichst großen Teil der wahrnehmbaren Farben umfaßt. Als objektives Qualitätsmerkmal für die Wiedergabe kleiner Details (z. B. auch Konturen) ist die Auflösung des Bildes zu nennen. Dies korreliert mit dem subjektiven Kriterium für die Bildschärfe.

Objekte, die symbolisch mittels Kanten, Konturen und Flächen beschrieben sind, werden als Folge der Rasterung des Darstellungsbereiches und Quantelung des Farbspektrums als diskrete Punktanordnung (die Einzelpunkte bezeichnet man als Pixel) dargestellt. Da im Bereich der generativen Graphik noch nicht das Auflösungsvermögen wie z. B. in der Photographie erreicht wurde, sind charakteristische Bildfehler zu beobachten, die unter dem Begriff *Aliasing-Effekte* zusammengefaßt werden:

- Konturen, die nicht waagrecht oder senkrecht verlaufen, werden als Treppenfunktionen und somit verfälscht dargestellt.
- Details im Subpixelbereich gehen verloren, zum Beispiel werden Linien mit einer Breite kleiner als der Pixelabstand unter Umständen als Perlenkette dargestellt.
- Darstellungselemente werden ungenau positioniert.
- Waagrechte Konturen flackern bei der Benutzung von Monitoren mit Zeilensprungverfahren.
- Die Intensität einer ein Pixel breiten Linie ist wegen der unterschiedlichen Pixeldichte von der Steigung abhängig.
- Zwischen Strukturen im Originalbild und dem Rastergitter des Bildschirms treten Interferenzerscheinungen auf (Moireeffekt).
- Kleine, sich bewegende Objekte sind nur auf den Bildern vorhanden, bei denen sie einen Pixelmittelpunkt verdecken, wodurch ein ständiges Aufblinken dieser Objekte verursacht wird.
- Bei Bewegungen verändern sich die Konturen und damit auch die Form von Objekten (Ameisenkrabbeln).

- Periodische Bewegungen wie sich drehende Speichenräder werden falsch wiedergegeben (z. B. rückwärtsdrehend).
- Objekte, die sich schnell bewegen, scheinen über den Bildschirm zu springen (Stroboskopeffekt).

Bewegte Bildsequenzen sind die Zusammenfassung zweier Signale, einem zweidimensionalen räumlichen und einem eindimensionalen zeitlichen, die diskretisiert werden. Diesen Prozeß bezeichnet man als *Abtastung* oder $ sampling. Aliasing-Effekte treten dann auf, wenn das aus der Signaltheorie bekannte *Abtasttheorem* verletzt wird. Dies ist der Fall, wenn im Bild (oder in Bildsequenzen) höhere Frequenzen als die halbe Abtastfrequenz auftreten, man spricht dann von *Unterabtastung*. Da idealscharfe Konturen in einem Bild einen nichtstetigen Intensitätssprung des zweidimensionalen Signal im Ortsbereich bedeuten und damit einem unbeschränkten Frequenzbereich entsprechen, treten durch die Bandbeschränktheit physikalischer Systeme (Kameras, Monitore) automatisch Aliasing-Effekte auf.

Es existieren Verfahren, um Bildfehler zu mindern und dadurch die Bildqualität zu steigern:

- Das Bild wird mit einer höheren Auflösung berechnet als später auf dem Monitor angezeigt werden kann. Nach der Berechnung wird das Bild mittels eines digitalen Filters auf die gewünschte Auflösung reduziert, die einzelnen informationstragenden Pixel des ursprünglichen Bildes werden dabei gewichtet zusammengefaßt. Dadurch treten zwar weniger Aliasing-Effekte auf, die Methode ist aber sehr kostspielig, da die anfallenden Berechnungen proportional zum Quadrat der Auflösung anwachsen. Die einzelnen Pixel werden dabei als diskrete Punkte im mathematischen Sinne betrachtet.
- Das Bild wird vorgefiltert und so versucht, alle hohen Frequenzen heraus zu filtern. Bei diesem Verfahren wird sozusagen „künstliche Unschärfe" erzeugt, die Aliasing-Effekte werden verwischt und so gemindert. Diese Vorgehensweise ist äquivalent mit der Betrachtung der einzelnen Pixel als elementare Fläche.
- Zur Reduzierung von zeitlichen Abtastfehlern werden mehr Bilder generiert, als für eine Bildsequenz notwendig sind, um diese danach auf die zeitliche Ausgaberate gewichtet zusammenzufiltern. Konturen von bewegten Objekten werden durch diese Maßnahme verwischt (Bewegungsunschärfe, *motion blur*)

Die durch die aufgezählten Verfahren entstehende Bildunschärfe trägt dazu bei, Information zu erhalten und durch Helligkeitsinformation geometrische Information auch in Details zu vermitteln, somit die Aussagefähigkeit der Bilder zu steigern.

Zur Erzeugung realistischer Bilder reicht es aber nicht aus, nur die entstehenden Bildfehler zu beseitigen. Die Berücksichtigung verschiedener physikalischer Aspekte im Erzeugungsprozeß ist zur Erreichung einer hohen Realitätstreue unbedingt erforderlich.

Es ist eine triviale Erkenntnis, daß Objekte nur dann sichtbar sind, wenn sie in Richtung des Betrachters Licht aussenden. Relativ unwichtig ist dabei die Tatsache, ob das Objekt selbst dieses Licht als Lichtquelle erzeugt hat oder nur das von einer anderen Lichtquelle empfangene Licht in Richtung des Betrachters reflektiert. Diese optischen Eigenschaften, wie diffuse oder glänzende *Reflexion, Transparenz, Brechung* und *Streuung* von Lichtstrahlen sowie der *Schattenwurf* der dargestellten Objekte müssen als Vorschriften zur Berechnung der Farb- bzw. Grauwerte der einzelnen Bildpunkte - als ein sogenanntes *Beleuchtungsmodell* - im Erzeugungsprozeß vorhanden sein. Dieses Modell, das auf physikalisch-optischen Grundlagen aufbaut, umfaßt die Einflüsse der Lichtquellen (Abstrahlungsrichtung und Abstrahlungswinkel der Lichtquelle, spektrale Zusammensetzung und Intensität des Lichtes), Betrachtereigenschaften (Standort, Blickrichtung und Blickwinkel des Betrachters) sowie der Eigenschaften der Oberflächen der Objekte. Die Qualität der Bilder hängt von der Vollständigkeit des Beleuchtungsmodells ab, d.h. wie gut die Simulation der Oberflächeneigenschaften den zu visualisierenden wahren physikalischen Gegebenheiten entspricht.

Ein wichtiger Faktor für die Bildqualität ist die Berechnung der *Schattierung* der Objekte, eine Interpolation der Leuchtdichte über die gesamte Oberfläche. Der Farb- bzw. Grauwert eines Bildpunktes berechnet sich dabei aus dem Winkel zwischen der Blickrichtung des Betrachters, dem Normalenvektor der in diesem Bildpunkt dargestellten Oberfläche, dem Winkel des einfallenden Lichtes und den Reflexionseigenschaften der Oberfläche.

Eine Verbesserung des Realismus (und somit auch der Bildqualität) bringt der Einsatz von *Texturen.* Sie definieren das Aussehen der Oberflächen (oder -teilen) von komplexen Objekten über deren reine Farbeigenschaften hinaus. Man verwendet sie für die Darstellung typischer Strukturen oder Musterungen, die meistens eine gewisse Zufälligkeit aufweisen. Texturen werden oft für spezielle Anwendungen generiert, eine generelle formale Methode oder eine präzise Definition zur Beschreibung von Texturen existiert noch nicht.

Aus dem Einsatz der Texturen ergeben sich einige Forderungen an die Generierung von Texturteilen:

- Ein Texturteilstück muß anreihbar sein, da einerseits die generierte Texturteilfläche so klein wie möglich, andererseits die Objektoberfläche beliebig groß sein kann und dadurch aneinanderreihende Bedeckungen dieser Oberflächen möglich sein müssen.
- Durch die Anreihung der Texturteilstücke darf keine ungewollte Periodizität entstehen, da das Auge diese als unnatürliche Pflasterung sofort erkennt.
- Die aufgebrachte Textur muß ortsstabil sein. Die Bewegung der Oberfläche bewirkt eine entsprechende Mitbewegung der Textur, dabei muß der Informationsgehalt der Textur stets gleich erscheinen.
- Bei Veränderungen des Betrachtungsabstandes darf sich das Erscheinungsbild der texturierten Oberfläche nicht sprunghaft ändern. Die Textur sollte daher in mehreren Auflösungsstufen vorhanden sein, damit Rechenzeit bei Aufbringung *(mapping)* der Textur gespart werden kann.

Durch die Projektion des Texturteilstückes auf ein Objekt wird die Textur perspektivisch abgebildet, so daß für den Farb- bzw. Grauwert eines Bildpunktes die Entsprechung im Texturteilstück ermittelt werden muß. Dies geschieht meistens durch eine inverse Projektion des Bildpunktes auf die Textur, der Farb- bzw. Grauwert ermittelt sich dann aus der anteiligen Gewichtung der innerhalb des projezierten Bildelementes liegenden Texturelemente.

Für eine realitätsnahe Darstellung ist der Faktor der Helligkeits- und Farbwiedergabe sehr bedeutend. Häufig nicht berücksichtigt wird die Nichtlinearität der Bildröhre der verwendeten Monitore. Trägt man die Intensität I der auf dem Bildschirm dargestellten Objekte als Funktion des Ansteuerungssignals S auf, dann ergibt sich nicht der gewünschte lineare Verlauf, sondern angenähert die Exponentialfunktion $I = c * S^\gamma$ dabei ist c eine Konstante und γ ein Exponent, der je nach Bauart des Monitors zwischen den Werten 1.0 und 3.0 schwankt und bei Farbmonitoren ca. 2.3–2.8 beträgt. Zur Erreichung der Linearität zwischen der gewünschten und der Abstrahlintensität muß das Ansteuerungssignal dementsprechend korrigiert werden *(Gamma-Korrektur)*. Neben dieser Korrektur müssen die Farbtreue und die Primärvalenzen (Rot, Grün, Blau bei Farbmonitoren gegenüber Cyan, Magenta, Gelb und Schwarz bei der Drucktechnik) des Ausgabemediums ebenfalls berücksichtigt werden, so daß die berechneten Bilder auf verschiedenen Geräten mit verschiedenen Verfahren möglichst gleich und farbtreu dargestellt werden können.

5. Animationssysteme (Hardware und Software)

Die besonderen Hardwareanforderungen an Animationsysteme und andere Systeme zur Erzeugung hochqualitativer Computergraphiken haben zur Entwicklung spezieller Computer-Animations- und Computer-Graphik-Systeme geführt. Trotzdem werden auch auf einfachen Systemen Computer-Animationen gerechnet, doch ist die technische Qualität dieser Bilder bis heute als schlecht zu beurteilen. Wie häufig bei technischen Systemen wachsen die Kosten stark überproportional mit steigenden Qualitätsanforderungen. Hieraus resultieren die enormen Preisunterschiede, die von einigen hundert DM bis zu mehr als zehn Millionen DM reichen (immerhin ein Faktor von 10.000). Daher unterscheidet man nach Leistungsklassen zwischen *Home-, Personalcomputern, Workstations* und *Großrechnern,* sowie der zur Produktion computergenerierter Bilder und Filme notwendigen *Peripherie.*

Als *Homecomputer* werden Systeme der unteren Preisklasse bezeichnet, die (wie der Name sagt) als Systeme privater Nutzung „zu Hause" verwendet werden. Typische Graphik-Homecomputer sind derzeit Systeme wie z. B. der Atari ST, der Commodore Amiga oder der Apple Macintosh. Diesen Systemen ist gemeinsam, daß sie in der Anschaffung günstig sind und gleichzeitig von der Hardware her über einige Graphikfähigkeiten auf monochromen bzw. farbigen Bildschirmen (mit eng begrenzter Anzahl der gleichzeitig darstellbaren Farben) verfügen.

Als *Personalcomputer* werden vor allem die zum IBM-PC (bzw. IBM-XT und IBM-AT) kompatiblen Computer bezeichnet. Diese liegen im Anschaffungspreis in der Regel etwas höher als die Homecomputer, verfügen aber auch über höhere Leistung (Prozessorgeschwindigkeit, Auflösung des Bildschirms, Anzahl der gleichzeitig darstellbaren Farben). Sie sind das typische arbeitsplatzspezifische und arbeitsplatzgebundene Computersystem. Die Grenze zwischen Home- und Personalcomputern ist fließend.

Klassische *Großrechner,* mögen sie als „Mainframes", „Superminis", „Jumbos", „Hosts" oder wie auch immer bezeichnet werden, kommen zusammen mit sogenannten „Superrechnern", „Array Prozessoren" etc. für das serienweise rendering zum Einsatz.

Die *Software der Personal- und Homecomputer* bildet sicher den größten Markt der für ein bestimmtes System verfügbaren Software überhaupt. Diese Software ist für den *single-user*-Betrieb am Arbeitsplatz konzipiert. Im Animationbereich werden Personalcomputer als *paint*-Systeme und als Systeme, mit denen Storyboards erstellt werden können, eingesetzt. Personalcomputer verfügen im allgemeinen über Anschlüsse zur Erweiterung der Systeme mit spezieller Peripherie.

Professionelle Animationssoftware wird für die Workstations angeboten, die sich in die folgenden Hauptkomponenten einteilen läßt:

- *data-input-*,*modelling-* und *data-capture*-Software,
- *motion-specification-* oder *animation*-Software,
- *rendering*-Software und
- *recording/production*-Software.

Die *data-input*-Software unterstützt die Modellierung und Eingabe von dreidimensionalen Modellen. Entweder kann mit dieser Software ein Digitalisierungstablett betrieben oder die Eingabe von Polygoneckdaten oder sonstiger geometrischer Information komfortabel abgewickelt werden.

Die *animation*-Software dient zur Spezifikation (Eingabe) der Bewegungen von innerhalb einer Filmsequenz bewegten Objekten und der Kamera. Diese Eingabe muß, soll sie nicht extrem langwierig sein, nicht-numerisch erfolgen, d .h., die Bewegungen von Objekten müssen entweder direkt analog (über Eingabegeräte wie eine Maus oder Dials) eingegeben oder mit Hilfe physikalischer Gleichungen spezifiziert werden. Die Spezifikation der Bewegung solcher Objekte ist derzeit Gegenstand der Forschung (siehe oben).

Die *rendering*-Software übernimmt die Visualisierung der Objekte in hoher Qualität. Häufig ermöglicht diese Software auch die Simulation und Visualisierung komplexer und diffiziler optischer Effekte. Die rendering-Software visualisiert die Objekte *frame-by-frame* (als Einzelbilder), d.h. nicht in Echtzeit. Die Berechnung eines einzelnen *frames* (Bildes) dauert, je nach Komplexität desselben, sehr lange, manchmal auch mit Supercomputern (Cray, etc.) mehrere Stunden oder Tage.

Die *recording*-Software übernimmt und steuert die Aufzeichnung der von der *rendering*-Software generierten Bilder auf Film und/oder Videoband. Dazu ist es z.B. vonnöten, daß die Einzelbildaufnahmen einer Filmkamera mit der Anzeige der einzelnen Bilder auf dem Monitor synchronisiert werden. Die *recording*-Software muß auch das Problem der geräteunabhängigen Farbausgabe lösen.

6. Zusammenfassung und Ausblick

Innerhalb der Graphischen Datenverarbeitung ist das Gebiet der Computer-Animation und der Erzeugung photorealistischer Bilder ein schnell wachsender Bereich. Hierbei ist der Begriff des „Wachstums" in zweifacher Hinsicht zu verstehen: zum einen muß hierunter die enorme wissenschaftliche Entwicklung gesehen werden, die das Gebiet genossen hat, zum anderen aber verdient auch die wirtschaftliche Bedeutung und rasche Entwicklung dieses Zweigs der Informatik und der Graphischen Datenverarbeitung Beachtung.

Zur wirtschaftlichen Entwicklung läßt sich konstatieren, daß immer mehr Unternehmen die attraktiven Darstellungs- und Präsentationsmöglichkeiten der computer-animierten (Werbe-) Filme nutzen. Die wirtschaftliche Bedeutung wird aber nicht nur von der Sensation der „neuen bunten Bilder" geprägt, sondern auch von den Möglichkeiten der Rationalisierung und Arbeitsersparnis im traditionellen graphischen Gewerbe. Hier sind z. B. Techniken zur Spezifikation und Übermittlung von Graphiken zu nennen, die dazu dienen, Entwürfe farbgetreu zu reproduzieren u. ä.

Die wissenschaftliche Entwicklung der Techniken zur Erzeugung photorealistischer Bilder ist von solcher Rasanz, daß bei den jährlichen Konferenzen der großen Computergraphik-Organisationen, wie ACM-Siggraph (Association for Computing Machinery – Special Interest Group on Computer Graphics) oder Eurographics (The European Association for Computer Graphics) Bilder gezeigt werden, deren Grad an Realismus oder Komplexität selbst von Fachleuten bislang als nicht realisierbar erachtet worden ist.

Man kann zu recht davon ausgehen, daß das Gebiet der computer-animierten realitätsnahen Bilder sich weitere völlig unerwartete Anwendungsgebiete erschließen wird.

7. Literaturverzeichnis

1. Encarnacao, J. L., Straßer, W.; Computer Graphics, R. Oldenbourg Verlag, 1986
2. Jankel, A., Morton, R.; Creative Computer Graphics, Cambrigde University Press, 1984
3. Magnenat-Thalmann, N., Thalmann, D.; Computer Animation, Springer-Verlag, 1985
4. Mazzola, G., Krömker, D., Hofmann, G. R.; Rasterbild-Bildraster, Springer-Verlag, 1987
5. Rogers, D. F.; Procedural Elements for Computer Graphics, McGraw-Hill Book Company, 1985
6. Willem, B.; Digitale Kreativität, 3-R-Verlag Berlin, 1986

 R. Hofmann, E. Klement, D. Krömker

Farbbild-Anhang

Bild 1 a–d. Geometrische Modellierung von Raffael's „Schule von Athen", Arbeit der Autoren;
Lit.: Mazzola, Krömker, Hofmann: ‚Rasterbild – Bildraster'; Springer-Verlag 1987 anläßlich der
Symmetrie-Ausstellung 1986 in Darmstadt
a: Modell in der Perspektive des Freskos.
b: Ansicht von links vorne.
c: Ansicht von rechts vorne.
d: Detailansicht.

Bild 1 c, d

Bild 2: „Fünf vor Zwölf"; Studentische Arbeit:
Modelldesign und Modellierung: Ch. Giger;
Ray-Racing Software: R. Krause; Realisation: L. Neumann.
Mit freundlicher Genehmigung der Fraunhofer-Arbeitsgruppe Graphische Datenverarbeitung (FhG-AGD); 1987

Bild 3: Szene aus der Computer-Animation des Logos der Fraunhofer-Gesellschaft.
Mit freundlicher Genehmigung der Fraunhofer-Arbeitsgruppe Graphische Datenverarbeitung (FhG-AGD); 1987

Bild 4: Szene aus dem Film TRON.
Mit freundlicher Genehmigung der The Walt Disney Company

Bild 5: Simulatorszene photographiert am Realzeit-Sicht-Simulator ATLAS-DISI 3 der
Fa. Krupp Atlas Elektronik GmbH
Mit freundlicher Genehmigung der Krupp Atlas Elektronik; 1987

Lichtzeichen im CAD-Dienstleistungsbereich

F. Bauer

1. Der Photoplotter und seine Umgebung

Der Einsatz modernster Technologie ist auch in kleineren Betrieben nicht mehr wegzudenken. Dies gilt insbesondere für Dienstleistungsfirmen im Elektronik-Bereich.

Dienstleistung muß heißen, ohne den Begriff neu definieren zu wollen, „Dienst am Kunden" und „Leistung", bedeutet zugleich aber auch Beweglichkeit und Schnelligkeit, ein promptes Eingehen auf die sehr unterschiedlichen und individuellen Anforderungen von Auftraggebern und Anwendern, die immer mehr Daten- und Formkompatibilität erwarten.

Hilfreich bei der Lösung dieser Aufgaben sind die in die CAD/CAM-Systeme integrierten, außerordentlich leistungsfähigen Peripherie-Geräte, z.B. der Photoplotter. Die Darstellung des Photoplotters in seiner technischen Umgebung soll ein Erfahrungsbericht aus der Praxis eines Dienstleistungsbetriebs sein, der unter anderem ein leistungsfähiges CAD-Software-System entwickelte und CAD-Leiterplatten-Entflechtung und einen 24-Stunden-Photoplotter-Dienst anbietet. Für die „Ausgabe" der Leiterplatten-Layouts hat sich die Firma CAD-UL den Photoplotter Aristomat 401 ausgesucht, der nach einer Evaluierungsphase von nur vier Monaten seinen festen Platz als „Kollege Photoplotter" hatte, freilich mit mehr als einem Acht-Stunden-Tag, ganz zu schweigen von der 35-Stunden-Woche. Dieser sensible und arbeitswillige „Kollege", der auch bei einem deftigen schwäbischen „Potz-Plott" aus keiner seiner vielen Fassungen zu bringen ist, mag zwar in der Begrifflichkeit technischer Anwendung an der Peripherie, in einem Randgebiet also, angesiedelt sein. Eine Randerscheinung aber, das zeigt die Praxis, ist dieser Photoplotter ganz bestimmt nicht. Er hat einen durchaus nicht peripheren Platz, wenn es gilt, mit einem Ariadnefaden den Weg aus dem Labyrinth zu finden.

Die Arbeit mit einem Photoplotter und der Arbeitsalltag der Mitarbeiterin, nennen wir sie Fräulein Maier, sehen so aus: Bevor das aufbereitete Magnetband aus der CAD-Anlage in den Plotter gelegt wird, sind mehrere Fragen abzuklären. Zunächst ist die Filmart zu bestimmen, je nachdem ob abgespiegelt, mit oder ohne Nutzen zu plotten ist. Wichtig ist dann auch eine exakte Feststellung des Nullpunkts, um den Film auf der richtigen Stelle des Zeichentisches zu plazieren. Beim Auflegen wird die Schichtseite des Filmmaterials erneut überprüft. Nach der Kontrolle dieser Daten und vorheriger Bestimmung der anfallenden File-Menge kann mit dem Plotten begonnen werden. Es ist möglich, daß mehrere Files auf einem Film geplottet werden. Häufiger jedoch ist, daß pro File ein Film erstellt wird.

Aus dem Tätigkeitsbericht von Fräulein Maier: Das Magnetband wird aufgelegt. Über die Handkonsole wird der Tischnullpunkt angefahren und als Zeichnungsnullpunkt übernommen. Ausgehend vom Tisch- bzw. Zeichnungsnullpunkt wird der tatsächliche Shift eingegeben. Der Tischnullpunkt wird auf den späteren Zeichnungsnullpunkt verschoben. Dies ist in der Regel, je nachdem ob gespiegelt oder ungespiegelt zu plotten ist, die äußerste rechte/linke Kante des zu belichtenden Materials. Von diesem Materialnullpunkt aus wird der Layoutnullpunkt angefahren, der über den CAD-Postprozessor vorgegeben wurde. Durch eine Verlegung oder Variierung kann im Nutzen gearbeitet und Material eingespart werden. Abfall und überschüssiges Material werden dadurch vermieden.

Auf dem Display der Handkonsole kann der jeweilige File sichtbar gemacht werden, so daß auch einzelne Ausgaben direkt auf dem Magnetband angefahren werden können. Wenn der zum Plotten vorgesehene File bestimmt ist, wird auf der Handkonsole der Startbefehl gegeben. Der Plotter spielt die vorgegebenen Daten ab und wirft am Ende des Files die zur Belichtung nötige Zeit aus. Danach wird erneut der Tischnullpunkt angefahren, das Vakuum abgeschaltet. Beim Abnehmen des Films müssen Fingerabdrücke vermieden werden, weshalb Handschuhe getragen werden.

Neben den günstigen Beschleunigungswerten sind es vor allem der Lichtzeichenkopf (LZE) und die Objektscheibe mit hoher Symbolbelegung, die eine rasche Vorlagenherstellung ermöglichen (Abb. 1). Technische Daten – LZE:

Abb. 1. LZE (Lichtzeichenkopf)

Lichtquelle	12 V Halogen
Anzahl der Objekte pro Objektscheibe	max. 100
Zeichengeschwindigkeit ab 0,4 mm 0 . Automatische Geschwindigkeitsreduzierung für kleinere Objekte	12m/min.
Positionsgenauigkeit für Objekte	<0,020 mm
Wiederholungsgenauigkeit der Position des gleichen Objektes	<0,005 mm
Abweichung der Linienbreite bzw. der Symboldurchmesser von 0,1 - 5 mm	<0,015 mm
Über 5 mm	<0,025 mm
Objektgröße min.	0,050 mm
Objektgröße max.	10 mm auf 10

Belichtet werden die Filme in der Ulmer Firma über eine von ARISTO nach CAD-UL-Vorgaben entwickelte Symbolscheibe. Sie enthält 78 Leiterplatten-Symbole (Abb. 2). Diese Scheiben erübrigen das zeitraubende „Zeichnen" von Objekten mit dem Lichtstrahl. Sie blitzen komplexe Objekte auf das Filmmaterial statt sie zu generieren.

Mit diesem System lassen sich auch von Kunden mitgelieferte Symbolscheiben im Photoplotter verwenden. Damit kann in der Praxis eine direkte kundenspezifische Umsetzung der Entwürfe gewährleistet werden. Das Herzstück des Photoplotters ist also die Objektscheibe im Lichtzeichenkopf. Sie kann nach dem Aufklappen des Kopfes herausgenommen und ausgewechselt werden. An der sich in der Mitte befindlichen Rändelschraube ist ein verlängerter Justierstift angebracht. Zusammen mit diesem Stift wird die komplette Scheibe entnommen. Die neue Scheibe wird mit dem Stift in die vorgesehene Vertiefung eingesetzt. Dabei muß auf die Kerbung und das Loch an der Unterseite der Scheibe geachtet werden; nur so ist eine korrekte Justierung möglich. Das Herausnehmen der Symbolscheibe ist freilich auch notwendig, um sie in regelmäßigen Abständen zu säubern. Die alltägliche Praxis zeigt, daß sich hierbei eine geradezu „klinische Sauberkeit" bewährt, denn selbst kleinste Schmutzteilchen oder ein Staubkorn auf der Objektscheibe können im Layout ganz erhebliche Fehler hervorrufen. Im Lichtzeichenkopf werden Halogenlampen (12 Volt, 100 Watt) verwendet. Die Lampen haben einen natürlichen Verschleiß. Es ist zu empfehlen, nicht zu warten, bis die Birnen ausfallen, sondern sie in regelmäßigen Abständen auszuwechseln, zumal auch ihre Leuchtstärke im Laufe der Zeit um einige Lux nachläßt.

Das Charakteristische an Filmen ist ihre Empfindlichkeit; diesem Umstand muß Rechnung getragen werden. Der Photoplotter sollte nur in einem Dunkelraum mit Rotlicht eingesetzt werden. Um aus dem Filmmaterial ein Optimum herausholen zu können, empfiehlt es sich auch, den Raum, der von der Dimension her wohl nicht der herkömmlichen Dunkelkammer ähnelt, mit Klimaschränken und -geräten sowie mit einer Luftbefeuchtungsanlage auszustatten. Die optimale Raumtemperatur liegt bei +20 Grad Celsius, bei einer gleichbleibenden Luftfeuchtigkeit von etwa 50 Prozent. Um Qualitätsschwankungen vorzubeugen, lohnt sich die Anschaffung eines Hygrometers; die Werte der Umgebungsbedingungen sollten laufend überprüft und auch protokolliert werden.

Bei der Auswahl der Filmentwicklungsanlagen dürfte das Fabrikat keine sehr große Rolle spielen. Die Automaten der verschiedenen Anbieter unterscheiden

SYMBOLSCHEIBE

Obj. Nr.	Symbol	Größe im mm	Size
1		0,10	4/1
2		0,15	6/1
3		0,20	8/1
4		0,25	10/1
5		0,30	12/1
6		0,35	14/1
7		0,40	16/1
8		0,45	18/1
9		0,50	20/1
10		0,60	24/1
11		0,70	28/1
12		0,80	31/1
13		0,90	35/1
14		1,00	39/1
15		1,20	47/1
16		1,30	51/1
17		1,40	55/1
18		1,45	57/1
19		1,50	58/1
20		1,55	61/1
21		1,60	63/1
44		1,65	65/1
22		1,70	67/1
23		1,80	70/1
24		1,90	74/1
25		2,00	78/1
26		2,10	82/1
27		2,20	86/1
57		2,30	90/1
61		2,50	98/1
63		3,00	118/1
65		3,50	137,1
67		4,00	157/1
69		4,50	177/1
71		5,00	196/1
86		6,00	236/1
90		8,00	254/1
94		10,00	255/1

Obj. Nr.	Symbol	Größe im mm	Size	Edge con.
28		0,80	31/2	32/0
29		0,90	35/2	36/0
30		1,00	39/2	40/0
31		1,20	47/2	48/0
32		1,30	51/2	52/0
33		1,40	55/2	54/0
34		1,45	57/2	56/0
35		1,50	58/2	59/0
36		1,55	61/2	62/0
37		1,60	63/2	64/0
38		1,70	67/2	68/0
39		1,80	70/2	71/0
40		1,90	74/2	75/0
41		2,00	78/2	79/0
42		2,10	82/2	83/0
43		2,20	86/2	87/0
73		2,50	98,2	99/0
75		3,00	118/2	119/0
77		3,50	137/2	138/0
79		4,00	157/2	158/0
	BKF			
12		0,80	200/1	
31		1,20	201/1	
45		1,65	202/1	
51		1,65	203/1	
46		2,30	204/1	
47		2,30	205/1	
48		2,30	206/1	
49		2,30	207/1	
50		2,30	208/1	
52		2,30	209/1	
53		2,30	210/1	
54		2,30	211/1	
55		2,30	212/1	
56		2,10	249/1	
59		3,10	250/1	
81		2,50	251/1	
83		5,08	252/1	
98		10,00	253/1	

Abb. 2. Symbole

sich in ihrer Qualität und Nutzbarkeit nur geringfügig, was nicht heißen soll, daß sie Bedienungsfehler von selbst ausgleichen. Das Procedere ist einfach: Der belichtete Film kommt „fertig" aus dem Automaten, nachdem er Entwickler-, Fixier- sowie Wasserbad durchlaufen hat und anschließend getrocknet wurde. Freilich, auch bei diesen Arbeitsgängen kann man das „Reinheitsgebot" nicht hoch genug ansetzen. Um auf dem fertigen Film keine Fingerabdrücke zu hinterlassen, muß mit Handschuhen gearbeitet werden. Weitere Geräte im Umfeld des Photoplotters sind Reinigungsvorrichtungen. So müssen aus dem Filmentwicklungsautomaten alle anfallenden chemischen Verunreinigungen entfernt werden. Auch hierbei hat sich in der Praxis bewährt, verbrauchte Fixierbäder über eine Silber-Abscheideanlage schon im Hause zu entsorgen. Strip-Belichter zeigen überzeugend genau die Qualität des Entwicklers an – angebracht ist eine ständige Kontrolle und ebenfalls ein Protokoll über die gemessenen Werte.

Mit einem Densitometer ist auch der Schwärzegrad meßbar, der einfach stimmen muß, um einen hohen Standard in der „Dunkelkammer" halten zu können. In trauter Nachbarschaft des Photoplotters sozusagen haben weitere Präzisionsgeräte ihren angestammten Platz, beispielsweise zur Filmvermessung. Das fertige Filmmaterial kann auf einem Kontaktkopierer in zahlreiche andere Formen gebracht werden, von positiv auf negativ, von gespiegelt auf ungespiegelt, von seitenrichtig in seitenverkehrt. Und noch ein Tip aus der alltäglichen Anwender-Praxis: Das Filmmaterial sollte von so hoher Güte sein, daß es bei normalen Umweltbedingungen mindestens drei Stunden lang keinerlei Veränderung ausgesetzt ist. Beim schnellen Transport der Filme haben sich Klima-Koffer als Notwendigkeit erwiesen.

2. Praxis-Alltag des „Kollegen Photoplotter"

Nach dem überstandenen Härtetest werden Kundenfilme in durchschnittlich zwölfstündigem Dauerbetrieb belichtet. Auch 14-Stunden-Einsätze hat das Gerät mit gewohnter Präzision überstanden. Bislang waren keinerlei Abweichungen von der im Datenblatt des Gerätes genannten Plot-Präzision von +/- 20 Mikrometern auf der Achsenlänge von 700 Millimetern erkennbar. Bislang wurden an einem Arbeitstag (bei einem Mittelwert von etwa 30 Minuten Plotdauer pro Film) 20 Plots und mehr angefertigt. Als Erfahrungswert für das Auswechseln der Symbolscheiben hat sich eine Zeit von rund fünf Minuten ergeben.

Was kann man sonst noch mit dem Plotter machen? Auch diese Frage hat die praktische Anwendung hinreichend beantwortet. Der Photoplotter läßt mit seiner „Intelligenz" auch direkte Eingriffe zu. Es ist nicht immer erforderlich, alle Vorgänge über den Postprozeß zuvor abzudecken. Über eine Vielzahl von Befehlen kann der Photoplotter auch verkleinern, vergrößern, Schriften drehen, Positionen verrücken, eine Mehrfachnutzung ohne vorherige Prozeß-Ausgabe erzeugen.

Unabhängig von Layout-Vorgaben könnte der Aristomat 401 direkt von der Konsole aus auch als Zeichenmaschine bedient werden. Bei CAD-UL indessen wird dieser Plotter grundsätzlich nur für die Herstellung von Layouts eingesetzt. Weiter ist die Ausnützung von direkt einzugebenden Befehlen bei kurzfristigen Versuchen von Vorteil; so kann beispielsweise bei der Aufnahme von Standards über die Handkonsole das Zeichenergebnis von einem „Billigfilm" in den Plotter eingegeben werden und als getrennter File abgespeichert werden, ohne daß ein langwieriger Prozeß über den CAD-Rechner vonnöten ist. Der Photoplotter ist auch in der Lage, unterschiedliche Eingabe-Codes, etwa ASCII, EBCDIC, EIA u.a., zu interpretieren. Es ist auch möglich, unterschiedliche Blendenräder zu imitieren. Dafür ist das Gerät mit einem Gerber-Interpretor ausgerüstet. Bei Eingabe der kundenspezifischen Daten wird das Kundenblendrad eingelesen; die von dort kommenden Befehle werden automatisch in das CAD-UL Standard-Blendenrad „hineininterpretiert".

Und noch einige Erfahrungswerte aus der Zusammenarbeit mit dem „Kollegen Photoplotter": Gegenüber verbalen Äußerungen, Beschimpfungen, gar durch die Kollegin Maier, ist er absolut unempfindlich. Was er nicht verträgt, das sind Handgreiflichkeiten oder Fußtritte.

Da der Plotter präzise arbeitet, nimmt er das Schreiben ebenso genau. Er bemüht sich um korrekte Schreibweise, was jedoch zu einer Verminderung der Ausgabegeschwindigkeit führt. Selbst durch viele Schreibübungen wird der Plotter aber nicht schneller.

Nach Feierabend ist empfehlenswert, die Lichtzeicheneinheit und die Antriebsmotoren getrennt abzuschalten. Solches Vorgehen entlastet das Gesamtsystem, dem bald ein Einsatz rund um die Uhr bevorsteht.

Graphische Datenverarbeitung in einem produzierenden Betrieb

P. Sterk

1. Einleitung

Nachfolgend wird der Einsatz Graphischer Datenverarbeitung am Beispiel eines Unternehmens dargestellt, das sich vorwiegend mit der Entwicklung und Fertigung von elektromechanischen und elektronischen Eingabesystemen und Steuerungen befaßt. Die Graphische Datenverarbeitung wird in den Bereichen Elektronik-Entwicklung und -Konstruktion, Design von Frontpanels, Konstruktion mechanischer Komponenten und der für die Herstellung erforderlichen Werkzeuge und Betriebsmittel eingesetzt.

Im Bereich Elektronik-Entwicklung wurde bereits im Jahre 1979 mit dem Einsatz von rechnerunterstützten Entwurfsmethoden (CAD) begonnen. Bei der Konstruktion von Werkzeugen und Betriebsmitteln im Jahre 1976 und beim Entwurf von mechanischen und elektromechanischen Komponenten ist der praktische Einsatz erst am Beginn.

2. Das Grundkonzept

2.1. Hardware

In allen genannten Bereichen wird die gleiche Hardware und das gleiche Betriebssystem eingesetzt. Dadurch werden nicht nur die Anschaffungs- und Wartungskosten möglichst gering gehalten, sondern auch der Aufwand für die Betreuung ist minimal, weil einheitlich.

Bei der Hardware handelt es sich um 32-Bit-Arbeitsplatzrechner (APOLLO) , die über ein „Token Ring" Netzwerk miteinander verbunden sind. Jedem Benutzer steht also sein eigener Rechner zur Verfügung, er hat aber gleichzeitig auch Zugriff auf die Daten aller anderen Rechner, sofern er dazu berechtigt ist. Bei dem Betriebssystem handelt es sich um das System UNIX.
Die Peripheriegeräte zur Erstellung der Zeichnungen und Fertigungsunterlagen sind „on line" , das heißt direkt über Kabel angeschlossen. Über das Netzwerk stehen alle Geräte jedem Benutzer zur Verfügung. Egal von welcher Arbeitsstation Daten gesendet werden, sie werden in eine zentrale Warteschlange eingeordnet und der Reihe nach abgearbeitet.

Für Fertigungsmaschinen, die mit NC-Daten versorgt werden, geschieht dies über Disketten. An einem DNC-Konzept (online-Anschluß der NC-Maschinen) wird zur Zeit gearbeitet.

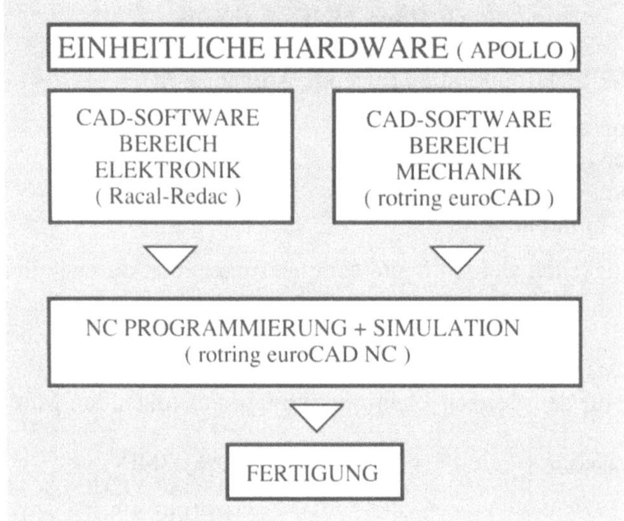

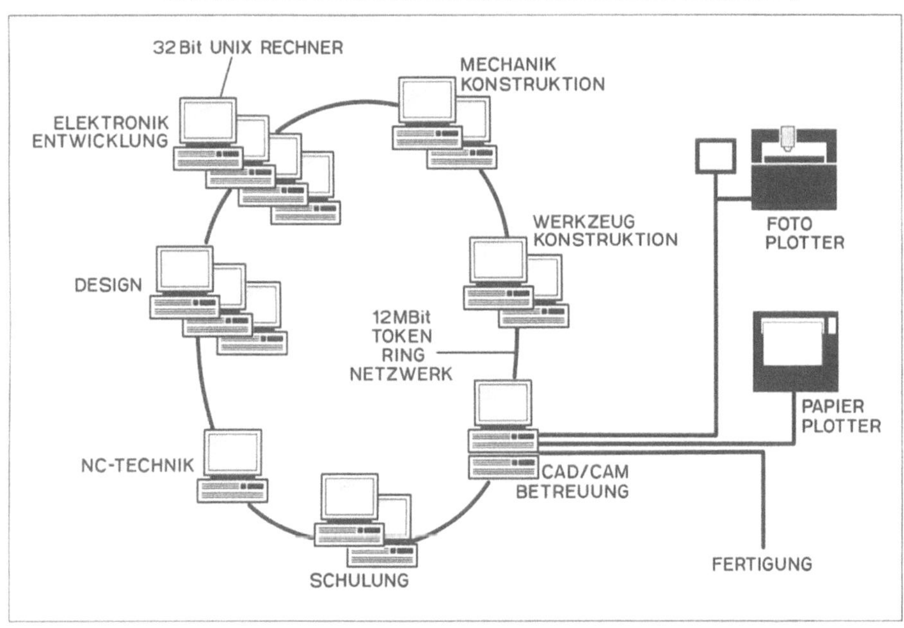

Abb. 1. Software
Abb. 2. Konfiguration

2.2. Software

Es wurde auf dem Markt kein Softwarepaket gefunden, welches für alle anfallenden Aufgaben – Schaltungsentwicklung, Simulation, Leiterplatte, mechanische
Produkte, Werkzeuge, NC, etc. – optimal geeignet wäre. Daher sind in den einzelnen Bereichen unterschiedliche, anwendungsspezifische Softwarepakete eingesetzt. Einheitlich dagegen ist die NC-Programmierung und NC-Simulation konzipiert.

3. Bereich Elektronik

Im Bereich der Elektronik fallen folgende Aufgaben an :

- Entwicklung der Schaltung
- Entwurf der Leiterplatte
- Konstruktion der mechanischen Teile
- Design des Frontpanels

Alle diese Tätigkeiten werden heute computerunterstützt durchgeführt.

3.1. Struktur des Systems

Die Software für den Bereich Elektronik besteht aus folgenden Modulen:

Datenbank (relational)	INFORMIX
Schaltplan	REDAC VISULA SCM
Leiterplatte	REDAC VISULA PCB
Konstruktion (2 D)	REDAC VISULA 2 D
Graphisches Design	REDAC VISULA 2 D

Alle diese Programme sind natürlich zueinander kompatibel, das heißt es können gegenseitig Daten ausgetauscht werden. Ebenso haben alle die gleiche Benutzerführung.

3.2. Datenbank

Als Datenbank wird ein relationales System (INFORMIX) verwendet. Die Daten sind in drei Blöcke unterteilt:

- Bauteile-Daten
- Technologie-Daten
- Maschinen-Daten

3.2.1. Bauteile-Datenbank

In diesem Teil der Datenbank sind alle Informationen über die verwendbaren elektronischen und elektromechanischen Bauteile gespeichert. Im einzelnen sind dies:

Schaltelemente
Hier ist die graphische Abbildung der Schaltzeichen mit den elektrischen Anschlüssen abgelegt. Wieviel Einzelelemente in einem Bauelement vereint sind – zum Beispiel ein NAND-Gatter mit zwei Eingängen und einem Ausgang und davon 4 Stück in einem Gehäuse, also untrennbar an einer Versorgungsspannung.

Gehäuse
Die graphische Darstellung einer Gehäuseform mit Informationen über Zubehörteile, zum Beispiel zwei Schrauben und Muttern bei einem Steckverbinder. Aber auch Informationen für die Greifzangen des Bestückungsautomaten. Ebenso ob der Boden aus Metall besteht und somit elektrisch leitend ist. In diesem Bereich

dürfen sich dann beim Einbau auf der Leiterplatte keine Leiterbahnen befinden. Welche Lötaugen bei welcher Fertigungstechnik verwendet werden, etc.

Bauteile
Hier ist das komplette Bauteil beschrieben. Welche Schaltelemente in welchem Gehäuse verwendet werden. Die Zuordnung der Gehäuse-Anschlußstifte zu den Anschlüssen der Schaltelemente. Die elektrischen Werte, zum Beispiel Ein- und Ausgangsströme oder der Wert eines Widerstandes. Ebenso Suchbegriffe für das Auffinden der richtigen Bauteile aus der Datenbank.

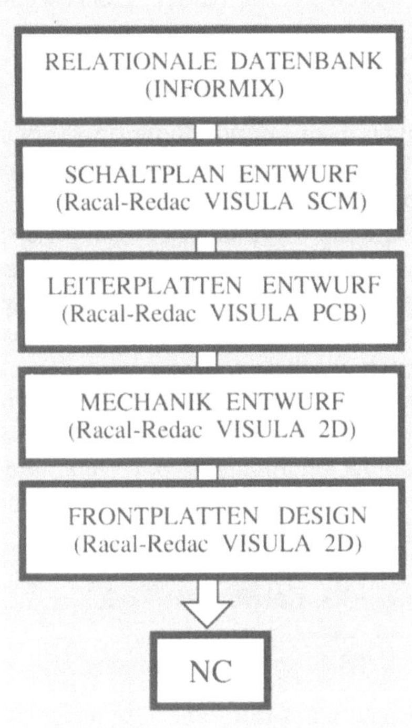

Abb. 3. Software Bereich Elektronik

3.2.2. Technologie-Datenbank

In der Technologie-Datenbank sind Regeln und Vorschriften für den Entwurf gespeichert. Einige Beispiele dazu :

Verwaltung der Ebenen
Das CAD-System arbeitet auf verschiedenen Ebenen. Diese Ebenen kann man sich als übereinanderliegende Klarsichtfolien vorstellen. Auf jeder Ebene wird eine andere Information untergebracht, zum Beispiel die Entwurfsvorderseite, Rückseite, Konturen der Bauteile, Texte, etc. Dadurch können die verschiedenen Informationen beliebig kombiniert ein- und ausgeblendet werden.

Abmessungen der Kupferflächen
Je nach Fertigungstechnik (ätzen, bohren, etc.) sind im Leiterbild minimale Werte für Leiterbahnbreiten und Isolationsabstände gefordert. Diese werden hier festgelegt.

Bohrdurchmesser für Bauteilstifte
Je nach dem, ob die Bauteile später manuell oder durch einen Automaten bestückt werden, müssen die Bohrungen für die Bauteilanschlüße unterschiedliche Durchmesser aufweisen. Auch diese Information wird hier gespeichert.

Diese Liste ließe sich noch wesentlich weiter fortsetzen, es sind einfach alle Entwurfsregeln abgelegt, soweit sie sich eindeutig beschreiben lassen.

3.2.3. Maschinenbeschreibungen

Die erzeugten Daten müßen nach Fertigstellung des Entwurfs in Steuerdaten für die Plotter und andere Ausgabemaschinen umgesetzt werden. Diese Software bezeichnet man als Postprozessor.

Damit nicht für jede Maschine ein neues Programm erstellt oder gekauft werden muß, wird ein sogenannter generalisierter Postprozessor eingesetzt. Dieser läßt sich für die verschiedenen anzusteuernden Maschinen konfigurieren. Das heißt, es wird ein maschinenneutrales Programm zur Umsetzung der Konstruktionsdaten in NC-Steuerdaten geliefert. Der Anwender kann dieses Programm dann so beeinflussen, daß es für seine eigenen Maschinen paßt. Die Daten die hierzu erstellt werden, sind in den Tabellen der relationalen Datenbank abgelegt.

Dadurch ist der Anwender unabhängig vom Lieferanten und kann zum Beispiel beim Neukauf einer Fertigungsmaschine die Anpassung selbst vornehmen.

3.3. Entwurfstätigkeit

3.3.1. Schaltplaneingabe

Das Erstellen eines Schaltplanes am Bildschirm, unterscheidet sich in den Grundzügen nicht sehr vom Zeichnen am Reißbrett. Jedoch gibt es ein paar wesentliche Vorteile. Die wichtigsten sind :

- Die Schaltzeichen mit ihren Anschlussnummern, Namen und sonstigen Texten werden aus der Datenbank gerufen und müssen nicht jedesmal neu gezeichnet werden.
- Fehler bei der Benummerung und der Namensvergabe sind dabei ausgeschlossen, da dies automatisch geschieht.
- Beim Zeichnen werden die wichtigsten Parameter on line überprüft und gemeldet. Dies sind zum Beispiel Überlastungen von Stromquellen, Tristate Fehler, gemischte Logikfamilien und vieles mehr.
- Doppelbelegung von Bauteilen und Signalen werden verhindert.

Auch diese Liste ließe sich noch weiter fortführen. Zusammenfassend läßt sich sagen, daß die Vorteile zum einen in der Zeitersparnis und zum andern in der Fehlerfreiheit liegen.

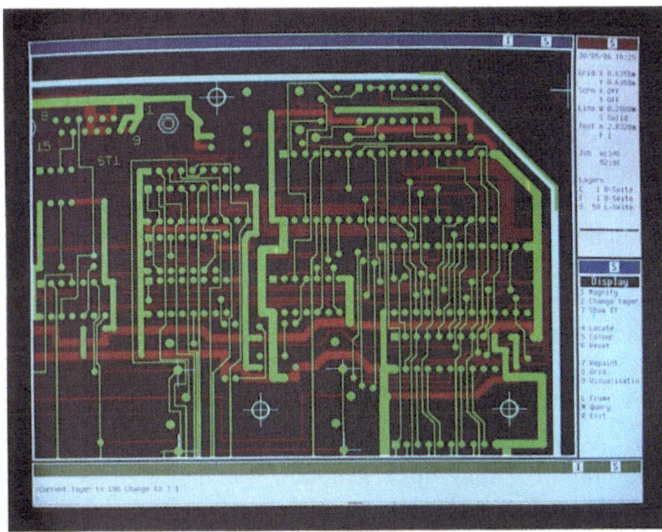

Abb. 4. Leiterplattenentwurf am CAD-Bildschirm

- Der wohl wichtigste Vorteil aber ist, daß die Daten aus dem Schaltplanprogramm in das Leiterplattenprogramm zur Weiterverarbeitung übergeben werden.

3.3.2. Leiterplattenentwurf

Auch beim Leiterplatten-Entwurf läßt sich ähnlich wie beim Schaltplan sagen,
daß der Entwurfsvorgang prinzipiell dem des Handentwurfs entspricht. Es gibt
grundsätzlich zwei Arbeitsgänge, das Plazieren der Bauteile und die Wegesuche
für die Leiterbahnen. Die wichtigsten Vorteile beim CAD-Entwurf sind:

- Die Daten der verwendeten Bauteile und der Verbindungen werden nicht mehr
  manuell dem Schaltplan entnommen, sondern automatisch – und damit fehlerfrei – aus dem Schaltplanprogramm überführt.
- Das Plazieren der Bauteile kann (muß nicht) optimaler durchgeführt werden,
  weil die Verbindungen zwischen den Bauteilen wie Gummifäden sichtbar sind.
  Außerdem können auf Grund der Schnelligkeit, eher als am Zeichenbrett ver-
  schiedene Variationen ausprobiert werden.
- Das Verlegen der Leiterbahnen geht wesentlich schneller als am Reißbrett, vor
  allen Dingen weil im Verlauf eines Entwurfs immer wieder bestehende Leiter-
  bahnen korrigiert, das heißt verschoben werden müssen. Dies geht natürlich am
  Bildschirm schneller als mit Radiergummi und Bleistift.
- Verbindungen können nicht falsch angeschlossen werden.
- Isolationsabstände werden automatisch überprüft.
- Fertigungsvorschriften werden zum großen Teil automatisch überprüft (siehe
  Technologie-Datenbank).
- Ein wesentlicher Vorteil ist außerdem die Geschwindigkeit mit der Änderungen
  im Entwurf durchgeführt werden können. Besonders auch weil die Änderungen
  anschließend automatisch in den Schaltplan (oder umgekehrt) übernommen
  werden.

Nach dem das Layout der Leiterplatte fertiggestellt ist, muß es jedoch in brauchbare Fertigungsunterlagen umgesetzt werden. Dies war früher ein sehr aufwendiger Vorgang – Kleben als 4:1 Vorlage; fotografisch reproduzieren auf 1:1 – Zeichnen der Dokumentation, wie Bestückungsplan, etc.

Heute werden die Informationen des Layouts mit Hilfe eines Postprozessors in die Steuerdaten für einen Fotoplotter umgesetzt. Der Fotoplotter ist eine Präzisionszeichenmaschine, die mit einem Lichtstrahl auf fotografischen Film zeichnet. Eine solche Maschine erreicht Genauigkeiten von einigen Metern. Ebenso werden die Steuerdaten für den Papierplotter und die Fertigungsmaschinen, wie Bohrmaschine und Bestückungsautomat erstellt. Das bedeutet, daß schon wenige Stunden nach Fertigstellung des Entwurfs mit der Produktion begonnen werden kann.

3.3.3. Mechanik-Konstruktion

Mit dem VISULA-System werden nur die mechanischen Teile konstruiert, die direkt zur elektronischen Baugruppe gehören, wie Befestigungen, Frontplatten, Einschübe, etc. Für die Konstruktion von rein mechanischen Teilen und Werkzeugen wird eine Software der Firma rotring euroCAD eingesetzt – siehe Kapitel 4.

Neben den typischen Vorteilen bei der CAD-Konstruktion kommt ein Punkt besonders zum Tragen. Die Leiterplatten- und die Konstruktionssoftware sind in einem Programm vereint. Dadurch entfällt die Übernahme von Daten der Leiterplatte für die mechanische Konstruktion.

Ein Beispiel: hinter der Frontplatte eines Gerätes befindet sich eine Leiterplatte mit den Bedienelementen und Anzeigen. Der Konstrukteur muß also nicht die Maße von irgendwelchen Unterlagen übernehmen, sondern er sieht die Leiterplatte auf dem Bildschirm. Es ist also kaum möglich, daß er die Aussparungen der Frontplatte an die falsche Position setzt.

Die Geometriedaten der fertigen Teile werden dann über den Postprozessor an das NC-Programmiersystem übergeben.

Abb. 5. Fotoplotter ARISTOMAT 401

3.3.4. Graphik-Design

Das Design der Frontplatten und Frontfolien wird ebenfalls mit der gleichen Software durchgeführt. Hier gelten also die gleichen Aussagen wie bei der vorher erwähnten Konstruktion. Das Design paßt maßlich mit Sicherheit zur darunterliegenden Mechanik. Auch hier wird vom fertigen Entwurf auf dem Fotoplotter die Druckvorlage auf Film gezeichnet.

Abb. 6. Design am CAD-Bildschirm

4. Bereich Mechanik

Im Bereich der Mechanik fallen folgende Aufgaben an :

- Konstruktion neuer Komponenten
- Berechnungen
- Konstruktion der Werkzeuge
- Konstruktion der Vorrichtungen und Betriebsmittel

Diese Tätigkeiten werden heute zum Teil computerunterstützt durchgeführt. Ein großer Teil wird noch manuell bewältigt, weil in diesem Bereich im Vergleich zur Elektronik erst relativ spät mit dem CAD-Einsatz begonnen wurde.

4.1. Struktur des Systems

Die Software für den Bereich Mechanik besteht aus folgenden Modulen:

- 2 dimensionales Konstruieren (rotring euroCAD DOGS 2 D)
- 3 dimensionales Konstruieren (rotring euroCAD BOXER (noch nicht im praktischen Einsatz, nur grundlegende Tests durchgeführt))
- Konstruktion von Freiformflächen (rotring euroCAD SWANS (noch nicht im praktischen Einsatz, jedoch vereinzelt erfolgreich angewendet))

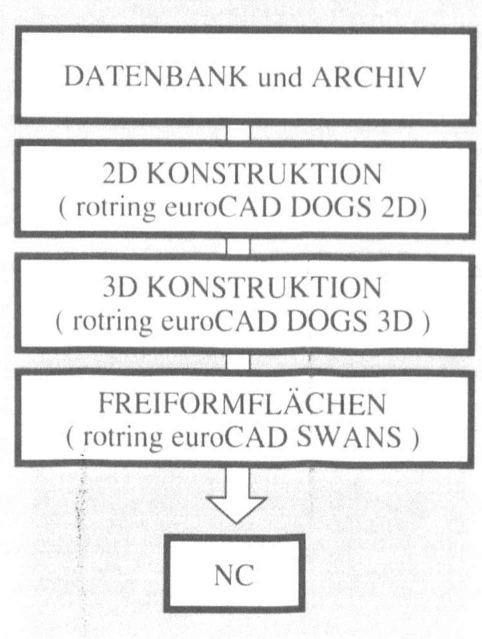

Abb. 7. Software im Bereich Mechanik

Auch hier gilt, wie bei dem Elektroniksystem, alle Programme sind zueinander kompatibel, das heißt Daten können untereinander ausgetauscht werden. Deshalb wurden die noch nicht praktisch eingesetzten Systeme für die 3 D-Konstruktion und Freiformoberflächen auch getestet, bevor das 2 D-System DOGS endgültig eingesetzt wurde.

4.1. 2-Dimensionale Konstruktion

Das Programm zum 2-dimensionalen Konstruieren DOGS ist heute die Software, die praktisch in den Fachabteilungen eingesetzt wird. Das heißt, der Konstrukteur sieht nicht das dreidimensionale Abbild seiner Konstruktion auf dem Bildschirm, sondern er konstruiert so wie er es vom Reißbrett gewohnt ist, meist in drei Ansichten. Worin liegen also die Vorteile gegenüber dem manuellen Entwurf am Reißbrett ? Dazu einige Beispiele:

Durchführung einfacher Konstruktionen
Geht es um die Konstruktion einfacher Teile, die aus geraden Linien und regelmäßigen, planen Flächen bestehen, so sind vom Ablauf her gegenüber dem Handentwurf nicht immer drastische Vorteile zu erreichen.

Hier kommt die Schnelligkeit, mit der ein geübter Konstrukteur mit dem System umgeht, zum Tragen. Vorteile sind das schnelle Erzeugen von Projektionslinien, Parallelen, Äquidistanten, etc. Ebenso das schnelle Manipulieren der erzeugten Geometrien, zum Beispiel das Bewegen, Reproduzieren, Transformieren von graphischen Elementen oder ganzen Gruppen. Sind die Teile in ihrer geometrischen Form schwieriger (viele Kurven, tangentiale Übergänge, etc.) ist dies mit CAD-Unterstützung meist deutlich besser als manuell zu lösen.

Ein weiterer Vorteil ist das Durchführen der Bemaßung. Einerseits kommt auch hier die Schnelligkeit zum Tragen, da der Konstrukteur nur die zu bemaßenden Elemente antippen muß und das System die Maßlinien und Maßzahlen automatisch generiert. Andererseits sind keine Fehler bei der Bemaßung möglich, da die Werte vom System aus den erzeugten Geometriedaten abgeleitet werden. Wichtig: beim Ändern der Geometrie werden natürlich auch die Maße mit geändert.

Parametrische Konstruktionen

Die Software beinhaltet die Möglichkeit sogenannte parametrische Programme zu erstellen. Das bedeutet folgendes: alle Befehle, die normalerweise interaktiv am Bildschirm über Menue aufgerufen werden, können für eine bestimmte Konstruktion in einer Datei zusammengefaßt werden. Diese Befehle können kombiniert werden mit Abfragen, Berechnungen, festen Parametern und den wichtigsten Elementen klassischer Programmiersprachen wie if then else, do while, etc. Diese Parametrics lassen sich einsetzen für :

a.) Variantenkonstruktion

Die optimalste Anwendung ist die Konstruktion von echten Varianten, also Baugruppen die konstruktiv identisch sind und sich nur in ihrer Dimensionierung unterscheiden. Hier kann im günstigsten Fall die gesamte Konstruktion in einem Parametric durch Variable beschrieben werden. Die komplette Baugruppe wird dann durch die Eingabe der Variablen oder gar aus einer Tabelle generiert. Leider gibt es solche echten Varianten nur sehr selten.

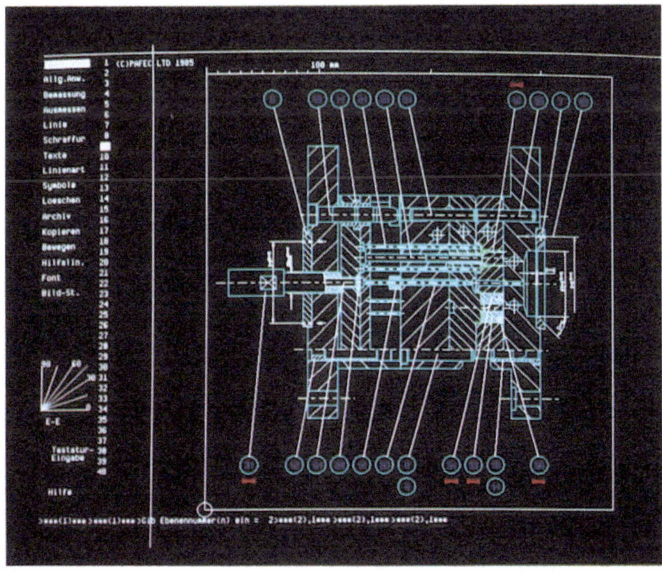

Abb. 8. Konstruktion eines Spritzgußwerkzeugs

b.) Wiederholvorgänge

Aber diese Parametrics lassen sich auch in normalen Konstruktionen einsetzen. Bei jedem Konstruktionsvorgang gibt es immer wiederkehrende Vorgänge, seien es ähnliche Geometrien, Berechnungen oder Tätigkeitsabläufe.
Dies geht von sehr simplen Beispielen, wie das Erzeugen von regelmäßigen
Konturen oder Standardteilen, bis hin zu der automatischen Generierung von
ganzen Normaliensätzen für Spritzgußwerkzeuge und automatischer Stückli-
stenerstellung. Wichtig ist dabei die genaue Analyse, wo solche Parametrics
einsetzbar sind und sie dann zentral zu verwalten und jedem Konstrukteur
zugänglich zu machen.

Änderungskonstruktionen

Ein ganz klarer Vorteil des CAD-Einsatzes ergibt sich bei Änderungskonstruktionen. Hierbei kommen ganz einfach die graphischen Manipulationsmöglichkeiten,
wie Löschen, Bewegen, Kopieren usw. zum Tragen. Dies geht einfach schneller als
mit Radiergummi und Bleistift.

Wichtig ist, daß auch aus diesem Programm, die Geometriedaten an das NC-
Programmiersystem zur Weiterverabeitung übergeben werden können.

4.2. 3-Dimensionale Konstruktion

Besonders Laien sind heute oft der Meinung, daß im Bereich der Konstruktion
mechanischer Teile 3-dimensional arbeitende Software selbstverständlich ist, bzw.
nur so eine effektive Anwendung von CAD möglich sei. Dem ist jedoch nicht so,
wie das vorige Kapitel zeigt. Trotzdem, die Zukunft gehört sicher der 3-dimensio-
nal arbeitenden, volumenorientierten Software. Deshalb wurde hier, obwohl 3 D
noch nicht eingesetzt wird, ein System ausgewählt bei dem eine datenkompatible
3 D-Erweiterung möglich ist.

4.3. Konstruktion von schwer beschreibbaren Oberflächen

Ein weiteres Problem sind Komponenten, die durch Flächen höherer Ordnung
begrenzt sind. Hier besteht beim manuellen Konstruieren nicht so sehr das Problem, die Flächen graphisch darzustellen, sondern sie dann so zu bemaßen, daß
sie eindeutig in ein NC-Programm für die Fertigung umgesetzt werden können.

Auch hier wurde darauf geachtet, daß das System ein kompatibles Programm
zur Lösung solcher Aufgaben besitzt. Dieses Programm wurde an praktischen Beispielen getestet, wird jedoch zur Zeit noch nicht allgemein eingesetzt.

5. NC-Programmierung und Simulation

Die Programmierung der NC-Maschinen geschieht heute noch sehr unterschiedlich. Zum Teil noch direkt an der Maschine durch das Bedienungspersonal. Teilweise durch spezielle Programmierplätze des NC-Maschinenherstellers. Einige
Anwendungen werden bereits nach neuem Konzept an einem zentralen, graphischen NC-Programmierplatz ausgeführt.

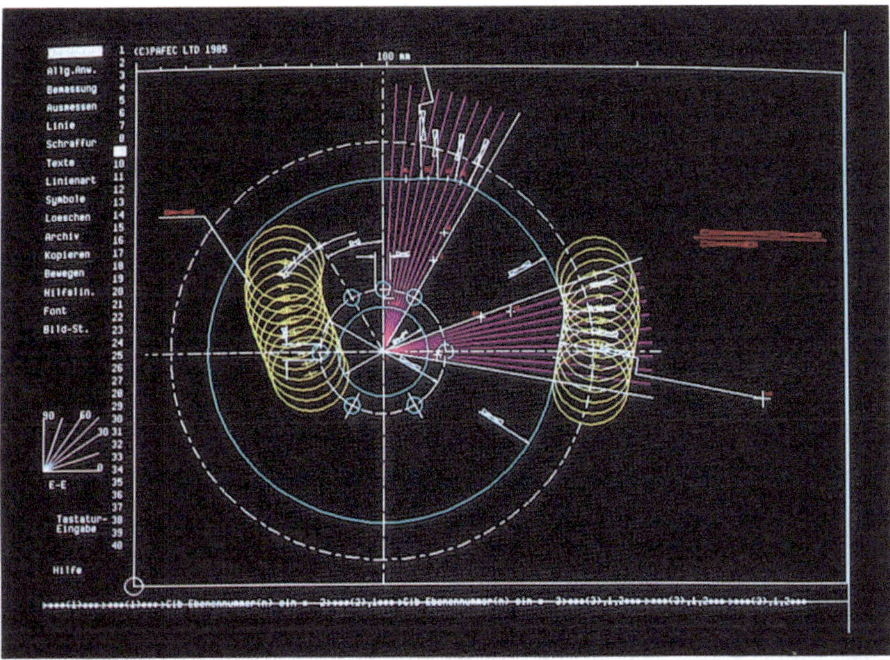

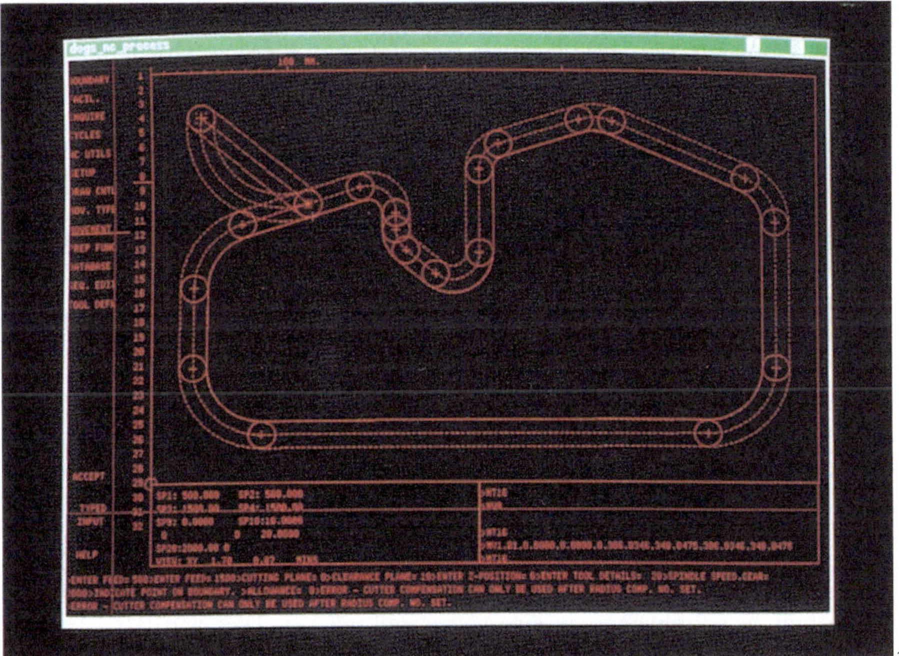

Abb. 9. Konstruktion einer Steuerkurve

Abb. 10. NC Programmierung und Simulation

5.1. Struktur des Systems

Zur NC-Programmierung wird das System DOGS-NC der Firma rotring euro-
CAD eingesetzt.

Auch dieses NC-Programmiersystem basiert auf der gleichen Hardware und
ist in das Rechnernetzwerk integriert. Das bedeutet, das direkt auf die von den
verschiedenen Fachabteilungen erzeugten Geometriedaten, sowohl aus der Elektronik wie aus der Mechanik zugegriffen werden kann.

5.2. Anwendung

Die Geometrie der zu erstellenden Teile wird, wie bereits erwähnt, von den CAD-
Systemen übernommen und erscheint auf dem Bildschirm des NC-Programmier-
systems.

Der Programmierer gibt zuerst die technologischen Daten, wie Werkzeug-
größe, Drehzahl, Vorschub, etc. je nach Bearbeitung ein. Danach tippt er die Kontur oder die Fläche an, die bearbeitet werden soll. Das Programm errechnet dann
die Verfahrwege für das Werkzeug und stellt sie dynamisch auf dem Bildschirm
dar. Dabei werden auch eventuelle Kollisionen zwischen Werkstück, Werkzeug
und Spannwerkzeugen berechnet und angezeigt.

Der große Vorteil liegt also darin, daß die Geometriedaten nicht mehr von
Hand berechnet und in das NC-Programm eingegeben werden müssen. Dies fällt
natürlich besonders bei komplizierten Konturen ins Gewicht. Auch hier also
einerseits die Schnelligkeit und andererseits die Fehlerfreiheit, die den Vorteil
bringt.

Durch die Darstellung der Werkzeugverfahrwege auf dem Bildschirm wird
also der gesamte Bearbeitungsablauf simuliert und der Programmierer kann im
Bedarfsfalle natürlich korrigierend eingreifen.

Das Ergebnis eines solchen Programmierablaufs ist dann zunächst ein maschi-
nenneutraler Datensatz. Dieser wird mittels eines Postprozessors in das fertige
NC-Programm für die entspechende NC-Maschine umgesetzt.

Auch hier steht wie beim Elektroniksystem ein generalisierter Postprozessor
zur Verfügung, den der Anwender für seine Maschinen konfigurieren kann.

6. Betreuung

Da es sich inzwischen um ein recht komplexes System mit fast zwanzig Arbeitsplätzen handelt, ist ein gewisses Maß an Betreuung erforderlich. Für den Konstrukteur soll der Computer ein Werkzeug sein. Er soll sich auf keinen Fall mit
EDV-technischen Problemen auseinandersetzten müssen. Dies wurde folgendermaßen gelöst:

- Die Systeme sind dezentral in den Fachabteilungen installiert.
- Für die Anschaffung, den Betrieb und alle technischen Probleme ist eine zen-
  trale CAD/CAM-Betreuungsstelle zuständig, die dem Bereich Technische
  Dokumentation und Normung angeschloßen ist.

- Die Schulung der Anwender wird ebenfalls von dieser Stelle durchgeführt.
- Ebenso werden hier die Datenbanken und Anwenderprogramme erstellt und gepflegt. Der Anwender hat für diese Daten nur Leserechte.

Damit sind die Fachabteilungen von den meisten technischen Problemen befreit und können sich in erster Linie ihren Konstruktionsaufgaben widmen.

7. Zusammenfassung

Betrachtet man abschließend, was durch den Einsatz Graphischer Datenverarbeitung erreicht wurde, so sollte man besonders zwei Dinge betrachten: Auswirkung auf die Tätigkeit des Konstrukteurs und die erreichbare Rationalisierung.

Auswirkung auf die Tätigkeit des Konstrukteurs
An den Ausführungen läßt sich erkennen, daß eine Rationalisierung fast immer durch den Wegfall von Routinearbeiten, wie das Darstellen und zu Papier bringen von Ideen, das Übertragen von Daten, den Wegfall von Kontrollen etc. erreicht wird.

Beispiel aus der Elektronik: das Layout ist immer verbindungstechnisch richtig und auch die Isolationsabstände sind richtig. Ob das Layout aber qualitativ gut ist in Bezug auf Übersichtlichkeit, Störanfälligkeit, Laufzeiten, etc. hängt weiterhin vom Konstrukteur und seinen Fähigkeiten ab.

Beispiel aus der Mechanik: die Bemaßung eines Entwurfs ist sehr schnell realisiert und die Werte sind immer richtig. Ob die Bemaßung aber fertigungsgerecht ist, hängt ausschließlich vom Konstrukteur ab.

In keinem Fall wird dem Konstrukteur die Kreativität genommen, sondern immer nur die Routinearbeit. Der Rechner konstruiert nicht, er ist ein Werkzeug.

Rationalisierung
Man kann nicht sagen, daß durch CAD-Einsatz Konstruktionsaufgaben grundsätzlich rationeller zu lösen sind als am Reißbrett. Vor allen Dingen wenn man das reine Konstruieren von einfachen, neuen Komponenten betrachtet. Wobei es durchaus Anwendungen gibt, bei denen von einer echten Rationalisierung gesprochen werden kann. Außerdem muß der Anwendungsbereich mitbetrachtet werden. Im Bereich Elektronik sind nun einmal anders geartete Aufgaben zu lösen als im Bereich der Mechanik.

Äußerst positiv sieht es dagegen aus, betrachtet man Änderungskonstruktionen und Variantenkonstruktionen. Hier lassen sich enorme Vorteile erreichen.

Hat man wie im vorliegenden Fall eine komplexe, abteilungsübergreifende Lösung erreicht, so lassen sich die Vorteile ganz klar nachweisen. In einem Satz läßt sich sagen: Immer wenn einmal erzeugte Daten weiterverwendet werden und nicht neu erzeugt werden müssen, sieht die Rechnung meist positiv aus.

Außerdem ist der Einsatz der Datenverarbeitung in der Entwicklung und Konstruktion eine der grundsätzlichen Voraussetzungen für die allgemein angestrebte automatische Fabrik oder moderner ausgedrückt für CIM (Computer Integrated Manufacturing).

Neue Methoden der Graphischen Datenverarbeitung im Vorfeld der geowissenschaftlichen Kartographie

H. Preuss

Zusammenfassung

Die Erforschung und Entwicklung neuer Methoden der Graphischen Datenverarbeitung im Niedersächsischen Landesamt für Bodenforschung führte zu dem Graphisch Interaktiven Raster-Orientierten-System „GIROS", einem Prototyp, dessen erste Anwendungen auf dem Gebiet der geowissenschaftlichen Kartographie hier dokumentiert sind. Der Autor erläutert die neuen Methoden, die dem System bei der Verarbeitung von Vektordaten mit Rastertechniken zu bisher nicht erreichten Leistungsmerkmalen verhelfen und gibt einen kurzen Einblick in die technischen Grundlagen der Rasterdatenverarbeitung. Zum Schluß werden die Erfahrungen mit den Funktionen der dynamischen Zuordnung von beschreibenden Inhalten zur Flächengraphik, die Erstellung abgeleiteter Karten mit Flächenneuzuordnung und Selektion sowie die Überlagerung und Verschneidung verschiedener Kartenebenen an mehreren Beispielen dargestellt.

1. Probleme der Graphischen Datenverarbeitung in den geowissenschaftlichen Disziplinen

Die wichtigste Ausdrucksform zur Darstellung der Ergebnisse geowissenschaftlicher Untersuchungen ist nach wie vor die thematische Karte. Diese zeigt das Thema der geowissenschaftlichen Fachdisziplin auf topographischem Hintergrund meistens als Choroplethen- oder Mosaikkarte, d. h. mit Karteneinheiten in flächiger Darstellung. Untergeordnet kommen linienhafte Objekte vor, z. B. in der Isoliniendarstellung von Meßwerten oder punkthafte Objekte in Symbolform, z. B. in Bohrpunktkarten.

Die Vorteile des Einsatzes der elektronischen Datenverarbeitung bei der Produktion von thematischen Karten wurden schon frühzeitig erkannt. So entstand z. B. das System ARISTO-CD 400 für Anwendungen der Graphischen Datenverarbeitung im geowissenschaftlichen Bereich schon Anfang der 70er Jahre (erstes Benutzerhandbuch 1975). Vorteile gegenüber der manuellen Arbeitsweise ergeben sich insbesondere dann, wenn die Basisdaten schon in digitaler Form vorliegen, also vom Computer direkt verarbeitbar sind, und/oder dieselben Daten nach einmaliger kartographischer Aufbereitung für vielfältige Ausgaben genutzt werden können.

Der Einsatz der ersten autokartographischen Systeme führte schließlich zu einer Stärkung der Produktionslinie mit der Erstellung fertiger Druckvorlagen für thematische Karten und zu einer nicht unbeträchtlichen Kostenersparnis bei der Erstellung von Auszugskarten oder abgeleiteten Karten, die aus den einmal erhobenen und digital gespeicherten Basisdaten durch Themenmodifikationen entwickelt werden.

In der Doppelbehörde Niedersächsisches Landesamt für Bodenforschung (NLfB) und Bundesanstalt für Geowissenschaften und Rohstoffe (BGR) werden thematische Karten mit dem ARISTO-CD 400-System produziert, deren Themen die Bereiche Geologie, Bodenkunde, Lagerstätten und Rohstoffe sowie untergeordnet Geophysik, Geochemie und Landesplanung abdecken (siehe auch Beitrag von B. Schmidt „Anwendung der Graphischen Datenverarbeitung bei der Produktion von geowissenschaftlichen Karten" in diesem Band). Dieses und andere autokartographische Systeme, die wie das ARISTO-System auf Vektorbasis arbeiten, d. h. intern mit Linienstrukturen, zeigen eine bemerkenswerte Entwicklungsreife insbesondere auf der Ausgabeseite. Das ist die letzte Stufe in der Kartenproduktion. Sie beinhaltet die Erstellung der Druckvorlagen nach abgeschlossener kartographischer Aufbereitung des geowissenschaftlichen Manuskriptes durch hochpräzise Plotter mit Lichtzeicheneinrichtung.

Die Behandlung von Flächengraphik als eines der Hauptanwendungsgebiete in der geowissenschaftlichen Kartenproduktion ist jedoch die Domäne der rastergraphisch orientierten Systeme. Insbesondere wenn Flächenverschneidungen nach Überlagerung verschiedener Kartenebenen notwendig werden, erweisen sich die Rastertechniken als die leistungsfähigeren. Die Hauptprobleme bei Flächenrastern liegen in der mangelnden Präzision bei der Wiedergabe und dem hohen Speicherplatzbedarf. Es scheint das Dilemma der geowissenschaftlichen Kartographie zu sein, daß Bearbeitungsgeschwindigkeit der Rasterverfahren und Präzision der Vektorverfahren in der Flächengraphik offensichtlich nicht vereinbar sind. Der Wunsch der Anwender, Vektor- und Rastertechniken gemeinsam in einem hybriden System einzusetzen, um die Vorteile aus beiden nutzen zu können, ist verständlich. Die Schwierigkeiten liegen jedoch in den als unüberwindlich geltenden Unterschieden der internen Strukturen: Vektorgraphik basiert auf der Behandlung von Liniendaten, deren Stützpunkte sortiert hintereinander als verkettete Koordinatenpaare abgespeichert sind (das gilt auch für Flächenumgrenzungen), während in der Rastergraphik alle Informationen (auch die linienhaften Objekte) unverkettet zeilenweise in kleinsten Bildelementen begrenzter Größe vorliegen. Rasterbilder sind deshalb in letzter Konsequenz eigentlich nur Informationsträger für Bildelemente (Pixel) ohne inhaltlichen Zusammenhang derselben. Die graphischen Grundtypen „Punkte", „Linien", „Flächen" sind im Gegensatz zur Vektorgraphik nicht direkt abrufbar.

In den Geowissenschaften kommt den Rasterbildern eine zunehmende Bedeutung zu. Eine Reihe von Basisdaten wird heute in Rasterform erhoben und als sogenanntes „Primärraster" abgespeichert. Das sind photogrammetrische Daten und Satellitenbilder, Abtast- und Scannerdaten, deren Überführung in vektororientierte Systeme auf erhebliche Schwierigkeiten stößt, so daß zu deren Verarbeitung eigene, neue rasterbasierende Systeme entwickelt wurden („Digitale Bildverarbeitungssysteme"). Diese enthalten eigene, den Vektorsystemen fremde Funktionen, die die kartographischen Bearbeitungsmöglichkeiten der vektororientierten Systeme jedoch nicht ersetzen.

2. Erforschung und Entwicklung neuer Methoden zur Bearbeitung von Linien- und Flächengraphik

Die Diskussion um die Vor- und Nachteile von vektor- und raster-orientierten Verarbeitungssystemen (vgl. Preuss, 1984) ist aus heutiger Sicht überholt. Unter den geowissenschaftlichen Datenverarbeitern herrscht Einigkeit darüber, daß Verarbeitungsmöglichkeiten *beider* Techniken notwendig sind, so daß sich moderne Forschungen auf diesem Gebiet auf die Möglichkeiten zur Integration konzentrieren.

Der Autor ist seit 1984 selbst mit einem Forschungsprojekt der Deutschen Forschungsgemeinschaft an der Entwicklung neuer Methoden beteiligt (Projekt zur „Aufbereitung geowissenschaftlicher Basisdaten für die Planung" im Rahmen des Schwerpunktprogrammes „Digitale Geowissenschaftliche Kartenwerke" [8]).Hier wurden wesentliche Fortschritte bei der Konvertierung von Vektor- und Rasterdaten und umgekehrt erzielt – eine wichtige Voraussetzung für die Integration beider Techniken mit dem Ziel, die Vorteile der beiden Techniken zu nutzen, ohne deren Nachteile in Kauf nehmen zu müssen.

Die Idee der kontexturalen Speicherung graphischer Objekte in ihrem Zusammenhang [1] ist für Rasterbilder geradezu revolutionär, denn Rasterbilder haben bekanntlich die Eigenschaft, daß die einzelnen Bildelemente (Pixel) ohne inhaltlichen Zusammenhang nebeneinander stehen. Dieser scheinbare Widerspruch löst sich schnell, wenn man berücksichtigt, daß die o.g. schwedischen Forscher einen Erkennungsprozeß für graphische Objekte im Raster benötigen („Mustererkennung"), um die Bildverarbeitungsfunktionen mit zusätzlichen Informationen zu versorgen.

Für die eigenen Forschungsarbeiten wurde das Prinzip der kontexturalen Speicherung graphischer Objekte derart abgewandelt, daß bereits bekannte Muster graphischer Objekte in ihrem Zusammenhang in ein Rasterbild eingebracht werden, um dort direkt zum Abruf zur Verfügung zu stehen. Das betrifft zunächst die Liniendaten, die als Vektoren gradlinig von Linienstützpunkt zu Linienstützpunkt erfaßt werden, von einem Digitalisier-Tisch oder -Tablett kommen, und zur schnelleren Verarbeitung rasterisiert werden sollen. Die Wandlung Vektor zu Raster geschieht nicht durch die übliche Methode, allen Bildelementen (Pixeln), durch die die Linie läuft, einen Wert zuzuweisen, der die „Ja"-Information enthält (Abb. 1).

Es wird vielmehr versucht, die ursprüngliche Information zu erhalten, nämlich daß die Linie aus Vektoren besteht, die gerade Verbindungen zwischen den Linienstützpunkten darstellen, wobei die Stützpunkte in ihrer Lage per Koordinatenangaben präzise beschrieben sind (Abb. 2).

Dazu bedarf es eines Rasters bestimmter Tiefe, wie es z. B. das Grauwertraster in Bildverarbeitungssystemen darstellt. Hier lassen sich nicht nur „Ja/-Nein"-Informationen unterbringen, sondern je nach Tiefe mehr oder weniger große ganze Zahlen. In einem 8 Bit tiefen Raster sind das pro Element Werte zwischen 0 und 255. Das reicht aus, um z. B. den Offset eines Gauß-Krüger-Koordinatenpaares, das einen Linienstützpunkt in einer Karte des Maßstabs 1:25000 beschreibt, bis auf die letzte Stelle genau in einem Element eines 1 Megabyte großen Rasters zu speichern.

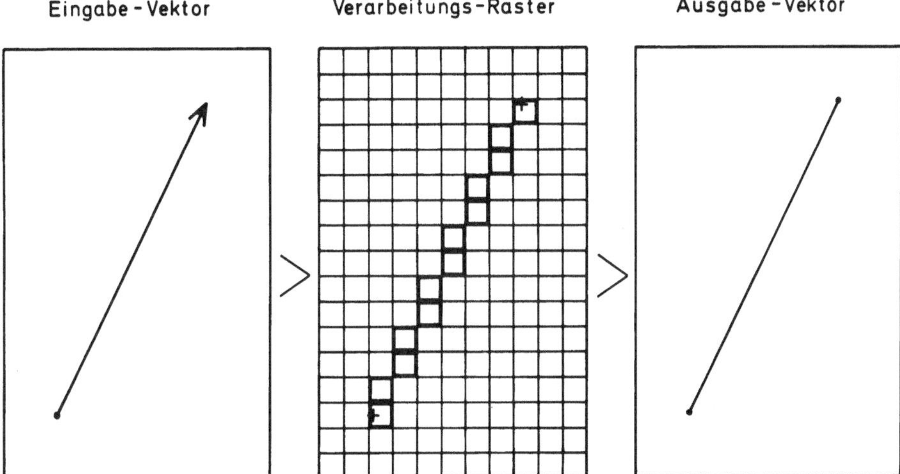

Abb. 1. Verfälschung von Vektordaten durch Anwendung herkömmlicher Rastertechniken mit Speicherung der „Ja/Nein"-Information in den Rasterelementen

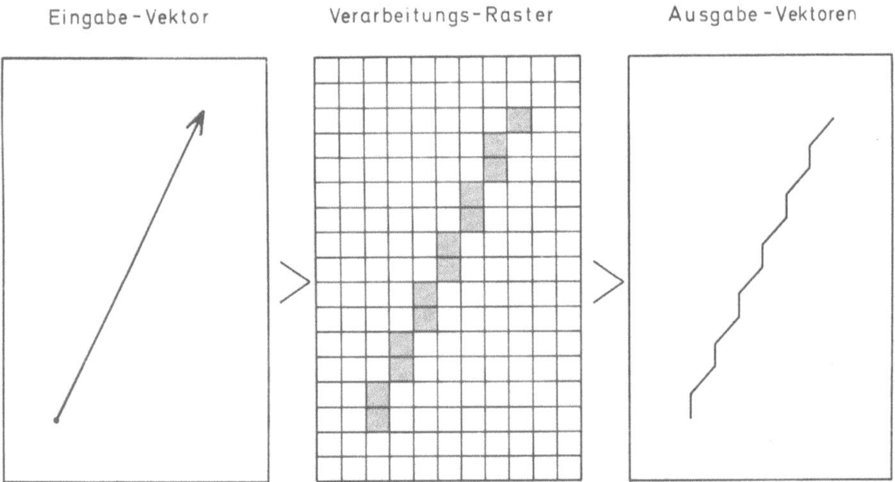

Abb. 2. Vektorverarbeitung ohne Genauigkeitsverluste durch Anwendung von Rastermethoden mit Koordinatenspeicherung und Verkettung der betroffenen Rasterelemente

Die Rasterelemente zwischen zwei Stützpunkten werden mit Werten belegt, die die Verkettungsrichtungen anzeigen, so daß sich aus den Rasterwerten jederzeit wieder Vektoren mit ihrer ursprünglichen Information auslesen und Linien zusammensetzen lassen. Die hierzu notwendigen Algorithmen laufen so schnell ab, daß ein interaktives Bearbeiten der Linien im Raster ohne Zeitverlust schon auf Minirechnern ermöglicht wird.

Die hier beschriebene Methode der Rasterierung von Vektordaten ist neu. Sie hebt einen ganz wesentlichen Nachteil üblicher Rasteranwendungen auf, nämlich

die mangelnde Genauigkeit bei der Ausgabe von Linien. Hier sind Vektoren ohne
Genauigkeitsverlust aus den Rasterdaten rekonstruierbar; die Linienstützpunkte
werden erkannt, und die Geraden zwischen ihnen sind ohne die sonst üblichen
Treppen in der Diagonalen abzuleiten.

Zur Bearbeitung von Flächen besteht die Möglichkeit, zusätzlich zum flächen-
umschreibenden Polygon in Vektorform auch die innerhalb liegenden Rasterelemente mit Werten zu belegen, die flächenspezifisch sind (z.B. Werte, die auf Einträge in einer Farbtabelle verweisen). Durch einfache Übertragung der Bildelemente des Rasters auf den Bildschirm einer graphischen Arbeitsstation werden
Flächen dieser Art ohne komplizierte Umrechnung sofort vollfarbig darstellbar.
Damit entfallen komplizierte Algorithmen zur Darstellung von Flächen durch
Schraffuren oder Signaturen, die in Vektorsystemen notwendig sind.

Die Füllung des Flächenrasters erfolgt durch ein Verfahren, das von einem
beliebigen Punkt in der Fläche ausgeht („Seed Fill"). Diese Methode erschließt
die Möglichkeit, Flächenzuordnungen aus punktbezogenen Daten vorzunehmen,
eine wichtige Voraussetzung für die dynamische Verknüpfung beschreibender
Daten mit der Graphik (Kap. 5).

Zur Unterscheidung von Linien- und Flächendaten im 8 Bit tiefen Raster wird
1 Bit als Zeiger verwendet, so daß für die Flächendarstellung nur 7 Bit bestim-
mend sind, Darin lassen sich Werte zwischen 0 und 127 unterbringen; d.h. es sind
maximal 127 verschiedene Flächeneigenschaften gleichzeitig darstellbar.

3. Rastertechniken auf dem Wege zum Erfolg

Rasterorientierte Verarbeitungssysteme sind in der Bildverarbeitung seit Jahren
eingeführt. Die Basisdaten liegen bereits als sogenanntes „Primärraster" vor; ihre
Wandlung in die Vektorform ist zu schwierig. Deshalb werden dort keine Vektorsysteme sondern sehr effiziente Rastersysteme eingesetzt. Die Leistungsmerkmale
sind überzeugend, aber warum sollte man Rastertechniken für Vektordaten einsetzen, wenn doch die Vektorform so viele Vorteile für den Verarbeitungskomfort
und die Ausgabe bietet?

Sicher ist die Wandlung von Vektordaten in die Rasterform ein unkomplizier-
ter Vorgang – im Gegensatz zur umgekehrten Richtung – , doch muß sichergestellt
sein, daß mit der Vektor-Raster-Konvertierung keine Genauigkeitsverluste einher-
gehen. Ist das gewährleistet, so kann man sich auf die Vorteile der Rasterdatenverarbeitung konzentrieren, und die liegen eindeutig auf der Seite der Verarbeitungsgeschwindigkeit für geometrische Operationen.

Die Erklärung hierfür ist einfach, denn alle Einträge im Raster haben einen
eindeutigen Lagebezug zueinander. Man kann sich das anhand eines Beispiels aus
der analytischen Geometrie bildlich vorstellen: Punkte, die auf Millimeterpapier
gezeichnet sind, lassen sich leicht danach bestimmen, welcher links, rechts, oben
oder unten liegt in Bezug auf einen beliebigen anderen Punkt, indem man das
Raster des Millimeterpapiers zeilen- bzw. spaltenweise durchsucht.

Diese einfache Art des geometrischen Bezugs fehlt in der Vektordatenverarbeitung, denn dort liegen die Vektoren bekanntlich sequentiell hintereinander vor,
ohne Links-, Rechts-, Oben-, Unten- Beziehung zueinander. Um z.B. Punkte im

Polygon zu finden, bedarf es mehrerer aufwendiger Rechenoperationen, die in der Vektordatenverarbeitung ein Vielhundertfaches an Rechenzeit kosten, wenn die Links/Rechts-Beziehungen aller Punkte zu allen Vektoren des Polygons ermittelt werden müssen. Große Datenbestände lassen sich nicht mehr ohne Vorsortierung oder Zuhilfenahme von Datenbanksystemen verarbeiten, die spezielle Datenstrukturen und Zugriffspfade aufbauen.

Noch extremer sind die Unterschiede, wenn Flächendaten verarbeitet werden sollen. Um z. B. Flächen verschiedener Ebenen miteinander zu verschneiden und Schnittflächen zu generieren, die als eigenständige Teilflächen weiterverarbeitet werden können, benötigen Vektorsysteme je nach Flächenzahl oft mehrere Stunden Rechenzeit auf Minirechnern. Rastersysteme sind für diese Art der Flächenverarbeitung prädestiniert und benötigen für die gleiche Aufgabe je nach Rasterauflösung bzw. Rastergröße oft weniger als eine Sekunde.

Eine optimale Anwendung der Rastertechniken setzt allerdings voraus, daß ein genügend großer Speicherbereich im Rechner zur Verfügung steht, um das gesamte Rasterbild aufzunehmen. Hieran scheiterten frühe Systeme, solange Bereiche von einem oder mehreren Megabyte als direkt adressierbarer „Bildspeicher" in Minirechnern der graphischen Arbeitsstationen noch nicht verfügbar waren.

Der technische Fortschritt auf dem Gebiet der Hardware allgemein und im Bereich der Speicherbausteine im speziellen nahm eine so rasante Entwicklung, daß die Größe des Bildspeicherbereiches heute kein Problem mehr darstellt. Hinzu kommt die Entwicklung von graphischen Coprozessoren, die spezielle Bildübertragungsfunktionen übernehmen, den Hauptprozessor entlasten und somit dem Gesamtsystem zu erheblich verbesserten Verarbeitungsgeschwindigkeiten verhelfen, wo vorher die Größe des Rasters zu Übertragungsproblemen geführt hat.

Moderne graphische Arbeitsstationen bewältigen heute die Übertragung eines Vollbildes von mindestens 1000×1000 Pixeln innerhalb 1/60 Sekunde auf den Bildschirm und innerhalb von 1 Sekunde auf externe Medien. Die Integrierbarkeit in lokale Netzwerke sorgt außerdem für einen oft notwendigen Verbund mit anderen Arbeitsstationen oder einem Zentralrechner, der die zu verarbeitenden Daten auf Magnetplatten verwaltet.

Obwohl die Übertragung von nicht-komprimierten Rasterdaten bei einer Rate von 10 Megabit/Sekunde in einem Netzwerk durchaus möglich ist, sind Methoden der Datenkompression heute sehr gefragt. Die am häufigsten angewandte Methode ist die sogenannte „Run-Length" Codierung. Hier werden gleiche Bildelemente pro Rasterzeile gezählt und zusammengefaßt mit dem Zähler übertragen. Rasterbilder mit wenig komplexen graphischen Objekten werden dadurch um ein Vielfaches schneller übertragbar.

Der Erfolg der Rastertechniken in den letzten Jahren geht im wesentlichen auf die Fortschritte in der Hardware-Entwicklung zurück, aber neue Software-Methoden folgen und liefern einen nicht unerheblichen Beitrag. Doch läßt sich auch der Verarbeitungskomfort der Vektordaten mit Rastertechniken erreichen?

4. Integration von Raster- und Vektordaten in einem hybriden System

Kartenkonstruktionen und Entwurfsarbeiten basieren hauptsächlich auf Vektordaten, die als solche identifizierbar und modifizierbar sein müssen. Die Funktionen eines kartographischen Editors z. B. dienen dem Aufbau, dem Nachführen und Laufendhalten sowie dem Gestalten einer Karte am Bildschirm, wobei die Änderungsfunktion für Liniendaten eine wichtige Rolle spielt. Auch Flächen werden üblicherweise dadurch modifiziert, daß ihre Umgrenzungslinien geändert werden, und nicht etwa durch kompliziertes Löschen bzw. Ergänzen von Flächenrasterelementen. Das setzt voraus, daß Vektorfunktionen auch in modernen Verarbeitungssystemen enthalten sein müssen. Sollen nun Rastertechniken Grundlage der Verarbeitung sein, so bedeutet dies die Notwendigkeit von

a) *Speichermöglichkeiten* für Vektor- und Rasterdaten in gemischter Form und
b) schnelle *Konvertierungsmöglichkeiten* von Liniendaten aus der Raster- in die Vektorform während der Bearbeitung.

Beide Voraussetzungen konnten bei der Entwicklung eines neuen Verarbeitungssystems erfüllt werden, das als Prototyp unter dem Namen „GIROS" (Graphisch Interaktives Raster-Orientiertes System) gefördert durch die Deutsche Forschungsgemeinschaft im Niedersächsischen Landesamt für Bodenforschung entstanden ist. In diesem System dient ein Basisraster von 1 Megabyte Größe als flüchtiger Speicher für primäre Rasterdaten und gleichfalls als Hilfsraster (Sekundärraster) für primäre Vektordaten.

Die Vektordaten werden wie in Kap. 2 beschrieben so in das Basisraster eingetragen, daß keine Genauigkeitsverluste entstehen und ihre Verkettung gewährleistet ist. Das Basisraster liegt je nach Hardware-Voraussetzung entweder im Bildspeicher der graphischen Arbeitsstation oder als reservierter Teil des Hauptspeichers (Memory) im Rechner vor. Es ist nur solange aktiv, bis das Verarbeitungsprogramm beendet wird. Eine spezielle Sicherungsfunktion dient dazu, den Inhalt des Basisrasters in eine Magnetplattendatei zu retten. Dort steht er für weitere Bearbeitungen abrufbereit.

Die interne Struktur der Plattendatei erlaubt eine beliebige Mischung von Raster- und Vektordaten in hybrider Form. Die Rasterdaten werden ähnlich der Run-Length-Codierung abgespeichert, jedoch nicht zeilenweise, sondern flächenweise komprimiert, d. h. anstelle der vielen Rasterelemente einer Fläche werden nur noch Beginnspalte und Zeilenzähler gespeichert, sowie der Wert des ersten Rasterelementes in der Fläche. Spalten und Zeilenzähler liegen jeweils paarweise vor und haben damit die gleiche Struktur wie Vektordaten, die ja aus paarweise aufgereihten X- und Y-Werten (Koordinaten der Linienstützpunkte) bestehen. Alle graphischen Objekte sind in ihrem Zusammenhang kontextural gespeichert. Dies ermöglicht eine sehr schnelle gezielte Selektion von graphischen Objekten über ihren Wert oder ihre Nummer. Bei der Auswahl von Flächen eines bestimmten Wertes werden die Flächenumgrenzungen zusammen mit dem Flächenraster gelesen, wobei Inseln in den Flächen als Löcher im Flächenraster erkennbar sind: eine elegante Methode zur Lösung des „Inselproblems".

GIROS stellt Editiermöglichkeiten für alle Objekte der Typen „Punkt", „Linie", „Fläche" als interaktive Funktion zur Verfügung, nachdem die Daten aus der Plattendatei als Ganzes oder als Teilmenge selektiert in den Bildspeicherbereich eingelesen worden sind. Die Identifizierung der graphischen Objekte am Bildschirm erfolgt über den graphischen Cursor (Fadenkreuz oder Pfeil) in weniger als 1/60 Sekunde, wobei Linien als Vektoren erkannt werden und ein Linienverfolger die Vektoren verkettet. Die identifizierte Linie leuchtet auf und kann wunschgemäß modifiziert werden.

Die Editiermöglichkeiten für Flächen sind ähnlich komfortabel. Flächen lassen sich in ihrer Form ändern, indem ihre Umrißlinie geändert wird. Das Flächenraster muß nach einer Änderung der Umrißlinie neu aufgebaut werden. Dazu stehen Automatismen zur Verfügung.

Sollen Teile graphischer Objekte geändert werden, so bieten sich Rasterfunktionen an, die direkt auf das Basisraster zugreifen. Hier können beispielsweise Teile von Linien gelöscht werden, indem ein Radierbereich bestimmter Größe (z. B. 20 × 20 Pixel) definiert und mit dem graphischen Cursor über das Bild geschoben wird. Bei gedrücktem Cursorknopf arbeitet diese Funktion wie ein Radiergummi in der manuellen Kartenkonstruktion.

Eingaben von Punkt-, Linien- oder Flächendaten nach vorherigem Löschen oder bei der Kartenneuerstellung sind direkt möglich. Die jeweilige Position des graphischen Cursors wird wie beim Identifizieren von graphischen Objekten per Fadenkreuz oder Pfeil auf dem Bildschirm angezeigt. Nach entsprechender Wahl der Eingabefunktion (z. B. Linieneingabe) wird die jeweilige Position bei bewegtem Cursor mit jedem Knopfdruck abgespeichert. Der häufig benutzte „stream mode" bei der Linieneingabe wird durch Festhalten des Cursorknopfes erreicht. Die Cursorpositionen werden in hardwaremäßig vorgegebenen Zeitintervallen erfaßt. Es läßt sich jedoch nicht mehr als *ein* Koordinatenpaar pro Rasterelement abspeichern; d. h. ein Überlauf des Speichers bei gedrücktem Knopf und Stillstand des Cursors ist nicht möglich.

Während Punktdaten im „point mode" den Liniendaten entsprechend erfaßt und gespeichert werden können, ist die Flächendatenerfassung mit besonderen Eigenschaften ausgestattet. Der direkte Eintrag ins Basisraster ermöglicht die Digitalisierung eines Flächenmosaiks im sogenannten „Spaghetti-Modus", d. h. die flächenumgrenzenden Linien müssen nicht zusammenhängend erfaßt werden, sondern sie dürfen ungeordnet auch als Teillinien (wie ausgeschüttete Spaghettis) erfaßt werden. Auch Doppelerfassung von Grenzlinien benachbarter Flächen ist überflüssig. Knotenerkennungs- und Linienverfolgungs-Routinen sorgen bei Bedarf nachträglich für die notwendige Ordnung, wobei auch kleinere Fehler, z. B. unsauber erfaßte Linien mit Lücken im Knotenbereich, automatisch bereinigt werden.

Ein so erfaßtes Flächenmosaik besteht zunächst nur aus Linien und leeren Flächen. Die Füllung leerer Flächen ist technisch gesehen eine Füllung des Flächenrasters, inhaltlich gesehen eine Füllung mit beschreibenden Merkmalen. Die angewandte Methode der Flächenfüllung mit Inhalten ist auf die besonderen Bedürfnisse in den Geowissenschaften abgestimmt. Sie wird im nächsten Kapitel beschrieben.

5. Dynamische Verknüpfung beschreibender Daten mit der Graphik

Typisch für geowissenschaftliche Anwendungen sind die Vielfalt und die Menge beschreibender Daten alphanumerischer Art. Ob Punkt-, Linien- oder Flächendaten, ihre inhaltliche Beschreibung ist oft so komplex, daß einfache Dateistrukturen zur Speicherung und Verwaltung nicht mehr ausreichen. Deshalb wurde schon frühzeitig über Datenbanksysteme nachgedacht, die den Anforderungen in den Geowissenschaften gerecht werden. Eindeutig favorisiert werden bislang Datenbanksysteme relationaler Struktur, die sehr flexibel sind und die Datenstrukturen sowie die Zugriffspfade zur Selektion nicht festschreiben. Die überwiegende Mehrzahl geowissenschaftlicher Basisdaten alphanumerischer Art, die in den Datenbanken zur Verfügung stehen, sind punktbezogene Daten (z. B. Bohrdaten). Beschreibungen linearer geologischer Elemente beschränken sich meist auf einige wenige Störungslinien, die in den geologischen Karten graphisch hervorgehoben dargestellt werden, und auf Profillinien oder Schußlinien in der Geophysik. Beschreibungen von Kartenflächen kommen dagegen nur äußerst selten als Basisdaten für Konstruktions- und Entwurfsarbeiten vor; sie sind meistens aus punktbezogenen Daten abgeleitet, die bei Bedarf jeweils neu interpretiert und aggregiert werden.

Somit kommt den punktbezogenen Daten bei den graphischen Entwurfsarbeiten für thematische geowissenschaftliche Karten eine besondere Bedeutung zu. Die inhaltliche Beschreibung von Flächen muß gegebenenfalls aus punktbezogenen Beschreibungen abgeleitet werden können, also dynamisch mit der graphischen Darstellung verknüpfbar sein.

Der in GIROS verwirklichte Weg geht über eine Programmschnittstelle zum Lesen von punktbezogenen beschreibenden Inhalten aus einer DASP-Datenbank [4]. Die Inhalte werden aus frei wählbaren Datenfeldern eines oder mehrerer DASP-Datensätze entnommen und über die Koordinaten des Punktes, für den die Beschreibung zutrifft, der entsprechenden Fläche zugeordnet. Das geschieht über eine Point-in-Polygon Routine, die im Gegensatz zu herkömmlichen Anwendungen mehr als einen Punkt pro Fläche verarbeiten kann. Im Falle mehrerer Beschreibungen pro Fläche werden die Unterschiede gesammelt und am Ende einer statistischen Analyse unterzogen, die nicht nur eine zusammenfassende Beschreibung als Ergebnis liefert, sondern auch zusätzliche Angaben zur Homogenität einer Fläche ausgibt.

Sämtliche Flächen, die mit mindestens einem Punkt belegt sind, werden auf dem Bildschirm farbig angelegt und intern mit einem Wert gefüllt, der die Legendeneinheit anzeigt. Die Kartenlegende wird automatisch erstellt und erscheint nach Abschluß der Zuordnung inhaltlicher Beschreibungen am Kartenrand mit maximal 124 Einheiten.

Die DASP-Schnittstelle ermöglicht es, zusätzlich zur freien Auswahl der Datenfelder auch die Kennungen einer vorangegangenen Datenklassifikation zu lesen. Damit kann ein einmal erstelltes Flächenmosaik zu verschiedenen thematischen Karten verarbeitet werden, deren Themen durch die Datenklassifizierung bestimmt sind. Das DASP-Retrieval erlaubt durch gleichzeitiges Abarbeiten von maximal 50 Suchfragen, die Daten in entsprechend viele Klassen einzuteilen, die anschließend im Flächenmosaik darstellbar sind. Hier sind durch Zugriff auf die punktbezogenen Basisdaten der Themenvielfalt bei der Konstruktion von abgeleiteten Karten kaum Grenzen gesetzt.

Die bodenkundliche Kartierung im Niedersächsischen Landesamt für Bodenforschung nutzt die Möglichkeiten der dynamischen Zuordnung klassifizierter Daten, um aus dem Flächenmosaik der Reichsbodenschätzung (Karten im Maßstab 1:5000 mit parzellen-orientierten Grenzlinien) eine Vielzahl von Planungskarten mit Bezug zu Parzellengrenzen abzuleiten. Die graphische Information aus den Bodenschätzungskarten wird dort getrennt von der alphanumerischen Information beschreibender Inhalte abgespeichert und verwaltet.

Erst bei Bedarf werden entsprechend selektierte und klassifizierte Inhalte mit der Graphik verknüpft, um eine thematische Karte i.e.S. auszugeben. Das Verknüpfungsergebnis wird nicht gespeichert, d.h. eine kartographische Datenbank mit fertigen, direkt abrufbaren Karten wird nicht aufgebaut.

Datenerfassung, Verwaltung, Klassifizierung und Verknüpfung von Alphanumerik und Graphik liegen im Vorfeld der Kartographie, wozu die hier beschriebenen Werkzeuge DASP und GIROS eingesetzt werden. Erst die Erstellung von Druckvorlagen für qualitativ hochstehende Kartenprodukte erfordert eine kartographische Nachbereitung im Sinne von Herrn Meine [5] mit Möglichkeiten der Textplazierung im Kartenbild, Aufbereitung des Kartenrahmens und der Legende, Lichtzeichnung oder Gravurausgabe mit Vorbereitung für einen Druck nach der verkürzten Farbskala (4-Farbdruck) und Kopplung mit dem topographischen Hintergrund. Hierzu wird eine Ausgabeschnittstelle vom GIROS zum ARISTO-System genutzt, in welchem kartographisch aufbereitete Daten längerfristig aufbewahrt werden.

6. Überlagerung und Verschneidung verschiedener Kartenebenen

Zur Lösung fachübergreifender Aufgaben besteht oft die Notwendigkeit, die Informationen aus den verschiedenen geowissenschaftlichen Fachdisziplinen zu integrieren. Liegen diese Informationen in Form thematischer Karten vor, so lassen sie sich entweder durch Überlagerung zusammenführen oder durch Verschneidung integrieren. Typisch für Überlagerungs- und Verschneidungsaufgaben sind Anwendungen aus den Bereichen Landesplanung, Raumordnung und Umweltschutz. Hier müssen möglichst viele Datenquellen erschlossen werden, um eventuelle Konflikte zu erkennen, die in Eignungs- und Risikokarten dargestellt werden. Diese Karten dienen dem wirtschaftlichen und politischen Entscheidungsträger als Grundlage.

Die Erstellung von Eignungs- und Risikokarten erfordert oft komplizierte Verschneidungsprozesse, die - im Gegensatz zur optischen Überlagerung von verschiedenen Karten - rechnerisch neue Karten ergeben, in denen Schnittflächen als neue eigenständige graphische Objekte entstehen und Überlagerungstypen die Kartenlegenden ergänzen [7]. Eine Berechnung von Schnittflächen wird insbesondere dann notwendig, wenn diese die Basis für eine weitergehende Bearbeitung sein sollen. Häufig gehen die Flächengrößen mit in die Bewertung ein, so daß

Schnittflächen schon während der Erstellung der Eignungskarten bekannt sein müssen.

Als Grundlage für Überlagerungs- und Verschneidungsprozesse dient das verbreitete Ebenen-Konzept, wonach die verschiedenen Kartenthemen in verschiedenen Ebenen übereinander abgelegt sein müssen, um additiv oder subtraktiv überlagert werden zu können, vgl. Koeppel u. Arnold, in ihrer Konzeption einer Landschaftsdatenbank [2]. Bekannte kommerzielle Systeme (z. B. ARC/INFO der Fa. ESRI, Redlands, USA und GPPU der Fa. INTERGRAPH, Huntsville, USA) zeigen uns, daß unabhängig von der angewandten Überlagerungs- und Verschneidungstechnik bestimmte Voraussetzungen erfüllt sein müssen (a) und besonders bei Anwendung der Rastertechnik (b–d):

a) die Karten der verschiedenen Ebenen müssen fertig interpretierte Karten mit homogenen, nicht-verschachtelten Flächen sein,
b) die Karten der verschiedenen Ebenen müssen exakt dasselbe Arbeitsgebiet abdecken,
c) die Karten der verschiedenen Ebenen müssen den gleichen Maßstab haben,
d) die Rasterkarten müssen die gleiche Rasterauflösung haben.

Außerdem ist die Anzahl der Ebenen, die miteinander verschnitten werden können, meist auf einige wenige begrenzt.

Die Vorteile, die Flächenverschneidung mit Hilfe der Rastertechnik zu bewerkstelligen, sind bereits in Kap. 3 erläutert worden. Die Geschwindigkeitsvorteile sind so überzeugend, daß neue Systeme nicht auf diese Technik verzichten sollten. Es fällt jedoch schwer, in der praktischen Anwendung die o. g. Voraussetzungen für eine Verschneidung zu erfüllen, besonders dann, wenn mit fachfremden Daten gearbeitet werden muß. Deshalb wurden bei der Entwicklung von GIROS mit der hybriden Dateistruktur Möglichkeiten geschaffen, die nicht an diese Voraussetzungen gebunden sind.

Die Flächenraster werden beim Lesen einer GIROS-Datei automatisch an die Auflösung im Bildspeicher angepaßt, unabhängig davon, ob sie feiner oder gröber als das aktuelle Raster sind. Das wird durch die präzise beschriebenen Flächenumgrenzungen ermöglicht, die zusätzlich zum Flächenraster in Vektorform abgespeichert sind.

Das Flächenraster ist variabel und kann an jede beliebige Auflösung angepaßt werden. Daraus resultiert auch, daß Karten unterschiedlichen Maßstabes miteinander verschnitten werden können. Eine Anpassung erfolgt automatisch an den Maßstab und den Kartenausschnitt der zuerst eingelesenen Karte. Das geschieht unabhängig davon, wo der Ausgangspunkt bzw. Bezugspunkt der neu eingelesenen Karte liegt. Außerhalb des Arbeitsgebietes liegende Bereiche werden abgeschnitten (Clipping).

Die Flächenverschneidung erfolgt zweistufig. Zunächst wird das flächenumgrenzende Polygon überlagert und neue Knoten an den Schnittpunkten von Linien der ersten Ebene mit dem neuen Polygon generiert, danach wird das Flächenraster der zu überlagernden Fläche Element für Element mit dem Basisraster des Bildspeichers verglichen. Es kann subtrahiert oder addiert werden, wobei Überlagerungstypen ermittelt werden. Diese verweisen auf neue Einheiten in der durch die Verschneidung erweiterten Kartenlegende. Die neuen Legendeneinheiten erhalten bei Addition die entsprechenden Beschreibungen der neuen Kartenebene hinzugefügt. Die geometrische Überlagerung bzw. Verschneidung ist so mit einer inhaltlichen gekoppelt.

Die Anzahl der Überlagerungsebenen ist theoretisch unbegrenzt, in der Praxis wird jedoch durch die Anzahl der resultierenden Schnittflächen eine Lesbarkeitsgrenze gesetzt. Außerdem sind Anzahl und Umfang der Legendenbeschreibungen programmtechnisch begrenzt worden.

Eine Besonderheit der Verschneidungsfunktion von GIROS ist die Möglichkeit, Polygonkarten mit *leeren* Flächen miteinander zu verschneiden und eine inhaltliche Zuordnung bzw. Flächenfüllung nachträglich über punktbezogene Beschreibungen vorzunehmen. Wenn viele Punkte pro Fläche vorliegen, können somit sehr inhomogene Flächen, die durch die Verschneidung in Teilflächen untergliedert worden sind, ihren Unterschieden entsprechend verschiedenen Legendeneinheiten zugeordnet werden.

7. Erfahrungen mit neuen Techniken in der Graphischen Datenverarbeitung

Die Erforschung neuer Methoden und Techniken zur Verarbeitung graphischer Daten hatte im Niedersächsischen Landesamt für Bodenforschung das Ziel, neue Möglichkeiten und einen erheblichen Gewinn an Effizienz besonders im Vorfeld der geowissenschaftlichen Kartographie zu schaffen. Die Entwicklung des „Graphisch Interaktiven Raster-Orientierten Systems" GIROS führte zu einem Software-Paket, das dem Benutzer heute als lauffähiger Prototyp eine Vielzahl neuer Techniken bietet. Die Erwartungen speziell an die Effizienz der Rastermethoden waren nach ersten erfolgreichen Tests besonders hoch. Eine abschließende Beurteilung kann jedoch nicht auf der Basis ausgesuchter Testdaten in spezieller Testumgebung erwartet werden. Erst die Anwendungen mit umfangreichen echten Daten in stark ausgelasteten Rechensystemen können zeigen, wo die Stärken und die Schwächen liegen. Aber wenn es um die Leistungsfähigkeit geht, spielt auch die Hardware eine entscheidende Rolle.

Dieses wird auch in den folgenden Beispielen harter Anwendungen deutlich. Sie stammen aus den Bereichen der Lagerstättenkunde (Rohstoffsicherung), der geologischen Kartierung und der bodenkundlichen Kartierung. Sie wurden in verschiedener Hardware-Umgebung gerechnet, wobei grundsätzlich zwei Hardware-Konzepte zu unterscheiden sind:

- Das erste (ältere) Konzept geht davon aus, daß die Hauptrechnerleistung zentral zur Verfügung steht, und der Rechner über einfache und preiswerte Terminals vom Arbeitsplatz aus bedient wird.
- Im zweiten (moderneren) Konzept steht die Hauptrechnerleistung dezentral in integrierten Arbeitsstationen direkt am Arbeitsplatz zur Verfügung, und die Kopplung zum Zentralrechner dient nur noch dem Zugriff auf zentrale Datenbanken.

Welche Unterschiede in den beiden Konzepten liegen, wurde beim Einsatz von GIROS besonders augenfällig. Die Vorteile rasterorientiert arbeitender Systeme können nämlich erst dann voll ausgeschöpft werden, wenn die interaktiven Funktionen über einen schnellen direkten Zugriff zum Bildraster verfügen (DMA: direct memory access). Das geht nur in den modernen graphischen Arbeitsstationen mit eigenem integriertem Rechner.

Um aber auch die Rechenzentren mit leistungsfähigen Zentralrechnern für die interaktive Graphik nutzen zu können, stellt die Industrie Terminals her, die mit entsprechender lokaler Intelligenz ausgestattet sind und interaktive graphische Funktionen erheblich beschleunigen. Die Schwachstelle dieser Konfiguration ist die Kopplung zum Rechner über die langen und langsamen Terminalleitungen.

Diese sind für Rasterdatenübertragung nicht geeignet. Deshalb sind die intelligenten Terminals normalerweise auch nicht mit Rasterfunktionen ausgestattet, sondern sie verfügen über eine vektorgraphische Schnittstelle, vornehmlich auf der Basis des GKS-Standards (GKS: Graphisches Kern-System, DIN 66252).

Bei der Implementation von GIROS auf dem Zentralrechner offenbarte sich ein weiterer Nachteil, der aus den üblichen Verfahren der virtuellen Speichertechnik in großen Mehrbenutzersystemen resultiert. Mit zunehmender Belastung des Zentralrechners durch andere Anwendungen werden mehr oder weniger große Datenbereiche aus dem Hauptspeicher des Rechners (Memory) auf Magnetplatte ausgelagert, um für andere Benutzer Platz zu schaffen (Swapping). Sobald der als Bildspeicher definierte Bereich davon betroffen ist, gehen die Vorteile schneller geometrischer Funktionen der Rasterdatenverarbeitung verloren, und die Leistungsfähigkeit des Systems ist in Frage gestellt.

Deshalb ist in jedem Falle eine Hardware-Konfiguration mit eigenem Arbeitsplatzrechner zu bevorzugen, auch wenn dieser nicht die Rechengeschwindigkeit eines großen Zentralrechners erreicht. In derart konfigurierten graphischen Arbeitsstationen zeigt sich tatsächlich das „Echtzeitverhalten" der Funktionen mit Bildspeicher-Zugriff, d.h. jede Funktion läuft innerhalb des Bruchteils einer Sekunde ab.

Einige ausgewählte Beispiele sollen nun die wichtigsten GIROS-Anwendungen zeigen. Sie sind in Form von Farbbildern dokumentiert, die mit einer Kleinbildkamera von einem hochauflösenden Farbbildschirm aufgenommen worden sind. Durch mehrere Sekunden lange Belichtungszeiten ließ sich vermeiden, daß der schwarze Streifen des Bildrücklaufes erscheint. Der Kissenverzug in den meisten Bildern ist durch die relativ starke Bildschirmkrümmung bedingt.

Das erste Beispiel stammt aus dem Bereich der Lagerstättenkunde und zeigt die Grenzen der Rohstoffsicherungsgebiete im Blattgebiet der TK 25 Nr. 3821 Hessisch-Oldendorf (Abb. 3).

Die Grenzen wurden in Polygonstruktur auf einem Digitalisiertisch erfaßt und in einer DASP-Graphikdatei abgespeichert. Beim Einlesen werden sie im Kartenfenster auf dem Bildschirm sichtbar. Parallel dazu wird das Basisraster des Bildspeichers mit Lineninformationen gefüllt. Lücken werden erkannt und lassen sich automatisch schließen. Die Flächen sind leer.

Eine sehr wichtige Funktion ist die dynamische Flächenfüllung, die eine beliebige Zuordnung punktbezogener inhaltlich beschreibender Daten aus einer DASP-Datei zu den Polygonen erlaubt.

Abb. 4 zeigt die Karte der Rohstoffsicherungsgebiete während der Point-in-Polygon Einträge mit Zuordnung des Flächeninhaltes aus dem Datenfeld „Material", das eine petrographische Beschreibung enthält. Unterschiede in der Beschreibung werden automatisch erkannt und resultieren in unterschiedlich farbiger Darstellung der Flächen.

Speziell bei der Konstruktion von Planungskarten werden Überlagerungs- und Verschneidungsfunktionen benötigt.

Abb. 5 zeigt eine Überlagerung der Rohstoffsicherungskarte durch eine Karte der Natur- und Landschaftsschutzgebiete, die als Rasterbild in die 2. Ebene geladen worden ist.

Nach Anstoßen der Verschneidungsfunktion ist Abb. 6 entstanden, das nur solche Flächen zeigt, die frei von Konflikten der konkurrierenden Ansprüche an Natur- und Landschaftsschutz auf der einen und Rohstoffgewinnung auf der anderen Seite sind.

Das nächste Beispiel stammt aus der bodenkundlichen Kartierung und zeigt eine Landnutzungskarte auf der Basis von Parzellengrenzen (Abb. 7).

Die Grenzen wurden in Spaghettiform auf einem Digitalisiertisch erfaßt und entstammen einer Bodenschätzungskarte. Sie haben ihre ursprüngliche Bedeutung verloren, als den Flächen neue Inhalte, nämlich Angaben zur heutigen Landnutzung, aus einer DASP-Datenbank zugeordnet wurden. Dadurch ist eine neue Karte mit neuen Inhalten entstanden. Die Erstellung von Karten, die aus anderen abgeleitet sind, ist ohne zusätzlichen Digitalisieraufwand möglich. Je mehr Themen auf der Basis *einer* Grundkarte abgeleitet werden können, desto lohnender wird der Einsatz der automatischen Datenverarbeitung.

Die letzten Beispiele zeigen geologische Karten, die in Raster- oder Vektorform vorliegen.

Abb. 8 stellt die geologische Karte GK 25 Nr. 3321 Nienburg während des Ladevorgangs als Rasterbild dar. Rasterbilder werden zeilenweise von unten nach oben geladen; das obere Fünftel der Karte fehlt noch. Die Karteneinheiten sind durch Verknüpfung mit der Standardfarbtabelle des Systems verschiedenfarbig und durch Grenzlinien getrennt dargestellt.

Abb. 9 zeigt die gleiche Karte im Vektorformat mit leicht abgewandeltem Inhalt. Die unterschiedlichen quartären Einheiten sind hier aus Gründen der Übersichtlichkeit z. T. zusammengefaßt mit gleicher Farbe dargestellt worden. Außerdem wurde der Inhalt mit einer neuen Farbtabelle verknüpft. Die hier noch vorhandenen Grenzlinien zwischen Nachbarflächen gleicher Aussage können nachträglich gelöscht werden.

Abb. 10 zeigt die geologische Karte GK 25 Nr. 2317 Langen mit 11 Legendeneinheiten. Diese Karte wurde im Vektorformat geladen und ist auch auf graphischen Arbeitsstationen darstellbar, die nur vektororientiert arbeiten (z. B. mit GKS). Flächenfüllungen sind dann über die Fill-Area-Funktion möglich. Das GIROS-Speicherkonzept erlaubt bestimmte graphische Objekte aus einer Vielzahl zu selektieren.

8. Zukunftsperspektiven

Die schnell fortschreitende Entwicklung neuer, preisgünstiger *Hardware* hat in den letzten Jahren zu einer enormen Leistungssteigerung besonders bei den Minirechnern und graphischen Arbeitsstationen geführt. Diese Tendenz wird sich sicher fortsetzen, so daß leistungsstarke Rechner in Zukunft nicht mehr nur als Zentralrechner in den Rechenzentren, sondern auch als integrierter Bestandteil graphischer Arbeitsstationen am Arbeitsplatz stehen werden. Bei weiter fallenden Preisen werden die Arbeitsplatzsysteme bald in die Domäne ehemaliger einfacher graphischer Terminals einbrechen und diese mehr und mehr vom Markt verdrängen.

Auf der Seite der *Software* sind Entwicklungen zu erkennen, die zunehmend mehr Nutzen aus den Möglichkeiten moderner Hardware ziehen. Speziell interaktiv-graphische Software benötigt leistungsstarke Systeme. Doch hier sind auch neue Software-Techniken gefordert, die die Hardware-Möglichkeiten ausnutzen. Das im Niedersächsischen Landesamt für Bodenforschung entwickelte Graphisch Interaktive Raster-Orientierte System GIROS ist ein Beispiel für die Anwendung neuer Techniken effizienter Rasterdatenverarbeitung in der geowissenschaftlichen Kartographie. Daß Software dieser Art alle Daten für interaktive Zugriffe im direkt adressierbaren Hauptspeicher des Rechners hält und keine zeitraubenden Plattenzugriffe mehr benötigt, ist heute noch keine Selbstverständlichkeit, obwohl die Arbeitsplatzrechner mit Hauptspeicherbegrenzungen auf 64 Kilobyte heute allgemein durch die 16 Megabyte-Typen abgelöst worden sind. Aber schon sind Gigabyte-Maschinen in Entwicklung, die die Scheu vor großen Bildrastern endgültig vergessen lassen und sogar den Einstieg in die dritte Dimension erlauben.

Ein weiterer Schub der Leistungssteigerung wird von den Techniken des Parallelprocessing erwartet, die allerdings spezielle Mehrprozessorsysteme voraussetzen. Mehrprozessorsysteme vom Typ „Transputer" stehen erst am Anfang ihrer Entwicklung, aber die ersten Schritte in diese Richtung sind bereits durch den Einsatz graphischer Coprozessoren in handelsüblichen Arbeitsstationen getan.

9. Literatur

1. Granlund, G.H., Knutson,H. u. Wilson, R.; Image Coding Using a Predictor Controlled by Image Content. Proceedings of 1982 IEEE Int. Conf. on Acoustics, Speech and Signal Processing; Paris, 1982.
2. Koeppel, H.-W. u. Arnold, F.; Landschaftsinformationssystem. Schriften für Landschaftspflege und Naturschutz, BfNL, Heft 21, 187 Seiten; Bonn Bad-Godesberg, 1981.
3. Kühne, K.; Das geowissenschaftliche Datenbanksystem DASP. NaKaVerm., Heft 185: 83-99; Frankfurt a.M, 1981.
4. Kühne, K.; DASP - Ein System zur Verwaltung und Auswertung geowissenschaftlicher Daten. Geol. Jb., Heft A 70: 41-59; Hannover, 1983.
5. Meine, K.-H.; Gestaltung, Reproduktion und Druck in der geowissenschaftlichen Kartographie. Geol. Jb., Heft A 50, 48 Seiten; Hannover, 1984.
6. Preuss, H.; Raster- oder Vektorverarbeitung? Erfahrungen bei der Anwendung von Programmen zur Konstruktion thematischer Karten mit Grenzlinienentwürfen im Niedersächsischen Landesamt für Bodenforschung. NaKaVerm., Heft I 94: 111-121; Frankfurt a.M, 1984.
7. Stanger, W.; Ein digitales Geländemodell und einige Anwendungsmöglichkeiten im Bereich der Flurbereinigung. Diss., Verlag d. Bayr. Ak. d. Wiss., Heft C 273, 217 Seiten; München, 1982.
8. Vinken, R.; Digitale Geowissenschaftliche Kartenwerke - Ein neues Schwerpunktprogramm der Deutschen Forschungsgemeinschaft. NaKaVerm., Heft I 95: 163-175; Frankfurt a.M., 1985.

Farbbild-Anhang

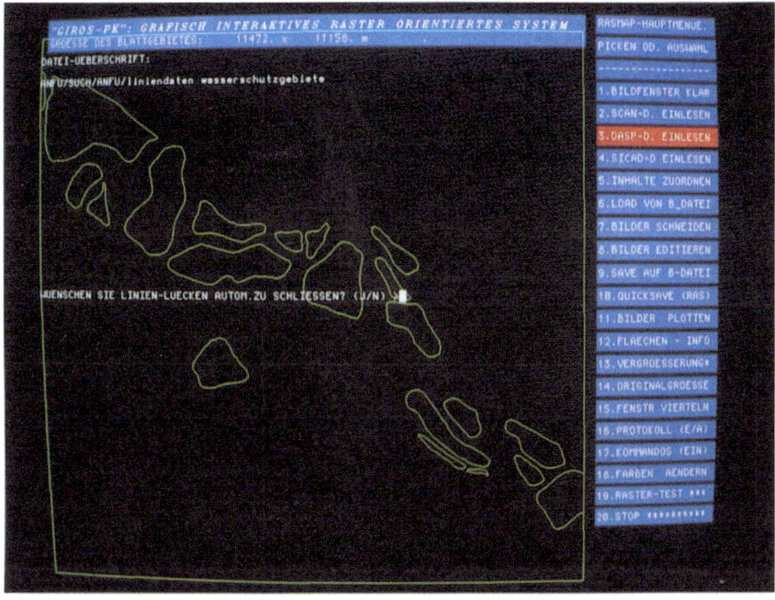

3

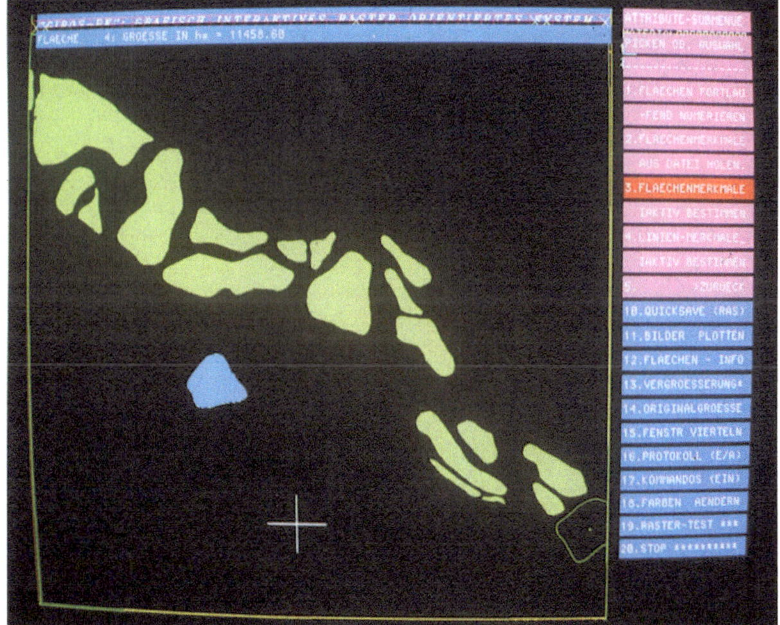

4

Abb. 3. Grenzen der Rohstoffsicherungsgebiete im Blattgebiet der TK 25 Nr. 3821
Hessisch-Oldendorf

Abb. 4. Rohstoffsicherungsgebiete mit zugeordneten Flächeninhalten aus punktbezogenen Beschreibungen

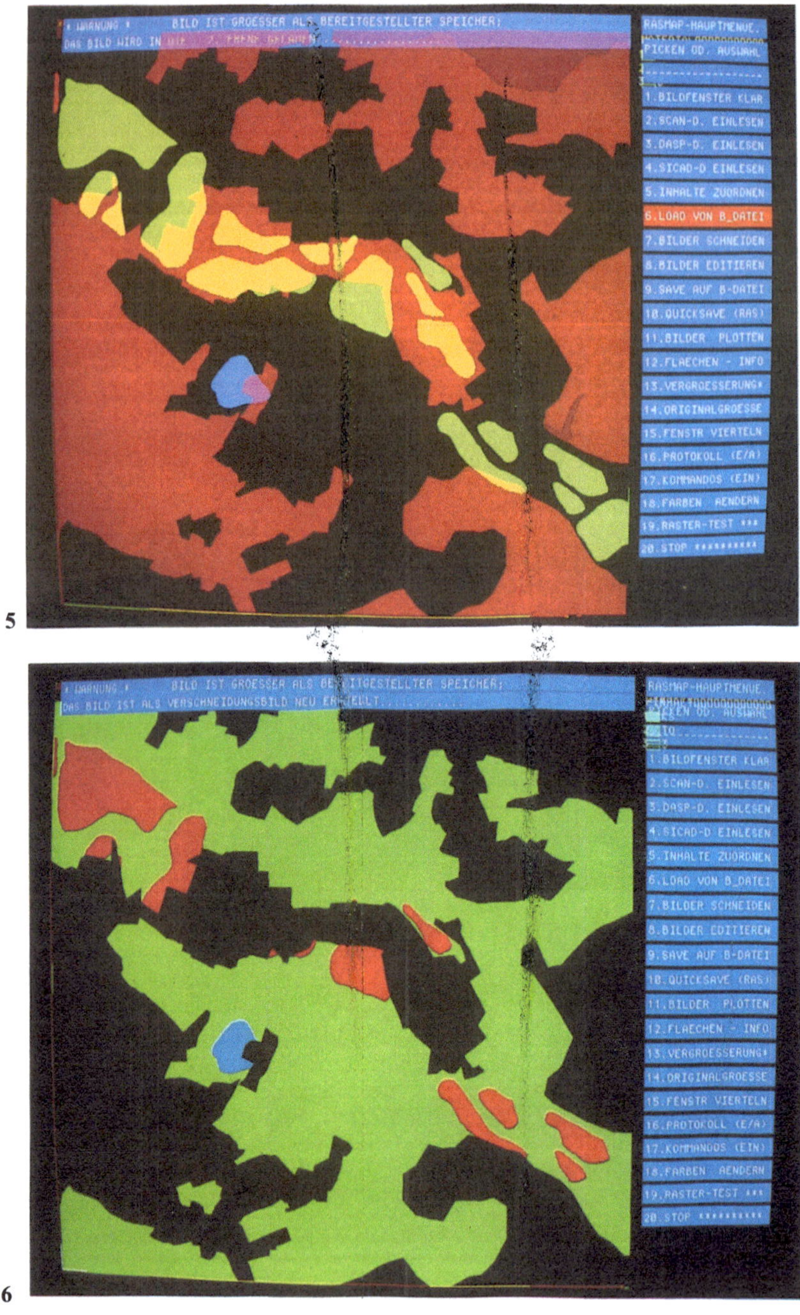

Abb. 5. Karte der Rohstoffsicherungsgebiete überlagert von einer Karte mit Natur- und Landschaftsschutzgebieten

Abb. 6. Karte der konfliktfreien Flächen als Verschneidungsergebnis nach der in Abb. 5 gezeigten Überlagerung

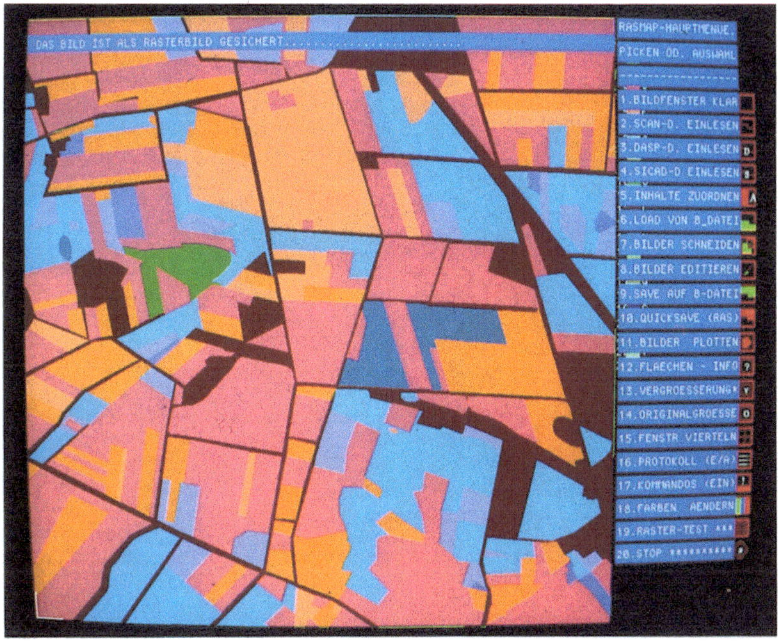

7

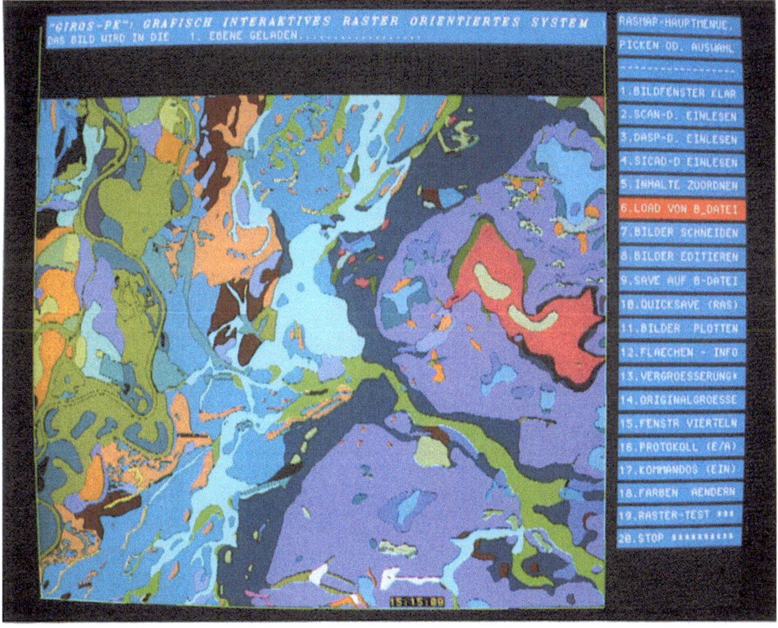

8

Abb. 7. Landnutzungskarte auf der Basis von Parzellengrenzen, die aus der zugehörigen Bodenschätzungskarte stammen

Abb. 8. Geologische Karte GK 25 Nr. 3321 Nienburg als Rasterbild während des Ladevorganges

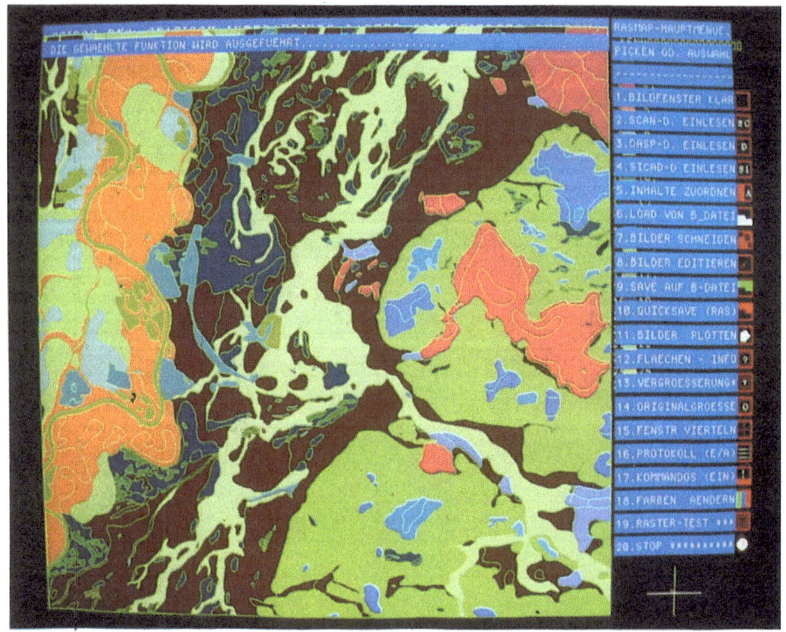

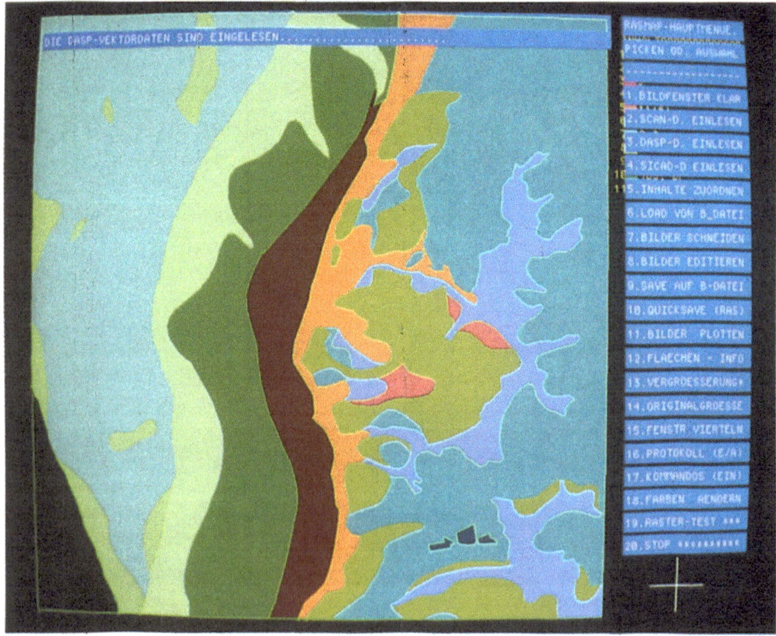

Abb. 9. Geologische Karte GK 25 Nr. 3321 Nienburg als Vektorbild mit
zusammengefaßten quartären Einheiten

Abb. 10. Geologische Karte GK 25 Nr. 2317 Langen mit 11 Legendeneinheiten

Anwendung der Graphischen Datenverarbeitung bei der Produktion von geowissenschaftlichen Karten

B. Schmidt

Zusammenfassung

Die Bundesanstalt für Geowissenschaften und Rohstoffe und das Niedersächsische Landesamt für Bodenforschung wenden seit 1977 die graphische Datenverarbeitung mit Hilfe von interaktiven kartographischen Systemen an.

Nach der Aufgabenbeschreibung der geowissenschaftlichen Dienststellen für die Herstellung von Themenkarten werden die neuen kartographischen Werkzeuge vorgestellt und der Produktionsprozeß anhand einer Bodenkarte der Bundesrepublik Deutschland im Maßstab 1:1 Million erläutert.

Zum Schluß werden weitere Einsatzmöglichkeiten des kartographischen Systems CD 400 dargestellt.

1. Aufgaben der Bundesanstalt für Geowissenschaften und Rohstoffe und des Niedersächischen Landesamtes für Bodenforschung bei der Bearbeitung geowissenschaftlicher Karten

Zu den originären Aufgaben der Bundesanstalt für Geowissenschaften und Rohstoffe (BGR) und des Niedersächsischen Landesamtes für Bodenforschung (NLfB) in Hannover gehört die Herausgabe von geowissenschaftlichen Karten.

Das Niedersächsiche Landesamt (NLfB), eine nachgeordnete Behörde des Niedersächsischen Ministers für Wirtschaft, Technologie und Verkehr, arbeitet hierbei überwiegend im großmaßstäblichen Bereich der Landeskartierung für die geologischen Karten 1:25.000 und die bodenkundlichen Karten 1:25.000.

Die Bundesanstalt für Geowissenschaften und Rohstoffe (BGR),nachgeordnet dem Bundeswirtschaftsministerium, bearbeitet bei der Herausgabe thematischer Karten die Maßstäbe 1:200.000 bis 1:5 Mio. In Sonderfällen werden noch kleinmaßstäblichere Karten bearbeitet.

Das Spektrum der geowissenschaftlichen Themen ist weit gefächert. So wird im nationalen Bereich das geologische Kartenwerk 1:200.000 mit 42 Blättern in Zusammenarbeit mit den geologischen Landesämtern der Bundesrepublik Deutschland herausgegeben. In diesem Rahmen entsteht auch die Kartenserie der oberflächennahen mineralischen Rohstoffe 1:200.000 mit ebenfalls 42 Blättern. Im Maßstab 1:1 Million werden Karten mit Themen wie z.B. Geologie, Lagerstätten, Bodenkunde, Tektonik und Oberflächennahe Rohstoffe bearbeitet und veröffentlicht.

Im internationalen Bereich bearbeitet die BGR im Rahmen von Verträgen mit der UNESCO die Internationale Geologische Karte von Europa im Maßstab 1:1,5 Millionen in 49 Blättern, die Hydrogeologische Karte von Europa, ebenfalls im Maßstab 1:1,5 Millionen in 30 Blättern, und die Internationale Quartärkarte von Europa im Maßstab 1:2,5 Millionen in 15 Blättern. Zu den von der BGR zu bearbeitenden internationalen Kartenwerken gehören auch die Eisenerzlagerstättenkarte im Maßstab 1:2,5 Millionen in 16 Blättern und die Erdgaslagerstättenkarte von Europa im Maßstab 1:2,5 Millionen in 9 Blättern. Zu den vordringlichen Aufgaben der BGR gehören Aufgaben in Entwicklungsländern, wo Arbeitsgruppen Kartierungen im kleinmaßstäbigen Bereich für Prospektions- und Explorationszwecke vornehmen; hier sollen nur die Geologische Karte von Nord-Thailand 1:250.000 in 7 Blättern und die Geologische Karte des Yemen 1:250.000 in 4 Blättern genannt werden.

Für die wachsenden Aufgaben bei der Produktion von geowissenschaftlichen Karten wurde 1977 mit dem Aufbau der graphischen Datenverarbeitung im Bereich der Kartographie begonnen. Hierbei konnte auf die Erfahrungen des Instituts für Angewandte Geodäsie (IfAG), Fankfurt/M., und des Deutschen Hydrographischen Institutes (DHI), Hamburg, aufgebaut werden. Während früher, und in bestimmten Bereichen auch noch heute, die Manuskriptkarten von Kartographie-Ingenieuren für die Druckvorlagenherstellung aufbereitet wurden, werden heute die Inhalte von Manuskriptblättern in geowissenschaftlichen Datenbanken gespeichert, aus denen die Daten im weiteren Arbeitsprozess abgerufen und für den Druck aufbereitet werden. Hierbei ist nicht nur die Produktion, sondern der Aufbau der Datenbanken von besonders großem Nutzen. Diese graphischen Datenbanken bilden die Grundlage für weitere abgeleitete Karten, Kartenkompilationen und Kartenauswertungen. Mit Hilfe der automationsgestützten Kartographie werden die Datenbanken durch interaktives Bearbeiten auf dem neuesten Stand gehalten. Die so geschaffenen Datenbanken können auch durch andere Daten ergänzt (siehe auch Beitrag von H. Preuss „Neue Methoden der graphischen Datenverarbeitung im Vorfeld der geowissenschaftlichen Kartographie" in diesem Band) und zu neuen Auswertemöglichkeiten genutzt werden. Hierbei spielt das selektive Retrieval, die Abfrage nach einzelnen Themen oder Teilen davon, eine besondere Rolle.

2. Gerätekonfiguration (Neue kartographische Werkzeuge)

Die BGR beschaffte im Jahre 1977 ihr erstes interaktives graphisches System CD 400 der Firma ARISTO, Hamburg. Dieses System bestand aus einem interaktiven Arbeitsplatz, einem Zentralrechner und einer Präzisionslichtzeichenmaschine. Der interaktive Arbeitsplatz besteht aus einem Digitizer mit einer aktiven Arbeitsfläche von 1,50 m × 1,00 m, einem graphischen Bildschirm, einem alphanumerischen Terminal und einem Joystick zur schnelleren Positionierung eines Fadenkreuzes auf dem Bildschirm. Die Digitalisiergenauigkeit beträgt über den gesamten Arbeitsbereich ±0,1 mm. Die Auflösung des Meßsystems beträgt 0,02 mm, die reproduzierbare Genauigkeit beträgt ±0,02 mm. Zu dem Zentralrechner gehören noch Peri-

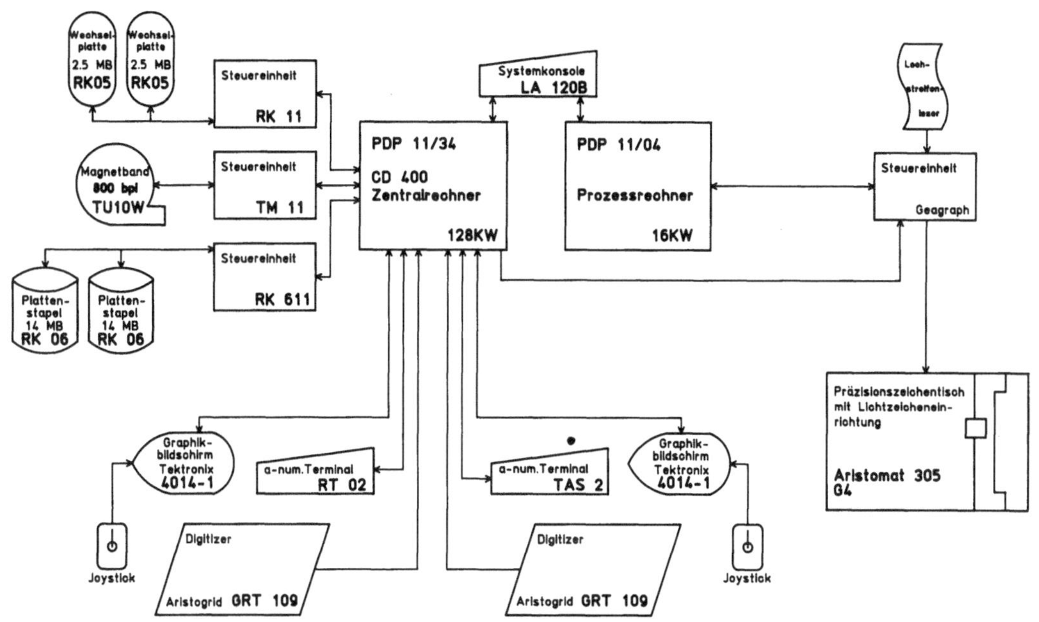

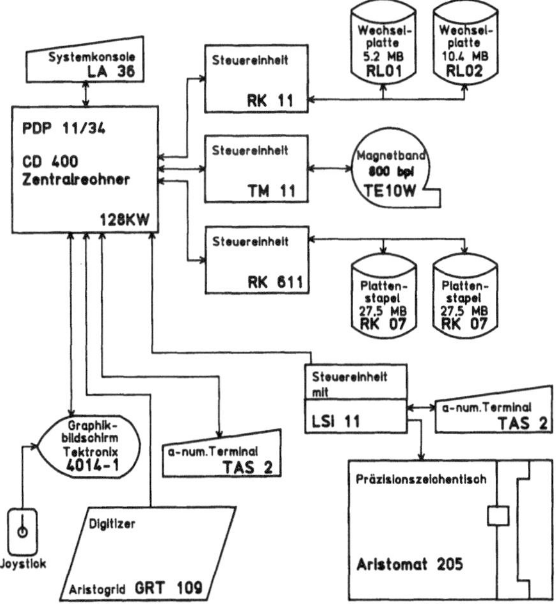

Abb. 1. Gerätekonfiguration des interaktiven Systems CD 400 bei BGR und NLfB

pheriegeräte, wie zum Beispiel ein Magnetbandgerät zum Datenaustausch sowie Fest- und Wechselplatten.

Der Präzisionslichtzeichentisch ist außerdem mit einer tangential nachgeführten Gravur- und Schneideeinrichtung ausgestattet. Er hat eine reproduzierbare Genauigkeit von ± 0,02 mm und eine Auflösung von 0,01 mm.

Die Software besteht aus der Betriebssoftware RSX 11 M von Digital Equipment Cooperation (DEC) und der Software des CD 400 Systems von ARISTO. Inzwischen wurden zusätzlich eigene Anwendungsprogramme installiert.

Alle Systemkomponenten incl. der Software wurden bei der Firma ARISTO gekauft, was einen nahezu reibungslosen Aufbau und Service des gesamten interaktiven Systems bedeutete. Der inzwischen erfolgte Ausbau auf drei interaktive Arbeitsplätze ist in der Abb. 1 dargestellt.

3. Herstellungsprozess einer geowissenschaftlichen Karte mit Hilfe eines interaktiven kartographischen Systems

Die Herstellung geowissenschaftlicher Karten mit Hilfe der graphischen Datenverarbeitung soll am Beispiel der Bodenkarte der Bundesrepublik Deutschland 1:1 Million erläutert werden. Diese Karte ist mit einem Erläuterungsheft im Mai 1987 von der BGR herausgegeben worden. Sie wird über das Geo-Center, Stuttgart, vertrieben. Die Karte ist diesem Band als Nachdruck mit freundlicher Genehmigung des Autors Prof. Dr. Roeschmann, c/o NLfB, Hannover, und der BGR/NLfB im Anhang beigelegt worden.

Bevor mit der Digitalisierung begonnen werden kann, muß die Manuskriptkarte von einem Kartographie-Ingenieur für die Bearbeitung in der graphischen Datenverarbeitung aufbereitet werden. Hierbei muß eine besondere Sorgfalt bei der Aufstellung der Codierungslisten gewahrt werden. Falsch angelegte Codes erschweren bzw. verhindern später eine sinnvolle Weiterverarbeitung der Daten.

Das CD 400-System läßt eine Codierung nach Headern, Schichten und User-Codes zu. In der Regel hat sich die Vergabe von Headern für die Weiterverarbeitung in der Präzisionslichtzeichenmaschine als sinnvoll erwiesen. So werden Header für verschiedene Strichstärken, für signierte Linien, Doppel- oder Dreifachlinien, Signaturen und Symbole vergeben. In Schichten werden mehrere Objekte mit einem Themenbezug codiert. So befinden sich z.B. alle Informationen zur Topographie (Flüsse, Straßen, Ortssignaturen usw.) in einer Schicht. In einer anderen Schicht werden dann z.B. alle Informationen zur Geologie abgelegt. Die User-Codes sind für weitere Klassifizierungen nutzbar. Im Falle der Bodenkarte wurden sie für die Codierung der Flächeninhalte benötigt.

Die Bodenkarte wurde auf der topographischen Grundlage der IWK 1:1 Million kompiliert. Diese Topographie wurde als Datenbank vom IfAG übernommen und in das CD 400-System eingespielt. Da die Topographie für geowissenschaftliche Karten nur eine Hintergrundinformation darstellt, sie größtenteils auch nur in Grau gedruckt wird, konnte auf verschiedene Informationen verzichtet werden. Über ein Retrieval wurden aus der topographischen Datenbank Straßen, Autobahnen, Eisenbahnen, verschiedene Signaturen usw. herausgefiltert. Somit wird das Kartenbild nicht überladen und das Thema der Karte besonders gewichtet.

In die so abgemagerte Topographie wurden nun die bodenkundlichen Informationen digitalisiert. Die Grenzen der bodenkundlichen Einheiten wurden wegen ihrer Kleinformen mit einer sehr hohen Punktdichte im streammode aufgenommen. Koordinatenpaare, die keine Stützpunkte sind, wurden später wieder eliminiert. Im CD 400-System sind verschiedene Digitalisierungsmöglichkeiten einstellbar. Grundsätzlich gibt es die Punkt-, Linien- und Kurvendigitalisierung. Bei der Kurvendigitalisierung kann man einen time-distance-mode variabel einstellen, für Abweichungen während des Digitalisierens läßt sich ein Toleranzschlauch definieren und auch die Digitalisierung von Einzelpunkten, z. B. für Isolinien in großmaßstäblichen Karten, ist möglich.

Während der Digitalisierung wird über eine ausgereifte Menuetechnik die Codierung der einzelen Objekte vorgenommen. Auch hier stehen verschiedene Möglichkeiten zur Verfügung. Einmal kennt das CD 400-System das Grundmenue (s. Abb. 2) das an jedem beliebigen Platz auf dem Digitizer plaziert werden kann. Es muß lediglich mit drei Paßpunkten initialisiert werden. Des weiteren kann sich der Bearbeiter Hilfsmenues für häufig vorkommende Codierungen schaffen und ebenfalls auf dem Digitizer plazieren. Sämtliche Menue-Aufrufe lassen sich auch über die Bildschirmtastatur oder über das alphanumerische Terminal eingeben. Die digitalisierten Elemente werden auf dem graphischen Bildschirm dargestellt; die Codierungen sind auf dem alphanumerischen Terminal ablesbar. Auf diese Weise hat der Bearbeiter eine ständige Kontrolle und erste Korrekturen können frühzeitig ausgeführt werden.

Nach der Digitalisierung wird eine Zeichnungsdatei erstellt. Das heißt, daß die Informationen der Datenbank mit Steuerbefehlen für die Zeichenmaschine versehen werden. Es erfolgt eine Auszeichnung auf einem Präzisionszeichentisch des Graphikzentrums für Korrekturzwecke (s. Abb. 3). Die Korrekturen werden über die Editierfunktionen des Menues, teils über den Digitizer, teils über den Bildschirm ausgeführt. Hierbei ist es möglich, Punkte direkt auf den Bildschirm mittels eines cross-hair-cursor zu digitalisieren.

Nach der ersten Korrekturlesung und -ausführung erfolgt die Digitalisierung der Schrift innerhalb der Karte und auch in der Legende. Allerdings sind an diesem Kartenbeispiel auch die Grenzen der Schriftverarbeitung erreicht worden, während Texte in der Karte, seien es punktbezogene Texte, Standlinientexte oder Blocktexte, keine Probleme aufweisen. Für komplexe Legenden sollten jedoch, um einen gewissen Anspruch an die Schriftdarstellungen zu erhalten, die Möglichkeiten des Lichtsatzes genutzt werden.

Nach einer weiteren Zeichnungsdatei mit den eingearbeiteten Korrekturen und der Schrift wird eine erneute Auszeichnung für eine Korrekturlesung durch den Autor der Manuskriptkarte angefertigt. Hiernach erfolgt nochmals eine interaktive Bearbeitung der Datenbank. Um die zeitintensiven Korrekturen möglichst gering zu halten, werden für die interaktive Bearbeitung der Karten (Digitalisieren, Editieren) ausschließlich Kartographen eingesetzt. Die Erfahrung hat gezeigt, daß man auf das Grundwissen, die geschulte Hand und das geschulte Auge des Kartographen nicht verzichten kann.

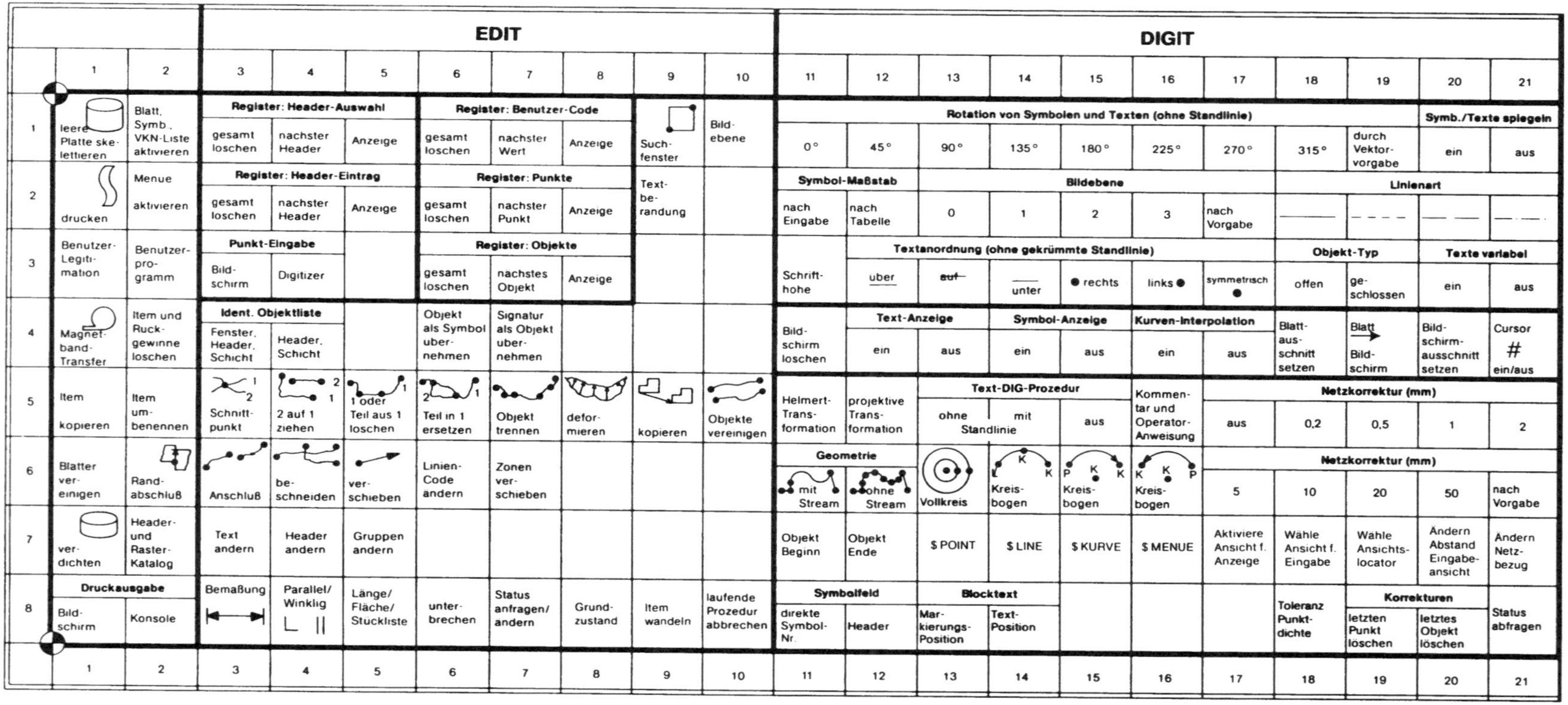

	1	2	3	4	5	6	7	8	9	10	11	12	13	14	15	16	17	18	19	20	21
	\<EDIT (1–10)\>										\<DIGIT (11–21)\>										
1	leere Platte ske-lettieren	Blatt, Symb., VKN-Liste aktivieren	Register: Header-Auswahl → gesamt loschen	nachster Header	Anzeige	Register: Benutzer-Code → gesamt loschen	nachster Wert	Anzeige	Such-fenster	Bild-ebene	Rotation von Symbolen und Texten (ohne Standlinie) → 0°	45°	90°	135°	180°	225°	270°	315°	Symb./Texte spiegeln → durch Vektor-vorgabe	ein	aus
2	drucken	Menue aktivieren	Register: Header-Eintrag → gesamt loschen	nachster Header	Anzeige	Register: Punkte → gesamt loschen	nachster Punkt	Anzeige	Text-be-randung		Symbol-Maßstab → nach Eingabe	nach Tabelle	Bildebene → 0	1	2	3	nach Vorgabe	Linienart → ———	– – –	–·–·–	·······
3	Benutzer-Legiti-mation	Benutzer-pro-gramm	Punkt-Eingabe → Bild-schirm	Digitizer		Register: Objekte → gesamt loschen	nachstes Objekt	Anzeige			Textanordnung (ohne gekrümmte Standlinie) → Schrift-hohe	uber	auf	unter	● rechts	links ●	symmetrisch ●	Objekt-Typ → offen	ge-schlossen	Texte variabel → ein	aus
4	Magnet-band-Transfer	Item und Ruck-gewinne loschen	Ident. Objektliste → Fenster, Header, Schicht	Header, Schicht		Objekt als Symbol uber-nehmen	Signatur als Objekt uber-nehmen				Bild-schirm loschen	Text-Anzeige → ein	aus	Symbol-Anzeige → ein	aus	Kurven-Interpolation → ein	aus	Blatt-aus-schnitt setzen	Blatt → Bild-schirm	Bild-schirm-ausschnitt setzen	Cursor # ein/aus
5	Item kopieren	Item um-benennen	Schnitt-punkt	2 auf 1 ziehen	1 oder Teil aus 1 loschen	Teil in 1 ersetzen	Objekt trennen	defor-mieren	kopieren	Objekte vereinigen	Helmert-Trans-formation	projektive Trans-formation	Text-DIG-Prozedur → ohne Standlinie	mit Standlinie	aus	Kommen-tar und Operator-Anweisung	Netzkorrektur (mm) → aus	0,2	0,5	1	2
6	Blatter ver-einigen	Rand-abschluß	Anschluß	be-schneiden	ver-schieben	Linien-Code ändern	Zonen ver-schieben				Geometrie → mit Stream	ohne Stream	Vollkreis	Kreis-bogen	Kreis-bogen	Kreis-bogen	Netzkorrektur (mm) → 5	10	20	50	nach Vorgabe
7	ver-dichten	Header-und Raster-Katalog	Text andern	Header andern	Gruppen andern						Objekt Beginn	Objekt Ende	$ POINT	$ LINE	$ KURVE	$ MENUE	Aktiviere Ansicht f. Anzeige	Wähle Ansicht f. Eingabe	Wähle Ansichts-locator	Andern Abstand Eingabe-ansicht	Andern Netz-bezug
8	Druckausgabe → Bild-schirm	Konsole	Bemaßung	Parallel/ Winklig	Länge/ Fläche/ Stückliste	unter-brechen	Status anfragen/ andern	Grund-zustand	Item wandeln	laufende Prozedur abbrechen	Symbolfeld → direkte Symbol-Nr.	Header	Blocktext → Mar-kierungs-Position	Text-Position			Toleranz Punkt-dichte		Korrekturen → letzten Punkt loschen	letztes Objekt loschen	Status abfragen
	1	2	3	4	5	6	7	8	9	10	11	12	13	14	15	16	17	18	19	20	21

Abb. 2. Grundmenue des interaktiven Systems CD 400

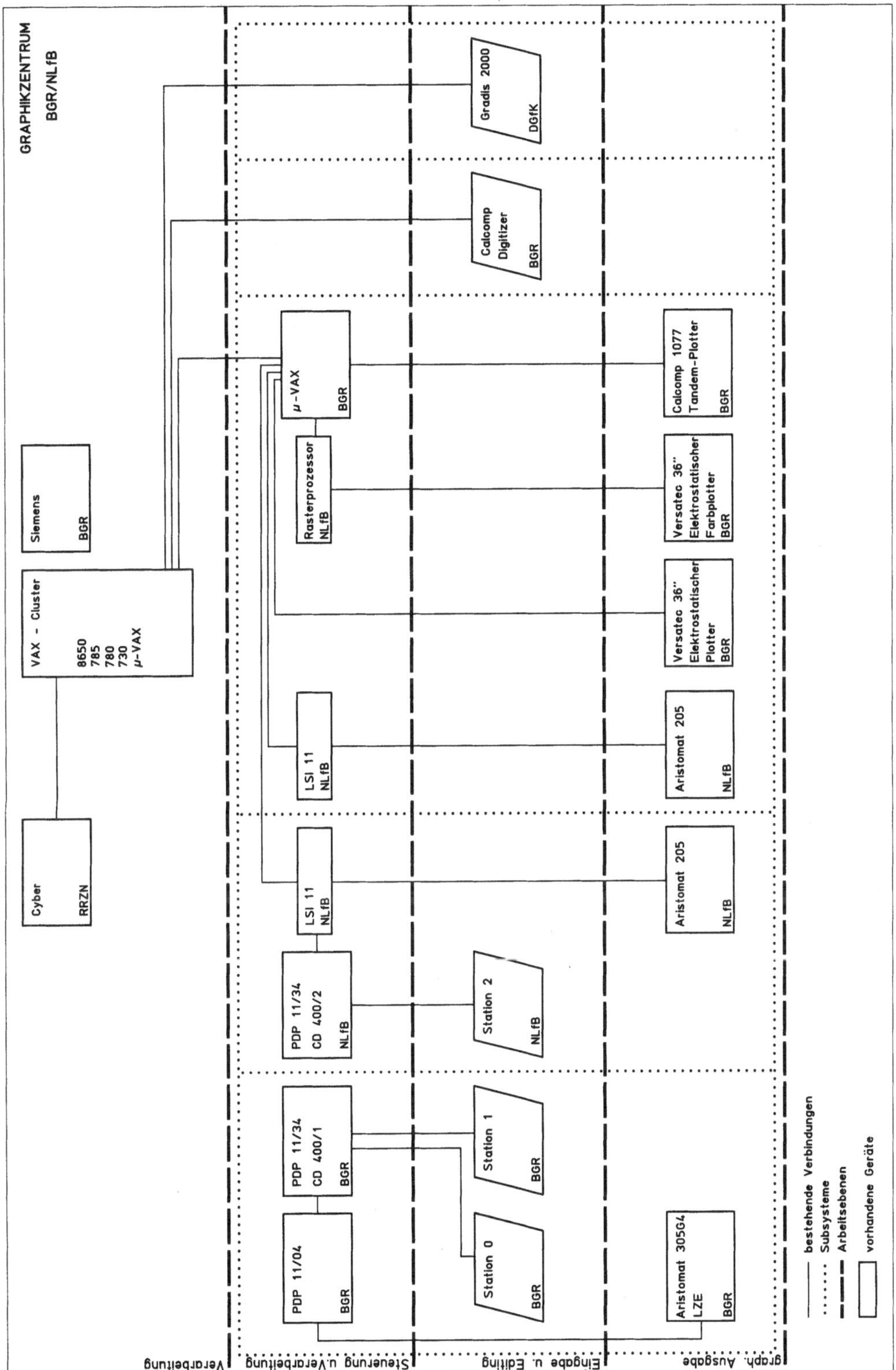

Abb. 3. Graphikzentrum BGR/NLfB

Sind alle Korrekturen abgeschlossen, erfolgen die weiteren Schritte zur Herstellung der Karte. Für die Aufrasterung in der Reprotechnik der BGR wird eine Auszeichnung aller geschlossener Farbflächen auf dem Lichtzeichentisch auf Film angefertigt. Dazu müssen aus der Datenbank alle Elemente, die die Funktion Farbgrenze erfüllen - das kann eine bodenkundliche Fläche, eine Uferlinie, eine Störung oder der Karteninnenrand sein - zu einer neuen Datei zusammengefügt werden. Diese Auszeichnung wird mit der kleinsten Strichstärke(0,05mm) ausgeführt, damit beim späteren Kartendruck, wenn die Originalstrichstärken dargestellt werden, keine weißen Stellen (Blitzer) an den Grenzflächen entstehen.

Von diesem Film werden nun Stripkopien für die Aufrasterung nach dem in BGR/NLfB entwickelten Farbsystem nach der verkürzten Farbskala hergestellt. Gibt es nur wenige Farbflächen in einer Karte, könnten statt der Lichtauszeichnung die Farbdecker auch mit der tangential nachgeführten Schneideeinrichtung des Lichtzeichentisches hergestellt werden. Die Herstellung der Masken erfolgt manuell.

Ein weiteres Retrieval in der Datenbank stellt alle topographischen Elemente zusammen, die dann auf dem Lichtzeichentisch mit den richtigen Strichstärken und in den entsprechenden Signierungen ausgezeichnet werden. Dieser Film der Topographie wird in der Reprotechnik aufgerastert und erscheint dann im Kartendruck Grau.

Für die Grenzzeichnung und Schrift wird eine weitere Datei erzeugt, die als Lichtauszeichnung mit der aufgerasterten Topographie zusammenkopiert wird. Auf diese Art und Weise erhalten wir die Druckvorlagen für die Schwarzplatte und die Farben Gelb, Magenta und Cyan.

Dieser manuell sehr aufwendige Produktionsprozeß wird in naher Zukunft ebenfalls automatisiert werden. Die digitalisierte und korrigierte Datei wird in ein Rastersystem über Magnetband eingelesen. Das Rastersystem muß in der Lage sein, die standardisierten Farben aus dem Farbatlas von BGR/NLfB mit dem Rasterplotter erzielen zu können. Um die Farben den Flächen zuordnen zu können, ist ein Programm für die Interpretation der Datei mit den entsprechenden Codes für die Flächen notwendig.

4. Weitere Anwendungsbereiche des CD 400-Systems

Neben diesem Retrieval für den Produktionsablauf einer Karte werden auch thematische Abfragen aus der Datenbank durchgeführt, die für die Herstellung anderer Karten oder die Darstellung einzelner Themen von Bedeutung sind. Als Beispiel sei hier die Bodenkarte 1: 25.000 des NLfB genannt. Diese Karte ist als Grundlagenkarte digitalisiert und entsprechend der Legenden codiert. Auf einfache Abfragen hin können nun Karten über die Nitratauswaschung von Böden bei der Ackernutzung oder die Verteilung von z. B. Plaggenesche in einem bestimmten Gebiet oder potentielle Standorte für Feuchtbiotope, um nur einige zu nennen, hergestellt werden.

In geowissenschaftlichen Karten reicht in den meisten Fällen das Ausdrucksmittel Farbe nicht aus. Zusätzliche Informationen oder Themen sollen dargestellt werden. Dies kann in den vorhandenen Flächen oder in neuen Abgrenzungen Flä-

Abb. 4. Ausschnitte von Signaturenrastern

chenübergreifend durch Raster bzw. Signaturenraster geschehen. In der Vergangenheit wurden kleine Stücke dieser Signaturenraster manuell hergestellt und mehrfach in die Druckvorlagen einkopiert. Mit Hilfe der CD 400 wurde dieser Prozeß durch das digitalisieren von kleinen Ausschnitten ersetzt, die dann auf das Format von, in der Regel 70 cm × 80 cm, kopiert wurden. Diese Datenbank wurde dann mit der Lichtzeichenmaschine ausgezeichnet. Auf diese Weise entstand ein Pool von bisher ca. 80 Signaturenrastern. Nach dem Herstellen einer Maske genügt nun eine Kopie, um alle gängigen Kartenformate ausfüllen zu können. Eine kleine Auswahl in Ausschnitten zeigt die Abb. 4.

Für die Interpretation von Strukturen in Luft- und Satellitenbildern werden Lineationen mit Hilfe des CD 400-Systems digitalisiert. Diese Lineationen werden anschließend durch ein Programm nach Länge, Richtung und Häufigkeit ausgewertet. Die Ausgabe erfolgt als Tabelle über einen Drucker und graphisch über den Lichtzeichentisch. Für die graphische Ausgabe kann die Verteilung der Lineationen in einem Polardiagramm, einem Histogramm oder pro vorgewählter Flächeneinheit dargestellt werden.

Geologische Karten werden zum großen Teil mit zusätzlichen Darstellungen veröffentlicht. Dies sind in der Regel Schnitte und Profile. Um die interessanten Aussagen gut lesbar erscheinen zu lassen, wird die Maßstabsveränderung in nur einer Achse (Überhöhung) gewählt. Nach der Digitalisierung eines solchen Schnittes ist es durch die Eingabe verschiedener Parameter sehr einfach, mehrere Modelle, z. B. mit unterschiedlichen Überhöhungen, zur Auswahl zu erstellen.

5. Zukünftige Entwicklung

Seit dem ersten Einsatz eines interaktiven graphischen Systems in BGR/NLfB sind nahezu zehn Jahre vergangen. In der Zwischenzeit hat eine rasante Entwicklung im Hard- und Softwarebereich stattgefunden. Die Rechner sind leistungsfähiger und billiger geworden, die Software ist vielfältiger und benutzerfreundlicher geworden. Insoweit steigen die Anforderungen an die interaktive Graphik. Spezielle kartographische Systeme jedoch, die auch die Anforderungen der Kartographie erfüllen, werden immer weniger angeboten.

In der Bundesanstalt für Geowissenschaften und Rohstoffe und im Niedersächsischen Landesamt für Bodenforschung wird derzeit ein neues interaktives graphisches Konzept entwickelt. Das zugehörige Gesamtsystem soll über eine zentrale relationale Datenbank verfügen und einen modularen Aufbau besitzen. Es soll den unterschiedlichsten Anforderungen aus den Fachbereichen, von der Erstellung einfacher Diagramme über einen alphanumerischen Bildschirm bis hin zur anspruchsvollen kartographischen Arbeitsstation, genügen.

Siehe Karte der Bundesrepublik Deutschland (1:1.000.000, Bodenkarte) in der Beilage.

Graphische Datenverarbeitung für Katasterkarten

G. Appelt

1. Einleitung

Die Einführung der Katasterkarten zu Beginn des 19. Jahrhunderts war eine Folge der durch die französische Revolution und Napoleon ausgelösten politischen Veränderungen. Einige deutsche Staaten waren nämlich gezwungen, ihre Steuersysteme zu vereinheitlichen, und benötigten für die gerechte Erfassung der Grundsteuer genaue Kartenunterlagen über das Eigentum an Grund und Boden. So wurden zuerst in den süddeutschen Ländern, später auch in den norddeutschen Ländern in mühevoller, jahrzehntelanger Arbeit großmaßstäbige Katasterkarten erstellt. Sie zeigen die Eigentumsgrenzen, die Gebäude und Nutzungsarten, die Flurstücksnummern und die Ortsnamen im Maßstabsbereich 1:500 bis 1:5000. Sie sind auch Grundlage für die Sicherung des Grundbesitzes im Grundbuch. In einer Deckfolie sind die Ergebnisse der Bodenschätzung dargestellt. Aus der Kombination Katasterkarte und Bodenschätzung ergibt sich die Schätzungskarte (s. S. 204).

Sehr rasch erkannte man den großen Wert dieser Kartenwerke für staatliche, wirtschaftliche und private Nutzung und auch die Notwendigkeit, die Aktualität der Karten zu erhalten. Deshalb werden stets die Veränderungen an Grenzen, Gebäuden und Nutzungsarten vermessen und in die Originale der Katasterkarten eingezeichnet. Am zuständigen Katasteramt können Interessenten eine Lichtpause mit neuem Kartenstand erhalten.

2. Wandel in der Zielsetzung für den Einsatz der Graphischen Datenverarbeitung

Die Originale der Katasterkarten sind heute Kunststoffolien, auf denen das Kartenbild schwarz dargestellt ist. Um die Veränderungen in das Kartenbild einzufügen, müssen die wegfallenden Eintragungen ausgeschabt und die neuen Straßen oder Gebäude mit Feder und Tusche auf die Folie deckend schwarz gezeichnet werden. Oft wird auch das Schichtgravurverfahren eingesetzt. Dabei werden beschichtete Kunststoffolien verwendet, wobei die Kartendarstellung mit dem Stichel in die Schicht graviert wird. Das Ergebnis ist bei beiden Verfahren eine Folie mit neuem Kartenbild, von der Lichtpausen hergestellt werden oder die als Vorlage für die Kopie einer Druckplatte dient.

Die mühsame manuelle Zeichen- und Gravurarbeit läßt sich mit zwei Geräten vereinfachen: einem Zeichenautomat und einem Gerät, das die Lagekoordinaten der Kartenzeichen und die Steuerbefehle für den Zeichenautomat erfaßt, dem

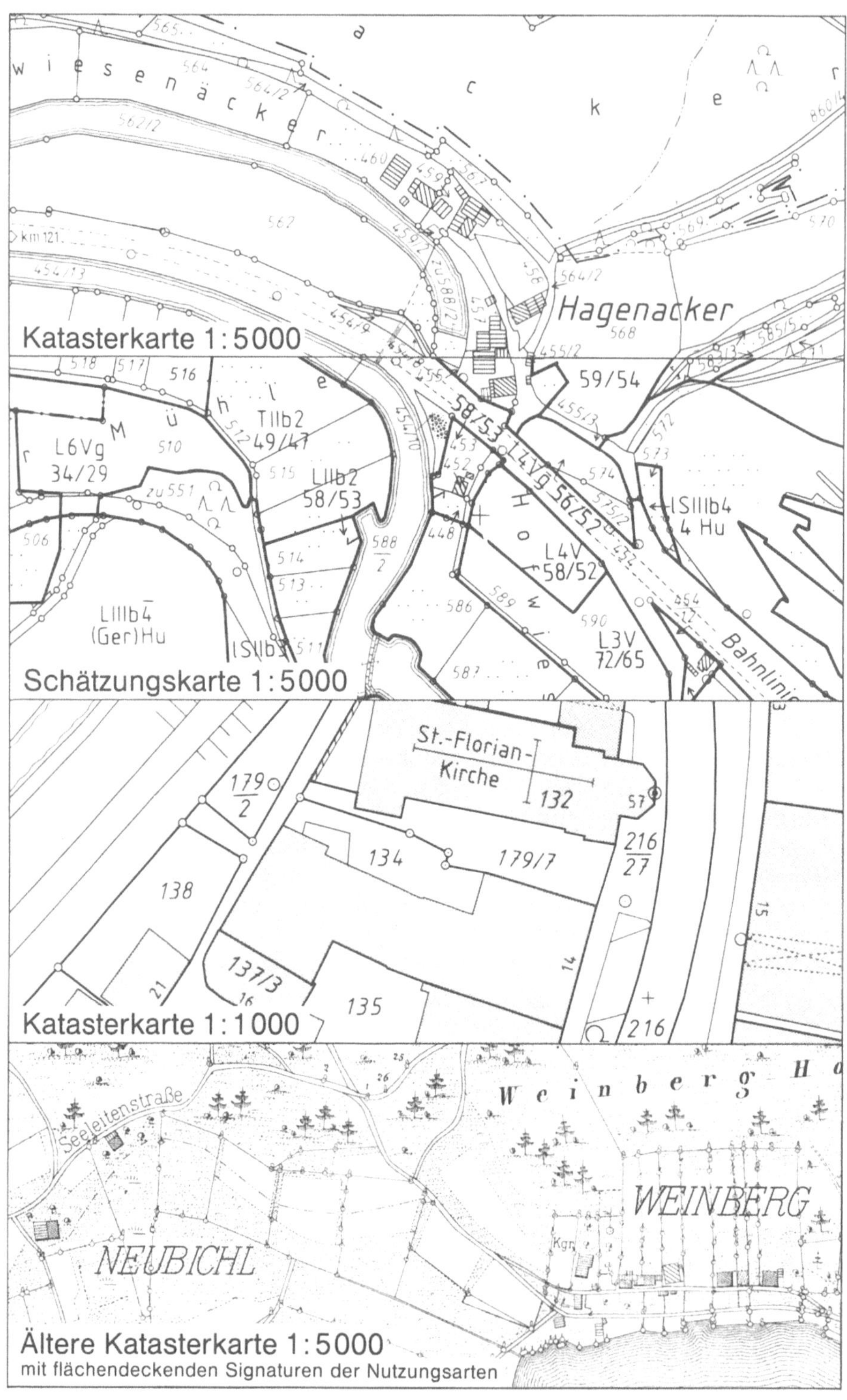

Abb. 1. Beispiele von Katasterkarten

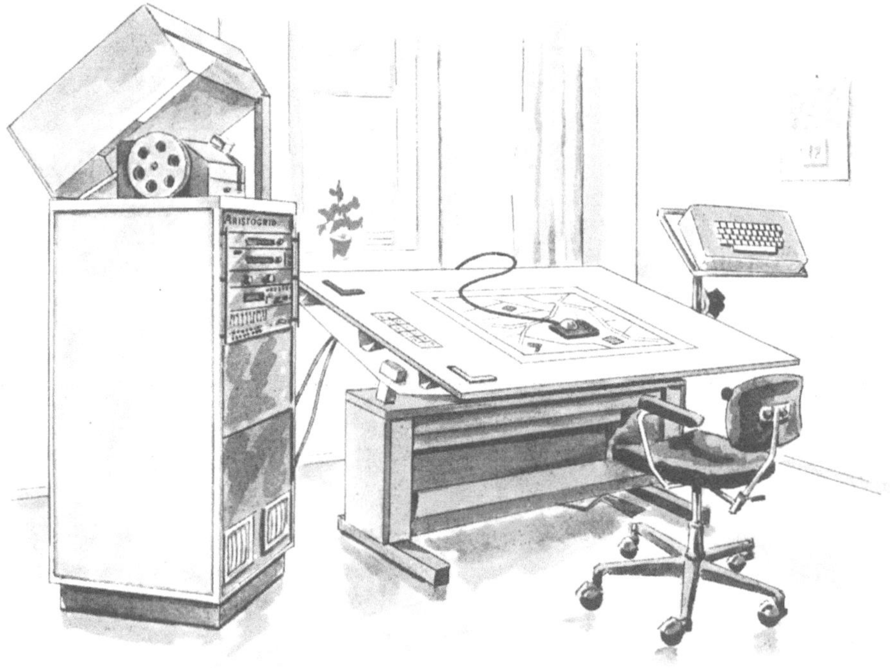

Abb. 2. Arbeitsplatz für das Digitalisieren von Katasterkarten im Jahr 1972

Digitizer. Datenspeicher oder Übertragungsmittel ist der Lochstreifen. Mit dieser Gerätekombination begann um 1970 bei mehreren deutschen Vermessungsdienststellen die Zeit der graphischen Datenverarbeitung für Katasterkarten.

Anzumerken bleibt: Der Zeichenautomat kann nur einfache geometrische Formen, Geraden, Kreisbögen, oder Interpolationskurven rasch und gut zeichnen oder gravieren. Kartensignaturen oder Kartenschriften werden vielfach durch Montage in die Karte eingefügt, weil diese Zeichen oder Buchstaben bei der Darstellung mit dem Zeichenautomat relativ lange Zeit erfordern, nicht freigestellt werden können oder keine gute graphische Qualität ergeben.

In den folgenden Jahren wurde das Verfahren verbessert, etwa durch Einführung des interaktiven Bildschirms. Zugleich wuchsen auch die Ansprüche. So sollen die am Digitizer erhaltenen Daten für die Ausgabe von Karten in verschiedenen Maßstäben, z. B. sowohl 1:1000 als auch 1:5000, geeignet sein. Manchmal wird auch gewünscht, daß die Karten nur eine Auswahl von bestimmten Kartenobjekten enthalten, daß der Blattausschnitt frei wählbar ist oder daß die Kartensignaturen verändert werden können.

Während anfangs die Digitalisierung vorhandener Katasterkarten die einzige Quelle für die Herstellung von neuen Katasterkarten mit dem Zeichenautomat war, so kamen bald zwei andere Verfahren hinzu: die vermessungstechnische Aufnahme im Feld und die fotogrammetrische Auswertung von Luftbildern. Die

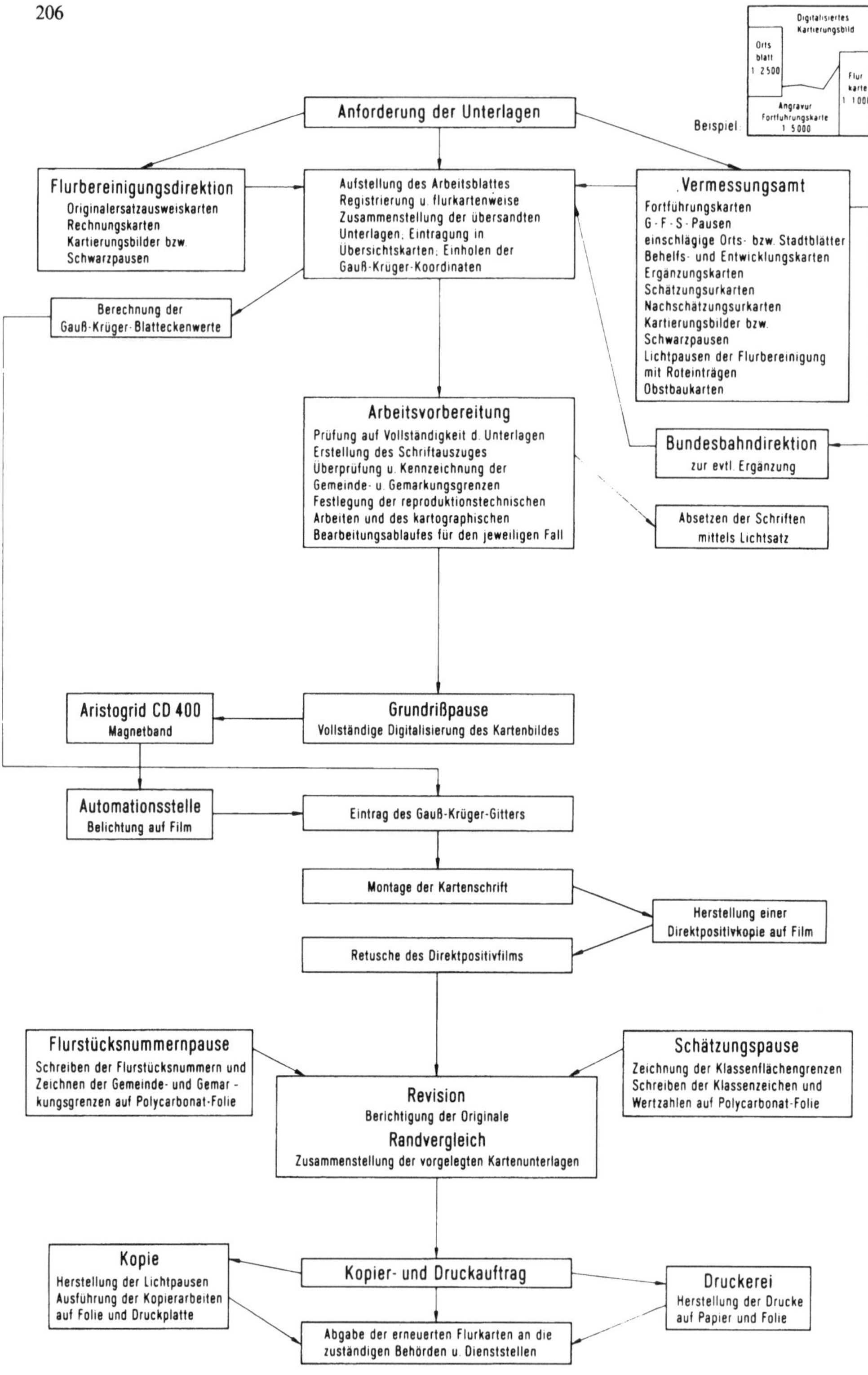

Abb. 3. Arbeitsgang einer Flurkartenerneuerung

moderne Technik gestattet es, die geodätischen oder fotogrammetrischen Geräte
so zu verbessern, daß die für die Kartenherstellung benötigten Daten sofort nach
der Messung elektronisch registriert und gespeichert werden können. Der Weg zu
einer neuen Katasterkarte wurde durch den verkürzten Datenfluß erheblich vereinfacht.

Die rasante Entwicklung der Informationstechnik hat in den letzten Jahren die
Zielvorstellungen nochmals höher geschraubt. So entwirft man heute Landinfor-
mationssysteme (LIS), die es gestatten, von einer ganzen Region die Vermessungs-
daten von Grund und Boden, die topographischen Gegebenheiten, die rechtlichen
Verhältnisse, die Bodennutzung und andere raumbezogene Daten zu erfassen und
abzuspeichern, um sie entweder als Tabellen, Listen oder Karten auf Bildschirmen
darzustellen oder auf Printern auszudrucken. Die mit dem Computer gegebenen
vielfältigen Kombinations-, Selektions- und Darstellungsmöglichkeiten gestatten
eine universelle Nutzung der raumbezogenen Informationen und anschauliche
Wiedergabe der Verarbeitungsergebnisse. Verwaltungsfachleute, Planer, Wissenschaftler und Public-Relation-Manager haben ihre helle Freude an solchen technischen Möglichkeiten.

3. Die notwendigen Geräte

Um Karten am Zeichenautomaten herstellen zu können, benötigt man:

- einen Digitizer zum Erfassen der geometrischen Lage der zu zeichnenden
  Punkte und Linien und zur Eingabe, in welcher Signatur die einzelnen Kartenobjekte darzustellen sind,
- einen Rechner mit Bedienungsterminal zum Aufbereiten der Daten für die Darstellung am interaktiven Bildschirm und zur Erzeugung der Steuerbefehle für
  den Zeichenautomat,
- einen Präzisionszeichenautomat (= Flachbettplotter) mit Zeichen- oder Gravur-
  werkzeugen zum Ausgeben der neuen Karte als Zeichnung auf Zeichenkarton
  oder als Gravur auf beschichteter Folie,
- einen oder mehrere Speicher (Magnetplatte oder -band) zum Ablegen der
  Daten in den Pausen zwischen den einzelnen Bearbeitungsphasen oder am Ver-
  fahrensende, um die Daten für spätere Nutzung zu archivieren.

Die Geräte müssen für den wirtschaftlich sinnvollen Einsatz für kartographische
Zwecke besondere Forderungen erfüllen, die nachfolgend kurz beschrieben werden.

Der Digitizer muß eine Arbeitsfläche mindestens in der Größe eines vollen
Kartenblattes aufweisen, damit dieses ohne Verschieben voll erfaßt werden kann.
die Genauigkeit soll deutlich unter 0,1 mm liegen. Der Sensor zum Einstellen der
Punkte soll durch eine Lupe mit zusätzlicher Beleuchtung erleichtert werden. Am
Sensor müssen mehrere Tasten angeordnet sein, um bequem verschiedene Angaben abspeichern zu können, z.B. die Punkt- oder Linienart, das Ende von Linienzügen, falsch eingegebene und zu tilgende Punkte oder die Flurstücksnummern.

Sehr günstig ist es, beim Digitalisieren ein Menüfeld zu benützen, um zusätzliche Angaben, z.B. die Signaturen der Linien, die Schraffur von Flächen, die Nut-

zungsartensignaturen eingeben zu können. Das Menüfeld besteht aus einer in mehrere Felder unterteilten Fläche. Jedem Feld wird eine besondere Bedeutung zugeteilt. Durch Anfahren des gewünschten Feldes mit dem Sensor wird die entsprechende Bedeutung abgespeichert.

Der Rechner kann sehr einfach sein, wenn er nur für das Digitalisieren verwendet wird. Der zu bewältigende Datenfluß ist gering, weil höchstens 10 Punkte pro Sekunde abzuspeichern sind. Die Anforderungen an den Rechner steigen aber beträchtlich, wenn er zugleich die Datenverarbeitung für den interaktiven Bildschirm und die Steuerung des Zeichenautomaten sowie die später beschriebenen Anwenderprogramme ausführen soll. Das Digitalisieren im Streamer-Modus, bei dem in kurzen Zeit- oder Lageintervallen die jeweilige Position des Sensors ohne Tastendruck an den Rechner abgegeben wird, erfordert ebenfalls einen leistungsfähigen Rechner. Für diesen Einsatz ist ein Rechner mit time-sharing Betrieb vorzusehen, bei dem die einzelnen Funktionen wie Digitalisieren, Bildschirmdarstellung, Steuerung des Zeichenautomaten und Datenaufbereitung unterschiedliche Prioritäten aufweisen und quasi gleichzeitig ablaufen können. So können die sofort auszuführenden Operationen, wie das Abspeichern der digitalisierten Punkte, sicher erledigt werden. Das Darstellen der digitalisierten Punkte auf dem Bildschirm oder das Berechnen der Steuerbefehle für den Zeichenautomat werden mit einer minimalen Verzögerung ausgeführt. Die mehrere Minuten oder gar Stunden erfordernden Rechenprogramme werden dagegen in den Pausenzeiten abgearbeitet oder laufen im Hintergrund mit niedriger Priorität ohne die interaktiven Programme im Zeitverhalten zu beeinflußen.

Der interaktive Bildschirm soll ein großes Format von mindestens 25×25 cm, eine Auflösung von 1024×1024 Punkten und Flimmerfreiheit aufweisen. Auch ist es notwendig, bestimmte Kartenobjekte deutlich hervorzuheben. Dies kann durch Blinken, unterschiedliche Helligkeit, oder Farbdarstellung erreicht werden. Interaktives Verändern des auf dem Bildschirm wiedergegebenen digitalisierten Kartenbildes erreicht man mit einem Joystick, einem am Cursor geführten Fadenkreuz oder einer Maus. Damit kann man ein auf dem Bildschirm wiedergegebenes Fadenkreuz so verschieben, daß der zu verändernde Punkt oder eine Linie gekennzeichnet wird, und angeben, welche Veränderung, z.B. löschen, verschieben, andere Kartensignatur abbilden, auszuführen ist.

Liegen bereits aus einer früheren Digitalisierung Daten vor, die auf dem Bildschirm abzubilden sind, so soll der Aufbau des Bildes keine lange Wartezeit erfordern. Um diese Forderung auch bei den das Bild langsam aufbauenden Speicherbildröhren zu erfüllen, erzeugt man im Hauptspeicher des Rechners sogenannte Metafiles ($=$ Display-Files) im Koordinatensystem des Bildschirms, damit die Bildschirmdaten nicht jedesmal von der Platte selektiert und im Rechner in Bildschirmkoordinaten transformiert werden müssen, sondern direkt aus dem Metafile zum Bildschirm übertragen werden. In einem Metafile sind die das Kartenbild ergebenden Vektoren verzeichnet. Auch interaktive Veränderungen im Kartenbild werden sofort im Metafile vollzogen. So gelingt es, in kurzer Zeit das Kartenbild auf dem Bildschirm darzustellen.

Seit kurzem werden auch intelligente Rasterbildschirme mit integriertem Graphik-Prozessor verwendet. Dieser verwaltet die Vektoren in einem eigenen Memory und gestattet ohne Belastung des Host-Rechners einen raschen Bildauf-

bau, das schnelle Vergrößern (Zoomen) von Kartenausschnitten und das schnelle
Darstellen von interaktiven Bildschirmkorrekturen. Die weitere Möglichkeit, ein
Fenster mit anderen Informationen einzublenden (Windowing) erleichtert die
Bedienung erheblich, weil man sich nicht zu einem zweiten Bildschirm wegdrehen
muß.

Der Präzisionszeichenautomat muß eine Arbeitsfläche von der Mindestgröße
eines Katasterkartenblattes aufweisen. Dies kann je nach Bundesland bis zum
Format 1×1 m reichen. Die Genauigkeit der fertigen Kartendarstellung soll besser als 0,1 mm betragen. Dieser Wert setzt sich zusammen aus der Genauigkeit
beim mehrmaligen Anfahren des gleichen Punktes und der Absolutgenauigkeit
der eingebauten Antriebselemente. Diese hohen Genauigkeitsansprüche erfüllen
nur Flachbettplotter. Da die wiederzugebenden Linien oft nur sehr kurz sind, ist
weniger eine hohe Zeichengeschwindigkeit als vielmehr eine große Beschleunigung bzw. Verzögerung erwünscht. So kann die Dauer für die Ausgabe eines Kartenblattes merklich verringert werden. Das Abbremsen am Ende der Linie ist notwendig, damit das Ende der Linie genau eingehalten wird.

Die Steuerung des Zeichenautomaten muß die genaue Wiedergabe von Punkten, meist als Kreise mit sehr kleinem Radius dargestellt, von Geraden, von Kreisbögen und von sogenannten Interpolationskurven gestatten. Punkte sind dabei
durch die ebenen Koordinaten, Geraden durch die Anfangs- und Endpunkte,
Kreisbögen durch den Mittelpunkt und den Radius oder durch drei Punkte des
Kreisbogens, Interpolationskurven durch Polynome oder eine Splinefunktion
durch gegebene Punkte definiert.

Da die am Zeichenautomat gefertigten Karten die neuen Originale sind und
für die Reproduktion verwendet werden, müssen sie eine gute Randschärfe und
Deckung aufweisen. Zeichnungen mit Kugelschreiber oder mit Tusche auf Zeichenpapier oder Karton genügen diesen Forderungen nur bedingt. Besser ist es,
die Kartendarstellung auf eine beschichtete Kunststoffolie zu gravieren. Je nach
Verfahren erhält man dabei ein fotografisches Positiv oder Negativ. Als Gravur-
werkzeug werden Rundstichel für feine Strichbreiten, meißelförmig geschliffene
Gravurstichel für größere Strichbreiten oder Spezialstichel, z. B. für Doppellinien,
verwendet. Damit die breiteren Gravurstichel den Span gut aus der Gravurschicht
abheben, muß die Werkzeugscheide immer senkrecht zur Bewegungsrichtung ausgerichtet werden. Diese Aufgabe übernimmt eine „Tangentialsteuerung", die in
der Werkzeugaufnahme angeordnet ist und vom Rechner des Zeichenautomaten
gesteuert wird.

Eine noch größere Auswahl an wiederzugebenden Kartensignalen ermöglicht
ein Zeichenautomat mit Fotokopf, mit dem die Kartensignaturen durch Belichten
auf fotografischen Film erzeugt werden. Sind die Kartensignaturen an einer
bestimmten, durch Koordinaten festgelegten Stelle darzustellen, so erfolgt die
Blitzbelichtung. Linien werden durch eine Dauerbelichtung unter Bewegung des
Fotokopfes erzielt, wobei ebenfalls eine Tangentialsteuerung für breite oder Mehr-
fachlinien benötigt wird. Der Fotokopf selbst ist wie ein kleiner Diaprojektor konstruiert. Er bildet das auf einer Kreisscheibe aufgebrachte negative Bild der Kartensignatur scharf auf dem Film ab, der auf der Arbeitsfläche liegt. Die
Kreisscheibe enthält eine größere Zahl vorher festgelegter Kartensignaturen und
wird programmgesteuert so gedreht, daß die gewünschte Kartensignatur belichtet

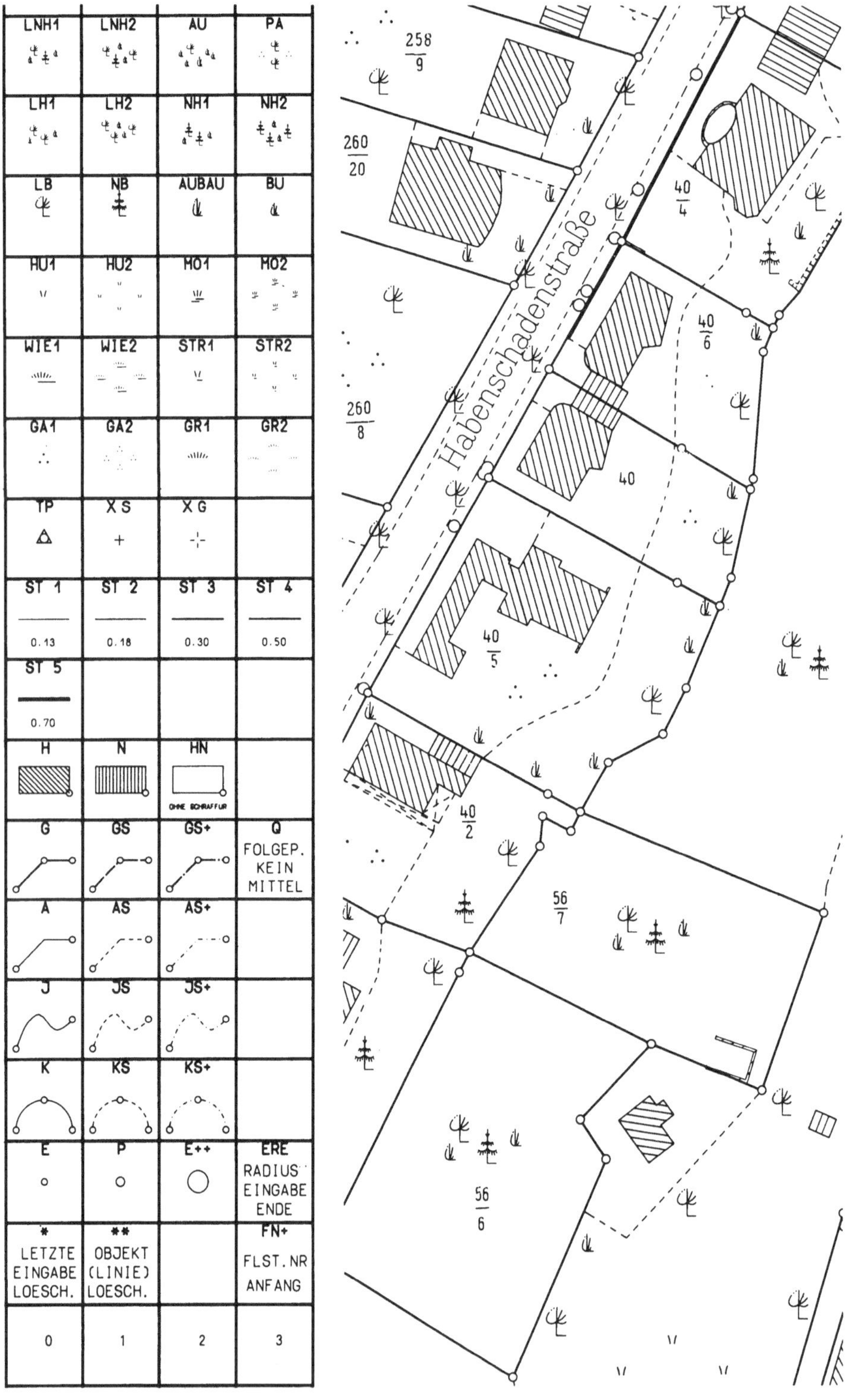

Abb. 4 a. Ausschnitt aus dem Menüfeld für die Digitalisierung von Katasterkarten

Abb. 4 b. Neue Katasterkarte 1:1000 Grundriss Belichtung mit Fotokopf Schrift manuell montiert

werden kann. Schließlich ist noch die Lichtintensität mit Hilfe eines veränderlichen Graufilters zu regeln, weil bei der Belichtung von Linien der Fotokopf langsamer oder schneller bewegt wird, je nachdem, ob er anfährt, abgebremst wird oder hohe Geschwindigkeit hat. Bei einer solchen Arbeitsweise ist der Zeichenautomat in einer Dunkelkammer aufzustellen, weil der auf den Zeichentisch gelegte Film lichtempfindlich ist.

Da der fertig entwickelte Film mühevoller zu korrigieren ist als eine gravierte Folie, müssen die Datensätze für die Ausgabe der Katasterkarte mit Fotokopf möglichst fehlerfrei sein. Es empfiehlt sich deshalb, vorher eine Kontrollzeichnung mit einem Schnellplotter anzufertigen.

Wie die Erfahrung gezeigt hat, ist ein Zeichenautomat zwar eine genaue, aber auch langsame Ausgabeeinheit. Die Zeit für die Ausgabe eines ganzen Kartenblattes ist abhängig von der Inhaltsfülle und kann bei inhaltsreichen Karten von Stadtgebieten mehrere Stunden betragen. Ein schnelles Ausgabemedium wäre der Schnellplotter. Doch können diese Geräte die geforderten hohen Qualitätsansprüche, insbesondere Genauigkeit, Gleichmäßigkeit und Deckung der Tuschestriche, nicht bieten. Sie werden deshalb nur für das Ausgeben von Kontrollplots verwendet, um zu prüfen, ob die Kartendarstellung vollständig und frei von Fehlern ist.

Ähnlich verhält es sich mit der COM-Ausgabe, bei der die Karte auf Mikrofilm belichtet wird. Weil der Mikrofilm fotografisch auf den richtigen Kartenmaßstab zu vergrößern ist, kann er die Qualitätsanforderungen hinsichtlich geometrischer Genauigkeit und Strichschärfe nicht erfüllen.

Einen wesentlichen technischen Fortschritt lassen jedoch großformatige Rasterplotter erwarten. Bei diesen Geräten wird die Kartendarstellung Punkt für Punkt (Pixel) auf einen Film belichtet, der auf eine schnell rotierende Trommel gespannt ist. Die Lichtquelle bewegt sich auf einer Schiene vor der Filmtrommel. Welcher Punkt zu belichten ist, wurde vorher als Rastermatrix berechnet und auf einer Magnetplatte zusammengestellt. Die Arbeitszeit ist damit nur abhängig von der Kartenbreite und von der Feinheit der Auflösung, nicht aber vom Karteninhalt. Auch lassen sich alle Kartensignaturen wiedergeben und das Einfügen von Punktrastern in Flächen, das einen Zeichenautomaten überfordert, ist ebenfalls möglich. Ein Kartenblatt im Format 50×50 cm kann mit einer Auflösung von 320 Linien pro cm (= 0,03 mm Punktgröße) in etwa 20 Minuten belichtet werden. Diese Feinheit ist so hoch, daß die einzelnen Bildpunkte vom Auge nicht mehr wahrgenommen werden.

Als Speicher für das Ablegen der digitalisierten Daten wurden zu Beginn der Graphischen Datenverarbeitung Lochstreifen verwendet. Heute werden, wie in der allgemeinen Rechentechnik, Magnetplatten, Floppydisks und Magnetbänder eingesetzt. Geht man davon aus, daß für eine Katasterkarte 1:5000 bis zu 10000 Koordinatenpaare und noch die dazugehörigen Zusatzinformationen zu speichern sind, so entspricht dies etwa einer Menge von rund 100000 Byte. Dies ergibt auf einem Magnetband mit 6250 bpi eine Länge von 400 cm. Im Vergleich zu der Kartenfläche von 50×50 cm ist die Datenkompression noch relativ gering.

4. Die notwendigen Anwenderprogramme

Beschränkt man sich auf das Digitalisieren einer Katasterkarte zur nachfolgenden Ausgabe auf einem Zeichenautomaten, so genügen am Anfang einfache Programme, die die erfaßten Daten – das sind die ebenen Koordinaten der Punkte und die jeweiligen Verbindungsinformationen – in die Zeichenbefehle des Zeichenautomaten umsetzen. Dazu gehören Unterprogramme für die Maßstabsumrechnung, wenn die Vorlage einen anderen Maßstab aufweist, oder für eine Affin-Transformation, um kleine unterschiedliche Maßdifferenzen infolge Papierveränderungen der Vorlage ausgleichen zu können. Um das bereits erwähnte Menüfeld nutzen zu können, benötigt man ebenfalls ein entsprechendes Unterprogramm.

Die praktische Arbeit lehrt bald, daß man für qualitativ hochwertige Arbeiten weitere Programmteile benötigt. So werden beim Digitalisieren der Grenzlinien die Kreuzungspunkte von Linien zweimal, dreimal oder noch öfter digitalisiert. Dies hat zur Folge, daß diese Grenzpunkte mehrfach entsprechend der Ungenauigkeit der Digitalisierung etwas lageversetzt in der Karte wiedergegeben werden, wie in Abb. 5 gezeigt. Eine sehr schlechte Lösung!

Um dies zu vermeiden, werden die mehrfach erfaßten Punkte in einer Liste zusammengestellt und für jeden Punkt das arithmetische Mittel der Koordinaten gebildet. Dieser Mittelwert wird im Zeichenfile an die Stelle der ursprünglich digitalisierten Koordinaten gesetzt. Um automatisch die zu mittelnden Punkte heraussuchen zu können, wird ein „Fangradius" in der Regel 0,2 oder 0,3 mm festgelegt. Gelegentlich gibt es aber eng benachbarte Grenz- oder Gebäudepunkte, die getrennt wiederzugeben sind. Hier muß ein Zeichen gesetzt werden, das die automatische Mittelbildung unterbindet.

Bei der Abfrage, ob ein Punkt mehrfach digitalisiert wurde, steigt der Rechenaufwand sehr stark mit der Anzahl der für ein Kartenblatt digitalisierten Punkte, weil jeder Punkt mit allen anderen zu vergleichen ist. Arbeitszeiten im Batch-Betrieb von einigen Stunden sind keine Seltenheit. Durch die Einordnung der Punkte in Teilflächen mit übergreifenden Grenzstreifen, wird die Zahl der zu vergleichenden Punkte erheblich reduziert und die Rechenzeit verkürzt. Moderne Software verwendet eine andere Strategie: Beim Digitalisieren wird jeder Punkt in einer zusätzlichen lageorientierten Punktdatei abgelegt. Bei jedem neu erfaßten

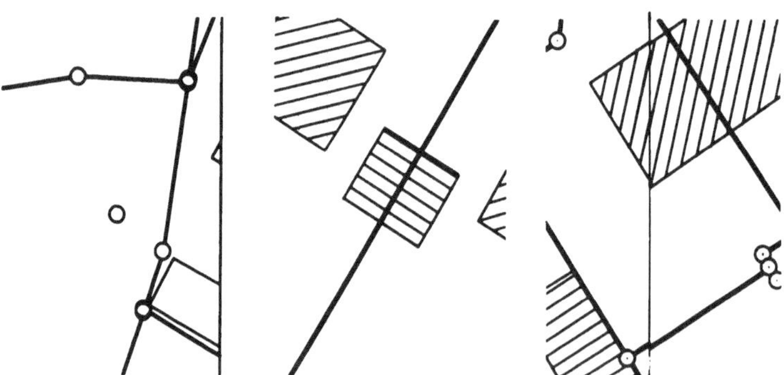

Abb. 5. Verbesserungsbedürftige Graphik bei Katasterkarten. Links: 2 verdickte Grenzpunkte als Folge der Digitalisierung; Mitte: Fehlende Rechtwinkeligkeit eines Gebäudes; Rechts: Versetzte Linien am Rand zweier Kartenblätter

Punkt wird in der Datei nachgesehen, ob an der betreffenden Position innerhalb des Fangkreises bereits ein Punkt vorhanden ist. So können alle Maßnahmen, wie die Mitteilung der Koordinaten oder die Unterdrückung der Mehrfachsignaturen während des Digitalisierens getroffen werden.

Bei der Prüfung des fertigen Kartenbildes fallen bereits kleine Digitalisierungsungenauigkeiten, die zu schiefwinkligen Gebäude führen, unangenehm auf. Um solche leicht erkennbare Mängel zu vermeiden, werden Rechenprogramme benutzt, die geschlossene oder offene Polygonzüge zu genauen rechtwinkligen Polygonzügen umformen. Eine andere Bedingung, die durch Rechenprogramme verwirklicht werden kann, ist das Anordnen digitalisierter Zwischenpunkte auf einer Geraden, die durch Anfangs- und Endpunkt gegeben ist. Da Rechtwinkel und Geradenbedingung bei verschachtelten Gebäuden im Wechsel und in Kombination mit der Mittelbildung auftreten können, ist es in manchen Fällen notwendig, die Korrekturen interaktiv einzugeben.

Abb. 6. Interaktiver Bildschirmarbeitsplatz mit vergrößertem Ausschnitt einer Katasterkarte

Werden Rahmenkartenblätter digitalisiert, die unmittelbar aneinandergrenzen, so treten Linien auf, deren Anfangs- und Endpunkt auf verschiedenen Nachbarblättern liegen (Abb. 5). Für diese Fälle wird ein Programm gewünscht, das eine genaue Gerade bis zum Schnittpunkt mit dem Kartenrand auf jedem Kartenblatt ergibt. Um die Schwierigkeit der Problemlösung zu verdeutlichen, sei erwähnt, daß auch Linien in einem Kartenblatt vorkommen können, deren Anfangs- und Endpunkte auf weiter entfernt liegenden Rahmenkartenblättern liegen.

Manchmal liegt von einem Gebiet kein einheitliches Kartenmaterial vor. So können die Unterlagen verschiedene Maßstäbe zeigen, nur inselförmige Abgrenzungen aufweisen, auf frühere ungenauere Vermessungen zurückgehen oder nur einzelne Objekte enthalten. Um trotz dieser Widrigkeiten zu einer einheitlichen Kartendarstellung zu kommen, werden in den Teildarstellungen identische Punkte ausgewählt und durch Einpassen auf die identischen Punkte in die digitalisierten Teildarstellungen zusammengefügt. Für diese Arbeiten werden Rechenprogramme für die Transformation der Daten benötigt. Bewährt haben sich hierbei die einfache Helmert-Transformation, die nur 4 Freiheitsgrade, nämlich Verschieben, Drehen und Maßstabsänderung bietet, oder komplexere Transformationen, die die Lagebeziehungen benachbarter Punkte erhalten.

Damit die mit dem Zeichenautomat gefertigten Katasterkarten möglichst fehlerfrei sind, haben sich auch Plausibilitätskontrollen bewährt. Mit Hilfe dieser programmierten Kontrollen wird geprüft, ob die Gebäudepolygone geschlossen sind oder ob allen Flurstücken auch eine Flurstücksnummer zugeordnet ist. Eine weitere Kontrolle ist die Prüfung auf Linienschnitte, die anzeigt, wenn die Angabe „Ende eines Linienzugs" und somit auch die Anweisung für den Zeichenautomat „Werkzeug heben", fehlt. Die Folge wären Linien, die quer durch die Karte verlaufen, und mühsame Retuschen erfordern.

Ein zweites Programmpaket wird für die Arbeit am interaktiven Bildschirm benötigt. Die damit zu lösenden Aufgaben sind das Darstellen der durch Anfangs- und Endpunkt definierten Geraden, das Darstellen verschiedener Kartensignaturen, die Schraffur von Polygonflächen oder Gebäuden bei beliebigen Umrißlinien, das vergrößerte Wiedergeben von angegebenen Ausschnitten, das Korrigieren, Löschen, Neueinfügen oder Verschieben von Kartenobjekten.

Für die Arbeit des Präzisionszeichenautomaten müssen zunächst die Steuerprogramme vorliegen, damit aus den vorgegebenen Daten, z. B. „Gerade von Anfangspunkt A nach Endpunkt B", die Steuerbefehle für die Antriebsmotoren in x- und y- Richtung, das Senken und Heben des Zeichen- oder Gravurwerkzeugs und evtl. das Drehen des Motors für die Tangentialsteuerung berechnet und anschließend ausgeführt werden. Hinzu kommen noch die Befehle für die Beschleunigung beim Anfahren und das Abbremsen oder für Werkzeugwechsel. Wird zum Ausgeben der Karte ein Fotokopf benützt, so ist zu unterscheiden, ob Kartensignaturen nach dem Positionieren im Stand geblitzt werden oder lineare Kartensignaturen in der Bewegung durch kontinuierliches Belichten unter Steuerung der Lichtintensität mit einem Graufilter aufgezeichnet werden.

Ein besonderer Programmteil definiert den Kartenrahmen. Auf dem jenseits des Kartenrandes liegenden Kartenrahmen ist keine Kartenzeichnung wiederzugeben. Auch kann ein Umfeld bestimmt werden, innerhalb dem noch Überkartierungen möglich sind.

Damit die in der Zeichenanweisung vorgegebenen Kartensignaturen eingehalten werden, sind besondere Anwenderprogramme aufzustellen und dem eigentlichen Betriebsprogramm vorzuschalten. Drei Beispiele seien hierfür erwähnt: So kann z. B. ein abgemarkter Grenzpunkt durch das Zeichen Kreis mit 1,0 mm Durchmesser wiedergegeben werden. Die abgehenden Grenzen werden als Linien dargestellt, die erst nach dem Kreis beginnen. Gebäude werden oft durch Schraffuren dargestellt, wobei die Linienschar bei Nebengebäuden parallel zur kurzen Seite, bei Hauptgebäuden im Winkel von 45° zur Längsseite verläuft. Hausnummern sind in einem Kreis einzutragen und von der Schraffur freizustellen. Zu den abzuspeichernden Kartensignaturen gehören ferner die Zeichen für die Nutzungsarten, für Wasserlinien, trigonometrische Punkte, Gitterkreuze sowie Maßstabsleisten.

Manchmal ist es erwünscht, den auf dem Zeichenautomat auszugebenden Kartennachtrag in ein vorhandenes Kartenblatt einzupassen. Für diese Aufgabe ist es notwendig, daß man auf dem Zeichentisch die im Kartenblatt ausgewählten Paßpunkte mit einer Meßlupe einstellen kann, und die Daten für den Kartennachtrag auf diese Paßpunkte transformiert.

Ein besonderes kartographisches Problem sind Programme für das Einfügen von Schriften oder Zahlen. Nur ein Teil der in Katasterkarten wiederzugebenden Namen oder Zahlen verläuft auf waagerechten oder senkrechten Standlinien (z. B. die Ortsnamen oder die GK-Koordinaten der Blattecken). Zahlreiche andere Namen oder Zahlen haben Standlinien, die schräg oder gar gebogen sind, (z. B. Flurnamen, Flurstücksnummern, Gewässernamen). Auch sind die Namen auf eine bestimmte Länge zu sperren. Schließlich sind unterschiedliche Schriftgrößen und damit auch Strichbreiten einzuhalten. Da die Plazierung der Namen oder Zahlen am Bildschirm überprüft und eventuell noch korrigiert werden muß, ist es notwendig, daß die Schriftprogramme für den interaktiven Bildschirm und den Präzisionszeichenautomat identisch sein müssen. Diese schwierigen Bedingungen konnten bis heute noch nicht befriedigend gelöst werden. Die Kartenschrift wird deshalb häufig im Abreibverfahren oder durch Montage von Filmstücken, die im Lichtsatz erstellt wurden, in die Katasterkarte eingefügt.

5. Auf dem Weg zu Landinformationssystemen

Zum ursprünglichen Ziel, die Zeichnung einer großmaßstäbigen Karte zu vereinfachen, kamen bald weitere Aufgaben hinzu. Die für eine Karte relevanten Daten sollen nun auch einzeln angesprochen oder selektiert werden können. Man erreicht dies, indem man ein „Mehrebenen-System", ähnlich verschiedener aufeinanderliegender Folien, einführt und die einzelnen in einer Karte enthaltenen Objekte zwar in einem einheitlichen Koordinatensystem, aber in verschiedenen Ebenen ablegt. Eine derartige Zuweisung von Ebenen (A–J) kann so aussehen:

A	Blattecken, trigonometrische Punkte	F	Hausnummern
B	Grenzpunkte	G	Flurstücksnummern
C	Eigentumsgrenzen	H	Nutzungsartengrenzen
D	Hauptgebäude	I	Nutzungsartensignaturen
E	Nebengebäude	J	Beschriftung

So können die Daten auch für andere Aufgaben, wie etwa das Aufstellen eines Leitungskatasters einer Stadt, zusätzlich genutzt werden.

Eine besondere Bedeutung für die großmaßstäbige Karte hat das Vorhaben „Automatisierte Liegenschaftskarte" (ALK). Es hat zum Ziel, das Katasterkartenwerk eines ganzen Bundeslandes automationsgerecht zu erfassen, zu speichern, zu aktualisieren und für andere Nutzer verfügbar zu halten. In dem seit mehreren Jahren vor allem von den Vermessungsverwaltungen der Bundesländer Nordrhein-Westfalen, Niedersachsen und Hessen getragenen Vorhaben wurde zunächst die Aufgabe analysiert, die interne Logik erarbeitet, die Datenstruktur mit den Datenelementen und ihre Klassifizierungen festgelegt und die benötigten Programme aufgestellt. Wichtiger Grundsatz hierbei ist die Unabhängigkeit von firmengebundener Hardware, um die Portabilität und die blattschnittfreie Speicherung im Gauß-Krüger-Koordinatensystem sicherzustellen. Die ALK besteht aus den drei Bauteilen Punktdatei, Grundrißdatei und Datei der Messungselemente. Hinzu kommen Verarbeitungsprogramme wie Auftragsverwaltung, Änderungsdienst, Abgabe von Daten an Dritte usw. Der Bauteil Koordinatendatei ist fertiggestellt, die Grundrißdatei in der Schlußerprobung. Ungewiß ist, ob die Datei der Meßelemente für alle geodätisch bestimmten Punkte aufzustellen ist (Stand Mitte 1987). Interessenten an dem ALK-Vorhaben können durch eine Vereinbarung dem Benutzerkreis beitreten.

Ein wichtiger Teil des ALK-Vorhabens ist die Entwicklung eines interaktiven graphischen Arbeitsplatzes, kurz „ALK GIAP" genannt, auf dem die Teilschritte Datenerfassen, Klassifizieren, Editieren einschließlich Daten ändern und überprüfen ausgeführt werden. Der ALK GIAP ist ebenfalls rechnerunabhängig programmiert. Er besteht aus Rechner, graphischen Farbbildschirm und Digitizer. Die Programme sind in Fortran geschrieben und auf die genormten GKS (= Graphisches Kernsystem) Vereinbarungen abgestellt. ALK GIAP Arbeitsplätze wurden bereits mit Rechnern der Firmen DEC und IBM realisiert.

In diesem Zusammenhang ist auch das Projekt Amtliches Topographisch-Kartographisches Informations System ATKIS der Arbeitsgemeinschaft der Vermessungsverwaltungen der Länder der Bundesrepublik Deutschland (AdV) zu erwähnen. Bei diesem Projekt ist vorgesehen, die topographischen Objekte der Erdoberfläche hinsichtlich Lage und relevante Attribute digital zu erfassen, abzuspeichern, aktuell zu halten und auch an Dritte abzugeben. Wegen der Unmöglichkeit, die Daten automatisch zu selektieren und zu generalisieren, sind die Daten maßstabsabhängig zu führen. Die umfangreichste Datensammlung würde dem Digitalen Landschaftsmodell (DLM) 1 : 5000 entsprechen. Durch Reduzierung der Daten und deren geometrischer Genauigkeit folgen daraus die Digitalen Landschaftsmodelle 1:25.000/1:50.000, 1:200.000 und 1:500.000/1:1 Million. Die im Digitalen Landschaftsmodell gespeicherten Objektarten können aufgrund ihrer Attribute nach dem Schlüssel eines Signaturenkatalogs und durch interaktive Überarbeitung zu einem Digitalen Kartographischen Modell (DKM) umgesetzt und als analoge Karte ausgegeben werden. Wegen der Fülle der zu erfassenden Daten ist beabsichtigt, das ATKIS-Projekt bedarfsorientiert aufzustellen. Die ATKIS-Daten können mit anderen Fachdateien verknüpft werden. Die Datenstruktur und die benötigte Software soll auf der Grundlage der ALK-Entwicklungen aufgebaut werden.

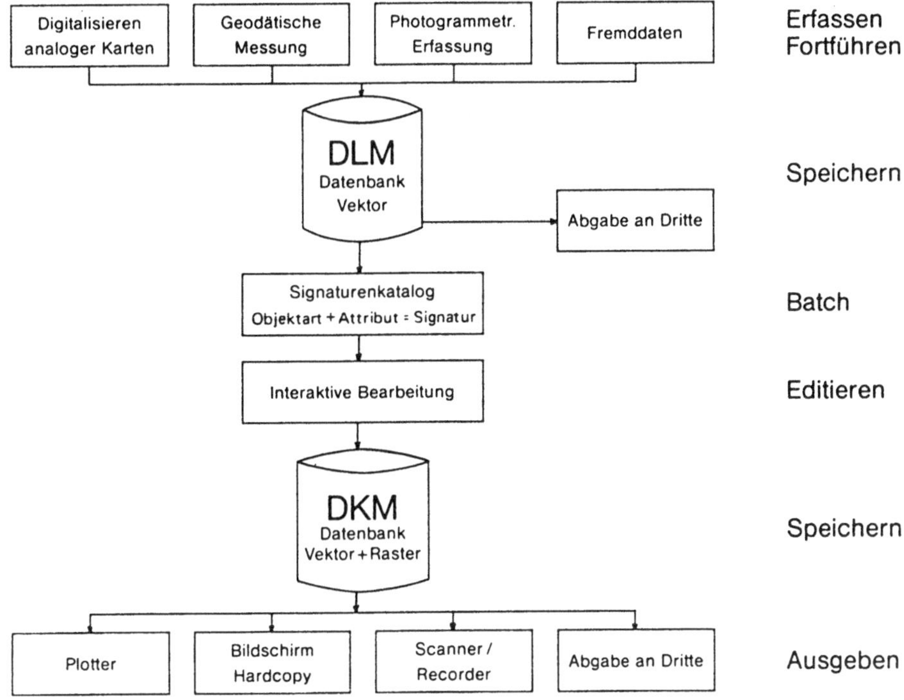

Abb. 7. Datenfluß beim ATKIS-Projekt

6. Gegenwärtiger Stand

Für die Katasterkartographie hat die Graphische Datenverarbeitung in den letzten Jahren zunehmend an Bedeutung gewonnen. Sie ist heute eine wirtschaftlich sinnvolle, Arbeitszeit sparende und kostengünstige Lösung, die Katasterkarten in den Maßstäben 1:500, 1:1000, 1:2000, 1:2500 oder 1:5000 herzustellen und fortzuführen.

Bedeutsam ist dabei die Tatsache, daß auch für die manuelle Zeichenarbeit weniger begabte Mitarbeiter nach entsprechend gründlicher Einarbeitung in die Graphische Datenverarbeitung qualitativ hochwertige Originalzeichnungen oder -gravuren erstellen können.

Die beschriebene Möglichkeit, die Geometriedaten mehrfach sowohl für die Kartenherstellung als auch für ein allgemeines Lageinformationssystem zu nutzen, eröffnet weitere wirtschaftlich interessante Perspektiven.

Heute wird die Graphische Datenverarbeitung bei Katasterkarten für folgende Aufgaben eingesetzt:

- Aufstellen der automatisierten Liegenschaftskarte(ALK)
- Herstellen neuer Katasterkarten nach Neuvermessungen
- Erneuerung älterer Katasterkarten
- Herstellen von Bodenschätzungsdeckfolien
- Umzeichnen und Zusammenfügen von Inselkarten

Neben dem Bereich der Katasterkarten gibt es den weiten Bereich anderer groß-
maßstäbiger Karten und Pläne, bei denen ähnliche Arbeitsbedingungen wie bei
den Katasterkarten vorliegen. Die beschriebenen Anwenderprogramme werden
deshalb, manchmal etwas abgeändert oder erweitert, erfolgreich für die Graphische Datenverarbeitung auch in diesen Nachbarbereichen eingesetzt.

Bei den Städten und Gemeinden sind es die Aufgaben:

- Aufstellen von Stadtgrundkarten
- Aufbau eines Leitungskatasters
- Ausarbeitung von Planungs- oder Themakarten

Bei den Flurbereinigungsämtern sind bewährte Anwendungen:

- Herstellen von Flurkarten mit dem neuen flurbereinigten Stand
- Darstellen der Schätzungsergebnisse
- Berechnung der Einlage durch Verschneiden der Eigentumsgrenzen mit den
  Klassengrenzen der Schätzungsergebnisse
- Unterstützung der Zuteilungsberechnung
- Aufstellen thematischer Unternehmenspläne

In der Industrie und Gewerbe wird die Graphische Datenverarbeitung verwendet
für:

- Erstellung von Lage-, Betriebs- und Unternehmensplänen
- Aufbau von Leitungsdokumentationen
- Aufstellen von Abbau- und Kultivierungsplänen

Diese Liste soll nur Beispiele für großmaßstäbige Karten auf digitaler Grundlage
aufführen und ist keineswegs vollständig.

7. Kritische Betrachtungen und Ausblick

Die Ausführungen zur Graphischen Datenverarbeitung für Katasterkarten wären
unvollständig, würden nicht auch kritische Gedanken aufgenommen werden.

   Am augenfälligsten ist der Verlust bewährter Vorzüge der analogen Kartendarstellung. Die in einer Karte dargestellten Daten sind im Gegensatz zu Daten in
Form von Computerausdrucken, Lochstreifen, Magnetbändern oder -platten sehr
anschaulich und leicht verständlich. Zudem ist die Informationsdichte auf einem
Kartenblatt recht hoch einzuschätzen. Eine analoge Karte auf Papier ist durchaus
ein guter Datenspeicher.

   Bei der Computergläubigkeit unserer Zeit wird manchmal eine „rechnergestützte" Lösung favorisiert und mit Macht eingeführt, ohne zu prüfen, ob nicht die
bewährten manuellen Verfahren oder reproduktionstechnische Mittel billigere und
qualitativ gute Ergebnisse bringen. Ein Beispiel hierfür wäre das manuelle Korrigieren von Fehlern auf einer Gravurfolie anstelle einer mühsam interaktiven Korrektur mit nochmaliger Ausgabe über den Zeichenautomat. Ein überschlägiger
Kosten-Nutzen-Vergleich zwischen automationsgestützen Verfahren und manueller Arbeit wird sich auch bei manchen anderen Alternativlösungen lohnen.

Die weite Verbreitung der Graphischen Datenverarbeitung führt dazu, daß die einmal erfaßten Daten der großmaßstäbigen Karten auch mit anderen Interessenten ausgetauscht werden sollen. Hier hat sich aber bisher noch keine echte Normung eines Austauschformats erreichen lassen. Selbst bei gleicher Hardware ist keineswegs sicher, daß die übergebenen Daten sofort nutzbar sind, weil vielleicht unterschiedliche Programme oder Peripheriegeräte genutzt werden.

Die Arbeit an großmaßstäbigen Karten ist in der Regel eine Massenarbeit, die unverändert über längere Zeiträume zu erledigen ist. Nachteilig wirkt sich aus, daß die rasche Innovation in der Datenverarbeitung zu einem raschen Wechsel der Hardware führt und wegen mangelnder Kompatibilität auch Programme oder Verfahren geändert werden müssen. Dies widerspricht dem Grundsatz: „So wenig Änderung wie möglich".

Die aufgezeigte Kritik ist zwar wichtig, aber keineswegs niederschmetternd. So kann der Graphischen Datenverarbeitung für den Bereich der großmaßstäbigen Karten zunehmende Bedeutung und ständiges Wachstum vorausgesagt werden. Die Schwerpunkte der weiteren Entwicklung sind voraussichtlich:

- Verbesserung des Datenflusses von der ersten geodätischen
  oder fotogrammetrischen Erfassung bis zur Ausgabe als Karte,
- Einsatz der Scannertechnik für Datenerfassung und Ausgabe,
- Beginn der Mustererkennung (z. B. bei Flurstücksnummern),
- Aufbau von Landinformationssystemen,
- Steigerung des Datenaustauschs zwischen den Dienststellen bzw. privaten
  Betrieben,
- Übergang von der derzeitigen kombinierten Arbeitsweise manuell-digital zu
  einem volldigitalen Verfahren

Wer gehalten ist, für seine Arbeit gute, wirtschaftlich vertretbare Lösungen zu finden, muß darauf bedacht sein, die künftige Entwicklung aufmerksam zu verfolgen.

Kartographische Datenerfassung für die Herstellung von Geländereliefs

F. Christ

1. Entwicklung und Stand der kartographischen Datenerfassung für die Herstellung von Geländereliefs

Geländereliefs von Teilen der Erdoberfläche, des Meeresbodens oder der Oberfläche anderer Himmelskörper können heute vollautomatisiert, rechnergestützt hergestellt werden. Ein Geländerelief wird dabei nach den X-, Y-, Z-Koordinaten eines digitalen Höhenmodells (DHM) des Geländes entweder mittels einer rechnergesteuerten Fräsmaschine aus festem Werkstoff als dreidimensionales Modell gefräst oder als Simulation eines 3-D-Modells auf einem graphischen Bildschirm angezeigt.

Von einem aus festem Werkstoff gefertigten Geländerelief kann eine Matrize erstellt werden, von welcher Reliefkarten in größerer Stückzahl auf dem Wege des Tiefziehverfahrens in stabile Plastikfolie abgeformt werden können.

Die Bildschirmdarstellung eines Geländereliefs kann entweder in orthogonaler Abbildung als Reliefschummerung oder in perspektivischer Abbildung als Blockbild angezeigt werden. Mittels Computer-Bildanimation können Perspektive und Maßstab kontinuierlich verändert werden, wodurch zum Beispiel der Eindruck des Überfliegens eines Geländes simuliert werden kann. Darüberhinaus ist die Bildschirmdarstellung eines Geländereliefs als Anaglyphenmodell in den Farben rot und grün möglich, das bei Betrachtung mit einer entsprechenden Brille einen echten dreidimensionalen Eindruck des Geländes vermittelt.

Die Berechnung eines digitalen Höhenmodells für die Herstellung von Geländereliefs setzt das Vorhandensein digitaler Höhendaten des Geländes voraus. Digitale Höhendaten und Tiefendaten werden heute unter Einsatz modernster Meß- und Auswertetechniken der Landesvermessung und Hydrographischen Vermessung erfaßt, wobei die Verfahren der digitalen Photogrammetrie und Fernerkundung eine bedeutende Rolle spielen. Für Gebiete, für welche noch keine digitalen Höhendaten vorhanden oder zugängig sind, werden sie zum Teil durch Digitalisierung von Höhenlinien und Höhenpunkten aus vorhandenen topographischen Karten erfaßt. Diese Daten weisen dann jedoch alle eventuellen geometrischen und redaktionellen Ungenauigkeiten und Fehler der als Digitalisierungsgrundlage verwendeten Karten auf.

Die Digitalisierung von Höheninformationen aus topographischen Karten bildet heute eine der zahlreichen Aufgaben der rechnergestützten Kartographie. Dabei wird sowohl die Technik der manuell geführten Vektordigitalisierung eingesetzt, als auch die vollautomatisierte Rasterdigitalisierung mit anschließender oder scheinbar gleichzeitiger Vektorisierung. Die Wahl der anzuwendenden Technik ist dabei einerseits abhängig von der Art und technischen Qualität der verfügbaren Digitalisierungsunterlage, z. B. Kartendruck oder Höhenlinienfolie, und andererseits von der vorhandenen Hardware und Software bzw. deren Kosten. Der wesentliche Unterschied der beiden Techniken ist darin zu sehen, daß der Bearbeiter während der Vektordigitalisierung von Höhenlinien den erfaßten Linien direkt ihre absolute Höhe zuweist und eventuell in der Vorlage vorhandene graphische Unklarheiten entscheidet, während bei der Rasterdigitalisierung keine oder nur eine teilautomatische Höhenzuweisung und Entscheidung kritischer Linienverläufe möglich ist. Diese muß anschließend interaktiv erfolgen. Dafür ist die geometrische Genauigkeit der Rasterdigitalisierung unabhängig von der Geschicklichkeit des Bedieners des Systems und die Geschwindigkeit der Rasterdigitalisierung und Vektorisierung unabhängig von der Menge der in einer Vorlage enthaltenen Höhenlinien.

Seit Mitte der sechziger Jahre werden sowohl Vektordigitizer als auch Rasterdigitizer, sogenannte Scanner, für die Digitalisierung von Höheninformationen in der rechnergestützten Kartographie eingesetzt. Die ersten brauchbaren Systeme wurden zu diesem Zeitpunkt in England und den USA hergestellt, darunter die Vektordigitizer D-MAC-Pencilfollower, Calma-Digitizer, Concord-Digitizer, Concord-Scanner und IBM-Scanner. Ende der sechziger Jahre wurde in den USA der Bendix-Digitizer als erster vollelektronischer, mechanikfreier Vektordigitizer entwickelt. Die Firma ARISTO hat diesen Vektordigitizer dann 1970 als erstes europäisches Exemplar eines vollelektronischen Digitizers an das Institut für Angewandte Geodäsie in Frankfurt a. M. geliefert. Dieser ARISTO-Digitizer war ein Offline-System ohne Software und Interaktionsmöglichkeit, bestehend aus der Digitizerplatte mit Cursor, einer Elektronik mit Eingabetastatur, einem Write-only-Magnetband und einem Teletype-Terminal mit Lochstreifenstanzer. Der Preis dieses Vektordigitizers betrug ca. DM 225.000,-. Etwa zur gleichen Zeit war in Europa der noch teilmechanisch arbeitende Haromat-Digitizer der Firma Hagen-Systeme im Gebrauch. Mit diesem System wurden im Auftrag des Fernmeldetechnischen Zentralamtes der Deutschen Bundespost in Darmstadt von einem privaten Unternehmen die Höhenlinien der topographischen Karten 1:25.000 für das Gebiet der Bundesrepublik Deutschland, insgesamt 2153 Kartenblätter, digitalisiert. Die so erzeugten digitalen Höhendaten waren für die Berechnung eines ersten flächendeckenden digitalen Höhenmodells der BR Deutschland für die Funkstreckenplanung der Post bestimmt. Teilweise aufgrund der zu dieser Zeit noch nicht ausgereiften Digitizer Systemtechnik waren diese Daten mit Fehlern und Ungenauigkeiten behaftet und mußten in späteren Jahren gebietsweise neu digitalisiert werden.

Vom Institut für Angewandte Geodäsie wurden 1972, mit dem Ziel für ein Testgebiet möglichst präzise digitale Höhendaten durch Digitalisierung topographischer Karten zu erhalten, unter Einsatz des ARISTO-Digitizers die Höhenlinien einer topographischen Karte 1:50.000 digitalisiert. Dabei wurde ein speziell entwickelter Stift-Cursor verwendet, der in den Rillen von in Metall tiefgeätzten Höhenlinien nachgeführt werden konnte. Nach den so erfaßten Höhendaten wurde ein digitales Höhenmodell und danach ein Geländerelief als Reliefschummerung berechnet. Die Reliefschummerung wurde mittels eines Plotters ausgezeichnet. Zur gleichen Zeit wurde 1973 bei der Firma Messerschmitt-Boelkow-

Blohm begonnen, für eine andere Bundesbehörde einen Rasterdigitizer (Scanner) mit Vektorisierungs-Software zu entwickeln, mit welchem die Höhenlinien der Topographischen Karte 1:50.000 der Bundesrepublik Deutschland automatisch digitalisiert und vektorisiert werden sollten. Dieser Scanner mit der Bezeichnung Kartoscan konnte dann zu Beginn der achtziger Jahre für diese Aufgabe in der Produktion eingesetzt werden. Die Höhenzuweisung erfolgt bei dem Kartoscan-System interaktiv, jedoch softwareunterstützt, an einem graphischen Arbeitsplatz. Der Rasterdigitizer Kartoscan wird jetzt in weiterentwickelter Form von der Firma Sysscan vertrieben. Nach den mittels des Kartoscan digitalisierten Höhendaten wird ein digitales Höhenmodell berechnet und gespeichert, das aufgrund seiner Genauigkeit für die Steuerung von Flugkörpern geeignet ist.

Inzwischen wird eine Vielzahl verschiedener Scanner und Vektordigitizer für die kartographische Datenerfassung verwendet, wobei meist die Erfassung von Grundrißdaten, Planungsdaten, Daten des Leitungskatasters und Daten für die Kraftfahrzeugnavigation im Vordergrund steht. Zu den Scannern zählen die Systeme der Firmen ANAteck (Lieferfirma Dr.Wirth), Eikonix, Hell, Intergraph (Hersteller Optronics), Scitex, Sysscan (Kartoscan) und Tektronix. Die Preise dieser Systeme liegen mit Ausnahme des etwas billigeren Eikonix-Scanners bei ca. DM 200.000,- bis DM 500.000,-. Für einige der Systeme wird auch eine leistungsfähige Software für die Erfassung und Weiterverarbeitung digitaler Höhendaten angeboten. Das Anateck-System ist darunter das neueste System mit einer Software, die auch in der Lage ist, eine einfache Mustererkennung, z.B. eine Erkennung von Höhenzahlen, zu leisten.

Aus Kostengründen werden jedoch vielfach Vektordigitizer bei der Erfassung digitaler Höhendaten aus vorhandenen Karten eingesetzt. Durch die Verbilligung der Vektordigitizer, Minicomputer und Personalcomputer sind heute preiswerte interaktive graphische Arbeitsstationen für die kartographische Datenerfassung und den Kartenentwurf je nach Software-Umfang zu Preisen zwischen ca. DM 60.000,- und DM 150.000,- verfügbar, z.B. die Systeme der Firmen ARISTO, Kartoplan, Siemens und Sigmex. Außerdem integrieren Unternehmen und Forschungseinrichtungen, die kartographische Datenerfassung und digitale Höhendatenerfassung betreiben, Vektordigitizer, graphische Bildschirme und Minicomputer oder Personalcomputer mit selbst entwickelter Software oder verfügbarer geräteunabhängiger Software zu leistungsstarken Systemen. Geräteunabhängige kartographische Software-Pakete sind unter anderen die Produkte Arcinfo, Giap, Mapdata und Uniras. Diese Software-Pakete verfügen zum Teil über vielseitige Funktionen bis hin zum geographischen Informationssystem, wie bei der Arcinfo-Software. Ihr Einsatz nur für die digitale Höhendatenerfassung wäre unwirtschaftlich. Nach wie vor werden jedoch auch größere und teurere interaktive graphische Systeme mit Vektordigitizern und Scannern zur kartographischen Datenerfassung und digitalen Höhendatenerfassung verwendet, wie z.B. das System der Firma Intergraph.

Ein Beispiel für die Erfassung digitaler Höhendaten unter Einsatz eines selbst integrierten Vektordigitizer-Systems liegt bei der Firma Industrieanlagen-Betriebsgesellschaft (IABG), Abteilung Geländedatenverarbeitung, vor. Hier werden die Höhenlinien großer Teile der BR Deutschland, darunter das gesamte Land Bayern, aus topographischen Karten digitalisiert und die digitalen Höhendaten für die

Berechnung digitaler Höhenmodelle verwendet. Diese digitalen Höhenmodelle bieten dann die Möglichkeit zur vielseitigen Nutzung, z. B. zur Ermittlung der Gebiete, die von Sendungen bestimmter Fernsehsender erreicht werden, zur Standortplanung und für Einsehbarkeitsuntersuchungen, Trassenlegungen und Umweltplanung. Die durch kartographische Datenerfassung gewonnenen digitalen Höhendaten und danach berechneten digitalen Höhenmodelle können darüberhinaus auch für die rechnergestützte Herstellung dreidimensionaler Geländereliefs aus festen Werkstoffen eingesetzt werden. So wurde z. B in Zusammenarbeit zwischen der Firma IABG und der Technischen Fachhochschule Berlin ein dreidimensionales Geländerelief des Karwendelgebirges im Maßstab 1:50.000 rechnergestützt hergestellt.

Als ein weiteres Beispiel kartographischer Datenerfassung für die Gewinnung digitaler Höhendaten mittels eines selbst integrierten kartographischen Datenverarbeitungs-Systems soll im folgenden ein Forschungs- und Entwicklungsprojekt beschrieben werden, das 1986 an der Technischen Fachhochschule Berlin, Fachbereich Vermessungs- und Kartenwesen, durchgeführt wurde.

2. Erfassung digitaler Höhendaten für ein Geländerelief Berlin und Umgebung

2.1. Projekt

An der TFH Berlin, Fachbereich Vermessungs- und Kartenwesen wurde 1986 ein in der BR Deutschland neuartiges Verfahren zur rechnergestützten Produktion dreidimensionaler Geländereliefs aus festen Werkstoffen entwickelt. Nach diesem Verfahren wurde in Zusammenarbeit zwischen der TFH Berlin, dem Museum für Vor- und Frühgeschichte (Berlin) und der Firma Siemens (Berlin), ein dreidimensionales, aus Kunststoff gefrästes Geländerelief von Berlin und Umgebung hergestellt. Dieses Geländerelief dient der Darstellung der frühen und mittelalterlichen Besiedlung des Berliner Raumes im Zusammengang mit der geologisch-geomorphologischen Gliederung der Landschaft.

Die Grundlage für das Fräsen des dreidimensionalen Geländereliefs bildete ein mittels des kartographischen Vektor/Rasterdatenverarbeitungs-Systems der TFH Berlin erzeugtes digitales Höhenmodell Berlin. Die digitalen Höhendaten für die Berechnung des DHM's wurden durch Digitalisierung der Höheninformationen aus topographischen Karten mittels eines Vektordigitizers Aristogrid 108 erfaßt.

2.2. Das Geländerelief

Das Geländerelief zeigt den Raum Berlin in einer Ausdehnung vom 77 km × 55 km von Nauen im Westen bis Strausberg im Osten und von Oranienburg im Norden bis Königs-Wusterhausen im Süden. Im Modellmaßstab 1:25.000 mißt das Geländerelief 308 cm × 220 cm. Als geodätische Abbildung der gekrümmten Erdoberfläche in die Modellebene wurde die Universale Transversale Mercatorabbildung (UTM) gewählt. Das rechteckige Geländerelief wird von den Gitterlinien 351.000 Ost und 428.000 Ost sowie 5.795.000 Nord und 5.850.000 Nord des Zonenfeldes 33 U des UTM-Koordinatensystems begrenzt. Die geographischen Koordinaten der vier Ecken des Geländemodells sind:

SW =	12 Grad	48 Minuten	56,5 Sekunden	östlich von Greenwich
	52 „	17 „	02,6 „	nördliche Breite
NW =	12 „	47 „	27,8 „	o. G.
	52 „	46 „	41,2 „	n. Br.
NO =	13 „	55 „	56,1 „	o. G.
	52 „	47 „	38,0 „	n. Br.
SO =	13 „	56 „	39,1 „	o. G.
	52 „	17 „	58,3 „	n. Br.

Um die relativ flachen Geländeformen von Berlin und Umgebung mit Höhen zwischen 29 m und 151 m über Normal Null für alle Betrachter deutlich erkennbar darzustellen, wurden die Höhen des Geländereliefs achtfach überhöht (10m Höhendifferenz in der Natur = 3,2 mm im Modell). Die Seeufer, Flüsse und Gräben wurden einheitlich 2,5 m bis 5,0 m (0,8 mm bis 1,6 mm im Modell) vertieft, um sie hervorzuheben.

2.3. Digitalisierung der Höheninformation

Da die verfügbaren topographischen Karten ein sehr komplexes graphisches Bild aufwiesen, wurden zunächst von qualifizierten Kartographen Auszüge der zu digitalisierenden Höhenlinien, Höhenpunkte, Uferlinien von Seen, Flüssen und Kanälen, großen Bäche und Wassergräben auf Folie über den Karten hochgezeichnet

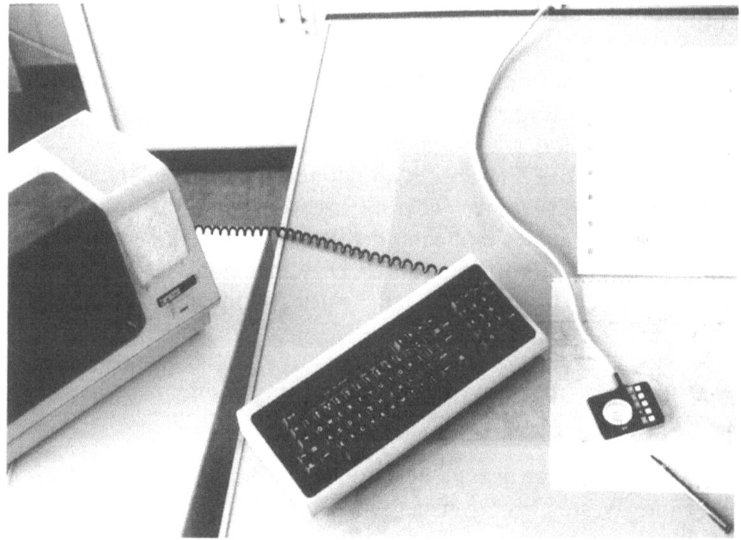

Abb. 1. Digitalisierung der Höheninformationen für das Geländerelief Berlin am Vektordigitizer ARISTOGRID 108

und die jeweiligen Höhen eingetragen. Dabei wurde das gesamte Bearbeitungsgebiet in 35 Teilblöcke von je 11 km × 11 km aufgeteilt. Diese aus den topographischen Karten der Gegenwart herausgezogenen Höheninformationen wurden dann von Wissenschaftlern des Museums für Vor- und Frühgeschichte nach historischen Karten und Forschungsergebnissen des Museums auf den Stand des Mittelalters zurückverändert. Danach wurden die 35 Vorlagen mittels des Vektordigitizers Aristogrid digitalisiert. Für die einzelnen Objekte wurden dabei eine Objektschlüsselzahl (Header) und die Höhe eingegeben.

Nach Fertigstellung der Digitalisierung eines Teilblockes wurden die digitalisierten Objekte jeweils auf einem graphischen Bildschirm Tektronix 4115 B mehrfarbig angezeigt und kontrolliert.

Festgestellte Erfassungsfehler wurden am graphischen Bildschirm und Digitizer interaktiv korrigiert. Die digitalisierten und korrigierten Höhendaten wurden in einer Datenbank auf der Magnetplatte eines Computers Digital Equipment VAX 11/750 gespeichert. Die Zahl der gespeicherten Objekte betrug 30.322, der erforderliche Speicherplatz umfaßte 12,5 Megabyte.

Anhand der gespeicherten Höhendaten wurde dann auf einem Calcomp-Vektorplotter eine mehrfarbige Kontrollzeichnung der Höhenlinien, Höhenpunkte und Gewässerlinien des gesamten Bearbeitungsgebietes ausgegeben. Auf dieser Zeichnung wurden die Randanschlüsse der 35 Teilblöcke kontrolliert und festgestellte Fehler in der Datenbank am graphischen Bildschirm und Digitizer interaktiv kor-

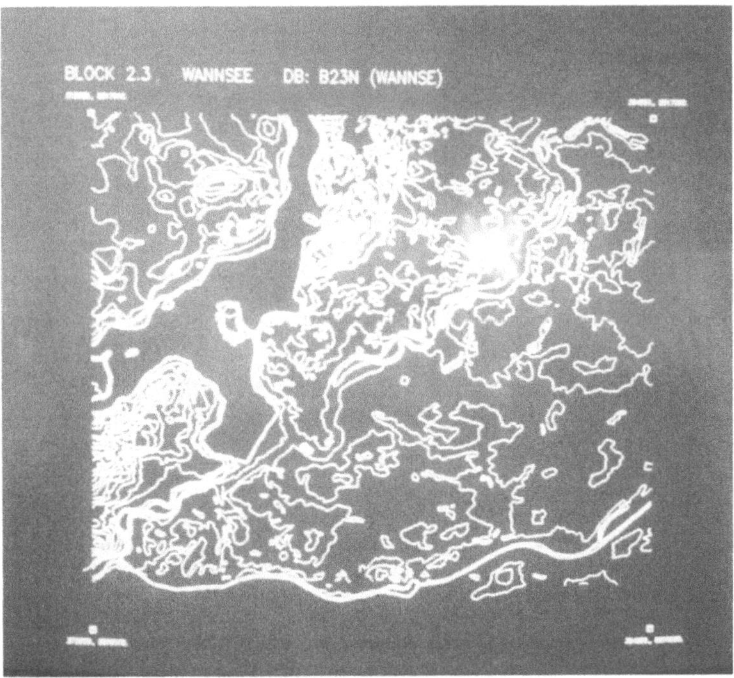

Abb. 2. Kontrollanzeige der digitalen Höhendaten des Teilblockes Wannsee am
graphischen Bildschirm Tektronix 4115 B

rigiert. Für die Digitalisierung der gesamten 35 Teilblöcke, einschließlich Vorlagenherstellung und interaktiver Korrektur, wurden ca. 2.000 Arbeitsstunden aufgewendet.

2.4. Berechnung und Kontrolle des digitalen Höhenmodells

Auf der Grundlage der in der Datenbank gespeicherten digitalen Höhendaten wurde für jeden der 35 Teilblöcke des Bearbeitungsgebietes mittels des Computers DEC VAX 11/750 ein digitales Höhenmodell berechnet und gespeichert. Anhand der digitalen Höhenmodelle wurde dann je Teilblock ein schattenplastisches Geländerelief in orthogonaler Abbildung (Reliefschummerung) berechnet und ebenfalls gespeichert. Für die Berechnung der digitalen Höhenmodelle und Reliefschummerungen wurde eine Software des Institutes für Angewandte Geodäsie, Autor H.-J. Gottschalk, verwendet. Die Reliefschummerungen der 35 Teilblöcke wurden in verlaufenden Grautönen auf dem graphischen Bildschirm Tektronix 4115 B angezeigt und auf einer angeschlosssenen Hardcopy Unit Tektronix 4691 als Papierkopien ausgegeben.

Das Geländerelief wurde dabei am Bildschirm kontrolliert und festgestellte Fehler auf den Papierkopien markiert. Als Fehler traten überwiegend in den Kar-

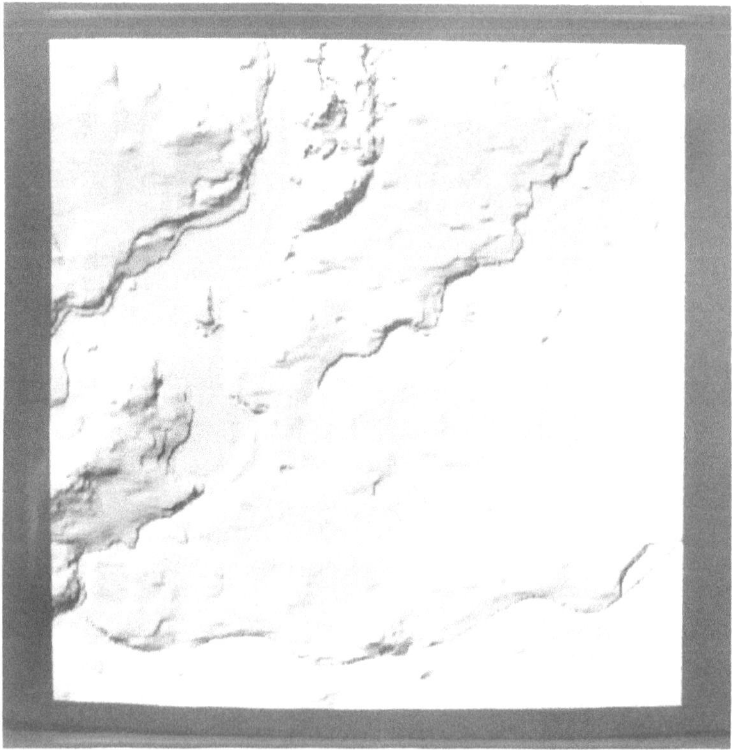

Abb. 3. Kontrollanzeige der Reliefschummerung des Teilblockes Wannsee am graphischen Bildschirm Tektronix 4115 B

tenunterlagen nicht vorhandene Wälle, Mulden und Terassen auf, die auf falsche Höhenangaben während der Digitalisierung oder in den Digitalisierungsvorlagen zurückzuführen waren. Nach der interaktiven Korrektur der digitalen Höhendaten in der Datenbank am Bildschirm und Digitizer wurde die Berechnung der digitalen Höhenmodelle und Reliefschummerungen wiederholt und eine Endkontrolle des erneut auf dem Bildschirm angezeigten Geländereliefs vorgenommen. Nach Feststellung der Fehlerfreiheit wurden die 35 digitalen Höhenmodelle der Teilblöcke mittels des Computers DEC VAX 11/750 zu einem einzigen digitalen Geländemodell von Berlin und Umgebung zusammenkopiert und dieses auf Magnetplatte gespeichert. Ebenso wurden die 35 Reliefschummerungen gespeichert. Für die Speicherung des gesamten digitalen Höhenmodells wurden 35 Megabyte und für die Reliefschummerung 30 Megabyte Speicherplatz benötigt.

Das digitale Höhenmodell Berlin kann als ein Raster, geteilt in Zeilen und Spalten durch die Gitterlinien des UTM-Koordinatensystems, verstanden werden. Die quadratischen Rasterflecke werden als Pixel bezeichnet. Für jedes Pixel wird bei der Berechnung des DHM's der mittlere Höhenwert des Geländes eingetragen, das dem Pixel in der Natur entspricht. Die Größe der Pixel des DHM Berlin 1:25.000 beträgt 1 mm × 1 mm (25 m × 25 m in der Natur). Das DHM eines Teilblockes umfaßt 193.600 Pixel, das gesamte DHM umfaßt 6.776.000 Pixel.

2.5. Berechnung der Fräsdaten und Fräsen des Geländereliefs

Anhand des digitalen Höhenmodells Berlin 1:2.500 wurden mittels des Computers DEC VAX 11/750 die Steuerdaten für das rechnergesteuerte Fräsen des Geländereliefs Berlin 1:25.000 in 35 Teilblöcken von 440 mm × 440 mm (11 km × 11 km in der Natur) berechnet. Für die profilweise angeordneten Fräsdaten wurde eine Auflösung von 1 mm in den ebenen Koordinaten X, Y und von 0,2 mm in der Höhenkoordinate Z ausgewählt. Die als ASCII-Zeichen im Werkzeugmaschinen-

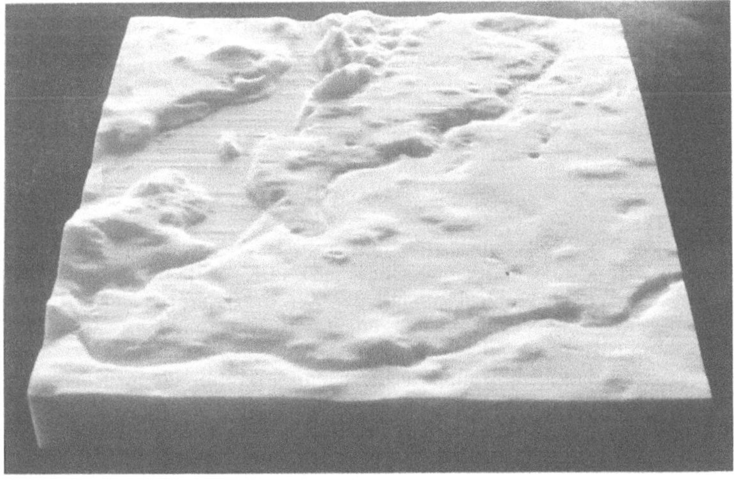

Abb. 4. Rechnergestützt erstelltes Geländerelief Berlin, Teilblock Wannsee

format für die Sinumerik-Steuerung einer Fräsmaschine der Firma Siemens, Berlin, erzeugten Fräsdaten wurden von der Magnetplatte des Computers DEC VAX 11/750 auf Disketten eines Siemens Personalcomputers übertragen. Die Fräsdaten eines Teilblockes des Geländereliefs umfaßten je nach Reliefbewegung durchschnittlich 1,1 Megabyte, für das gesamte Geländerelief fielen ca. 40 Megabyte Fräsdaten an. Mittels eines zweiten, an die Fräsmaschine der Firma Siemens angeschlossenen Siemens-Personalcomputers wurden die auf Disketten zwischengespeicherten Fräsdaten in die Steuerung der Fräsmaschine übertragen. Das Fräsen des Geländereliefs Berlin erfolgte dann in 35 Teilblöcken.

Als Werkstoff wurde weißer Hartschaumstoff verwendet. Die 35 Teilblöcke wurden anschließend zusammenmontiert. Durch die feine Auflösung der Höhenkoordinate Z wurde eine Oberfläche des gefrästen Geländereliefs erzielt, die keine manuelle Nachmodellierung erforderte.

3. Schlußbetrachtung

Die kartographische Datenerfassung für die Herstellung von Geländereliefs ist nur eine periphere Aufgabe der rechnergestützten Kartographie. Sie bildet eine Ergänzung der direkten digitalen Höhen- und Tiefenmessung und indirekten photogrammetrischen digitalen Höhenauswertung sowie Fernerkundungsdaten-Auswertung der Landesvermessung und Hydrographischen Vermessung.

Die kartographische Datenerfassung digitaler Höhendaten aus vorliegenden Karten weist den Nachteil auf, daß die Ungenauigkeiten der Karten in die Daten eingehen. Sie ist jedoch relativ kostengünstig und bildet für Gebiete, für die keine digitalen Höhendaten der Landesvermessung oder Hydrographischen Vermessung erhältlich sind, die einzige Lösung. Dabei ist das Verfahren der Rasterdigitalisierung mittels Scanner und anschließende Vektorisierung und Höhenzuordnung der Vektordigitalisierung hinsichtlich Genauigkeit und Zuverlässigkeit überlegen. Die Einsatzmöglichkeiten des Scanners hängen jedoch von der graphischen Qualität der Digitalisierungsvorlagen ab. Werden umfangreiche redaktionelle und zeichnerische Vorarbeiten aufgrund graphisch mangelhafter Digitalisierungsvorlagen erforderlich, so bildet die Vektordigitalisierung von Höheninformationen meist das wirtschaftlichere Verfahren.

4. Literatur

1. Christ, F.; Überblick über die Entwicklung der kartographischen Automation in den U.S.A. Nachrichten aus dem Karten- und Vermessungwesen (Na. Ka. Verm.), R. I., 49, 1979.
2. Ders.; Geländemodell Berlin und Umgebung 1:25.000. Kartographische Nachrichten, 6, 1986
3. Giebels, M., Weber, W.; Höhenliniendigitalisierung nach Verfahren der Raster-Datenverarbeitung. Na. Ka. Verm., R. I. 88, 1982
4. Gillessen, W.; Geländedatenverarbeitung zur Berechnung und Darstellung thematischer Karten, speziell für den Einsatz in der Umweltplanung. Na. Ka. Verm., R. I., 99, 1987
5. Gottschalk, H.-J., Neubauer, H.G.; Wege zu einem Digitalen Geländemodell. Na. Ka. Verm., R. I., 66, 1974
6. Ders.; Einige Probleme der Schräglichtschattierung. Na. Ka. Verm., R. I. 83, 1981

Graphische Datenverarbeitungspraxis:
Die elektronische Seekarte

W. Bettac

Vorbemerkung

Eine elektronische Seekarte, welche die jetzige (Papier-) Seekarte ersetzen kann,
gibt es weltweit noch nicht. Ebenso fehlen weitgehend gesetzliche Vorschriften
und internationale Vereinbarungen. Die folgenden Ausführungen können daher
nur die persönliche Auffassung des Verfassers widerspiegeln. Sie beruhen auf
dem, was sich bei der Arbeit in nationalen und internationalen Gremien bis Frühjahr 1988 herausgebildet hat. Es sei aber darauf hingewiesen, daß bei vielen Fragen noch unterschiedliche, zum Teil entgegengesetzte Auffassungen bestehen.

Es gibt für die elektronische Seekarte noch keine allgemein anerkannte Termi-
nologie. Im folgenden wird – soweit vorhanden – diejenige benutzt, welche die
International Maritime Organization vorgeschlagen hat. Um Verwirrungen zu ver-
meiden, und da sie meist auch im deutschen Kontext so auftreten, werden die
Abkürzungen in der englischen Form gebracht (z.B. für elektronische Seekarte:
ENC = electronic navigational chart). Im folgenden ist mit „Seekarte" immer die
Papier-Seekarte gemeint.

1. Einführung

Eines der wichtigsten Hilfsmittel der Navigation sind Seekarten. Der Nautiker
plant in ihnen eine bevorstehende Reise, ermittelt während der Fahrt den Standort
und trifft unmittelbare Entscheidungen über die Führung des Schiffes. Bei den
Seekarten handelt es sich um auf Papier gedruckte Karten, welche die notwendigen Angaben für den Nautiker als graphische oder alphanumerische Information
enthalten. Ergänzt werden sie durch die sog. „Nautischen Veröffentlichungen", in
erster Linie durch Seehandbücher, Leuchtfeuerverzeichnisse, den Nautischen
Funkdienst und Gezeitentafeln. Gearbeitet wird in der Karte mit Bleistift, Zirkel
und Kursdreiecken.

Seekarten und Nautische Veröffentlichungen müssen stets laufend gehalten
werden. Dazu erscheint wöchentlich eine Liste mit den Fortführungsmeldungen.
(In der Bundesrepublik Deutschland die „Nachrichten für Seefahrer"(NfS), in
den USA und im Vereinigten Königreich die „Notice to Mariners", in Frankreich
die „Avis aux Navigateurs", usw.) Die Inhalte dieser Meldungen sind von Hand
in die Karten und Bücher zu übertragen. Bei der Navigation ist der Schiffsstandort
nicht unmittelbar aus der Karte ersichtlich. Dieser muß durch astronomische oder
terrestrische Beobachtungen oder durch Funkortungsverfahren wie z.B. Decca,

Loran, Omega, neuerdings auch durch Satellitenverfahren, ermittelt und von Hand in die Karte übertragen werden.

Ein weiteres Hilfsmittel der Navigation, für einige Schiffe verbindlich vorgeschrieben, ist Radar. Auch das Radarbild erscheint nicht in der Seekarte, sondern auf einem Bildschirm, räumlich getrennt von der Karte. Für die Navigation müssen alle einzeln vorliegenden Informationen beachtet und aus deren Synthese heraus die Entscheidung getroffen werden. Dieser komplexe, arbeits- und zeitaufwendige sowie zum Teil - man denke an die handschriftlich auszuführende Fortführung der Unterlagen - rein mechanische Vorgang ist anfällig für menschliche Fehler, die Schiff und Besatzung gefährden können.

Ende der siebziger Jahre entstand die Idee, die Elektronische Datenverarbeitung auch beim Einsatz der Seekarte in der Navigation nutzbar zu machen. Das Ziel heißt „Electronic Chart Display System" (ECDIS). Die International Maritime Organization (IMO) definiert ECDIS als

„ein System, das hydrographische Informationen darstellt, die mit Informationen verbunden sein können, die ein elektronisches Ortungsverfahren, Radar usw. liefern, um die sichere Navigation eines Schiffes zu unterstützen. ECDIS besteht aus der elektronischen Seekarte (Electronic Navigational Chart, ENC) als Datensammlung und dem Gerät zur Darstellung der elektronischen Karte (Electronic Chart Display Equipment, ECDIE)."

Damit ECDIS an die Stelle der (Papier-) Seekarte treten kann, müssen zwei Voraussetzungen erfüllt sein:

- Der Inhalt der Navigationskarte muß in digitaler Form verfügbar und die entsprechende Hardware vorhanden sein.
- Die administrativen und gesetzlichen Voraussetzungen müssen erfüllt sein.

Es sei betont, daß sich alle beteiligten Stellen weitgehend einig sind, daß noch für einen längeren Zeitraum Seekarte und elektronische Seekarte nebeneinander bestehen werden. Es ist nicht daran gedacht, eine Ausrüstungspflicht für die elektronische Seekarte einzuführen.

2. Die elektronische Seekarte

2.1. Zielsetzung der elektronischen Seekarte

Die elektronische Seekarte (ENC) muß, wie die auf Papier gedruckte Karte, dem Nautiker an Bord als Grundlage der Navigation dienen. Sie ist in digitaler Form im Datenspeicher des ECDIS abgespeichert und wird auf einem Bildschirm dargestellt.

Jeder auf dem Bildschirm angezeigte Punkt liegt digital vor, er ist Berechnungen unmittelbar zugänglich. Damit sind alle Arbeiten, die auf der Seekarte mit Kursdreieck und Stechzirkel notwendig und möglich sind, auch hier mit einem im System integrierten Rechner durchzuführen, nur einfacher, schneller und fehlerfreier. Darüberhinaus erlaubt ECDIS aber auch, über abgespeicherte Programme nautische Berechnungen „automatisch" vorzunehmen und die Ergebnisse in der Karte darzustellen, etwa den Großkreis zwischen dem augenblicklichen Standpunkt und dem Ziel, Abweichungen zwischen vorgegebener und tatsächlicher Position usw.

Ähnlich wie ein Kollisionsvermeidungs-Radar läßt sich auch ECDIS einsetzen, um rechtzeitig automatisch beim Unterschreiten einer vorgegebenen Distanz zu bestimmten Objekten zu warnen. Solche Objekte können z. B. Tiefenlinien sein, die nicht überfahren werden dürfen, oder das Annähern an ein Radarecho auf dem Bildschirm.

Ein ECDIS, das sich darauf beschränkt, das Bild der Seekarte, statt auf Papier gedruckt, elektronisch auf einem Bildschirm darzustellen, bringt, wie gezeigt, Vorteile mit sich. Diese reichen aber sicher nicht aus, den dafür notwendigen Aufwand zu rechtfertigen und die konventionelle Seekarte zu verdrängen.

Hauptaufgabe von ECDIS wird es sein, die grundlegenden Faktoren für eine sichere Navigation unmittelbar zu vereinigen:

- die Seekarte
- den Standort
- das Radarbild (zumindest wahlweise)

Das war bislang nicht möglich. Zwar gibt es schon Geräte, bei denen auf einer Papierkarte durch einen Leuchtpunkt die Schiffsposition angezeigt wird, die Integration in die Karte erfolgt aber nicht.

Seit sich Radar in der Schiffahrt durchgesetzt hat, wurde immer wieder versucht, einen Weg zu finden, Radarbild und Karte zusammenzuführen. Befriedigend konnte das Problem jedoch nicht gelöst werden.

Bei ECDIS liegt der Inhalt der ENC in digitaler Form vor. Elektronische Positionierungsverfahren liefern den Schiffsort ebenfalls digital. Das vom Radar erzeugte Bild kann bei modernen Anlagen gescannt werden und steht somit ebenfalls digitalisiert zur Verfügung. Über entsprechende Schnittstellen lassen sich Karteninhalt, Schiffsposition und Radar zusammenführen und gemeinsam auf einem Bildschirm darstellen, so daß sie unmittelbar zur Navigation herangezogen werden können.

ECDIS soll es weiter ermöglichen, die ENC automatisch aufzudatieren. Durch das automatische Aufdatieren werden zwei Vorteile erzielt. Einmal wird die Zeitspanne zwischen dem Eintreten einer Veränderung - z.B. dem Verlegen einer Fahrwassertonne - und deren Bekanntwerden an Bord wesentlich verkürzt. Beim zur Zeit angewandten Verfahren vergehen je nach Fahrtgebiet des Schiffes bis zu fünf Wochen, in Ausnahmefällen sogar noch mehr, bis die gedruckte NfS das Schiff erreicht. Hinzu kommt, daß alle Veränderungsmeldungen gesammelt und nur einmal in der Woche veröffentlicht werden. Bei ECDIS soll die ENC durch Fernübertragung fortgeführt werden. Die Zeitspanne wird dadurch auf ein Minimum reduziert. Als zweiter Vorteil ergibt sich, da die Aufdatierung automatisch ausgeführt wird, daß die lästige, personal- und zeitaufwendige Fortführung von Hand fortfällt.

Wie bei der Seekarte, so wird auch beim ECDIS das Bild der ENC durch Textbeiträge ergänzt werden. Es wird darüber hinaus möglich sein, weitere Informationen, z.B. aus dem Leuchtfeuerverzeichnis oder anderen nautischen Veröffentlichungen aufzurufen. Das kann dadurch geschehen, daß mit einer Marke eine Position auf dem Bildschirm, z.B. das Symbol einer Tonne, angefahren wird oder aber, daß man über eine Tastatur eine Position oder einen Befehl eingibt. Auf einem Teil des Bildschirmes oder getrennt davon auf einem zweiten wird dann die dazugehörige Textinformation sichtbar.

2.2. Inhalt der elektronischen Seekarte

Die ENC muß in bezug auf Sicherheit und Leichtigkeit des Seeverkehrs der Seekarte mindestens gleichwertig sein. Es liegt daher nahe, zu fordern, daß der Inhalt beider identisch sei. Über lange Zeit hinweg werden konventionelle (Papier-) Seekarten und ENC nebeneinander im Gebrauch sein. Um zu vermeiden, daß Verwirrungen entstehen, wenn ein Benutzer von einem Medium zum anderen überwechselt, ist zu fordern, daß sich das Bild der ENC so weit wie möglich an das der bestehenden Seekarte anpaßt.

Diese Forderung wird sich in bezug auf die Farbgebung erfüllen lassen. Die Farbe von Flächen und Linien läßt sich auf einem Farbbildschirm sehr gut der Tönung bei einem Druck auf Papier angleichen. Anders jedoch verhält es sich bei der Strichstärke und dem Auflösungsvermögen.

Im deutschen Seekartenwerk beträgt die geringste Linienbreite 0,085 mm. Bei den heutigen auf dem Markt befindlichen 19 Farbbildschirmen mit einer Auflösung von 1024 × 1280 Pixeln beträgt die Seitenlänge eines Pixels dagegen etwa 0,3 mm, die Auflösung ist so wesentlich gröber. In naher Zukunft sollen zwar Bildschirme mit einer Abmessung von 60 cm × 60 cm und einer Auflösung von 4096 × 4096 Pixeln zur Verfügung stehen. Das entspricht einer Seitenlänge von 0,15 mm für ein Pixel. Damit wäre es möglich, auf dem Bildschirm ein Bild zu entwerfen, das der gedruckten Seekarte ebenbürtig wäre. Solche Bildschirme sind jedoch noch nicht auf dem Markt. Es müssen die Daten der verfügbaren Geräte angehalten werden.

Abb. 1 zeigt am Beispiel einiger Signaturen, inwieweit es gelingt, mit einer Auflösung von 0,3 mm die Darstellung in der ENC derjenigen in der Seekarte anzunähern. Die linke Spalte der Abb. zeigt die Signaturen so, wie sie in der Seekarte abgebildet sind, rechts sind einige Vorschläge für die Abbildung mit ECDIS angeführt.

Wegen des gröberen Auflösungsvermögens wird eine Auswahl zu treffen sein, was vom Inhalt der Seekarte in die ENC übernommen werden kann. Da die Sicherheit der Navigation nicht leiden darf, folgt, daß alle Angaben, welche die unmittelbaren, normalen Navigationsaufgaben des Kartenbenutzers erfordern, enthalten sein müssen. Diese „Nutzeranforderungen" bestimmen somit weitgehend das Bild der ENC. Sie sind noch national und international abhängig vom Maßstab der ENC festzulegen.

Allgemein geht man davon aus, daß selbst bei einer „Abmagerung" des auf dem Bildschirm erzeugten Inhalts der ENC gegenüber der Seekarte, die ENC noch so überladen wäre, daß eine sichere Navigation erschwert sei. Der Inhalt der ENC wird daher in der Datenbank getrennt in verschiedenen Schichten abzulegen

Abb. 1. Signaturentwürfe für ECDIS

sein. Diese können vom Nautiker je nach Bedarf einzeln oder zu mehreren abgerufen und dargestellt werden.

Abb. 2 zeigt einen Originalausschnitt aus der deutschen Seekarte 44 (zugleich internationale Karte INT 1452) im Maßstab 1 : 50.000. Die Abb. 3 , 4 und 5 zeigen das gleiche Seegebiet im gleichen Maßstab, aber in der Form, wie es von einer ENC auf dem Bildschirm des ECDIS erzeugt werden könnte. Als geringste Strichstärke ist 0,3 mm angehalten. Bei ECDIS allerdings erscheinen Linien, die nicht parallel zum Bildschirmrand verlaufen, stufenförmig, wie es bei den dargestellten Tonnen und Pricken der Fall ist.

Abb. 3 entspräche dem Bild, das für ein sehr flachgehendes Schiff aus der ENC ausgewählt würde. Als Gefahrenlinie ist die 2 m-Tiefenlinie dargestellt, im Wattgebiet werden Einzelheiten wie Tonnen, Pricken, Kabel, Rohrleitungen usw. gezeigt. Für die Nachtfahrt sind die Feuersektoren eingeblendet. Bei dem Beispiel der Abb. 3 beträgt die kritische Wassertiefe 5 m. Außerdem ist die 10 m-Tiefenlinie dargestellt. Im Gegensatz zur Abb. 4 sind hier die Angaben im Wattgebiet, die geographischen Namen und die Tonnenbezeichnungen ausgeblendet. Abb. 5 zeigt als Gefahrenlinie die 10 m-Tiefenlinie und stellt zusätzlich die 20 m-Tiefenlinie dar. Es handelt sich hier um ein Beispiel für die Tagfahrt. Die Feuersektoren werden nicht gezeigt und ebenso sind, da die Gefahrengrenze bei 10 m Wassertiefe liegt, die Seezeichen hinter dieser Grenze weitgehend unterdrückt. Die Bezeichnung der übrigen Tonnen wird, da es sich um ein Beispiel für die Tagfahrt handelt, eingeblendet. Was abgerufen werden soll, wird zum großen Teil abhängig sein von Schiffsart und -größe. Es tauchte daher der Gedanke auf, ENCs mit unterschiedlichem Inhalt zu erstellen, abhängig vom Schiffstyp. Das riefe aber Schwierigkeiten hervor, wenn die ENCs an Bord durch Fernübertragung automatisch aufdatiert werden sollen. Auch träten verwaltungsmäßige Schwierigkeiten bei Herstellung, Lagerhaltung und Vertrieb der Datenträger auf. Es wird daher wohl nur eine ENC für den gesamten Bereich der Schiffahrt erstellt werden. Eine Umfrage (August 1987) bei deutschen Nautikern ergab, daß sie als Nutzer von ECDIS, z. B. bei kleinmaßstäbiger Darstellung, u. a. folgende Einzelheiten immer als Minimalbild gezeigt bekommen möchten:

- Küstenlinie
- schiffsspezifische Tiefenlinie, die nicht überfahren werden darf
- gefährliche Schiffahrtshindernisse (Wrack, Untiefen usw.)
- nicht vermessene Gebiete, Vorsichtsgebiete, Sperrgebiete, usw.
- Feuerträger, befeuerte schwimmende Seezeichen
- Landmarken und natürlich
- Position des eigenen Schiffes

Weitere Informationen können zusätzlich eingeblendet werden. Bei anderen Maßstäben wird ein entsprechend umfassenderer Inhalt des Minimalbilds gefordert.

Die Seekartenwerke der Hydrographischen Dienste haben, anders als die topographischen Landkarten, keine feste Maßstabsreihe. Der Maßstab richtet sich danach, was in ihnen dargestellt werden muß und was für Grundlagenmaterial verfügbar ist. (Im DHI z. B. reicht der Maßstabsbereich von 1 : 1.500 bis 1 : 40.000.000).

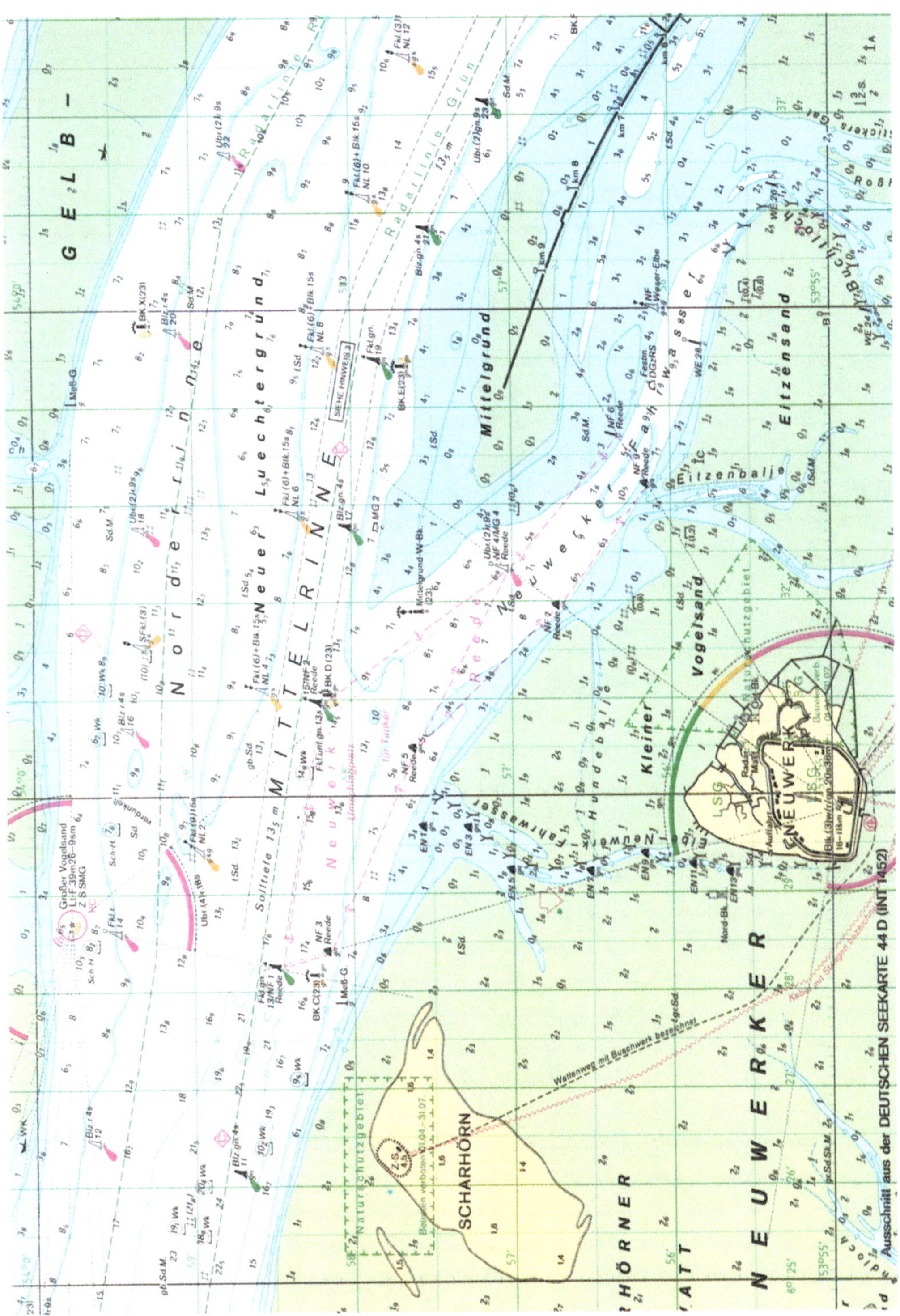

Abb. 2. Ausschnitt aus der Deutschen Seekarte 44 D

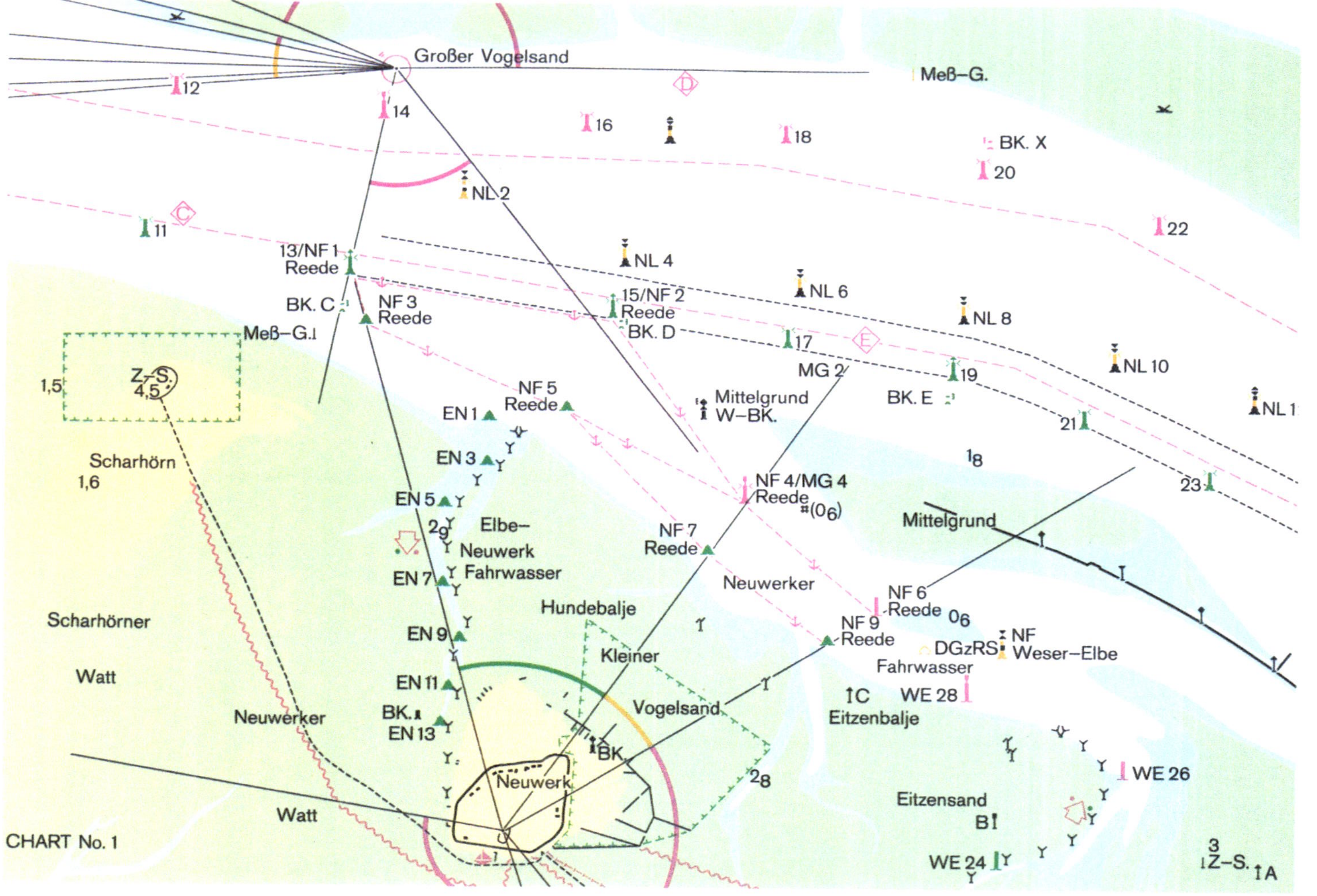

Abb. 3. CHART No.1

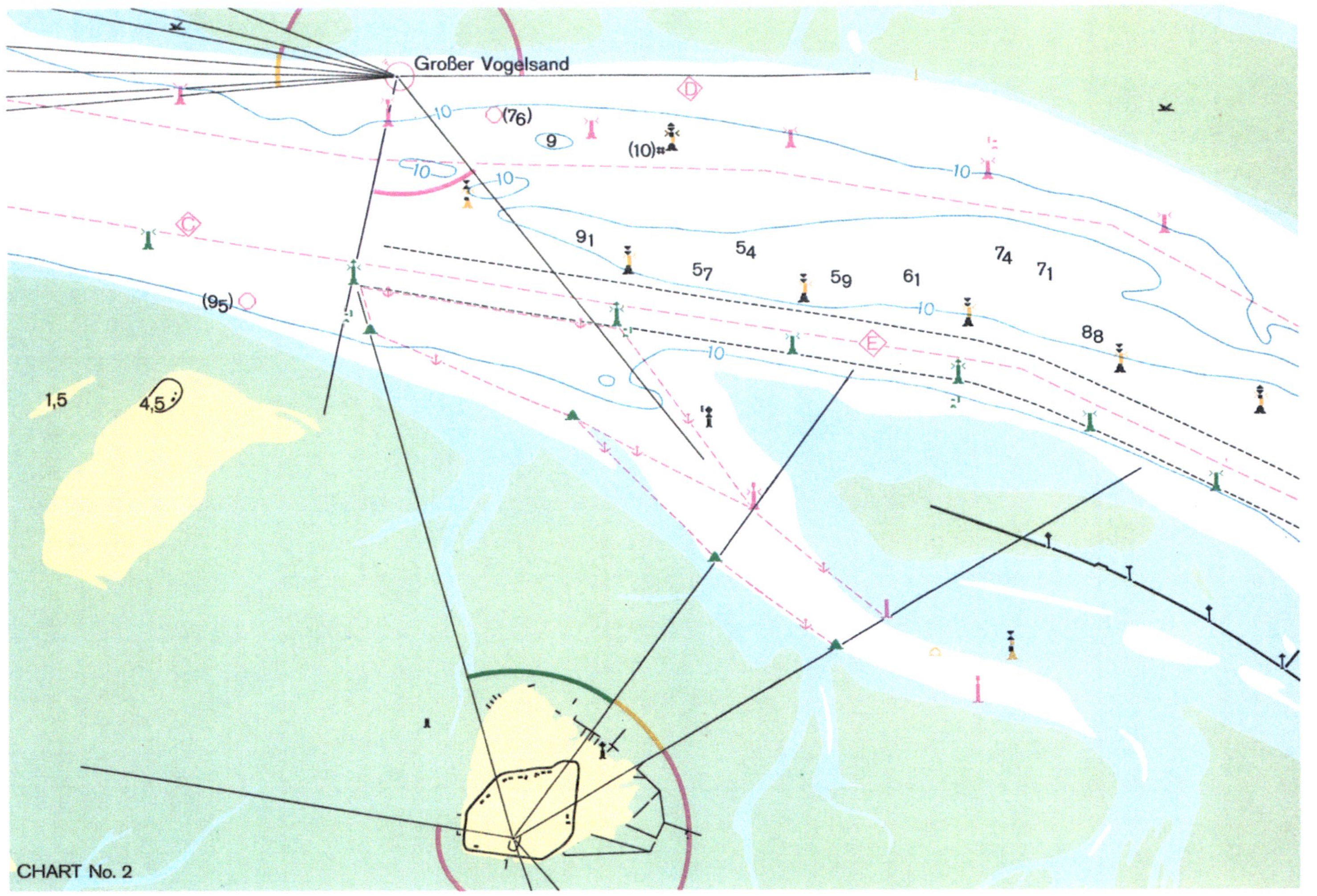

Abb. 4. CHART No. 2

238

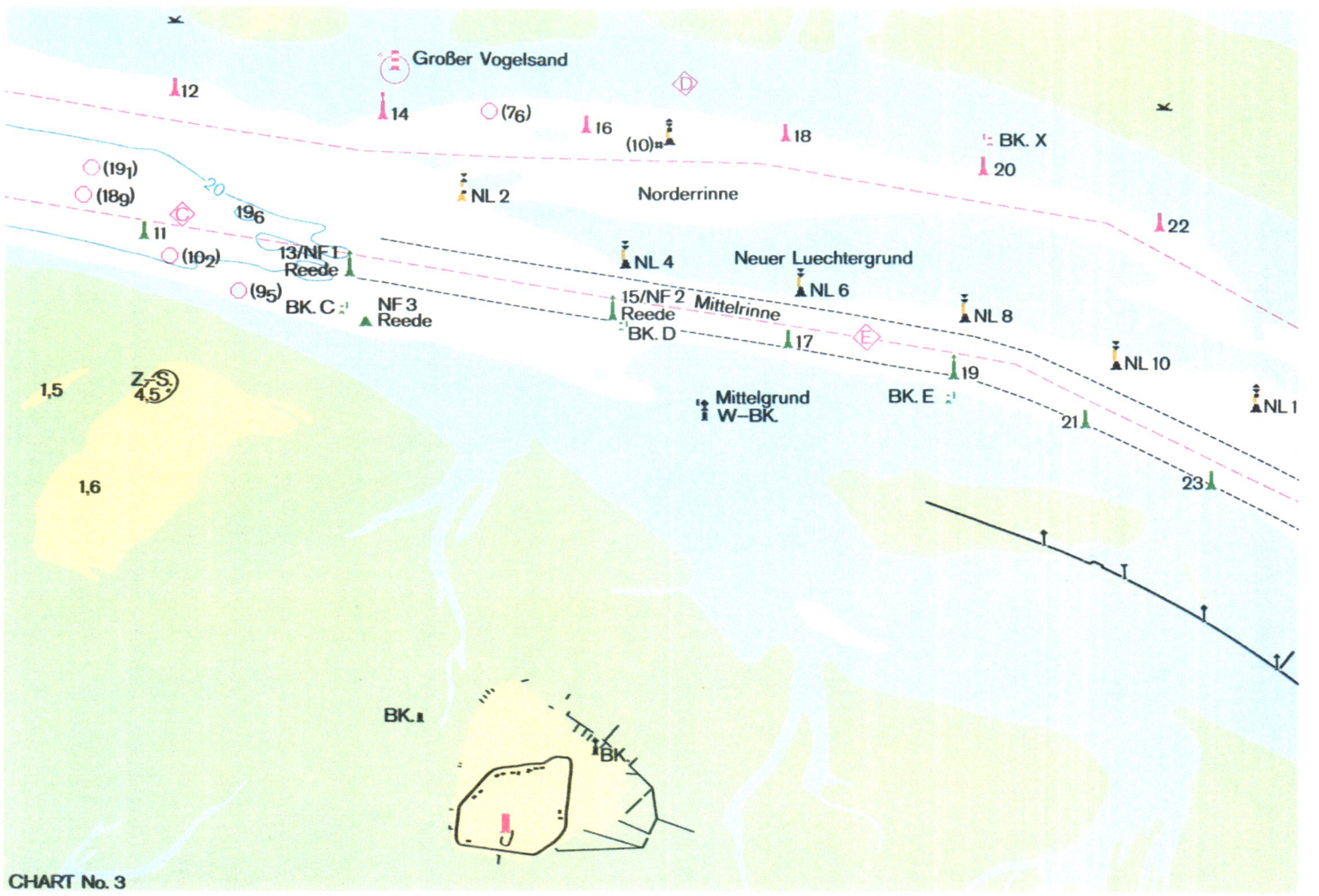

Abb. 5. CHART No. 3

Seekarten sind wie die Landkarten sogenannte Gradabteilungskarten. Sie dekken jedoch nicht jedes Gebiet in jedem Maßstab nahtlos und ohne zu überlappen ab. Die Sprünge in der Maßstabsreihe sind unregelmäßig. Die in den einzelnen Seekarten dargestellten Gebiete überlappen sich. In den Seekarten sind daher diejenigen Gebiete, die auch in größeren Maßstäben kartiert sind, durch eine farbige Umrißlinie und die Kartennummer gekennzeichnet.

Auch die ENC wird in verschiedenen Maßstäben auf dem Bildschirm dargestellt werden müssen. Hier drängt sich als erstes der Gedanke auf, die Bildschirmdarstellung elektronisch zu vergrößern (zoomen).

Bei der konventionellen Ableitung eines kleineren Maßstabs aus dem größeren Originalmaßstab ist jeweils der Mensch als Bearbeiter dazwischengeschaltet, der das Kartenbild generalisiert und somit dafür sorgt, daß der Karteninhalt je nach seiner Bedeutung für die im Maßstab gewandelte Karte erhalten oder ausgelichtet wird und daß nebeneinanderliegende Objekte verdrängt sowie Linienverläufe geglättet werden. Die Generalisierung müßte beim Zoomen automatisch von der Software her erfolgen.

Die Trennung der Objekte, die bei der ENC in den einzelnen Maßstäben dargestellt werden sollen, läßt sich relativ einfach dadurch erreichen, daß man sie in der Datenbank in verschiedenen Ebenen ablegt, die je nach gewünschtem Abbildungsmaßstab aufgerufen werden. Der Algorithmus, nach dem eine Linie geglättet wird, wobei jedoch gewisse Punkte als Festpunkte unverändert bleiben müssen, ist sehr aufwendig. Es gibt zur Zeit noch kein Programm, das diese Aufgabe befriedigend löst. Die naheliegendste Lösung ist daher nicht gangbar, nämlich ein Gebiet im größten vorliegenden Maßstab zu digitalisieren und dann mit Hilfe der Software auf dem Bildschirm in den gewünschten zu verkleinern.

Es zeichnet sich folgender Weg ab, um die ENC in verschiedenen Maßstäben auf dem Bildschirm darzustellen:

Die möglichen Maßstäbe werden in vier Gruppen zusammengefaßt, die etwa den jetzigen Termini Pläne- und Hafenkarten, Revier- und Ansteuerungskarten, Küsten- und Segelkarten und Überseglern entsprechen. Das für den jeweiligen Maßstabbereich vorliegende, entsprechend generalisierte Grundlagenmaterial wird je für sich digitalisiert und in der Datenbank der elektronischen Seekarte (Electronic Chart Data Base, ECDB) abgelegt. Innerhalb dieses Maßstabbereichs kann gezoomt werden. Durch geeignete Maßnahmen ist jedoch dafür zu sorgen, daß durch das Zoomen nicht der Maßstab des Grundlagenmaterials überschritten wird.

Die gedruckte Seekarte enthält einen beträchtlichen Anteil an Schrift und Ziffern, z.B. Namen von Land- und von Seegebieten, Feuerkennungen, Tiefenangaben und Bemerkungen. Da sich auf dem Bildschirm nicht ein so feiner Schriftgrad erzeugen läßt wie in der Karte, würden Schrift und Ziffern das Kartenbild belasten oder sogar andere Angaben überdecken. Es kann daher nur eine kleine Auswahl in die elektronische Karte übernommen werden.

Ist der nicht dargestellte Teil aber nautisch wichtig, muß er anderweitig verfügbar sein. Auf Abruf wird er - ebenso wie Angaben aus den Nautischen Veröffentlichungen - entweder auf einem Teil des Bildschirms, der die Karte zeigt, oder auf einem zweiten Bildschirm dargestellt werden. Wie bereits erwähnt, wird der Standort des Schiffes durch ein Symbol angezeigt werden. Damit ist das Bild der

ENC positioniert. Die Genauigkeit des benutzten Ortungsverfahrens ist somit für den Einsatz von ECDIS ausschlaggebend. Man geht heute allgemein davon aus, daß nur das „Global Positioning System" (GPS) der USA oder ein gleich präzises den Genauigkeitsanforderungen gerecht werden wird. Von den insgesamt vorgesehenen 18 Satelliten des GPS arbeiten bislang allerdings erst fünf. Nach dem jetzigen Stand der Planung wird das System nicht vor 1989 voll zur Verfügung stehen.

Zum Inhalt der ENC wird auch das Radarbild gehören, das zumindest wahlweise zugeschaltet werden kann. Würde man den gesamten Inhalt des Radarschirmes übernehmen, wäre das Bild der ENC überladen. Es wäre schwierig, Einzelheiten zu erkennen. Es wird daher eine Auswahl zu treffen sein, was man vom Originalradarbild übernimmt.

Zweifellos wird man alle Störechos von Seegang, Regen usw. - den sogenannten Clutter - ausblenden. Von den Informationen, die das Radar liefert, sind insbesondere diejenigen interessant, die nicht aus der Karte zu entnehmen sind, in erster Linie also fahrende oder vor Anker liegende Schiffe oder andere schwimmende Objekte sowie Tonnen, die nicht auf ihrer Sollposition liegen. Nicht benötigt werden im allgemeinen Echos von Landzielen und Küstenbauwerken. Deckt sich hier das Bild des Radar mit dem der ENC, so ist das Radar auszublenden. Decken sich die Bilder jedoch nicht, so bedeutet das, daß entweder neue Küstenbauwerke, z.B. eine Pier, entstanden sind, die noch nicht in die Karte übernommen wurden, oder, wenn die Küstenlinie insgesamt versetzt ist, daß die ENC und der Standort des Schiffes nicht einwandfrei zueinander koordiniert sind. Das Radarbild erlaubt es also, die Positionierung zu überprüfen und zu justieren.

2.3. Aufbau der elektronischen Seekarte

2.3.1. Datenerfassung und Datenbank bei den nationalen Hydrographischen Diensten (Landseitige Komponente)

Um das Bild der elektronischen Seekarte auf dem Bildschirm erzeugen zu können, muß ihr Inhalt in digitaler Form vorliegen. Zu einem späteren Zeitpunkt wird man sicher die ENC mit Hilfe der rechnergestützten Kartographie (CAC) in einem interaktiven System erstellen, ohne den Umweg über eine analoge Darstellung, wie die Seekarte, gehen zu müssen. Im Augenblick aber bildet die gedruckte Karte die Grundlage, aus der die ENC entsteht, d.h. der analog vorliegende Karteninhalt muß in digitale Form überführt werden. Hierfür gibt es grundsätzlich zwei Wege:

- Scannen
- Vektordigitalisieren

Scannen, ein vollautomatischer Vorgang, bietet einen schnellen und damit wirtschaftlichen Weg, analog vorliegende Daten in digitale zu überführen. Es liefert digitale Bildpunktdaten (Rasterdaten). Für ECDIS jedoch benötigt man die Daten in vektorieller Form. Die gescannten Daten müssen daher nachträglich umgewandelt werden. Hierfür gibt es schon eine Reihe automatisch arbeitender Prozeduren. Der verbleibende, manuell zu bewältigende Arbeitsanfall ist jedoch so umfangreich, daß Scannen für ECDIS - zumindest zur Zeit - unwirtschaftlich ist.

Es bleibt daher nur das Vektordigitalisieren, bei dem mit einer Marke die zu digitalisierende analoge Darstellung manuell erfaßt wird. Gibt es hierfür auch eine Reihe von Unterstützungen von Seiten der EDV, so ist dieses Verfahren doch insgesamt sehr zeitaufwendig. Die digitalen Daten werden in einer Datenbank abgelegt. Bei den einzelnen Hydrographischen Diensten werden diese im allgemeinen eine interne, spezielle Struktur aufweisen, abhängig von den vorhandenen Digitalisiersystemen und den individuellen Aufgaben, die außer ECDIS mit Hilfe der Datenbank gelöst werden sollen. Die einzelnen internen Datenbanken werden daher nicht kompatibel sein. Um Kompatibilität zu erreichen, sind die Daten in die bei jedem Hydrographischen Dienst einzurichtende ECDB zu transferieren. In ihr sind die Daten in einem international genormten Format für den Gebrauch von ECDIS abgelegt. Diese Datenbank bildet die Basis für den Austausch mit anderen Hydrographischen Diensten. Aus ihr wird der Datensatz für die einzelne ENC erstellt.

In der ECDB werden die Daten auch fortgeführt, d.h. jede Veränderung am Karteninhalt und der in ECDIS einfließenden nautischen Veröffentlichungen wird übernommen, so daß in ihr stets der aktuelle Stand verfügbar ist.

Kein Hydrographischer Dienst wird wegen des damit verbundenen Aufwands die Daten für eine weltweite ENC selbst digitalisieren und fortführen können. Diese gewaltige Arbeit würde auch bedeuten, daß, da verschiedene Hydrographische Dienste bestimmte Gebiete jeweils für sich digitalisierten, sie sich sehr kostspielige Doppelarbeit aufbürdeten. Es liegt nahe, so zu verfahren, wie es bereits bei den internationalen Seekarten geschieht: Ein Hydrographischer Dienst ist für bestimmte, in internationaler Absprache festgelegte Karten verantwortlich und erstellt deren Originale. Andere Hydrographische Dienste können davon Kopien anfordern und die Karten faksimile nachdrucken. Übertragen auf die ENC heißt das, daß ein Gebiet jeweils nur von einem Dienst digitalisiert wird und diese Daten dann den anderen zur Verfügung gestellt werden.

Bei den von einem Hydrographischen Dienst zu digitalisierenden Gebieten wird es sich in erster Linie um die eigenen Küstengewässer und diejenigen Gewässer handeln, für die eine besondere Zuständigkeit und Verantwortung gegeben ist, wie der nationale Anteil am Festlandsockel, die ausschließliche Wirtschaftszone usw. Daneben gibt es noch große Flächen des Meeres, für die keine unmittelbare Zuständigkeit besteht. Diese werden in internationalen Absprachen unter den Hydrographischen Diensten aufzuteilen sein. Das gleiche gilt für Gebiete, für die zwar eine klare nationale Zuordnung gegeben ist, für die aber kein eigener Hydrographischer Dienst besteht, oder, falls ein solcher vorhanden ist, er nicht in der Lage ist, Arbeiten für ECDIS auszuführen. Das wird auf viele Länder der Dritten Welt zutreffen. Auch hier wird abzusprechen sein, wer für die betroffenen Seegebiete die ECDB einrichtet und unterhält.

Auf die Frage, wie aus den einzelnen, bei den nationalen Hydrographischen Diensten erstellten Datenbanken eine weltumspannende ENC entstehen soll, wird unter 4.2. eingegangen.

2.3.2. Bordseitige Komponente

Die elektronische Seekarte soll an Bord die konventionelle ersetzen. Dazu muß an Bord ihr Inhalt in digitaler Form vorliegen, und es müssen Geräte (ECDIE) vorhanden sein, die das Bild der ENC auf einem Bildschirm erzeugen. ECDIE zu entwickeln und herzustellen wird die Aufgabe der Industrie sein. Sie wird dabei Auflagen amtlicher Zulassungsstellen zu beachten und Forderungen der Nutzer von ECDIS, der Nautiker, zu berücksichtigen haben. Zu den Auflagen wird u.a. gehören, daß die Bedienungselemente Irrtümer weitgehend ausschließen und - auch beim Nachtbetrieb - einfach und sicher zu handhaben sind, daß die Datenbank, welche die ENC enthält, nicht versehentlich gelöscht wird, daß die ENC alle Angaben enthält, die vom herstellenden Hydrographischen Dienst vorgesehen sind, und diese auch in der genormten Art dargestellt werden. Ganz wesentlich wird die Forderung sein, daß das ECDIE das genormte Format, in dem die ENC auf einem Datenträger angeliefert wird, lesen und Fortführungsmeldungen, die auf dem Fernübertragungswege eintreffen, selbständig verarbeiten kann.

Die automatische Fortführung des Datenbestandes ist eine wesentliche Forderung von Seiten der Nutzer. Ein eintreffendes Fortführungstelegramm soll automatisch empfangen und der Datenbestand soll automatisch aufaddiert werden können. Der von den Hydrographischen Diensten gelieferte Datenbestand der ENC soll dabei in seiner ursprünglichen Form erhalten bleiben. Die Fortführung soll erst im Arbeitsspeicher des ECDIE erfolgen, wo der nicht mehr gültige Teil der ENC überschrieben wird.

Um das System gegen Ausfälle zu sichern, wird es mit mindestens zwei Bildschirmen auszurüsten und an die Notstromversorgung anzuschließen sein. Weiter wird zu fordern sein, daß es, wenn auch diese ausfällt, zumindest eine kurze Zeit mit Batteriebetrieb weiterarbeitet.

Während es für die Industrie unumgänglich sein wird, die amtlichen Auflagen für die Zulassung des ECDIE zu erfüllen, bleibt beim Eingehen auf die Forderungen der Nutzer und bei der technischen und ergonomischen Ausführung der Geräte ein gewisser Spielraum für die Herstellerfirmen, der mit über ihren Marktanteil entscheiden wird.

2.3.3. Datenübermittlung

Es ist zu unterscheiden die Datenübermittlung

- zwischen den einzelnen nationalen Hydrographischen Diensten und
- zwischen einem Hydrographischen Dienst und dem Nutzer an Bord.

Wie unter 2.3.1. gesagt, wird jeder Hydrographische Dienst nur für einen bestimmten Teil des Seegebietes die digitalen Daten bereitstellen. Um die ENC weltweit oder zumindest für ein größeres Seegebiet erzeugen zu können, müssen Daten zwischen den Hydrographischen Diensten ausgetauscht werden.

Schon 1977, bevor ECDIS im Raume stand, beschäftigte sich die International Hydrographic Organization (IHO) mit dem Gedanken, ein standardisiertes Format zum Austausch digitaler Daten zwischen den Hydrographischen Diensten zu schaffen. Im Frühjahr 1983 rief das International Hydrographic Bureau (IHB) das

Committee on Exchange of Digital Data (CEDD) ins Leben, dem Vertreter von 15 Mitgliedsstaaten angehören, unter ihnen auch die Bundesrepublik Deutschland.

1985 erweiterte das IHB den Auftrag an die CEDD dahingehend, auch den Datenaustausch für ECDIS zu berücksichtigen. Die North America Work Group der CEDD erarbeitete ein entsprechendes Format, das „CEDD-Format". Es war ursprünglich für den digitalen Datenaustausch der Hydrographischen Dienste entwickelt worden und beinhaltete den Austausch von Zeichendateien, geographischen Informationen und aufgezeichneten Rohdaten der Vermessung.

Der Datenaustausch erfolgt über ein 9-Spur-Magnetband (Schreibdichte 1600 bpi) nach ANSI, die Informationen sind nach der ASCII Norm abgespeichert und über sogenannte Objektbezeichnungen und Attribute verkettet. Das Format beinhaltet zwei Datenstrukturen. Es wird zwischen der sequentiellen Struktur und der Chain Node Struktur unterschieden. Im Chain Node Verfahren können Punkte, Linien und Gebiete übertragen werden, während beim sequentiellen Verfahren nur Punkte und Linien vorgesehen sind.

Der Vorteil des Chain Node Verfahrens ist eine Verkettung der Parameter. Damit ist ein einmaliges Speichern von zusammenhängenden Daten, ungeachtet der Anzahl der zugehörenden Objektbezeichnungen, möglich. Es entstehen keine Überlappungen und Lücken bei der Abbildung zweier benachbarter Gebiete. Das Format ist besonders geeignet für elektronische Seekarten.

Bei der sequentiellen Datenstruktur ist keine Verkettung der Parameter vorgesehen. Zu jeder Objektbezeichnung gibt es nur ein korrespondierendes Segment, außer für Tiefen und Lotungen, wo Segmente zusammengefaßt werden können.

Für den internationalen Datenaustausch können beim CEDD sowohl Chain Node als auch die sequentielle Struktur verwendet werden. Für die Datenfernübertragung eignet sich das CEDD-Format schlecht. Kanada hat für diesen Zweck ein Map and Chart Data Interchange Format (MACDIF) entwickelt, das bessere Voraussetzungen für eine schnelle Datenfernübertragung bietet. Bei ihm handelt es sich um ein standardisiertes Format, mit dem sowohl graphische als auch alphanumerische Daten zwischen Herstellern und Nutzern übertragen werden können. Die Daten können dabei über verschiedene Medien (z. B. Satellit, Standleitung, Kurzwelle) übermittelt werden. Die Übertragungsrate beträgt 1200 bit/s.

Es wird nicht erwartet, daß MACDIF vor 1990 international als Austauschformat für die Fernübertragung angenommen und im Einsatz sein wird. Gegebenenfalls wird es später das CEDD-Format ablösen.

Als Datenträger, mit dem die ENC an Bord zum Nutzer gegeben wird, eignet sich ein Magnetband nicht. Aus heutiger Sicht wird man dazu eine Kompakt-Diskette (CD) verwenden. Fünf oder sechs CDs reichen aus, um ein weltweites Seekartenwerk einschließlich Teile der nautischen Veröffentlichungen abzuspeichern.

Wie oben gesagt, ist der Datenbestand an Bord fortzuführen. Das muß zum Teil über Funk geschehen. Die ECDIS-Arbeitsgruppe der Deutschen Gesellschaft für Ortung und Navigation (DGON) kommt in einer Untersuchung zu dem Schluß, daß man durch geeignete Maßnahmen mit einem Datenumfang von 60 kByte für ein Gebiet auskommen wird, das jetzt etwa 100 Seekarten abdecken. Die an Bord befindliche ENC soll wöchentlich auf dem Funkwege aufdatiert werden. Gefordert wird für die Funkübertragung eine Fehlerrate von kleiner als 10^{-5}.

Der beste Weg der Datenübertragung, die weltdeckend vorliegen muß, wird durch ein Satelliten-System gegeben. Das INMARSAT EGC (Enhanced Group Call) System, ein Teil des Standard C-Kommunikationssystems, das voraussichtlich Ende 1988 in Betrieb sein wird, scheint geeignet, den Inhalt der ENC aufzudatieren. Da der EGC ein Teil des Global Maritime Distress and Safety System (GMDSS) werden wird, wird seine Einbindung in ECDIS zu einer kostengünstigen Lösung beitragen. Im Rahmen des Standard C-Systems sind auch Einzelabfragen möglich.

Für kürzere Entfernungen, also in Küstennähe, käme auch die Übertragung durch UKW-Seefunkdienste in Frage. Dazu müßten jedoch noch technische Voraussetzungen geschaffen werden.

3. Gesetzliche und administrative Gesichtspunkte

3.1. Gesetzliche Gesichtspunkte

EDCIS kann, gemäß § 1 der Verordnung über die Sicherheit der Seeschiffahrt (SchSV), die konventionelle Seekarte in der ausrüstungspflichtigen Schiffahrt nur dann ablösen, wenn es dafür amtlich zugelassen ist. Das Internationale Übereinkommen zum Schutz des menschlichen Lebens auf See (SOLAS) bestimmt in Kap. 5, Regel 20, Nautische Veröffentlichungen:

„Alle Schiffe müssen angemessene und auf den neuesten Stand gebrachte Seekarten, Seehandbücher, Leuchtfeuerverzeichnisse, Nachrichten für Seefahrer, Gezeitentafeln und alle sonstigen für die beabsichtigte Reise erforderlichen nautischen Veröffentlichungen mitführen."

Im Kap. 1, Regel 5, Buchstabe a, gestattet das SOLAS-Übereinkommen, den Behörden zu erlauben, daß an Stelle der vorgeschriebenen Ausrüstungsgegenstände andere an Bord mitgeführt werden können, wenn diese mindestens ebenso wirksam sind wie diejenigen, die im SOLAS-Übereinkommen aufgeführt sind. In der Bundesrepublik Deutschland hat die SchSV, die in § 18 zusammen mit der Anlage 6, lfd. Nr. 27 die Ausrüstung mit amtlichen Seekarten und Nautischen Veröffentlichungen und deren Laufendhaltung vorschreibt, im § 7 inhaltlich die Regel des SOLAS-Übereinkommens über die Zulassung gleichwertiger Ausrüstungsgegenstände übernommen.

Läge also ein ECDIS vor, bei dem durch Erprobung oder auf andere Weise festgestellt würde, daß es mindestens ebenso wirksam sei wie die konventionelle Seekarte, so stände ihrer amtlichen Zulassung aus rechtlicher Sicht nichts im Wege. Ein solches ECDIS gibt es bislang aber noch nicht.

Die zur Zeit bereits auf dem Markt befindlichen - zumindest in Teilbereichen - oft schon recht weit entwickelten Geräte können nicht die Seekarte ersetzen. Der Unterausschuß Safety of Navigation des Schiffssicherheitsausschusses der IMO hat die Mitgliedsstaaten aufgefordert, die Nautiker darauf hinzuweisen, daß die schon im Gebrauch befindlichen Geräte, die ein seekartenähnliches Bild auf einem Bildschirm erzeugen, in das sich Radarbild und Position einblenden lassen, keinen gleichwertigen Ersatz zur konventionellen Seekarte bilden. Sie dürfen daher nicht an Stelle der Seekarte zur Navigation benutzt werden.

Da ECDIS in seiner späteren, endgültigen Form an die Stelle der Seekarte treten soll, folgt aus den Vorschriften im SOLAS-Übereinkommen und in der SchSV, daß die ENC nur von einer amtlichen Stelle erstellt und herausgegeben werden kann. Nicht davon berührt wird die Frage, ob ein Hydrographischer Dienst sich eines privaten Unternehmens bedient, um z. B. die Digitalisierarbeit ausführen oder die CD erstellen zu lassen. Dieses private Unternehmen träte als Subunternehmen auf, die Verantwortung bliebe voll beim Hydrographischen Dienst. Dieser bestimmt auch den Inhalt der ENC. Die privaten Hersteller der Geräte (ECDIE), die an Bord den Inhalt der ENC auf einem Bildschirm darstellen und die Position des Schiffes und das Radarbild einblenden, müssen die ENC mit vollem Datenbestand im genormten Format übernehmen. Auch bei der weiteren Handhabung der Daten im ECDIE, die natürlich in einem herstellerspezifischen Format und Programm erfolgt, darf der Inhalt der ENC und die Zuordnung zu den einzelnen Darstellungsschichten nicht abgeändert werden.

Die Frage des Copyright der ENC ist zwischen den Hydrographischen Diensten entsprechend den bestehenden Vereinbarungen bei Seekarten zu lösen. Schwierig wird es werden, eine international einheitliche Regelung gegenüber Dritten zu finden, da das Copyright doch unterschiedlich in den einzelnen Ländern geregelt ist.

3.2. Administrative Gesichtspunkte

Gesetzliche Regelungen für ECDIS und seine Umsetzung in die Praxis setzen eine Reihe von administrativen Maßnahmen voraus. ECDIS muß anfangs zumindest die Hauptfahrgebiete zusammenhängend erfassen, später dann die Seegebiete weltweit. Dazu gehört nicht nur, daß die elektronische Seekarte diese Gebiete umfaßt, vielmehr müssen auch die Datenträger mit den ENC weltweit verfügbar sein. Voraussetzung dafür ist wiederum, daß alle Hydrographischen Dienste ihre Datenbanken und die daraus erstellten Datensätze für die ENC nach einheitlichen Normen erstellen und auch, daß die Datenträger selbst genormt sind. Wie oben gesagt, geht man zur Zeit von Kompaktdisketten als Datenträger aus. Die von der Industrie zu entwickelnden verschiedenartigen Gerätetypen, mit denen die ENC an Bord auf einem Bildschirm dargestellt werden, müssen unabhängig von ihrer internen Rechnerkonfiguration ihrerseits in der Lage sein, die CDs einzulesen.

Da ECDIS weltweit einheitlich gestaltet sein soll, sind auf internationaler Ebene und in unterschiedlichen Gremien die dazu notwendigen Vorschriften und Verfahren abzusprechen und durchzuführen. Ein langwieriger Weg, auch wenn alle betroffenen Stellen dem Themenkreis ECDIS eine Vorrangstellung einräumen.

Amtliche Stellen der Bundesrepublik Deutschland, das BMV und das BMFT, unterstützen die Entwicklung nach Kräften. So führte der damalige Bundesminister für Verkehr, Herr Werner Dollinger, auf einer Rede am 25.09.1986 in Hamburg u. a. aus:

„Schon jetzt werden hier und dort von Privatunternehmen elektronische Seekartensysteme produziert, ohne daß es ausreichende Normen und Standards gibt. Hier sind schnellstens internationale Absprachen und ein gemeinsames Konzept der Hydrographischen Dienste notwendig. Auf deutsche Initiative wurde eine gemeinsame Arbeitsgruppe der Internationalen Seeschifffahrts-Organisation und der Internationalen Hydrographischen Organisation unter Leitung des Präsidenten des Deutschen Hydrographischen Instituts, Prof. Zickwolff, eingesetzt, die schnellstmöglich die internationalen Grundlagen erarbeiten soll. Auch national dränge ich, daß baldmöglichst die Voraussetzungen zur Einführung der elektronischen Seekarte geschaffen werden."

Das BMFT hat einen Forschungsauftrag auf diesem Gebiet vergeben und unterstützt so die Entwicklung bei deutschen Firmen. BMV und DHI arbeiten mit bei der International Maritime Satellite Organization (INMARSAT).

Das DHI ist Mitglied in allen amtlichen internationalen Arbeitsgruppen, die sich mit ECDIS befassen und deren Ziel es ist, in grundsätzlichen Fragen Übereinstimmung zu erreichen. Hierzu gehört festzulegen, welche Mindestanforderungen ECDIS erfüllen muß, um zumindest ebenso wirksam zu sein wie eine Seekarte. Diese Festlegung ist notwendig, damit

- die Hersteller von ECDIS die Richtlinien an die Hand bekommen, die einzuhalten sind, um aufgrund bestehenden Rechts zulassungsfähige Systeme zu entwickeln,
- die nationalen Verwaltungen die Grundlage erhalten, auf der allein sie ECDIS als gleichwertigen Ersatz für die gedruckte Seekarte nach Kap. I, Regel 5 SOLAS zulassen dürfen,
- der Nautiker an Bord Systeme zur Verfügung hat, die er an Stelle der herkömmlichen Seekarte mitführen und ohne Verlust an Sicherheit für die Navigation benutzen kann.

Die Bundesrepublik Deutschland hat der IMO folgende Mindestanforderungen vorgeschlagen:
- Die ständige Verfügbarkeit muß gewährleistet sein.
- Die graphische Darstellung muß ausreichend groß, farbtüchtig und tageslichttauglich sein und über eine genügend hohe Auflösung verfügen.
- Die Anlage sollte der IMO-Empfehlung A.574 (14), Recommendation on General Requirements for Electronic Navigational Aids, genügen. Die erforderlichen Bedienungselemente müssen übersichtlich und anwenderfreundlich und insbesondere für Nachtbetrieb geeignet sein.
- Dem Datensatz nautischer Informationen müssen amtliche Unterlagen nach dem neuesten Stand zugrunde liegen.
- Der Inhalt des Datensatzes und die Darstellung der Symbole müssen international genormt sein.
- Die Datenträger müssen weltweit zugänglich sein, das Datenformat muß international genormt sein.
- Der Datensatz muß gegen zufälligen Verlust gesichert sein.
- Die Fortführung des Datensatzes in angemessenen Zeitabständen und eine Auf-

datierung der Informationen müssen auf einfache Weise möglich sein. Der Stand der Aufdatierung muß erkennbar sein.

- Der Standort und andere Punkte müssen nach geographischen Koordinaten darstellbar, eintragbar und entnehmbar sein. Kurslinien, Peilstrahlen und andere Hilfslinien für die Navigation müssen mit ausreichender Genauigkeit erzeugt werden können.
- Für die Routenplanung, für Detailplanungen, für zusätzliche Textinformationen sowie zum evtl. Ersatz des Hauptdarstellungssystems bei Störungen muß ein zweites Darstellungssystem zur Verfügung stehen.

Diese vorgeschlagenen Mindestanforderungen sollen in keiner Weise verhindern, daß komplexere Systeme entwickelt werden, welche die unter 3.2. aufgeführten Wünsche der Benutzer erfüllen oder darüber hinaus noch zusätzlichen Anforderungen gerecht werden. Es ist allen beteiligten Stellen klar, daß ein System, das nur den Mindestanforderungen genügt, sich kaum in der Praxis durchsetzen wird. Für die Zulassung als mindestens ebenso wirksam wie die Seekarte spielen die über die Mindestanforderungen hinausgehenden Eigenschaften jedoch keine Rolle.

Die Mindestanforderungen enthalten in sich eine Reihe von Einzelanforderungen, die international einheitliche Standards voraussetzen. Diese aber sind erst noch zu erarbeiten.

Zu klären ist, was die ENC beinhalten soll und in welche Schichten der Datenbank die Angaben abzulegen sind und wie sie aktiviert werden können. Die Aufdatierung der Datensätze ist zu regeln und das Format für Übertragung und Speicherung in der Datenbank festzulegen.

Aber nicht nur die Mindestanforderungen sind im einzelnen zu definieren und zu normen, auch die darüber hinausgehenden Erweiterungen, die ECDIS erst einen Vorteil gegenüber der Seekarte verschaffen und damit seine Einführung in die Praxis durchsetzen werden, sind festzustellen und international zu standardisieren.

Neben den noch zu lösenden Aufgaben der Standardisierung und der Festlegung von Normen gibt es im Zusammenhang mit ECDIS ein weiteres Gebiet, das intensive und umfangreiche Vorarbeiten verlangt und auf dem bislang höchstens allgemeine Grundsätze angemerkt wurden: die praktische Durchführung und Organisation der mit ECDIS zusammenhängenden Arbeiten. Diese erfordern, selbst wenn Format, Karteninhalt usw. international festgelegt sind, noch erhebliche Anstrengungen für eine allgemein anerkannte Lösung, sind sie doch äußerst komplex. Bei jedem Hydrographischen Dienst liegen andere Voraussetzungen vor. Außerdem muß die praktische Durchführung auf die Bedürfnisse der Nutzer und die technischen Möglichkeiten abgestimmt sein. Da es noch kein ECDIS gibt, das zumindest den Mindestanforderungen genügt, sind die auftretenden Probleme im Augenblick kaum vollständig zu erfassen.

Als erstes wird zu klären sein, wer welches Gebiet digitalisiert und daraus seine nationale ECDB erstellt. Das beinhaltet, daß dort, wo sich die Gebiete überlappen, abgesprochen wird, wie sie in gegenseitigem Einvernehmen zu bearbeiten sind. Auf einer Kompaktdiskette, mit der die elektronische Seekarte an Bord gegeben wird, ist aber sicher ein größeres Gebiet abgespeichert als nur das eines

Hydrographischen Dienstes. Es ist abzusprechen, wer die Anteile der verschiedenen Dienste zu einem Datenbestand für eine CD zusammenfügt.

Hier sind grundsätzlich zwei Möglichkeiten gegeben. Einmal könnte jeder Hydrographische Dienst sich die Anteile der anderen übermitteln lassen und auf einer CD vereinigen. Eine andere Möglichkeit wäre, für ein Gebiet ein regionales ECDB-Büro einzurichten, auszurüsten und zu unterhalten, sozusagen als Dachorganisation für die beteiligten nationalen Dienste, die es übernimmt, die einzelnen CDs herauszugeben. Ein solches Büro könnte für eine bestimmte Region, z.B. den Nordostatlantik oder weltweit tätig sein.

Auch der Arbeitsauftrag an ein ECDB-Büro ist in verschiedenem Umfang vorstellbar. Es könnte bereits das Digitalisieren der Seekarten umfassen oder nur das Erstellen der CDs aus den von den nationalen Hydrographischen Diensten angelieferten ECDBs.

Die Fortführung der an Bord befindlichen ENC wirft weitere Fragen auf. Diese Aufdatierung soll auf dem Funkwege geschehen, darf aber nicht zu umfangreich sein. Um das zu erreichen, soll die CD mit ihrem gesamten Datenbestand in bestimmten Zeitintervallen, abhängig vom Anfall der Fortführungsmeldungen, neu herausgegeben werden. Weiter sollen auf der CD bereits alle zu erwartenden oder zeitweise gültigen Fortführungen (sog. P- und T-Nachrichten) abgespeichert sein, so daß sie nur noch durch einen Befehl aufzurufen und nicht mehr in voller Länge zu übermitteln sind.

Die CDs sind zur Zeit nur ROM, können also nicht überschrieben werden. Selbst wenn es später möglich sein wird, die CD beliebig oft zu beschreiben, ist daran gedacht, den ursprünglichen Inhalt der ENC unverändert zu lassen. Die Aufdatierung des Datenbestandes soll nur im Arbeitsspeicher des ECDIE erfolgen. Es hat sich auch noch keine einheitliche Meinung darüber gebildet, ob die aufdatierten Daten auf dem Bildschirm als solche gekennzeichnet werden sollen, so daß ersichtlich ist, daß es sich nicht um die Darstellung des ursprünglichen Datensatzes handelt.

Offen ist auch noch die Frage, wie die Fortführungstelegramme an Bord gelangen sollen. Sollen sie individuell von den einzelnen Schiffen abgerufen oder durch ein Gruppen- und Gebietsrufsystem zu festgelegten Zeiten ausgesendet werden? Letztlich geht es dabei auch um die Frage, wer die Kosten trägt. Beim individuellen Abruf kann man die einzelnen Nutzer erfassen, nicht aber beim Gruppen- und Gebietsrufsystem. Sollen hierbei die Kosten auf die Nutzer von ECDIS umgelegt werden?

Keine wesentlichen Fragen wirft der Vertrieb auf. Er wird grundsätzlich so ablaufen wie bei den Seekarten: die Hydrographischen Dienste erstellen die CD und geben sie über authorisierte Vertriebsstellen an die Nutzer ab.

Hierbei wäre allerdings eine Variation denkbar, um die Versandwege und damit die Zeitspanne abzukürzen, welche die CD benötigt, um zum Nutzer zu gelangen. Die Vertriebsstellen könnten über eine Datenfernübertragung mit der ECDB des Hydrographischen Dienstes verbunden werden und für ihre Kunden die CD selbst erstellen. Hierbei kann es sich aber nur um eine „faksimile" Kopie handeln. Auf keinen Fall darf von den Vertriebsstellen am Inhalt der ENC etwas geändert werden. Ein solches Verfahren könnte sich bei Ländern mit weit auseinanderliegenden Küsten empfehlen, wie z.B. bei Kanada, mit seiner atlantischen und seiner pazifischen Küste.

4. Weiterentwicklung von ECDIS

Es mag seltsam erscheinen, von der Weiterentwicklung einer Sache zu sprechen, die noch nicht existiert. Im vorliegenden Fall zeichnen sich jedoch klare Tendenzen ab, über die Aussagen gemacht werden können.

Zuerst einmal ist zu sagen, daß die elektronische Seekarte kommen wird, d. h. ECDIS wird sowohl von dem Hersteller wie auch von administrativer Seite so weit entwickelt werden, daß es als mindestens ebenso wirksam wie die Seekarte einzustufen ist. Ihre amtliche Zulassung wird erfolgen, und der Nutzer wird sie an Stelle der Seekarte annehmen. Zu welchem Zeitpunkt das geschehen wird, ist nicht vorauszusagen. Es wird wohl frühestens Anfang der neunziger Jahre dieses Jahrhunderts der Fall sein.

ECDIS leitet fast automatisch zu einem weiteren Datenverarbeitungs-System auf nautischem Gebiet über. Grundlage dieses Systems werden Datenbanken sein, die alle Texte der nautischen Veröffentlichungen und den Inhalt der Seekarten in digitaler Form enthalten. Alle hinzukommenden Berichtigungen werden laufend erfaßt und in einer Fortführungsdatei abgelegt. Aus ihr werden durch spezielle Programme automatisch die Datenbanken der nautischen Veröffentlichungen und der Seekarten fortgeführt. Für den Druck der nautischen Veröffentlichungen oder der Seekarten werden aus den Datenbanken, in denen jeweils der aktuelle Bestand enthalten ist, unmittelbar die Originale der Druckplatten erstellt. Auch die ENC wird auf Abruf verfügbar sein, ohne daß besondere Aufdatierungsarbeiten notwendig sind. Nutzer haben außerdem die Möglichkeit, direkt mit dem System zu kommunizieren und sich die letzten Meldungen der NfS, den neuesten Stand anderer nautischer Veröffentlichungen, der Seekarten oder der ENC ausgeben zu lassen.

Solche Systeme sind für Teilbereiche schon im Gebrauch, z. B. das Automated Notice to Mariners System (ANMS) der Defense Mapping Agency, USA. ECDIS selbst wird sich ebenfalls weiterentwickeln und in ein allgemeines Schiffsführungssystem einmünden, in dem nicht nur die ENC und Nautischen Veröffentlichungen sondern auch andere Daten angezeigt werden, die mit der Schiffsführung zusammenhängen. Auch auf diesem Gebiet sind bereits Entwicklungen im Gange.

5. Zusammenfassung

Die elektronische Seekarte wird, wenn sie ausgereift, amtlich zugelassen und verfügbar ist, die jetzige auf Papier gedruckte Seekarte in der Navigation ablösen. Der Inhalt der Karte wird auf einem Bildschirm dargestellt und die Schiffsposition durch ein genaues Ortungssystem markiert werden. Es wird möglich sein, das Radarbild einzublenden, so daß Karte, Position und Radarbild in einer Darstellung vereint sind.

Der Karteninhalt wird durch Datenfernübertragung automatisch fortgeführt werden. Da alle Daten digital vorliegen, lassen sich mit Hilfe eines integrierten Rechners alle für die Navigation notwendigen Berechnungen ausführen.

Entwicklung der graphischen Systeme –
Technologie und Trends

W. Mettner

1. Einleitung

Nichts vereinfacht die Kommunikation des Menschen mit einem Computer mehr, als die Interpretation und Präsentation von Datenstrukturen mittels graphischer Darstellung. Die bildhafte Aufbereitung von Daten, das Arbeiten mit realen Bildern sowie eine vom Prinzip her unendlich große Farbpalette, erleichtern seit einigen Jahren in zunehmendem Maße die Verarbeitung großer Informationsmengen. Rasante technologische Fortschritte und teilweise ruinöser Preisverfall kennzeichnen dabei die letzten Jahre. Der folgende Beitrag soll im Zeitraffertempo einen Abriß der Evolution graphischer Systeme und deren Bausteine sowie einen skizzenhaften Einblick in heutige Technologien und Trends geben. Auf die für die Gesamtleistung eines Systems wichtige Ein- und Ausgabeperipherie kann wegen der Kürze dieses Beitrages nicht eingegangen werden.

2. Historische Betrachtung

„Ein Bild sagt mehr als tausend Worte". Dieses Sprichwort haben offensichtlich schon unsere Vorfahren gekannt, als sie sich in der Höhle von Altamira in Spanien mit schönen farbigen Bildern steinzeitlicher Tiere verewigten. Erst ca. 20.000 Jahre später gelang es, einfache Graphiken und Schriften mit Hilfe hölzerner Druckstöcke zu vervielfältigen. Dadurch entstanden z. B. Einblattdrucke, Andachtsbilder, Stoffdrucke oder Spielkarten. Im 15. Jahrhundert erfand dann Johannes Gutenberg die Einzellettern aus Metall. Durch diese Erfindung gelang mit 15 Mitarbeitern die Reproduktion der ersten Bibel mit ca. 3.000.000 Buchstaben und Zeichen in etwa dreijähriger Setz- und Druckarbeit.

Im Jahre 1623 entwickelte dann der Tübinger Professor Schickardt die mechanische Rechenmaschine. Erst in unserem Jahrhundert kam in den 30er Jahren ein wesentlicher Fortschritt, als die erste elektrische Universal-Rechenmaschine funktionierte. Der Pionier Konrad Zuse wird uns in diesem Zusammenhang unvergessen bleiben. Unvorstellbar, welche weitere Entwicklung hier zum Leben erweckt worden wäre, wenn nicht mangelnde finanzielle Unterstützung und der 2. Weltkrieg jeden Erfolg verhindert hätten.

So gelang es den Amerikanern die Nase nach vorne zu schieben. 1946 entstand der erste Rechenautomat, genannt ENIAC, der Programme speichern, aufrufen und bei Bedarf wechseln konnte. Die Struktur solcher Rechenautomaten, die es ermöglicht, sequentiell Programmschritte auszuführen, wird auch heute noch nach ihrem Erfinder von Neumann benannt. Ein solcher Rechner nahm damals einen ganzen Raum in Anspruch. Bei einem Preis von Millionen von Mark war dabei die Rechenleistung kleiner als die heutiger Personal-Computer.

Etwa 1947 folgte der nächste technologische Schritt, der Transistor war erfunden. Das Volumen und die elektrische Leistung der Rechner verringerte sich dadurch enorm. Etwa ab 1958 wurde dann die heutige Technologie in ihren Grundzügen entwickelt. Statt wie bisher Transistoren sowie andere Bauelemente mit Leitungen zu einer funktionsfähigen Schaltung zu verbinden, wurde jetzt die ganze Schaltung auf ein weniger als fingernagelgroßes Silizium Scheibchen geätzt, den sog. Chip oder IC (integrierter Schaltkreis). Wie wenig man sich allgemein auch heute noch darunter vorstellen kann, zeigt allein schon der Name „Chip". Er gilt im Duden als Spielmarke beim Glücksspiel.

Anfang der 70er Jahre wurden dann aus dieser Technik die ersten Mikroprozessoren entwickelt. Der bekannteste stammt aus dem Jahre 1973 von der Firma Intel in USA und ist der Erfolgstyp 8080. Sein Nachfolger in der heutigen Zeit, der 80386, beinhaltet 275.000 Transistorfunktionen auf einem Chip. Der Weg vom ersten Zuse Rechner bis zu einem solchen Prozessor war lang und mühselig, denn immer wieder mußten neue Methoden zur Entwicklung und Fertigung solch dichter Strukturen völlig neu erfunden und fortentwickelt werden.

Wie bereits erwähnt, werden seit etwa 40 Jahren EDV-Programme geschrieben. Dabei waren die ersten Jahrzehnte geprägt durch ständige Verbesserung der Hardware(HW)-Leistung, technologische Veränderungen waren vergleichsweise gering. Die Informatik als zuständige Wissenschaft schlüpfte aus den Kinderschuhen und schuf Verfahren und Methoden, um die Programmentwicklung rationeller und einfacher zu machen. Der Begriff „Software-Engineering" war geboren.

Die Anfänge der graphischen Datenverarbeitung liegen Ende der 50er, Anfang der 60er Jahre und begannen im militärischen Bereich, bei einigen Universitäten und bei Forschungseinrichtungen großer Unternehmen. Existierende HW war teuer und von eingeschränkter Leistungsfähigkeit. Graphische Terminals waren zu dieser Zeit noch an Großrechner gekoppelt, wodurch jeder Arbeitsplatz fast unerschwinglich teuer war. Zwei technologische Entwicklungen der späten 60er bedeuteten dann die Geburtsstunde eines neuen Industriezweiges - die Vermarktung von interaktiven graphischen Systemen (interactive computer graphics systems), bei denen die Kunden HW- und Software (SW) für eine Vielzahl von Anwendungen schlüsselfertig geliefert bekamen. Die beiden neuen Technologien waren die aus der Radaranwendung stammende Kathodenstrahlröhre (CRT) und der 16-Bit-Minicomputer. Beide zusammen ermöglichten bei erheblich geringeren Kosten als früher hochauflösende Graphik, wie sie z. B. zum Design elektronischer Schaltungen benötigt wurde (Abb. 1).

Gegen Ende der 60er Jahre kam dann die erste „Softwarekrise". Die Programme waren zu komplex und aufwendig geworden. Auch die 70er Jahre waren wegen der geringen Speicherausstattung noch geprägt durch sog. „Bit-Fummeleien", die jeder Programmierer aus dieser Zeit kennt. Weitere Entwicklungen in den 70ern verbesserten die Leistung, befriedigten den erhöhten Speicherbedarf und brachten eine Vielzahl von neuen Peripheriekomponenten wie z. B. Farb-Rasterbildschirme hervor.

Abb. 1. Interaktives graphisches System

3. Klassifizierung der heutigen Rechner

Programmiersprachen sind das Kommunikationswerkzeug zwischen Mensch und Computer, denn der Prozessor eines Computers „versteht" nur 8[16]32 Bit lange Blöcke von High/Low Signalen, die in seine Register geschrieben werden. Je nach Länge der Blöcke spricht man deshalb von 8-Bit-, 16-Bit- bzw. 32-Bit-Rechnern bzw. -Computern, wobei mit zunehmender Bitlänge in der Regel auch Verarbeitungsgeschwindigkeit und möglicher Speicherumfang größer werden.

Eine Klassifizierung von Rechnern, die auf der „von Neumann'schen-Architektur" basieren, kann z.B. in Home-Computer, Laptop (tragbare Rechner), Personal-Computer (PC), Minicomputer, Supermini oder Workstation und Mainframe oder Großrechner erfolgen. Man muß bei derartigen Einteilungen aber daran denken, daß sie teilweise willkürlich sind und die Grenzen auch in Zukunft fließend bleiben. Einteilungen in Einbenutzer- und Mehrbenutzersysteme helfen auch nicht weiter. Auch technologisch lassen sich Rechner heute nicht mehr unterscheiden, da viele 32-Bit-Computer bereits im Bereich der „kleineren" Rechner angesiedelt sind.

Allen diesen Rechnertypen ist jedoch gemeinsam, daß sie nach dem von Neumann'schen Prinzip arbeiten, d.h. Daten sequentiell verarbeiten. Man kann sie auch als Universalrechner bezeichnen. Daneben gibt es eine Klasse von Rechnern, die zu speziellen Zwecken entwickelt wurden, wie Vektorrechner, Parallelrechner, Array-Prozessoren etc. Diese können hier jedoch wegen ihrer bis heute meist speziellen Einsatzgebiete nicht weiter betrachtet werden. Besonders die Parallelrechner werden aber zukünftig stark an Bedeutung gewinnen.

4. Workstations

Forderungen nach Systemen, die strukturierten Bildaufbau erlauben und die die graphischen Verarbeitungsaufgaben so weit wie möglich in die Peripherie verlagern, haben zum Konzept einer graphischen Arbeitsstation (Workstation) auf Mikroprozessor-Basis geführt. Dabei stand die Idee Pate, Computerleistung dahin zu bringen, wo sie gebraucht wird, d.h. überall dorthin, wo direkt am Bildschirm gearbeitet wird, wie z.B. beim Entwurf elektronischer Schaltungen oder bei der mechanischen Konstruktion. Jede historische Klassifizierung von graphischen Computersystemen wurde deshalb 1980 mit Einführung der sog. „Graphic Workstation" durch das Unternehmen Apollo Computer Inc., Mass./USA, revolutioniert.

Eine Arbeitsstation, die sich hervorragend für technische Anwendungen eignet, muß kurze Antwortzeiten und große Hauptspeicherkapazitäten bei gleichzeitig guten Netzwerkfähigkeiten bieten. Weiterhin tragen Eigenschaften wie Fensteradressierung, Multitaskingbetrieb und Graphikdarstellung mit hoher Auflösung zu einer effektiven Workstation bei. Heute kann man den Begriff der professionellen Workstation nach der 5-M-Regel definieren. Der Trend geht aber eindeutig zu weit höheren Anforderungen in der nahen Zukunft.

5-M-Regel für Workstations (M steht für Minimalwerte):

- 1 Mips (Millionen Instruktionen pro sec)
- 1 MByte Hauptspeicher
- 1 Mio Bildpunkte (hochauflösende Graphik)
- 1 MByte/sec (Million Zeichen/sec) schnelles lokales Netzwerk
- Mehrfenstertechnik und parallele Prozesse

Die heutigen Marktführer im Bereich der Workstations mit zusammen ca. 80% des Weltumsatzes, die Unternehmen Apollo, Sun (erst 1982 gegründet!) und HP, setzen alle Prozessoren der Firma Motorola ein, derzeit den Typ M68020 mit 20-25 MHz Taktrate. Dabei findet modernste Technologie Anwendung, wie z.B. im DN4000 von Apollo 1-MBit-Speicherchips, Mehrbusfähigkeit durch zusätzliches IBM PC/AT kompatibles Interface, mehrere alternative Betriebssysteme (vier mit UNIX-Derivaten), Anschluß an verschiedene Daten-Netze und außerdem eine Vielzahl von graphischen Standards (Abb. 2).

Man kann davon ausgehen, daß heute für die meisten Anwendungen ein Massenspeicher von bis zu 150 MByte ausreicht, wenn man dabei berücksichtigt, daß die zentrale Verwaltung der Daten oft von einem übergeordneten Mainframe erfolgt. Die Verlagerung von rechenintensiven Aufgaben, die im Hintergrund ablaufen können, wie z.B. Simulationen, auf einen sog. Server (diskless Workstation), erhöht zusätzlich die Produktivität der einzelnen Workstations, an denen weiter mit voller Leistung interaktiv gearbeitet werden kann. Gleichzeitig trägt der Server in der Regel zur Kostenreduktion bei, da die Peripheriekosten durch gemeinsame Nutzung dieser Geräte von allen Workstations eines Rechnerverbundes aus verringert werden. Daneben entwickelt sich im semiprofessionellen Bereich die sog. „lowcost" Workstation auf Basis der Personal-Computer.

Das Verhältnis zwischen der Zahl der Computerbenutzer und der Zahl der Computer selbst hat sich im Laufe der Zeit erheblich verändert. Während sich in

Abb. 2. Workstation DN 4000 von Apollo Domain

den 70er Jahren mehrere Benutzer einen Rechner im sog. Timesharing-Verfahren teilten, trug die Entwicklung der Workstation in diesem Jahrzehnt tendentiell dazu bei, daß jedem Benutzer ein eigener Rechner zur Verfügung stand. In der Zukunft wird dieser Trend dazu führen, daß jeder Benutzer von seinem Arbeitsplatz aus über ein Netzwerk auf mehrere beliebige Rechner zurückgreifen kann. Welche Probleme dabei für Datensicherheit und -schutz auftreten, kann man heute nur erahnen (Abb. 3).

5. PC's

In Gestalt des PC's ist der Rechner erstmals zum industriellen Massenprodukt geworden, etwa vergleichbar dem Telefon. Der heutige PC-Markt ist geprägt von einer Vielzahl von Herstellern, die HW anbieten, deren Leistungsunterschiede nur minimal sind. Hier wird in der Regel nach dem Motto verkauft „What you see is what you get", also häufig ohne ausreichende Unterstützung. Durch gleichzeitig relativ geringe Produktlebensdauer treten erhebliche Probleme bei den Anwendern auf. Das Drängen vieler Fachabteilungen nach individuellen Lösungen in Gestalt von PC's hat vielfach nur zu einem unübersichtlichen PC-Zoo mit metastasierendem Programmwildwuchs geführt. Erst jetzt geht allgemein der Trend weg vom Einplatzsystem. Dabei bildet den Engpaß heute oft das fehlende „resource-sharing" mangels Vernetzung. Wesentliche Hemmnisse für den Einzug

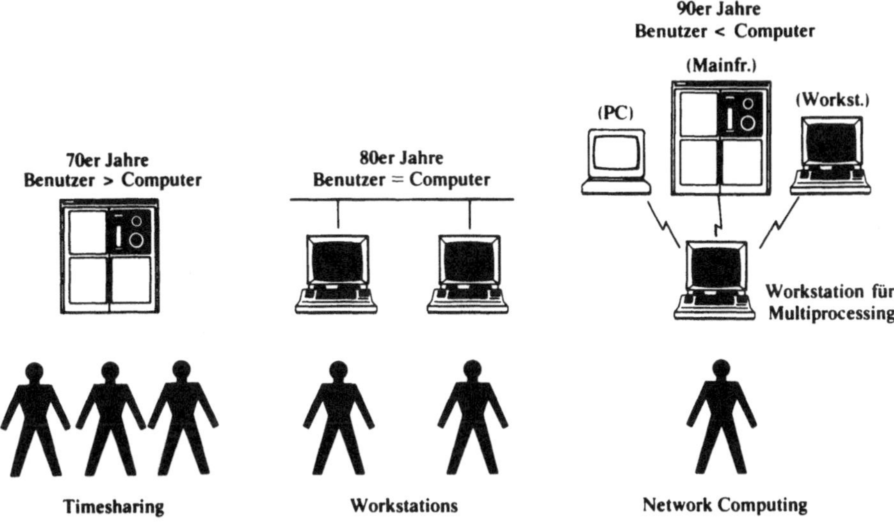

Abb. 3. Entwicklung der Computer-Nutzung über Jahrzehnte

der PC's in größere Betriebe ist die schlechte Kommunikation mit vorhandenen Großrechnern. Denn die Koexistenz und sinnvolle Ergänzung der Leistungsspektren aller traditionellen Gattungen von Computersystemen hat sich in der Praxis nicht nur bewährt, sondern ist auch ein Erfordernis.

Die heute modern werdenden Laptop's erinnern im Verhältnis zu Zuse's erstem Rechner an den biblischen Vergleich von David und Goliath. Mit Bildschirmauflösungen von typisch 640 × 400 sind sie für den Bereich der Business-Anwendungen bestens gerüstet. Verbesserte Technik und Betriebsmöglichkeiten unabhängig von der Steckdose werden in Zukunft viele PC's substituieren. Von Größe und Gewicht, im wesentlichen durch Bildschirm und Tastatur bestimmt, passen sie in jede Aktentasche. Durch ihre mobile Eigenschaft üben sie starken Druck auf die Bedienerführung der Programme aus, da die Mitnahme umfangreicher Handbücher in der Regel unmöglich ist (Abb. 4).

6. CPU

Die Entwicklung des Transistors und später des integrierten Schaltkreises führten zu einer erheblichen Erhöhung der Geschwindigkeit der Zentraleinheit (CPU). Die Ankündigung eines neuen 32-Bit-Prozessors stellt heute keine Sensation mehr dar. Der Trend geht dabei eindeutig in Richtung fortschreitender Integration von Funktionseinheiten (z.B. Cache, FPU, MMU) auf einem Chip. Im Jahre 1986 wurden weltweit ca. 500.000 32-Bit-Mikroprozessoren verkauft, etwa die Hälfte davon stammen allein von Motorola. Aber auch bei Intel ist das Innovationstempo hoch. So ist hier bereits die Definitionsphase des 80486 abgeschlossen. Mit etwa 1,25 Mio. Transistorfunktionen soll er rund 20 Mips verarbeiten können. Die Serienproduktion soll voraussichtlich 1990 beginnen. Parallel zu diesem Trend

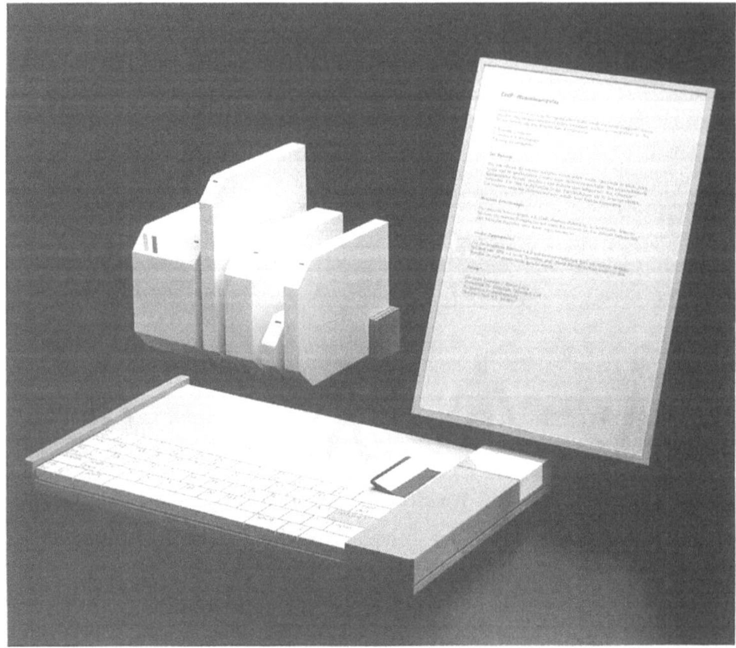

Abb. 4. Der Wunsch-Computer der nächsten Jahre

steigender Komplexität werden heute auch Computer auf Basis der sog. RISC-Architektur (reduced instruction set computer) eingesetzt, bei der die CPU einen auf Durchsatz optimierten und dabei reduzierten Befehlscode enthält.

Neben der Leistung der Prozessoren spielt aber auch die Kapazität der Festplatten (früher überwiegend Wechselplatten) und vor allem die Leistung der Platten-Controller und der Laufwerke selbst (Zugriffsgeschwindigkeit) eine entscheidende Rolle für die Effektivität eines Rechners. Der Speicherplatz vor Ort reicht heute in der Größe einer Bibel bereits an die 200 MByte heran. Profan entspricht das etwa 10.000 vollbeschriebenen DIN-A4-Seiten, mehr als die Aktenablage einer kleineren Firma.

7. Memory

Das Wettrennen um die leistungsfähigsten Chips zwischen amerikanischen, japanischen und europäischen Elektronik-Unternehmen ist atemberaubend. In den 60er Jahren beinhalteten die Speicher-Bausteine gerade 4000 Transistorfunktionen, zu Beginn der 70er bereits 32000. Kleiner als ein Pfennig ist der heute eingesetzte 1-MBit-Chip. Vierzig solcher Winzlinge könnten den Inhalt der kompletten Bibel speichern und in weniger als 1 Sekunde lesen (Abb. 5).

Die Strukturen in den Chips sind angelangt bei der Größenordnung Mikrometer, das entspricht einem Hundertstel des menschlichen Haares. Aber bereits sind Weiterentwicklungen absehbar. Auf einer Ausstellung, die alljährlich stattfindet,

Abb. 5. Eine Pfennigmünze ist größer als dieser 1-MBit-Chip

hat das Forschungslabor NTT der japanischen Post einen 16-MBit-Speicher präsentiert. Hergestellt wurde dieser Chip allerdings bisher per Elektronenstrahllithographie und nicht wie der 1 MBit-Chip per optischer Lithographie. Der Unterschied ist etwa wie das Schreiben mit einer Schreibmaschine zum Buchdruck. Bei gleichem Entwicklungstempo wie in den vergangenen Jahren darf man im Jahr 2000 den 256-MBit Chip erwarten (Abb.6).

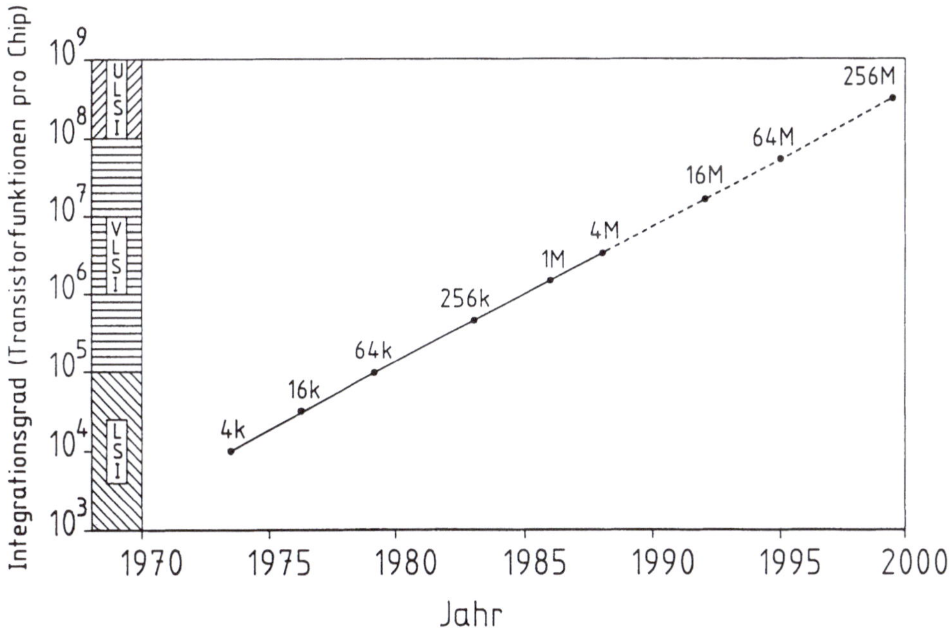

Abb. 6. Gegenwärtiger Stand und Entwicklungstrend von integrierten Schaltungen

Wenn auch die physikalisch-technischen Grenzen der heute eingesetzten Technologien beim 64-MBit-Speicher erreicht werden, so geht dann die Entwicklung vielleicht in Richtung Biochip, dessen erster Vorläufer bereits vorhanden ist. So ist es gelungen, einen Biosensor herzustellen, bei dem ein MOS-Transistor mit reaktiven organischen Molekülen den Schaltvorgang bewirkt. Selbst wenn es einmal gelingen sollte, dreidimensionale organische Speicher zu entwickeln, die einer Gehirnstruktur entfernt ähnlich sind, wird die Mikroelektronik menschliches Denken nicht überflüssig machen. In den Forschungslabors wird bereits über dreidimensionale Chips nachgedacht. Auch konkrete Ergebnisse mit supraleitenden Materialien könnten die nächste Revolution auslösen.

8. Bildschirme

In unserem Alltag sind wir es gewohnt, Gegenstände farbig und plastisch (dreidimensional) zu sehen. Für viele Aufgabenstellungen ist eine graphische Darstellung aussagefähiger als eine verbale Beschreibung. Projiziert man diese triviale Feststellung auf Bildschirmarbeitsplätze, so erkennt man, daß neben Ergonomie und Funktionalität heute Farbgraphik und räumliche Darstellungsmöglichkeiten gefordert werden müssen. Für die visuelle Wahrnehmung sind Auflösung und Darstellungstechnik entscheidend. Deshalb werden heute eindeutig Rasterbildschirme gefordert. Spezielle Techniken wie Anti-Aliasing verbessern dabei die Nachteile heute noch geringerer Auflösung gegenüber z. B. Speicherbildschirmen. Eine hohe Bildwiederholfrequenz ist dem Halbbild- oder Interlaced-Verfahren, das der Technologie des Fernsehens entspricht, aus ergonomischen Gründen vorzuziehen. Das Bildflimmern bzw. das Hinterlassen einer Spur beim Bewegen des Fadenkreuzes kann so vermieden werden. Nur so sind dynamische Bildmanipulationen und die Darstellung von Bewegungsabläufen überhaupt sinnvoll möglich. Zusätzliche Farbmöglichkeiten dienen außerdem der Strukturierung der Daten.

In der Zukunft werden die heutigen Bildschirme durch (farbige) Flachbildschirme ersetzt, z. B. in LCD-Technik. Hauptproblem ist derzeit noch die beschränkte Auflösung, die allenfalls für einfache Graphik reicht und die zu geringe Darstellungsgeschwindigkeit. Ergonomie und Design werden neben hohen funktionalen Anforderungen die zukünftigen Bildschirmarbeitsplätze bestimmen. Ein neues Produkt der Firma Norsk Data, Norwegen, weist in die richtige Richtung. Die gesamte Dialogperipherie ist hier in einer Bedieneinheit integriert (Abb. 7).

Räumliche Darstellungen sind heute nur beschränkt möglich. Stereoskopische Betrachtungsmöglichkeiten wie sie z. B. von Tektronix geboten werden, sind sicher für zahlreiche Anwendungen wie Simulation, Modellgestaltung und Medizin interessant und hilfreich. Echte dreidimensionale Möglichkeiten werden aus heutiger Sicht aber nur von Bildschirmen erreicht, die auf Basis der erst 1948 von Garbor entdeckten Holographie arbeiten. Dies erfordert allerdings noch höhere Rechengeschwindigkeiten sowie größere Speichermöglichkeiten mit kürzeren Zugriffszeiten.

Abb. 7. TECHNOSTYLE – ein CAD-Arbeitsplatzentwurf mit dem Ziel, eine ergonomische und integrale Bedieneinheit zu erhalten

9. Betriebssysteme

Während die Computerindustrie früher dadurch geprägt wurde, daß keinerlei Gemeinsamkeit auf dem Gebiet der Betriebssysteme existierte, gehen die Hersteller heute vermehrt dazu über, Standards zu verwenden. Kostenintensive SW-Entwicklung durch professionelle Hersteller lohnt sich nur, wenn der entsprechende Absatz gewährleistet wird. Das ist aber nur möglich, wenn eine weitgehende Standardisierung und Kompatibilität auf der Betriebssystemebene gegeben ist, unabhängig vom verwendeten Prozessor, dessen Auswahl ohnehin für die meisten Anwendungen uninteressant ist. Der Trend geht hierbei eindeutig zu polyvalenten Systemen, die vielerlei SW-Formate beherrschen. Dies bringt in der Zukunft auch die Chance, von einem Monopolisten als Betriebssystemlizenzgeber unabhängig zu werden und damit den sprichwörtlichen Gang nach Kanossa zu vermeiden.

Fast ausnahmslos konditionieren heute die HW- und SW-Hersteller ihre Programme für die Betriebssysteme MS-DOS und UNIX oder deren Derivate. UNIX entstand 1969 in einer Zeit, in der die Großrechner noch mit Lochkarten programmiert wurden. Am Anfang der Entwicklung standen Funktionalität, strukturelle Einfachheit, Transparenz sowie leichte Bedienbarkeit im Vordergrund. Die leichte Portierbarkeit – ca. 90% des Betriebssystemkerns sind in C geschrieben – wird heute als einer der größten Pluspunkte des Systems angesehen. Aber „es ist nicht alles Gold, was glänzt". Der UNIX-Markt ist durch einen beängstigenden Wildwuchs von UNIX-Versionen gekennzeichnet. Nahezu alle großen Rechnerhersteller bieten neben teilweise eigenen Betriebssystemen eine UNIX-Version an. Während der Einsatzbereich in der Vergangenheit im wesentlichen in der Software-Entwicklung und im technisch-wissenschaftlichen Bereich lag, kommen derzeit auf der Basis von UNIX zunehmend Systeme für den Bürobereich und für die kommerzielle Datenverarbeitung auf den Markt. Dabei ist UNIX eines der wenigen Systeme, die auf Rechnern jeder Größenordnung laufen.

Kritische Faktoren für ein Betriebssystem der Zukunft:

- Single-user-fähig
- Multi-user-fähig (Mehrbenutzer-Betriebssystem)
- Multi-tasking-fähig (mehrere Prozesse gleichzeitig)
- 32-Bit-Speicherverwaltung
- Netzwerkfähig
- HW-unabhängig (transportabel)
- Mehr-Betriebssystem-fähig
- Fenstertechnik

Die aufgeführten Faktoren müßte ein Betriebssystem für heutige Rechenarchitekturen besitzen. Das neue Betriebssystem MS-DOS/2 von Microsoft (IBM besitzt Lizenz dafür) soll zumindest für PC's diesen Anforderungen weitgehend genügen. Kompatibilität zu MS-DOS, Multitasking-Möglichkeiten und die Direktadressierung von bis zu 16 MByte sind wesentliche Eigenschaften. Mit Hilfe der Fenstertechnik bietet DOS/2 zudem eine einheitliche Bedieneroberfläche. Der Datenaustausch zwischen verschiedenen Programmen läßt sich dadurch sehr einfach bewerkstelligen.

Eine Abhängigkeit durch eine gefällte Betriebssystem-Entscheidung für 10 und mehr Jahre kann jedenfalls niemand mehr tolerieren. Es gibt nicht das „beste" Betriebssystem, und es gibt auch keines, das für jeden Zweck gleichermaßen gut geeignet ist. Nur auf der Basis von Standards und gleichzeitig ausreichender Flexibilität lassen sich die hohen Investitionen in SW und HW schützen. Dieses Problem wird in Zukunft noch aktueller, da die Innovationsgeschwindigkeit der HW zunehmend von der SW abweicht.

10. SW-Standards

Programme, deren Entwicklungsdatum 3 bis 10 Jahre zurückliegt, sind überwiegend in der traditionellen Programmiersprache FORTRAN geschrieben. Heute ist ein starker Trend zur Hochsprache C zu verzeichnen, die es ermöglicht, die SW weitgehend unabhängig von der HW zu gestalten, und die damit eine gute Chance bietet, bei zukünftigen Prozessoren übertragbar zu sein.

Standardprogramme setzen Standardanforderungen voraus. Um eine große Verbreitung für diese Standardprogramme zu erzielen, müssen diese Programme immer sehr viel mehr bieten, als der einzelne Anwender wirklich benötigt. Das hat zweierlei zur Folge. Die Programme sind aufgrund der Vielzahl von Funktionen, die sie bieten

a) für viele Benutzer schwer überschaubar und schwer zu handhaben und
b) auch als Standardprogramme meistens noch verhältnismäßig teuer.

Ein sog. Baukastensystem, das modulare Konfigurationen erlaubt, kann hier Abhilfe schaffen. Eine grobe Strukturierung könnte sein, Bedieneroberfläche,

Anwendungssoftware, Basis-Graphikfunktionen mit Peripherie-Treibern, wie sie z. B. größtenteils der GKS-Standard bietet und Betriebssystem mit HW-abhängiger Schale. Standardschnittstellen für Graphikanwendungen unterstützen die Entwicklung geräteunabhängiger Graphikanwendungen und erleichtern deren Portierung. Der Praxiseinsatz geht allerdings nur schleppend voran.

11. Bedienerführung

Fast jedes Programm benötigt einen Dialogteil, um mit seinem Bediener zu kommunizieren. Der Dialog stellt dabei die Verbindung zwischen Anwender und Programm her. Wird die Dialogsoftware standardisiert, erleichert dies die generelle Kommmunikation mit dem Rechner. Die Erfindung der Fenstertechnik, wodurch am Bildschirm dem gewohnten Arbeiten am Arbeitsplatz Vergleichbares geboten wird, ist mindestens genauso bedeutungsvoll wie die Einführung der Bildplatte oder des Laserdruckers. Mehrfenstergraphikfähigkeit wird heute bei allen Workstations geboten. Der Bedienerdialog wird dabei durch Eingabegeräte wie Maus, Tastatur oder Tablett unterstützt.

Dabei setzt sich als Standardbenutzerschnittstelle bei den Workstations heute mehr und mehr X-Windows durch. X-Windows, eine Entwicklung des MIT (Massachusetts Institute of Technology, Mass./USA) und führender Workstation-Hersteller gilt in zunehmendem Maße als Standard für Fenstertechnik in UNIX-Umgebungen. Es arbeitet netzwerktransparent und erlaubt Benutzern den Transfer von Graphikanwendungen auf andere Knoten im Netz bei gleichzeitiger Ausgabe der Graphiken auf der lokalen Arbeitsstation. So können rechenintensive Graphikanwendungen, Simulationen oder ähnliches auf leistungsstarke Rechnerressourcen (z. B. Servern) im Netz ausgelagert werden.

Durch die graphische Bedieneroberfläche von X-Windows verhalten sich eigene und fremde Programme für den Benutzer ähnlich und können Text und Graphiken miteinander austauschen. Wesentlich für Akzeptanz und Effektivität eines Systems ist die Bedienerfreundlichkeit. Die Bedieneroberfläche muß deshalb möglichst einfach gestaltet sein, damit sich die Bediener auf ihre Aufgaben konzentrieren können, und nicht durch komplizierte System-Handhabung abgelenkt werden.

Heute besteht vielfach der Wunsch einer gemeinsamen graphischen Bedieneroberfläche, um Rechner verschiedener Hersteller mit unterschiedlichen Betriebssystemen in heterogenen Netzwerken problemloser einsetzen zu können. Diese Art der Bedienung ist nicht Selbstzweck oder Spielerei, sondern Umsetzung der alltäglichen Erfahrung, damit bildhaft dargestellte Vorgänge und rückgekoppelte Handlungen schneller und zuverlässiger begriffen werden. Auswendiglernen wird weitgehend vermieden. Von Albert Einstein stammt die Bemerkung, man solle Dinge so einfach wie möglich darstellen, aber nicht zu einfach. Nicht nur Standards sollten in Zukunft beachtet werden, sondern die Integration vorhandener Software-Pakete muß gleichzeitig gewährleistet sein.

Anforderungen an einen Fensterstandard:

- Netzwerkfähig
- Interaktiv
- HW-, Betriebssystem- und Geräteunabhängig
- Kompatibilität der Anwenderschnittstelle vom PC bis zum Großrechner
- Sehen und Zeigen mittels Piktogrammen (Icons), Menüs und Fenstertechnik statt Erinnern und Tippen
- Vertraute bildhafte Umgebung
- Überwindung von Sprachgrenzen (keine Übersetzung in Landessprache)

Tendenziell verschiebt sich die Wertschöpfung vom HW-Bereich in den SW-Bereich, da im Bürobereich immer mehr billige und leistungsfähige SW eingesetzt wird. Eigenentwicklung ist nur noch in Ausnahmefällen sinnvoll. Bei Preisen von einigen hundert bis einigen tausend Mark lohnen ausgiebige Benchmarks und der Aufwand für Demo's nicht mehr. Allerdings wird hier auch bald eine Besinnung auf das Wesentliche eintreten müssen.

12. Ausblick

Bei der heute bereits eingesetzten Oberflächenmontage (SMD-Technologie) werden die Bauelemente und Chips nicht mehr durch die Platine gesteckt, sondern aufgeklebt und gelötet. Anwendungsabhängige und kundenspezifische Bauelemente (ASIC's) werden bei diesen Technologien zu einer erheblichen Reduktion von Größe und Energieverbrauch führen. Ken Olson, Gründer von Digital Equipment Corp., Mass./USA, gibt hier konkrete Vorgaben. Er will seine VAX-Rechner in den nächsten Jahren im Verhältnis 100.000:1 miniaturisieren. Der Faktor 40 ist mit der Einführung der VAX-Station 2000 bereits gelungen.

Die Weiterentwicklung der SW führt zu einem höheren Integrationsgrad und einer Evolution der Datenbanken, bei der Anwendungssoftware zu anpassungsfähigeren Standardpaketen und zu verstärktem Einsatz von Expertensystemen. SW-Standards werden an Bedeutung gewinnen und im Bereich der computerintegrierten Fertigung (CIM) und der Bürokommunikation einen Durchbruch erzielen. Heute geht es - von Ausnahmen abgesehen - primär darum, die Problemlösung schnell zu realisieren, da nicht mehr der Speicherplatz, sondern die SW-Erstellungskosten (im wesentlichen Personalkosten) der bestimmende Anteil an den Gesamtkosten sind. Ob viel oder wenig Speicherplatz benötigt wird, ist in vielen Fällen nicht mehr entscheidend. Der Trend zu „Software-on-Silicon", d.h. SW auf einem Chip implementiert, führt zu geringeren Kosten und höherem Komfort. Mit etwas Phantasie kann man sich eine Handvoll Chips mit sämtlichen Betriebssystemen vorstellen.

HW-Neuentwicklungen werden die heutigen Computer zunehmend spezialisieren und eine weitere Dezentralisierung der DV erlauben (aber Firmen-Datenbank und deren Verwaltung weiterhin auf Mainframe's). Eine einheitliche Rechnerarchitektur, ein durchgängiges Betriebssystem und die hervorragende Vernetzungsfähigkeit sind die entscheidenden Faktoren für eine breite Akzeptanz im Markt.

CAD auf Mikros sollte als Einstieg in die rechnergestützte Konstruktionswelt betrachtet werden. Zu oft treten Enttäuschungen auf, wenn das System nicht mit den Bedürfnissen der Anwender wachsen kann. Neue Techniken werden verstärkt die Anwendungen Animation, Simulation, Werbung, Computer-Graphik, Desktop-Publishing und Dokumentationserstellung fördern.

Die Weiterentwicklung der Informationsverarbeitung wird durch die Leistungsfähigkeit der menschlichen Sinnesorgane bestimmt. Der Geruchssinn benötigt ca. zwei Sekunden für eine Wahrnehmung, der Tastsinn braucht eine Sekunde. Wir hören etwa 15 bis 20.000 Schwingungen pro Sekunde. Dagegen erfaßt unser Auge 6 bis 40 Mio. Schwingungen pro Sekunde. Folglich ist die Kombination von Bild und Ton das beste Mittel, um Informationen darzustellen. Die Spracheingabe, heute noch im Laborstadium, wird deshalb mit zunehmender Speichermöglichkeit und Prozessorgeschwindigkeit in Zukunft eine größere Rolle spielen. Firmen, wie z. B. AEG, arbeiten an einer zukünftigen Generation von Computern, die auf gesprochene Anweisungen reagieren und antworten können. Etwa Mitte der 90er Jahre werden Spracherkennungsbausteine mit 10 Mio. Transistorfunktionen erwartet, die kontinuierliche Sprache verarbeiten können.

Die Verwendung des Computers im Zusammenhang mit Expertensystemen wird sicherlich nicht bedeuten, daß der menschliche Geist nun nicht mehr gebraucht wird. Im Gegenteil, er wird nicht nur mehr, sondern auch qualitativ besser arbeiten müssen. Er wird in der Lage sein, in kürzerer Zeit eine größere Anzahl organisatorischer und systematisierender Alternativen zu überblicken. Tatsache ist, daß der Computer den Menschen in die Lage versetzt, einen größeren Bereich der Wirklichkeit vollständiger, detaillierter und schneller zu beherrschen, als er es je zuvor vermochte.

VLSI für Graphik

T. Haaker, H. Selzer, J. Stärk, M. Mehl

1. Einleitung

Die Rastergraphik hat in den letzten Jahren eine dominierende Rolle bei den interaktiven graphischen Workstations übernommen. Neben der erreichten hohen Bildqualität, die sich in der Auflösung und den Farbmöglichkeiten zeigt, spielen hierbei ebenso die Geschwindigkeit der Bildgenerierung wie auch die Herstellungskosten eine Rolle. Alle diese Gründe sind stark verknüpft, wenn nicht sogar abhängig, von der rasanten Entwicklung der Mikroelektronik, die durch neue VLSI-Technologien (Very Large Scale Integration) auch in Zukunft für einen stetigen Qualitätsfortschritt sorgen wird.

Der Beitrag stellt zunächst Graphik-Workstations vor, die allgemein als hauptsächliches Einsatzgebiet der Hardware-Entwicklungen für die Graphik dienen. Wir sehen an ihnen auch, wie alle Bearbeitungsstufen im Bildgenerierungsprozeß durchgeführt werden. Dieser Prozeß besteht aus aufeinanderfolgenden Schritten, die ein „Bild" als Modell der Anwendung in eine Menge von Bildpunkten (Pixeln) auf dem Rasterbildschirm überführen. Die wesentlichen Schritte auf diesem Weg sind:

a) *Geometrie-Bearbeitung,* bestehend aus:
   - Transformationen zur Bestimmung von Lagen der (Einzel-) Bildobjekte zueinander und der Gesamtansicht
   - Clipping zur Begrenzung der Datenmengen für die folgenden Stufen auf den sichtbaren Anteil in einem vorgegebenen Ausschnitt

b) *Pixel-Bearbeitung,* bestehend aus:
   - Scan-Konvertierung zur Umsetzung von einfachen graphischen Objekten (z.B. Linie, Kreis, Text) in ein Punktmuster
   - Eintrag in einem Bildwiederholspeicher, der als zentrales Medium der Pixel-Speicherung dient
   - Auslesen des Bildwiederholspeichers und Ansteuerung der Ablenkelektronik des Bildschirms

Im dritten Teil des Beitrages werden die Verfahren der Geometrie-Bearbeitung erläutert, der vierte Teil stellt die Eigenschaften von VLSI-Bausteinen vor, die als verfügbare Produkte den Bereich der Pixel-Bearbeitung abdecken und, der letzte Teil liefert neue Scan-Konvertierungs-Konzepte, die als Trends für zukünftige Produkte von Bedeutung sein können.

2. Graphik-Workstations

Zu Beginn der achtziger Jahre entstand der Rechnertyp der Graphik-Workstations. Im Gegensatz zu zentralen Großrechnersystemen ist die Workstation Bestandteil des Organisationsprinzips verteilter Intelligenz und stellt dem Benutzer lokal (dezentral) eine hohe Rechnerleistung bei gleichzeitig hoher graphischer Interaktionsfähigkeit zur Verfügung. Die graphische Datenverarbeitung stellt hohe Anforderungen an Rechengeschwindigkeit und Datentransport, die durchgehend vom Bereich der Datenhaltung (Datenbanken) über Bildmanipulation, Bildgenerierung und Darstellung auf einem Ausgabemedium enstehen.

Der Begriff der Graphik-Workstation läßt sich nicht eindeutig definieren. Der Leistungsumfang dieser Geräte liegt zwischen dem von Personal-Computern und dem von Mini-Computern, die Grenzen sind fließend. Eine Charakterisierung wurde jedoch mit Hilfe der 5 M-Regel (Minimalwerte) versucht:

- 1 MIPS (million instructions per second)
- 1 Megabyte Hauptspeicher
- 1 Million Bildpunkte (1024 × 1024), hochauflösende Graphik
- 1 Megabyte/sek (Zeichen/Sekunde) schnelles Local Area Network(LAN)
- 1 Mehrfenstertechnik und parallele Prozesse

Sorgfältiges Systemdesign in Verbindung mit dedizierter Hardware sind Voraussetzungen für den Einsatz solcher Geräte im Bereich der Computer-Graphik. Als interaktives Ausgabemedium hat sich heute das Raster-Display durchgesetzt. In der Vergangenheit gab es aufgrund der hohen Auflösung noch einen großen Markt für Vektorgeräte. Aber gerade hier sind die Fortschritte der Raster-Technologie bedeutender, insbesondere bei gemeinsamer Betrachtung der Fähigkeit zur Darstellung von Farben, Flächen und der nur durch die Geräteauflösung begrenzten Anzahl graphischer Objekte. Zur Veranschaulichung folgt die Blockstruktur eines Rastersystems, die sich als logische Reihenfolge der funktionalen Operationen ergibt:

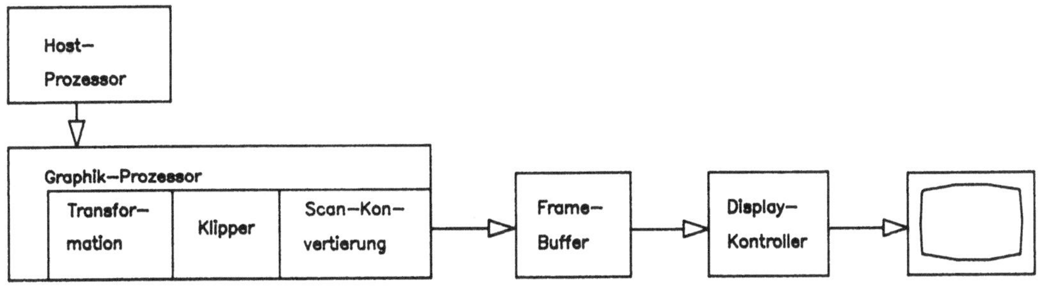

Abb. 1. Blockstruktur eines Rastersystems

Der Graphik-Prozessor beinhaltet mit Transformation, Klippen und Scan-Konvertierung sehr rechenintensive Operationen, die besonders bei Echtzeit-Graphik zeitkritisch sind. Wurden in diesem Bereich anfangs hauptsächlich Custom-

VLSI-Bausteine (vom Workstation-Hersteller entworfene VLSI-Chips) eingesetzt, zeichnet sich zunehmend ein Angebot der Chip-Industrie mit einem breiten Spektrum von speziellen Graphikbausteinen ab. Das hohe Leistungsniveau solcher Bausteine wird ergänzt durch freiprogrammierbare (General-Purpose) Prozessoren, die zusätzliche Gleitkomma-Arithmetik und hohe Datentransfergeschwindigkeiten (32-Bit Architektur, 25 MHz Taktfrequenz) bieten. Die Prozessoren der 68xxx-Familie von Motorola sind bei Standard-VLSI-Lösungen am häufigsten vertreten. Abb. 2 gibt Beispiele verwendeter Prozessoren und eine knappe Charakteristik der Workstations.

Bedingt durch die zu verarbeitenden Datenstrukturen beim Transformieren und Klippen sind die dort eingesetzten Custom-VLSI-Chips trotz ihrer Unterschiede in der internen Architektur (Pipeline, Parallel) und der Anzahl der verwendeten Bausteine (Geometry Engine, zwölfstufige Pipeline mit vier ALU's/ Stufe) noch mit Standard-VLSI-Chips vergleichbar (Standardwortbreiten bzw. -datenformate). Die Operationen, die Zugriff auf den Bildwiederholspeicher (Frame-Buffer) haben (Scan-Konvertierung, Bit Boundary Block Transfer (BitBlT)), zeigen teilweise bildpunktorientierte Verarbeitungsstrukturen. Der Frame-Buffer ist üblicherweise in Pixel-Architektur (jedes Pixel einzeln adressierbar) realisiert. Um den Graphik-Prozessor von den häufigen Frame-Buffer-Zugriffen zu entlasten, sind Subprozessoren notwendig.

In den IRIS-Workstations von Silicon Graphics sind die Aufgaben nach diesem Prinzip verteilt. Das Raster-Subsystem besteht aus drei Komponenten (framebuffer-, update-, display-controller) und ist teilweise mit Bit-Slice-Prozessoren realisiert. Für zukünftige Entwicklungen wird es Chipsätze geben, mit denen sich

Hersteller Workstation	Adage CAD 2/50	Apollo Domain DN 580	Control Graphics CG 940	Evans & Sutherland PS 350	JDS Sommer GA	Sun 3/260
Interner Prozessor	68010 29116#	68020/ 68881	68020/ 68881	Bit-Slice Pipeline	AMD Bit-Slice	68020/ 68881
Graphik- funktionen						
Pan	*	*	*	*	*	*
Zoom	*	*	*	*	*	*
Windowing	*	*	*	*	*	*
Selektives Löschen	*	*	*	*	*	*
2D-Transf.	*	*	*	*	*	*
3D-Transf.	-	*	*	*	-	*
Flächen- Füllmodus	*	*	*	*	*	*
Anti- Aliasing	-	-	Option	*	-	-
Segmentieren	*	*	*	*	*	-
Endpoint Matching	-	k.A.	*	*	-	-
Depth Cueing	-	k.A.	-	*	-	-

#AMD Bit-Slice

Abb. 2. Prozessoren in Graphik-Workstation

komplette Graphik-Subsysteme aufbauen lassen. Ein Beispiel sieht in seiner Architektur für jede Pixelebene einen Prozessor vor, die kaskadierbar sind und parallel arbeiten. Das bedeutet, daß die Verarbeitungsgeschwindigkeit unabhängig von der Zahl verwendeter Bildebenen immer konstant ist [3].

Genauso entscheidend wie der Einsatz schneller Hardware ist die Realisierung einer leistungsfähigen Systemarchitektur. Die Verarbeitungsschritte innerhalb des Geometrie-Prozessors sind unterschiedlich zeitintensiv und verursachen bei rein sequentieller Bearbeitung Stauungen im Datenfluß und dynamische Redundanz innerhalb der Hardware. Solche Engpässe lassen sich auf verschiedenen Wegen vermeiden. Die am häufigsten angewandten Konzepte sind das Aufsplitten der funktionalen Einheiten in Subsysteme und deren zeitliche Entkopplung durch Zwischenspeicherung der Daten, Parallelisieren oder Pipelinen und die Verwendung verschiedener voneinander unabhängiger Bussysteme. Die meisten der heute verfügbaren Workstations enthalten Mischformen der o. g. Ansätze in unterschiedlicher Implementierung auf verschiedenen Ebenen der Organisationsstruktur. Ein typisches Beispiel ist die Systemarchitektur der Sun-3/160-Workstation (Abb. 3):

Man kann die Aufteilung in drei unabhängig arbeitende Hauptmoduln (Parallelisieren) und die Realisierung zweier getrennter Bussysteme erkennen. Während die intermodulare Kommunikation über einen asynchronen General-Purpose-Bus (VME-Bus) läuft, werden sehr häufig auftretende Aktivitäten innerhalb der Moduln (Hauptspeicherzugriff, Datenübergabe an Co-Prozessor (FPA), Graphik-Puffer-Einträge (Z-Buffer)) über den doppelt ausgeführten Hochgeschwindigkeits-P2-Bus abgewickelt. Durch die Verwendung eines standardisierten Busses (VME-Bus, Multibus, o. ä.) ergibt sich eine offene Systemarchitektur, eine Möglichkeit für den Anwender, die Workstation für besondere Aufgaben nach eigenen Spezifi-

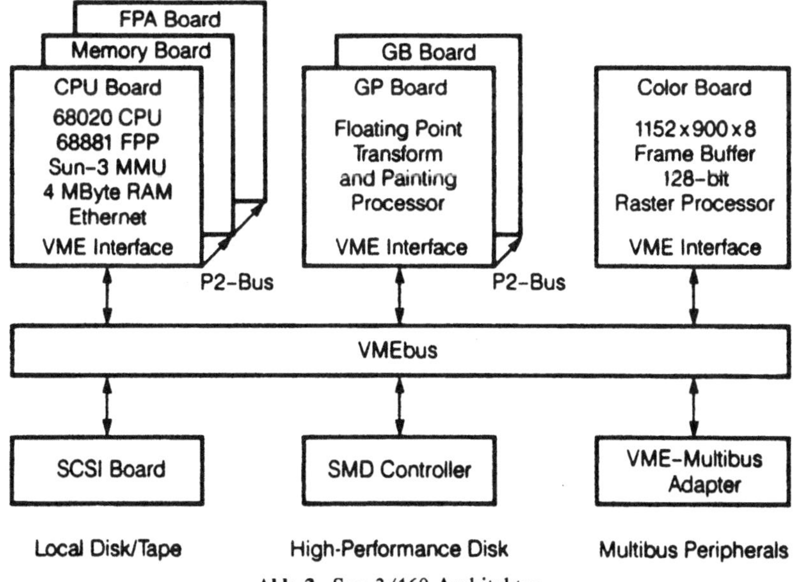

Abb. 3. Sun-3/160 Architektur

kationen (selbstentworfene VLSI-Platinen) oder mit den Produkten fremder Hersteller zu erweitern. Dehnt man die Architekturüberlegungen aus und betrachtet die Integration der Graphik-Workstation in ein Netzwerk von gekoppelten Workstations (LAN), ergeben sich neue Möglichkeiten zur Erweiterung und Leistungssteigerung.

Auch Apollo Domain hat dieses Konzept weiterverfolgt und bietet leistungsfähige Workstations in Verbindung mit einem Ring-LAN und einem darauf zugeschnittenen Betriebssystem an. Der Anwender kann zusätzliche Ressourcen beliebig über das Netz verteilen (Dezentralisierung) und diese trotzdem einzelnen Benutzern lokal ohne Leistungseinbuße zur Verfügung stellen. Für komplexe Aufgaben steht so neben der arbeitsplatzspezifischen Rechnerleistung Unterstützung aus dem gesamten Netzwerk zur Verfügung. Ähnliche Funktionen werden von anderen Herstellern als systemunabhängige Leistungen angeboten (z. B. Sun: NFS – Network File System). Dies führt zu einer offenen Architektur, die unmittelbar auf standardisierten Zugriffswegen (Ethernet (ISO 802.3), Token Ring (ISO 802.4), TCP/IP) aufbaut. Innerhalb dieser Konzepte wird immer auch der Zugang zu einem Zentralrechner gewährleistet, so daß die Verteilung der Rechenleistung nicht zu einer Isolation führt.

3. Geometrie-Bearbeitung

3.1. Transformation

Die homogenen Koordinaten werden allgemein zur Beschreibung aller Transformationen durch eine einheitliche Transformationsmatrix benutzt. Für die Behandlung von dreidimensionalen Objekten mit den Raumkoordinaten (x,y,z) wird eine (4×4)-Matrix benutzt, im zweidimensionalen Fall reicht eine (3×3)- oder (3×2)-Matrix aus. Wir wollen hier nur den allgemeineren dreidimensionalen Fall behandeln. Mit der Transformationsmatrix werden Operationen wie Translationen (Verschieben), Rotationen (Drehung), Skalierungen (Vergrößern, Verkleinern) und perspektivische Projektionen (3D-2D-Abbildung) mathematisch erfaßt. Zwei aufeinanderfolgende Transformationen können zusammengefaßt werden, indem ihre Matrizen miteinander multipliziert werden. In homogenen Koordinaten wird ein Punkt P(x,y,z) im Raum dargestellt durch P(X,Y,Z,W), wobei gilt:

$$x = X/W \, , \; y = Y/W \, , \; z = Z/W \text{ und } W \neq 0$$

Eine Transformation wird durch die Multiplikation eines Punktes (X Y Z W) und der (4×4)-Matrix ausgedrückt:

$$(X' \; Y' \; Z' \; W') = (X \; Y \; Z \; W) * T$$

Dabei haben die Elemente von T die in Abb. 4 gezeigte Bedeutung:

Für die Transformation eines Punktes benötigt man demnach 16 Multiplikationen und 12 Additionen, insgesamt also 28 Gleitkomma-Operationen. Da alle höher strukturierten graphischen Objekte wie Linien, Flächen und Körper auf Eckpunkte oder Referenzpunkte zurückgeführt werden können, ist die ausschließliche Betrachtung von Punkten hier ausreichend. In einem konventionellen Mikro-

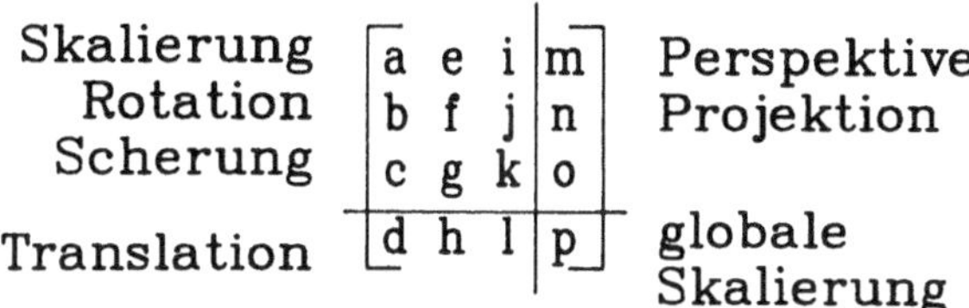

Abb. 4 Transformationsmatrix

prozessor-System mit einem arithmetischen Co-Prozessor (Intel 80287, Motorola 68881) kann eine Gleitkomma-Operation in ungefähr 10 μs durchgeführt werden, was einer Leistungsfähigkeit von 100 KFLOPs (Floating Point Operation) pro Sekunde entspricht. Dies bedeutet, daß hiermit ungefähr 3500 Punkte pro Sekunde transformiert werden können.

Für leistungsfähige Geräte (z. B. Realzeit-Darstellungen) ist dies etwa eine bis zwei Größenordnungen zu wenig. Um eine höhere Geschwindigkeit erreichen zu können, benötigt man schnellere Hardware. Dabei bieten sich im wesentlichen drei Lösungsansätze an: schnellere Prozessoren, mehrere (spezialisierte) Prozessoren und bessere Algorithmen. Für den Bereich der Transformations-Hardware werden wir den zweiten Weg mit einer höheren Anzahl von Gleitkomma-Bausteinen vorstellen, im nächsten Abschnitt über das Clipping wird hauptsächlich der dritte Weg mit spezialisierten Algorithmen eingeführt. In beiden Ansätzen bedeutet natürlich eine Beschleunigung einer Einzel-Komponente auch eine Geschwindigkeitssteigerung des Gesamt-Systems.

In Abb. 5 ist eine solche datenflußorientierte Architektur zu sehen. Gegenüber einer Lösung mit nur einem Gleitkomma-Prozessor, der sowohl für die Addition

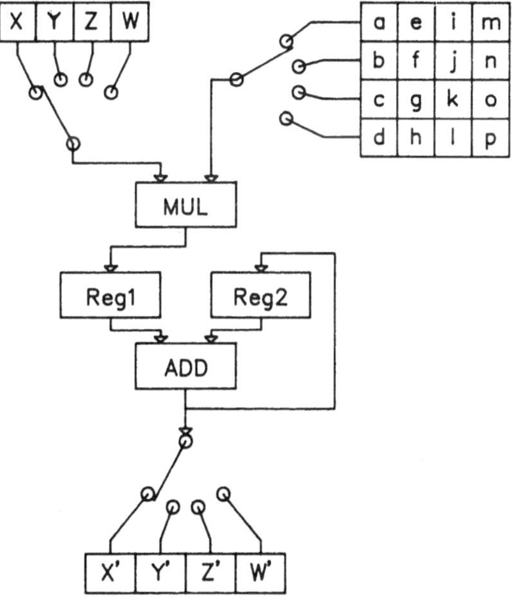

Abb. 5. Transformierer

wie für die Multiplikation zuständig ist, bietet die gezeigte Verdopplung der Bausteine zunächst nur eine Erhöhung des Durchsatzes um 40%.

Wir sehen hier eine einfache Anordnung einer Pipeline-Architektur. In diesem Fall besteht sie aus zwei Stufen (MUL und ADD). Pipelining stellt einen ökonomischen Weg dar, die Parallelität in einem Computer zu nutzen. Hierzu ist es nötig, die Aufgabe, zu der die Lösung gesucht wird, in eine Folge von Teilaufgaben zu unterteilen, von der jede durch eine spezialisierte Hardware-Stufe zeitlich parallel zu den anderen Stufen der Pipeline ausgeführt werden kann. Aufeinanderfolgende Eingaben „strömen" in die Pipeline und werden, aufgeteilt in Unteraufgaben, überlappend in den Stufen bearbeitet.

Kommen auch die Eingangsdaten (X Y Z W) als Datenstrom an, so lassen sich die Zeiten, während der ein Prozessor-Element untätig ist, noch weiter verringern. Eine bessere Ausnutzung der Hardware kann aber erzielt werden, wenn dieser gesamte Funktionsblock vervierfacht wird. Für jede Spalte einer Matrix (bzw. jede zu lösende Gleichung) benötigt man dann einen Vektor-mal-Vektor-Multiplikations-Block, von denen jeder eine Koordinate eines Punktes parallel zu den anderen ausführt.

3.2. Clipping

Als Clipping (oder Klippen) bezeichnet man die Aufgabe, den sichtbaren Anteil eines Gesamtbildes zu berechnen. Wir gehen dabei meist von einem rechteckigen und achsenparallelen Clip-Rechteck aus. Dieses wird manchmal auch als Window (Fenster) bezeichnet. Während das Clippen einzelner Punkte durch einfachen Vergleich seiner Koordinaten mit den Grenzkoordinaten des Windows durchgeführt wird, ist beim Clippen von Linien die Berechnung des Schnittpunktes zwischen dieser Linie und der Begrenzungskante des Windows nötig. Als Beispiel sei hier die Formel für den Schnittpunkt einer Linie $(x1, y1) - (x2, y2)$ mit der rechten Begrenzungskante (x_{max}) gegeben:

$$y = y1 + (y2 - y1) / (x2 - x1)(x_{max} - x1)$$

$$x = x_{max}$$

Wie wir aus Abb. 6 sehen, müssen jedoch nicht alle Linien der Schnittpunktberechnung unterworfen werden. Es können vielmehr schon anhand der Lage der beiden Endpunkte zu dem Clip-Rechteck solche Linien ausgesondert werden, die vollständig außerhalb oder innerhalb des Clip-Rechtecks verlaufen. Dazu dienen die Endpunkt-Codes, die in einem Bit jeweils die Lage eines Punktes zu der oberen, unteren, rechten und linken Clip-Kante beschreiben. Die bitweise UND-Verknüpfung der beiden Endpunkt-Codes zeigt an, ob ein Schnittpunkt berechnet werden muß (ein Bit „1") oder nicht.

Ein Verfahren, das sich insbesondere dann eignet, wenn an eine einfache Realisierung in Hardware gedacht wird, ist der „Midpoint Subdivision"-Algorithmus. Durch ihn kann in den meisten Fällen auf Gleitkomma-Operationen verzichtet werden. Man kann ihn treffend auch als binäre Suche des Schnittpunkts bezeichnen (Abb. 7). Angenommen, die Endpunkte einer Linie befinden sich auf entgegengesetzten Seiten einer Clip-Grenze (nur dann muß bezogen auf die Endpunkt-Codes auch eine Berechnung durchgeführt werden), so wird diese Linie durch

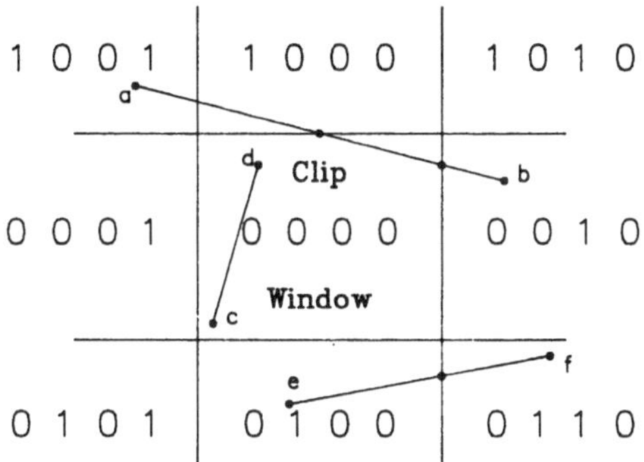

Abb. 6. Clipping: Endpunkt-Codes

ihren Mittelpunkt in zwei Hälften geteilt. Dieser Mittelpunkt ist bestimmt durch
$[(x1 + x2)/2 , (y1 + y2)/2]$. Wie wir sehen, werden dazu nur die „einfachen" Opera-
tionen Addition und Schieben benötigt. Der Mittelpunkt wird im nächsten Schritt
zu einem Endpunkt der Linie. Dazu erhält derjenige Endpunkt den Wert des Mit-
telpunktes, der auf der selben Seite des Clip-Rechtecks liegt wie der Mittelpunkt.
Hiermit wird ein schrittweises „Herantasten" des Mittelpunktes an die Clip-
Grenze erreicht, bis nach wenigen Schritten der wahre Schnittpunkt gefunden ist
(Abb. 7).

Etwas schwieriger wird die Clipping-Berechnung bei Flächen, da nun nicht
mehr nur die Begrenzungslinien einer Fläche betrachtet werden müssen, sondern
auch die Eckpunkte des Clip-Rechtecks. Durch sie können neue Eckpunkte bei
der geklippten Fläche entstehen, die nicht auf der ursprünglichen Flächengrenze
lagen, also auch nicht durch Linienklippen entstehen können.

Während die Funktionen der Geometrie-Bearbeitung noch nicht spezifisch für
die Rastergraphik sind, werden die Graphik-Daten in den folgenden Schritten in
Pixel zerlegt (scan-konvertiert), in den Bildwiederholspeicher eingetragen und
periodisch auf dem Bildschirm abgebildet.

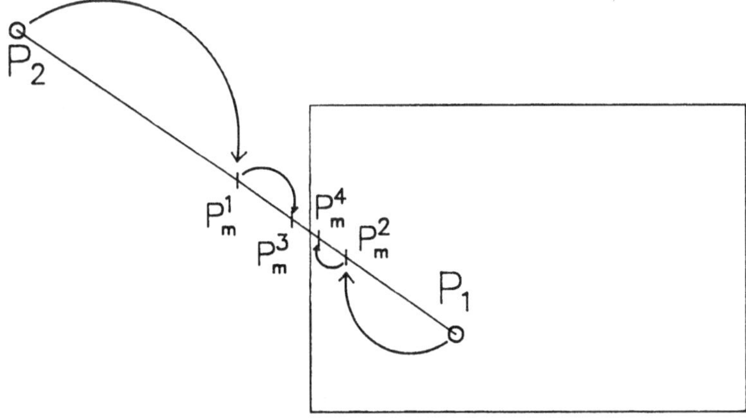

Abb. 7. Midpoint Subdivision

4. Graphik-Controller und Graphik-Prozessoren

Abb. 8 zeigt den prinzipiellen Aufbau eines Rastersystems. Der Graphikteil, bestehend aus Bildwiederholspeicher (im folgenden BWS oder Frame Buffer genannt), Schieberegister (Dot Shifter), Drawing-Controller und Display-Controller, ist über ein Interface mit dem übrigen System (Systemspeicher und -CPU) verbunden. Die System-CPU, die die graphische Anwendung bearbeitet, erzeugt die Ausgabeprimitive (z. B. Linien, Kreise, Rechtecke, Flächen, Text), die auf dem Monitor dargestellt werden sollen.

Der Drawing-Controller nimmt die graphischen Daten zusammen mit entsprechenden Befehlen von der CPU entgegen, löst die logisch beschriebene Ausgabeprimitive in Bildpunkte (Pixel) auf (Raster-Scan-Prozeß) und legt diese im BWS ab. Auf diese Weise kann ein beliebig komplexes Bild zerlegt (gerastert) und dauerhaft unabhängig vom restlichen System im BWS gespeichert werden.

Je mehr Pixel gespeichert werden, um so höher ist die maximal erreichbare Auflösung. Besteht ein Pixel aus mehreren Bits, so können Farben dargestellt werden. In Abb. 8 sind für den Graphikteil des BWS 3 Farbebenen (3 Bit/Pixel) eingezeichnet, mit denen sich somit 8 verschiedene Farben erzeugen lassen.

Damit bei einem Rastergerät ein für das menschliche Auge flimmerfreies Bild auf dem Monitor entsteht, muß der Display-Controller die gesamte im BWS gespeicherte Bildinformation 60–70 mal pro Sekunde auf den Monitor ausgeben. Dazu erzeugt der Display-Controller periodisch innerhalb eines Darstellungszyklus fortlaufende BWS-Adressen und liest die Daten (Pixel) zeilenweise aus. Außerdem liefert er alle für die Ansteuerung des Monitors notwendigen Signale (z. B. HSYNC, VSYNC).

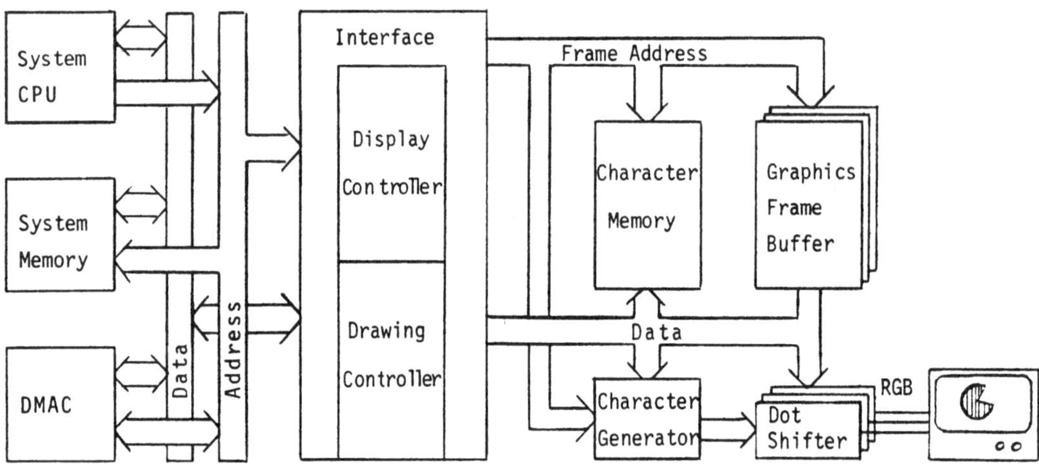

Abb. 8. Blockbild eines Rastersystems

Bedingt durch die stetig steigende Integrationsdichte komplexer VLSI-Schaltungen können immer mehr der in Abb. 8 gezeigten Funktionsblöcke auf einem Chip realisiert werden.

4.1. Schnittstelle Systemhardware – Rasterhardware

Viele Graphik-Controller (z. B. NEC 7220, Hitachi HD63484, Thompson TS68483) steuern den direkten Zugriff zum BWS ohne extern aufgebautes Interface. Dies erfolgt entweder unter Kontrolle der CPU (Interrupt oder Statusabfrage) oder eines DMA-Controllers, soweit dies von entsprechenden Handshake-Signalen unterstützt wird.

Für die Versorgung des Drawing-Controllers mit Befehlen und Daten gibt es verschiedene Techniken. Einige der genannten Graphik-Controller haben ein Kommando-FIFO (First In First Out), in den die CPU die benötigten Befehle einträgt. Dies hat den Vorteil, daß die CPU nicht auf eine langsamer ablaufende Bearbeitung des Controllers warten muß. Der Intel 82786 unterstützt Befehls- und Datenlisten, die in einem mit der CPU gemeinsam zugreifbaren Speicherbereich vorliegen können und vom Controller selbständig abgearbeitet werden.

Das physikalische Interface zwischen Graphik-Controller und dem BWS hängt vom verwendeten Typ ab. Allen gemeinsam ist die Möglichkeit, direkt dynamische Speicher (DRAMs) anzuschließen. Die für den Informationserhalt der, DRAMs notwendigen Refresh-Adressen werden automatisch während der Zeit des Strahlrücklaufs des Monitors erzeugt. Muß jedoch bei vielen Controllern die für die DRAMs erforderliche Ansteuerung (RAS-, CAS-Signale, Adressmultiplexer) extern aufgebaut werden, ist diese in dem neueren Graphik-Coprozessor 82786 (INTEL) als DRAM-Controller bereits integriert.

4.2. Drawing-Controller

Der Drawing-Controller, oftmals auch Drawing-Prozessor genannt, ist eine Mikrocode-Maschine, die die graphischen Grundelemente (Primitive) in einzelne Bildpunkte (Pixel) zerlegt und in den Bildwiederholspeicher einträgt. Die Algorithmen, nach denen die Primitive gerastert werden, sind bei allen genannten Graphik-Controllern im Mikrocode abgelegt. Entsprechend dem Umfang des Mikrocodes unterstützen sie verschieden mächtige Graphik-Befehlssätze. Waren bei den ersten Controllern (z. B. NEC 7220) nur Befehle zum Zeichnen von Punkten, einzelnen geraden Linien, Rechtecken, Kreisbögen und Buchstaben (Text-Pattern) vorhanden, weisen Drawing-Controller neuerer Graphik-Chips auch Kommandos zur Ausgabe von Linienzügen (Polyline), geschlossener Linienzügen (Polygon) und Kreisen und zum Füllen von Flächen auf.

Flächen mit einer Farbe oder Farbmustern zu füllen, ist eine weitere Aufgabe des Drawing-Controllers. Alle Controller verwenden Rasterfüllalgorithmen, die ab einem gegebenen Startpunkt S die durch eine Umrandung definierte Fläche füllen. Liegt der Anfangspunkt innerhalb der Umrandung, wird das Innere gefüllt, liegt er außerhalb, wird der Bildschirm bis auf das Innere mit einer Farbe über-

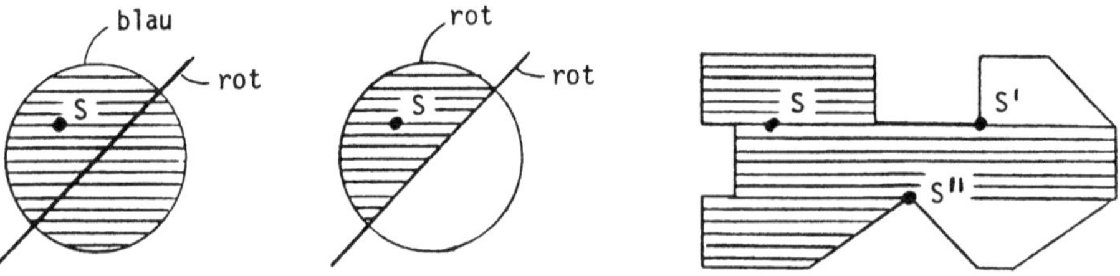

Abb. 9. Auswirkungen eines Raster-Füllalgorithmus

schrieben. Manche Controller (z. B. Hitachi HD63484) lösen das Problem konkaver Flächen, indem sie der CPU die neuen Startpunkte (S',S'' in Abb. 9) der unbearbeiteten Teilflächen übermitteln. Das Füllen mit frei definierbaren Mustern (Pattern) erlauben z. B. der HD63484 und der 82786.

Eine sehr mächtige graphische Operation, die modernere Drawing-Controller bzw. Prozessoren bieten, ist der Bit-Block-Transfer (Bitblt). Diese Operation verknüpft mittels einer logischen Funktion zwei beliebig aber gleich groß definierte rechteckige Pixelfelder miteinander und speichert das Ergebnis im BWS ab. Die System-CPU gibt nur die Koordinaten und Abmessungen des Quell- bzw. Zielbereichs sowie die logische Funktion (Ersetzen, UND, ODER, EXOR usw.) vor, mit der jeweils die Quell- und Zielpixel verknüpft werden. Danach kann der Drawing-Controller ohne weitere Belastung der CPU ganze Bildbereiche manipulieren, verschieben oder kopieren.

Eine andere wichtige Funktion ist das Klippen. Klippen bedeutet, geometrische Figuren und Texte nur in einem genau spezifizierten Bildbereich darzustellen. Alle Teile, die diesen Bereich überlappen oder außerhalb diesem liegen, dürfen nicht in den BWS eingetragen werden. Nahezu alle Graphik-Controller unterstützen Klippen, indem sie die beim Raster-Scan-Prozeß errechneten Pixel nur dann einschreiben, wenn sie innerhalb des zuvor definierten achsenparallelen Klipp-Rechtecks liegen. Dadurch können auf dem Bildschirm mehrere Fenster erzeugt werden.

4.3. Display-Controller

Der Display-Controller (-Prozessor) steuert die Ausgabe des im BWS gespeicherten Rasterbilds auf ein zeilenorientiertes Ausgabemedium, das meistens aus einem Raster-Scan-Monitor, oftmals aber auch aus einem Laser-Drucker, besteht.

Eine wichtige Funktion des Display-Controllers in leistungsfähigen Graphik-Systemen stellt die schnelle Handhabung und Manipulation mehrerer Bildausschnitte, den Fenstern, dar. Um Bildfenster sinnvoll aufbauen und nutzen zu können, ist ein größerer BWS erforderlich, als zur Darstellung des gesamten Bildschirmbereichs notwendig wäre. Display-Controller, die Fenster verwalten, lesen je nach Anzahl der Fenster innerhalb eines Darstellungszyklus verschiedene Teilbereiche des BWS aus und kombinieren deren Inhalte auf dem Bildschirm. Durch einfaches Ändern der Startadresse kann das Bildfenster gegenüber dem gesamten im BWS gespeicherten Bild horizontal und vertikal bewegt werden.

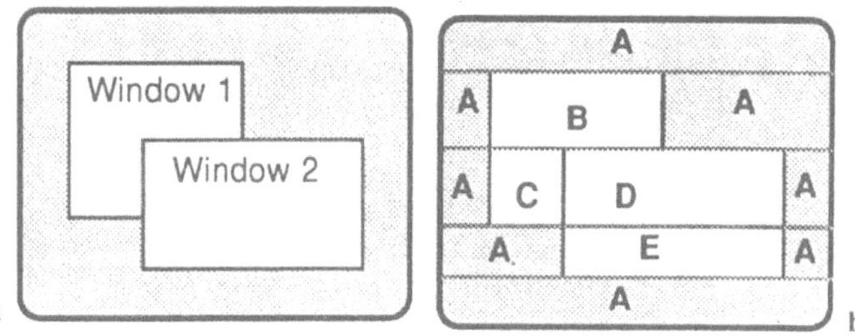

Abb. 10a, b. Bildschirm mit zwei Fenstern: **a** Sicht des Anwenders
b Einteilung in Kacheln A-E [10]

Die maximale Fensteranzahl sowie deren Positionierungsmöglichkeiten auf dem Bildschirm (z. B. teilweise überlappende Bildausschnitte) hängen wiederum stark vom Graphik-Controller ab. Während der HD63484 (Hitachi) nur drei Split-Screens (Bildstreifen der gesamten Bildschirmbreite) und ein weiteres rechteckiges Window erlaubt, ermöglicht der Coprozessor 82786 (Intel), mehrere Fenster beliebig zu verschachteln oder zu überlappen (Abb.10). Der Display-Controller des 82786 kann dazu den Bildschirm vertikal in beliebig viele Streifen (Begrenzung nur durch die Anzahl der darstellbaren Zeilen) und horizontal in max.16 Teile aufspalten. Die dadurch enstehenden Kacheln (A-E in Abb.10) können dann zu komplexen Fensteranordnungen zusammengesetzt werden.

4.4. Engpaß Bildwiederholspeicher

Betrachtet man in einem mit konventionellen dynamischen RAMs (DRAM) aufgebauten Graphik-System den Datenfluß von der System-CPU (Primitive) über den Graphik-Controller (Zerlegung in Pixel) in den BWS, stellt man einen Engpaß beim Eintragen der Pixel in den BWS fest.

Um Bilder im Hinblick auf kurze Reaktionszeiten eines Graphik-Systems möglichst schnell aufbauen und ändern zu können, sollte der Drawing-Controller kontinuierlich arbeiten. Andererseits muß den Zugriffen des Display-Controllers unbedingt Vorrang gegeben werden, da sonst für den Betrachter starke Bildstörungen (Blitze, Flimmern) auf dem Monitor sichtbar würden, die ihm gerade bei interaktiver Arbeit keinesfalls zugemutet werden können.

Der Drawing-Controller darf daher nur während des unsichtbaren horizontalen oder vertikalen Strahlrücklaufs aktiv werden. Dies bedeutet jedoch einen großen Zeitverlust, da er dann nur während ca. 20% der verfügbaren Zeit arbeiten kann. Dieser Flaschenhals wird um so deutlicher, je größer die Bildauflösung und/oder Farbenanzahl gewählt wird.

Die neu entwickelten Video-RAMs (VRAM) können diesen Engpaß vermeiden. Sie besitzen gegenüber DRAMs je einen zweiten seriellen Daten-Ein- und Ausgang (Dual Port Memory), der für den periodischen Bild-Refresh genutzt wird. Auf dem VRAM-Chip ist neben dem dynamischen Speicherfeld ein Schieberegister integriert, das mit dem Transfersignal TR parallel geladen (meist 256 Bit) und seriell am Ausgang SOUT ausgelesen werden kann (Abb.11). Werden mehrere dieser VRAMs über die SIN/SOUT-Leitungen verbunden, kann eine

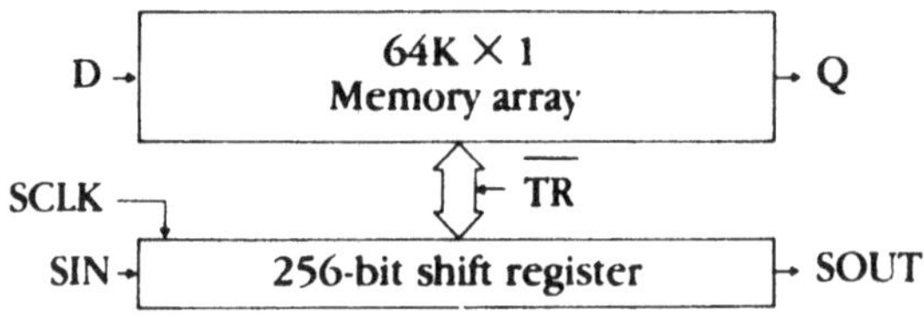

Abb. 11. Blockdiagramm eines Video-RAMs [7]

komplette Bildzeile (z. B $4 \times 256 = 1024$ Bit) mit nur einem Zugriff des Display-Controllers geladen werden. Video-RAMs können daher die aktive Arbeitszeit des Drawing-Controllers auf ca. 90% der verfügbaren Gesamtzeit steigern. Moderne Graphik-Prozessoren (z. B. INTEL.82786) weisen daher neben dem DRAM- auch ein VRAM-Interface auf.

4.5. Graphik-Prozessor

Der Ausdruck „Graphik-Prozessor" beschreibt eine Maschine, die sowohl allgemeine programmierbare Mikroprozessor-Aufgaben (general purpose CPU) als auch graphikspezifische Funktionen sehr effizient ausführen kann. Ein Graphik-Prozessor integriert somit die Funktionen der in Abb. 8 eingezeichneten Blöcke System-CPU, Drawing- und Display-Controller, Interface- und DMA-Controller (DMAC) auf einem Baustein.

Texas Instruments stellte 1986 ihren Graphik-System-Prozessor (GSP) TMS34010 vor. Dieser VLSI-Baustein ist ein universell programmierbarer 32-Bit Mikroprozessor mit einem vollständigen Befehlssatz. Er enthält 31 32-Bit-Register, zwei 32-Bit ALUs (Arithmetic Logic Unit) und einen Befehls-Cache. Spezielle Hardware-Komponenten (barrel shifter, window comparators, maskmerge logic) beschleunigen graphikspezifische Funktionen zur Manipulation von Bildpunkten. Die Schnittstellen zur Umgebung des GSP TMS34010 bestehen aus einem Interface zu einem übergeordneten Prozessorsystem (Host Processor) und aus einem kombinierten VRAM/DRAM-Interface, an das der Programmspeicher und der BWS angeschlossen werden.

Der TMS34010 unterscheidet nicht zwischen Programm- und Bildspeicher (Frame Buffer). Er kann daher mittels entsprechender Befehle genauso einzelne Bits, wie Bit-Felder oder logische Pixel (1, 2, 4, 8, 16 Bit pro Pixel) adressieren und verarbeiten. Pixel werden dabei über X-Y-Koordinaten angesprochen. Er unterstützt eine Bildauflösung von bis zu $64\,\text{K} \times 64\text{K}$ Pixel bei einem maximalen Adressraum von 128 MByte.

Der Unterschied und zugleich große Vorteil des GSP im Gegensatz zu den in den vorigen Kapiteln erläuterten Graphik-Controllern besteht in der hohen Flexibilität, die seine Programmierung liefert. Der Graphik-Prozessor übernimmt zwar auch die Aufgabe der bisher beschriebenen Drawing-Controller (-Prozessoren), bearbeitet jedoch keine im Mikrocode fixierten Graphik-Primitive. Vielmehr führt er im Programmspeicher vom Benutzer definierte Befehlssequenzen aus, die den gewünschten graphischen Algorithmus repräsentieren. Ihm stehen dafür elementare Befehle zur Verfügung, die sehr effiziente und flexible inkrementelle Zeichen- und Füllalgorithmen ermöglichen.

Eine erweiterte Klipp-Funktion erlaubt dem Anwender, vor Beginn eines Raster-Scan-Prozesses (z. B. line-drawing) zu testen, ob ein graphisches Primitive ganz innerhalb, teilweise innerhalb oder völlig außerhalb des Klipp-Bereichs liegt.

Die Bitblt-Operationen kann der TMS34010 nicht nur mit 16 verschiedenen boolschen Verknüpfungen sondern auch mit 6 arithmetischen Operationen (z. B. Addition, Subtraktion) ausführen. Damit können in Verbindung mit dem integrierten Barrel-Shifter hohe Datenraten von 25 MBit/s für alle Pixel-Manipulationen innerhalb des Bildspeichers (z. B. Kopieren, Verschieben oder Löschen von Bildbereichen) erzielt werden.

5. Trend für zukünftige Entwicklungen

Ein Forschungsinteresse in der graphischen Datenverarbeitung sind auf VLSI-Technologie basierende Beschleuniger. In den letzten Jahren wurden einige neue Architekturen von Rastergeräten mit Bildspeicher veröffentlicht. Sie beschäftigen sich mit dem Problem des schnellen und effizienten Ausführens graphischer Grundoperationen und dem dabei nötigen Modifizieren des Bildspeicherinhaltes. Um ein erweitertes Leistungsvermögen im Verhältnis zu konventionellen Systemen zu erreichen, wurde die Bildspeicherzugriffsbandbreite erhöht und die Zugriffsmechanismen auf den Bildspeicher verbessert. In einem konventionellen System können maximal 32 Bildpunkte in einem Zyklus verändert werden. Die im folgenden gezeigten Architekturen erreichen durch einen höheren Hardwareeinsatz eine parallelisierte Ausführung beim Modifizieren von Bereichen des Bildspeichers. Einige dieser Architekturen wurden vorgestellt, sind aber nicht auf dem Markt erhältlich, sondern sollen einen Trend für zukünftige Entwicklungen zeigen.

5.1. 8×8 Display

Das 8×8 Display wurde 1983 von R. F. Sproull, I. E. Sutherland, A. Thompson, S. Gupta und Ch. Minter [11] vorgestellt. Mit dem System ist es möglich, acht mal acht Bildpunkte große Bereiche in einem Bildspeicher zu verschieben oder zu überschreiben. Das System ist in Abb. 12 gezeigt.

Der Display-Prozessor setzt die vom Host Computer abgegebenen graphischen Befehle in Steuersignale für das Memory-System um. Das Memory-System besteht aus einer Matrix von acht mal acht konventionellen 16 KBit Halbleiterspeichern. Jeder der 64 Speicher beinhaltet jeweils ein Bit eines acht mal acht Punkte großen Bereichs des Bildschirms. Der komplette Bildschirm ist in Bereiche dieser Größe aufgeteilt. Jedem Speicher ist zusätzliche Hardware zugeordnet, die Maskier- und Verschiebeoperationen ermöglicht. Dadurch, daß nicht mehr wortweise, sondern in Flächenform auf den Bildspeicher zugegriffen wird, entfällt die Vorzugsrichtung horizontal beim Generieren eines Bildes. Die Wortgrenzen werden dadurch allerdings nicht eliminiert, sondern auf die vertikale Generierungsrichtung erweitert.

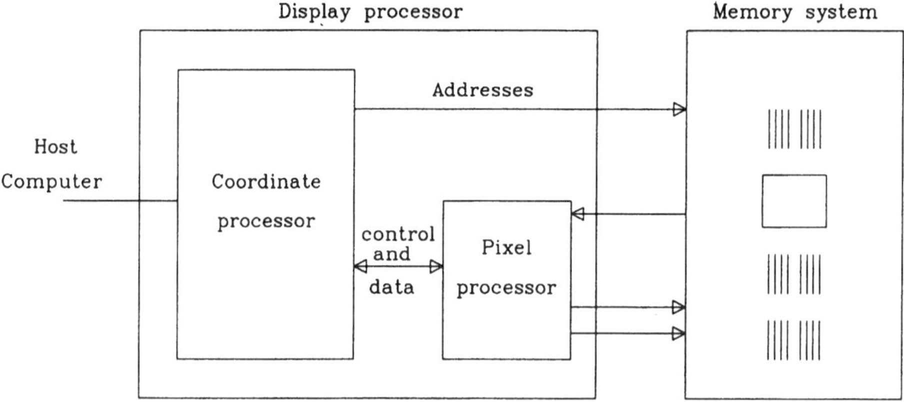

Abb. 12. Die 8 × 8 Display Architektur

5.2. DisArray

Das DisArray wurde 1983 von I. Page [9] vorgestellt. Es wurde speziell zum schnellen Ausführen von BitBlt (Bit aligned Block Transfer, auch bekannt unter der Bezeichnung RasterOp) entworfen. Mit dem System ist es möglich, Bereiche von 16 × 16 Bildpunkten in einem Speicherzyklus zu verändern. DisArray ist ein Feldrechner bestehend aus 256 1-Bit Prozessoren mit einem lokalen Speicher von jeweils 16 KBit. Die Prozessoren sind in einem Quadrat angeordnet, so daß benachbarte Bildpunkte in einem Bereich von 16 × 16 Bildpunkten parallel verändert werden können. Die generelle Architektur ist in Abb. 13 gezeigt.

Der innovative Teil des Systems verbirgt sich in dem Block 16 × 16 Array. Der Array-Controller steuert das Prozessorfeld. Er generiert die Adressen für den Bild-

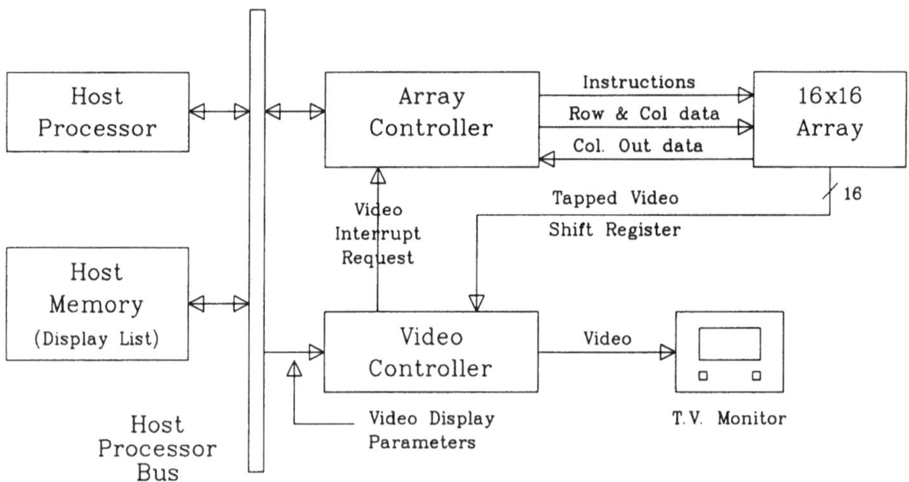

Abb. 13. Die DisArray Architektur

speicher, selektiert rechteckige Bereiche im Prozessorarray und steuert die Operationen. Der Video-Controller ist für den Bildschirmrefresh vorgesehen.

Die Vorteile des Systems sind in der hohen Arbeitsgeschwindigkeit, der Verwendbarkeit konventioneller Halbleiterspeicher und der relativ einfach in Full-Custom-Technik zu implementierenden Architektur zu finden.

5.3. Smart Image Memory Display

Das Smart Image Memory Display wurde 1980 von J. Clark und M. R. Hannah [4] vorgestellt. Es unterstützt u. a. schnelles Generieren von Linien, Buchstaben und Polygonen im Bildspeicher. Seine Architektur ist in Abb. 14 gezeigt.

Das gezeigte System besteht aus einer hierarchischen Prozessorstruktur. Der Parent Processor wird mit graphischen Befehlen versorgt, welche er für die Bearbeitung der Spaltenprozessoren umsetzt. Die Spaltenprozessoren senden die empfangene Information an die Zeilenprozessoren weiter, wenn die entsprechende Spalte zu modifizierende Bildpunkte enthält. Die Zeilenprozessoren wählen aus dem Datenstrom Informationen aus, die sich auf den Bildbereich beziehen, für den sie zuständig sind.

Der Zeilenprozessor modifiziert den entsprechenden Bildausschnitt in dem direkt zugeordneten Bildspeicherbaustein. Mit diesem Feld von Zeilenprozessoren kann in einem Speicherzyklus ein Bereich von acht mal acht Bildpunkten verän-

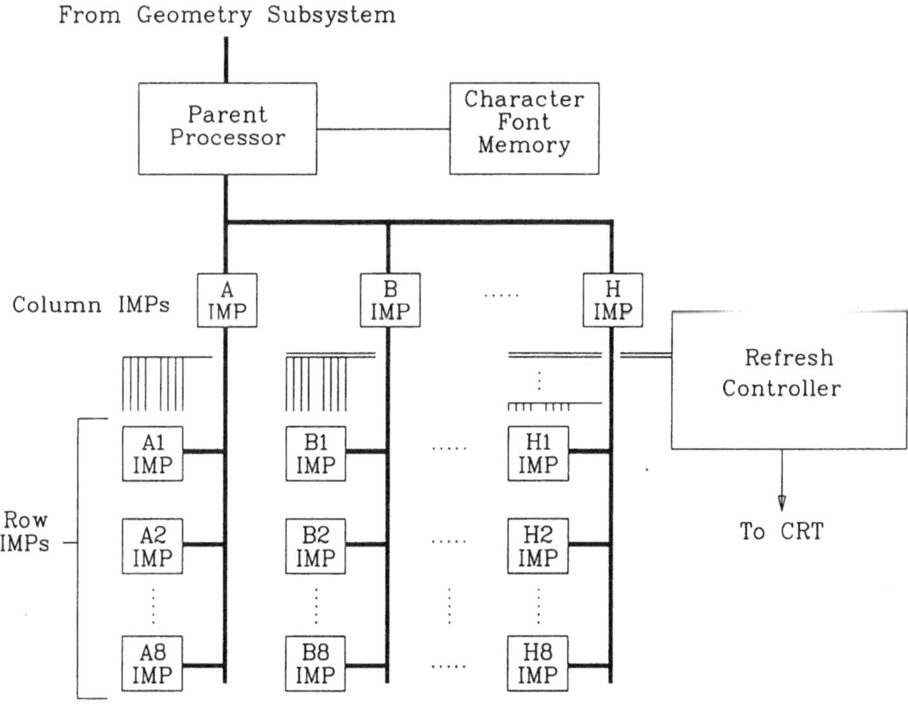

Abb. 14. Die Architektur des Smart Image Memory Displays

dert werden. Eine Kommunikation zwischen den Zeilenprozessoren ist allerdings nicht möglich. Somit ist das Verschieben von Bildbereichen sowie BitBlts nicht möglich. Der Vorteil dieser Architektur ist die hohe Arbeitsgeschwindigkeit durch die Verwendung von 73 Prozessoren.

5.4. Rectangular Area Filling Display System

Das Rectangular Area Filling System wurde 1982 von D. S. Whelan [15] vorgestellt. In diesem System ist es möglich, rechteckige Bereiche von Speicherzellen und somit Bildpunkten in einem Speicherzyklus zu überschreiben. Die Architektur ist in Abb. 15 dargestellt.

Das System besteht aus einem Feld von Spezialspeichern. Die Adressen für diese Speicher werden von den X- und Y-Banded Decodern generiert. Mit Hilfe dieser Decoder ist es möglich, rechteckige Bereiche von Speicherzellen und somit Bildpunkte im Speicherfeld zu adressieren.

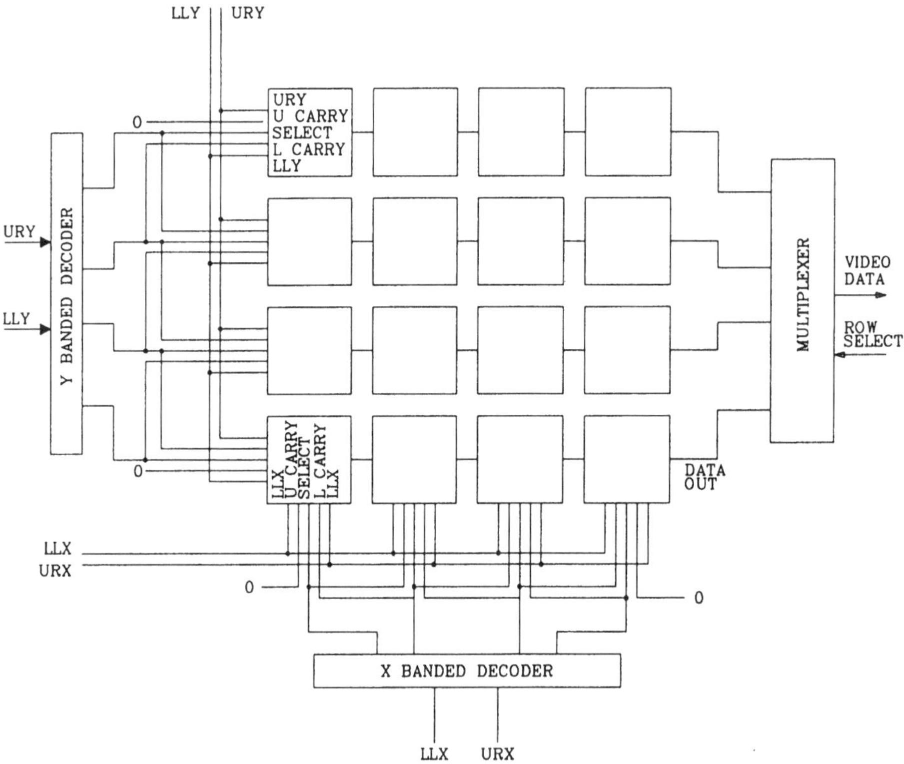

Abb. 15 . Architektur des Rectangular Area Filling Display Systems

5.5. Scan Line Access Memory System (SLAM)

SLAM wurde 1985 von S. Demetrescu [5] vorgestellt. Das SLAM-System ist ein Multiprozessor-System, bei dem Bildschirmzeilen verschiedenen Prozessoren fest zugeordnet sind. Die Architektur ist in Abb. 16 gezeigt.

Das abgebildete SLAM-System besteht aus 16 Zeilenprozessoren (zur Leistungssteigerung können auch weitere parallel geschaltet werden) und 64 speziellen Halbleiterspeichern. Jeder Prozessor ist für jeweils 64 Zeilen des Bildschirms zuständig, welche in den entsprechenden vier Speichern (SLAM 1..4) abgelegt sind. Das gezeigte System ist für eine Bildschirmauflösung von 1024 × 1024 Bildpunkten ausgelegt. Die gewünschten graphischen Grundoperationen werden über einen gemeinsamen Bus zu den Zeilenprozessoren geschickt. Dort werden die Grundoperationen in Zeilenfüll-Kommandos umgesetzt. Über einen zeilenprozessorinternen Bus werden die Kommandos zum Zeilen füllen an die SLAMs übertragen. Der Display-Controller kann die in den SLAMs gespeicherte Information auslesen und auf einem Bildschirm darstellen.

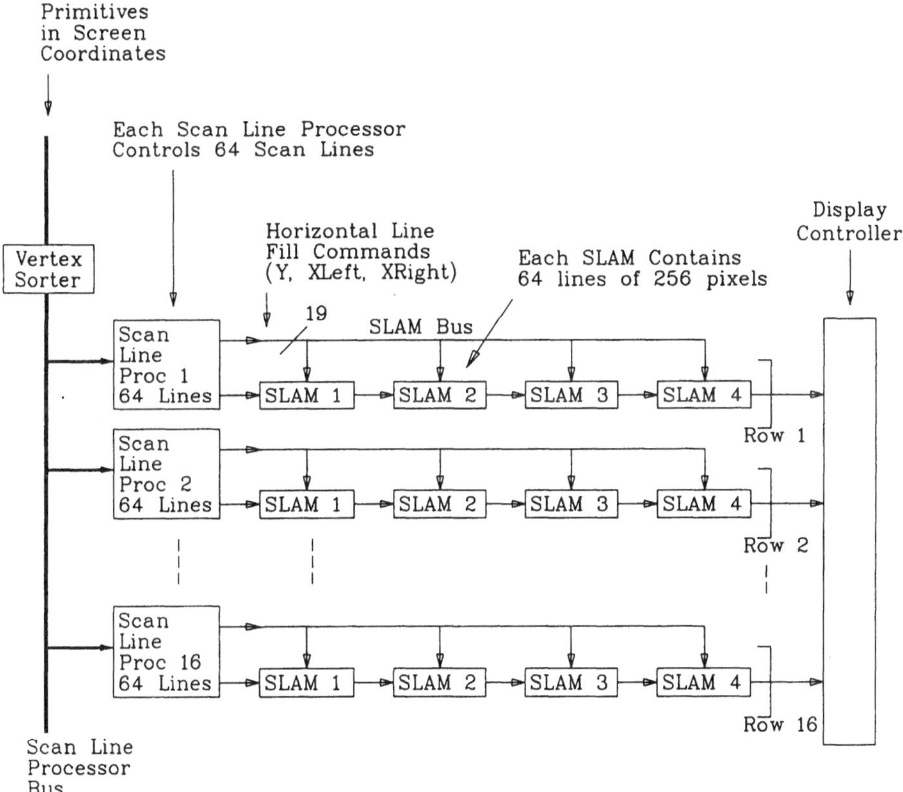

Abb. 16. Die Architektur des Scan Line Access Memory Systems

5.6. Pixel-Planes

Das Pixel-Planes-System wurde 1981 von H. Fuchs und J. Poulton [6] veröffentlicht. Pixel-Planes ist ein System zur Berechnung von schattierten, farbigen, dreidimensionalen, konvexen Polygonen und deren Darstellung auf einem Rasterdisplay. In Echtzeit können 500 Vierecke dargestellt werden. Dieses System ist in seiner Leistungsqualität wesentlich höher als die vorher besprochenen angesiedelt. Es soll hier nur der Vollständigkeit halber erwähnt werden, da es auch ein Rastersystem ist und schnelle Darstellungen im zweidimensionalen möglich sind. In dem Pixel-Planes-System werden mit Hilfe von linearen Gleichungen konvexe Polygone, ihre Lage im dreidimensionalen Raum und ihre Schattierung bestimmt. Das System ist prinzipiell in folgender Abbildung dargestellt:

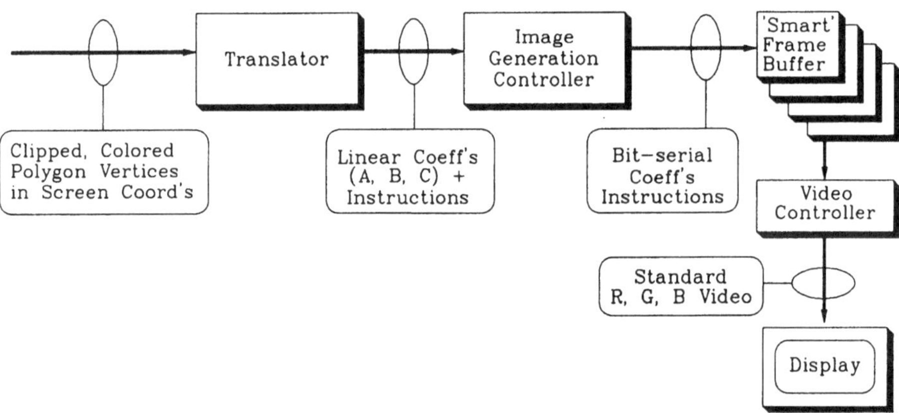

Abb. 17. Architektur der Pixel-Planes-Graphics-Engine

Der Translator wandelt die kantenweise Beschreibung der darzustellenden Polygone in eine Koeffizientenform um. Der Image Generation Controller (IGC) setzt diese Koeffizienten in eine bitserielle 2er-Komplement-Darstellung um und übersetzt die Befehle des Translators in eine Reihe von Steuerworte und Taktsignale für den Smart-Frame-Buffer. Der CRT-Controller unterstützt in konventioneller Weise den Bildschirmaufbau.

Die Vorteile dieses Systems liegen in der hardwaremäßigen Realisierung von Algorithmen, die konventionell durch Software ausgeführt werden.

5.7. Integrierter Displaycontroller

Der integrierte Displaycontroller (IDC) wurde 1986 von J. P. Stärk [12] vorgestellt. Der IDC besteht aus fünf funktionalen Blöcken:

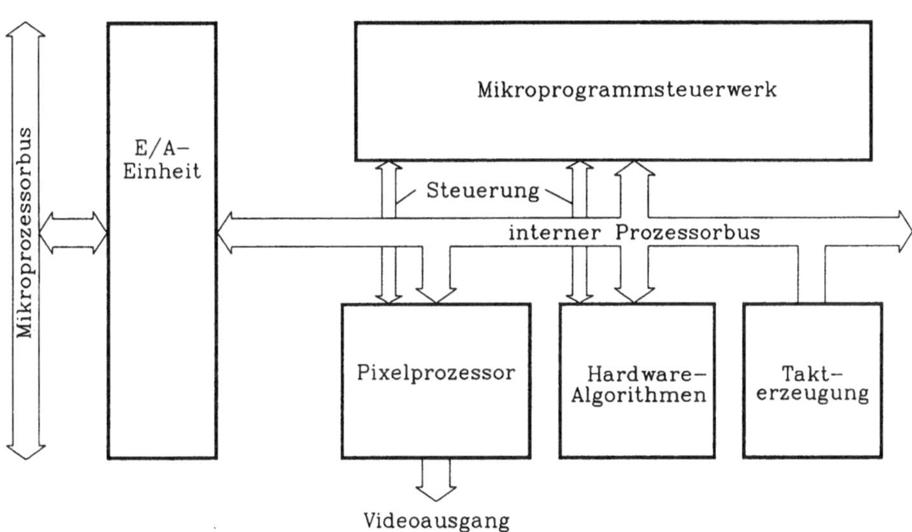

Abb. 18. Die fünf funktionalen Blöcke des IDC

Der Block Pixelprozessor enthält den innovativen Teil des IDC.

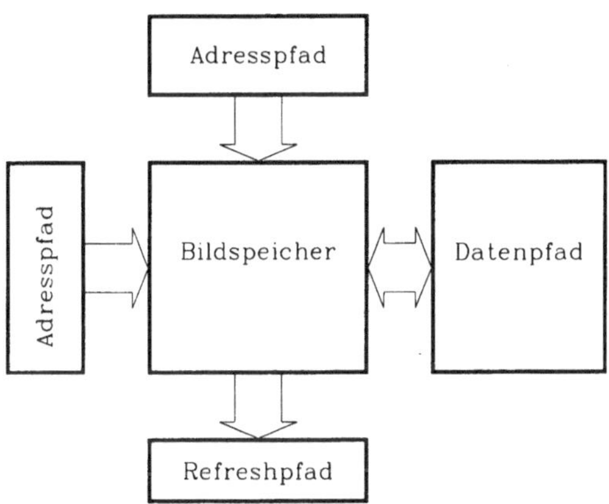

Abb. 19. Der Pixelprozessor des IDC

Der Pixelprozessor beinhaltet die Hardware zur Speicherung und Manipulation einer Farbebene eines darzustellenden Bildes. Er besteht aus:

- einem speziellen Bildspeicher
- zwei Adreßpfaden
- einem Datenpfad
- einem Refreshpfad.

Mit Hilfe der Adreßpfade ist es möglich, achsenparallele Linien und Rechtecke zu adressieren und in einem Bildspeicherzugriffszyklus zu überschreiben. Werden nur Linien adressiert, so ist es möglich, diese in einem Zugriff auf den Bildspeicher auszulesen, im Datenpfad zu modifizieren und im nächsten Zugriff zurückzuschreiben.

Der IDC ist für den Einsatz in VLSI-Design Workstations entwickelt worden. Die dort benötigten graphischen Grundoperationen werden durch den IDC unterstützt.

6. Literatur

1. Asal, M. et al.; The Texas Instruments 34010 Graphics System Processor, IEEE Computer Graphics and Applications, Vol. 6, October 1986
2. CAD-CAM Report Nr. 9, 1986
3. Carinalli, C.; Architektur für Hochleistungs-Graphiksysteme, Elektronik, Nr. 21, 1986
4. Clark, J., Hannah, M.; Distributed Processing in High Performance Smart Image Memory, VLSI-Design, Vol. 1, Nr. 3, 1980
5. Demetrescu, S.; High Speed Image Rasterization using Scan Line Access Memories, Chapel Hill Conference on VLSI, S. 221-243, 1985
6. Fuchs, H., Poulton, J.; Pixel-Planes; A VLSI oriented Design for a Raster Graphics Engine, VLSI Design, Vol. 2, No. 3, 1981
7. Guttag, K. et al.; Requirements for a VLSI Graphics Processor. IEEE Computer Graphics and Applications, Vol. 6, January 1986
8. Killebrew, C. R. Jr.; The TMS 34010 Graphics System Processor, Byte, December 1986
9. Page, I., DisArray; A 16 × 16 Rasterop Processor, Proceedings of Eurographics 1983, S. 367-381, 1983
10. Shires G., A New VLSI Graphics Coprocessor - The Intel 82786, IEEE Computer Graphics and Applications, Vol. 6, October 1986
11. Sproull, R. F. et al.; The 8 by 8 Display, ACM Transactions on Graphics, Vol. 2, Nr. 1, S. 32-56, Jan. 1983
12. Stärk, J. P.; The Integrated Display Controller (IDC) for VLSI-Design Workstations, Proceedings Eurographics 1986, S. 279-291, 1986
13. Stock, R., Robertson, B.; New Chips Unleash Super Graphics, Computer Graphics World, June 1986
14. Puchta, J.; Intelligenter Controller für Bit-Map-Graphik, Elektronik Nr. 2, 1986
15. Whelan, D. S.; A Rectangular Area Filling Display System Architecture, Computer Graphics, Vol. 16, Nr. 3, S. 147-153, Juli 1982

Technologie der Digitalisiergeräte heute

H. Falkenberg

1. Einleitung

Digitalisiergeräte oder Digitizer sind Peripheriegeräte für graphische EDV-Systeme. Sie werden für die Eingabe graphischer Informationen in einen Computer benötigt. Die Informationen werden u.a. aus Skizzen, Zeichnungen, Plänen, Diagrammen oder Fotographien entnommen. Diese Vorlagen können aus Papier, Kunststoff, Glas oder Metall sein. Mögliche Vorlagengrößen und -dicken hängen vom Gerätetyp und des darin verwendeten Digitalisierprinzips ab.

Digitalisieren bedeutet dabei die Aufnahme relevanter Punkte aus der analogen Vorlage, die Zuweisung von Koordinatenwerten für die aufgenommenen Punkte und die Umsetzung dieser Koordinatenwerte in digitale numerische Daten. Diese werden im angeschlossenen Computer abgespeichert bzw. weiterverarbeitet.

2. Gerätetechnik

Heutige moderne Digitizer arbeiten vollelektronisch. Sie decken Arbeitsbereiche von kleiner als DIN A 4 bis größer als DIN A 1 ab. Nur für extrem große Vorlagen, wie z.B. im Automobilbau werden noch elektromechanisch arbeitende Geräte verwendet. Digitizer bestehen immer aus der die Arbeitsfläche darstellenden Grundkonstruktion, dem sog. Tablett, einem auf der Arbeitsfläche frei beweglichen Abtastelement und einer Elektronik zur Steuerung des Digitalisiervorgangs.

2.1. Tabletts

Die Tabletts sind ungefähr bis zur Meßflächengröße DIN A 2 auf einem Arbeitstisch frei beweglich. Zur Unterstützung einer bequemen Arbeitsweise haben sie oft eine leicht nach hinten ansteigende Meßfläche. In diese Tabletts ist in aller Regel die Steuerelektronik integriert. Es gibt Versionen mit interner oder externer Spannungsversorgung. Der interne Aufbau ist bei fast allen Herstellern trotz unterschiedlicher Funktionsprinzipien ähnlich. Alle elektronisch arbeitenden Geräte mit frei beweglicher Abtasteinheit haben ein unter der Meßfläche angeordnetes Meßgitter. Dieses Meßgitter besteht aus, in aller Regel parallel verlaufenden, elektrischen Leitern in definierten Abständen und mindestens 2 Ebenen, eines für die Aufnahme der x-Koordinaten und eines für die Aufnahme der y-Koordinaten.

Die Meßgitter sind bei kleinen Tabletts überwiegend großflächige, zweiseitig mit Leiterbahnen versehene Leiterplatten, die in üblicher Leiterplattentechnik hergestellt werden. Für größere Tabletts ab ca. DIN A 2 sind andere Herstellverfahren erforderlich. Die Leiter aus elektrisch leitfähigen Drähten werden dabei zumeist einzeln verlegt und auf einem Träger befestigt. Als Trägermaterialien kommen spezielle Kunststoffverbundmaterialien oder Glas zur Anwendung. Die Lagegenauigkeit der Drähte muß der geforderten Genauigkeit des Gerätes entsprechen. Präzisionsdigitizer erreichen heute Genauigkeiten von kleiner $+/- 0{,}1$ mm. Die Meßfläche selbst ist eine Kunststoffoberfläche mit einer Markierung für den gültigen Arbeitsbereich. Auf diese Meßfläche werden die Vorlagen gelegt. Zur Erzielung der benötigten mechanischen Stabilität des Tabletts ist eine Unterkonstruktion aus Metall oder Kunststoff erforderlich. Größere Tabletts ab DIN A 1 werden häufig auf spezielle Untergestelle montiert. Sie sind dann in der Höhe verstellbar und bis zur Senkrechten neigbar. An diesen Geräten kann der Benutzer sowohl sitzend als auch stehend arbeiten. Diese Ausführungsnormen lassen sich jedoch nur schwierig in Systeme integrieren, denn während des Digitalisierungsvorgangs muß oftmals noch eine Tastatur bedient werden und ein Bildschirm zur Benutzerführung im Blickfeld sein.

Neuere Konstruktionen, sogenannte Digitalisier-Arbeitsplätze decken diese Ansprüche besser ab. Diese Arbeitsplätze für Formate von ca. 600×1200 mm^2 bestehen aus einem Arbeitstisch mit einem in der Höhe verstellbaren und bis fast zur Senkrechten hoch klappbaren Tablett als Tischplatte. Hinter der Tischplatte können auf einer ebenfalls in der Höhe verstellbaren Konsole weitere Geräte wie z. B. Bildschirme angeordnet werden. Diese Tischplattentabletts sind sehr stabil konstruiert und dem Design des Arbeitsplatzes angepaßt. Derartige Digitalisierarbeitsplätze bilden damit gleichzeitig die komplette Arbeitsumgebung für Benutzer graphischer Systeme. Sie erfüllen viele Ansprüche, die an ergonomisch gestaltete Arbeitsplätze gestellt werden.

Auswertungen von Röntgen- oder Luftaufnahmen sowie Vorlagen für Anwendungen in Reprosystemen erfordern oft zur Kontrasterhöhung eine Durchleuchtungseinrichtung. Geräte mit dieser Option haben lichtdurchlässige Tabletts, eine Beleuchtungseinrichtung unter der Meßfläche und eine Mattscheibe als Tablettoberfläche.

2.2. Abtastelemente

Zur Punktaufnahme gibt es zwei Arten von Abtastern, Sensorstifte und Tasten-Sensoren. Die Sensorstifte, auch kurz Pen oder Stylos genannt, sind in Größe und Form üblichen Schreibgeräten nachempfunden. Sie haben oft zum Markieren eine Kugelschreibermine als Spitze. Diese Sensorstifte sind mit einem Kabel an die Steuerelektronik angeschlossen. Sensorstifte sind einfach in der Handhabung. Hauptanwendungen sind Fadenkreuzsteuerung des graphischen Bildschirmes sowie Menü-Digitalisierung. Zur Auslösung des Meßvorgangs haben die Sensorstifte einen Drucktaster, der beim Aufsetzen der Meßspitze betätigt wird. Es gibt Sonderversionen, bei denen zusätzliche Sensorik für z. B. Andruck oder Neigung eingebaut ist. Die daraus gewonnenen Informationen können vom angeschlossenen Computer vielfältig genutzt werden.

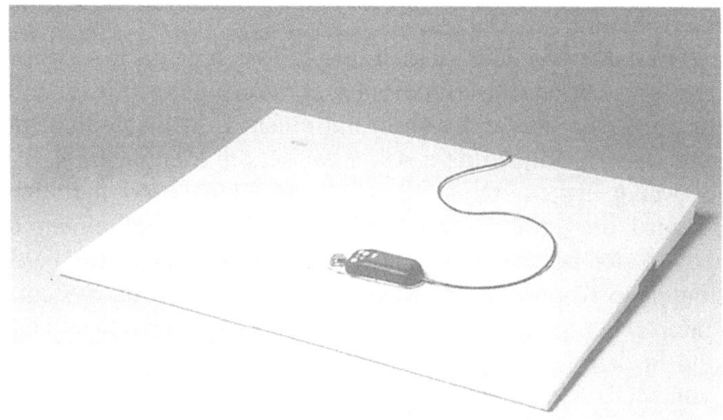

Abb. 1. Digitizer-Tabletts

Abb. 2. Ergonomisch gestalteter Digitizer-Arbeitsplatz

Abb. 3. Unterschiedliche Ausführungen von Abtastelementen

Tasten-Sensoren sind die Abtasteinheiten für das genaue Punktaufnehmen. Sie haben zur Orientierung ein Fadenkreuz und in vielen Fällen eine zusätzliche Lupe zur genauen Erkennung von Details.

Eine Zusatztastatur von 2 bis zu mehr als 25 Tasten, je nach Ausführung, steht zum Schalten von Anwendungsfunktionen zur Verfügung. Sie ersetzt oft eine Systemtastatur, und der Anwender kann mit einem Eingabemedium den Ablauf des Programms steuern. Eine andere Arbeitsweise, die Menütechnik, benötigt nur Sensoren mit wenig Tasten. Diese Sensoren sind klein und handlich. Bei der Menütechnik wird der größte Teil der Funktionstasten auf einem definierten Bereich innerhalb der Meßfläche des Tabletts durch bezeichnete Felder ersetzt. Eine aufgenommene Koordinate eines solchen Feldes wird im System als Funktionsaufruf interpretiert. Zur Unterstützung des Dialogs zwischen Digitizer und Computer sind in den Sensoren oft optische Anzeigen integriert. Sie werden zur Quittierung von Meßzyklen oder Datenübergaben benutzt.

2.3. Elektronik

Die Meßelektronik eines Digitizers steuert und überwacht den Meßvorgang, wertet die Sensorsignale aus und errechnet die gemessenen Koordinaten. Die Meßwerte werden zu Datensätzen zusammengestellt und in einem vorher festgelegten Format zum Computer übertragen. Moderne Digitizer haben Mikroprozessoren als zentrale Funktionseinheiten. Damit ist es möglich, eine gewisse „lokale Intelligenz" im Digitizer zu installieren. Leistungsmerkmale sind Betriebsarten, Meßraten, Funktionsumfang, Schnittstellenunterstützung.

Betriebsarten sind punktweises Digitalisieren (Key-mode) und kontinuierliches Digitalisieren (Stream-mode). Im Punktmodus wird jeweils durch Tastenbetätigung ein Meßzyklus ausgelöst und die gemessene Koordinate übertragen. Im Stream-mode werden kontinuierliche Punkte gemessen und die Koordinaten je nach gewählter Funktion sofort ausgegeben, oder aber vorher noch vorverarbeitet.

Die Betriebsarten können entweder über die Schnittstelle vom Computerprogramm geschaltet werden oder direkt durch Tasten am Digitizer oder dem Sensor.

Eine weitere Betriebsart, der Anforderungsmodus (Host-request-mode), kann sowohl für punktweises wie für kontinuierliches Digitalisieren gewählt werden. Bei diesem Modus wird jeder Meßzyklus vom Computer angefordert.

Ein weiteres Merkmal der Elektronik ist die Meßrate. Typische Meßraten sind 100 bis 200 x- und y-Koordinaten pro Sekunde. Diese Rate bestimmt zusammen mit dem digitalen Auflösungsvermögen des Meßprinzips die erforderliche Geschwindigkeit des steuernden Mikroprozessors.

Der angebotene Funktionsumfang ist oft sehr umfangreich. Es können Koordinatenausgaben in verschiedenen Zahlen- und Datensatzformaten gewählt werden. Beispiele sind mm oder inch, Codierung oder Werte hexadezimal, binär oder nach ASCII, mit oder ohne Kommastelle. Die Datensätze können unterschiedlich zusammengestellt werden, z. B. die Reihenfolgen und die Anzahl der Stellen von x- und y-Koordinaten und Tasteninformationen. Trennzeichen zwischen zusammengehörigen Zahlengruppen, sowie Datensatzanfangs und -endkennungen können oft frei gewählt werden. Zur Entlastung des angeschlossenen Computers steht manchmal eine Anzahl datenoptimierender Funktionen zur Auswahl. Diese Funktionen werden im Stream-mode zur Reduzierung der gemessenen Koordinaten auf die tatsächlich benötigte Anzahl benutzt. Typische Funktionen sind Ausgabe in definierten x- und y-Inkrementen, Ausgabe in vorgegebenen Distanzwerten (Vektoren), Ausgabe nur bei Überschreiten eines bestimmten Toleranzbandes um die Verbindungslinie zwischen die letzten gemessenen Werte.

Die Digitizerelektronik ist bei heutigen modernen Geräten überwiegend über eine serielle Schnittstelle an den Computer angeschlossen. Als Schnittstellennorm gelten hier im allgemeinen die elektrischen Bedingungen der asynchronen Schnittstellen nach CCITT V. 24 bzw EIA RS 232 C. Der volle Umfang dieser Normen zur Steuerung von Modems ist nicht erforderlich. Über zwei oder drei der genormten Modemleitungen können meist Hardwareprotokolle geschaltet werden. Üblich ist es auch, den asynchronen Datenaustausch über ein Softwareprotokoll zu steuern.

3. Meßverfahren

Vollelektronisch arbeitende Digitizer funktionieren heute überwiegend mit induktiver Kopplung zwischen Meßgitter und Sensorspule. Andere Prinzipien wie Magnetostriktion sowie kapazitive Verfahren haben nur noch eine geringere Bedeutung. Vereinzelt werden für Spezialanwendungen auch drucksensitive Widerstandsflächen eingesetzt.

3.1. Induktive Meßverfahren

Diese Verfahren basieren auf dem Transformatorprinzip. Es kann dabei, je nach Ausführung, entweder das Meßgitter oder die Sensorspule als „Primärwicklung" bzw. sendender Teil benutzt werden. Man unterscheidet weiter sogenannte Einraster- oder Zweirasterverfahren. Die eingespeiste Signalform kann je nach Ausführung stark variieren. Um eine absolute Messung zu realisieren, ist es erforderlich, in jedem Meßzyklus eine komplette Koordinatenmessung durchzuführen. Das erfordert, daß in einer ersten, groben Messung der Bereich ermittelt wird, in dem der Sensor liegt. Eine weitere, sogenannte Feinmessung ermöglicht dann die Feststellung der genauen Lage der Meßspule im Sensor. Meßauflösungen bis zu 0,01 mm sind möglich, 0,0254 mm sind der heutige Standard. Da die Leiter des Meßgitters in sehr viel gröberen Abständen angeordnet sind, kann diese hohe Auflösung nur durch spezielle Interpolationsverfahren erreicht werden. Man macht sich dabei zunutze, daß die Kopplung zwischen Meßgitter und Sensorspule im Bereich der Spulendrähte am größten ist und zur Spulenmitte hin sowie von der Spule weg abnimmt. Ein kompletter Meßzyklus besteht fast immer aus der Grobbestimmung der x-Richtung, der Feininterpolation x-Richtung, Grobbestimmung der y-Richtung, Feininterpolation y-Richtung. Ein Meßzyklus ist üblicherweise in 5–10 ms abgeschlossen. Die Meßgitter haben bei allen Verfahren unterschiedliche geometrische Anordnungen. Gemeinsam für alle Verfahren ist jedoch die präzise Lage der einzelnen Leiter sowie die exakte Rechtwinkligkeit von x- und y-Raster.

3.2. Magnetostriktion

Bei diesem Verfahren sind die Leiter des Meßgitters aus besonderem ferromagnetischem Material. Dieses Material verformt sich mechanisch, wenn es einem Magnetfeld ausgesetzt ist. Alle Leiter des Meßgitters werden vormagnetisiert. Speist man am Anfang eines solchen Leiters über eine Sendespule einen Magnetisierimpuls ein, so läuft die daraus resultierende Verformungswelle mit konstanter Geschwindigkeit durch den Draht. Die mechanische Verformung ändert die Permeabilität und damit eine zeitliche Änderung des magnetischen Flusses. Diese Magnetfeldänderung induziert in der Empfangsspule des Abtastsensors eine Spannung. Die gemessene Laufzeit zwischen Sendeimpuls und empfangener Spannung wird dann zur Ortsbestimmung verwendet. Mit diesem Verfahren sind Meßauflösungen von 0,1 mm realisiert worden.

3.3. Kapazitive Verfahren

Bei kapazitiv arbeitenden Digitizern bilden die einzelnen Leiter des Meßgitters und die Abtastspitze des Sensorstiftes einen Kondensator. Die einzelnen Leiter des Meßgitters werden zyklisch nacheinander an Spannung gelegt und wieder abgeschaltet. Diese Spannungsänderungen werden im Sensor aufgenommen und weiterverarbeitet. Auch hier kommen Grob- und Feinmessungen zur Anwendung. Es werden Auflösungen von 0,025 mm erreicht.

4. Zusammenfassung

Heutige moderne Digitizer als Eingabegeräte für graphische Systeme sind in drei Bauformen zu klassifizieren, als Auftischtabletts, Digitalisierarbeitsplätze oder große Standfußgeräte. Sie arbeiten überwiegend induktiv und messen absolut, d.h., jeder Meßzyklus erzeugt einen vollständigen Koordinatenwert für die augenblickliche Lage des Abtastsensors.

In naher Zukunft werden sich diese Geräte mehr den gestiegenen Ansprüchen an die Benutzerführung von Anwendungsprogrammen verschiedenster Art anpassen. Das betrifft besonders die Sensorik sowie eine verbesserte Ergonomie.

Gerätetechnisch sind auch für den Digitizer alle modernen Techniken wie „Sandwich"-Bauweise des Tabletts, anwendungsspezifische integrierte Schaltungen, höchstintegrierte „Single-Chip-Prozessoren" und SMD-Technik der elektronischen Komponenten anwendbar. Der Einsatz all dieser Mittel wird die Digitizer in Zukunft leistungsfähiger und preiswerter machen.

Was sind Plotter und wofür werden sie gebraucht?

G. Gerulat

1. Einleitung

Immer häufiger finden wir heute neben einem traditionellen Reißbrett auch einen Computer. Und anstelle des Zeichners, der mit Tusche manuell eine Zeichnung erstellt, tritt der Plot-Stift für maschinell erzeugte Graphiken mit sogenannten „numerisch gesteuerten" Zeichenmaschinen, auch kurz Plotter genannt.

Wie so viele Wörter der Computersprache kommt auch dieser Begriff aus dem angelsächsischen Sprachraum. So bedeutet plotten, daß beispielsweise im Rechner abgespeicherte Informationen über geeignete Ausgabegeräte auf Papier oder auf Folie als Zeichnung oder Graphik dargestellt werden. Das Wort Plotter ist also ein Sammelbegriff für alle Arten numerisch gesteuerter Zeichenmaschinen.

Eine Spitzenposition unter diesen Graphikausgabegeräten halten seit Jahren schon die elektromechanischen Plotter. Sie können nicht nur mit Tusche, Tintenschreiber oder Gasdruckmine zeichnen, sondern einige von ihnen sogar ritzen, gravieren, schneiden, lichtzeichnen oder fräsen.

Die vielfältige Anwendung derartiger Universalgeräte erweitert die Einsatzmöglichkeiten in der Industrie enorm. Längst werden solche Geräte nicht mehr nur als reine Zeichenmaschinen verwendet, wie etwa für die Ausgabe von technischen Darstellungen oder in der Kartographie, sondern auch in der Werbung. Beispielsweise lassen sich damit großflächige Schriftzüge aus Folien schneiden. Im graphischen Gewerbe wiederum können damit zeitsparend komplizierte Abdeckfilme geschnitten werden. Und mit dem Fotoplotter, einer verhältnismäßig noch jungen Anwendung, entstehen hochpräzise Masken und Ätzvorlagen sowie Vorlagen für gedruckte Leiterplatten oder Hybridschaltungen in der Mikroelektronik. Insgesamt entwickelte sich der Plottermarkt weltweit in den letzten Jahren mit einem durchschnittlichen Zuwachs von rund 20-25 Prozent jährlich.

2. Historische Entwicklung der Plotter

Die ersten elektromechanischen Graphikplotter kamen bereits 1959 auf den Markt. Hersteller waren die amerikanischen Firmen CalComp (California Computerproducts) und Benson, die beide den ersten digitalen, sogenannten Trommelplotter entwickelten (Abb. 1).

Im gleichen Jahr baute auch der bekannte deutsche Computer-Pionier Professor Dr. Konrad Zuse im Auftrag der Flurbereinigungsbehörden Wiesbaden ein sehr genau arbeitendes Gerät. Das Modell Zuse Z60 konnte jedoch nur Punkte stechen. Kurz darauf folgte der Graphomat Z64, ein numerisch gesteuerter Zeichentisch, der lebhaften Zuspruch bei den Geodäten und Vermessungsämtern fand (Abb. 2).

Ebenfalls 1959 begann der deutsche Hersteller ARISTO, seine Koordinatographen zu automatisieren. Der mit Abmessungen von bis zu 2 m mal 2,60 m große Flachbettplotter war als Durchleuchtungstisch ausgeführt und die Steuerung der Firma Dr. Perthen aus Hannover ließ bereits eine Auflösung von $+/-0,025$ mm zu, bei einer Genauigkeit von $+/-0,05$ mm. Die Zeichengeschwindigkeit betrug allerdings nur maximal 8,5 cm in der Sekunde.

Bereits ein Jahr später baute ARISTO die erste Bahnsteuerung in seine Zeichentische ein, ein Steuersystem von Essi-Kongsberg (Abb. 3). Der erste automatische Zeichentisch dieser Art (noch heute gültiger Markenname: ARISTOMAT) ging an die Howaldts-Werke, Deutsche Werft AG nach Kiel. Auf dem Gerät wurden Spantenrisse für die Schiffsaussenhaut gezeichnet.

In den Folgejahren entwickeln auch Hersteller wie CalComp, Versatec, Benson oder Houston Instruments, Hewlett Packard, Siemens oder Canon die unterschiedlichsten technologischen Ausführungen und Zeichentechniken, vom Zeichnen mit Tusche oder Licht bis hin zum Gravieren. Im einzelnen wird auf diese Techniken an späterer Stelle noch genauer eingegangen.

Auffällig bei Plottern ist die zum Teil recht unterschiedliche Bauform. Sie wird in erster Linie von der Anwendung bestimmt. Flachbettplotter beispielsweise benötigen zwar eine große Stellfläche, können dafür aber auch auf festen oder wenig flexiblen Unterlagen zeichnen oder mit speziellen Werkzeugen sogar schneiden, fräsen und gravieren. So etwa Kunststoffplatten, Holz, Kartonagen,

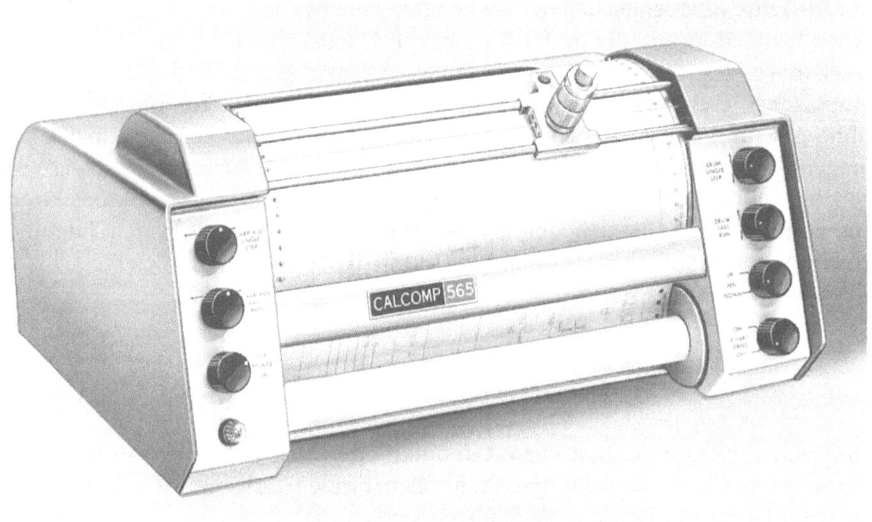

Abb. 1. Plotter CalComp 565 (Werkfoto: Calcomp)

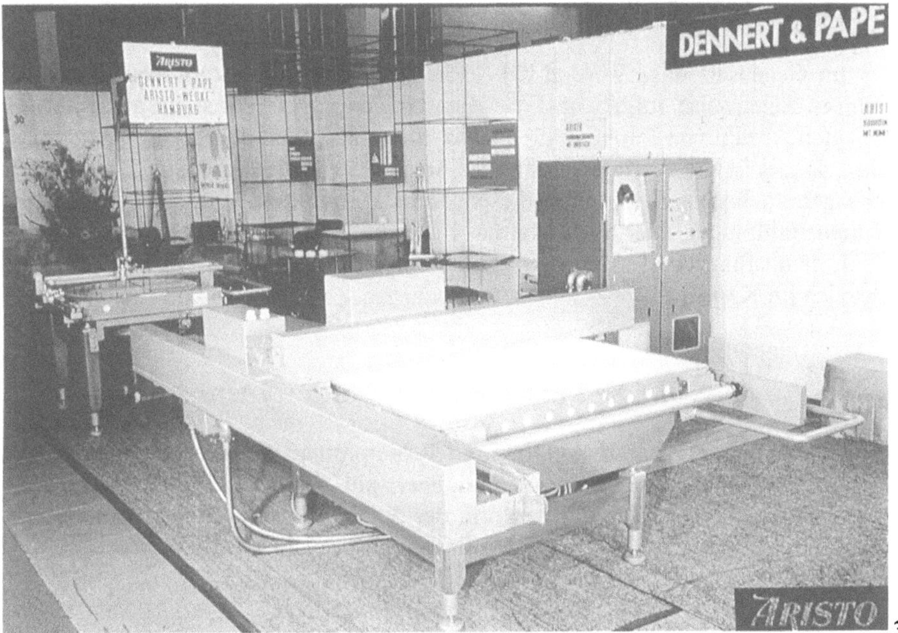

Abb. 2. Plotter Zuse Z 64 (Werkfoto: Zuse)

Abb. 3. Plotter Aristomat mit Essi-Steuerung (Werkfoto: ARISTO)

Leder, Metall oder Glas. Ebenfalls überwiegend als Flachbett gebaut sind Fotoplotter. Mit ihnen werden Masken für die Herstellung von Leiterplatten oder von
integrierten Schaltkreisen auf Glas oder direkt auf Fotoresist belichtet. Solche
besonders präzisen Arbeiten verlangen daher Plotter mit extrem hoher mechanischer Steifigkeit und Meßgenauigkeit, wie sie nur Flachbettplotter erreichen.
Demgegenüber werden die Trommelplotter fast nur zum Zeichnen eingesetzt.

3. Die zwei verschiedenen Plottertechnologien: Vektorplotter / Rasterplotter

Alle graphischen Ausgabegeräte arbeiten nach einem von zwei sich grundsätzlich unterscheidenden Prinzipien: der Vektor- oder Raster-Technik. Dies gilt für alle Arten von graphischen Computer-Ausgabegeräten, wobei sich vereinfacht sagen läßt: mechanische Plotter arbeiten nach dem Vektorprinzip, elektrostatische Plotter nach dem Rasterprinzip.

Zum besseren Verständnis soll an dieser Stelle bereits kurz auf die zwei verschiedenen Techniken eingegangen werden.

Beim Vektorverfahren wird das Zeichenwerkzeug durch gleichzeitiges Ansteuern der X- und Y-Achse entsprechend den Vektoren auf der vorgegebenen Bahn bewegt. Wegen ihrer hohen Genauigkeit werden Vektorplotter selbst für großformatige Zeichnungen von DIN A0 und größer als Ausgabegeräte eingesetzt, etwa in der CAD-Anwendung. Kleinere Plotter im Format DIN A4 oder A3 finden hauptsächlich für die Präsentations- oder sogenannte Business-Graphik Verwendung.

Im Gegensatz dazu werden beim Rasterverfahren die Graphiken und Zeichnungen zeilenweise aufgebaut. Eine Rasterzeichnung besteht somit aus einer festgelegten Anzahl von Punkten, die matrizenartig in Zeilen und Spalten angeordnet sind. Dabei ist die Auflösung von der Anzahl der Zeilen und Spalten abhängig. Die gebräuchlichsten Vertreter dieser Technik sind elektrostatische Plotter und Tintenstrahlplotter, aber auch Matrix-, Laser- und Thermodrucker.

Eine ausführliche Erklärung über die beiden unterschiedlichen Verfahren findet sich im Kapitel 8.

4. Die verschiedenen Plottertypen

Außer der Einteilung nach Vektor- und Rasterplotter, die diese Geräte nach der Art unterscheiden, in der die Zeichnungen auf den Träger, wie etwa Papier, gebracht werden, teilt sich die Bauform der Plotter in zwei technisch verschiedene Ausführungen: in Flachbett- und Trommelbauweise (Abb. 4).

4.1. Flachbettplotter

Die älteste Bauweise ist dabei der Tischplotter, auch Flachbettplotter genannt. Der Zeichnungsträger, also das Papier oder die Folie, liegen plan auf einer Tischfläche auf, während der Zeichenstift in X- und Y-Richtung durch voneinander unabhängige Antriebsmotoren darüber hinweg bewegt wird. Eine andere, jedoch wenig verbreitete Variante, ist die sogenannte Portalbauweise. Hier fährt der Werkzeugschlitten (Portal) auf einer festen Schiene in einer Achse, während der ebenfalls beweglich angeordnete Tisch die Bewegung der zweiten Achse ausführt. Die Überlagerung aus beiden Bewegungen bringt schließlich die Linie auf das Papier (Abb. 5).

Doch sehen wir uns den Flachbettplotter etwas genauer an: Für die Bewegung des Schreibwerkzeugs in die entsprechende Richtung sorgen beispielsweise zwei

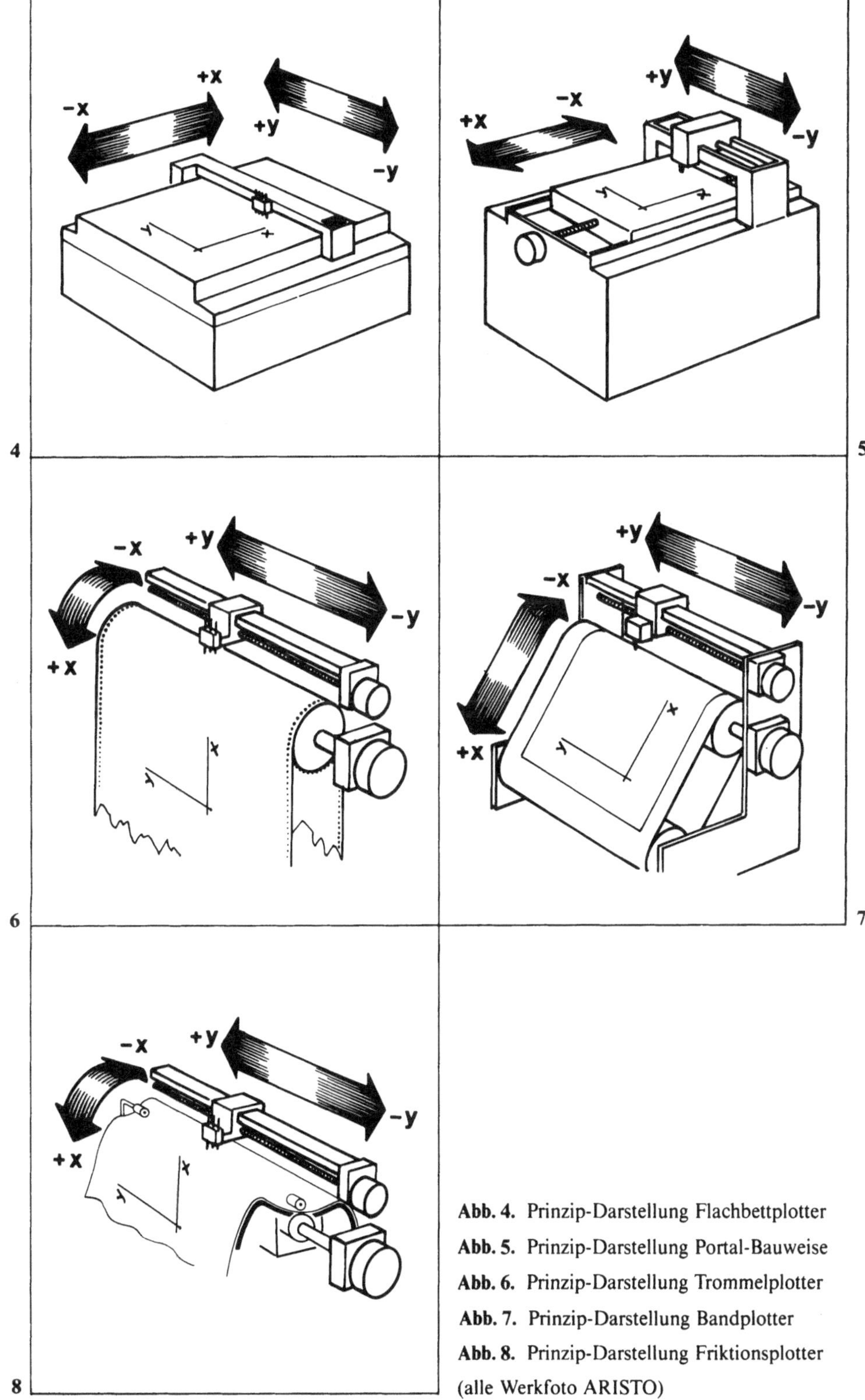

Abb. 4. Prinzip-Darstellung Flachbettplotter

Abb. 5. Prinzip-Darstellung Portal-Bauweise

Abb. 6. Prinzip-Darstellung Trommelplotter

Abb. 7. Prinzip-Darstellung Bandplotter

Abb. 8. Prinzip-Darstellung Friktionsplotter

(alle Werkfoto ARISTO)

Gleichstrommotore, die als Servoantrieb ausgebildet sind. Inkrementale Drehgeber sorgen durch Rückmeldung der aktuellen Stiftposition für zum Teil sehr hohe Genauigkeit von 0,025 mm. In winzigen Schritten zeichnet der Stift eine Serie kleiner Liniensegmente, um beispielsweise Kreise, Ellipsen oder Schriften darzustellen. Im allgemeinen sind diese Inkrementalschritte so klein, daß mit dem Auge eine glatte Kurve gesehen wird.

Der Zeichnungsträger wird bei kleineren oder mittleren Tischmodellen entweder mit Klebeband oder dünnen magnetischen Haftstreifen festgehalten. Etwas aufwendiger ist eine elektrostatische Papierhalterung. Bei großen Präzisions-Zeichentischen von mehreren Quadratmetern Ausdehnung werden Vakuumflächen verwendet, wodurch eine absolut ebene Auflage ohne Falten- oder Wellenbildung entsteht.

4.2. Trommelplotter

Der Trommelplotter ist in seinen Abmessungen erheblich kompakter gebaut . Dies um so mehr, je großformatiger die Zeichnungen werden. Denn im Gegensatz zur Flachbett-Ausführung, bei der das volle Zeichenformat die Gerätegröße bestimmt, läuft beim Trommelplotter das Zeichenpapier über eine Walze, die gleichzeitig als Zeichenunterlage dient. Dabei hängt das Endlospapier entweder frei herunter oder wird über entsprechende Rollen ab- und wieder aufgewickelt. Trommelplotter erreichen damit relativ schmale Abmessungen und sind als Stand- oder Tischgerät ausgeführt (Abb. 6).

Wegen der fehlenden Meß- und Steuerungsmöglichkeiten waren die ersten Trommelplotter verhältnismäßig ungenau und wurden daher auch nur für Graphiken eingesetzt, bei denen kein Anspruch auf exakte Ergebnisse bestand. Doch moderne Elektronik hat zwischenzeitlich auch hier Auflösungen von weniger als 0,05 mm erreicht. Allerdings bestimmt die Wiederholgenauigkeit in hohem Maße die Qualität der Zeichnung. Für schlupffreie Mitnahme sorgen Lochreihen am Rand des Zeichenpapiers und entsprechende Stiftkränze an den Trommelenden. Nichtperforiertes Zeichenpapier kann mit dem sogenannten Friktionsantrieb verwendet werden.

4.3. Flachbandplotter (Beltdrive-Plotter)

Flachbandplotter lassen sich als eine Art doppelter Trommelplotter charakterisieren. Beide Trommeln umspannt, ähnlich einem Förderband, ein breites Endlos-Kunststoffband als Unterlage für den Zeichnungsträger. Beltdrive-Plotter können somit auch als eine Kombination aus Flachbett- und Trommelplotter angesehen werden. Zweite Bewegungsachse ist dabei das vor- und zurücklaufende Endlosband, auf dem das in Größe und Format frei wählbare Zeichenpapier mit Klebestreifen befestigt ist. Die insgesamt mögliche Arbeitsfläche ergibt sich aus Umfang und Breite des Kunststoffbandes. Formate bis DIN A0 und länger sind möglich. Je nach Ausführung liegt die Zeichengenauigkeit bei 0,2 mm. Wie die Trommelplotter sind auch die Flachband-Geräte kompakt und benötigen aufgrund ihrer Bauweise wenig Platz (Abb. 7).

4.4. Friktionsplotter (Microgrip-Plotter)

Auch Friktionsplotter sind kompakte Geräte. Rein äußerlich sehen sie den Trommelplottern sehr ähnlich. Der Unterschied liegt in der Art, wie der Zeichnungsträger (Papier) unter dem Zeichenstift transportiert wird. Während beim Trommelplotter die Stifte einer Walze über den gelochten Papierrand die Zeichnung bewegen, läuft beim Friktionsplotter die Papierbahn zwischen je zwei links und rechts angeordneten Rollenpaaren. Eine davon ist jeweils aus Gummi, während die andere mit feinem Quarzsand beschichtet ist. Zwischen diesem Walzensystem wird das Papier eingeklemmt, wobei sich die Quarzsplitter als mikroskopisch feine Vertiefungen in die Rückseite am Zeichnungsrand eindrücken. Wie eine Verzahnung greifen die Spitzen beim Vor- und Rücktransport des Papiers immer wieder in die Eindruckstellen und bewirken somit einen schlupffreien Antrieb. Friktionsplotter können auf diese Weise sowohl Einzelblatt als auch Rollenmaterial ohne Randlochung bis zum Format DIN A0 verarbeiten. Die Zeichengenauigkeit beträgt etwa 0,1 mm (Abb. 8).

5. Plotter für verschiedene Anwendungen

Auf den beiden Konstruktionsprinzipien von Flachbett und Trommel basieren heute eine ganze Reihe Plotter für die verschiedensten Anwendungen. Denn längst sind Tuschkegel oder Kugelschreiber zum bloßen Zeichnen nicht mehr die einzigen Werkzeuge bei Plottern. Die Flachbett-Bauweise ist dabei die zumeist universellere von beiden, denn die ebene Bauform eignet sich für die unterschiedlichen Materialien und somit Bearbeitungsverfahren am besten.

5.1. Folienschneidplotter

Speziell für graphische Betriebe sind in den letzten Jahren Geräte in Flachbett- und Trommelausführung entstanden, mit denen aus Klebefolien beispielsweise in der Innen- und Außenwerbung Schriftzüge oder Signets geschnitten werden können. Solche Plotter haben Genauigkeiten von etwa 0,1 mm bis 0,05 mm und erreichen Geschwindigkeiten zwischen 10 und 50 cm in der Sekunde. Die Formate reichen bis 2 × DIN A0 (Abb. 9).

Auch in der Reprographie sind Plotter heute keine Seltenheit mehr. Statt manuell lassen sich mit solchen Geräten besonders präzise Abdeckfolien und Masken schneiden mit einer Präzision von 0,03 mm und genauer. Hier erreichen die Abmessungen Formate bis DIN A1 (Abb. 10).

5.2. Schichtgravierplotter

Vergleichbar mit den Folienschneidplottern sind die Maschinen zum Schichtgravieren. Und wie schon der Name ausdrückt, dienen diese Plotter, ausgestattet mit entsprechenden Werkzeugen, zum Bearbeiten von Unterlagen. Beispielsweise für Schichtgravur-Folien in der Kartographie oder für Ätzvorlagen und Stempel. Oder für Glas, Kunststoffe und Buntmetalle. Auch lassen sich anstelle der Gravurwerk-zeuge hochtourige Fräser einsetzen. Entsprechend Werkzeug und Anforderung an die Aufgabe liegt die Maßhaltigkeit zwischen 0,1 und 0,03 mm bei Formaten bis DIN A0 (Abb. 11).

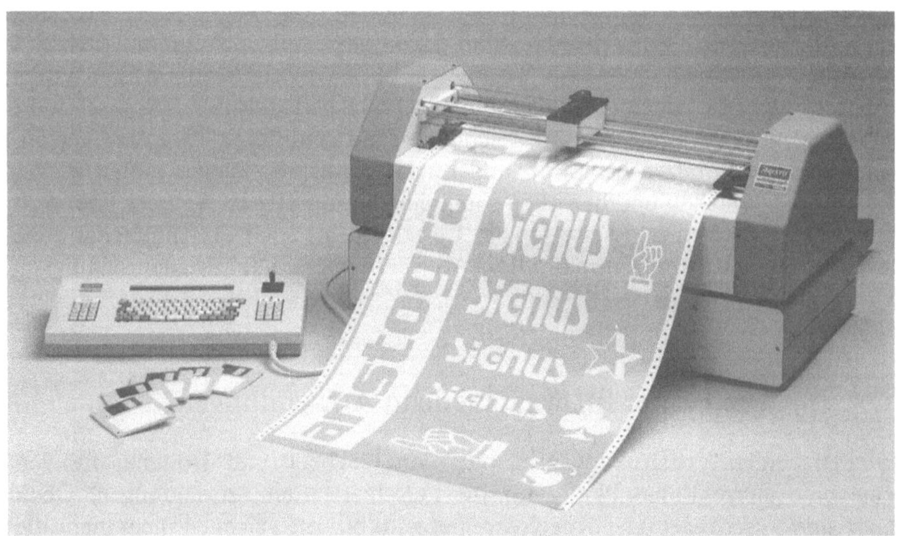

Abb. 9. Schneideplotter ARISTOGRAPHSO – Schneiden von Schriften und Signets
(Werkfoto: ARISTO)

Abb. 10. Flachbettplotter ARISTOMAT 204
– Schneiden von hochpräzisen Masken
(Werkfoto: ARISTO)

Abb. 11. Flachbettplotter ARISTOMAT 204
– Schichtgravur von kartographischen
Vorlagen (Werkfoto: ARISTO)

5.3. Großformatige Schneid- und Frästische

Je nach Anwendung werden natürlich auch Sondergrößen solcher Schneid- und Fräsplotter gebaut. Bei Abmessungen von annähernd 2 m Breite und einer Arbeitslänge von 9 m beträgt die Genauigkeit solcher Präszisionstische immerhin noch 0,06 mm. Maximale Arbeitsgeschwindigkeit: bis zu 1 m in der Sekunde (Abb. 12).

5.4. Laserschneidmaschinen

Die wirtschaftliche Nutzung der Flachbettplotter als Produktionsmaschine erhält durch die Lasertechnik eine neue Dimension. Vor allem die Miniaturisierung leistungsfähiger und kompakter Laserköpfe schaffen die Voraussetzung, diese Technik für zukünftige Werkzeuge an Flachbettplottern einzusetzen. Seine besonderen Eigenschaften machen den Laser zu einem überlegenen Werkzeug, der mit großer Genauigkeit an einem gleichfalls hochpräzisen Werkzeugträger Metall, Kunststoff, Glas oder Holz bearbeitet. Zu den Vorteilen des Lasers gehören unter anderem hohe Schnittgeschwindigkeit, saubere Schnittkanten bei nur geringer Erwärmung, schmale Schnittfugen und keine Schneidkräfte. Die Vielfalt der Anwendungen hat jedoch erst ihren Anfang genommen und ist daher in starkem Fluß. Geschwindigkeiten bis 10 m in der Sekunde sind je nach Material möglich (Abb. 13).

5.5. Wasserstrahlplotter

Mit einem sehr dünnen Hochdruckwasserstrahl von 0,1 bis 0,3 mm Durchmesser als Schneidwerkzeug arbeiten Wasserstrahlplotter. Dazu wird das Wasser unter einen Druck von 3000 bis 4000 bar gesetzt und über eine Saphirdüse entspannt. Das Verfahren wird erfolgreich eingesetzt zum Trennen von Textilien, Filz, Gummi, Leder, Kartonagen, Schichtholz, Glasfaserverstärkte Kunststoffe (GFK) und Kohlefaserverstärkte Kunststoffe (KFK) sowie dünne Keramik. Auch Wasserstrahlplotter sind als Flachbett ausgeführt (Abb. 14).

5.6. Tintenstrahlplotter (Inkjetplotter)

Plotter nach dem Tintenstrahl-Prinzip (Inkjet) werden sowohl in Flachbett- als auch Trommelausführung in Größen von DIN A4 bis DIN A1 gebaut. Das Ansteuerprinzip geschieht nach dem Rasterverfahren, die Funktionsweise entspricht der von üblichen Tintenstrahldruckern. Wie bei den Druckern werden auch bei den Plottern zwei Techniken unterschieden: „Drop-on-demand-jet" und „continous jet". Im ersten Fall erzeugt der Tintenstrahlplotter die Tropfen erst bei entsprechenden Zeichenbefehlen (on demand) über einen Druckgeber. Das kann beispielsweise ein piezoelektrischer Schwingkristall am Ende des Düsenkanals sein. Dagegen wird beim Prinzip des „continous jet" ein andauernder und gleichbleibender Druck im Tintenbehälter erzeugt. Unabhängig davon, ob gerade ein Stück Linie gezeichnet wird oder nicht, verläßt ständig ein Strahl von elektrosta-

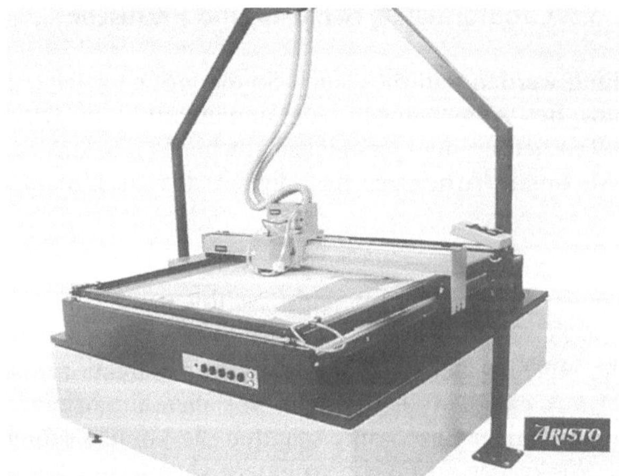

Abb. 12. Fräsplotter ARISTOMAT 216 – Fräsen von Pappschablonen in
der Bekleidungsindustrie (Werkfoto: ARISTO)

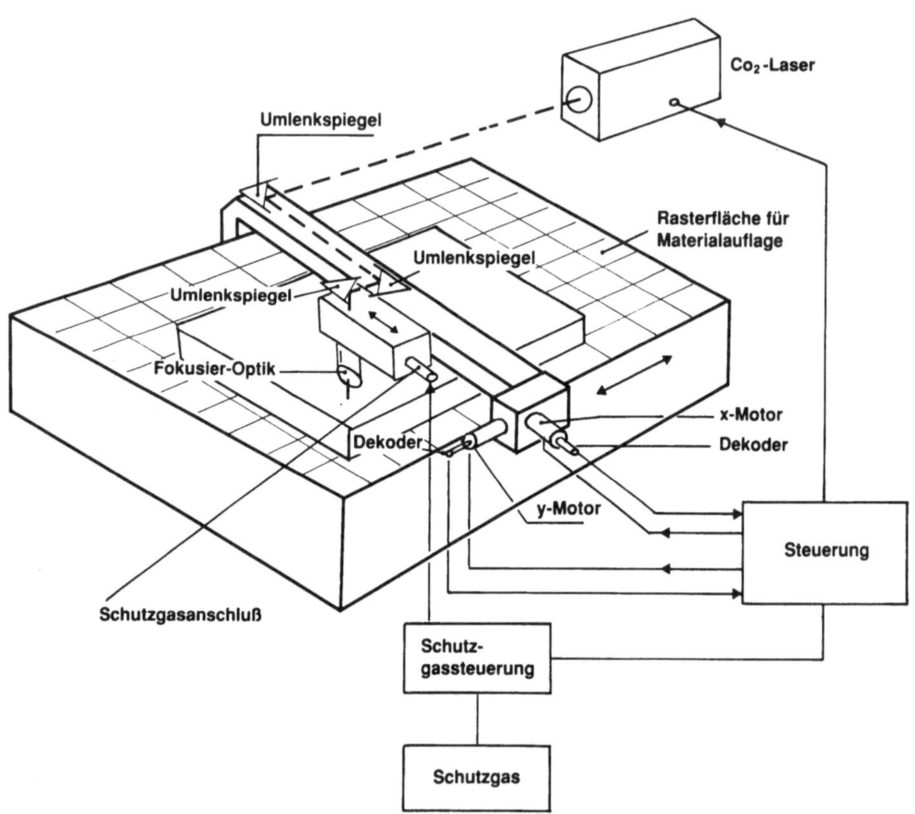

Abb. 13. Prinzip-Darstellung Laser-Schneidplotter (Werkfoto: ARISTO)

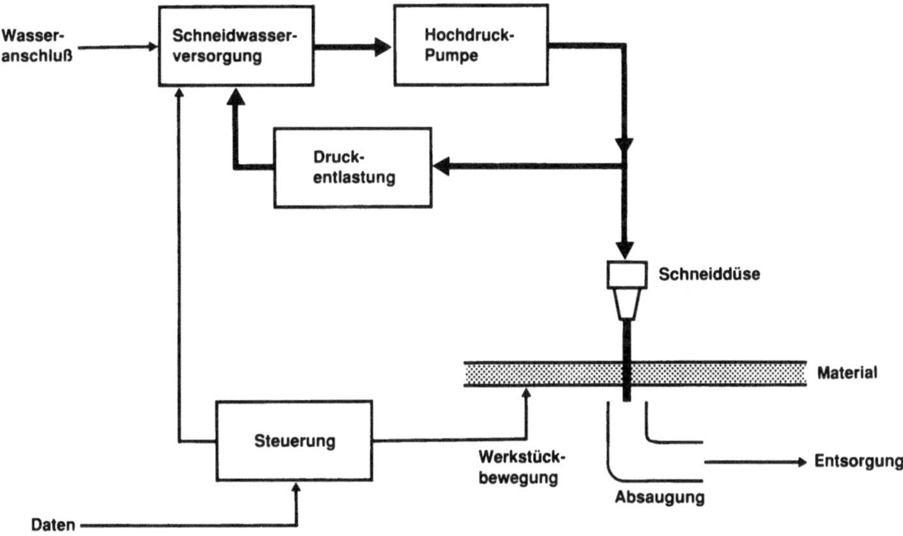

Abb. 14. Prinzip-Darstellung Wasserstrahl-Schneidplotter (Werkfoto: ARISTO)

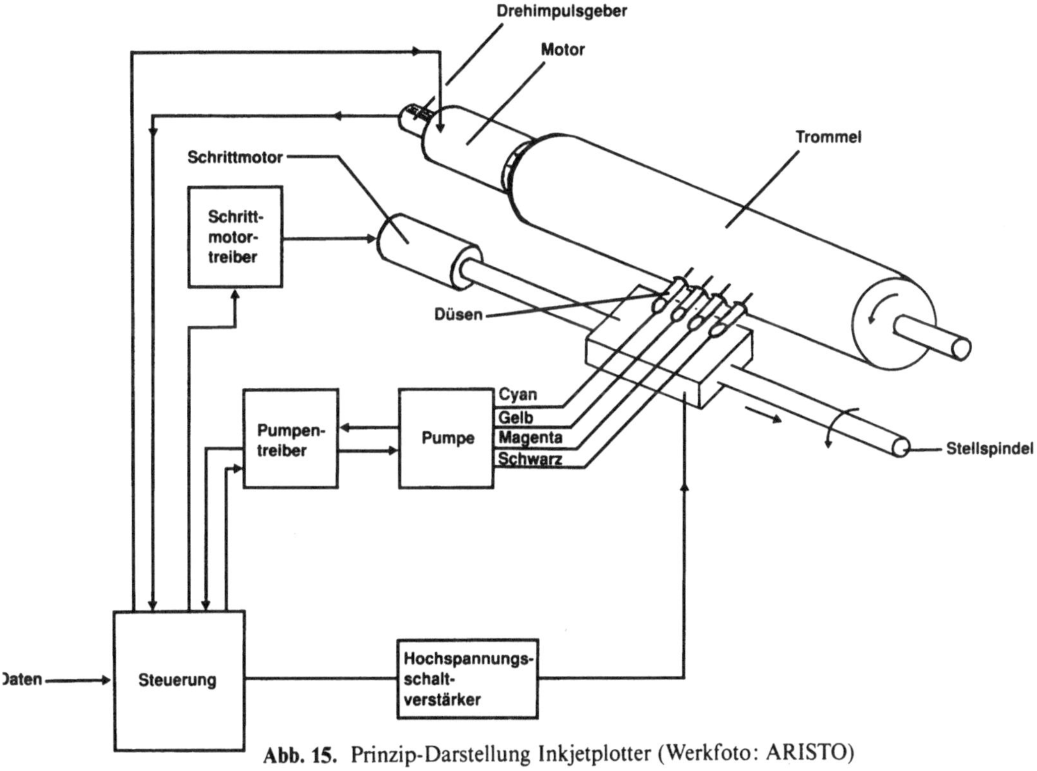

Abb. 15. Prinzip-Darstellung Inkjetplotter (Werkfoto: ARISTO)

tisch aufgeladenen winzigen Tintentröpfchen mit einer Frequenz von etwa 100 kHz die Düse. Ablenkelektroden nach der Düse lassen die Tröpfchen entweder geradeaus auf den Zeichnungsträger passieren oder lenken sie in einen Auffangbehälter ab. So entstehen Linien mit einer Auflösung zwischen 5 bis 10 Punkten je mm.

Wegen der sehr feinen Düsenöffnungen handelt es sich bei den hier verwendeten Tinten um Flüssigkeiten hoher Reinheit. Beide Verfahren können darüber hinaus mit vier verschiedenen Farben arbeiten, wobei jeder Farbe (Schwarz, Magenta, Cyan, Gelb) eine Düse zugeordnet ist. So können durch Mischen der Tintentröpfchen auf dem Zeichnungsträger auch farbige Plots erzeugt werden, wodurch sich fotoähnliche Möglichkeiten in der Darstellung ergeben. Ein Vergleich mit dem Offset-Druck ist durchaus angebracht. Diese Technik erfordert Spezialpapier (Abb. 15).

5.7. Fotoplotter

Vergleichbar mit einer Kamera sind Fotoplotter, die ein in Raster- oder Vektordaten gespeichertes Bild schrittweise auf einen Film ablichten. Beim Fotoplotten ist Licht das Zeichenwerkzeug und ein fotosensitiv beschichtetes Material der Zeichnungsträger. Solche Fotoplotter gibt es sowohl in Flachbett- als auch Trommelbauweise. Verwendet werden diese in höchstem Maße präzise arbeitenden Geräte zum Herstellen von Filmmasken im Maßstab 1:1 für gedruckte Schaltungen bei der Leiterplattenfertigung oder für Masken integrierter Schaltungen der Halbleiterfertigung.

Abb. 16. Vektor-Fotoplotter ARISTOMAT 401 (Werkfoto: ARISTO)

Der hohen Anforderung wegen an die zu zeichnende Vorlage, der geforderten Kantenschärfe und des hohen Kontrastes sowie der Maßhaltigkeit des Zeichnungsträgers, sind Tuschezeichnungen als Vorlage in dieser Anwendung nicht geeignet. Der nach der Belichtung entstandene Fotoplot ist allerdings erst ein sogenanntes latentes Bild, was bedeutet, daß dem Plotten noch ein Entwicklungs- und Fixierprozeß folgen muß.

Bei Fotoplottern, die nach dem Rasterprinzip arbeiten, wird ein winziger punktförmiger Lichtfleck konstanter Größe und Helligkeit mit einer konstanten Blitzfrequenz zeilenweise über die Zeichenfläche geführt. Blitzfrequenz und Durchmesser des Lichtpunktes sind so aufeinander abgestimmt, daß sich benachbarte Lichtpunkte überlappen und auf diese Weise durchgehende Linien erzeugen. Die benötigte Zeit für einen solchen Fotoplot ist nur von der Zeichenfläche abhängig, nicht jedoch von der Komplexität der Zeichung selbst (Abb. 17).

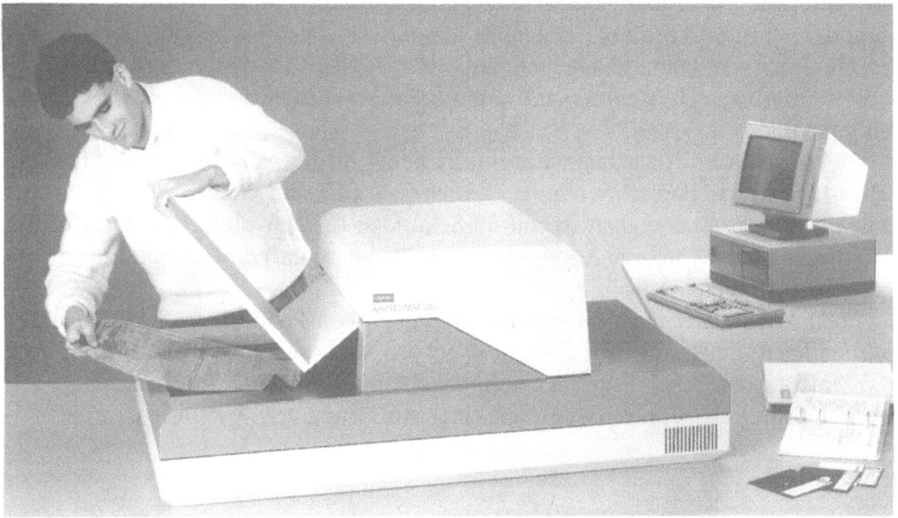

Abb. 17. Raster-Fotoplotter ARISTOMAT 510 (Werkfoto: ARISTO)

Fotoplotter nach dem Vektorprinzip arbeiten zusätzlich noch mit auswechselbaren sogenannten Objektträgern. Diese zumeist scheibenförmigen Objektträger enthalten Durchbrüche als Masken in Form verschiedener Symbole, etwa Kreise, Quadrate, Vielecke und Pads unterschiedlicher Größe für Leiterplatten-Layout. Je nach Darstellung auf dem Film, beispielsweise eines Lötauges oder einer dickeren Leiterbahn, dreht sich beispielsweise die Objektscheibe mit dem entsprechenden Symbol vor die Lichtquelle und belichtet den Film mit diesem Symbol. Damit eine gleichmäßige Filmschwärzung durch konstante Lichtmenge pro Fläche auch bei unterschiedlicher Bahngeschwindigkeit gegeben ist, wird die Helligkeit der Lichtquelle zusätzlich geregelt. Die erreichten Genauigkeiten liegen heute bei durchschnittlich 10 Mikrometer. Doch selbst Geräte bis 0,1 Mikrometer sind auf dem Markt.

5.8. Elektrostatische Plotter

Diese auch als Elektrostaten bezeichneten Geräte sind im Grunde genommen keine richtigen Plotter. Das Verfahren ähnelt mehr dem des Fotokopierers als dem des Stiftplotters, wobei das Papier von einer Rolle kommt. Diese Maschinen sind ideal, wenn Zeichnungen von besonders hoher Informationsdichte bis hin zu Flächenfüllungen anfallen und gleich mehrere graphische Arbeitsplätze auf eine häufig genutzte Ausgabeeinheit zugreifen sollen.

Das Ausgangsmaterial ist elektrostatisch sensitives Papier. An einer feststehenden Reihe von bis zu 600 feiner Schreibspitzen pro Zoll und einer gegenüberliegenden Elektrodenwalze wird eine Steuerspannung angelegt. Über die Schreibspitzen wird nun das Papier geführt und dabei entsprechend den Digitalsignalen des aufgerasterten Bildes die einzelnen Spitzen angesteuert. Das erzeugt auf dem Papier ein zunächst noch unsichtbares punktförmiges elektrisches Feld. Erst die anschließende Tonerflüssigkeit macht die Zeichnung sichtbar. Durch die Anordnung der Schreibspitzen in zwei gegeneinander versetzten Reihen überlappen sich die einzelnen Punkte und ergeben auf diese Weise unterbrechungsfreie Linen. Außer einfarbiger Darstellung sind auch mehrere Farben (je nach Toner) gleichzeitig möglich.

Elektrostatische Ausgabegeräte gibt es heute in den verschiedensten Breiten. Selbst für extreme Papierbreiten bis 72 Inch (180 cm) sind Geräte auf dem Markt. Die Ausgabegeschwindigkeit ist mit 30 Sekunden für eine einfarbige Darstellung im Format DIN A1 extrem hoch, wenn man bedenkt, daß die Informationsdichte dabei so gut wie keine Rolle spielt.

Elektrostaten erreichen nicht die Genauigkeit von Penplottern. Bei einer standardmäßigen Auflösung von 200 Punkten pro Inch bedeutet dies etwa 0,1 mm bzw. entsprechend die Hälfte bei doppelter Anzahl der Schreibspitzen. Dagegen arbeiten Stiftplotter üblicherweise mit einer Auflösung von 0,05 bis 0,01 mm.

6. Die wichtigsten Komponenten der Plotter

Entscheidenden Einfluß auf die Genauigkeit und damit die Qualität der Plotter haben so wichtige Komponenten wie Antriebe, Meßsysteme, Steuerungen und Übertragungsmittel für die Bewegung. Intelligenz, Schnittstellen und Datenformate wiederum bestimmen die Geschwindigkeit und die Art, wie Daten beispielsweise von einem graphischen CAD-System umgesetzt und übernommen werden.

6.1. Antriebe

Die einzelnen Achsbewegungen elektromechanischer Zeichenmaschinen übernehmen zwei in ihrem Wirkungsprinzip unterschiedliche Motorarten: entweder Gleichstrommotoren mit Servoantrieb oder Schrittmotoren.

Schrittmotoren bestehen aus mehreren Feldspulen und einem Permanentmagnetläufer. Der Motoranker bewegt sich jedesmal einen Schritt weiter, wenn das nächste Feldspulenpaar vom Steuerrechner einen neuen Impuls bekommt. Eine dem Motor vorgeschaltete Elektronik decodiert und verstärkt die Impulse, die die Steuerung aus den Daten des Eingabegerätes (Rechner, Magnetband) ableitet. Schrittmotoren können somit digitale Signale direkt verarbeiten und in inkrementale Bewegung des Zeichenwerkzeugs umsetzen. Eine Rückmeldung von der erreichten Position als Regelkreis ist nicht nötig (Open-Loop). Wegen des verhältnismäßig geringen Steuerungsaufwandes für solche Schrittmotoren, wird dieser Antrieb zumeist nur bei kleinformatigen Plottern verwendet.

Die meisten Hersteller nehmen hingegen für ihre Präzisionsplotter in Tischausführung Gleichstrommotoren. Dazu ist jedoch ein geschlossener Regelkreis erforderlich, auch als Servoantrieb bezeichnet. Über einen bespielsweise inkrementalen Drehgeber an der Welle des Motorankers wird der jeweilige Drehwinkel des Motors an den Regelkreis zurückgemeldet und dort mit dem von der Steuerung vorgegebenen Soll-Wert verglichen. Das Differenzsignal wird dann dem Motor als Stellgröße zugeführt.

Die Güte des Servoantriebs ergibt sich aus der Drehwinkeldifferenz, mit der der Motor den Sollwerten in jeder Betriebsart folgt. Zwar sind Schrittmotoren wegen der nicht so aufwendigen Technik preiswerter, besitzen aber gegenüber dem Gleichstrom-Servoantrieb schlechtere dynamische Eigenschaften und haben keine Rückkopplung. Hinzu kommt ein bei gleicher Baugröße wesentlich höheres Drehmoment. Da der Werkzeugträger immer wieder aus der Ruhelage beschleunigt werden muß, sind schnelle und vor allem auch hochpräzise Zeichenmaschinen ausnahmslos mit Gleichstrom-Servomotoren ausgerüstet.

6.2. Übertragungsmittel für die Bewegung

Häufigst verwendete Übertragungsmittel bei Präzisions-Flachbettplottern sind Kugelumlaufspindeln und Zahnstangen. Seltener sind Zahnriemen. Dagegen sind Zahnriemen und Stahlbandzug gängige Übertragungsmechanismen für Standgeräte in Trommelbauweise. Seilzüge wiederum finden sich in Low-Cost-Plottern.

Generell sind zwei voneinander mechanisch entkoppelte Antriebsachsen, ob bei Flachbettausführung (Portalbauweise) oder Trommelplottern, vorteilhafter bezüglich der erreichbaren dynamischen Genauigkeit als ein X/Y-Verfahrsystem.

Absenken und Anheben der Werkzeuge besorgen in der Regel Hubmagnete oder Linearmotoren. Der Linearmotor bietet den Vorteil, Auflagekraft und Absenkgeschwindigkeit des Werkzeugs auf die Zeichnungsoberfläche beeinflussen zu können, wodurch eine Anpassung an das jeweilige Werkzeug möglich ist und ein Aufsetzen auf der Oberfläche nach vorgegebenen Funktionen erfolgen kann.

6.3. Meßsysteme

Plotter müssen über viele Jahre hinaus mit gleichbleibend hoher Genauigkeit arbeiten. Sie müssen daher nicht nur päzise gefertigt werden, sondern benötigen auch eine exakte Positionierung. Die bei Schrittmotoren (s. o.) verwendete Open-Loop-Methode verzichtet auf eine Rückmeldung der momentanen Werkzeugposition. Zum Zeichnen einer Linie wird einfach die Anzahl der notwendigen Schritte berechnet und an den Motor weitergegeben. Störungen während der Bewegung und Fehler in den Übertragungsmitteln können von einem solchen System jedoch nicht erfaßt werden. Dagegen wird beim Servosystem mit Gleichstrommotoren ständig ein Soll-/Istwert-Vergleich durchgeführt. Das abgeleitete Fehlsignal erzeugt die notwendige Stellgröße für den Gleichstrommotor. Als Positionsgeber finden dabei inkrementale Drehgeber, optische Lineale als Längenmeßsystem und Laserinterferometer Verwendung.

In den letzten Jahren setzten sich immer stärker optische Systeme durch, da hier keine mechanische Abnutzung auftritt. Unter optische Geber fallen auch inkrementale Drehgeber, die an der Motorwelle angekoppelt werden. Allerdings gibt diese Lösung nicht die exakte Position an, da zwischen Motor und Werkzeug eine Reihe mechanischer Übertragungselemente mit Einschwingverhalten und Elastizitätsfehlern liegt.

Hochpräzisionsplotter benutzen daher zumeist optische Lineale entlang der beiden Zeichenachsen. Dieses Verfahren ist zwar aufwendiger, erfaßt aber direkt den Ort des Werkzeuges und ist äußerst präzise mit Genauigkeiten von bis zu 0,001 mm. Da mit optischen Linealen direkt gemessen wird, müssen die Übertragungselemente nicht in jedem Fall die hohe Präzision aufweisen.

Das gleiche trifft auch auf Laserinterferometer zu. Sie sind die genauesten direkten Meßsysteme und arbeiten je nachdem im Bereich von einem Mikrometer oder sogar darunter. Dieses Meßmittel findet sich zum Teil an Präzisions-Fotoplottern zur Herstellung von Ätzvorlagen für Chipstrukturen in der Halbleiterfertigung.

6.4. Steuerungen, Intelligenz, Schnittstellen und Datenformate

Mit dem Einbau hochintegrierter Schaltungen wie Mikroprozessoren, in den Plotter lassen sich viele Detailaufgaben, die früher vom steuernden Rechner gelöst werden mußten, als lokale Intelligenz in die Ausgabegeräte selbst verlagern. Das reduziert wesentlich die Datensätze eines Plotprogramms, entlastet den Rechner und den benötigten Speicherplatz und verringert den Datenverkehr über Schnittstellen vom Rechner zum Plotter. Solche datenreduzierenden Funktionen, die die Steuerung selbst abwickelt, beinhalten beispielsweise lineare, zirkulare oder parabelförmige Interpolationen. Außerdem gehören dazu Generatoren für Schrift, Symbole und Strichlinien sowie Maßstabsvorgaben, Spiegel- und Fensterfunktionen, Rotation und Transformation der Daten und Vorgabe von Parametern für einzelne Werkzeugpositionen in Abhängigkeit der zu bearbeitenden Materialien.

Neben dem eigenen Datenformat, also der Darstellung von Daten bezüglich Code und Befehlsbeschreibung, bieten heutige Plotter die Möglichkeit auch in andere Datenformate zu übersetzen, etwa in die gängigen quasi Industriestandards wie HP-GL, Calcomp oder Gerber. Auch bezüglich der Schnittstellen haben sich Standards durchgesetzt. Das ist vor allem die serielle Schnittstelle RS 232C, weniger häufig die parallelen Schnittstellen wie Centronics und IEEE 488. Ein meist problemloser Anschluß der Plotter an CAD-Systeme ist somit möglich.

7. Werkzeuge für Plotter

7.1. Zeichenwerkzeuge

Sowohl von den Plotter-Herstellern als auch unabhängigen Lieferanten werden eine breite Palette an Zeichenwerkzeugen für die verschiedenen Aufgaben angeboten wie Kugelschreiber, Gasdruckminen, nachfüllbare Tuschekegel oder Einweg-Schreiber. Die einzelnen Stiftarten unterscheiden sich zum Teil wesentlich in ihren Eigenschaften und Anwendungen.

7.2. Tintenschreiber

Wichtigster Plotterstift und am weitesten verbreitet ist der Tintenschreiber. Er ähnelt in seinem Aufbau den handelsüblichen Faserschreibern, die es in letzter Zeit auch mit Kunststoffkugel als Schreibspitze gibt. Tintenschreiber mit Kunststoffspitze werden vorwiegend in preiswerten Plottern und für einfache Graphiken verwendet, bei denen es weniger auf einwandfreie Linienqualität ankommt. Aber auch beispielsweise für Testzeichnungen auf Plotterpapier, bevor dann mit Tuschekegeln die eigentliche Reinzeichnung erfolgt. Tintenschreiber sind weitgehend wartungsfrei.

Für gleiche Aufgaben, doch mit gleichbleibender Linienkonstanz, dienen Tintenschreiber mit Rubin- oder Hartmetallkugel. Das Verschleißverhalten dieser Materialien ist besser als bei Kunststoff, weshalb die Ziehgeschwindigkeit bis zu 50 cm in der Sekunde betragen kann, eine entsprechend höhere Auflagekraft vorausgesetzt.

7.3. Gasdruckminen

Im Gegensatz zu Tintenschreibern und Tuschekegeln enthalten Gasdruckminen eine Spezialpaste. Ein Gaspolster im hinteren Teil der Mine von etwa 7 bar sorgt

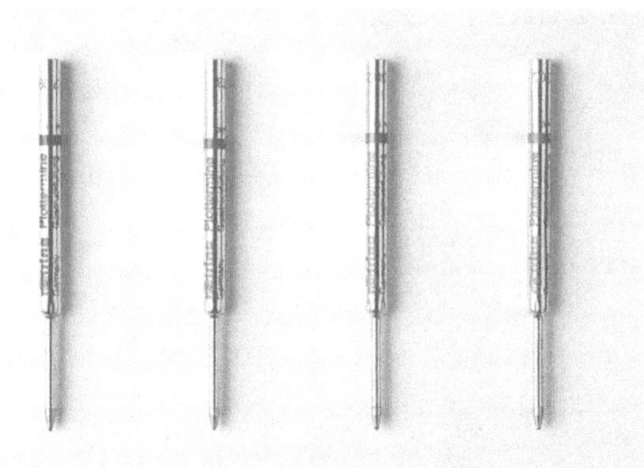

Abb. 18. Gasdruckminen erzielen den längsten Abstrich - je nach Oberflächenbeschaffenheit des Zeichnungsträgers 4000–10000 m (Werkbild: rotring)

dabei für eine gleichmäßige Zufuhr der Paste an die Hartmetallkugel der Schreibspitze. Auf diese Weise sind Zeichengeschwindigkeiten von über 1 m/S möglich,
vorausgesetzt der Plotter kann so schnell arbeiten. Allerdings muß die Auflagekraft der Zeichenspitze mindestens 1,2 Newton betragen. Bei einfachen Tintenschreibern hingegen liegt dieser Wert bei 0,2 Newton, bei Tintenkugelschreibern
etwa 0,7 Newton. Wie bei Tintenkugelschreibern stehen bei den Gasdruckminen
Kontroll- und Testzeichnungen im Vordergrund der Anwendung. Gearbeitet wird
auf Plotterpapier wie auch auf mattierter Polyesterfolie (Abb. 18).

7.4. Tuschekegel

Hauptsächlich für Endzeichnungen und bei hochgenauen Plottern werden die
besonders präzisen Tuschezeichenspitzen verwendet. Mit diesem sehr genau arbeitenden Werkzeug läßt sich so im Hundertstel-Millimeter-Bereich zeichnen. Die
von der manuellen Zeichenarbeit her bekannten Tuschekegel unterliegen in einem
Plotter jedoch weitaus höheren Beanspruchungen und sind daher auch entsprechend anders aufgebaut. Der hohen Ziehgeschwindigkeit von üblicherweise bis zu
50 cm/S sowie den verschiedenen Zeichnungsträgern wird durch Zeichenspitzen
aus unterschiedlichem Metall Rechnung getragen. Nur für Papier eignen sich beispielsweise Edelstahlröhrchen mit innenliegendem Wolframdraht als Zeichenspitze, während sich auf mattierter Polyesterfolie, der höheren Abrasion wegen,
Hartmetallspitzen mit einem Einsatz aus Wolfram-Karbid besser eignen (Abb. 19).

Hohe Beschleunigungen und Zeichengeschwindigkeit sowie die Forderung
nach sofortiger Anschreibbereitschaft stellen enorme Forderungen an das Fließ-
verhalten der Tusche. Dagegen sind Tinten weitaus problemfreier. Sie enthalten

Abb. 19. Nachfüllbare Tuschekegel für unterschiedliche Zeichnungsträger können mit
speziellen Plottertuschen optimale Plotergebnisse erzielen (Werkbild: ARISTO)

Abb. 20. Bei Einweg Tuschekegeln entfällt die lästige Reinigung (Werkbild: ARISTO)

keine festen Farbbestandteile, sondern gelöste Farbstoffe. Tinten sind zudem niedriger viskos und daher ausschließlich für Plotterpapier geeignet (Abb. 20).

7.5. Lichtzeicheneinrichtung

Mit Lichtzeicheneinrichtungen werden Filme oder entsprechend beschichtete Glasplatten auf Vektor-Präzisionsplottern belichtet. Das gilt auch für Symbole, Buchstaben und Ziffern, die bei stillstehender Anlage über eine Symbolscheibe geblitzt werden (Abb. 21).

Zentrales Organ eines Lichtzeichensystems ist immer eine Projektionseinrichtung. Von der Lichtquelle aus wird das Licht über eine Kondensor- und Sammellinse auf einen flexiblen Lichtleiter projiziert. Diese Lösung trennt die sogenannte Lichtbox mit dem eingebauten Linsensystem vom eigentlichen Lichtzeichenkopf. Nach Austritt aus dem Lichtleiter trifft das Licht auf einen teildurchlässigen Spiegel, wovon der überwiegende Teil des Lichtes weiter durch einen Kondensor und die nachgeordnete Objektscheibe fällt, um schließlich das durchleuchtete Symbol über ein Objektiv auf der Filmebene abzubilden.

Abb. 21. Geöffneter Fotokopf mit Symbolscheibe (Werkbild: ARISTO)

Damit auch bei unterschiedlichen Bahngeschwindigkeiten (Vektorplotter) die
Lichtmenge je Zeichenfläche und damit die Filmbelichtung konstant ausfällt, sind
Lichtzeicheneinrichtungen mit einem Helligkeitsregler ausgestattet. Bei Vektorplottern mit einer analogen Regelung etwa folgender Art: Vor Eintritt des Lichtes
in den Lichtleiter befindet sich eine sogenannte Blendenfahne, verbunden mit
einer Tauchspule. In Ruhe (Geschwindigkeit Null) deckt die Fahne den Lichtleiter
völlig ab. Als weitere Stellgröße für die Tauchspule wirkt über einen Regler das
am teildurchlässigen Spiegel auf ein Fotometer reflektierte Licht. Das am Fotometer erzeugte elektrische Signal wird als Istwert dem Verstärker zugeführt, der es mit
dem Sollwert des Befehls- und Steuersignals vergleicht. Der Sollwert ergibt sich
aus der momentanen Zeichengeschwindigkeit, der Empfindlichkeit des Films und
der Größe des projizierten Objektes der Symbolscheibe. Aus diesen korrelieren-
den Größen errechnet sich die Stellgröße für die Tauchspule, die ihrerseits die
Blendenfahne entsprechend nachregelt, bis der Istwert dem Sollwert entspricht.

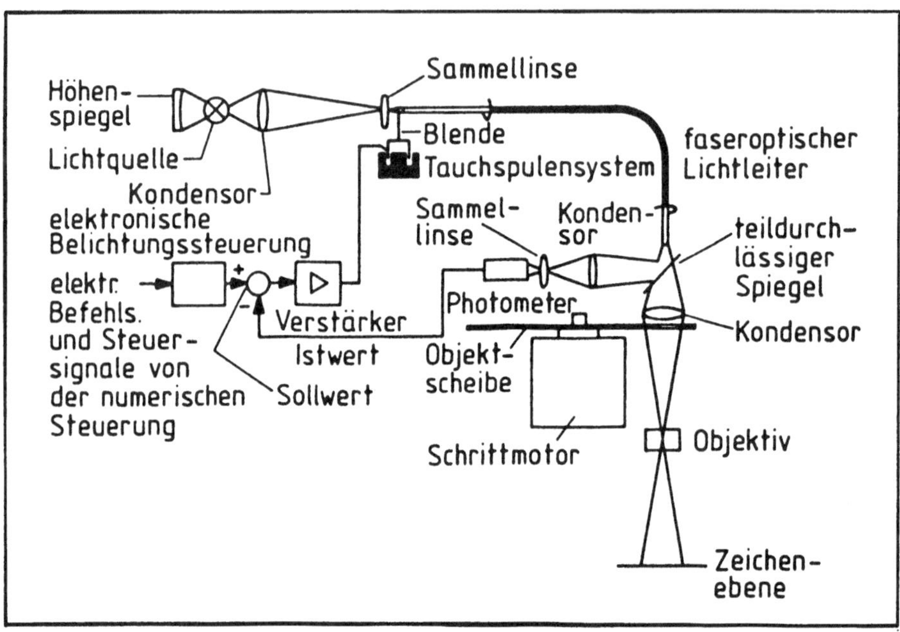

Abb. 22. Prinzip-Darstellung Lichtzeichnen (Werkfoto: ARISTO)

Die sich aus diesem Aufbau ergebende Regeldynamik ist sehr hoch mit einer
Zeitkonstanten von etwa 1,5 Millisekunden. Außerdem dient die Blendenfahne an
der Tauchspule gleichzeitig als Verschluß beim Blitzen von Objekten. Nichtliniari-
täten oder Schwankungen in der Helligkeit der Lichtquelle regelt dieses System
automatisch aus (Abb. 22).

7.6. Bearbeitungswerkzeuge

Bisher nur wenig beachtet werden die vielseitigen weiteren Möglichkeiten intelligenter Flachbettplotter in Fertigung und Entwicklung. Neben den üblichen Zeichenverfahren mit Stiften gewinnen Werkzeuge zur Materialbearbeitung an Bedeutung: Etwa tangentialgesteuerte Schneidmesser und Schicht-Gravurstichel oder auch Fräser. Diese hochpräzisen Werkzeuge aus Hartmetall ersetzen dabei den bisherigen Zeichenstift.

Mit diesen schneidenden Werkzeugen werden überwiegend weiche Materialien wie Folien und Kunststoffe bearbeitet. Aber auch Leder, Kartonagen, Holz, Stoffe und Gummi. Seltener sind Buntmetalle wie Messing oder Kupfer.

Schneidmesser und Schicht-Gravurstichel müssen beim Arbeitsprozeß immer in Schneidrichtung geführt werden. Bei Kurvenzügen bedeutet das tangential zum jeweiligen Radius. Dadurch ergeben sich beim Schicht-Gravieren Linienzüge gleichbleibender Breite. Außerdem wird ein Stauchen des bearbeiteten Materials vermieden. Die Aufgabe, das Werkzeug dementsprechend zu führen, übernimmt eine Tangentialsteuerung. Die im Plotter eingebaute lokale Intelligenz analysiert dazu die Zeichendaten und bewirkt das Nachführen, beziehungsweise bei sehr kleinen Geometrien wie Spitzen und Ecken das Abheben und Wiederansetzen des Werkzeugs.

Schicht-Gravurstichel gibt es in den Linienbreiten von 0,05 bis 0,7 mm. Aufgrund ihrer feinen Geometrie lassen sich Stichel nicht nachschleifen, was wegen der hohen Standzeit auch nicht erforderlich ist. Die erzielbaren Genauigkeiten sind beachtlich. Beispielsweise bei Folienschneidplottern, wie sie in graphischen Betrieben für Repro-Abdeckmasken verwendet werden oder bei Vorlagen zum Feinätzen oder Siebdruck: Bei den Wiederholgenauigkeiten erreicht man Werte bis zu 0,02 mm, während die Auflösung der tangentialen Messersteuerung bei 0,5 Winkelgrad liegt.

Wird am stabilen Werkzeugträger das Messer durch eine hochtourig drehende Frässpindel ersetzt, kann mit Flachbettplottern auch feines Gravurfräsen ausgeführt werden. Solche Anwendungen ergeben sich beispielsweise beim Gravieren von Geräteschildern oder Ausfräsen von Buchstaben aus Kunststoff für die Licht- und Außenwerbung oder auch Intarsien-Fräsen in Holz oder andere weiche Materialien.

8. Die zwei Zeichen-Technologien: Vektorverfahren / Rasterverfahren

Um den Unterschied beider Techniken deutlich zu skizzieren, stelle man sich folgendes Beispiel vor: Eine Graphik bestehe aus nur einer diagonal über ein Blatt Papier verlaufenden geraden Linie, also die direkte Verbindung zwischen zwei Endpunkten. Jeder vernünftige Mensch würde in diesem Fall zunächst die beiden Punkte durch ihre X- und Y-Koordinaten festlegen und dann von einem Punkt zum anderen eine Gerade mit dem Lineal ziehen, also einen Vektor zeichnen.

Nichts anderes macht auch der Vektorplotter. Die Punktkoordinaten werden ihm dabei vom Rechner vorgegeben, zusammen mit dem Befehl: Ziehe eine Gerade zwischen diesen beiden Punkten.

Beim Rasterverfahren sieht die Lösung dieser Aufgabe ganz anders aus: Die Zeichenfläche ist je nach Plotter in sehr fein abgestufte Zeilen und Spalten unterteilt, so daß sich stark vergrößert eine Art Schachbrettmuster oder Raster ergibt. Jeder dieser Rasterpunkte kann im Speicher des Plottes abgebildet und mit dem Befehl versehen werden: Zeichne einen Punkt oder mache keinen Punkt. Die diagonale Linie im oben genannten Beispiel ist folglich als Menge von Einzelpunkten im Rechner abgebildet, wobei pro Zeile in X-Richtung mit vielen „weißen Punkten" jeweils ein schwarzer Y-Punkt festgelegt ist. Um die Linie zu zeichnen fährt der Plotter nun Zeile für Zeile die Zeichenfläche ab und setzt an entsprechender Stelle den jeweils zugehörigen Punkt. Am Ende ist auch so eine Linie entstanden. Es leuchtet ein, daß die zweite Lösung nicht nur erheblich aufwendiger ist, sondern auch wesentlich mehr Zeit erfordert. Dennoch hat das Rasterverfahren Vorteile: Bei hoher Zeichnungsdichte ist diese Methode schneller. Im Folgenden sollen die beiden Techniken etwas genauer betrachtet werden.

8.1. Das Vektorverfahren

Wie das obige Beispiel verdeutlicht, bestehen beim Vektorverfahren die Graphiken aus durchgezogenen, ununterbrochenen einzelnen Linien, die der Vektorplotter aus den Vektordaten des Computers zeichnet. Der kleinstmögliche Abstand zwischen zwei Punkten, also der kürzeste Vektor, wird als Auflösung bezeichnet. Eine hohe Auflösung ist gleichzeitig ein Maß, wie rund beispielsweise ein Kreis auf dem Papier erscheint, die übliche Auflösung moderner Vektorplotter beträgt 0,025 mm, sowohl in X- als auch Y-Richtung (Präzisionsplotter liegen bei 0,01 mm). Dagegen erreichen Foto-Vektorplotter so extreme Werte wie 0,001 mm Auflösung. Selbst die Zeichengenauigkeit liegt immer noch bei 0,005 mm.

Angetrieben werden die jeweiligen Achsen entweder von Schrittmotoren oder Gleichstrom-Servoantrieben, deren Geschwindigkeits- und Lageregelung zumeist über optische Lineale erfolgt (siehe Antriebe). Erhalten beide Motoren gleichzeitig einen Steuerimpuls, dann wird ein Schritt in Richtung einer Diagonalen (45-Grad-Winkel) ausgelöst. Aufgrund der gleichbleibenden Schrittlänge in X- und Y-Richtung ist die Diagonale um den Faktor 1,41 länger, entsprechend der Quadratwurzel aus zwei. Somit kann ein Vektorplotter Bewegungen in acht verschiedenen Grundrichtungen ausführen. Doch gibt es auch Geräte, die 16 Grundrichtungen zulassen, entsprechend einer weiteren Halbierung der Winkel auf 22,5 Grad (Abb. 23).

Jede zu zeichnende Linie setzt sich nun aus einer sinnvollen Aufeinanderfolge von Grundschritten zusammen. Es ist dabei Aufgabe der eingebauten Plotterintelligenz, die vom Rechner kommenden Informationen so in Teilschritte zu zerlegen, daß eine ideale Annäherung an den geforderten Kurvenzug erreicht wird.

Generell arbeiten alle elektromechanischen Plotter nach dem Vektorverfahren. In diese Kategorie fallen sowohl Flachbettplotter, Friktions- und Trommelplotter

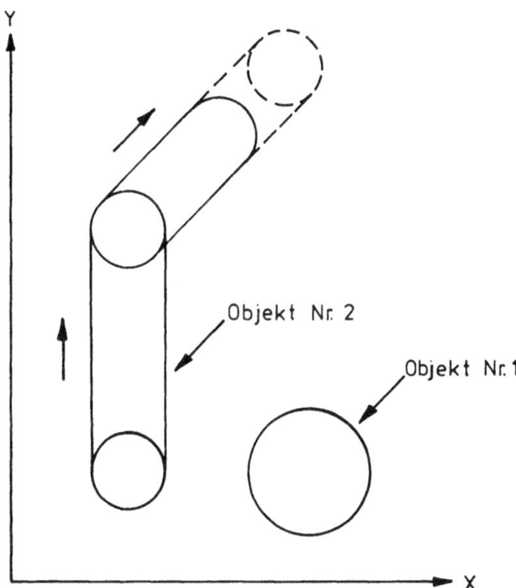

Abb. 23. Prinzip-Darstellung Vektorplotter (Werkfoto: ARISTO)

wie auch Flachbandplotter und die Gruppe der mit verschiedenen Zeichen- und Schneidwerkzeugen zu versehenden Universalplotter. Je nach Ausführung zählen auch Fotoplotter dazu.

Auf die Anwendung der einzelnen Werkzeugarten hat die Vektortechnik einen nicht unerheblichen Einfluß. Da es sich bei dieser Technik um ein Konturzeichenverfahren handelt muß für jede auf dem Plot vorkommende Linienbreite ein entsprechendes Zeichenwerkzeug vorrätig sein. Bei Stiftplottern erfolgt diese Bevorratung entweder in einem speziellen Stiftkarussell oder in einem Reihenmagazin, aus dem das jeweilige Werkzeug nach Bedarf automatisch entnommen und wieder zurückgegeben wird.

Bei Schneidwerkzeugen wie Messer, Stichel oder Fräser ist generell nur jeweils eine Schnittlinie oder eine Fräsbreite relevant, abgestimmt auf das zu bearbeitende Material. Wie bereits unter „Werkzeuge für Plotter" beschrieben, müssen Messer und Stichel bei der Arbeit tangential nachgeführt werden. Andernfalls würde das Werkzeug stauchen. Um beim Fräsen dennoch unterschiedlich breite Linien erzeugen zu können, muß der betreffende Linienzug gegebenenfalls mehrmals versetzt abgefahren werden, soll der Fräser nicht durch einen größeren Durchmesser ausgewechselt werden.

Für verschieden breite Linien befinden sich bei Foto-Vektorplottern auf der eingebauten Symbolscheibe entsprechend abgestimmte, verschieden große Kreise. Je nach Aufgabe dreht sich der betreffende Kreis in den Strahlengang. Der bereits erwähnte Helligkeitsregler sorgt an den langsamer gefahrenen Bahnabschnitten, wie etwa enge Radien oder Anfangs- und Endzonen einer Linie, für gleichbleibenden Lichteinfall auf die fotoempfindliche Schicht.

8.2. Rasterverfahren

Bereits eingangs zu diesem Kapitel wurde der Unterschied der Rastertechnik zur Vektortechnik kurz angerissen. Demnach stellt ein Rasterplotter Zeichnungen zeilenweise durch selektives Ein- und Ausschalten von Einzelpunkten dar. Zeilen- und Spaltenabstand der Punktmatrix bestimmen dabei die Auflösung der Zeichnung, wobei die Schrittlänge in X- und Y-Richtung gleich groß ist. Der Durchmesser der Punkte ist dabei größer als die Auflösung, wodurch eine gewisse Überlappung eintritt. Die Auflösung in Zeilenrichtung beträgt bei Elektrostaten bis zu 600 Punkte je Inch, was etwa 0,04 mm entspricht. Eine Ausnahme machen die Foto-Rasterplotter mit Auflösungen von bis zu 0,006 mm bei einer erzielbaren Positioniergenauigkeit von 0,015 mm (Abb. 24).

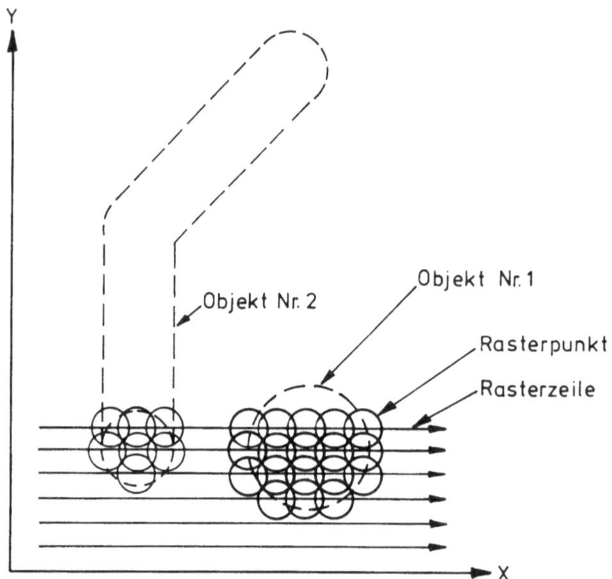

Abb. 24. Prinzip-Darstellung Rasterplotter (Werkfoto: ARISTO)

Auch bei Rasterplottern treiben die beiden Achsen Schrittmotoren oder Gleichstrom-Servomotoren an, optische Lineale oder Inkrementalgeber sorgen bei letzteren für die nötige Lageregelung. Der Zeichnungsträger wird dabei allerdings zeilenweise über die gesamte Breite abgefahren und danach jeweils um ein weiteres Inkrement entsprechend dem Zeilenabstand vorgerückt. Linien, Symbole oder Schriftzeichen entstehen folglich in „Etappen", wobei auch unterschiedlich breite Linienzüge mit ein und dem selben Zeichenkopf entstehen. Rasterplotter könnte man auch als eine Art umgekehrte Scanner ansehen.

Es ist verständlich, daß bei dieser Methode nur schnelle und trägheitsarme Wiedergabetechniken sinnvoll sind, also elektrostatische, fotografische und spritztechnische Verfahren. Das sind Elektrostaten, Fotoplotter und Inkjet-Plotter. Bei diesen Geräten hat die Informationsdichte des jeweiligen Plot keinen Einfluß auf die Wiedergabezeit. Komplexe und filigrane Darstellungen, die mit dem Vektorplotter unter Umständen bis zu einer Stunde Zeit oder mehr beanspruchen, schafft der Rasterplotter in wenigen Minuten und ist nur abhängig von der Qualität der Auflösung und der Geschwindigkeit der Wiedergabe.

9. Vergleich der Vektor- und Rastertechnik am Beispiel des Fotoplotters

Wie oben bereits angesprochen, ist die Rastertechnik im Vergleich zum Vektorverfahren eine überaus schnelle Wiedergabetechnik. Dieser Vorteil wiegt bei komplexen Darstellungen um so stärker. Nachteilig wirkt sich dabei allerdings die vorher notwendige Konvertierung der Bilddaten aus, die anfänglich zumeist im Vektorformat vorliegen und zur Wiedergabe in ein Rasterformat umgewandelt werden müssen. Dazu werden die Vektoren entsprechend ihrer Lage innerhalb der Zeichnung sortiert und die Daten in Rasterinformationen umgesetzt. Dieser Vorgang erhöht die anfallende Datenmenge ganz erheblich und verlangt einen entsprechend großen Datenspeicher.

Die Konvertierung selbst ist rechenintensiv. Ohne leistungsfähigen Computer mit einem entsprechenden Umwandlungsprogramm läßt sich dabei nicht auskommen. Doch selbst dann dauert dieser Vorgang je nach Komplexität der Zeichnung mehrere Minuten bis zu einer halben Stunde. Speziell dafür entwickelte Vektor-Raster-Converter können zwar diese Aufgabe übernehmen, um den Rechner davon freizuhalten, erhöhen aber zusätzlich die Investitionskosten. Den Vorteil der schnellen Wiedergabe spielen Rasterplotter jedoch dann aus, sobald Zeichnungen von einmal konvertierten und gespeicherten Daten häufig ausgeplottet werden. Das tritt beispielsweise bei Arbeitsoriginalen auf. Speziell bei Halbleitermasken ist die schnelle Belichtungszeit ein Vorteil gegenüber möglichen Verunreinigungen durch Staub. Nicht unwesentlich ist auch der Vorteil einer „Negativ-Abbildung" von Darstellungen. Die einzelnen Pixel-Befehle erhalten dazu lediglich das jeweils andere Vorzeichen. Dieser Vorgang läuft „auf Knopfdruck" automatisch ab. Bedarf hierfür besteht etwa bei Herstellung von Masken oder Leiterplattenvorlagen.

Fotoplotter nach dem Vektorverfahren bedienen sich einer Objektscheibe, um damit Leiterbahnen und Symbole auf die lichtempfindliche Schicht zu projizieren. Die zum Teil recht begrenzte Anzahl an Projektionsobjekten auf diesen Scheiben bedeuten in der Praxis eine Einschränkung im Layout. Umfangreiche Leiterplatten für die SMD-Technik (SMD = oberflächenmontierte Halbleiterbauteile) erfordern zum Teil über 100 verschiedene Symbole, so daß sich ohne Wechsel der Scheiben kaum auskommen läßt. Plotter nach dem Rasterverfahren kennen diesen Nachteil nicht. Sämtliche Geometrien sind softwaremäßig definiert. Auch entfällt die bei Vektorplottern erforderliche Steuerung der Belichtungsdauer, abhängig von der Verfahrgeschwindigkeit und der Symbolgröße. Immerhin deckt beispielsweise die Strichbreite auf den Objektscheiben Durchmesser von 0,025 mm bis 10 mm ab. Dagegen erreichen Rastergeräte feinste Linienbreiten von bis zu 0,012 mm ohne Einschränkung nach obenhin, im Extremfall kann die gesamte Formatbreite als Linie betrachtet werden.

Um etwa den Faktor 10 höher ist zum Teil die Genauigkeit bei Foto-Vektor-plottern gegenüber Rastergeräten. Bei den hochpräzisen Vektorplottern liegt dieser Wert bei 0,0012 mm (1,2 Mikrometer). Bei Rasterplottern hingegen ist die Pixel-größe ausschlaggebend, deren Durchmesser im allgemeinen bis zu 0,012 mm (12 Mikrometer) beträgt. Für die Genauigkeit sind diese Werte jedoch nur indirekt relevant. Hier spielen das Meßsystem und die Mechanik die entscheidende Rolle. Vektorplotter liegen somit in ihrer Genauigkeit zwischen 0,005 mm und 0,05 mm (5–50 Mikrometer), Rastermaschinen zwischen 0,015 mm und 0,03 mm (15–30 Mikrometer).

Auf die Qualität eines Fotoplots hat zudem auch die Lichtquelle Einfluß, die bei Vektor- und Rastergeräten unterschiedlich ist. So werden bei Raster-Fotoplot-tern fast ausschließlich Laser wegen ihres monochromatischen (einfarbigen) und kohärenten (gleichphasigen) Lichtes verwendet, gelegentlich finden sich auch Halbleiterdioden. Kohärentes Licht ist deshalb notwendig, um über Akustikmo-dulator und Polfilter im Strahlengang eine hochfrequente Pulsfolge von mehreren hundert Kiloherz (bis zu 900 kHz) zu erzeugen sowie für die schnelle Folge und Abbildung der einzelnen Pixel. Darüberhinaus läßt sich Laserlicht feiner fokussie-ren (Pixeldurchmesser von 0,012 Mikrometer) bei gleichzeitig guter Randschärfe. Denn die gleiche Wellenlänge des (monochromen Lichtes) erlaubt eine genaue Abstimmung der Optik auf dieses Licht, was zu hoher Kantenschärfe führt.

Bei Vektorgeräten finden sich neben vereinzelt angewendeten Laserquellen und Halbleiterdioden (LED) hauptsächlich Halogen- und Xenonlampen. Teil-weise werden den Halogen- und Xenonquellen Filter zwischengeschaltet, um durch ausgesuchte Wellenlängen die Abbildungsschärfe zu erhöhen, was mit der Optik alleine nicht möglich ist.

10. Wichtige Begriffe und ihre Bedeutung für die Anwendung

- *Geschwindigkeit (bei Vektorplottern)*
Allgemein wird der Weg pro Zeiteinheit als Geschwindigkeit bezeichnet. Bei Vektorplottern gilt dies bezogen auf die Werkzeugspitze. Dabei ergeben sich Unterschiede, die von der Geometrie des Weges abhängen. Die maximale Bahngeschwindigkeit des Werkzeugs erreicht ein Vektorplotter bei einer länge-ren Diagonalverbindung von zwei Punkten unter einem Winkel von 45 Grad. Der Weg muß dabei mindestens so lang sein wie die Strecke für Beschleunigung und Verzögerung zusammen, um den Maximalwert zu erreichen. Entsprechend lange Punkt-zu-Punkt-Verbindungen in X- oder Y-Richtung sind um den Fak-tor 1,41 (Wurzel aus Zwei) in ihrer Bahngeschwindigkeit geringer und werden als Achsgeschwindigkeit bezeichnet. Bei Zeichnungen mit kleinen Vektorlän-gen, wie beispielsweise Kurven, Kreisbögen oder auch sehr kurzen Geraden, sind maximale Geschwindigkeiten nicht zu erreichen. Dementsprechend steigt auch die Plotzeit. Sie ist überdies auch von der Beschaffenheit der Oberfläche des Zeichnungsträgers und vom Material abhängig.

- *Geschwindigkeit (bei Rasterplottern)*
Von Bahngeschwindigkeiten bei Rasterplottern zu sprechen ist wenig aufschlußreich. Daher werden hier die Anzahl von Zeilen in der Minute oder auch die Pixel in der Sekunde (Durchsatz) als Maß für die Geschwindigkeit eines Rasterplotters genommen.

- *Durchsatz (bei Vektorplottern)*
Unter Durchsatz bei Vektorplottern wird die Zeit verstanden, die für die komplette Erstellung einer Zeichnung benötigt wird. Auf diese Zeit haben neben der Größe der Zeichnungsfläche und der Geschwindigkeit auch Beschleunigung, Hebe- und Senkzeit des Werkzeugs sowie Werkzeugwechsel und die gesamte Linienlänge Einfluß. Während die Linienlänge vom jeweiligen Programm abhängt, spielen bei allen anderen Parametern die bauliche Ausführung des Plotters sowie die verwendeten Werkzeuge eine Rolle.

- *Durchsatz (bei Rasterplottern)*
Auch bei Rasterplottern wird unter Durchsatz die benötigte Plotzeit für eine vollständige Zeichnung verstanden, abhängig von der Größe der Zeichnung. Einfluß darauf hat die Geschwindigkeit, mit der die einzelnen Pixel aus dem Datenspeicher auf dem Zeichungsträger in Linien wiedergegeben werden, wobei die Auflösung, also die Pixelgröße eine Rolle spielen. Je gröber das Raster, desto kürzer die Plotzeit.

- *Auflösung (bei Vektorplottern)*
Zwei Werte gilt es bei Vektorplottern zu unterscheiden:
  - die Regelauflösung, sie gibt die Auflösung des Meßsystems an, beispielsweise bei Drehimpulsgebern oder Glasmaßstäben die kleinste auflösbare Schrittgröße.
  - die programmierbare Auflösung, sie definiert die kleinste Vektorlänge, die über das Programm eingegeben werden kann.

- *Auflösung (bei Rasterplottern)*
Der kleinste Abstand zweier Rastermittelpunkte (Pixelpunkte) wird hier als Auflösung verstanden. Üblicherweise ist der Pixeldurchmesser größer als dieser Abstand, um überlappende Flächen zu erhalten.

- *Beschleunigung*
Angaben über die Beschleunigung sind nur für Vektorplotter relevant, da Rasterplotter mit gleichbleibender Plotgeschwindigkeit und im Verleich zu Vektorplottern langsamer je Zeile arbeiten. Beim Vektorplotter macht sich dagegen eine hohe Beschleunigung von mehreren „g", vor allem bei vielen kurzen Vektoren und somit kurzen Strichlängen, in Gesamtplotzeit bemerkbar. Die maximale Plotgeschwindigkeit wird in solchen Fällen nur selten erreicht und tritt an Einfluß vor der Beschleunigung in den Hintergrund zurück.

- *Positioniergenauigkeit*
Die Positioniergenauigkeit ist eine statische Angabe der Genauigkeit. Sie beschreibt die Abweichung von einem Sollwert. Einfluß nehmen darauf die Führungen des Plotters, die mechanische Genauigkeit der Übertragungsele-

mente wie Spindel, Zahnstange oder Zahnriemen sowie die Auflösung des Meßsystems. Bei inkrementalen Drehgebern und Antrieben mit Schrittmotoren, also Positioniereinrichtungen ohne Lagerückmeldung, spielt die mechanische Güte eine besonders große Rolle. Hingegen werden Ungenauigkeiten in der Mechanik bei Verwendung optischer Lineale entlang der beiden Zeichenachsen (Flachbettplotter) kompensiert.

- *Wiederholgenauigkeit*
Die größte Abweichung von einem definierten Punkt, bei mehrmaligen Anläufen dieses Punktes aus verschiedenen Richtungen, wird als Wiederholgenauigkeit bezeichnet. Dieser Wert beinhaltet die Gesamthysterese aus Mechanik, Meßelementen und Steuerung. Die Angabe ist vor allem bei Vektorplottern von Interesse.

- *Dynamische Genauigkeit*
Dieser Wert beschreibt bei Vektorplottern die Abweichung von der Sollbahn einer Werkzeugspitze unter Zeichenbedingungen. Einfluß nehmen sowohl das Feder-Masse-Verhalten (Resonanzen) der bewegten Mechanik wie auch das Regelverhalten der Steuerung.

- *Hebe- und Senkzeit der Werkzeuge*
Neben den beiden Hauptzeichenachsen X und Y haben ausschließlich Vektorplotter noch eine kurze „Stummelachse" von einigen Millimetern Weg zum Aufsetzen des jeweiligen Werkzeugs auf dem Zeichnungsträger. Zum Heben und Senken beispielsweise des Zeichenstiftes wird entweder ein Elektromagnet oder ein Linearmotor verwendet. Die dafür benötigte Zeit liegt je nach Mechanismus zwischen fünf Millisekunden und 100 Millisekunden. Abhängig von der Plot-Darstellung kann die Hebe- und Senkzeit in Summe ein bestimmender Faktor des Durchsatzes sein.

- *Werkzeugandruck*
Um ein optimales Arbeitsergebis beim Zeichnen und bei der Materialbearbeitung zu erreichen, bedarf es einer entsprechenden Auflagekraft des Werkzeugs. Der Werkzeugandruck ist dabei abhängig von der Geschwindigkeit, dem Material des Zeichnungsträgers sowie dem Werkzeug wie etwa Gasdruckmine oder tangential gesteuertes Folien-Schneidmesser. Je nach Plotter kann der Andruck dabei als fester Wert eingestellt werden oder läßt sich als variable Größe automatisch in Abhängigkeit von der Geschwindigkeit steuern.

11. Die Markt-Trends der einzelnen Plotter

Wir leben in einer Informationsgesellschaft, deren Zeit gerade erst begonnen hat. Und da wir (zumindest noch länger) gewohnt sind, Informationen in gedruckter Form „mitzunehmen und zu verarbeiten", erfährt der gesamte Markt an Wiedergabegeräten von elektronisch gespeicherten Daten einen ungebrochenen Aufwärtstrend. Somit ist generell betrachtet auch der gesamte Plottermarkt nach oben in Bewegung, wobei es einige Trendlinien gibt. Die rechnerunterstützte Konstruktion CAD wird in der Industrie trotz starker Zuwächse derzeit immer noch zu einem sehr geringen Teil angewendet. Penplotter sind hier die gebräuchlichsten Ausgabegeräte für Zeichnungen. Das wird auch künftig so bleiben, so daß sich hier bei steigendem Bedarf und weiter sinkenden Preisen eine überproportionale Nachfrage im Vergleich zum gesamten Plottermarkt ergibt.

Bei den großformatigen Präzisionsplottern zeigt sich ein deutlicher Trend hin zu bearbeitenden Werkzeugen, beispielsweise Werkzeuge zum Ritzen, Fräsen, Gravieren oder Schneiden. Anwender sind hier etwa die Bekleidungs-, Lederwaren- und Polsterindustrie aber auch für die Herstellung von Verpackungen und in der Werbung finden sich solche Geräte.

Eine Verschiebung hin zur Rastertechnik ist bei Fotoplottern sichtbar, als Folge erheblich gestiegener Rechenleistungen bei Computern bei gleichzeitig gesunkenen Hardwarekosten. Schwerpunkte liegen hier in der Herstellung von Masken für Leiterplatten, die Dick- und Dünnfilmtechnik von integrierten Schaltungen sowie bei Anwendungen im Repro-Bereich.

Nachfolgend sei im einzelnen für die verschiedenen Plotter die Trendrichtung kurz skizziert:

- *Kleinformatige Flachbettplotter*
  bis Format DIN A3 bleiben als preiswerte graphische Ausgabegeräte an Personal Computern und Homecomputern weiter stark im Aufwärtstrend. Konkurrierend dazu stehen Microgrip-Plotter wegen ihres geringeren Platzbedarfs.

- *Mittelformatige Flachbettplotter (mittlere Präzision)*
  bis Zeichengröße DIN A2 behalten ein etwa unverändertes Marktsegment. Zunehmend werden diese Plotter auch zum Bearbeiten von Material eingesetzt.

- *Mittelformatige Flachbettplotter (hohe Präzision)*
  Zeichenformat bis DIN A1. Bei Geräten dieser Größe zeigt sich eine ausgeprägte Verlagerung vom reinen Zeichnen hin zum graphischen Bearbeiten von flächigen Materialien, beispielsweise im reprographischen Gewerbe.

- *Großformatige Flachbettplotter (hohe Präszision)*
  mit Zeichenflächen von DIN A0 und größer zeigen als reine Zeichenmaschinen einen stagnierenden Markt. Hingegen entwickelt sich eine zunehmende Tendenz zur graphischen Bearbeitung von Materialien.

- *Folienschneidplotter*
  erfahren vor allem im werblichen Anwendungsbereich eine zunehmende Nachfrage. Überwiegende Anwendung: schneiden selbstklebender Folien für die Innen- und Außenwerbung.

- *Gravierplotter*
  liegen gleichfalls im Aufwärtstrend. Hier geht es um Gravieren von Schildern und Markieren von Teilen, zumeist aus Buntmetall Kunststoff oder Holz.

- *Großformatige Frässchneidetische*
  zeigen durch verstärkte Nachfrage die Tendenz zur Materialbearbeitung bei großen ebenflächigen Materialien.

- *Großformatige Wasserstrahlplotter*
werden beim Schneiden nichtmetallischer Materialien als eine Alternative zum
Laser angesehen. Der Markt ist leicht steigend.

- *Laserschneidplotter*
sind im Markt erst in den Anfängen begriffen. Die Tendenz: 1985 waren in der
Bundesrepublik rund 100 Geräte installiert, 1990 sollen es etwa 700 sein.

- *Kleinformatige Flachbett-Fotoplotter*
sind stark im Kommen, vor allem für die Herstellung von Vorlagen für Leiterplatten (PCB-Anwendung). Muß wegen der geforderten Präzision auf beschichtetes Glas belichtet werden, eignen sich ohnehin nur Geräte in Flachbettausführung.

- *Großformatige Flachbett-Fotoplotter*
haben einen begrenzten Markt. Ihre Anwendung liegt in erster Linie in der Kartographie.

- *Flachbett-Fotoplotter (Rasterverfahren)*
bieten derzeit nur ein paar Hersteller an. Die Geräte sind zum Teil extrem
schnell, jedoch auch teuer.

- *Trommel-Fotoplotter (Rasterverfahren)*
weisen zwei Anwendungsschwerpunkte mit jeweils nach oben gerichteter Tendenz auf: Zum einen die Bildverarbeitung, etwa in der Druckindustrie, andererseits in der Elektronikindustrie die Herstellung von Masken. So lange für die
Leiterplattenfertigung kein Trägermaterial aus Glas erforderlich ist, werden aus
Preisgründen die günstigeren Trommelplotter gegenüber den Flachbettgeräten
bevorzugt.

- *Trommel-Fotoplotter (Vektorverfahren)*
verzeichnen wegen ihres verhältnismäßig niedrigen Preises eine steigende Nachfrage.

- *Inkjetplotter*
finden vor allem in der Bildverarbeitung für hochauflösende Farbwiedergaben
einen zunehmend interessanter werdenen Markt.

- *Thermaltransferplotter*
haben zwar nur eine begrenzte Farbskala, doch dafür zeigt die Wiedergabe eine
hohe Farbsättigung, insbesondere auch auf Klarsichtfolien für Präsentationsgraphiken. Der Markt dafür ist steigend.

- *Elektrostaten*
sind ideale Geräte bei flächenfüllender graphischer Darstellung, weshalb sie
zunehmend in der Bildverarbeitung Verwendung finden, nicht zuletzt auch
wegen der hohen Ausgabegeschwindigkeit dieser Geräte. Verbesserte Techniken
machen auch die mehrfarbige Wiedergabe von der Kostenseite her attraktiver.

Datenbanken für Graphik – Graphik für Datenbanken

P. Baumann, D. Köhler, J. Redmer, M. Ungerer

1. Datenbankunterstützung für graphische Anwendungen

1.1. Graphik im Konstruktionsbereich

In nahezu allen technischen Disziplinen, wie dem Maschinenbau, dem Bauingenieurwesen oder der Mikroelektronik fallen umfangreiche Konstruktionsaufgaben an. Kennzeichnend dabei ist, daß – gleichgültig, ob es sich um die Konstruktion von Werkstücken, den Entwurf von Anlagen, Kraftfahrzeugen, Flugzeugen oder höchstintegrierten Schaltungen in VLSI-Technologie handelt – zwar die Problemstellungen in den einzelnen Bereichen voneinander abweichen, die Lösungsmethoden einander jedoch sehr ähnlich sind.

Die Komplexität der Konstruktionsprozesse bei technischen Objekten führte schon früh zum Einsatz von elektronischen Rechenanlagen. Die Abkürzungen CAD (Computer Aided Design) und CAM (Computer Aided Manufacturing) sind zum Inbegriff für rechnerunterstützten Entwurf und Fertigung geworden. CAD/CAM-Systeme umfassen die erforderliche Hard- und Software, die beim Einsatz von Rechnern in der Konstruktion benötigt wird.

Wesentliche Merkmale des Konstruierens sind das Planen, Konzipieren und im besonderen das schrittweise Entwerfen, Verifizieren und Ausarbeiten von Entwurfsobjekten und damit verbunden auch der Umgang mit geometrischen Gegenständen bzw. graphischen Objekten.

Es gehört zu den Aufgaben eines CAD/CAM-Systems, die Modellierung geometrischer Objekte zu unterstützen. Dies beinhaltet die Beschreibung, Bearbeitung (Editieren) und die Speicherung von Objekten. Ein geometrisches Modelliersystem muß die folgenden Grundfunktionen bereitstellen:

- Eingabe- und Beschreibungsmethoden für geometrische Körper und deren Lage im Raum
- Repräsentation dieser Körper im Rechner (Rechnerinterne Darstellung)
- Zugriffsfunktionen auf die abgelegten Daten
- Graphische Visualisierung der modellierten Objekte

Die rechnerinterne Darstellung bildet das Kernstück eines CAD-Systems. Die nach dem Schema dieser Darstellung gelieferten Daten werden von den jeweiligen CAD-Werkzeugen als Ausgangsbasis für jede weitere Verarbeitung genutzt. Grundlage für derartige interne Darstellungen sind in der Regel mathematische Modelle der Geometrie des dreidimensionalen Raumes. Die Beschreibungsformen für geometrische Körper können dabei grob in drei Gruppen aufgeteilt werden:

- Kantenmodelle
- Flächenmodelle
- Volumenmodelle

Es soll an dieser Stelle nicht auf alle Modelle und die damit verbundenen unterschiedlichen Techniken eingegangen werden. Für die weiteren Betrachtungen werden stellvertretend die in CAD-Systemen häufig verwendeten Volumenmodelle herangezogen [11]. Die Volumenmodelle wiederum lassen sich in zwei verschiedene Klassen unterteilen:

- Flächenbegrenzungsmodelle (Boundary Representation)
- Vollkörpermodelle (CSG-Representation)

Bei der Boundary-Darstellung werden die zu modellierenden Körper durch begrenzende Flächen, Kanten und Eckpunkte beschrieben. Das CSG-Modell wird im folgenden Abschnitt etwas ausführlicher behandelt, da es sich besonders eignet, die Problematik der Speicherung und Manipulation graphischer Daten in einem Datenbanksystem aufzuzeigen.

1.2. Das CSG-Modell

Die CSG-Darstellung ist eine im Umfeld der geometrischen Modellierer weit verbreitete Repräsentationsform für geometrische Körper. „Constructive Solid Geometry" oder Vollkörpergeometrie beschreibt einen Körper direkt durch Grundkörper (Primitive) und geometrische Mengen- und Bewegungsoperationen. Die Vorgehensweise läßt sich mit der Vorstellung von Wegnahme und Hinzufügen von „Material" verbinden. Dabei beginnt man mit Grundkörpern wie Block, Zylinder, Kugel, Kegel oder Keil und erzeugt neue Körper durch geometrische Mengenoperationen (Vereinigung, Durchschnitt oder Differenz). Die Grundkörper liegen als sogenannte generische Objekte vor und werden analytisch beschrieben. Generisch besagt, daß lediglich deren Form, jedoch nicht ihre Größe festliegt und sie durch Parameter wie Seitenlänge oder Durchmesser dimensioniert werden können.

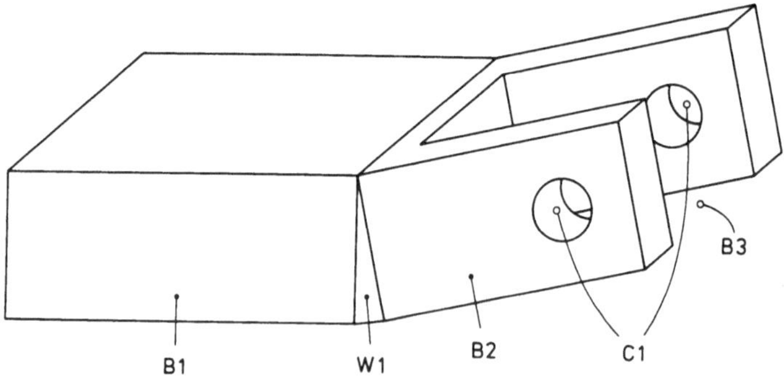

Abb. 1. Werkstück mit Zerlegung in CSG-Primitive

Bewegungsoperationen wie Rotation oder Translation erlauben die Plazierung der Körper im Raum. Abb. 1 zeigt einen Körper, der aus drei Quadern, einem Keil und einem Zylinder konstruiert wurde.

Ein durch CSG modellierter Körper kann als zusammenhängender binärer Baum beschrieben werden. Die Blätter repräsentieren die Grundkörper oder Transformationsparameter, die Knoten stellen Operationen dar. Formal wird die Syntax des CSG-Baumes folgendermaßen definiert:

```
‹Körper›              ::=‹Grundkörper›
                         ‹Körper› ‹BewegungsOperation› ‹Parameter›
                         ‹Körper› ‹MengenOperation› ‹Körper›
‹Grundkörper›         ::=Quader | Zylinder | Keil | Kegel | Kugel
‹BewegungsOperation›  ::=Translation | Rotation
‹MengenOperation›     ::=Vereinigung | Durchschnitt | Differenz
‹Parameter›           ::=x-Wert y-Wert z-Wert
```

In der Regel lassen sich zu einem bestimmten Körper mehrere äquivalente Baumdarstellungen finden. Abb. 2. zeigt eine mögliche Variante eines binären Baumes zu dem Beispiel aus Abb. 1.

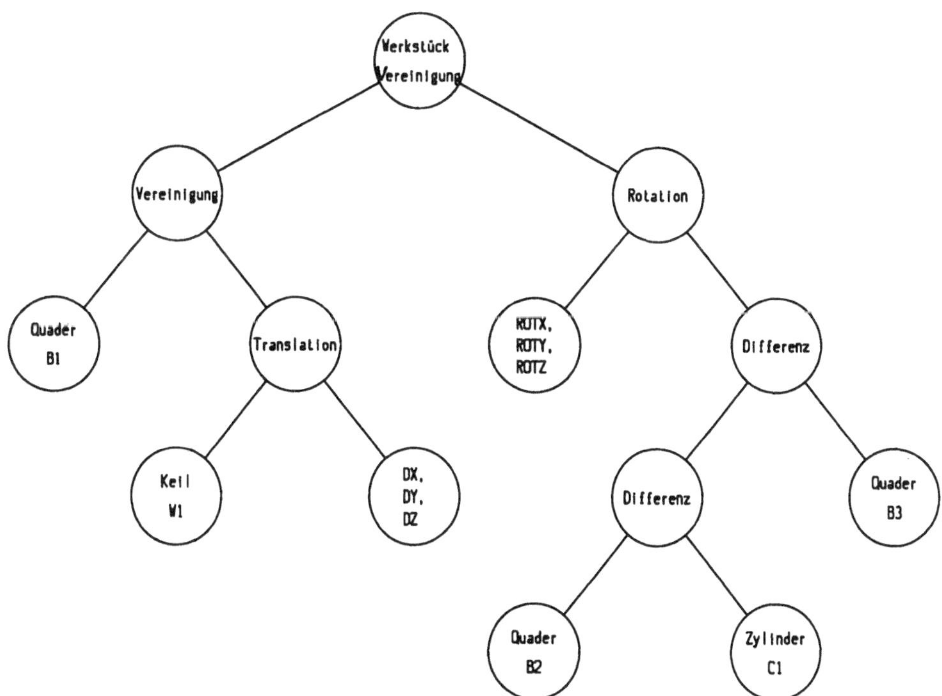

Abb. 2. CSG-Baum eines Werkstücks

1.3. Produktmodell

Das CSG-Modell für sich betrachtet ist eine von vielen möglichen Beschreibungsformen zur Abbildung der Geometrie eines Körpers auf den Rechner. Nun stellt jedoch eine einzelne Darstellung oder Beschreibungsform noch lange kein vollständiges Produkt dar. Aus der Betrachtungsweise des Benutzers existiert ein gedankliches Modell des Produkts, welches in der Anfangsphase mehr verbal in Form von Spezifikationen als geometrisch vorliegt. Im weiteren Verlauf der Entwurfsarbeiten werden ein oder mehrere rechnerinterne Modelle (wie z. B. Volumen- und/oder Kantenmodell) benötigt, um die Geometrie für diverse Berechnungsmethoden transparent und greifbar zu machen. Darüber hinaus liegen im allgemeinen noch zusätzlich benötigte Daten vor, die zwar selbst keine graphischen Daten sind, die aber doch Bezug auf die Geometrie des dargestellten Objekts nehmen. Hierunter fallen z. B. Werkstoffdaten, physikalische Zustandsdaten wie Temperaturverteilungen, Randbedingungen, Berechnungsgrundlagen und Fertigungsinformationen.

Faßt man all diese Repräsentationsformen und zugehörigen Daten einschließlich ihrer Beziehungen untereinander zu einer Einheit zusammen, so ergibt sich eine relativ lückenlose Abbildung der physikalischen Wirklichkeit auf den Rechner, welche als Produktmodell verstanden werden kann. Das Abbildungsschema wird hierbei im wesentlichen durch das Datenmodell geprägt.

Im folgenden sei das eingangs vorgestellte Beispiel näher betrachtet. Zur geometrischen Beschreibung des Körpers genügt das Volumenmodell. Geht man von der Annahme aus, daß jeder Grundkörper in sich homogen ist, so lassen sich werkstofftypische Kenndaten (wie z. B. Elastizitäts-Modul) durch je einen Zahlenwert je Grundkörper abbilden. Mit diesen Angaben und erprobten Anwenderprogrammen können bereits viele Aussagen über den gesamten Körper gemacht werden (Beispiele: Massenschwerpunkt, maximale Normalkräfte an bestimmten Punkten, Gesamtgewicht, Volumen, etc.). Sind nun detailliertere Aussagen über das Produkt erforderlich, so werden weitere Sichten benötigt. Für die Repräsentation der Spannungsverteilung im Gesamtkörper beispielsweise oder zur Beschreibung komplexer Krafteinleitungsprobleme kann zwar das Vollkörpermodell herangezogen werden; zusätzlich müssen jedoch Daten über die Berührungsflächen der einzelnen Grundkörper (z. B. zwischen Block B1 und Keil W1 bzw. Keil W1 und Block B2) gespeichert werden. Hierunter fällt die Übertragungsform von Normalkräften (Druck, Zug), Schubspannungen sowie Biegemomenten in den Eckpunkten der Berührungsflächen. Außerdem müssen Wechselwirkungen mit der Umgebung, d.h. Randbedingungen an den Außenflächen des Gesamtkörpers (Befestigungen, äußere Druckkräfte, etc., im vorhandenen Beispiel insbesondere an den Volumina B3 und C1) gespeichert werden. All diese zusätzlichen Daten können im Gegensatz zu volumenbezogenen Daten wie dem Elastizitäts-Modul aufgrund ihrer anders gearteten Struktur nicht einfach an das Vollkörpermodell angehängt werden. Daraus folgt, daß neben der CSG-Sicht noch eine zweite Sicht auf der Basis des Flächenbegrenzungsmodells benötigt wird.

Ist des weiteren nach der Temperaturverteilung im Produkt unter bestimmten Randbedingungen gefragt, so führt das unweigerlich zu einem hierarchischen Aufbau des Modells. Im Prinzip kann das Vollkörpermodell beibehalten werden, nur genügt die Atomarität der Grundkörper nicht mehr den Ansprüchen eines üblicherweise verwendeten Relaxationsverfahrens zur Temperaturberechnung. Die Geometrie muß also weiter verfeinert werden. Dies führt zu einem zweischichtigen Modell, bei dem die obere Schicht unverändert die bisherige Vollkörperdarstellung des Produkts ist und die zweite Schicht durch je ein erneutes Vollkörpermodell von den einzelnen Grundkörpern der ersten Schicht erreicht wird. Auch diese neuen Vollkörpermodelle müssen durch Flächenbegrenzungsmodelle ergänzt werden, da sich die einzelnen Grundkörper an den Berührungsflächen wechselweise beeinflussen und diese Beeinflussung in Form von Randbedingungen auf das jeweils benachbarte Modell übertragen werden muß.

Faßt man die Erkenntnisse aus diesem konkreten Beispiel unter Berücksichtigung der Zugehörigkeit von Daten sowie der Atomarität strukturierter Datensätze zusammen, so ergibt sich beinahe selbstverständlich folgende Aufteilung für die einzelnen Tupel des Produktmodells:

Identifikation der Komponente	konventioneller Datentyp (z. B.:Integer)
Name, Bezeichner der Komponente	konventioneller Datentyp (z. B.: Text/VarChar)
Spezifikation	konventioneller Datentyp (z. B.: Text/VarChar)
Dokumentation	konventioneller Datentyp (z. B.: Text/VarChar)
Vollkörpermodell (incl. Werkstoffdaten)	komplexer Datentyp (Baumstruktur)
Flächenbegrenzungsmodell (incl. Randbedingungen)	komplexer Datentyp (Baumstruktur)
visuelles Modell	genesteter Datentyp (Graphik)
Berechnungsgrundlagen	abstrakter Datentyp (Benutzer-Format)
Fertigungsinformation	abstrakter Datentyp (Benutzer-Format)
Referenz-von	Standardtyp (Referenz)
Referenz-zu	Standardtyp (Referenz)

Dieses Format läßt sich sowohl auf Dateisysteme als auch auf Datenbanksysteme übertragen. Darüber hinaus könnten zukünftige Datenbanksysteme jedoch weitere Aufgaben übernehmen, wie in den folgenden Abschnitten noch ausführlich gezeigt werden soll. Beispiele hierfür sind die Konsistenz-Überwachung von Referenzen oder sonstigen datenbankspezifischen Standard-Typen und die zentrale Handhabung von hierarchisch strukturierten Einheiten nebst referenzierter Tupel beim Suchen, Löschen oder Modifizieren von Objekten.

Zuvor sollen jedoch der Aufbau und die Eigenschaften der heutigen Systeme vorgestellt werden.

1.4. Architektur heutiger CAD-Systeme

Verfolgt man die Entwicklungsgeschichte von CAD-Systemen zurück, so gab es anfangs einzelne Programmpakete (CAD-Werkzeuge), die für spezielle Aufgaben wie zur Zeichnungserstellung oder zur Programmierung von NC-Maschinen eingesetzt wurden. Kennzeichnend war, daß es zwischen den einzelnen Werkzeugen keinen Datenaustausch gab.

Derartige Insellösungen konnten den Entwurfsprozeß nur punktuell unterstützen, eine durchgängige Unterstützung in allen Phasen des Konstruktions- und Produktionsprozesses war nicht möglich (Abb. 3).

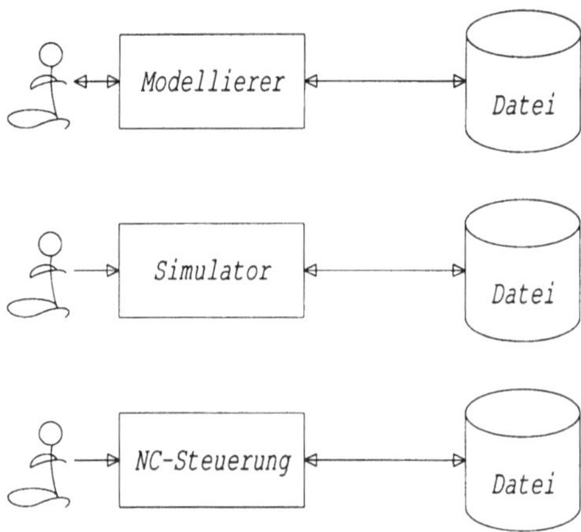

Abb. 3. Insellösung

Durch die Entwicklung weiterer Programmpakete wurde es ermöglicht, mit dem Fortschreiten der Konstruktionsarbeiten einzelne Programme auszuwählen und zu kombinieren. Dabei erhalten die jeweiligen Werkzeuge ihre Eingabedaten aus den zuvor eingesetzten Programmpaketen. Jedes dieser Programme benötigt zur Lösung seiner Aufgaben eine gewisse Informationsmenge über das konstruierte technische Objekt. Da die einzelnen Werkzeuge jedoch ihre eigene interne Datenstruktur haben, müssen die Eingabedaten, auch wenn sie dasselbe Objekt beschreiben, jeweils separat aufbereitet und dem Werkzeug übergeben werden. Der Aufwand für die Aufbereitung und Transformation der Eingabedaten ist beträchtlich (Abb. 4).

Wünschenswert wäre die Integration aller CAD-Werkzeuge durch eine gemeinsame Datenbasis, welche alle notwendigen Informationen in einheitlicher Form enthält und den jeweiligen Werkzeugen in deren Sichtweise bereitstellt.

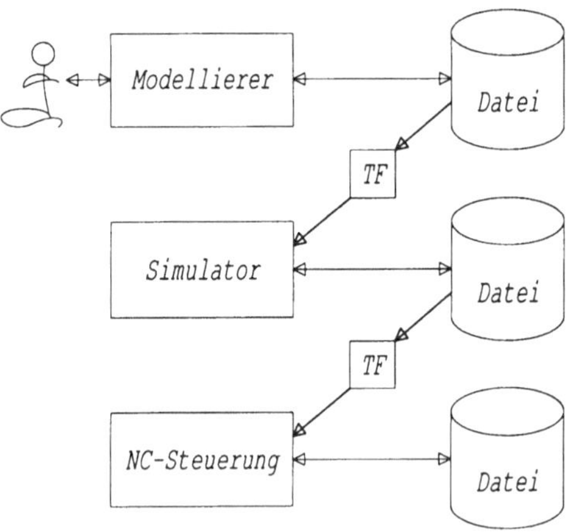

Abb. 4. Verknüpfung durch Transformatoren

Dieser Integrationsgedanke legt es nahe, ein Datenbanksystem zur Verwaltung der Daten in einer gemeinsamen Datenbasis einzusetzen. Im traditionellen administrativ-betriebswirtschaftlichen Bereich werden Datenbanksysteme seit geraumer Zeit zur sicheren Verwaltung größerer Datenbestände für unterschiedliche Anwendungen und Personenkreise eingesetzt.

Im folgenden seien die wichtigsten Eigenschaften klassischer Datenbanksysteme zusammengefaßt. Eine daran anschließende Betrachtung von CAD-Anwendungsbeispielen wird eine Reihe von Anforderungen verdeutlichen, die erheblich von den Anforderungen an Datenbanksysteme im administrativ-betriebswirtschaftlichen Bereich abweichen.

1.5. Eigenschaften (klassischer) Datenbanksysteme

Mit der Einführung von Datenbanksystemen wurde eine klare Trennungslinie zwischen Datenverwaltung und Anwendung gezogen. Die Datenstruktur sowie das Datenmodell solcher Systeme sind bewußt universell und anwendungsneutral gehalten. Das Volumen und die Art der verwendeten Speichermedien sollte ebensowenig auf die Anwenderseite übertragen werden wie die interne Adressierung und Organisation der gespeicherten Daten.

Das wohl charakteristischste Merkmal von Datenbanksystemen gegenüber konventionellen Dateien ist die zentrale Datenhaltung. Alle beteiligten Benutzer können Daten extrahieren und neue Verknüpfungen herstellen. Darüber hinaus stehen ihnen Funktionen zur Aufbereitung ihrer Daten zur Verfügung. Dieses Konzept ermöglicht erstmals einen effizienten Mehrbenutzerbetrieb und eine zentrale Verwaltung der Datenkonsistenz. Verschiedene Anwendungen können parallel auf gemeinsame Datenbestände zugreifen. Das erfordert selbstverständlich ein hohes Maß an Synchronisation und Datensicherung. Daher wurde für Datenbanksysteme ein sogenanntes Transaktionskonzept entwickelt, bei dem eine Transaktion als „atomare Arbeitseinheit" angesehen werden kann. Zu Beginn und während einer Transaktion werden Teile des Datenbestands mit Sperren belegt, um inkonsistente Zwischenzustände im Konflikt mit anderen Benutzern zu vermeiden. Bei Beendigung einer Transaktion wird die Datenbank wieder in einen konsistenten Zustand übergeführt und die Sperren werden aufgehoben.

Eine Transaktion kann formal auf zwei Arten abgeschlossen werden: entweder der neue konsistente Zustand wird bestätigt und somit global zum neuen Datenbankzustand für alle Benutzer, oder die Transaktion wird zurückgesetzt und der konsistente Datenbankzustand vor Beginn der Transaktion wieder hergestellt. Die für diese Technik notwendige temporäre „Doppelspeicherung" von Daten oder Information kommt dabei auch der Datensicherung und den Wiederanlauffähigkeiten von Datenbanksystemen zugute.

Infolge der gemeinsamen Nutzung von Datenbeständen gewinnt in besonderem Maße der Datenschutz an Bedeutung. Nahezu alle modernen Datenbanksysteme verfügen über ein integriertes Konzept zur Administration von Eigentumsrechten. Meist wird dabei zwischen öffentlichen und privaten Bibliotheken unterschieden; die Organisation von Benutzer-Gruppen innerhalb der privaten Bereiche bleibt der Kompetenz der beteiligten Anwender überlassen.

1.6. Anforderungen an Datenbanksysteme für graphische Anwendungen

Graphische Daten sind in der Regel sehr komplex und lassen sich mit konventionellen Datenbanksystemen nur unzureichend handhaben. Die Schwierigkeiten wurzeln sowohl in unzureichenden bzw. fehlenden Datentypen als auch im geringen Umfang der Datendefinitions- und Datenmanipulationssprachen sowie an den üblicherweise in sich geschlossenen Konzepten der einzelnen Datenbanksysteme. Moderne CAD-Systeme greifen daher häufig zur Abspeicherung ihrer strukturierten Daten nicht auf Datenbanksysteme sondern auf konventionelle Dateisysteme zurück, wobei die Datenstruktur, deren Umsetzung sowie die Datenverwaltung und Handhabung sehr spezifisch und somit fester Bestandteil des jeweiligen CAD-Systems sind. Es existieren Ansätze, komplexe Datenstrukturen auf heutigen Datenbanksystemen zu simulieren und weitgehend redundanzfrei abzuspeichern [2, 5, 7]. Dies erfordert jedoch vom Benutzer eine detailierte Kenntnis der Datenstrukturen, macht die Verwaltung der Datenbestände sehr kompliziert und zugleich anfällig für Inkonsistenzen. Würde in unserem CSG-Beispiel ein Konstrukteur den Grundkörper „Block B2" modifizieren oder gar aus der Struktur entfernen, so würde ihn das Datenbanksystem gegebenenfalls nicht darauf hinweisen, daß sich die Bohrung „Zylinder C1" nun plötzlich außerhalb der Gesamtstruktur befindet.

Das Transaktionskonzept klassischer Datenbanksysteme mit der Verschmelzung von Datensicherung und Konsistenzkontrolle läßt darüber hinaus eine detaillierte Konsistenzüberwachung nicht zu. Angenommen, ein Datenbanksystem wäre in der Lage, die im vorangegangenen Beispiel beschriebene Inkonsistenz der frei in der Luft schwebenden Bohrung zu erkennen, so stellte sich sofort ein neues Problem: die Datenbank würde die Änderung des Konstrukteurs nicht zulassen oder automatisch rückgängig machen, obwohl der Konstrukteur eine vorübergehende Inkonsistenz vielleicht bewußt in Kauf nehmen möchte.

Die Anforderungen an zukünftige CAD-Datenbanksysteme werden in erster Linie durch die Beschaffenheit von CAD-Daten geprägt. In der Praxis liegen diese Daten in sehr unterschiedlichen Formaten vor. Es werden geschachtelte Felder (nested arrays), Hierarchien von Relationen einschließlich der zugehörigen Referenzen und deren Verwaltung, Baumstrukturen (wie in unserem CSG-Beispiel), konventionelle Datentypen oder ganz allgemein abstrakte Datentypen benötigt. Somit muß bereits die Datendefinitionssprache entsprechende Konstrukte zur Beschreibung von Strukturen und Beziehungen sowie zur Generierung neuer Datentypen beinhalten. Ferner muß die Datenmanipulationssprache folgende Voraussetzungen erfüllen:

- Das Erweitern abgespeicherter Strukturen sollte ebenso leicht und direkt möglich sein wie das Einfügen neuer Objekte;
- Kommandos zum Löschen und Modifizieren komplexer Dateneinheiten sind ebenso unerläßlich wie
- das Extrahieren von Teilobjekten, das Benennen und Kopieren von Teilen und ganzen Objekten;
- es müssen Such- und Lese-Kommandos vorhanden sein, die auch strukturierten Daten gerecht werden (gezieltes Lesen, Adressieren von Entities, z. B.: gib' mir alle Teilobjekte von Objekt X mit der Eigenschaft Y; lies Struktur Z)

- es müssen Such-Hilfen angeboten werden (sortieren, auflisten, z. B.: sortiere Objektliste nach Objektbeziehungen, Größe oder Datum).

Neben diesen Voraussetzungen zur Datenhaltung werden noch weitere Sprach-konstrukte zur effektiven Anwendung der CAD-Datenbestände benötigt. Hierunter fallen:

- das Triggern von Anwenderprogrammen aus der Datenbank-Umgebung heraus (z. B. Starten von Simulationsprogrammen);
- separate, sowohl auf Datentypen als auch auf Datenstrukturen bezogene Konsistenz-Prüf-Kommandos (z. B. zur Kontrolle von Domänen, Kardinalitäten, etc.);
- Kommandos zum Ver- und Entleihen von Objekten im Mehrbenutzerbetrieb

Wünschenswert, wenn auch nicht zwingend erforderlich, sind Sprachelemente zum Analysieren von komplexen Strukturen. Hierunter fallen zum Beispiel die Zerlegung von zusammengesetzten graphischen Objekten in Teilkomponenten bis herab zu den atomaren Basiskörpern, das Isolieren solcher Teilobjekte in der Datenbank, das Erkennen von Ähnlichkeiten graphischer Teilobjekte sowie die Möglichkeit zur nachträglichen Parametrisierung von Konfigurationen. In diesem Zusammenhang sei auch erwähnt, daß moderne CAD-Systeme in der Regel einen Katalog von geometrischen Basisobjekten (z. B.: Quadrat, Kreis, Dreieck, Würfel, Kugel, Pyramide, etc.) bereitstellen. Im Hinblick auf den Mehrbenutzerbetrieb sollten derartige Kataloge bei CAD-Datenbanksystemen in öffentlichen Bibliotheken angelegt werden.

Gerade in Anbetracht des für CAD-Anwendungen typischen Mehrbenutzerbe-triebs in Verbindung mit iterativer Arbeitsweise bei der Entwicklung technischer Lösungen ergeben sich für zukünftige CAD-Datenbanksysteme eine Reihe von Forderungen, wie sie bereits allgemein für technische Datenbanken aufgestellt wurden [8]. Auf diese Forderungen soll nicht näher eingegangen werden, sie seien aber der Vollständigkeit halber an dieser Stelle kurz erwähnt:

- Das klassische Transaktionskonzept kommerzieller Datenbanksysteme muß durch ein neues Konzept ersetzt werden. Insbesondere müssen Datensicherung und Konsistenzkontrolle entkoppelt werden und auch temporäre Zwischenzu-stände der Datenbank sollten bei Bedarf separat archivierbar sein.
- Ein Versionen- und Alternativenkonzept ermöglicht erst die wirkliche Kontrolle über den iterativen Entwicklungsprozeß
- Die in den meisten Datenbanksystemen bereits enthaltene Administration von Eigentumsrechten muß mit Rücksicht auf sinnvolle Teamarbeit erweitert wer-den
- Die Kommunikationsfähigkeit des Datenbanksystems muß erweitert und für zukünftige Entwicklungen standardisiert werden. Das beinhaltet, daß ein Datenbanksystem u. a. nicht ausschließlich auf Anfragen des Benutzers reagie-ren sollte, sondern automatisch von sich aus auch Statusinformationen verteilen kann (z. B. über neu entstandene oder aufgehobene Sperren, die mit momentan aktiven Objekten oder Teilobjekten des jeweiligen Benutzers in Konflikt geraten könnten)

Zu dem letztgenannten Punkt läßt sich eine allgemeine Anforderung an zukünftige Systeme aufstellen, die sowohl für CAD-Datenbanksysteme als auch für konventionelle Dateisysteme Gültigkeit besitzt. Da insbesondere bei graphischen Systemen die Vielfalt der Schnittstellen zur Mensch-Maschine-Kommunikation auffallend groß ist, wird für die zukünftige Entwicklung ein standardisiertes Übertragungsformat zum wahlweisen Anschluß von graphischen Ein- und Ausgabegeräten (z. B. Plotter, Workstation, Graphics-System, graphische Editoren) unerläßlich sein. Heutige CAD-Systeme sind diesbezüglich nach wie vor sehr individuell und verwenden sehr unterschiedliche Datenrepräsentationen auf den verschiedensten Ebenen. Die Folge ist eine unnötig hohe Rate von Daten- und Befehls-Übersetzungen und damit verbunden eine Verlangsamung der Software, mangelnde Modularität und Kompatibilität, Wartungsprobleme und unüberschaubare Hemmnisse beim Ausbau der Systeme. Aufgrund dieser Schwierigkeiten sind solche technisch prinzipiell machbaren und für die Gruppenarbeit sehr nützlichen Einrichtungen wie z. B. die individuelle Versorgung der einzelnen Benutzer mit Datenbank-Zustandsinformationen eher die Ausnahme als die Regel. Würde in diesem Bereich jedoch eine Normung erreicht werden, so wäre folgender konstruierter Fall denkbar: An ein und dieselbe Datenbankschnittstelle werden abwechselnd drei Generationen von graphischen Ausgabegeräten angeschlossen. Während jeweils ein Konstrukteur über diese Schnittstelle unser CSG-Beispiel bearbeitet, modifiziert ein zweiter Konstrukteur von einem anderen Bildschirm aus die Bohrung C1. Würde das Ausgabegerät der älteren Generation den von der Datenbank ausgesendeten Trigger-Impuls über die Sperren-Zustandsänderung einfach ignorieren, so könnte ein System der neueren Generation bereits eine Nachricht über den Bildschirm ausgeben. Ein modernes Gerät könnte angeregt durch den Datenbank-Impuls automatisch weitere Informationen anfordern und daraufhin das gesperrte Teilobjekt „Zylinder" z. B. rot blinkend auf dem Schirm markieren. Alle drei Systeme wären aber aufgrund des standardisierten Übertragungsformats ihren Fähigkeiten entsprechend uneingeschränkt einsatzfähig.

Im folgenden Abschnitt soll anhand des Datenbank-Systems PRODAT ein richtungsweisendes Beispiel vorgestellt werden.

1.7. Das PRODAT-Datenmodell

PRODAT ist die Datenhaltungskomponente des Hardware- und Software-Entwicklungssystems PROSYT [3]. Dementsprechend ist das PRODAT-Objektmodell (POM) an die Erfordernisse derartiger Applikationen angepaßt. Es kennt einfache und strukturierte Objekte sowie Versionen und Konfigurationen von Objekten. Die folgenden Ausführungen erläutern das Konzept der einfachen und strukturierten Objekte, welches die Basis des Objektmodells darstellen. Für detaillierte Informationen über POM wird auf die Literatur verwiesen.

Strukturierte Objekte bestehen aus einfachen Objekten, die über Beziehungen zusammenhängen. Einfache Objekte können einen sogenannten Inhalt haben; darunter ist eine variabel lange Byte-Kette zu verstehen, deren Bedeutung dem Datenbanksystem nicht bekannt ist. Der Inhalt eines Objekts kann beispielsweise ein Text sein, Pixeldaten oder auch ein ausführbares Programm. Daneben können einem einfachen Objekt noch Attribute zugeordnet werden. Attribute sind beigeordnete Datenelemente, die der Benutzer bei der Schemadefinition ausgehend von einfachen Basistypen festlegen kann.

Einfache Objekte werden über gerichtete, zweistellige Beziehungen zu strukturierten Objekten verknüpft. Es sind nur hierarchische (d.h. zyklenfreie) Strukturen erlaubt. Die Anzahl der Vorfahren eines Objekts ist beliebig.

Die Definition einfacher und strukturierter Objekte geschieht in einer Schema-Definitionssprache, wie exemplarisch in Abb. 5 gezeigt. In der STRUCT-Definition wird beschrieben, ob das einfache Objekt einen Inhalt besitzt und welche Attribute ihm zugeordnet sind. Die SUCCESSORS-Klausel enthält die Beschreibung der Menge der zulässigen Nachfolger eines einfachen Objekts. Außer der expliziten Angabe eines Ausdrucks steht eine Reihe von vordefinierten Standardbeziehungen zur Verfügung, die im Entwurfsbereich häufig auftretende Situationen beschreiben (z.B. hat_Komponente, hat_Repräsentation).

Eine wichtige Eigenschaft von Objekten ist ihre Vollständigkeit: Eine Entwurfsphase kann erst abgeschlossen werden, wenn die Vollständigkeit des Entwurfs erreicht ist. Der Entwicklungsprozeß ist im Regelfall sehr langwierig, und die Konsistenz und Vollständigkeit der Objekte kann nicht von vornherein für jedes Entwicklungsstadium garantiert werden. PRODAT unterstützt daher die Definition und Überwachung der Vollständigkeit von Objekten. Ein strukturiertes Objekt ist vollständig, wenn alle Subobjekte eine Menge von Nachfolgerobjekten besitzen, die der jeweiligen SUCCESSORS-Klausel in der Schemadefinition sowohl vom Typ als auch von der Anzahl her genügen. Der Vollständigkeitsstatus der Objekte wird vom System bei jeder Manipulation neu evaluiert.

In dem in Abb. 5 gezeigten Beispiel wird festgelegt, daß vollständige Objekte vom Typ Modul eine Quelle und ein bis zwei Include_Dateien als Nachfolger haben müssen.

Zur Bearbeitung der Datenbank bietet PRODAT anstelle einer herkömmlichen „data manipulation language" eine prozedurale Schnittstelle für Werkzeuge und ein graphisches Interface, den sogenannten PRODAT-Objekteditor, für menschliche Anwender. Lediglich die Schemadefinitionen werden noch mit alphanumerischen Mitteln bewerkstelligt.

Welche besonderen Merkmale der Objekteditor aufweist, wird in den folgenden Kapiteln unter dem Gesichtspunkt betrachtet, welche Anforderungen aus der Sicht der Datenbanktechnologie an graphische Benutzeroberflächen zu stellen sind.

```
TYPE  Modul
        STRUCT
           name CHAR (20),           /* Attributdefinition */
           date DATE,                /* Attributdefinition */
           CONTENTS,                 /* Modul hat einen Inhalt */
                                     /* (z.B. Objektcode) */
        SUCCESSORS                   /* Definition der Nachfolger */
        1 Quelle AND 1..2 Include_Datei;
```

Abb. 5. Schemadefinition in PRODAT

2. Graphikunterstützung für Datenbanken

2.1. Historische Entwicklung anhand eines Fallbeispiels

Graphische Benutzeroberflächen für Datenbanksysteme stellen für Anwender eine natürliche Art dar, die „Miniwelt" ihrer Datenbank zu inspizieren und zu verändern. Sie bieten ein hohes Maß an Komfort (z. B. Anpicken eines Objekts statt Eintippen eines „Identifikators") und ermöglichen bei geeigneter Gestaltung der Schnittstelle auch dem gelegentlichen, unkundigen Benutzer mit dem System zu arbeiten. Freilich muß dazu sehr sorgfältig erwogen werden, wie die Datenbankinformationen graphisch zu repräsentieren sind.

Die weiteren Ausführungen stützen sich auf das bereits bekannte Beispiel der CSG-Darstellung dreidimensionaler Körper. Diese Strukturen wollen wir in einer relationalen Graphik-Datenbank abspeichern. Der Einfachheit halber werden wir wiederum die Operationen zur Translation, Rotation und Skalierung von Teilkörpern weglassen; uns interessiert an dieser Stelle nur der Basismechanismus. Abb. 6 zeigt den so vereinfachten CSG-Strukturbaum zum Beispielkörper aus Kap. 1.1.

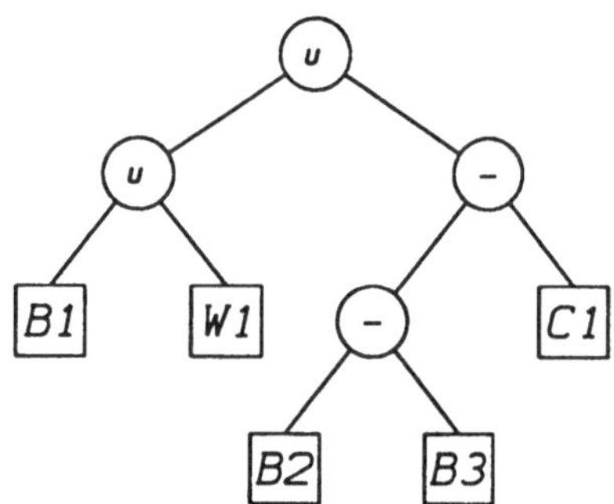

Abb. 6. Strukturbaum eines CSG-Körpers

Mehrere Möglichkeiten sind denkbar, wie diese Struktur auf Relationen abgebildet werden kann. Wir definieren unsere CSG-Datenbank am zweckmäßigsten, indem wir Selbstbezug und Rekursionsabbruch in getrennten Relationen modellieren:

```
create table CSG-Objekt

(   CSG-Id integer,        /* eindeutiger Identifikator */
    Operation char(1),     /* Kennung für Operation */
    Teilobjekt_1 integer,  /* Verweis auf 1. Teilobjekt */
    Teilobjekt_2 integer   /* Verweis auf 2. Teilobjekt*/
);

create table Grundkörper

(   Gk_Id integer,         /* eindeutiger Identifikator */
    Typ char(8)            /* Kennung für Körpertyp */
);
```

Die integer-Attribute fungieren als Schlüssel, über die alle Körper - Grundkörper oder nicht - eindeutig identifizierbar sind. (Die Forderung nach Eindeutigkeit der Schlüssel kann dem Datenbanksystem durch eine unique-Klausel mitgeteilt werden.) Die Teilobjekt_i-Einträge verweisen solange auf weitere CSG-Unterobjekte, bis die Blätter des CSG-Baums erreicht sind; in diesem Fall enthält Teilobjekt_i den Schlüssel des zugehörigen Tupels in der Grundkörper-Relation. Operation enthält die Codierung für die auszuführende Mengenoperation: '∪' für Vereinigung, '∩' für Durchschnitt und '−' für Differenz. Analog bezeichnen im Attribut Typ ‚Quader‘ , ‚Kegel‘ , ‚Kugel‘ usw. die entsprechenden Grundkörper. Abb.7 zeigt die Abspeicherung des CSG-Baums aus Abb.6 in unserer Datenbank.

CSG_Objekt	CSG_Id	Operation	Teilobjekt_1	Teilobjekt_2
	1	'∪'	2	3
	2	'∪'	5	9
	3	'-'	4	8
	4	'-'	6	7

Grundkörper	Gk_Id	Typ
	5	'Quader'
	6	'Quader'
	7	'Quader'
	8	'Zylinder'
	9	'Prisma'

Abb. 7. Relationale Darstellung eines CSG-Baums

Die Verbindung zwischen CSG_Objekt und Grundkörper wird über die Attribute Teilobjekt_1 , Teilobjekt_2 und Gk_Id hergestellt. Beispielsweise können wir alle CSG-Objekte suchen lassen, die den Grundkörper ‚Quader‘ als erstes Teilobjekt verwenden. Das geschieht mit einer Join-Operation (als Join bezeichnet man die Verknüpfung zweier Relationen über gleiche Attributwerte; hier sind die sogenannten Join-Attribute Teilobjekt_1 und Gk_Id):

```
select  CSG_Id
from    CSG_Objekt, Grundkörper
where   Teilobjekt_1=Gk_Id
        and Typ='Quader'
```

Das Ergebnis dieser Anfrage sind die CSG_Ids 2 und 4.

Nun wollen wir sehen, welche Möglichkeiten bisherige Systeme zur graphischen Darstellung unserer Beispielsdatenbank bieten. In der Tat gibt es bis heute sehr wenige kommerziell verfügbare Datenbanksysteme, die über eine graphische Schnittstelle verfügen. Ein früher Ansatz in dieser Richtung war Query by Example (QBE), das auf SQL/DS aufsetzt [13]. In QBE werden Relationen am Bildschirm in der üblichen Tabellenform dargestellt; der Benutzer kann Anfragen stellen, indem er in die Attributfelder entweder Vorbelegungen einträgt oder Kommandos, beispielsweise zur Ausgabe eines gefundenen Attributwertes. Aus dem Eintrag erzeugt QBE eine SQL-Query, leitet diese an das Datenbanksystem weiter und setzt das Resultat wieder in die Tabellendarstellung um.

Wie sehen nun Queries über diesen Relationen aus? Nehmen wir an, wir suchen in einem Körper alle Bohrungen, d.h. zylindrischen Löcher. Im CSG-Baum erkennt man sie daran, daß die Differenzoperation angewandt wird, wobei der abzuziehende Teilkörper ein Zylinder ist. Das ist essentiell eine rekursive Anfrage, die im relationalen Modell nicht formuliert werden kann. Beschränken wir uns daher auf eine Ebene im CSG-Baum und suchen nur nach den Körpern, die unmittelbar aus einer derartigen Differenz aufgebaut sind. Dann lautet die Anfrage:

„Liefere die Identifikatoren aller CSG-Körper, die eine Differenz-Operation enthalten und bei denen Teilobjekt_2 ein Grundkörper vom Typ Zylinder ist."

In SQL formuliert ergibt sich:

```
select  CSG_Id
from    CSG_Objekt, Grundkörper
where   Operation='-'
        and Teilobjekt_2=Gk_Id
        and Typ='Zylinder'
```

In QBE werden auszugebende Attributwerte selektiert, indem in die entsprechende Spalte das Kommando P.u eingetragen wird (siehe Abb. 8). Die Auswahl Operation = '-' und Typ = 'Zylinder' geschieht durch Eintragen der Werte '-' und ‚Zylinder' in die entsprechende Spalte. Interessant ist schließlich noch die Art, wie Joins gebildet werden. Dazu wird in die Spalten der Join-Attribute ein „Beispielswert" eingetragen; er ist durch Unterstreichung von den normalen Attributwerten unterscheidbar. In unserem Fall ist das der Wert 4 in den Spalten Teilobjekt_2 und Gk_Id. Der Join berücksichtigt alle Attribute, in denen gleiche Beispielswerte eingetragen worden sind.

QBE ist auf normalen alphanumerischen Terminals ablauffähig. Von daher sind die Darstellungsmöglichkeiten also sehr stark beschränkt. Die Tatsache, daß Relationen durch achsenparallele Linien darstellbar sind, welche wiederum durch übliche Literale (z. B. „I" und „-") erzeugt werden können, hat ein Benutzerinterface wie QBE in den siebziger Jahren überhaupt erst möglich gemacht.

CSG_Objekt	CSG_Id	Operation	Teilobjekt_1	Teilobjekt_2
	P.	'-'		<u>4</u>

Grundkörper	Gk_Id	Typ
	<u>4</u>	'Zylinder'

Abb. 8. Benutzeranfragen in QBE

Einen anderen Weg beschreiten Systeme wie APE [9], dBase [1] und SESAM [6]. Dort setzt man Masken ein, um einerseits eine übersichtliche Darstellung der Datenelemente zu erreichen und andererseits bestimmte Eingabeformate vorzugeben. Letzteres geschieht durch die Festlegung von Eingabefeldern, die als einzige überschreibbar sind, sowie Plausibilitätskontrollen, die bereits vom Maskenverwalter vorgenommen werden. Der Programmierer gibt in der Definition das Layout einer Maske vor. Darin sind insbesondere die Eingabefelder und die zugehörigen Eingabeklassen (z. B. numerische ganzzahlige oder reelle Werte, Texte bestimmter Länge) festgelegt. Abb. 9 zeigt ein mögliches Layout einer Maske für unsere Graphik-Datenbank.

Wie man sieht, steckt die Graphikunterstützung für Datenbanksysteme noch sehr in den Anfängen. Einer der Gründe ist sicherlich, daß die dafür erforderlichen Graphikterminals bisher kostspielig und daher selten verfügbar waren, während ein Allzweckdatenbanksystem auf möglichst vielen Hardwarekonfigurationen lauffähig sein soll. Mit dem rapiden Preisverfall der Hardware sind jedoch mittlerweile die Voraussetzungen gegeben, auch hier Graphik einzusetzen.

Um dieses Visualisierungsmedium voll ausschöpfen zu können, ist ein wohldurchdachtes Konzept nötig, das eine anschauliche Darstellung der verschiedenen Datenbankinformationen garantiert. Im Fall QBE, wo eine rechteckige, streng tabellarische Form vorliegt, ist die Repräsentation des zugrundeliegenden Objektmodells relativ einfach; bei Entity-Relationship-Ansätzen, bei denen eine allgemeine GraphenStruktur auftritt, ist die Repräsentation schon schwieriger. Dieser Themenbereich soll daher im nun folgenden Kapitel untersucht werden.

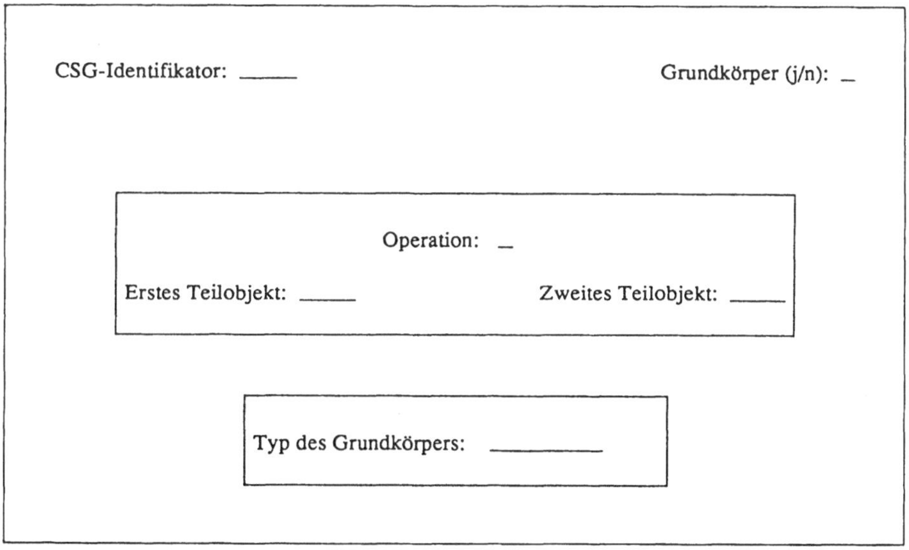

CSG-Identifikator: ______   Grundkörper (j/n): _

Operation: _

Erstes Teilobjekt: ______   Zweites Teilobjekt: ______

Typ des Grundkörpers: __________

Abb. 9. Layout einer Bildschirmmaske für CSG-Objekte

2.2. Anforderungen heutiger Datenbanksysteme an graphische Benutzerschnittstellen

Die Anforderungen heutiger Datenbanksysteme an graphische Bedienungsoberflächen werden zunehmend von neuen Entwicklungen im Graphik- als auch im Datenbankbereich beeinflußt. Beide Gebiete erarbeiten Methoden und Techniken zur Verwendung von Basissystemen für alle denkbaren Anwendungen. Mit dem Einsatz solcher Systeme in technischen Anwendungen wie CAD sind bereits die Anforderungen an Graphik- und Datenbanksysteme gestiegen und neue Modelle und Techniken wurden entwickelt. Ein weiterer Aspekt ist die Integration komplexer Anwendungen (z. B. Software Engineering) zu einem System mit der Verwendung eines Datenbanksystems zur einheitlichen Ablage und Verwaltung der Daten sowie einer graphischen Benutzeroberfläche, um die Gestaltungsformen für den Benutzer zu vereinheitlichen. Dieser gemeinsame Einsatz neuer Datenmodelle mit komplexen Objekten und moderner Graphik- und Dialogkonzepte sowie Techniken wie Windowmanager, Masken- und Menuegeneratoren sind die Hauptgründe für ein „Sichaufeinanderzubewegen" und die Forderung nach graphischen Bedienungen zum Aufruf von Datenbankfunktionen. Interessante Ansätze für graphische Datenbank-Abfragesprachen sind [12] und [14]. Wir betrachten im folgenden die Anforderungen eines Datenbanksystems mit einem Objektmodell oder einem erweiterten Entity-Relationship-Modell [4, 10] an eine graphische Oberfläche wie etwa einen Graphik-Editor zur Darstellung und Manipulation von Datenbankobjekten. Hierbei ist zu unterscheiden zwischen Aufgaben und Techniken, oder genauer: was soll wie dargestellt werden. Die Darstellung oder Ausgabe auf dem Graphik-Bildschirm ist die minimale Funktionalität des Graphik-Werkzeugs, während erst in zweiter Stufe die Manipulation dargestellter Objekte verlangt wird. Es ist hier klar zu differenzieren zwischen einerseits den Darstellungsobjekten als Elemente für das Graphiksystem und andererseits den Datenbankobjekten. Dieser Unterschied wird deutlicher, wenn wir im einzelnen aufführen, welche speziellen Einheiten und Informationen in einer Datenbank dargestellt werden sollen:

Objekte und Beziehungen

Die Einheiten der Datenbank sind konzeptuell gesehen natürlich abhängig vom zugrundeliegenden Datenmodell (z. B. Relationen, Records,...). Eine weitere Abstraktionsstufe ermöglicht eine Sichtweise wie in objektorientierten Ansätzen, sie unterscheiden in Objekte und Beziehungen (z. B. Entity-Relationship-Modell). Der Anwender bildet seine Welt auf diese Grundelemente ab. Bereits bei der Konzeption des Schemas „denkt er in Bildern" und skizziert Zusammenhänge auf dem Papier. Aus dieser Abbildung entsteht ein Netz von Abhängigkeiten. Eine graphische Benutzerschnittstelle kann die Objekte und Beziehungen z. B. durch einen allgemeinen Graphen darstellen, wobei die Knoten des Graphen Objekte repräsentieren und die Kanten die Beziehungen zwischen den Objekten. Die Darstellung muß übersichtlich und eindeutig sein; diese Anforderung erfordert häufig eine automatische Entflechtung des „Kantengewirrs". Die dabei notwendigen Erklärungstexte, sowie der weiteren Kontext zur Graphik wird in Kap. 2.3 erläutert.

Komplexe Anwendungen erfordern einen differenzierten Objektbegriff. So kann z.B. ein Programm, ein VLSI-Baustein oder eine Konstruktionszeichnung wohl kaum als ein einfaches Objekt mit Attributen beschrieben werden. Daher werden solche Realwelt-Objekte auf komplexe Objekte der Datenbank abgebildet. Komplexe Objekte sind strukturiert, d.h. sie bestehen aus vielen Subobjekten, die selbst auch wieder strukturiert sein können. Diese hierarchische Objekt- Subobjekt-Beziehung wird hier als Struktur eines Objekts bezeichnet, die mit einer Definitionssprache für Typen von Objekten und Beziehungen bei der Schemadefinition festgelegt wird. Diese Struktur kann genauso wie das zuerst beschriebene Objekt-Beziehungs-Geflecht graphisch dargestellt werden, wobei jedoch entweder die Kanten besonders zu kennzeichnen sind oder eine spezielle Darstellungsform für die Objekthierarchie gewählt werden muß. Sie ist die herausragende Abhängigkeit zwischen Objekten (feste Beziehung, nicht beliebig änderbar).

Attribute und Inhalt

Die wegen der Fülle an Informationen häufig symbolisch dargestellten Objekte (s.o.) werden in der Datenbank durch Attribute beschrieben. Die Attribute erklären die Eigenschaften eines Objekts. Sie sollen auf Wunsch des Benutzers in ansprechender Form auf dem Bildschirm erscheinen. Objekte technischer Anwendungen, wie CAD, VLSI, sind in der Regel nicht ausreichend durch Attribute beschrieben; vielmehr besitzen sie einen sogenannten Inhalt, der vom Datenbanksystem nicht interpretiert wird und daher meist den Datentyp Longfield (beliebig lange Bytekette) hat. Dem Benutzer muß der ihm bekannte Inhalt jedoch darstellbar sein, wofür im Graphiksystem meist ein Wechsel von graphischer zu textueller Form notwendig ist (z.B. Dokumentationstexte, Programme).
Schema-Definitionen für Objekttypen und Beziehungstypen werden im allgemeinen durch eine Beschreibungssprache in die Datenbank eingegeben. Die Eingabe wird interpretiert und die notwendigen Informationen für eine spätere Typprüfung im Data Dictionary abgelegt. Die Typdefinitionen sind dann rein textuell und lassen sich in dieser Form nicht graphisch darstellen. Jedoch wäre nach einer Texteingabe eine Darstellung der Informationen in Diagrammen vorteilhaft. Ein Beispiel sind Entity-Relationship-Diagramme, die mit wenigen Symbolen komplexe Zusammenhänge auf Typebene zeigen (Abb. 10).

Die Umsetzung von Datendefinitionen in eine graphische Darstellung ist keine gewöhnliche Anwendung auf der Datenbank, da hierbei mit speziellen Operationen auf das Data Dictionary zugegriffen werden muß. Diese Schnittstelle zur Datenbank sollte daher in modernen Datenbanksystemen mit hoher Funktionalität angeboten werden (get_objecttype, get_relationshiptype, get_cardinality . . .).

Versionen und Konfigurationen

Versionen und Konfigurationen werden hier insoweit betrachtet als sie Bestandteil des Datenmodells sind und als eigenständige (dem System bekannte) Einheiten verwaltet werden. Im Gegensatz dazu stehen Anwendungen, die auf der Basis von Datenbankobjekten solche Konzepte selbst definieren und verwalten.

   P. Baumann, D. Köhler, J. Redmer, M. Ungerer

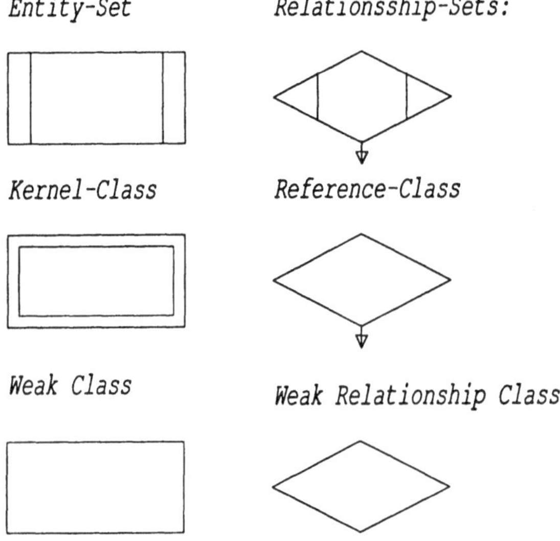

Abb. 10 a. Symbole eines Entity-Relationship-Modells (ERM)

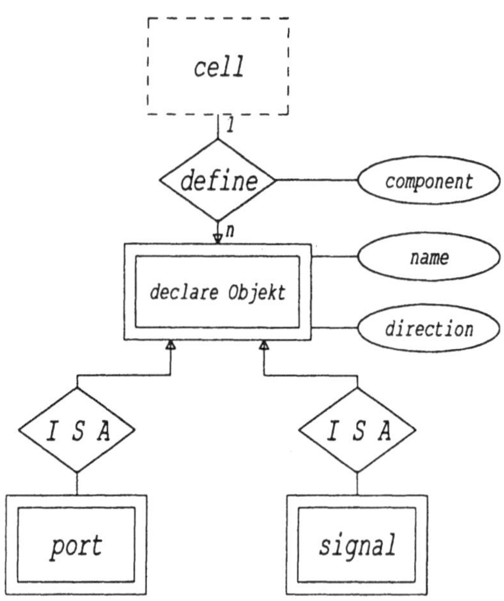

Abb. 10 b. Beispiel eines ERM-Diagramms

Versionen sind Objekte, die durch den iterativen Entwurfsprozeß entstanden sind und über eine besondere (Versions-) Beziehung miteinander in einem Versionsgraphen verknüpft sind. Ein Objekt kann also in mehreren Versionen existieren. Die Entwicklungsgeschichte mit den entstandenen Abhängigkeiten zwischen Versionen eines Objekts sollte in einem bestimmten Modus der graphischen Ausgabe darstellbar sein. Die Übersichtlichkeit der Repräsentation hängt stark von dem zugrundeliegenden Datenmodell ab, so daß es unter Umständen nicht sinnvoll ist, alle Versionen eines Objekts mit allen versionsbehafteten Subobjekten gleichzeitig anzuzeigen. Hier muß die Dialog-Benutzerführung der Logik des Modells angepaßt sein; beispielsweise sollte ausgehend von einem Objekt der zugehörige Versionsgraph in einem anderen Fenster dargestellt werden.

Konfigurationen entstehen im Systemlebenszyklus bei der Zusammenstellung von Objekten zur Auslieferung und Wartung von Produkten. Sie können in ihrer graphischen Repräsentation ähnlich wie Versionen behandelt werden, wobei allerdings eine genau definierte Konfiguration eines strukturierten Objekts in ihrer Zusammensetzung statisch ist und damit ihre Benutzeroberfläche einfacher zu behandeln ist.

Datenbanksystem-Informationen

Während der Kommunikation mit der Datenbank über eine graphische Schnittstelle kann es wichtige Informationen geben, die vom Datenbanksystem an den Benutzer abgesetzt werden (z. B. Fehlerrückmeldung und Erklärungstext, Informationen über gesetzte Sperren).

Diese Informationen sind häufig nicht graphisch darstellbar, sie sollten jedoch vom Graphik-Dialog so aufbereitet sein, daß der Benutzer genau weiß woher die jeweilige Nachricht kommt und darauf angemessen reagieren kann. Weiterhin sollten solche Ereignisse so an der Oberfläche erscheinen, daß sie sowohl in ihrer Form als auch zeitlich in den normalen Dialogablauf integriert sind, d. h. unter anderem auch einheitlich zu lesen und zu bedienen sind. Die Unterstützung solcher nicht graphischen Informationen durch Orientierungshilfen graphischer Art auf der Datenbank-Graphik (z. B. Blinken von Objektknoten) ist eine sehr wünschenswerte und sinnvolle Kombination von Informationsdarstellung. Sie erfordert jedoch eine intensive Kommunikation zwischen Benutzungsoberfläche und Datenbanksystem.

Datenbanksystem-unabhängige Informationen

Unter diese Kategorie von Informationen fallen alle ausschließlich vom Dialogsystem abgesetzten Informationen, wie z. B. Erklärungstexte von Hilfefunktionen zur Ablaufsteuerung des Dialogs. Für sie gilt bzgl. Integration und Einheitlichkeit das gleiche wie im vorigen Abschnitt dargestellt, jedoch sollten sie auch deutlich als Informationen zur Benutzerführung gekennzeichnet sein (z. B. durch die Art und Position der Darstellung). Solche anwendungsunabhängigen Dialogfunktionen, graphische und textuelle „Wegweiser" sind heute häufig unter besonderer Berücksichtigung ergonomischer Gesichtspunkte gestaltet und erfüllen die Anforderungen der diesbezüglich eher anspruchslosen Anwendungen wie Datenbankzugriffe (mit Datenbanken arbeiteten bisher meist Spezialisten).

2.3. Dialogtechniken und Ablauf – ein Beispiel

Als Beispiel werden hier einige Grundideen eines graphischen Datenbank-Objekteditors erläutert. Der Datenbank-Objekteditor sollte die Möglichkeiten eines modernen Dialogsystems nutzen, um alle Inhalte der Datenhaltung graphisch darzustellen und zu manipulieren. Er dient zum einen als Auskunftssystem für Datenbankbestände, die durch komplexe Werkzeugaufrufe in die Datenbank „eingespeist" werden. Zum anderen können über den Objekteditor sehr schnell und anschaulich Projektdaten direkt manipuliert werden.

Strukturierte Objekte werden als Graph mit Kanten und Knoten wie in Abb. 11 dargestellt. Verschiedene Beziehungen zwischen Subobjekten werden durch unterschiedliche Kantenarten repräsentiert.

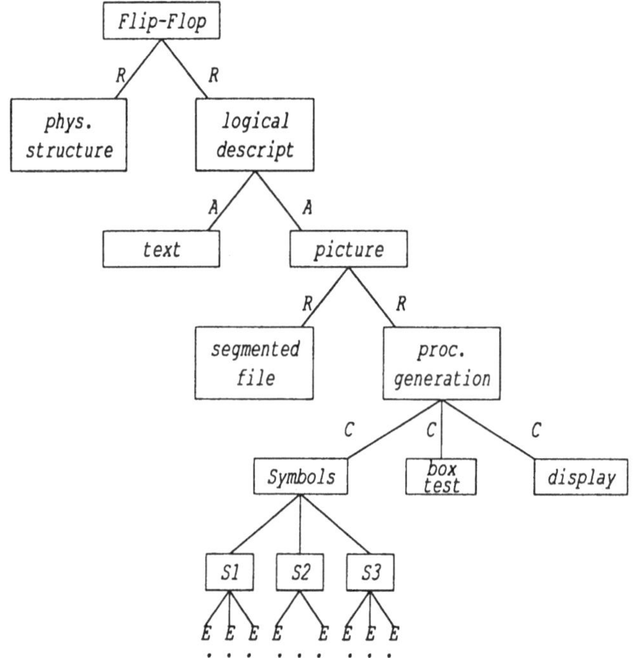

Abb. 11. Darstellung strukturierter Objekte

Inhalt und Attribute einfacher Objekte können ebenfalls angezeigt werden. Weiterhin werden Versionen symbolisch oder als Versionsgraph dargestellt. Die Darstellung von Konfigurationen sowie ein Auswahlmechanismus sind ebenfalls Bestandteil des Objekteditors. Die nachfolgende Abbildung zeigt Symbole von Datenbankkomponenten im einzelnen.

Als wesentliche Grundtechniken zur Darstellung und Manipulation verwendet der Objekteditor moderne Fenstertechniken (Multiwindowing) und die graphische Eingabe (Pick). Der Bildschirm ist in verschiedene Fenster aufgeteilt, u.a. das Arbeitsfenster und das Menuefenster. Das Arbeitsfenster dient zur Visualisierung

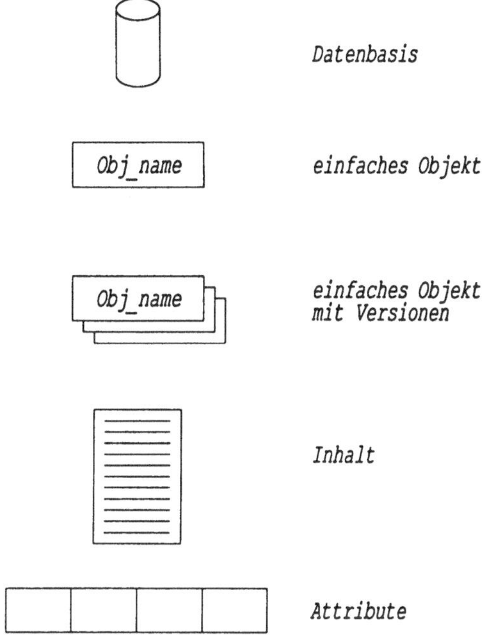

Abb. 12. Symbole von Datenbank-Einheiten

und zum Picken von Einheiten und stellt somit das eigentliche Graphik-Window dar. Erklärende Texte oder Parameter zum Arbeitsfenster werden in einem anderen Bereich extra dargestellt. Im Fenster für Menues befinden sich die „globalen Funktionen" (z. B. Hilfe, Ende) und eventuell lokale, die durch Picken ausgewählt werden können. Gemeinsam mit den Fenstern für Erklärungstexte und Informationen zeigt dieser Bereich den jeweiligen Kontext zu einer Graphik im Arbeitsfenster an.

Der Objekteditor führt einen mehrstufigen Dialog mit dem interaktiven Benutzer, wobei folgende „Wege" möglich sind:

Stufe 1:   Anzeigen und Picken von Datenbasen
Stufe 2:   Anzeigen und Picken von Anfangsobjekten strukturierter Objekte
Stufe 3:   Darstellung eines strukturierten Objekts ausgehend von einem in Stufe 2 gewählten Anfangsobjekts. Dann sind entweder Manipulationsfunktionen im Menuefenster anwählbar, z. B. Einfügen, Löschen von einfachen Objekten, oder eine Funktion, die zu den nächsten Stufen führt.
Stufe 4a: Inhalt und Attribute eines einfachen Objekts
Stufe 4b: Versionsgraph eines Objekts
Stufe 4c: Konfigurationen eines Objekts

Durch die mehrstufig aufgebauten Menues ist bei wechselnder Umgebung eine gute Benutzerführung gewährleistet. Somit kann auch der ungeübte Neuling den Objekteditor bedienen, wobei zusätzlich eine Hilfefunktion mit differenziertem Hilfegrad einstellbar ist.

Nähere Einzelheiten über zu verwendende Techniken und Dialoggestaltung finden sich in dem Beitrag von D. Eckardt über graphische Benutzungsoberflächen in diesem Buch.

3. Literatur

1. Albrecht, P.; Ashton-Tate dBase III Schulung. Markt & Technik 1987
2. Ariav, G. Clifford, J.; New Directions For Database Systems, Ablex Publishing Corporation 1986
3. Batz, T., Baumann, P., Höft, K.-G., Köhler, D., Krömker, D., Subel, H.-P.; PRODAT: Einheitliche Datenhaltung auf der Basis des PROSYT-Objektmodells (POM) für das PROSYT-Verbundvorhaben, Version 3.0, 1987, Springer Verlag 1988
4. Chen, P.; The Entity-Relationship Model – Towards a Unified View of Data. ACM Transactions on Database Systems, Vol. 1, März 1976
5. Dadam, P., et al.; A DBMS Prototype to Support Extended NF2-Relations: An Integrated View on Flat Tables and Hierarchies.
6. Keil, G.; SESAM Verfahrensübersicht. Siemens data praxis
7. Klahold, P., Köhler, D., Ungerer, M., Wilkes, W.; Darstellung von Design-Objekten in relationalen Datenbanken. Tagungsband zum 3. E. I. S.-Workshop, GMD-Studien Nr. 126, Bonn 1987
8. Klahold, P., Schlageter, G., Unland, R., Wilkes, W.; Ein Transaktionskonzept zur Unterstützung komplexer Anwendungen in integrierten Systemen. Informatik-Fachberichte 48, Springer 1984
9. N. N.; Application Prototype Environment Version 2, General Information. IBM publication no. GH-19-6526-0, July 1986
10. Neumann, T.; Konzepte zur Erweiterung von Datenbanksystemen für die Unterstützung von CAD/CAM-Anwendungen. Dissertation im Fachgebiet GRIS, TH Darmstadt 1983
11. Requicha, R.; Representations of Rigid Solid Objects. In: Encarnacao (ed.): CAD – Lecture Notes on Computer Science, No. 89, Springer 1980
12. Ursprung, P., Zehnder, C.; HIQUEL: An Interactive Query Language to Define and Use Hierarchies. In: Davis, Jajoda, Ng, Yeh (eds.): Entity-Relationship Approach to Software Engineering, North Holland 1983, pp. 299
13. Zhang, Z., Mendelzon, A.; A Graphical Query Language for Entity-Relationship-Databases. In: Davis, Jajoda, Ng, Yeh (eds.): Entity-Relationship Approach to Software Engineering, North Holland 1983, pp. 441
14. Zloof, M.; Query by Example. Proc. AFIPS NCC 44, May 1975, pp. 431

Graphische Benutzungsoberflächen

D. Eckardt

Ein Bild sagt mehr als tausend Worte!
(Konfuzius, 551–479 v. Chr.)

Dieser Beitrag gibt einen Überblick über den Einsatz der Graphischen Datenverarbeitung in dem wichtigen Bereich der Benutzerschnittstellen für die Mensch-Rechner-Kommunikation (graphische Benutzungsoberflächen), denn die Bedeutung des Kommunikationsmediums Bild in der Informationstechnologie ist seit Jahren bekannt, da durch Bilder schneller mehr Informationen übermittelt und vom Menschen aufgenommen werden, als es durch Zahlentabellen und Textzeilen möglich ist.

Das einleitende Kapitel beschreibt die Wechselwirkung zwischen verfügbarer Hardware-Technologie und Gestaltung und Eigenschaften von Benutzerschnittstellen.

Kapitel 2 stellt die heute verfügbare notwendige Hardware, die Arbeitsplatzrechner (Workstations) vor, ohne die die rasante Entwicklung der Graphischen Datenverarbeitung nicht möglich gewesen wäre.

Kapitel 3 enthält einen kurzen Abriß über die (junge) Entwicklungsgeschichte der wichtigsten graphischen Software-Systeme – dem standardisierten Graphischen Kernsystem (GKS) sowie den Fenstersystemen.

Kapitel 4 befaßt sich etwas detaillierter mit der Funktionalität von Software-Systemen zum Entwurf graphischer Benutzungsoberflächen, den graphischen (Standard-) Systemen GKS, GKS-3D und PHIGS, den Fenstersystemen sowie einer neuen Entwicklung, den Page Description Languages.

Kapitel 5 beschreibt zwei aktuelle Entwicklungen auf dem Gebiet der Benutzungsoberflächen für Software-Produktionsumgebungen, die am ZGDV in Darmstadt durchgeführt werden: die Systeme THESEUS und PRODIA.

Abschließend werden einige zukunftsträchtige Forschungs und Entwicklungsprojekte angesprochen.

An dieser Stelle möchte ich die Gelegenheit wahrnehmen, meinen Kollegen am ZGDV Darmstadt – D. Ehmke, W. Hübner, M. Kreiter, G. Lux-Mülders und M. Muth – für ihre wertvollen Anregungen und Diskussionen zu danken, ohne die dieser Beitrag sicher anders ausgefallen wäre.

1. Einleitung

Die Entwicklung der Graphischen Datenverarbeitung wurde hauptsächlich durch die Geräteentwicklung und -technik dominiert. Anfang der 50er Jahre waren Plotter und Kathodenstrahlröhren (CRT) Stand der Technik (z. B. Projekt Whirlwind). Anfang der 60er Jahre erschienen die ersten interaktiven Geräte (Sketchpad System von I. E. Sutherland). In der Folgezeit nahm die Vielfalt bei graphischen Ein- und Ausgabegeräten ständig zu (Tastatur, Lichtgriffel, Tablett; Stift- und Raster-Plotter, Speicherröhren, Kathodenstrahlröhren mit Bildwiederholspeicher, Farbrastergeräte etc.). Andererseits war die zugehörige Graphik-Software, die für die verschiedenen Geräte entwickelt wurde, sehr unterschiedlich und inkompatibel, da spezielle Geräteeigenschaften sich voll in den entsprechenden Anwendungsprogrammen niederschlugen mit der Konsequenz, daß die entwickelte Graphik-Software

- geräteabhängig
- anwendungsabhängig
- betriebssystem- und rechnerabhängig

war. Anfang der 70er Jahre, als graphische Geräte immer billiger und dadurch immer häufiger eingesetzt wurden, deutete sich an, daß diese Entwicklung sich als Sackgasse erweisen würde. Neue Wünsche wie

- Nutzung existierender graphischer Systeme ohne jeweilige Neuentwicklung
- Austausch graphischer Anwendungsprogramme - auch zwischen verschiedenen Rechnerumgebungen und graphischen Geräten (Portabilität)
- Einheitlichkeit in der Funktionalität graphischer Systeme und Geräte

kamen auf, und die Notwendigkeit der Entwicklung eines graphischen Standards wurde erkannt.

Das Graphische Kernsystem (GKS), seit 1985 ISO-Norm, ist das erste Resultat einer Reihe von Projekten, die die Standardisierung graphischer Schnittstellen zum Ziel haben (weitere Schlagworte hier: GKS-3D und PHIGS).

Unabhängig davon verlief eine Entwicklung, die direkt die Benutzerschnittstelle für die Mensch-Rechner-Kommunikation betraf. Auch hier läßt sich feststellen, daß vorhandene Hardware-Technologien Gestaltung und charakteristische Eigenschaften dieser Benutzerschnittstellen stark beeinflussen. Beispielsweise bestimmte die Verfügbarkeit billiger Teletype-Geräte die Entwicklung von Benutzerschnittstellen, die sich auszeichneten durch Eingabe von Kommandozeilen durch den Benutzer und zeilenorientierte Ausgabe der entsprechenden Antwort des Computers.

Aufgrund der drastischen Reduktion des Hardware-Preis-/Leistungsverhältnisses kam es in den letzten Jahren zu einer zunehmenden Verbreitung der 3 Schlüsseltechnologien

- Rastergraphik - speziell hochauflösende Bitmap-Bildschirme (monochrom oder farbig) - zur Präsentation komplexer, manipulierbarer graphischer Zusammenhänge,
- Pointing Devices - speziell die Maus, mit der ein Zeiger auf dem Bildschirm bewegt werden kann - zur schnellen Analog-Eingabe,

- Verfügbarkeit hoher Rechenleistung direkt am Arbeitsplatz - speziell der Personal Computer (PC) - zum schnellen dynamischen Feedback von Benutzeraktionen.

Damit wurde die Entwicklung eines neuen Stils der Mensch-Rechner-Kommunikation ermöglicht, der Direkten Manipulation. Shneiderman, der diesen Begriff 1982 eingeführt hat, charakterisiert die Interaktionsform durch drei Hauptmerkmale:

- kontinuierliche Objekt-Repräsentationen,
- physische Interaktion anstelle komplexer Kommandos,
- schnelle, inkrementelle und reversible Aktionen mit unmittelbarem Feedback.

Benutzerschnittstellen nach dem Prinzip der „Direkten Manipulation" werden auch als objektorientierte Benutzerschnittstellen bezeichnet im Gegensatz zu konventionellen Kommandozeilen-, Menü- oder Formularorientierten Benutzerschnittstellen. Sie sind im wesentlichen gekennzeichnet durch die Verwendung von

- Fenstersystemen (Window Manager),
- symbolisierten graphischen Darstellungen (Icons),
- Menüs (verschiedenster Art),
- Zeigeinstrumenten (Pointing Devices).

Dadurch bietet sich die Möglichkeit einer „ergonomischeren" Gestaltung der Benutzerschnittstelle durch Nachbildung der äußeren Arbeitsumgebung des Benutzers auf dem Bildschirm (z. B. Nachbildung einer Schreibtisch-Oberfläche (Schreibtisch-Metapher)).

Wegweisend für diese Entwicklung waren das Lisa-System von Apple Computer sowie das 1981 vorgestellte STAR-System des Xerox Palo Alto Research Center (PARC), die die beschriebenen Konzepte weitgehend realisierten.

Seitdem haben neue Produkte, basierend auf den Ideen der graphischen Benutzerschnittstelle und der Schreibtisch-Metapher, zunehmend Verbreitung am Markt gefunden, z. B. der Macintosh von Apple Computer oder Arbeitsplatzrechner (Workstations) von Apollo, Sun und Symbolics.

Auch in diesem Bereich ist die Forschungs- und Entwicklungsarbeit längst nicht abgeschlossen. So stecken Standardisierungsbemühungen für Fenstersysteme noch in den Anfängen und erste Schritte werden unternommen, graphische Standardsysteme und Fenstersysteme zu integrieren, was aufgrund der unabhängigen Entwicklungen - resultierend in z. T. unverträglichen Konzepten - keine leichte Aufgabe sein wird.

2. Workstations (Arbeitsplatz-Rechner)

Durch die Verfügbarkeit leistungsfähiger Mikroprozessoren und hochintegrierter elektronischer Bauelemente - verbunden mit einem stark gefallenen Preis-/Leistungsverhältnis für graphische Hardware-Geräte - entstand Anfang der 80er Jahre die dritte Generation von Computersystemen - nach den Mainframes der 60er und den Minicomputern der 70er Jahre - , die Workstations (Arbeitsplatzrechner). Erst dadurch wurde ein ökonomisch vertretbarer Einsatz der Computer

Graphik ermöglicht, bis hin in den privaten Bereich. Dem einzelnen Benutzer steht heute eine Rechnerleistung, wie sie typisch für die klassischen Minicomputer war, direkt am Arbeitsplatz (quasi als Single User System) zur Verfügung. Gleichzeitig entsteht mit der Verlagerung der Computerleistung an den Arbeitsplatz die Notwendigkeit der Kommunikation der Workstations untereinander und mit anderen Rechnersystemen (Einrichtung lokaler Netze (Local Area Networks (LAN)).

Was versteht man eigentlich unter einer Workstation? Eine geeignete Definition - vor etwa 4 Jahren in den USA geprägt - ist die der 5 M-Maschine, wobei die 5 M die Mindestanforderungen an eine Workstation darstellen:

- 1 Million Befehle pro Sekunde (1 MIPS),
- 1 Megabyte (1 MB) Hauptspeicher,
- 1 Million Bildpunkte (Pixel) auf dem Graphik-Bildschirm (Auflösung ca. 1000 × 1000 Pixel),
- 1 MBit/s Datenübertragungsrate auf dem lokalen Netzwerk,
- Mehrfenster-Technik (Multi-Windowing) und Multitasking.

Damit lassen sich bei den heute am Markt befindlichen Workstations vier Arten unterscheiden:

- PC-basierende Workstations,
- intelligente Graphik-Terminals,
- Single-Board Workstations,
- Computational Nodes.

PC-basierende Workstations sind PCs mit einer höheren Graphik-Auflösung (z. B. 720 × 348 Pixel für IBM PC's mit Hercules-Karte) und einer 16/32-Bit CPU (0.5-1 MIPS), vernetzt über ein PC-Netz (Datentransferrate 1 MBit/s).

Da sie z. Zt. die genannten 5 M-Kriterien noch nicht vollständig erfüllen, sind sie nur bedingt als vollwertige Workstations anzusehen.

Intelligente Graphik-Terminals verfügen über eine 16/32-Bit CPU (0.5-1 MIPS) und einen Hauptspeicher in der Größe einiger 100 KB. Ein Echtzeit-Betriebssystem unterstützt die Programmierung der Workstation. Sie sind entweder in ein herstellereigenes Netzwerk eingebunden oder über Standard-Schnittstellen an beliebige Hosts anschließbar (Datentransferrate 19 200 Bit/s-1 MBit/s).

Trotz formaler Erfüllung der 5 M-Kriterien sind sie nicht als echte Workstations anzusehen.

Single-Board Workstations sind die „klassischen" Workstations, wie sie zuerst von den Firmen SUN und Apollo auf den Markt gebracht wurden. Bei ihnen sind alle Funktionseinheiten - 16/32-Bit CPU (0.7-1.5 MIPS), Hauptspeicher, Graphik-Controller, LAN-Anschluß (Datentransferrate 10 MBit/s) und Ein-/Ausgabe-Prozessoren - auf einer einzigen großen Platine untergebracht. Sie verfügen in der Regel über einen großen, hochauflösenden 17 oder 19 Zoll Graphik-Bildschirm mit 60-75 Hz Bildfrequenz. Eine Auflösung von ca. 1 Million Bildpunkten ist heute Standard. Die Darstellung erfolgt schwarz/weiß, in Graustufen oder in Farbe. Es können mindestens 256 Farben bzw. Graustufen, wählbar aus über 16 Millionen Möglichkeiten, gleichzeitig verwendet werden.

Computational Nodes stellen die Weiterentwicklung der klassischen Workstations dar. Sie sind modular aufgebaut, d.h. CPU (32 Bit, 0.7–4 MIPS), Hauptspeicher und die Ein-/AusgabeProzessoren sowie LAN-Anschluß (Datentransferrate 10 MBit/s) sind auf einzelnen Baugruppen untergebracht, die über Bus-Systeme miteinander verbunden sind. Der Anschluß mehrerer Graphik-Arbeitsplätze (bis zu 4) ist möglich. Aufgrund der modularen Struktur bietet es sich an, alle Baugruppen im System mit einem 32-Bit-Prozessor auszustatten (Multiprozessor-Konzept), um dadurch zu einer sehr hohen Systemleistung zu kommen (etwa 1.5–4 mal höher als bei Single-Board Workstations).

Im Bereich der Betriebssysteme und Netzwerke haben sich zwei Quasi-Standards bei modernen Workstations durchgesetzt:

- UNIX von Bell Laboratories als multitasking-fähiges Betriebssystem,
- Ethernet als Hochgeschwindigkeitsnetzwerk (Datentransferrate: 10 MBit/s) zum Aufbau der LAN.

3. Zur Entwicklungsgeschichte graphischer Benutzungsoberflächen

3.1. Zehn Jahre Graphische Standards

Die Entwicklung von Graphik-Software war in den letzten Jahren geprägt von Bestrebungen, graphische Schnittstellen zu normieren.

1974 wurden in den USA von der ACM-SIGGRAPH erste Schritte in diese Richtung unternommen. 1975 folgte in der BRD im DIN die Gründung des Unterausschusses „Verarbeitung graphischer Daten", der 1977 einen ersten Entwurf eines zweidimensionalen Systems vorstellte mit dem Namen Graphisches Kernsystem (GKS). 1979 wurden von der International Standardization Organization (ISO) GKS als alleinige Grundlage eines ersten internationalen Computer-Graphik-Standards ausgewählt. 1983 wurde das Graphische Kernsystem GKS ISO Normentwurf (ISO DIS 7942), DIN-Normentwurf (DIN 66252) und nationaler Normentwurf in den USA, Großbritannien und Frankreich. 1985 schließlich kam das Graphische Kernsystem GKS als ISO Norm (ISO 7942) und 1986 in einer deutschen Übersetzung als DIN-Norm (DIN 66252) heraus.

Damit ist GKS die erste und bisher einzige Norm aus dem Bereich Informationsverarbeitung, die in der BRD entwickelt und in der ISO als internationale Norm angenommen wurde.

Die GKS-Norm definiert eine einheitliche Schnittstelle zwischen Anwendungsprogrammen und einem graphischen System; sie ist ferner Grundlage einer einheitlichen Systematik und Terminologie für die Graphische Datenverarbeitung.

Mit dem internationalen GKS-Standard fand eine Entwicklung ihren vorläufigen Abschluß, die seit 1976 das Ziel verfolgte, die Kernfunktionen eines Graphik-Systems zu normen und eine einheitliche Methodologie für die Graphische Datenverarbeitung zu etablieren.

3.2. Zehn Jahre Fenstersysteme

Auf einem Alvey Workshop (Abingdon, UK, April 1985) hielt W. Teitelman einen Vortrag mit dem Titel *Ten Years of Window Systems - A Retrospective View*, in dem er die Entwicklungsgeschichte so darstellte:

Alles begann 1976 mit Smalltalk des Xerox Palo Alto Research Center (PARC). Smalltalk-76 besaß das erste richtige Fenstersystem unter Verwendung überlappender Fenster; es wurde entwickelt auf der Alto, einem 16-Bit Rechner mit 64 KByte Hauptspeicher.

1977 wurde DLisp vom MIT vorgestellt. Dieses System bot als erstes die Möglichkeit, verschiedene Schriftarten (Fonts) darzustellen. Die Weiterentwicklung Interlisp-D - mit ca. 1000 Benutzern - war ein objekt-orientiertes System und unterstützte Multitasking.

Tajo wurde seit 1977 ebenfalls von Xerox PARC entwickelt. Es war das erste System, bei dem ein Fenster den Status offen und geschlossen (iconic) haben konnte; darüber hinaus wurden hier zum ersten Mal statische (pop-up) Menüs verwendet.

Tajo diente als Entwicklungsumgebung für das STAR-System von Xerox, das 1981 erschien. Ausgehend von Anforderungen der Benutzer eines Bürosystems wurde die Benutzerschnittstelle für ein neues, an die Umgebung des Benutzers - das Büro - angepaßtes System entwickelt. Sie enthält dem Benutzer aus seiner alltäglichen Arbeit vertraute Objekte (z. B. Dokumente, Ordner, Aktenschränke, Postkörbe etc.), symbolisiert durch Icons. Die Maus wurde - zusätzlich zur konventionellen Tastatur - als weiteres Eingabegerät verwendet, um auf diese Objekte zu zeigen und um entsprechende Objekte - und der durch sie repräsentierten Operationen - auszuwählen (z. B. Postein-/ausgang durch Ablage eines Dokuments in einem Postkorb, Löschen eines Dokuments durch Ablage in einem Papierkorb).

1982 kam Viewers (Cedar) von Xerox heraus. Hier wurden erstmals *tiling windows* verwendet. Außerdem wurde der Benutzer durch entsprechende Software in die Lage versetzt, seine Benutzerschnittstelle „maßzuschneidern".

Ebenfalls 1982 wurde Sapphire für die PERQ-PNX-Workstation von ICL vorgestellt.

1984 schließlich brachte Apple seinen Macintosh auf den Markt (das Vorgängersystem Lisa war ein wirtschaftlicher Mißerfolg). Erstmals war eine einheitliche Graphik-Benutzungsoberfläche auf einem tragbaren PC (Personal Computer) realisiert (Preis: $ 3000.-). Das komplette Betriebssystem einschließlich Fenstersystem wurde in 64 K ROM untergebracht. Ein 16-Bit Prozessor (MC 68000), 128 K RAM, ein S/W-Bitmap-Bildschirm (Auflösung 512 × 342 Pixel) und eine Maus sowie softwareseitig eine durchdachte Menü- und Icon-Verwaltung ermöglichten den Satz: If you can point you can use a Macintosh.

4. Software-Entwurfswerkzeuge für Graphische Benutzungsoberflächen

4.1. Graphik-Systeme

Beispielhaft für graphische Systeme seien im folgenden kurz die Systeme

- GKS (Graphisches Kernsystem; zur Entwicklungsgeschichte siehe Kapitel 3.1)
- GKS-3D (Graphisches Kernsystem für drei Dimensionen)
- PHIGS (Hierarchisches interaktives graphisches System für Programmierer)

vorgestellt.

Typische Anwendungsbereiche sind die allgemeine Zeichnungserstellung in Wirtschaft, Wissenschaft und Technik (z. B. Business Graphics), Kartographie (z. B. Erstellung von Landkarten), computerunterstütztes Entwerfen (Computer Aided Design (CAD), z. B. im Automobilbau), Simulationen (z. B. für Flugsimulatoren), Prozeßüberwachung (z. B. bei technischen Prozessen in Kraftwerken), Dokumentationssysteme (z. B. zur Integration von Text und Graphik) bis hin zur Computerkunst. Natürlich werden sie auch für das wichtige Gebiet des Entwurfs graphischer Benutzungsoberflächen eingesetzt.

GKS stellt die grundlegenden Fähigkeiten zur Erzeugung computergenerierter zweidimensionaler graphischer Darstellungen unabhängig von einer bestimmten Anwendung zur Verfügung. Es unterstützt die interaktive graphische Datenverarbeitung durch Funktionen zur Dialogsteuerung und zur Werteeingabe durch den Benutzer, zur Bildstrukturierung und zur Manipulation von Teilbildern. Über die Anwenderschnittstelle greift ein Anwendungsprogramm auf die GKS-Funktionen zu. Darüberhinaus stellt GKS seine Fähigkeiten unabhängig von den verwendeten graphischen Geräten bereit. Graphische Ein- und Ausgabegeräte bilden einen graphischen Arbeitsplatz, der über eine entsprechende Geräteschnittstelle mit GKS verbunden ist. GKS bildet die Funktionen an der Anwenderschnittstelle auf die

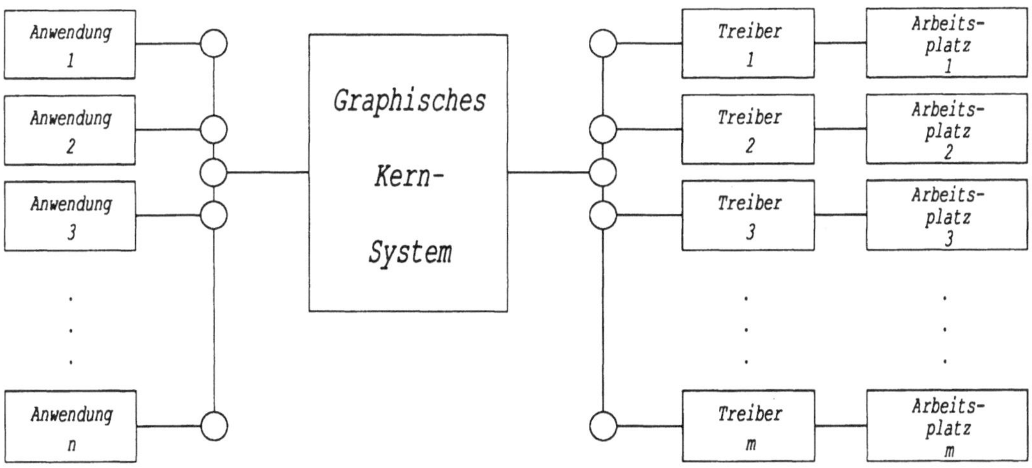

Abb. 1. GKS-Schnittstellen

Fähigkeiten der verschiedenen graphischen Arbeitsplätze ab. Die Umsetzung der geräteunabhängigen Darstellung in eine den einzelnen Arbeitsplätzen angepaßte geräteabhängige Form wird durch sog. Gerätetreiber vorgenommen.

GKS-3D ist die Weiterentwicklung von GKS für die Anwendungsbereiche, für die GKS - als zweidimensionales System - nicht ausreicht, sondern für die ein dreidimensionales graphisches System als Grundlage wünschenwert ist. GKS-3D enthält im wesentlichen die gleichen Konzepte wie GKS, wobei geometrische Parameter auf drei Dimensionen erweitert wurden. Es ist eine Minimalerweiterung des GKS so, daß die allgemein akzeptierte Funktionalität heute existierender Systeme für 3 D-Graphik abgedeckt wird. Diese Funktionalität wird so eingebunden, daß volle Kompatibilität zum GKS erhalten bleibt, d. h. insbesondere, daß existierende GKS-Programme ohne Änderung unter GKS-3D ablaufen können.

PHIGS wurde entwickelt für eine Anwendergruppe, die man als Benutzer von graphischen Hochleistungssystemen charakterisieren könnte; deren spezifische Bedürfnisse werden durch GKS nicht optimal befriedigt. Z. B. ist es wünschenswert, behandelte graphische Darstellungen in hierarchischer Bildstruktur zu untergliedern und Teilbilder in Realzeit zu ändern (dynamische Manipulation komplexer Strukturen - dies erfordert allerdings eine sehr aufwendige Hardware). Die dafür notwendigen neuen Konzepte sind jedoch nicht voll kompatibel zu den entsprechenden GKS-Konzepten.

4.2. Fenstersysteme

Fenstersysteme (Window Manager) bilden einen wesentlichen Bestandteil fortschrittlicher Benutzerschnittstellen. Sie erlauben die Kontrolle mehrerer Fenster (Multiple Windows) mit der Möglichkeit des simultanen Zugriffs auf und des Wechsels zwischen verschiedene(n) Fensterinhalte(n).

Üblicherweise sind solche Fenster auf dem Bildschirm als rechteckige Bereiche realisiert. Entweder wird dabei der Bildschirm immer so in nicht-überlappende Rechtecke eingeteilt, daß die gesamte Darstellungsfläche ausgefüllt ist (Tiling Windows; von engl. tile: Kachel), oder die Fenster verdecken sich (teilweise) gegenseitig (Overlapping Windows). Dadurch ist es möglich, die äußere Arbeitsumgebung des Benutzers auf dem Bildschirm nachzubilden (z. B. erlauben überlappende Fenster die Nachbildung einer Schreibtisch-Oberfläche, auf der typischerweise Papiere ebenfalls übereinander plaziert sind (Schreibtisch- oder Desktop-Metapher)). Hierbei soll der Benutzer die Begrifflichkeiten, Anschauungen und Vorkenntnisse aus seiner Arbeit ohne Rechner auf das Arbeiten mit dem Rechner übertragen können mit dem Ergebnis einer erhöhten Benutzerakzeptanz. Gleichzeitig wird die traditionelle Zuordnung „ein Bildschirm - ein Prozeß" aufgegeben zugunsten von „mehrere Prozesse pro Bildschirm" und/oder „mehrere (virtuelle) Bildschirme pro Prozeß". Diese Möglichkeit zur „parallelen" Arbeitsweise des Benutzers entspricht seiner natürlichen Denkweise, sich häufig zwischen verschiedenen Kontexten hin und her zu bewegen, um aus verschiedenen Informationsquellen zu assoziieren und neue Ergebnisse zu strukturieren.

Durch den Einsatz von Mehrfenstertechniken erfolgt eine optimale Ausnutzung des Bildschirms zur zweidimensionalen - durch Verwendung überlappender

Fenster sogar zur quasi dreidimensionalen („zweieinhalb-dimensionalen") – Darstellung von Informationen. Fenstersysteme sind im Vergleich zu konventionellen Techniken durch folgende charakteristische Funktionalität gekennzeichnet:

- größeres Informationsangebot und bessere Nutzung des Bildschirms,
- direkter Zugriff auf verschiedene Informationsquellen zur gleichen Zeit,
- Integration und Austausch von Informationen aus verschiedenen Quellen durch bildschirmorientierte Interaktion,
- Möglichkeit der gleichzeitigen Kontrolle mehrerer Prozesse,
- Hilfe-Unterstützung durch spezielle Fenster,
- multiple, simultane Repräsentation von Aufgaben und Objekten (z. B. verschiedene externe Darstellungen ein und desselben Objekts).

Fenstersysteme ermöglichen dem Benutzer, in mehreren Kontexten gleichzeitig zu arbeiten, und zwar auf solche Art und Weise, die seinen Vorstellungen am besten gerecht wird. Darüber hinaus wird der Benutzer frei vom Zwang der selektiven Informationsdarstellung, wie er sie in konventionellen interaktiven Systemen von seinem Hilfsmittel „Computer" aufgezwängt bekommt. Ein generelles Architektur-Modell für Fenstersysteme ist in Abb. 2 dargestellt.

In der untersten Schicht, der Basis-Ein-/Ausgabe, geschieht die Transformation der gerätespezifischen Funktionen und Hardware-Eigenschaften auf ein geräteun-

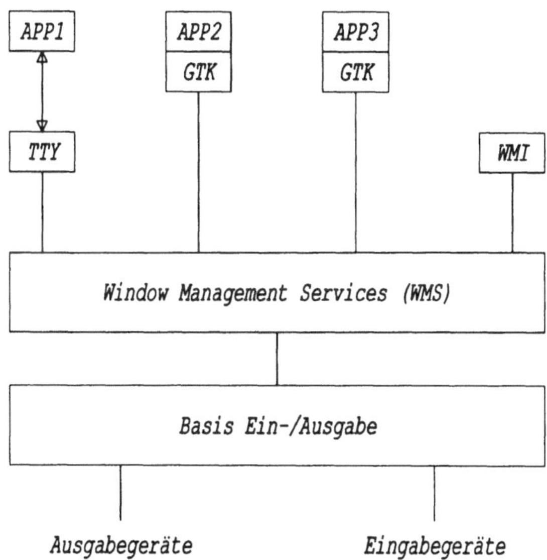

Abb. 2. Generelles Architekturmodell für Fenstersysteme

APPx: Applikationsprogramm
TTY: Subsystem zur Terminal-Emulation
GTKx: Graphische Software-Bibliothek und Entwurfs-Werkzeuge
WMI: Interface des Fenstersystems

abhängiges Niveau. Die Realisierung dieser Basisschicht könnte z. B. durch den Normvorschlag CGI (Computer Graphics Interface) geschehen.

Aufbauend daraus leisten die WMS die Verwaltung der sich eventuell überlappenden Bildschirmbereiche, die Verteilung von Eingabeereignissen auf diese Bereiche, Ausgabe von Basis-Primitiven, Behandlung von Ausgaben in verdeckte Bereiche sowie die Restaurierung von Fenstern. Die darüberliegende Schicht bilden GTK und WMI. Dabei leistet GTK die Bereitstellung von

- unterschiedlichen Menütechniken wie Einblend- (pop-up-), Klapp- (dropdrown-) oder Zieh- (pull-down-) Menüs beim Aufruf von Funktionen zur Entscheidungsverzweigung und bei der Auswahl von Alternativen
- symbolisierten graphischen Darstellungen (Glyphen oder Piktogrammen (Icons)) zur Repräsentation von Objekten, Kommandos etc. einerseits und Prozessen und/oder allgemein Rechneraktivität andererseits in einer objekt-orientierten Weise
- Dialog-Boxen
- Maskenfunktionen
- graphischen Standard-Systemen (z. B. Graphisches Kern-System (GKS))

zur Benutzung innerhalb von Fenstern, während die Komponente WMI als spezielles Anwendungsprogramm unter Benutzung der WMS-Funktionen die Benutzerschnittstelle realisiert.

Existierende Fenstersysteme lassen sich in zwei unterschiedliche Kategorien einordnen:

- Systeme, die vor allem für wissenschaftliche Anwendungen, insbesondere im Bereich der Künstlichen Intelligenz, und für rapid prototyping genutzt werden; Beispiele sind
  - XEROX 1108 mit Interlisp-D,
  - SYMBOLICS 36 × x LISP-Maschine.
- Systeme für kommerzielle Anwendungen, insbesondere für den Bereich der integrierten Dokumentenbearbeitung (Desktop-Publishing); Beispiele sind
  - Macintosh (Apple Computer),
  - APOLLO Display Manager (Apollo Computer Inc.),
  - Graphics Environment Manager (GEM) (Digital Research Inc.),
  - MS-Windows (Microsoft Corp.),
  - SunWindows (Sun Microsystems),
  - X (MIT),
  - Andrew (Carnegie Mellon University),
  - NeWS (Sun Microsystems).

4.3. Page Description Languages

Ein ganz anderes Ziel verfolgen sog. Page Description Languages (PDL), d. h. Sprachen zur Beschreibung des Layout von Druckseiten. Diese sind im Bereich der Büro-Informationssysteme zu einem wichtigen Thema geworden. Die enorme

Verbreitung von preisgünstigen und billigen Arbeitsplatzrechnern (Apple Macintosh, IBM PC) hat in Kombination mit elektronischen Druckern hoher Funktionalität (z. B. Apple LaserWriter) den überaus attraktiven Markt des Desktop-Publishing eröffnet („Setzerei im eigenen Büro"). Diese innovative PC-Anwendung stellt den Brückenschlag dar zwischen Textverarbeitungs- und Satzsystemen und ermöglicht die Erstellung von Druckwerken (z. B. Handbücher, Fachbeiträge und technisches Werbematerial) – vom Konzept bis zur Druckvorlage – direkt am Schreibtisch.

Herkömmliche Methoden der Druckeransteuerung bestehen darin, Text oder Graphik (d. h. Sequenzen von Pixel-Werten, die eine komplette Druckseite Bildpunkt für Bildpunkt beschreiben) über eine Datenleitung zu senden.

PDL dagegen ermöglichen einem Anwendungsprogramm, einem Drucker direkt zu übermitteln, wie eine komplette Druckseite aus vorgegebenen Konstrukten zusammenzusetzen ist. Ein Satz von Routinen im Drucker selbst übersetzt (genauer: interpretiert) diese Befehle und generiert so die einzelnen Bildpunkte einer Druckseite. Vorteile einer PDL sind:

- Unabhängigkeit von spezieller Drucker-Hardware,
- Portabilität von Applikationen,
- Verringerung des Übertragungsaufwandes,
- Vereinfachung des Programmieraufwandes.

Die bekannteste PDL ist PostScript von Adobe Systems, eine Sprache, die allgemein für Rasterausgabegeräte (Drucker) entwickelt wurde. Sie enthält viele Elemente einer Programmiersprache wie Prozeduren, Variable, Kontrollkonstrukte etc. sowie eine Vielzahl von Graphikoperatoren zur Kontrolle der Plazierung unterschiedlichster Graphikobjekte wie

- Text in beliebiger Position, Orientierung, Größe und Font (Schrifttyp),
- geometrische Figuren beliebiger Größe, Orientierung, Linienattributen, Flächenfüllungen etc.
- Bilder in digitalisierter Form (z. B. digitalisierte Fotographien) in beliebiger Größe und Orientierung.

Dadurch wird eine präzise Gestaltung des Seitenlayouts ermöglicht. Die Anwendung von PDL ist nicht auf den Bereich des Dokumentendrucks und -designs beschränkt. Es gibt bereits Überlegungen, sie auch für interaktive Graphik auf Workstations zu nutzen.

5. Beispiele aktueller Entwicklungen

Die im folgenden beschriebenen aktuellen Entwicklungen – THESEUS und PRO-DIA – stellen den Versuch der Integration von graphischen Standard- und Fenstersystemen sowie Werkzeugen zum Entwurf von Benutzungsoberflächen (User Interface Management Systems (UIMS)) zu einem konsistenten System dar.

5.1. THESEUS – Die Benutzungsoberfläche der Software-Produktionsumgebung UniBase

THESEUS[1] ist ein im Rahmen des Software-Engineering-Verbundprojekts Uni-Base – Ziel: Entwicklung einer Software-Produktionsumgebung auf UNIX-Basis zur Erstellung von Anwendungs-Software – am Zentrum für Graphische Datenverarbeitung (ZGDV) in Darmstadt entwickeltes System zur Definition und Verwaltung einer einheitlichen graphischen Benutzungsoberfläche. THESEUS stellt die Verbindung zwischen den in die Software-Entwicklungsumgebung integrierten Entwurfswerkzeugen und dem Software-Entwickler dar.

Die Einsatzfähigkeit einer Softwareentwicklungsumgebung und die Akzeptanz (durch in der Regel erfahrene Benutzer) hängt stark von der Gestaltung der Mensch-Maschine-Schnittstelle ab. Diese muß daher geprägt sein durch schnelle, flexible und benutzerfreundliche Interaktionstechniken.

Die Integration verschiedener Werkzeuge für unterschiedliche Aufgaben verlangt darüber hinaus, die Benutzerschnittstelle zu vereinheitlichen, damit auch in verschiedenen Werkzeugumgebungen mit den gleichen Bedienungsmechanismen gearbeitet werden kann. Dies gilt insbesondere in einer offenen Softwareentwicklungsumgebung wie UniBase, die die Einbettung neuer Werkzeuge erlauben soll. Eine Vereinheitlichung der Benutzerschnittstelle ist nur zu erreichen, indem die ein-/ausgaberelevanten Teile aus den Softwareentwicklungswerkzeugen herausgelöst und in einem eigenen System, der Benutzungsoberfläche, verwaltet werden.

THESEUS ist geprägt durch den Einsatz graphischer Mittel zur Gestaltung der Benutzerschnittstelle und ermöglicht dem Benutzer einen hohen Freiheitsgrad bei der Dialoggestaltung. Die Auswahl der Aktionen und ihre Reihenfolge dürfen möglichst nicht durch das Anwendungssystem eingeengt werden. Daraus folgt, daß interaktive Programme soweit wie möglich unter der Kontrolle des Benutzers liegen sollten. THESEUS erzwingt durch seine Konzeption die Entwicklung benutzergesteuerter Dialoge. Folgende Konzepte sind in THESEUS realisiert:

- Die Darstellung verschiedener Kontexte sowie das Wechseln zwischen ihnen geschieht mit Hilfe der Mehr-Fenster-Technik (multiple windows). Die Fenster können sich ggf. überlappen, um die Nachbildung einer Schreibtisch-Oberfläche (Desktop-Oberfläche) zu erlauben.
- Operationen wie Vergrößern/Verkleinern, Verschieben und Schließen von Fenstern sowie Help (Anforderung von interaktiver Hilfeleistung) und Undo (Rückgängigmachen von Operationen) stehen zur Verfügung. Das Öffnen eines Fensters geschieht implizit durch das Starten eines Programmes oder Prozesses.
- Scrolling und Panning ermöglichen dem Benutzer das Blättern und Bewegen in Darstellungsbereichen, von denen meist nur ein gewisser Teil im Window aktuell sichtbar ist. Diese Operationen werden lokal in THESEUS verarbeitet, um so das Anwendungsprogramm zu entlasten.
- Moderne Interaktionstechniken wie Menüs, Icons, Objekt-Identifikation, Position Area, Dragging und Tastatur-Eingabe werden unterstützt.
- THESEUS ermöglicht die Darstellung anwendungstypischer, hierarchisch strukturierter graphischer und textueller Objekte aus dem Softwareentwick-

---

[1] The Software Engineering User Interface

lungsbereich über einen objektorientierten Ansatz. Funktionen zum Generieren und Löschen von Objekten sowie zur Änderung von Position und Darstellung stehen zur Verfügung. Darüberhinaus wird eine windowfähige alphanumerische Text-Schnittstelle angeboten.

- Die Programmierung nach dem Prinzip der Direkten Manipulation wird von THESEUS unterstützt. Eine Manipulation des Bildschirms ruft eine unmittelbare Wirkung hervor, wobei das veränderte Bild den neuen Zustand des Systems repräsentiert.

Das THESEUS-Dialogmodell (Modell der wechselnden Kontrolle) stellt einen Kompromiß zwischen interner und externer Kontrollarchitektur dar. Interne Kontrolle bedeutet, daß das Anwendungsprogramm die alleinige Kontrolle über die Benutzungsoberfläche besitzt; die Benutzungsoberfläche steht als Paket von Unterprogrammen zur Verfügung. Bei externer Kontrolle steuert die Benutzungsoberfläche die Anwendung; die Anwendung ist in Unterprogramme bzw. Prozesse zerteilt, die von der Benutzungsoberfläche aufgerufen werden. THESEUS verwendet zur Eingabeverarbeitung ein externes Kontrollmodell; Dialogspezifikation und Ausgabe seitens der Anwendung werden nach dem Modell der internen Kontrolle behandelt. Abb. 3 zeigt die Architektur des THESEUS-Systems:

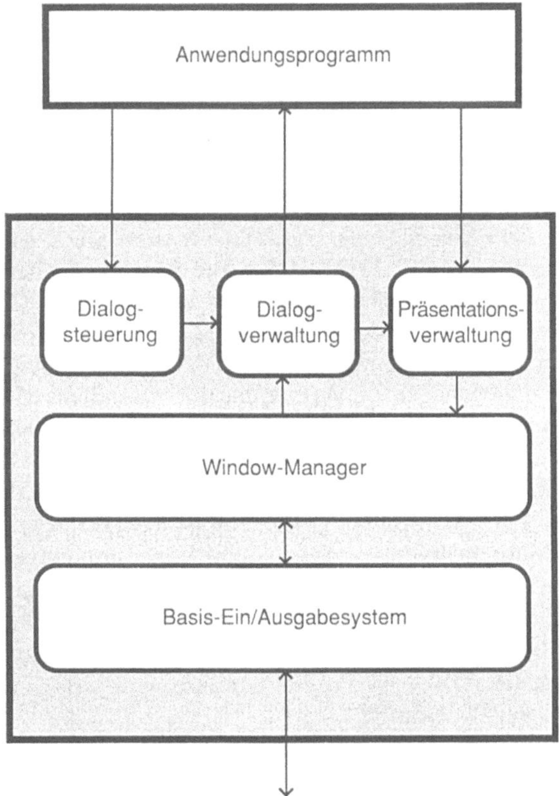

Abb. 3. THESEUS-Systemarchitektur

Man erkennt eine Gliederung in drei Abstraktionsebenen:

- *das Basis-Ein-Ausgabesystem:*
  Es dient zur Transformation der gerätespezifischen Funktionen und Hardware-Eigenschaften auf ein geräteunabhängiges Niveau.
- *die Schicht der Fensterverwaltung (Window Manager):*
  Aufbauend auf der Basisschicht dient der Window-Manager zur Verwaltung sich eventuell überlappender Bildschirmbereiche sowie ihrer Veränderung (Öffnen/Schließen, Vergrößern/ Verkleinern etc.), zur Verteilung von Eingabeereignissen auf diese Bereiche, zur Zuordnung physikalischer Eingaben zu Eingabeklassen, zur Ausgabe von Basis-Primitiven, zur Behandlung von Ausgaben in verdeckte Bereiche sowie zur Restaurierung von Fenstern.
- die oberste Schicht mit dem eigentlichen Systemkern und der Schnittstelle zur Anwendung mit den Komponenten
  - *Präsentationsverwaltung*zur graphischen und alphanumerischen Ausgabe sowie zur Steuerung der Fensterverwaltung (über eine funktionale Schnittstelle). Hier werden die graphischen und alphanumerischen Informationen zur lokalen Behandlung von Benutzereingaben verwaltet.
  - *Dialogverwaltung* zur Verarbeitung der Benutzeraktionen durch Abbildung logischer Eingaben auf anwendungsbezogene Eingabe-Mengen und Eingabe-Ereignisse
  - *Dialogsteuerung* zur Beeinflussung des Dialogablaufs. Zur Definition von Dialogeinheiten stellt THESEUS geeignete Funktionen zur Verfügung. Aufgrund der Informationen in der Dialogsteuerung kann die Dialogverwaltung Benutzeraktionen vorbereiten und kontrollieren sowie ggf. andere Komponenten (z. B. die Anwendung) involvieren.

Die Spezifikation der Benutzungsoberfläche THESEUS ist als Buch im Rahmen der ZGDV-Reihe *Beiträge zur graphischen Datenverarbeitung* erschienen (W. Hübner, G. Lux-Mülders, M. Muth: THESEUS - Die Benutzungsoberfläche der Uni-Base-Softwareentwicklungsumgebung, Springer-Verlag 1987). Die Realisierung eines ersten Prototyps wurde Ende 1986 fertiggestellt. Sie erfolgte auf einem IBM-PC AT unter dem Betriebssystem MS-DOS in der Programmiersprache C; integriert ist der Window-Manager GEM (Graphical Environment Manager).

Diese Arbeiten wurden im Rahmen des Projekts UniBase (Software-Entwicklungsumgebung auf UNIX-Basis zur Erstellung von Anwendungssoftware) durchgeführt. Kooperationspartner in diesem Verbundprojekt sind die industriellen Unternehmen ACTIS, ADV/ORGA, die Industrieanlagen-Betriebsgesellschaft (IABG) und der Mathematische Beratungs- und Programmierdienst (mbp) sowie die wissenschaftlichen Institutionen Forschungszentrum Informatik an der Universität Karlsruhe (FZI), die Gesellschaft für Mathematik und Datenverarbeitung (GMD), die TU Berlin und das Zentrum für Graphische Datenverarbeitung an der TH Darmstadt (ZGDV). Das Projekt UniBase wird vom BMFT unter dem Kennzeichen „ITS 8308" gefördert.

5.2. PRODIA – Das PROSYT-Dialogsystem

Im Verbundprojekt PROSYT (Integriertes Entwurfs- und Softwareproduktionssy-
stem für verteilbare Realzeit-Rechnersysteme in der Technik) wird eine Hard- und
Softwareentwicklungsumgebung realisiert, die dem Benutzer drei Werkzeugsätze
bereitstellt, um ihn durchgängig bei der Lösung unterschiedlicher Problemstellungen während eines System-Life-Cycles zu unterstützen.

Dies fordert vom Benutzer den Umgang mit sehr unterschiedlichen Werkzeugen, was für eine effektive Nutzung im allgemeinen ein hohes Maß an Vertrautheit
bzw. Erfahrung mit den Werkzeugen erfordert. Den damit zusammenhängenden
Problemen kann dadurch entgegengewirkt werden, daß die Benutzungsoberflächen der integrierten Werkzeuge vereinheitlicht werden, was die Vertrautheit beim
Einsatz der Werkzeuge fördert und somit die Anwendung erleichtert. Dies ist ein
Aspekt der Anforderungen an das PROSYT-Dialogsystem PRODIA.

Die interne Struktur von PRODIA (siehe Abb. 4) entspricht einerseits der
Funktionalität eines benutzerfreundlichen graphikfähigen Multiwindow-Dialog-
systems mit komfortablen Dialogbeschreibungs- und Ablauffähigkeiten. Dafür

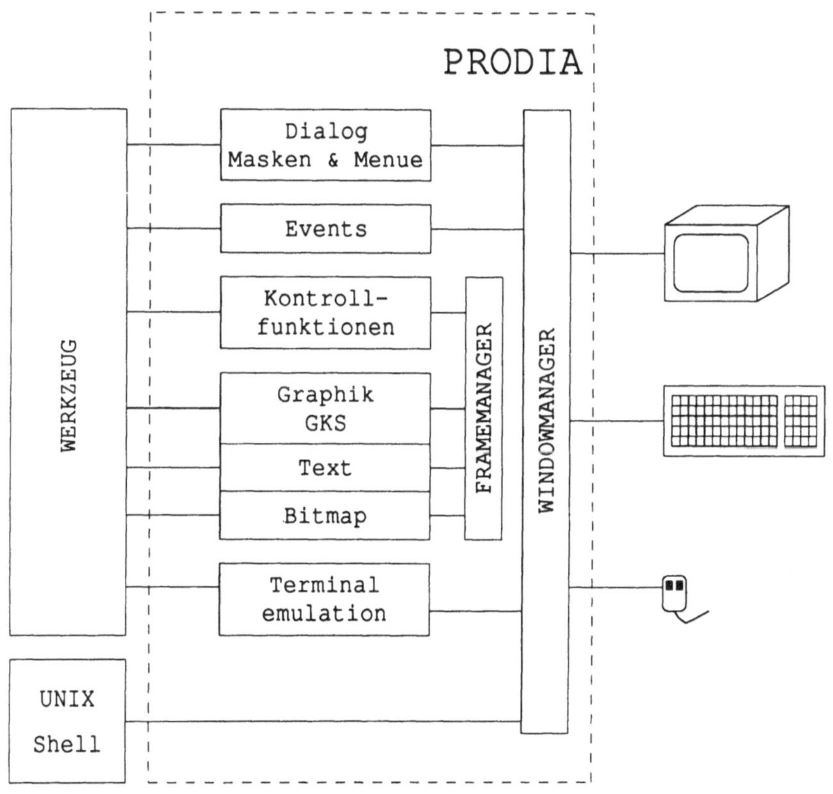

Abb. 4. Struktur des PRODIA-Systems

werden virtuelle Bildschirmflächen – Frames genannt – verwendet. Sie können vom Typ Graphik (GKS), Text oder Bitmap sein, entsprechend den drei logischen Dokumentstrukturen Graphik, Schrift und Faksimile. Andererseits soll es auch möglich sein, bereits existierende Werkzeuge, welche nicht an die Multiwindow-Technik angepaßt sind, integrieren zu können. Sie benutzen GKS für Graphik und eine Standard-Terminalemulation. Ausschnitte von Frames werden in Windows dargestellt. Die Werkzeug-Schnittstelle für PRODIA-Windows ermöglicht eine ausschließlich von PRODIA durchgeführte Windowverwaltung.

Der Dialog mit Masken und Menüs stellt neben den graphischen Möglichkeiten eine universell einsetzbare alphanumerische Möglichkeit dar, einen Dialog benutzerfreundlich zu gestalten. Das Konzept hält eine strikte Trennung zwischen der Beschreibung der Dialog-Logik, der Dialog-Verarbeitung und der Dialog-Gestaltung ein. Dialoge werden mit der „PROSYT-Dialogbeschreibungssprache" PDL beschrieben. Der „PROSYT-Dialoggenerator" PDG übersetzt die definierten Dialoge. Der „PROSYT-Dialogmanager" PDM übernimmt schließlich zur Laufzeit die Gestaltung und Ablauforganisation der übersetzten Dialoge. Mit der PDL kann der Werkzeughersteller den kausallogischen Zusammenhang zwischen den einzelnen Dialogschritten definieren. Der PDM kann den eigentlichen Dialog weitaus flexibler durchführen, da er den Aufbau eines Masken- und Menüschemas am Bildschirm dynamisch auf den aktuellen Dialogzustand abstimmt.

Die Implementierung eines PRODIA-Prototyps erfolgt auf einem PCS CAD-MUS 9900 mit dem X-Windowsystem, dem Betriebssystem UNIX V und der Programmiersprache C. Die Schnittstellen des Projektes PROSYT werden Anfang 1988 in der ZGDV-Buchreihe *Beiträge zur graphischen Datenverarbeitung* beim Springer-Verlag erscheinen.

6. Zukünftige Entwicklungen

Die Anwendung der Graphischen Datenverarbeitung auf das Gebiet der Mensch-Rechner-Kommunikation hat in den letzten Jahren eine rasante Entwicklung durchgemacht; dies wird sich künftig sicherlich noch verstärken. Daher seien abschließend einige vielversprechende neue Entwicklungstrends und -vorhaben angesprochen (die getroffene Auswahl ist natürlich rein subjektiv).

Im Bereich der Normungsaktivitäten steht die Normung von GKS-3D vor der Vollendung. 1986 wurde ein ISO-Normentwurf vorgelegt (ISO DIS 8805); einen gleichlautenden Entwurf enthält der DIN-Entwurf 66252, Teil 2. Für 1987 kann mit einem Draft International Standard gerechnet werden, und für 1988 ist die Verabschiedung als International Standard vorgesehen. PHIGS liegt seit 1986 als Draft Proposal vor (DP 9592). Für 1987 ist es als Draft International Standard und für 1988 schließlich als International Standard geplant. Zur Zeit gibt es eine vor allem von europäischen Normungsinstituten getragenen Offensive zur besseren Anpassung von PHIGS an die GKS-Familie, da bei den gegenwärtigen Entwürfen keine strikte Aufwärtskompatibilität besteht.

Auch bei Fenstersystemen werden Standardisierungsbestrebungen unternommen. In den USA gibt es bereits einen ANSI-Normvorschlag (ANSI

X3H3.6/86-10R2) zur Standardisierung der entsprechenden Schnittstellen. Als vielversprechende Basis eines Standards erscheint X-Windows, ein vom MIT (Massachusetts Institute of Technology) mit finanzieller Hilfe von DEC und IBM im Rahmen des Projekts Athena entwickelter Window-Manager. Dazu hat erheblich beigetragen, daß im Januar 1987 neun verschiedene Hersteller - unter ihnen Firmen wie DEC, Hewlett Packard, Siemens, Apollo und Data General - X als ihren Window-Standard (Industrie-Standard) vorgestellt haben. Das wichtigste Merkmal von X sind seine Netzwerkfähigkeiten (Konzept des netzwerktransparenten Windowing). Darüberhinaus erlaubt der X-Standard auch Erweiterungen, d. h. Mechanismen für spezielle Anwendungen, Funktionalität hinzuzufügen. Damit besitzt X von vornherein die Möglichkeit, zukünftige Entwicklungen zu unterstützen. Bisher enthält X nur 2 D-Graphik- und Window-Funktionalitäten. Sollte sich jedoch die Notwendigkeit ergeben, z. B. spezielle Hardware mit 3 D-Fähigkeiten unterstützen zu müssen, so ist dies durch Erweiterung des Standards leicht möglich. X soll in die ANSI-Standardisierung eingebracht werden.

Eine weitere wichtige Entwicklung betrifft die Einbeziehung von GKS in ein Fenstersystem. Durch die Integration eines allgemeinen graphischen Standards wird die Offenheit eines solchen Systems verstärkt. Existierende Anwendungsprogramme, die GKS verwenden, können dann problemlos mit dem System arbeiten. Die Integration von GKS in eine Mehr-Fenster-Umgebung wirft folgende Probleme auf:

- GKS beansprucht die alleinige Kontrolle über die physikalischen Ein- und Ausgabegeräte. Dies widerspricht dem Konzept geteilter Ausgaberesourcen von Fenstersystemen.
- Die Darstellung auf der Ausgabefläche wird ausschließlich durch GKS bestimmt. Fensterfunktionen, die ein Fensterverwaltungssystem lokal verarbeiten könnte (z. B. Scrolling, Vergrößern/Verkleinern von Fenstern), werden dadurch sehr ineffizient.
- Die für eine Ausgabe maximal darstellbare Größe ist fest mit der Ausdehnung des Ausgabegeräts korreliert und kann nicht dynamisch an die aktuelle Fenstergröße angepaßt werden.

Eine für diese Probleme gewählte Lösung sollte sich daran orientieren, das GKS-Konzept so weit wie möglich unverändert beizubehalten und die Norm nicht zu verletzen, damit der Ablauf normgerechter Anwendungsprogramme gewährleistet ist.

Vielversprechend erscheint auch die Weiterentwicklung von Systemen wie z. B. THESEUS zu User Interface Management Systems (UIMS). Diese Systeme bieten Unterstützung bei dem Entwurf von Benutzungsoberflächen mit dem Ziel der

- Kostenersparnis bei der Entwicklung interaktiver Systeme,
- besseren Portabilität interaktiver Systeme,
- Entwicklung einheitlicherer, konsistenterer Benutzerschnittstellen,
- Unterstützung des *rapid prototyping* und einer iterativen Entwicklung von Benutzerschnittstellen,
- Programmierung von Benutzer-Schnittstellen durch Nicht-Programmierer.

Einem Benutzer stellen UIMS typische Werkzeuge wie z. B.

- Font-Editoren,
- Icon-Editoren,
- Bildschirm-Formatierer,
- Editoren für Bildschirm-Masken oder -Formulare,
- Hilfsmittel zur Dialogablauf-Spezifikation.

zur Verfügung. Weiterhin unterstützen sie die automatische Generierung von Dialogen sowie die Überwachung und Auswertung des Dialogs mit dem Ziel einer Anpassung an die Bedürfnisse des Benutzers zur Laufzeit (adaptive Benutzerschnittstellen).

Das es sich dabei nicht um reine Zukunftsmusik handelt, erkennt man daran, daß derartige Systeme nicht nur Gegenstand der Forschung sind wie z. B. MENULAY (Buxton et al.) oder PERIDOT (Myers und Buxton), sondern bereits kommerziell erhältlich sind; beispielsweise

- ENTER /ACT (Precision Visuals),
- Tiger/Ticcl (Boeing Computer Services),
- Flair (TRW),
- ADM (Apollo Computer).

7. Literatur

1. H. Balzert, U. Hoppe, J. Ziegler; Fenstersysteme im Vergleich - Architektur, Leistungsfähigkeit und Eignung für die Anwendungsentwicklung, in; H.J. Bullinger (Hrsg.); Software Ergonomie '85, German Chapter of the ACM, Berichte 24 (1985)
2. H.J. Bullinger (Hrsg.); Software Ergonomie '85, German Chapter of the ACM, Berichte 24 (1985)
3. DIN (Deutsches Institut für Normung); Graphisches Kernsystem (GKS), Norm DIN 66252 Teil 1 (1986)
4. DFN (Deutsches Forschungsnetz); Standards der Graphik und Modellierung und deren Verwendung im Deutschen Forschungsnetz, DFN, DFN-Bericht Nr. 49 (1986)
5. D. Ehmke, W. Hinderer, M. Kreiter, D. Krömker, S. Preuß; PRODIA - Das PROSYT-Dialogsystem, Vortrag im Rahmen der GI'87, München (1987)
6. J. Encarnacao, W. Straßer; Computer Graphics, R. Oldenbourg Verlag München Wien (1986)
7. G. Enderle, K. Kansy, G. Pfaff; Computer Graphics Programming, Springer-Verlag Berlin Heidelberg New York Tokyo (1984)
8. C. M. Geschke; PostScript - A Page Description Language, Informationstechnik it, 28. Jahrgang, Heft 6 (1986)
9. F. R. A. Hopgood, D. A. Duce, E. V. C. Fielding, K. Robinson, A. S. Williams (Eds); Methodology of Window Management, Springer-Verlag Berlin Heidelberg New York Tokyo (1986)
10. W. Hübner, G. Lux-Mülders, M. Muth; THESEUS - Die Benutzungsoberfläche der UniBase-Softwareentwicklungsumgebung, Springer Verlag Berlin Heidelberg New York Tokyo (1987)
11. ISO (International Organization for Standardization); Graphical Kernel System (GKS), Standard ISO 7242 (1985)
12. ISO (International Organization for Standardization); Graphical Kernel System for Three Dimensions (GKS-3D), Draft Proposal ISO/DP 8805 (1985)
13. ISO (International Organization for Standardization); Programmer's Hierarchical Interactive Graphics System (PHIGS), Revised Working Draft of ISO TC97/SC21/WG2 (1986)
14. PostScript Language Reference Manual, Adobe Systems Incorporated
15. R. W. Scheifler, J. Gettys; The X Window System, ACM Transactions on Graphics vol. 5 No. 2 pp. 79-109 163 (1986)

16. S. Speth; Das Konzept bestimmt den Gebrauchswert, Computerwoche, 14.Jahrgang/Nr.24 (1987)
17. W. Schönpflug, M. Wittstock (Hrsg.); Software Ergonomie' ,87, German Chapter of the ACM, Berichte 29 (1987)
18. O. Steinmetz; Untersuchung bestehender Window-Management-Systeme und Konzeption eines einfachen, portablen Window Managers, Studienarbeit, TH Darmstadt (1986), unveröffentlicht
19. SUN Microsystems; Firmenmitteilung (1987)
20. B. Verplank; Designing Graphical User Interfaces, CHI'86 Tutorial (1986)

Beiträge zur Graphischen Datenverarbeitung

J. Encarnação (Hrsg.): Aktuelle Themen der Graphischen Datenverarbeitung. IX, 361 Seiten, 84 Abbildungen, 1986

G. Mazzola, D. Krömker, G. R. Hofmann: Rasterbild – Bildraster. Anwendung der Graphischen Datenverarbeitung zur geometrischen Analyse eines Meisterwerks der Renaisance: Raffaels „Schule von Athen". XV, 80 Seiten, 60 Abbildungen, 1987

W. Hübner, G. Lux-Mülders, M. Muth: THESEUS. Die Benutzungsoberfläche der UNIBASE-Softwareentwicklungsumgebung. X, 391 Seiten, 28 Abbildungen, 1987

M. H. Ungerer (Hrsg.): CAD-Schnittstellen und Datentransferformate im Elektronik-Bereich. VII, 120 Seiten, 77 Abbildungen, 1987

H. R. Weber (Hrsg.): CAD-Datenaustausch und -Datenverwaltung. Schnittstellen in Architektur, Bauwesen und Maschinenbau. VII, 232 Seiten, 112 Abbildungen, 1988

D. Krömker, H. Steusloff, H.-P. Subel (Hrsg.): PRODIA und PRODAT. Dialog- und Datenbankschnittstellen für Systementwurfswerkzeuge. XII, 426 Seiten, 45 Abbildungen, 1989

J. Encarnação, H. Kuhlmann (Hrsg.): Graphik in Industrie und Technik. XVI, 361 Seiten, 195 Abbildungen, 1989